Volker Koop · „Den Gegner vernichten“

Volker Koop

„Den Gegner vernichten“

Die Grenzsicherung der DDR

1996

BOUVIER VERLAG · BONN

Die Deutsche Bibliothek - CIP-Einheitsaufnahme

Koop, Volker:
"Den Gegner vernichten": die Grenzsicherung der DDR /
Volker Koop. - Bonn: Bouvier, 1996
ISBN 3-416-02633-0

 Foto auf dem Schutzumschlag: © Wolfgang Bera/Ullstein Bilderdienst. Umschlaggestaltung: Michael Fischer, Köln. Satz und Layout: Bouvier Verlag, Bonn. Druck und Einband: Druckerei Plump, Rheinbreitbach. Gedruckt auf säurefreiem Papier.

Inhalt

Vorwort

Hunderte von Menschen starben in den 45 Jahren der Existenz der sowjetischen Besatzungszone bzw. der Deutschen Demokratischen Republik bei dem Versuch, von Deutschland nach Deutschland zu gelangen, weitaus mehr erlitten schwerste Verletzungen, wurden festgenommen und zu langjährigen Freiheitsstrafen verurteilt. Sie wurden Opfer einer Partei, der SED, die sich zum vorrangigen Ziel gesetzt hatte, die eigene Bevölkerung einzukerkern und ihr grundlegende Menschenrechte, zu denen auch und besonders die Reisefreiheit gehört, vorzuenthalten.

Die DDR-Führung ließ Zäune ziehen, Minen verlegen, Mauern bauen, und sie befahl den Grenztruppen, „Grenzverletzer" unter Anwendung der Schußwaffe an der Flucht in den Westen zu hindern, sie notfalls auch zu erschießen. Die Anstrengungen, die die DDR „zum zuverlässigen Schutz der Staatsgrenze" unternahm, waren gewaltig und sind heute kaum noch nachvollziehbar. An der 1.338 Kilometer langen „grünen Grenze" von Hof bis Lübeck ließ sie zeitweise weit über eine Million Minen verlegen, wobei - und dieses ist weithin unbekannt - auch über 100 Grenzsoldaten Opfer der eigenen Minensperren geworden waren. An dieser Grenze sowie in und um Berlin perfektionierte sie Jahr um Jahr das System der Sperren, die potentielle „Grenzverletzer" schon weit vor Erreichen des eigentlichen Grenzverlaufes abfangen sollten. Milliarden Mark wurden in den Ausbau des Grenzregimes investiert, Forschungseinrichtungen mit der Entwicklung immer neuer Sperranlagen beauftragt. Zwei Mal vertrieb die DDR-Führung Menschen aus ihrer angestammten Heimat in den „Grenzgebieten", sie ließ Hundelaufanlagen errichten und Freiwillige Helfer als Spitzel und Denunzianten im Sperrgebiet ausbilden und einsetzen. Den Freiheitsdrang der Menschen konnte sie dennoch nicht unterdrükken.

Letztes Mittel, um „Grenzverletzungen" unmöglich zu machen, war ein Befehl, den es nach Bekundungen Verantwortlicher der früheren DDR bzw. der Nationalen Volksarmee nie gegeben hatte: der Schießbefehl. Mit Vehemenz wehren sich die politische und militärische Führung der untergegangenen DDR heute vor Gericht und anderswo dagegen, jemals einen Schießbefehl erlassen oder von dessen Existenz überhaupt etwas gewußt zu haben. Vielmehr habe es in der DDR, wie in jedem Staat üblich, lediglich Schußwaffenanwendungsbestimmungen gegeben; von einem Schießbefehl zu reden, sei völlig absurd.

Die Wirklichkeit sieht anders aus. Auch wenn der Versuch unternommen wird, mit semantischen Kunststücken die 45jährige blutige Realität im Herzen Deutschlands zu verschleiern, führt doch kein Weg daran vorbei, daß - Schießbefehl hin, Schußwaffenanwendungsbestimmung her - weit über 200 Menschen allein seit 1961 getötet wurden. Sie wurden durch Minen zerfetzt oder verbluteten - weitaus häufiger - im Kugelhagel der Grenztruppen. Der Name Peter Fechter steht hier nur für viele.

Die bundesdeutsche Justiz tut sich schwer damit, dieses düstere Kapitel jüngster deutscher Geschichte aufzuarbeiten. Unzählige Prozesse gegen die tatsächlichen Schützen sind bereits abgeschlossen, laufen oder werden vorbereitet. Doch sind die Schützen in jedem Fall auch die wirklich Verantwortlichen? Ein Blick in die Archive zeigt, daß sie in der Tat lediglich Befehle ausgeführt haben, die von der Führung eines Staates erlassen wurden, der Mitglied der Vereinten Nationen war und den auch die Bundesrepublik Deutschland de facto anerkannt hatte. Sie sahen, bedingt durch jahrelange Indoktrination, in den „Grenzverletzern" Kriminelle, die ihrem Staat Schaden zufügten, bei denen es sich um Spione und Agenten handelte, die nach getaner Arbeit in den Westen zurückkehren wollten. Diese galt es unschädlich zu machen. Die Angehörigen der Grenztruppen wußten, daß sie bei einem verhinderten „Grenzdurchbruch" mit einer Belobigung zu rechnen hatten, daß jedoch eine geglückte Flucht unweigerlich zu unangenehmen Untersuchungen - auch durch das gefürchtete Ministerium für Staatssicherheit - führen würde.

Dennoch - und dieses ist das Verblüffende - schossen viele der Grenzer eher bewußt neben „das sich bewegende Ziel", als ihr Gewissen mit dem Tod eines Fluchtwilligen zu belasten. In zahlreichen Untersuchungen der NVA-Führung wird gerade dieses Verhalten der Soldaten gerügt, das beweist, daß die Angehörigen der Grenztruppen in ihrer Mehrzahl in der Regel alles andere als schießwütig waren.

Wer das Geschehen an den innerdeutschen Grenzen begreifen will, muß sich vor allem mit seiner Geschichte befassen. Die Beschäftigung mit diesem Thema muß das jeweilige politische Klima berücksichtigen, das über lange Zeit vom Kalten Krieg geprägt war. Vor allem aber muß sich derjenige, der Aussagen zum Schießbefehl macht, der Tatsache bewußt sein, daß die DDR durchaus nicht der alleinige „Erfinder" des Schießbefehls war. Denn bereits im Jahr 1946 hatte die Sowjetische Militäradministration in ihrer Okkupationszone eine Grenzpolizei aufgebaut und bewaffnet. Schon im August 1947 erließ der damalige Oberkommandierende der sowjetischen Besatzungstruppen, Marschall der Sowjetunion W. Sokolowskij, den ersten Schießbefehl überhaupt, indem er die Angehörigen der Grenzpolizei der sowjetischen Besatzungszone ermächtigte, von der Waffe Gebrauch zu machen, „bei Flucht von Grenzübertretern und Übertretern der Demarkationslinie, wenn andere Möglichkeiten der Festnahme erschöpft sind", eine Formulierung, die so oder ähnlich bis zum Ende der DDR immer wiederzufinden ist. Der amerikanische Historiker Norman Naimark, Professor an der Stanford University California, geht davon aus, daß die Abriegelung der SBZ von den Besatzungszonen der westlichen Siegermächte in erster Linie auf eine hohe Zahl von Desertationen sowjetischer Offiziere und die Weigerung der Westmächte, die Fahnenflüchtigen auszuliefern, zurückzuführen sei. Das innerdeutsche Problem der Flüchtlingswelle von Ost nach West habe für die Sowjetunion bei dem Befehl, die damalige Demarkationslinie durch bewaffnete Kräfte abzusperren, dagegen kaum eine Rolle gespielt.

Tatsache ist: Bei Gründung der DDR 1949 war der Schießbefehl, der bis zum Jahr 1989, als der Minister für Nationale Verteidigung, Admiral Theodor Hoffmann, ihn endlich aufhob, Bestand haben sollte, also bereits zwei Jahre alt. Die DDR hatte diesen Befehl als Erbe der Sowjetischen Militäradministration übernommen, ihn jedoch permanent verfeinert, immer konsequent durchgeführt und - der internationalen Reputation wegen - sich bemüht, mit dem ständigen Ausbau einer „modernen Staatsgrenze", zu der bis in die Mitte der achtziger Jahre neben Mauer und Metallgitterzäunen, auch Millionen von Personenminen gehörten, den Schießbefehl immer seltener zum Tragen kommen zu lassen.

Dieses Buch soll die Historie des Grenzregimes der DDR aufzeigen und somit die menschenverachtenden Anstrengungen der DDR-Spitze darstellen, die „Staatsgrenze West" sowie die „Grenzen zu Westberlin" hermetisch abzuriegeln. Es gibt Auskunft über die herausragende Bedeutung des Nationalen Verteidigungsrates, der letztlich neben Politbüro und ZK der SED die politische Verantwortung für alles Geschehen an der innerdeutschen Grenze trug, kamen doch von ihm die Vorgaben für einen „zuverlässigen Schutz der Staatsgrenze". Zudem werden konkrete Angaben zu den gewaltigen finanziellen Lasten gemacht, die den Menschen der DDR aufgebürdet wurden, um ihre eigene Einkerkerung mitzufinanzieren. Aufgezeigt wird auch, daß die DDR-Führung, soweit es den weiteren Ausbau der Sperranlagen anbelangt, bis in das nächste Jahrtausend vorgeplant hatte. Die innerdeutschen Grenzen hatten noch undurchlässiger werden und mit modernster Technik ausgestattet werden sollen.

Der Verlauf von Mauer und „grüner Grenze" mag an vielen Stellen heute kaum noch nachvollziehbar sein. Daraus den Schluß zu ziehen, auch dieses Kapitel der Geschichte zuschlagen zu können, wäre jedoch verfehlt.

Volker Koop

Grenze 2000:

Mikrowellen, Infrarot und Netzwerke gegen „Grenzverletzer“

Deutschland im Jahr 2000: Die Grenzen zwischen der DDR und der Bundesrepublik Deutschland einschließlich Berlin (West) sind für potentielle „Grenzverletzer“ undurchdringlich geworden. Nicht mehr durch Waffengewalt werden sie gestoppt, sondern durch modernste Technik: durch Mikrowellenanlagen Infrarotschranken, Funkstrahlsignalgebersysteme, Vibrationsmeldungsgeber, Funkmeßaufklärungsgeräte und elektronische Übersteigsicherungen, aber auch durch neuartige Streckmetallgitterzäune und Drahtsperren.

Gewiß eine Horrorvision, die jedoch ohne Wende und friedliche Wiedervereinigung Realität geworden wäre. Denn die DDR-Führung hatte Ende der achtziger Jahre längst ihre Planungen für den weiteren Ausbau der innerdeutschen Grenzen festgelegt und dabei vor allem auf den Einsatz modernster Technik gesetzt. Milliardenbeträge waren vorgesehen, um zwischen 1991 und dem Jahr 2000 dem Ziel einer Staatsgrenze näher zu kommen, die einerseits jeden Fluchtversuch von vornherein zum Scheitern verurteilte, auf der anderen Seite jedoch das Schießen weitgehend unnötig machen und damit zur Stärkung des internationalen Ansehens der DDR beitragen sollte.

Unter dem Aktenzeichen 73 00 00 hatte im Dezember 1988 Generalmajor Günter Gabriel, Chef Technik und Bewaffnung und Stellvertreter des Chefs der Grenztruppen, die Vertrauliche Verschlußsache G 857 509 vorgelegt, die den „Vorschlag für Festlegungen für die Weiterführung der Arbeiten zur Bestimmung der Maßnahmen zur Erhöhung der Wirksamkeit von Grenzsicherungsanlagen an der Staatsgrenze der DDR zur BRD und zu BERLIN (WEST) in den Jahren 1991-1995/2000“ enthielt. Bereits 1989 war die Umsetzung der Vorschläge eingeleitet worden, aber schon bald hatte sich herausgestellt, daß sich Honeckers Vorstellungen von einer „modernen Staatsgrenze“ bis zum Jahr 2000 nur unter größten Schwierigkeiten würden verwirklichen lassen. Zwar hatte die DDR in der Sowjetunion erste Anlagen gekauft, die diese an den Grenzen zu Finnland und zur Türkei schon eingesetzt hatte, doch zeigten sich relativ schnell gravierende Mängel. Die Zahl der ausgelösten Fehlalarme war unvertretbar hoch und hielt die Grenztruppen selbst in Atem. Versuche, durch die DDR-Industrie elektronische Warnsysteme - wie die Übersteigsicherung ÜS 1-M3 - nach- oder selbst zu bauen, schlugen ebenfalls fehl. Das VEB Funkwerk Kölleda beispielsweise hatte 200 Prototypen eines solchen Warnsystems herstellen sollen. Erste Exemplare waren derart störanfällig, daß sie erst gar nicht montiert wurden. Bei Sonneberg, Ilsenburg und Böckwitz konnten die Systeme schließlich getestet werden, allerdings mit einem katastrophalen Ergebnis. Monatlich hatte es pro Kilometer bis zu 50 Fehlalarme gegeben. Ohnehin waren die Grenztruppen zu diesem Zeitpunkt mit dem Bau neuer Grenzsicherungsanlagen längst im Verzug, denn schon am 1. Juli 1983 hatte der Nationale Verteidigungsrat befohlen, bis 1989 (!), „die in der Tiefe des Schutzstreifens vorhandenen Grenzsignalzaunanlagen (...) auf ihrer gesamten Länge zu einem wirksamen und zuverlässigen Grenzsignal- und Sperrzaun, unter Verwendung neuer Grenzsignalzauntechnik mit Ergänzungseinrichtungen ... umzurüsten".

„ÜS 1-M3" - „elektronische Übersteigsicherung für den Grenzsignal- und Sperrzaun" hieß das System, von dem sich die DDR-Führung anfangs wahre Wunder erhoffte. Doch die Ernüchterung ließ nicht lange auf sich warten. Am 6. Januar 1989 schrieb der Chef der Grenztruppen, Generaloberst Baumgarten, an Generalmajor Gabriel (Vertrauliche Verschlußsache G 857 472): „In Weiterführung der Arbeiten zur Schaffung einer elektronischen Übersteigsicherung für den Grenzsignal- und Sperrzaun wurden in gemeinsamer Arbeit mit dem Militärtechnischen Institut der NVA nochmals 9 verbesserte Anlagen ÜS 1-M3 an der Staatsgrenze der DDR installiert und davon 7 Anlagen ab 23.11.1988 in Betrieb genommen.

Die bisherigen Nutzungsergebnisse bestätigen nicht die Tauglichkeit dieser Anlagen für den Einsatz an der Staatsgrenze."

Einzuschätzen sei, daß die erreichte Funktionssicherheit, insbesondere die Sicherheit gegen Fehlauslösungen sich noch als unzureichend darstelle. Daneben sei ein hoher ökonomischer und zeitlicher Aufwand „für die notwendige Umrüstung der vorhandenen Geräte und zur Produktion der Antennenanlagen sowie der noch nicht entwickelten Prüf- und Abgleichgeräte" erforderlich.

Berufen konnte sich der Chef Grenztruppen in diesem Schreiben auf die Ergebnisse einer Besprechung, die wenige Tage zuvor, am 3. Januar 1989, im Militärtechnischen Institut der NVA „Anton Ackermann" in Bad Saarow stattgefunden hatte. In Vertretung des Chefs Technik und Bewaffnung der Grenztruppen hatte dabei Oberst Trommer die übrigen Teilnehmer - an der Spitze der Kommandeur des MTI, Generalmajor Müller - darüber informieren können, daß

„- der GSSZ-II eine Wirksamkeit von 0,9 beim Überwinden mit und ohne Hilfsmittel hat und die Fehlalarmrate bei 0,7 Fehlauslösungen pro Monat und km liegt;
- der GSSZ für ca. 20 bis 25 Jahren Standzeit ausgelegt ist und dieser Umstand bei der Entwicklung von Grenzsicherungsanlagen beachtet werden muß;
- politische Aspekte bei der Gestaltung von Grenzsicherungsanlagen, insbesondere die äußere Form zu berücksichtigen sind".

Die erreichte Funktionssicherheit von 40 - 50 Fehlauslösungen pro Monat und Kilometer sei nicht vertretbar, dazu könne die „gegenwärtige Möglichkeit, nicht mehr als 3 Geräte in Reihe zu betreiben und danach einen bisher nicht definierten Abstand zu lassen, für die Grenzsicherung nicht akzeptiert werden". Fazit: „Die Geräte sind bei dem jetzt erreichten Stand für die Grenzsicherung nicht nutzbar."

Auch das Gerät „EG-6", an dessen Entwicklung gearbeitet werde, beruhe auf dem Prinzip der ÜS 1-M3, die Arbeiten daran sollten deshalb ebenfalls eingestellt werden, regte MTI-Chef Müller an und schlug stattdessen vor, „am Sensor 2 weiter zu arbeiten, ab 2000 einzuführen", eine Empfehlung, der sich die übrigen Teilnehmer anschlossen und sie um Forschungs- und Entwicklungsarbeiten an den Geräten „EG-5 und GSA-90" erweiterten.

Allerdings: MTI-Chef Müller mochte nicht alle Vorwürfe im Zusammenhang mit der Fehlentwicklung der Übersteigsicherung auf sich und seinem Institut sitzen lassen. Am 24. Januar schrieb er dem Chef Technik und Bewaffnung der Grenztruppen (TagebuchNr. E 55/1989), Oberst Trommer habe die Sachverhalte nicht korrekt wiedergegeben:

„Das betrifft insbesondere die Ursachen für die extrem ungünstige Beeinflussung der Funktionssicherheit der og. Geräte durch mehrere Hochspannungsleitungen im Raum Sonneberg im Vergleich zu den Ergebnissen in den Räumen Ilsenburg und Böckwitz. Des weiteren fehlt die Aussage, daß die festgestellte Störung beim Zusammenwirken von mehr als drei Geräten, die aufgrund des erstmalig konzentrierten Einsatzes festgestellt werden konnte, sich beseitigen läßt."

Die abschließende Forderung Müllers wirft ein bezeichnendes Licht auf das Verhältnis zwischen MTI und Grenztruppen: „Darüber hinaus bitte ich Sie zu gewährleisten, daß derartige abweichende Interpretationen von Beratungen künftig vermieden werden."

Herbe Kritik mußte der Chef Technik und Bewaffnung der Grenztruppen am 9. Februar 1989 von seinem direkten Vorgesetzten, Generaloberst Baumgarten, hinnehmen. Die Einführung der Übersteigsicherung hätte auf der Grundlage des Beschlusses des NVR bereit 1985 erfolgen sollen, monierte Baumgarten in der Vertraulichen Verschlußsache G 857 517 und ließ noch einmal die Entwicklungsgeschichte Revue passieren.

„Zur Realisierung dieser Aufgabenstellung wurden vom Militärtechnischen Institut der NVA eigenständige Entwicklungsarbeiten durchgeführt und die Produktion von 200 Stück Sondermuster der Übersteigsicherung in der Industrie der DDR veranlaßt. Die Installation der Sondermuster konnte jedoch aufgrund von Mängeln in der Funktionstüchtigkeit nicht vorgenommen werden.

Zur Mängelbeseitigung erfolgten danach vom Militärtechnischen Institut der NVA umfangreiche Untersuchungen und Erprobungen, die im Februar 1988 abgeschlossen und deren Ergebnisse anläßlich unserer gemeinsamen Beratung am 02.03.1988 gemeldet wurden.

Ausgehend davon konnten ab September 1988 nochmals neun überarbeitete und verbesserte Übersteigsicherungen an der Staatsgrenze der DDR zur BRD zur Sammlung von Nutzungserfahrungen errichtet werden.

Die bisherigen Ergebnisse der Nutzung der neun Erprobungsanlagen zeigen, daß eine Verwendung zur Sicherung der Staatsgrenze nicht möglich ist. Eine anderweitige Verwendung in den Grenztruppen der DDR erachte ich ebenfalls als nicht zweckmäßig.

Ich gestatte mir, Ihnen das beiliegende Protokoll mit den wichtigsten Ergebnissen der Erprobung zu überreichen und schlage vor, die Arbeiten im Militärtechnischen Institut zur Einführung der Übersteigsicherung in den Grenztruppen der DDR einstellen zu lassen bzw. erforderlichenfalls bin ich bereit, diese Problematik mit ihnen nochmals zu beraten."

Eine solche Beratung allerdings erwies sich als überflüssig, denn am 14. März 1989 kam aus Strausberg das endgültige Aus für die ÜS 1-M3. Mit der Vertraulichen Verschlußsache B1 109081 ließ der Chef Technik und Bewaffnung der NVA, Generaloberst Goldbach, den Grenztruppen-Chef wissen,

„... ausgehend von den hohen operativen Anforderungen an eine komplexe elektronische Übersteigsicherung sowie den erheblichen materiellen und finanziellen Erfordernissen für die Entwicklung, Einführung und Nutzung dieser Systeme unterstütze ich Ihre Entscheidung und teile Ihnen ... mit, daß ich veranlaßt habe, die entsprechenden Arbeiten im Militärtechnischen Institut zur Realisierung der Übersteigsicherung sowie die Weiterführung des Staatsplanvorhabens EG-6 einzustellen".

Mit der „GSA 90" ins nächste Jahrtausend

Selbstverständlich hatte die DDR-Führung beim Ausbau der innerdeutschen Grenze nicht allein auf die elektronische Übersteigsicherung gesetzt. Im Gegenteil, sie stellte nur einen winzigen Aspekt des Gesamtsystems dar, das sich hinter dem Kürzel „GSA 90 -Grenzsignalanlage 90" verbarg.

Als Arbeitsgrundsätze waren mit der Vertraulichen Verschlußsache G 857 509 folgende generellen und langfristigen Maßnahmen festgelegt und bestätigt worden.

„An der Staatsgrenze zur BRD

- ist das vorhandene vordere Sperrelement bei technischem Verschleiß in Abhängigkeit von den operativen Erfordernissen und der Lage als Sperr- und Warnzaun, variabel mit der Höhe von 3 m oder 2 m, zu gestalten.

Bei Neubau ist, unter Beachtung der landwirtschaftlichen Nutzung, der Abstand zur Staatsgrenze von gegenwärtig 50-70 m auf 5-10 m zu verringern.

An der Staatsgrenze zu BERLIN (WEST) sind bei notwendiger Rekonstruktion des vorhandenen vorderen Sperrelementes

- außerhalb des Stadtgebietes der Hauptstadt der DDR, BERLIN, der Grenzzaun I/83 und
- innerhalb ausgewählter Ortslagen die Grenzmauer 75

zu errichten.

c) Das hintere Sperrelement, insbesondere der Grenzsignal- und Sperrzaun, ist durch Komplettierung mit zusätzlichen Signalelementen in der Wirksamkeit und Zuverlässigkeit weiter zu erhöhen.

Durch Instandhaltungsmaßnahmen ist die Funktionstüchtigkeit des Grenzsignal- und Sperrzaunes und der Grenzsignalzaunanlage 80 zu erhalten.

d) Die Kolonnenwege sind planmäßig zu rekonstruieren und so auszubauen, daß die zulässige Fahrgeschwindigkeit von 30 km/h auf 60 km/h erhöht werden kann.

Zur Erhöhung der Handlungsfähigkeit der grenzsichernden Kräfte sind weitere Manöverwege, insbesondere des Grenzsignal- und Sperrzaunes anzulegen.

e) Lichttrassen sind nicht mehr neu zu errichten. In Schwerpunktrichtungen sind vorhandene Anlagen bei technischem Verschleiß durch Scheinwerferanlagen zu ersetzen, die in Verbindung mit Grenzsignalanlagen geschaltet sind und bei deren Auslösung automatisch einschalten.

Eine ununterbrochene Ausleuchtung der Grenzabschnitte bei Dunkelheit ist räumlich zu begrenzen.

f) An der Staatsgrenze zu BERLIN (WEST) ist die Anzahl der Beobachtungstürme, insbesondere im Stadtgebiet der Hauptstadt der DDR, BERLIN, und in ausgewählten Ortslagen des Bezirkes Potsdam, nicht zu erhöhen.

Zur Ablösung der vorhandenen Beobachtungstürme sind geeignete Beobachtungsanlagen zu entwickeln, die ein schnelles Verlassen und die zeitgerechte Führung von Handlungen gewährleisten.

g) In Grenzabschnitten mit geringer Tiefe des Grenzgebietes ist durch den Einbau von bewegungshemmenden Netzen die Geschwindigkeit von Grenzverletzern weiter einzuschränken.

h) Zur Unterstützung der Handlungen der grenzsichernden Kräfte in der gesamten Tiefe des Grenzgebietes ist das Postensignalgerät 90 mit Reißdrahtprinzip als Standardgerät für alle Grenzkompanien zur Einführung vorzubereiten.
Weitere Signalmittel sind nicht zu planen.

i) Die Forschung und Entwicklung ist mit dem Ziel zu führen, die vorhandenen Grenzsicherungsanlagen

- zu modernisieren und
- mit Ergänzungsgeräten zu komplettieren

sowie

- für den Zeitraum bis 1995 die Grenzsicherungsanlage 90 als Nachfolgegeneration für die vorhandenen Anlagen zu entwickeln und ab 1996 schrittweise einzuführen."

Mit afghanischen Erfahrungen die Grenze sichern

Und so hätte - ohne friedliche Wende - die „Staatsgrenze" der DDR, wie aus der Vertraulichen Verschlußsache G 857 426 hervorgeht, im Jahr 2000 ausgesehen: Eingeführt werden sollten:

Geländeüberwachungsgerät - GÜG 89[1]

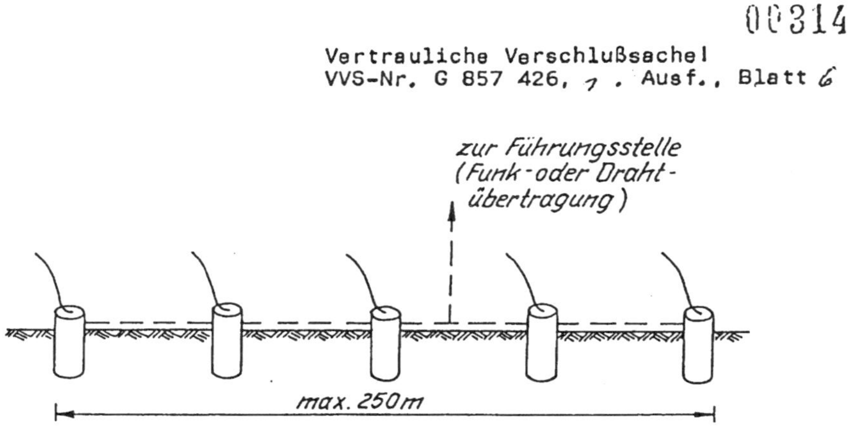

Zur getarnten Überwachung von Geländeabschnitten sowie einer Übertragung von Alarmsignalen durch Funk oder Draht. Die Geräte sollten Erschütterungen im Umkreis von 250 m wahrnehmen und in den Wachtürmen Alarm auslösen. Von 1993 bis 1997 war die jährliche Anschaffung von 100 Stück zu einem Gesamtpreis von sechs Millionen Mark der DDR vorgesehen.

Infrarot-Schranke IRS

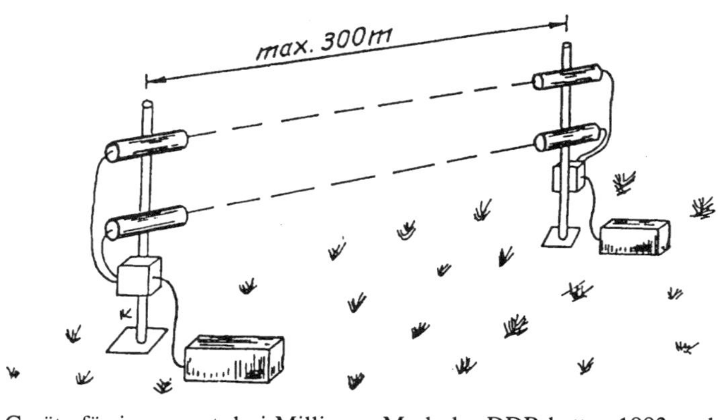

200 dieser Geräte für insgesamt drei Millionen Mark der DDR hatten 1993 und 1994 angeschafft und installiert werden sollen. Der Abstand zwischen jeweils zwei Lichtschranken war mit 300 m angegeben. Beim Durchqueren der Infrarotstrahlen wären Scheinwerfer eingeschaltet und in der nächsten GT-Führungsstelle Alarmsignale ausgelöst worden.

[1] Alle Zeichnungen stammen aus Originaldokumenten der DDR

Funkstrahlsignalgebersystem - „WITIM"

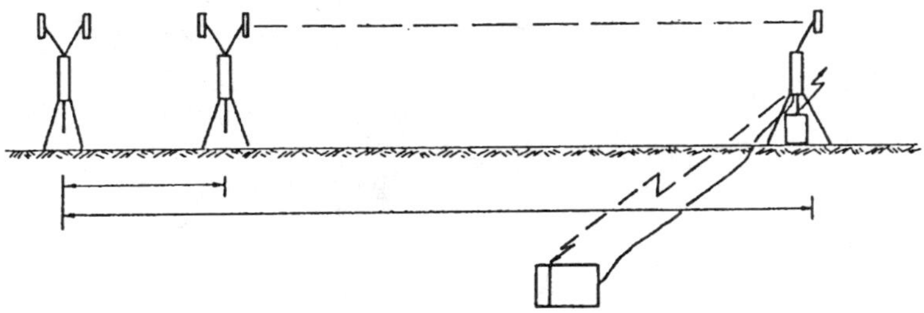

Mit dieser sowjetischen Richtfunkschranke, die ähnlich wie die Infra-Rot-Schranke funktioniert, hätten bis zu 1.000 m lange Strecken, unterteilt in zehn Signalabschnitte, überwacht werden können. Die Einführung sollte 1991 beginnen. Bis 1995 war die Installation von jährlich jeweils zwanzig Exemplaren vorgesehen. Pro Stück waren 500.000 Mark der DDR veranschlagt, als Gesamtkosten 50 Millionen Mark.

Seismisches Signalgerät „Gerb" - PS 75 s

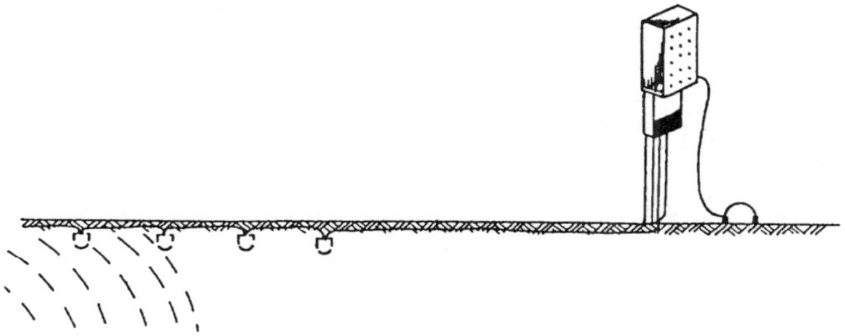

Auf Erschütterungen im Boden im Umkreis von 500 m reagierte dieses System, um dann akustischen und optischen Alarm auszulösen. Auch hierbei handelt es sich um eine sowjetische Entwicklung, von der bereits 1988 fünf Stück zu Kosten von knapp zwanzig Millionen Mark der DDR getestet worden waren.

Postensignalgerät „Kristall“

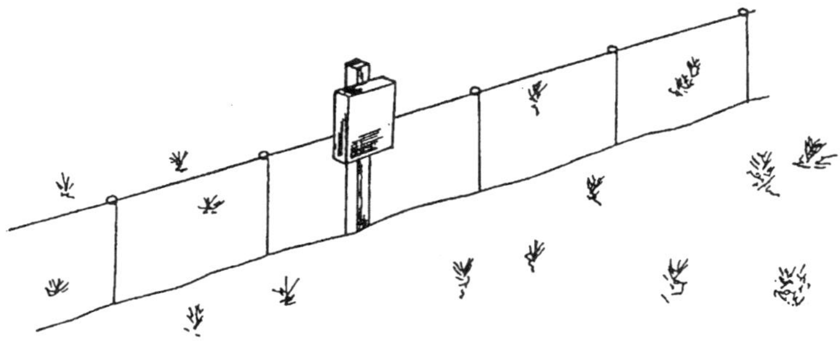

Beschrieben wird dieses Gerät als „Beweglicher Signalgeber zur zeitlich begrenzten Überwachung von Geländeabschnitten“. Bei Unterbrechung von Reißdrahtstrecken wurden durch das System, mit dem je nach Variante 2 x 100 bzw. 2 x 600 m überwacht werden konnten, optische und akustische Signale gegeben. 1986 und 1988 waren zehn bzw. fünf dieser sowjetischen Entwicklungen erprobt worden. Die Stückkosten lagen bei 280 und 2.300 Mark der DDR.

Postensignalgerät PSG - 90

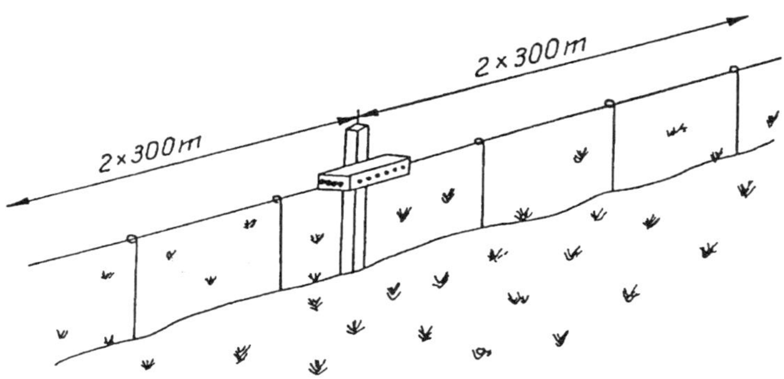

Zwischen 1991 und 1996 hatte die DDR jährlich jeweils 1.000 dieser Geräte zum Gesamtpreis von 9,75 Millionen Mark anschaffen wollen. Mit einem einzigen der 6.000 vorgesehenen PSG konnte ein Grenzabschnitt in einer Länge von 1.200 m überwacht werden. Beschädigungen der stromführenden Signaldrähte zündeten pyrotechnische Signalmittel und führten zu Alarm in den Führungsstellen der GT.

Postensignalgerät „Tros“

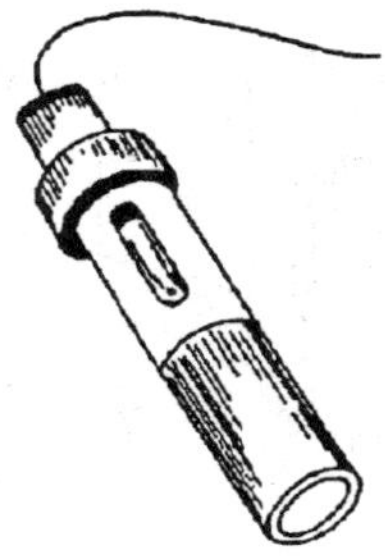

Mit diesem sowjetischen Gerät, für dessen Betrieb lediglich eine 1,5 Volt-Monozelle benötigt wurde, hätten die Grenzposten der DDR Signaldrähte in einer Länge bis zu 1.500 m auslegen können. 120 Stück zum Preis von 2,5 Millionen Mark wollte die DDR bis 1995 anschaffen.

Mikrowellenschranke „Georgin“ RLD-73

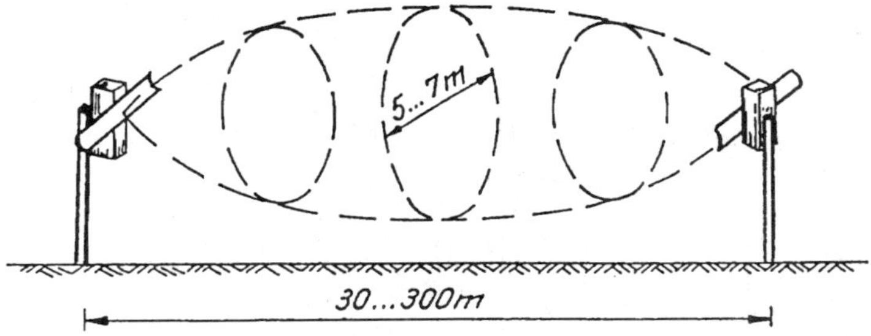

Diese Schranken, die die Sowjetunion u.a. zum Schutz ihrer Militärlager in Afghanistan eingesetzt hatte, sollten „Sicherungslinien im Gelände“ in einer Länge von 30 bis 300 m und in einer Breite von fünf bis sieben Meter überwachen. Zehn solcher Schranken zum Stückpreis von ca. 28.000 Mark waren 1988/89 erprobt worden. Für die Folgejahre war ein Nachbau in der DDR vorgesehen.

Funkmeßaufklärungsgerät „Kredo“ - 1 RL 133

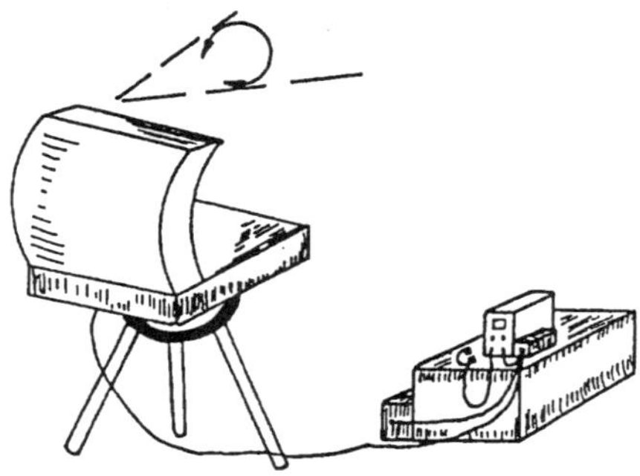

Auf eine Distanz von bis zu 15 km sollte „Kredo“ Personen und Fahrzeuge mit einer Genauigkeit von 25 m orten können. Entsprechend hoch war auch der Preis für dieses sowjetisches Gerät. Es lag pro Stück bei rund 150.000 Mark. Zwei Exemplare hatten die Grenztruppen 1988 getestet.

Tragbares Funkmeß-Aufklärungsgerät - „Fara“ SBR-3

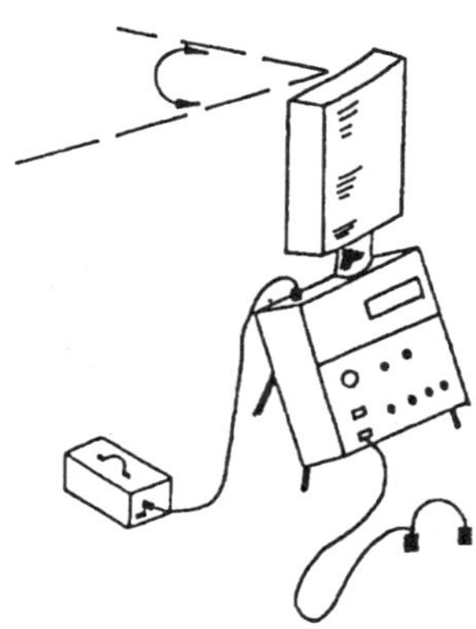

Nur unwesentlich billiger, nämlich 115.00 Mark pro Stück, war das tragbare System „Fara“, dessen Zweckbestimmung lautete: „Suche, Auffassung und Begleiten beweglicher Erdziele und Bestimmen der Koordinaten“. Einzelpersonen, Fahrzeuge und Personengruppen sollten mit dieser sowjetischen Entwicklung auf Distanzen zwischen 0,1 und 4 km entdeckt werden können. Vier Geräte waren probeweise eingesetzt worden.

Vibrationsmeldungsgeber „Gawott“ - DS-80 W

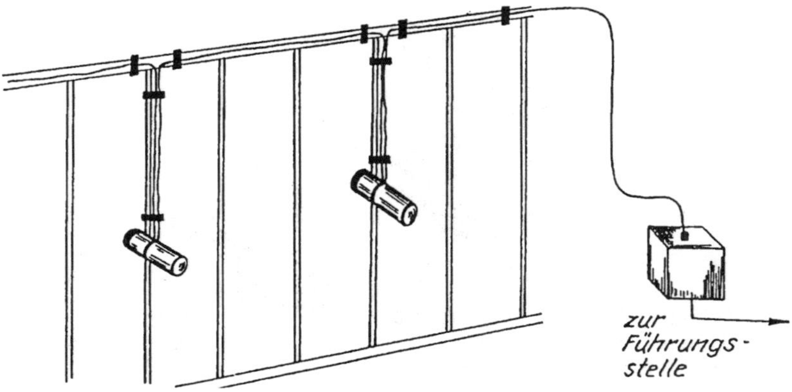

Wassersperren hatte die DDR mit diesem sowjetischen Alarmgerät sichern wollen. Beim Durchsägen von Sperrgittern unter Wasser wäre entsprechend Alarm ausgelöst worden. 100 Stück wollte die DDR zwischen 1991 und 1995 für insgesamt rund fünf Millionen Mark importieren.

Drahtsperre

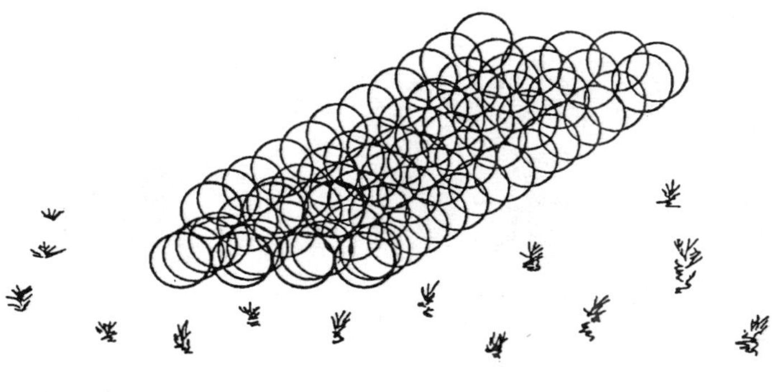

Als „bewegungshemmende Sperre gegenüber Personen“ waren die neuartigen Drahtsperren gedacht, die auf 100 m² in einer Höhe von 1,2 m ausgelegt werden konnten. Sie bestanden aus dünnen, kaum sichtbaren Stahldrähten. 5.000 von ihnen, die die Sowjetunion gleichfalls in Afghanistan „getestet“ hatte, waren zwischen 1991 und 1995 für knapp zwei Millionen Mark für den Kauf geplant.

Automatischer stochastischer Suchscheinwerfer SE-85

Zwischen 1992 und 1996 war die Beschaffung von 200 dieser Scheinwerfer geplant, für die 7,8 Millionen Mark der DDR aufzuwenden gewesen wären. Auf eine Entfernung von 300 m hätten damit „Grenzverletzer" aufgespürt werden können.

Neben der Beschaffung der aufgeführten neuartigen Systeme hatte die DDR beabsichtigt, den Streckmetallzaun an den innerdeutschen Grenzen mit einer Reihe von zusätzlichen Ergänzungseinrichtungen zu bestücken. Zwar hatten sich die Eigenentwicklungen wie die eingangs beschriebene elektronische Übersteigsicherung ÜS 1-M3 oder die EG 6 als völlig untauglich für die vorgesehenen Zwecke erwiesen, das hinderte die DDR-Führung aber nicht daran, an der Entwicklung anderer Systeme festzuhalten. Dazu gehörten:

Ergänzungsgerät 5 - EG-5

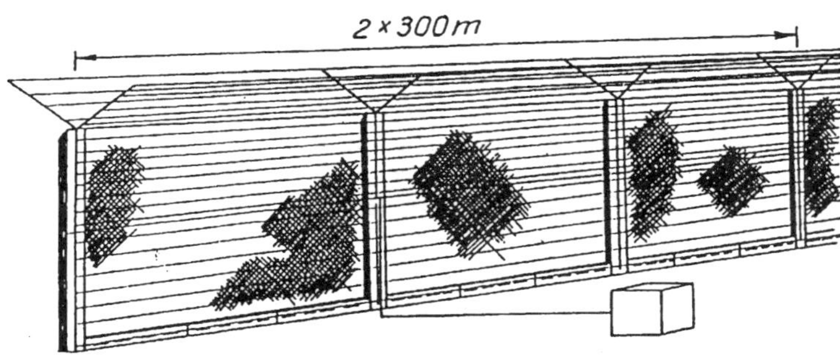

Zur Überwachung des Streckmetalls des Grenzsignal- und Sperrzaunes II auf Durchschneiden und andere mechanische Zerstörungen. Obwohl es sich erwiesen hatte, daß die Fehlalarmrate mit einer Fehlauslösung pro Monat und Kilometer relativ hoch war, sollten zwischen 1992 und dem Jahr 2000 insgesamt 1.500 Stück zum Preis von 15 Millionen Mark installiert werden. Eine Verwirklichung des Vorhabens hätte, am Rande bemerkt, bei einer Sicherungsbreite von 600 m pro Gerät, jährlich zu fast 11.000 Fehlauslösungen und -alarmen geführt!

Ergänzungsgerät 2 - EG-2 (Sensoradapter)

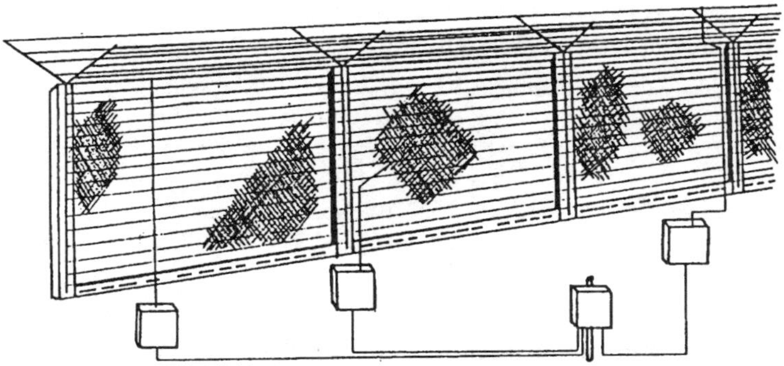

Dieses Gerät war erforderlich zur „Verknüpfung der Signale der Ergänzungsgeräte 4, 5 und 6. Insgesamt 1.000 Stück wollten die Grenztruppen anschaffen, davon allein 528 in den Jahren 1996 bis 2000. 528.000 Mark wären dafür aufzubringen gewesen.

Torsicherung „Tangens“

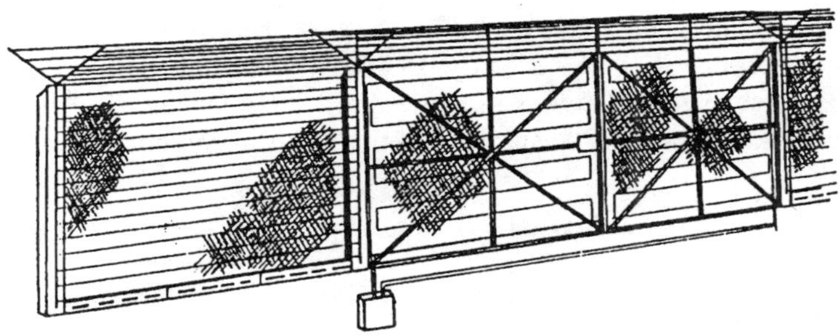

Auch hierbei wäre Lieferungen aus der Sowjetunion erforderlich gewesen. Eines dieser Systeme, mit denen Tore und Pfosten im Grenzzaun gegen mechanische Beschädigungen abgesichert werden sollten, war 1988 von den Grenztruppen probeweise installiert worden.

Um welche auch finanziellen Dimensionen es beim weiteren Ausbau der Gren-zen durch die DDR gegangen wäre, hätte dieser Staat nicht aufgehört zu existieren, führen auch die „Bedarfsanforderungen des Kommandos der Grenztruppen der DDR im Zeitraum 1988 - 90 und 1991 bis 95“ vor Augen, die der Geheimen Verschlußsache B1 108372 zu entnehmen sind. Materialforderungen in Höhe von 256,75 Millionen Mark hatte die Grenztruppenführung aufgelistet, um endlich auch den letzten „Grenzverletzer“ an der Flucht in den Westen hindern zu können. Nicht enthalten in den Kosten sind dabei der Ausbau der Kolonnenwege, der Ersatz und Neubau von Beobachtungstürmen, der Bau von Zäunen und Grenzmauer oder die Instandsetzung und Modernisierung von Führungsstellen Kfz-Sperrgräben und Lichttrassen.

Lfd. Nr.	Bezeichnung	Kurzbe-bez.	Gesamtbedarf	Preisober-grenze/Stück	Einführung 1991-95	Beschaffungs-volumen
1	2	3	4	5	6	7
I. Modernisierung bzw. Ergänzung der Grenzsignalzaunanlage GSZA 50						
1.	Ergänzungs-gerät 5	EG 5	1000 Anl.	5,00 TM	bis 1990	5,00 Mio M
2.	Ergänzungs-gerät 6	EG 6	1500 Anl.	20,00 TM	bis 1990	30.00 Mio M
3.	Gerätesatz Wartung u. Instandsetzung	GS-W/I-GSA	50 Sätze	172,40 TM	—	8,62 Mio M
4.	Spurensuch-lampe 85	SSL 85	3500 Stück	0,69 TM	—	3,06 Mio M
5.	Scheinwerfer-einrichtung 85	SE 85	200 Stück	38,85 TM	bis 1990	7,77 Mio M
II. Perspektivische Grenzsicherungsanlagen						
1.	Grenzsignal-anlage 90	GSA 90	80 Anl.	2,00 Mio M/ Anlage (70,00 TM/km)	beginnend 1992	160,00 Mio M
III. Bewegliche Signal- und Sperrmittel						
1.	Fernbeobachter-anlage	FBA	100 Anl.	60,00 TM	ab 1992 bis 1995 (60 Anlagen)	6,00 Mio M
2.	Seismischer Meldungsgeber	SM	100 Anl.	80,00 TM	bis 1995 (80 Anlagen)	8,00 Mio M
3.	Pyroelektr. Meldungsgeber	PyM	100 Anl.	20,00 TM	bis 1995 (80 Anlagen)	2,00 Mio M
4.	Mobile Infrarot-Lichtschranke	IRLS-m	300 Anl.	12,00 TM	bis 1993	3,60 Mio M
5.	Mobile Laser lichtschranke	LLS-m	100 Anl.	50,00 TM	bis 1995	5,00 Mio M
6.	Mobiler Grenz-zaun	GZ-m	60 Anl.	20,00 TM	bis 1993	1,20 Mio M
7.	Postensign.-mittel	PSM	18.000 Stk	0,50 TM	bis 1993	9,00 Mio M
8.	Mobiles An-näherungssystem	AS-m	30 Anl.	50,00 TM	bis 1995	1,50 Mio M
9.	Mobiles HF-Schlitzkabel-system	SKS-m	100 Anl.	30.00 TM	bis 1995	3,00 Mio M
10.	Mobile Mikro-wellenschranke	MWS-m	100 Anl.	20,00 TM	bis 1995	2,00 Mio M
11.	Modularer Übertragungsatz	MÜS	50 Sätze	20,00 TM	bis 1995	1,00 Mio M

Mit der Geheimen Verschlußsache G 857 791 hatte Grenztruppen-General Gabriel am 2. Juli 1989 weitere ausführliche Vorstellungen zum Ausbau der innerdeutschen Grenzen niedergelegt. Hauptelemente der Grenzsicherung sollten an der Grenze zur Bundesrepublik sein

„- der Grenzzaun, als vorderes Ausbauelement
- der Grenzsignal- und Sperrzaun, durchgängig an der hinteren Begrenzung des Schutzstreifens
an der Staatsgrenze zu BERLIN (WEST)
- die Grenzmauer 75 (im Stadtgebiet der Hauptstadt der DDR, BERLIN, und in ausgewählten Ortslagen des Bezirkes Potsdam bzw. der Grenzzaun als vorderes Ausbauelement
- der Grenzsignalzaun und
- die Hinterlandmauer bzw. -zaun, an der hinteren Begrenzung des Grenzgebietes".

Die an der Grenze zur Bundesrepublik vorhandenen 833 km Grenzzäune, 3 m mit verzinktem Streckmetall, sollten danach in der bestehenden Trassenführung verbleiben. 415 km Grenzzäune wurden als verschlissen bezeichnet und sollten durch einen zwei m hohen verzinkten Streckmetallzaun ersetzt werden.

Für den Grenzsignalzaun II, der sich in einer Länge von 1174 km durch Deutschland zog, war der Ausbau mit zusätzlichen Signalelementen beabsichtigt, gleichzeitig sollten die 1500 km langen Kolonnenenwege „zur Erhaltung der Manövrierfähigkeit der grenzsichernden Kräfte" zumindest in Teilen „auf Bitumenbasis" so ausgebaut werden, daß sich die Grenztruppen schneller auf ihnen fortbewegen konnten. Gewaltsamen Grenzdurchbrüchen mit Kraftfahrzeugen sollte insbesondere dadurch begegnet werden, daß 270 km der Kfz-Sperrgräben sowie die Kfz-Sperren an Grenzsignal- und Sperrzaun-Toren besonders sorgfältig gewartet werden mußten. Gleichzeitig aber regte der Chef Technik und Bewaffnung an, 500 km nicht mehr benötigter Kfz-Sperrgräben einzuebnen. Während der Bestand von 131 km „S-Rollen und Stolperdrahtsperren auf Stacheldrahtbasis" unverändert bleiben sollte, wurde den Kommandeuren die Entscheidung darüber überlassen, wo sie „zur Hemmung der Bewegung der Grenzverletzer Netzsperren" installieren wollten.

Das Schwergewicht der Planungen lag jedoch auf den „Hauptmaßnahmen auf dem Gebiet der Forschung und Entwicklung sowie zur Einführung neuer technischer Mittel zur Grenzsicherung". Vorrangig sollte dabei darauf geachtet werden, „solche physikalischen Wirkprinzipien und technischen Mittel zur Anwendung zu bringen, die bei hoher Sicherheit die Ansatzpunkte zur Hetze gegen die DDR für den Gegner verringern".Gemeinsam mit militärischen und zivilen Forschungs- und Entwicklungsstellen ging es darum, die Realisierung der Vorhaben so zu planen,

„[...] daß die Einführung folgender technischer Mittel gewährleistet wird:

- ab 1991 Postensignalgerät PSG 90 als Standardgerät für den Grenzposten

- ab 1992 der stochastische automatische Suchscheinwerfer zur Erhöhung der Operativität im Grenzabschnitt
- ab 1992/93 die Streckmetallsicherung zur Erhöhung der Sicherheit gegen Manipulation am Grenzsignal- und Sperrzaun
- ab 1995/96 neue Grenzsicherungsboote zur Ablösung der vorhandenen technisch verschlissenen Grenzsicherungsboote
- ab 1996 Mittel zur Wartung und Instandsetzung neuer Signalanlagen
- ab 1996 Beobachtungsstand für den Einsatz an der Staatsgrenze zu BERLIN (WEST)".

Parallel zu diesen konkreten Vorgaben, sah der Vorschlag vor, die „Einflußnahme auf Forschungsarbeiten in der Volkswirtschaft der DDR, insbesondere auf dem Gebiet der Restlicht- und Wärmebildtechnik für den Einsatz im Interesse der Grenzsicherung" zu verstärken.
185 Millionen Mark standen den Grenztruppen für die vorgeschlagenen Maßnahmen zur Verfügung, von denen 97 Mio Mark für die Instandhaltung und teilweise Erneuerung von Grenzsicherungsanlagen ausgegeben werden sollten, mit einem Volumen von vorerst 29 Mio Mark neue Technik eingeführt werden sollte und 59 Mio Mark schließlich für die industrielle Instandsetzung von Mitteln zur Sicherstellung der Grenzsicherung und die Beschaffung von Ersatzteilen eingeplant waren.

II. Hauptmaßnahmen auf dem Gebiet der Forschung und Entwicklung sowie zur Einführung neuer technischer Mittel zur Grenzsicherung

1. Durch zielgerichtete Forschungs- und Entwicklungsarbeiten und wissenschaftlich-technischen Untersuchungen sind im Planungszeitraum die Voraussetzungen zu schaffen für

   - die weitere Erhöhung der Wirksamkeit und Funktionstüchtigkeit der vorhandenen signaltechnischen Anlagen durch Modernisierung und Ergänzung, bei gleichzeitiger Senkung des Wartungs- und Instandsetzungsaufwandes

   - die Einführung der Nachfolgegeneration für die GSZA ab 1995/96 und weiterer technischer Mittel zur Sicherstellung der Grenzsicherung

   - den wissenschaftlich-technischen Vorlauf und der Entscheidungsfindung zu perspektivischen Entwicklungsrichtungen und Realisierungsbedingungen zur Erfüllung operativ-taktischer Erfordernisse.

   Es sind vorrangig solche physikalischen Wirkprinzipien und technischen Mittel zur Anwendung zu bringen, die bei hoher Sicherheit die Ansatzpunkte zur Hetze gegen die DDR für den Gegner verringern.

2. Die Forschungs- und Entwicklungsvorhaben sind so zu planen, daß die Einführung folgender technischer Mittel gewährleistet wird:

   - ab 1991 Postensignalgerät PSG 90 als Standardgerät für den Grenzposten

   - ab 1992 der stochastische automatische Suchscheinwerfer zur Erhöhung der Operativität im Grenzabschnitt

- ab 1992/93 die Streckmetallsicherung zur Erhöhung der Sicherheit gegen Manipulationen am Grenzsignal- und Sperrzaun

- ab 19 2 die Spurensuchleuchte zur Unterstützung der grenzsichernden Kräfte bei der Spurensuche in der Dunkelheit

- ab 1995/96 die Grenzsignalzaunanlage 90 zur Ablösung der Grenzsignalzaunanlage 80

- ab 1995/96 neue Grenzsicherungsboote zur Ablösung der vorhandenen technisch verschlissenen Grenzsicherungsboote

- ab 1996 Mittel zur Wartung und Instandsetzung neuer Signalanlagen

- ab 1996 Beobachtungsstand für den Einsatz an der Staatsgrenze zu BERLIN (WEST).

3. Wissenschaftlich-technische Untersuchungen sind

   - zur Anwendung effektiver physikalischer Wirkprinzipien für stationär und beweglich einsetzbare Signal- und Sperrmittel

   - zur Lösung von speziellen noch ungelösten Problemen in der Grenzsicherung

   - zur Ablösung von schnell verschleißenden Materialien von Grenzsicherungsanlagen
   und

   - zur Einflußnahme auf Forschungsarbeiten in der Volkswirtschaft der DDR, insbesondere auf dem Gebiet der Restlicht- und Wärmebildtechnik für den Einsatz im Interesse der Grenzsicherung

   zu führen.

- die Sicherstellung der vorgeschlagenen Hauptmaßnahmen bei der Erarbeitung der materiellen Pläne für den Zeitraum 1991-95 zu berücksichtigen und die erforderlichen Planbeiträge für den Fünfjahrplan und für die Jahrespläne dem Stellvertreter des Ministers und Chefs Technik und Bewaffnung zu übergeben

- jährlich die erreichten Ergebnisse des pionier- und signaltechnischen Ausbaus dem Minister für Nationale Verteidigung zu melden.

Der Stellvertreter des Ministers und Chefs Technik und Bewaffnung hat:

- die Realisierung der vorgeschlagenen Hauptmaßnahmen materiell-technisch sicherzustellen

- die termingemäße Realisierung der erforderlichen wissenschaftlich-technischen Untersuchungen und Forschungs- und Entwicklungsarbeiten zu sichern.

Geheime Verschlußsache!
GVS-Nr.: B1 108372, 1. Ausf., Bl. 10

Anlage 3

Bedarfsforderungen des Kommandos der Grenztruppen der DDR im Zeitraum 1988 - 90 und 1991 - 95

Lfd. Nr.	Bezeichnung	Kurzbezeichnung	Gesamtbedarf	Preisobergrenze/Stück	Einführung 1991 - 95	Beschaffungsvolumen
1	2	3	4	5	6	7
I.	Modernisierung bzw. Ergänzung der Grenzsignalzaunanlage GSZA-80					
1	Ergänzungsgerät 5 (Streckmetallsicherung)	EG 5	1 000 Anl.	5,00 TM	bis 1990	5,00 Mio M
2	Ergänzungsgerät 6 (Übersteigsicherung)	EG 6	1 500 Anl.	20,00 TM	bis 1990	30,00 Mio M
3	Gerätesatz Wartung und Instandsetzung	GS-W/I-GSA	50 Sätze	172,40 TM	-	8,62 Mio M
4	Spurensuchlampe 85	SSL 85	35 000 Stk.	0,69 TM	-	3,06 Mio M
5	Scheinwerfereinrichtung 85	SE 85	200 Stk.	38,85 TM	bis 1990	7,77 Mio M
II.	Perspektivische Grenzsicherungsanlagen					
1	Grenzsignalanlage 90 x)	GSA 90	80 Anl.	2,00 Mio M/Anlage (70,00 TM/km)	beginnend 1992	160,00 Mio M

x) Bedarf GSA 90 mit Schreiben des STCGTCTB an K-MTI vom 11. 07. 1988 präzisiert.

1	2	3	4	5	6	7
III.	Bewegliche Signal- und Sperrmittel					
1	Fernbeobachteranlage	FBA	100 Anl.	60,00 TM	ab 1992 bis 1995 (60 Anlagen)	6,00 Mio M
2	Seismischer Meldungsgeber	SM	100 Anl.	80,00 TM	bis 1995 (80 Anlagen)	8,00 Mio M
3	Pyroelektrischer Meldungsgeber	PyM	100 Anl.	20,00 TM	bis 1995 (80 Anlagen)	2,00 Mio M
4	Mobile Infrarot-Lichtschranke	IRLS-m	300 Anl.	12,00 TM	bis 1993	3,60 Mio M
5	Mobile Laserlichtschranke	LLS-m	100 Anl.	50,00 TM	bis 1995	5,00 Mio M
6	Mobiler Grenzzaun	GZ-m	60 Anl.	20,00 TM	bis 1993	1,20 Mio M
7	Postensignalisationsmittel	PSM	18 000 Stk.	0,50 TM	bis 1993	9,00 Mio M
8	Mobiles Annäherungssystem	AS-m	30 Anl.	50,00 TM	bis 1995	1,50 Mio M
9	Mobiles HF-Schlitzkabelsystem	SKS-m	100 Anl.	30,00 TM	bis 1995	3,00 Mio M
10	Mobile Mikrowellenschranke	MWS-m	100 Anl.	20,00 TM	bis 1995	2,00 Mio M
11	Modularer Übertragungssatz	MÜS	50 Sätze	20,00 TM	bis 1995	1,00 Mio M

In diesem Kreis brauche ich keine näheren Ausführungen dazu zu machen, daß die provokatorischen Angriffe des Gegners gegen die Staatsgrenze der DDR, insbesondere von Westberlin aus, unvermindert fortgesetzt werden und zum Teil verstärkt wurden. Euch ist bekannt, daß gegnerische Kräfte bereits seit langem daran interessiert sind, an der Staatsgrenze einen Zustand permanenter Unruhe zu inszenieren.

Ich weise auch darauf hin, daß aus dem Kreis von Antragstellern auf ständige Ausreise bereits jetzt eine hohe Zahl der Grenztäter kommt. Es ist zu erwarten, daß sich diese Tendenz fortsetzt. 42

In den Jahren 1987/88 und in den ersten Monaten dieses Jahres haben Angriffe aus dem Innern auf die Staatsgrenze erheblich zugenommen. Trotz bedeutender Anstrengungen im Innern und bei der Sicherung der Staatsgrenze gab es einen wesentlichen Anstieg von Grenzdurchbrüchen, darunter zahlreiche spektakuläre Aktionen, die durch hohe Gesellschaftsgefährlichkeit und Risikobereitschaft der Täter gekennzeichnet waren.

Durch eine umfassende Vermarktung in den Medien des Gegners ist der DDR erheblicher politischer Schaden entstanden und die offensive Politik unserer Partei gestört worden.

Diese Hetzkampagne wurde im Februar und März dieses Jahres im Zusammenhang mit der völlig gerechtfertigten Anwendung der Schußwaffe durch Angehörige der Grenztruppen der DDR, mit gelungenen und verhinderten ungesetzlichen Grenzübertritten, zum Teil mittels schwerer Technik sowie mit dem Überfliegen der Staatsgrenze zu Westberlin mit einem mit Gas gefüllten Ballon, weiter eskaliert.

Damit in diesem Kreis völlige Klarheit besteht, noch ein prinzipieller Hinweis zur Anwendung von Schußwaffen zum Zwecke der Verhinderung von ungesetzlichen Grenzübertritten an der Staatsgrenze zur BRD und zu Westberlin sowie an der Seegrenze:

Entsprechend einer Weisung des Ministers für Nationale Verteidigung sind Schußwaffen nur anzuwenden, wenn das Leben von Grenzsicherungskräften oder anderen Personen, wie z. B. Geiseln, durch Grenzverletzer oder bewaffnete Überfälle von außen bedroht ist und die Gefahr auf keine andere Art und Weise beseitigt werden kann. Die Schußwaffe ist auch anzuwenden zur Verhinderung von Fahnenfluchten. 43

Diese Weisung gilt natürlich auch für Angehörige des MfS, die ungesetzliche Grenzübertritte zu verhindern haben.
Mit allem Nachdruck fordere ich von den Leitern der zuständigen Diensteinheiten, für die strikte Durchsetzung dieser Weisung zu sorgen.

Grenzsicherung und der Schießbefehl
- Die Anfänge -

23. August 1947: Gerade einmal wenig mehr als zwei Jahre waren seit dem Ende des Zweiten Weltkrieges vergangen. Zwischen den ehemaligen Kriegs-Alliierten hatten sich die ersten tiefen Risse aufgetan. Die Teilung Deutschlands war trotz aller verbalen Bekenntnisse zur Wiederherstellung der Einheit Deutschlands für die Sowjetunion längst beschlossene Sache. Und der „Oberkommandierende der sowjetischen Okkupationstruppen und Hauptbevollmächtigte der SMA in Deutschland", Marschall der Sowjetunion W. Sokolowskij, erließ den ersten Schießbefehl, der für die Grenzen der sowjetischen Besatzungszone zu Polen und zur Tschechoslowakei sowie insbesondere für die „Demarkationslinie zwischen den okkupierten Zonen Deutschlands", der späteren innerdeutschen Grenze also, Gültigkeit haben sollte. Nach den von Sokolowskij bestätigten Richtlinien waren die Angehörigen der Deutschen Grenzpolizei in der SBZ verpflichtet, „jegliche Art von Grenzübertritt und Übertritt der Demarkationslinie zu der sowjetischen Okkupationszone und zurück, egal von wem, nicht zuzulassen" sowie „Personen, die an irgend einer Stelle, ausser an den speziell festgesetzten Übergangspunkten, versuchen, die Grenzen und Demarkationslinien zu übertreten, festzunehmen und zur Grenzkommandantur zu überführen". Zudem ermächtigte der Marschall der Sowjetunion die Grenzeinheiten und Grenzpolizei-Angehörigen, „von der Waffe Gebrauch zu machen ... bei Flucht von Grenzübertretern und Übertretern der Demarkationslinie, wenn andere Möglichkeiten der Festnahme erschöpft sind" wie Anruf oder Warnschuss in die Luft. Auch auf flüchtende „Zwangsgestellte" durfte geschossen werden, lediglich das „ziellose Schießen" war verboten. Die Aufstellung und Bewaffnung der Deutschen Grenzpolizei rechtfertigte die UdSSR u.a. mit der Direktive Nr. 16. des Alliierten Kontrollrates vom 6. November 1945, nach der es erlaubt werden sollte, Gendarmerie und Grenzpolizei mit Karabinern, Pistolen, Revolvern und Knütteln auszurüsten, sofern „alliierte Beamte des Öffentlichen Sicherheitsdienstes der Militärregierung für eine gute Ausbildung bürgen" und die Angehörigen der Polizeieinheiten entnazifiziert worden waren.

Dieser Befehl des Marschall Sokolowskij war nicht die erste Maßnahme, mit der die Sowjetunion auf eine endgültige Abtrennung ihrer Besatzungszone vom übrigen Deutschland abgezielt hatte. Schon am 30. September 1946 hatte sie auf der Grundlage des Befehls 0212 des Chefs der SMAD mit dem Aufbau der Deutschen Verwaltung des Innern (DVdI) begonnen, an deren Spitze ausschließlich Alt-Kommunisten der „Gruppe Ulbricht" standen, die von der Sowjetischen Militäradministration die Aufstellung starker Polizeikräfte forderten. Zuständig sollte die DVdI u.a. sein für den Aufbau und die Leitung

- der Schutzpolizei,
- der Kriminalpolizei,
- der Verwaltungspolizei,
- der Eisenbahn- und Wasserpolizei sowie
- der Feuerwehr.

Unter Führung von Präsident Erich Reschke verlangte die DVdI die Einstellung von vier Polizisten je 1000 Einwohnern in der SBZ, mithin eine Polizeitruppe in einer Gesamtstärke von 50.000 Mann. SMAD-Generalmajor Malkow wies in einer Besprechung am 19.11.1946 derartige Ansinnen als überzogen zurück, konkretisierte in derselben Zusammenkunft jedoch die sowjetischen Vorstellungen zum zusätzlichen Aufbau einer Grenzpolizei in der sowjetischen Okkupationszone. Anforderungen für die Kräfte des Grenzschutzes sollten durch die SMAD vorgenommen werden, die Polizei müsse Personal zur Verfügung stellen, das dann von der zuständigen Dienststelle der SMA bezahlt werde. Die Polizei sei berechtigt, für das abgegebene Personal neue Kräfte in gleicher Zahl einzustellen.

Wenig später, am 4. Dezember 1946, machte die SMAD ernst mit der Abriegelung der Grenzen, wie eindrucksvoll der Befehl 0208 des Stellvertretenden Chefs der SMA des Bundeslandes Sachsen, Generalmajor Dubrowski, nachweist. Er befahl nicht nur die Bewaffnung der Deutschen Grenzpolizei mit Karabinern, Kaliber 7,92, sondern wies den „Präsidenten der Selbstverwaltung des Bundeslandes Sachsen, Herrn Friedrich“ an, Internierungslager für Grenzverletzer zu schaffen: „Zum 15. Dezember 1946 sind bei den Bezirkspräsidien der Polizei in den Städten Chemnitz, Dresden und Bautzen Lager mit jeweils 100 Plätzen für die Unterbringung vorläufig festgenommener Grenzverletzer einzurichten.“

Mit preußischer Gründlichkeit, nach sowjetischem Vorbild und auf der Grundlage der SMAD-Befehle machte sich die „Deutsche Grenzpolizei“ daran, Deutschlands Teilung voranzutreiben. Die sowjetische Besatzungsmacht „vertraute klassenbewußten Arbeitern und anderen Antifaschisten den Aufbau einer neuen Polizei an. Nur auf dem Gebiet der späteren DDR entstanden mit der Bildung der Grenzpolizei Grenzsicherungsorgane, die voll den Interessen der Werktätigen und dem Frieden dienten und die Sowjetarmee bei der Kontrolle und Sicherung der Grenzen unterstützten.“[1]

---

[1] Wilfried Hanisch: „Beiträge zur Geschichte der Grenztruppen“, Pätz, 1986

Berittene Streife der Deutschen Grenzpolizei Ende der 40er Jahre

Was die Deutsche Grenzpolizei darunter verstand, den „Interessen der Werktätigen" zu dienen, machen diese Zahlen deutlich:

Allein von April bis Juni 1947 wurden im Bereich des Grenzabschnitts Niedersachswerfen „neben anderen Verbrauchsgütern 483 Flaschen und 6 Kanister Alkohol, über 6000 Zigaretten, fast 700 Paar Damenstrümpfe sowie andere Textil- und Industriewaren sichergestellt. Im Herbst 1947 konnte, ebenfalls an der thüringischen Demarkationslinie ein LKW mit 5 Tonnen Leder, Stoffen, Gardinen, Glühlampen und Kinderseife beschlagnahmt werden, die in die Westzonen verschoben werden sollten. Bei einer Bahnhofskontrolle im Gebiet Meiningen wurde ein Großschieber gefaßt, der unter anderem 114 Meter Wollstoff, 207 Meter Gardinenstoff und 47 Meter Bettbezüge mit sich führte".[2] Auch die „Erfolgsbilanz" der Grenzpolizei des Landes Sachsen konnte sich sehen lassen: Sie meldete für das Jahr 1947 unter anderem 30.000 beschlagnahmte Bürsten, 4.000 Luftdruckmesser, über 76.000 Maschinennadeln, 48.000 Kanülen, 56.000 Rasierklingen und 2.000 Thermometer. Beachtliche Daten, war doch an den Grenzen Sachsen eine Doppelstreife der Grenzpolizei für 13 km, an der Demarkationslinie im Bereich des Landes Thüringen sogar für 18 km zuständig. Die Notwendigkeit einer wirksamen Abschottung der Demarkationslinie wurde auch in den folgenden Jahren mit vermeintlich eindrucksvollen Zahlen untermauert. Danach hatte die Grenzpo-

[2] ebda

lizei im Zeitraum vom 1. Juni 1948 bis zum 1. Juli 1949 „214 Spione und Saboteure, 2.418 kriminelle Verbrecher, 668 Großschieber und 2.115 Schmuggler“ festgenommen. Erschütternd die Zahlen, die für die Demarkationslinie zu den Westzonen genannt wird: Im zweiten Halbjahr 1948 waren hier 226.300 „Grenzverletzer“, im ersten Halbjahr 1949 sogar 256.272 der Deutschen Grenzpolizei in die Netze geraten und zumindest vorübergehend inhaftiert worden.[3] Verschwiegen wird dagegen in allen Chroniken, die von der DDR veröffentlicht wurden, daß auch schon zu dieser Zeit Grenzer in der sowjetischen Besatzungszone zur Waffe griffen und erste Todesopfer zu beklagen waren. Das später geschilderte Schicksal der in der Nacht zum 24. Juli 1949 bei Kirchgandern getöteten Brigitte Frauendorf war beileibe kein Einzelfall.

Unterdessen bemühte sich Erich Mielke, späterer Generaloberst und Stasi-Chef, als Vizepräsident der DVdI schon frühzeitig darum, von der SMAD für möglichst viele Angehörige der DVdI eine Erlaubnis zum Tragen einer Waffe zu erhalten. Am 16. Januar 1947 forderte er die Abteilungsleiter der DVdI auf, entsprechende Vorschläge zu machen, die dann auch wenige Tage später folgten. Nach einer Reihe von Übergriffen erzürnter Bürger gegen kommunistische Funktionäre sollten vor allem die führenden Kräfte der DVdI - unter Mißachtung der Kontrollratsbestimmungen - zum persönlichen Schutz zu „ständigen Waffenträgern“ deklariert werden. Die Westsektoren Berlins hatten diese „ständigen Waffenträger“ auf jeden Fall zu meiden. Detailliert wurden die erforderlichen Umwege festgelegt. Schon am 26. September 1946 übrigens hatten Präsident Reschke und sein Vize Mielke gegenüber SMAD-Oberst Lapenkow auf das Problem der Bewaffnung aufmerksam gemacht und den Aufbau eines Wachkommandos der DVdI erbeten. Die Begründung zeigt, daß die Bevölkerung in der SBZ durchaus nicht hinter den neuen Machthabern stand:

„Der 2. Punkt der Ausführungen betraf das Wachkommando der Deutschen Verwaltung des Innern. Etatmäßig sind uns 34 Angestellte seitens der SMA zugestanden worden. Die Aufgaben des Wachkommandos gliedern sich: Zum Schutze der Objekte, in der Kontrolle und Überwachung des Publikumsverkehrs. Das Präsidium ist nun durch eine neue Fragestellung zu der Überzeugung gekommen, daß zu diesen Aufgaben eine dritte kommen muss, die darin besteht, in Zukunft bei Dienstfahrten des Präsidenten und der Vizepräsidenten eine Begleitmannschaft zu stellen. Wesentlich zu dieser Frage hat beigetragen, daß Vorkommnisse in der letzten Zeit, die zwar nicht den Präsidenten oder die Vizepräsidenten betrafen, sondern hohe Funktionäre der SED. In den Bundesländern und Provinzen wird seitens der Polizei für alle höheren Funktionäre ein polizeilicher Begleitschutz gewährt. Da das in Berlin durch seine besondere politische Struktur nicht möglich ist, sind wir durch Anfragen seitens der Funktionäre zu der Überzeugung gekommen, daß wir die Aufgabe des Begleitschutzes auch auf dieselben ausdehnen müssen. Mit der Frage der Aufstellung

---

[3] ebda

des Begleitschutzes steht aber sofort die Frage der Bewaffnung und darüber hinaus die der Schussberechtigung auf. Wir bitten deshalb, beide Fragen, Bewaffnung und Schussberechtigung uns bekannt zu geben, damit bei evtl. Vorkommnissen uns keine Schwierigkeiten entstehen."

Am Rande sei auch Punkt 3 der Tagesordnung dieser Besprechung erwähnt, der deutlich macht, daß vom ersten Tag ihrer Herrschaft an die DVdI- bzw. dann die DDR-Führung auf Kosten der Bevölkerung lebte. Es ging dabei um Wohnungsfragen, und unverblümt forderten Reschke, Mielke und der 1. Vizepräsident Wagner die Sowjets auf, Häuser für eigene Zwecke zu enteignen:

„Die Wohnungsfrage wird eine immer brennendere, da der Präsident und der Vizepräsident nun schon länger als 4 Wochen in Berlin tätig sind. Das bisher von der SMA Karlshorst und der damit beauftragten Kommandantur Pankow in Angriff Genommene hat bisher zu keinem Resultat geführt. Wir haben uns selbst um Wohnungen bemüht und haben festgestellt, daß in der Perepherie von Berlin noch Wohnraum vorhanden ist, der unseren Ansprüchen gänzlich entspräche. Nach Rücksprachen mit den dort zuständigen Bürgermeistern und Landrat haben wir in Erfahrung gebracht, daß gegen 30 - 40 Häuser noch unter dem Befehl 124[4] stehen, sodaß somit die Möglichkeit vorhanden ist, dort Unterkommen zu finden. Wir bitten deshalb die SMA Karlshorst, ihrerseits unsere Bemühungen zu unterstützen und dem Landrat den Auftrag zu erteilen, uns den verfügbaren Wohnraum zuzuweisen."

---

[4] SMAD-Befehl 124 vom 30.10.1945 (Auszug):

„Über die Beschlagnahme und provisorische Übernahme einiger Eigentumskategorien in Deutschland

Um den Raub und anderen Mißbrauch des Eigentums, das früher dem Hitlerstaat, den Militärbehörden, den durch das Sowjetische Militärkommando verbotenen und aufgelösten Gesellschaften, Klubs und Vereinigungen gehört hat, zu verhindern sowie um dieses Eigentum am rationellsten für die Bedürfnisse der örtlichen Bevölkerung und der Besatzungstruppen auszunutzen, befehle ich:

1. Das Eigentum, das sich auf dem von den Truppen der Roten Armee besetzten Territorium Deutschlands befindet und
a) dem deutschen Staat und seinen zentralen und örtlichen Behörden;
b) den Amtsleitern der Nationalsozialistischen Partei, deren führenden Mitgliedern und Anhängern;
c) den deutschen Militärbehörden und Organisationen;
d) den von dem Sowjetischen Militärkommando verbotenen und aufgelösten Gesellschaften, Klubs und Vereinigungen;
e) den Regierungen und Staatsangehörigen (physische und juristische Personen) der auf seiten Deutschlands am Krieg beteiligten Länder;
f) Personen, die von dem sowjetischen Militärkommando durch besondere Listen oder auf andere Weise bezeichnet werden,
gehört, als beschlagnahmt zu erklären. ...
Marschall der Sowjetunion
G. Shukow"

Oberst Lapenkow gab sich in dieser Besprechung zurückhaltend, erteilte jedoch eine Weisung, die schwerwiegende Folgen für die Bevölkerung der SBZ bzw. dann der DDR haben sollte: „Als besondere Aufgabe betonte er, sei zu beachten, daß künftighin alle politischen Vergehen schwerer Art von den deutschen Gerichten verurteilt werden müssen unter dem juristischen Begriff ‚Kriegsverbrecher'." Der Willkür-Justiz, der fortan zig-tausende Menschen zum Opfer fielen, war somit auf Anweisung der sowjetischen Militäradministration Tür und Tor geöffnet.

Der erste „deutsche" Schießbefehl

1947 hielt die inzwischen gefestigte DVdI die Zeit für gekommen, erstmals eine einheitliche „deutsche" Waffengebrauchsvorschrift für den Bereich der SBZ zu erlassen. Bezeichnend ist, das zu Beginn dieser Vorschrift vom 6. 10.1947 das kategorische Verbot der SMAD enthalten ist, „von der Schußwaffe Gebrauch zu machen gegen Angehörige der Sowjetarmee und der anderen alliierten Armeen in jedem Falle". Demgegenüber aber durfte durchaus geschossen werden auf „Räuber, Banditen, bekannte Rückfalldiebe" oder - und dieses ist besonders bemerkenswert - bei der Festnahme eines „bedeutenden Mitgliedes der faschistischen Partei". Unbeantwortet blieb die Frage, wie derartige „bedeutende Mitglieder der faschistischen Partei" ohne weiteres von den Grenzpolizisten hatten erkannt werden sollen.

Die Anwendung der Schußwaffe war dem Dienststellenleiter, insbesondere aber dem zuständigen sowjetischen Offizier der öffentlichen Sicherheit, des gefürchteten und berüchtigten NKWD, zu melden. Die schriftlichen Berichte dienten gleichzeitig als Unterlage für die Abbuchung verschossener Patronen sowie für die Aushändigung neuer Munition.

Ein gewisser Polizeikommissar F. Boettcher erläuterte damals in einem Artikel die Bedeutung dieses Schießbefehls und wies warnend darauf hin, daß ein Polizeiangehöriger, der nicht die notwendigen „Vorkehrungen" getroffen habe, um beispielsweise einen Fluchtversuch zu verhindern „und infolgedessen seines Gefangenen verlustig" gehe, sich der fahrlässigen Gefangenenbefreiung schuldig mache. Auch er unterstrich: „Gegen Angehörige der Besatzungsmacht darf niemals und unter keinen Umständen von der Schußwaffe Gebrauch gemacht werden." Ganz offensichtlich waren zu dieser Zeit viele Angehörige der Deutschen Grenzpolizei fahrlässig mit ihren Waffen umgegangen, hatten sie verloren oder - was wahrscheinlicher ist - auf dem Schwarzmarkt gegen rare Waren eingetauscht. Bereits am 30. September 1947 hatte in dem Befehl Nr. 224 der Stellvertreter des Obersten Chefs der SMAD, Generalleutnant M. Dratwin, all denen, die den Verlust ihrer Waffe meldeten, Gefängnisstrafen zwischen einem und fünf Jahren angedroht. Was in diesem und anderen Befehlen der SMAD - auch nach 1949 - zum Ausdruck kam, brachte Polizeikommissar Boettcher in seinem Artikel auf den Punkt:

„Immer wieder treten fahrlässige Waffenverluste auf, welche bei gründlicher Belehrung der Polizeiangestellten hätten vermieden werden können.

Die Anzahl der auf Grund des Befehls Nr. 224 bisher zur Verantwortung gezogenen Polizeiangehörigen übersteigt das normale Maß beträchtlich. Es muß erreicht werden, daß der Polizist die ihm anvertraute Waffe als höchstes Gut betrachtet. Er muß wissen, daß er sich im Falle einer Gefahr auf seine Waffen verlassen kann; damit wird auch die Schlagkraft der Polizei erhöht. Die Polizei muß im Hinblick auf die Ausübung ihrer Dienstobliegenheit und die Anwendung der Waffen zu einem sicheren und zuverlässigen Instrument werden, um mit dazu beizutragen, den wirtschaftlichen Wiederaufbau in der sowjetischen Besatzungszone zu sichern."[5]

Das Feindbild wird geboren

Für die DVdI bestand eine erhebliche Schwierigkeit von Anfang an darin, die Angehörigen der Deutschen Grenzpolizei immer wieder zur Wachsamkeit zu ermuntern und ihnen klarzumachen, welche „verbrecherischen Elemente" sich auf der anderen Seite der Demarkationslinie, sprich in den Westzonen, aufhielten. Ein Problem, das dann ebenfalls die spätere DDR bis zu ihrem Untergang immer wieder beschäftigte und zu zum Teil absurden Vorwürfen der „Grenzprovokation" führte. Im Befehl Nr. 14 vom 19. 11. 1948 gab denn auch DVdI-Präsident Dr. h.c. Fischer den Angehörigen der Grenzpolizei Anweisungen, wie sie sich „bei Schiessereien von den westlichen Besatzungszonen her" zu verhalten hätten. In letzter Zeit, so der DVdI-Präsident, hätten sich die Fälle gemehrt, in denen vom Westen her über die Demarkationslinien geschossen worden sei, in Einzelfällen seien sogar Grenzpolizei-Angehörige getroffen worden. Für Fischer war klar:

„Aus dem ganzen ist erkennbar, dass hinter diesen Schiessereien ein System steckt. Der Klassenfeind will durch solche Provokationen die Grenzpolizei zur Erwiderung des Feuers verführen. Er will aus der Demarkationslinie, die heute Deutschland durch die Schuld der imperialistischen Westmächte und ihrer westdeutschen Anhänger zerschneidet, eine brennende Grenze machen. Die demokratische Bevölkerung in der sowjetischen Besatzungszone aber will in ruhiger friedlicher Arbeit die neue demokratische Ordnung weiter festigen und den Zweijahresplan durchführen."

Fischers Befehl daher: Die Grenzpolizei solle sich durch derartige Provokationen weder beunruhigen noch von der gewissenhaften Durchführung ihrer Aufgaben abhalten lassen. Ein wilde und planlose Erwiderung des Banditen-

---

[5] „Die Volkspolizei, Zeitschrift für das gesamte Polizeiwesen", Berlin, 1. Jahrgang, Nr. 7, Sept. 1948

Aktivisten Konferenz

Der Thüringer Grenzpolizei und Bereitschaften

Als

Aktivist

für die Sicherung der antifaschistisch-demokratischen Ordnung, im Kampf für Einheit und gerechten Frieden, für Erfüllung und Sicherung des 2 Jahrplanes

bewährte sich der

Volkspolizist

Wm. Schubert, Ernst

Weimar, im Mai 1949

Pol. Inspekteur PK.

Pol. Inspekteur

feuers vom Westen her würde die Bestrebungen des Klassenfeindes geradezu fördern und sei daher seitens der Vorgesetzten mit allen Mitteln zu unterbinden. Neben einer verschärften Kontrolle der verbrauchten Munition befahl Fischer, „an unruhigen und ungeschützten Stellen unauffällig Postenlöcher" anzulegen. An diesen getarnten Stellungen dürfe jedoch nur nachts gearbeitet werden, um zu vermeiden, „dass der Klassenfeind auch derartige reine Schutz- und Abwehrmassnahmen für Zwecke seiner Hetze ausnutzt ... Das äussere Bild soll sich auch an unruhigen Stellen nicht ändern". Wegen der großen politischen Bedeutung der vom Westen her „planmässig betriebenen Störungen an der Demarkationslinie" sei es zudem erforderlich, „jeden Fall derartiger Schiessereien sofort durch Zeugen aus der Grenzpolizei oder auch durch zuverlässige Einwohner schriftlich festzulegen". Mit diesem Befehl Nr. 14 hatte der DVdI- Präsident die Grundlage für eine Argumentation geschaffen, mit der auch spätere Grenzsicherungsmaßnahmen sowie Schußwaffengebrauchsbestimmungen begründet worden waren, nämlich mit angeblichen und von Jahr zu Jahr an Intensität zunehmenden Angriffen und Provokationen von westlicher Seite auf die „Staatsgrenze der DDR".

Die „Staatsgrenze" nimmt konkrete Formen an

Längst waren Deutsche Grenzpolizei sowie Volkspolizei auf dem Weg zu einer Armee, was sich in Ausbildung wie auch in Bewaffnung widerspiegelte. Schon am 26. April 1949 hatte der Oberste Chef der SMAD und Oberkommandierende der sowjetischen Besatzungstruppen in Deutschland, Armee-General W. Tschujkow, in dem Befehl 0175 die Einrichtung von Polizeischulen in der SBZ angeordnet. „Zum Zwecke der Schulung von Polizeikadern in der sowjetischen Besatzungszone Deutschlands" hatte danach der Präsident der DVdI

„a) für jede Polizeischule einen Stellenplan für das Bedienungspersonal auszuarbeiten und dem Stellvertreter des Obersten Chefs der SMAD für Zivilverwaltung Gen. Kabanow zur Bestätigung vorzulegen;
b) Lehrpläne und -programme auszuarbeiten;
c) das für die Schulen notwendige Lehr- und Bedienungspersonal einzustellen;
d) die Aufnahme von Kursteilnehmern aus der Polizei und aus den fortschrittlichen Schichten der Bevölkerung durchzuführen;
- die Reparatur der für die Schulen vorgesehenen Gebäude zu organisieren;
f) die Räume der Polizeischulen mit der notwendigen Einrichtung und Inventar zu versehen".

Zeitzeugen erinnern sich an ihre Verblüffung darüber, daß sie sich wohl zum Dienst bei der Grenzpolizei gemeldet hatten, statt der erwarteten Polizeibewaffnung aber auch russische Mörser oder Panzer in den Arsenalen dieser

„Polizei“ vorfanden und an ihnen ausgebildet wurden. 1950 protestierten die westlichen Alliierten gegen die zunehmende Militarisierung der „Polizei“ der ein Jahr zuvor als Satellitenstaat gegründeten Deutschen Demokratischen Republik. Die Antwort auf ihre Protestnote erhielten sie jedoch nicht aus Ost-Berlin, sondern aus Moskau, in der die Sowjetführung alle dementsprechenden Vorwürfe rigoros zurückwies. Der Kreml verwies am 19. Oktober 1950 in der für ihn typischen Unverfrorenheit darauf, es sei schließlich der Kontrollrat gewesen, der es in seiner Direktive Nr. 16 für notwendig erachtet habe, daß die deutsche Polizei „aktiv an der Aufrechterhaltung der Gesetze und der Ordnung teilnimmt“. Die Volkspolizei der DDR schütze und verteidige „in Übereinstimmung mit den von der Potsdamer Konferenz angenommenen Beschlüssen lediglich die demokratische Ordnung und Gesetzlichkeit. Ganz anders sehe es dagegen in den Westzonen aus, versuchte Moskau den Spieß umzudrehen. Dort seien Polizeiformationen entstanden, die nichts anderes darstellten als Heeresverbände. Wenn gegen die Beschlüsse der Alliierten zur Entmilitarisierung Deutschlands verstoßen werde, dann allein in den vormaligen Westzonen, der nunmehrigen Bundesrepublik Deutschland. Mit dem Hinweis, die Sowjetregierung werde sich mit derartigen Maßnahmen der Regierungen der USA, Großbritanniens und Frankreichs, die auf die Wiederherstellung einer regulären Armee in Westdeutschland abzielten, nicht abfinden, schloß die Note der Kreml-Führung.

Als eine ihrer vordringlichsten Aufgaben betrachtete es die Führung der neugegründeten DDR, die Grenzen zur Bundesrepublik Deutschland endgültig zu schließen. Zuviele Menschen verließen diesen deutschen Teilstaat, wollten sich durch Kommunismus und Sozialismus nicht zwangsbeglücken lassen. Am 26. Mai 1952 schlugen Ost-Berlin und Moskau massiv zu. Sie überraschten die Bevölkerung mit der „Verordnung über Maßnahmen an der Demarkationslinie zwischen der Deutschen Demokratischen Republik und den westlichen Zonen Deutschlands“. Überall im Gebiet entlang der 1.378,1 km langen innerdeutschen Grenze vom Dreiländereck bei Hof bis zur Lübecker Bucht sahen sich die Einwohner der SBZ mit plakatierten Anschlägen konfrontiert, auf denen die „Polizeiverordnung über die Einführung einer besonderen Ordnung an der Demarkationslinie“ zu lesen war, unterzeichnet vom damaligen Minister des Innern, Zaisser, der dann im Juli 1953 aus dem ZK und im Januar 1954 aus der SED ausgeschlossen wurde. Kernpunkte dieser Polizeiverordnung waren insbesondere die Einrichtung einer fünf Kilometer breiten Sperrzone sowie eines 500 m breiten Schutzstreifens entlang der gesamten Demarkationslinie, die Aufhebung aller Bestimmungen über den kleinen Grenzverkehr und das absolute Verbot für Personen aus Westdeutschland, sich innerhalb der Sperrzone aufzuhalten, dazu die Festlegung eines zehn Meter breiten

Kontrollstreifens. Unmißverständlich wurde in § 4 der Verordnung klargemacht:

„Das Überschreiten des 10 m-Kontrollstreifens ist für alle Personen verboten. Personen, die versuchen, den Kontrollstreifen in Richtung der Deutschen Demokratischen Republik oder Westdeutschland zu überschreiten, werden von den Grenzstreifen festgenommen.

Bei Nichtbeachtung der Anordnung der Grenzstreifen wird von der Waffe Gebrauch gemacht."

Scheinheilig veröffentlichte die Regierung der DDR im Gesetzblatt vom 27. Mai 1952, alle Maßnahmen seien unter dem Gesichtspunkt durchzuführen, „daß sie bei einer Verständigung über die Durchführung gesamtdeutscher freier Wahlen zur Herbeiführung der Einheit Deutschlands auf demokratischer und friedlicher Grundlage sofort aufgehoben werden können" - scheinheilig insbesondere auch deshalb, weil parallel zum Ausbau der „Staatsgrenze" die Zwangsaussiedlung tausender Menschen hinzukam, auf die noch näher einzugehen sein wird.

Gegen Diversanten, Agenten, Spione und Schädlinge

Verantwortlich für die Durchsetzung des neuen Grenzregimes war zum damaligen Zeitpunkt das Ministerium für Staatssicherheit, dem die Grenzpolizei unterstand und dem es oblag, „ein weiteres Eindringen von Diversanten, Spionen, Terroristen und Schädlingen in das Gebiet der Deutschen Demokratischen Republik zu verhindern". Begründet hatte die DDR-Regierung die einschneidenden Maßnahmen an der Demarkationslinie mit geradezu abstrusen Behauptungen: Im Rahmen ihrer Kriegspolitik hätten die Bonner Regierung und die westlichen Besatzungsmächte an der Demarkationslinie einen strengen Zoll- und Grenzdienst eingeführt, um sich von der DDR abzugrenzen und dadurch die Spaltung Deutschlands zu vertiefen. Das Fehlen eines entsprechenden Schutzes der Demarkationslinie seitens der DDR werde von den Westmächten ausgenutzt, um in immer größerem Umfang Spione, Diversanten, Terroristen und Schmuggler in die DDR zu schleusen. Diese hätten dann nach Ausführung ihrer verbrecherischen Aufgaben bislang leicht die Möglichkeit, ungehindert nach Westdeutschland zurückzukehren (womit zugleich begründet wurde, daß auch das eigene Hinterland zu sichern war!).

„Auf diese Art versuchen die feindlichen Agenten die Erfolge des friedlichen wirtschaftlichen und kulturellen Aufbaues der Deutschen Demokratischen Republik zu untergraben, die weitere Hebung des Wohlstandes der Bevölkerung der Deutschen Demokratischen Republik zu erschweren und die demokratische Ordnung und Gesetzlichkeit, die Stütze des deutschen Volkes im Kampf für Frieden, Einheit und friedlichen Aufbau zu erschüttern."

Innerdeutsche Grenze um 1950. Sie bestand zu dieser Zeit aus Holzpfählen und einem Kontrollstreifen zur Spurensicherung

Die Regierung der DDR sehe sich deshalb gezwungen, Maßnahmen zu ergreifen, „die die Verteidigung der Interessen der Bevölkerung der Deutschen Demokratischen Republik zum Ziele haben und die ein Eindringen von feindlichen Agenten in das Gebiet“ der DDR unmöglich machten. In den „Beiträgen zur Geschichte der Grenztruppen“ wird die Abschnürung noch 1986 folgendermaßen erläutert:

„Vor allem mit den an der Grenze gegenüber der BRD vorgesehenen Maßnahmen wurden unter Berücksichtigung der Erfahrungen anderer sozialistischer Länder im Prinzip solche Bedingungen für die Grenzsicherung geschaffen, wie sie an der Trennlinie der beiden antagonistischen Systeme erforderlich geworden waren. Der Zeitpunkt und die Art ihrer Durchsetzung charakterisieren, wie sorgfältig dabei weiterhin die konkreten Bedingungen der Klassenauseinandersetzung auf deutschem Boden Beachtung fanden. ... Die an der Grenze zur BRD und am ‚Ring um Berlin‘ angeordneten Sicherungsmaßnahmen beseitigten den Zustand der offenen Grenze nicht völlig, zumal sie die zwischen der Hauptstadt der DDR und Westberlin bestehenden Verhältnisse nicht berührten. Sie schränkten jedoch die Diversions- und Provokationsmöglichkeiten der imperialistischen Kräfte und ihrer Agenturen schon bedeutend ein. Man kann ohne Übertreibung sagen, daß damit schon frühzeitig solchen Plänen des Imperialismus gegenüber der DDR, wie sie am 17. Juni 1953 offen zutage traten, ein Riegel vorgeschoben wurde.“

Allein in der fünf Kilometer breiten Sperrzone lebten zum Zeitpunkt der Verhängung der Teilungsmaßnahmen rund 345.000 Einwohner in über 500 Ortschaften. Immerhin wird in der genannten Schrift der DDR-Grenztruppen eingeräumt, daß „das beiderseitige Grenzgebiet in der Vergangenheit wirtschaftlich und verkehrsmäßig verwachsen war“ und es Betriebe und Ortschaften gegeben habe, die nicht nur in unmittelbarer Grenznähe, sondern sogar auf der Grenzlinie gelegen hätten: „Daraus resultierte, daß die Angehörigen der Grenzpolizei oft in unvorhergesehenen Situationen zu handeln hatten. Sie taten das beherzt und mit hohem Klassenbewußtsein, stets darauf bedacht, die Interessen des Arbeiter-und-Bauern-Staates zu vertreten.“ Worin die „unvorhergesehenen Situationen“ bestanden, läßt der Autor der Schrift nicht von ungefähr offen, handelte es sich doch nicht selten um verzweifelte, auch gewalttätige Proteste der Grenzbevölkerung gegen die Einschränkung ihrer Bewegungsfreiheit und insbesondere gegen die Zwangsvertreibungen aus dem Sperrgebiet. Daß die Führung der DDR durchaus ein ungutes Gefühl hatte, soweit es die Reaktionen der eigenen Bevölkerung betraf, wird auch daraus ersichtlich, daß „zur Bewältigung der neuen Aufgaben“ vom 1. Juni 1952 an „die UdSSR erfahrene Generale und Offiziere der sowjetischen Grenztruppen als Berater zur Verfügung“ stellten.

„An ihrer Spitze standen hervorragende Kommunisten und Militärspezialisten wie General Mali, Oberst Androssow und Oberstleutnant Kuschnarenko. Ihnen und den anderen Beratern ist es mit zu danken, daß die noch junge Grenzpolizei der DDR den steigenden Anforderungen immer besser gerecht wurde.“

Bis zum 30. September 1958 blieben diese sowjetischen „Berater“ in der Grenzpolizei und hatten - so die offizielle Lesart - „großen Anteil daran, daß sich die DGP kontinuierlich und in relativ kurzer Zeit zu einem Organ entwickelt, das zuverlässig alle Aufgaben zur Sicherung der Grenzen der DDR lösen kann“.[6]

Mit großer Intensität hatte die Grenzpolizei, die 1952 in Rostock auch die ersten Küstenschutzboote übernahm, daran zu gehen, für nunmehr feste Grenzsicherungsanlagen zu sorgen. Arbeiter der damaligen Maschinen-Ausleih-Stationen wurden verpflichtet, an der gesamten innerdeutschen Demarkationslinie einen „spurensicheren“ Kontrollstreifen einzurichten, Forstarbeiter mußten die erforderlichen Rodungsarbeiten durchführen. Die staatlichen Forstwirtschaftsbetriebe Wernigerode und Elbingerode beispielsweise hatten auf Anforderung der Grenzkommandanturen und des Landratsamtes in der Zeit vom 27. Mai bis 20. Juni 1952 an 20 Arbeitstagen sechs Zugmaschinen, zwei Raupen, zwei Seilwinden, 46 landwirtschaftliche Gespanne, 16 gewerbliche Kurzholzgespanne sowie 20 gewerbliche Langholzabfuhrgespanne für Rodungsarbeiten zur Verfügung gestellt. Penibel wird in einem Protokoll vom 21. Juni 1952 die erbrachte Leistung aufgeführt: Insgesamt 6.980 Festmeter Holz „aller Sortimente“ seien abtransportiert worden gegenüber fast 12.000 Festmetern, die „bei normalem Einsatz in 20 Arbeitstagen aus dem Abfuhrplan gebracht werden können“.

Gleichzeitig wurden - mit Ausnahme an den wenigen Kontrollpassierpunkten - sämtliche Straßen- und Eisenbahnverbindungen zur Bundesrepublik Deutschland gesperrt. Um die Grenzpolizei zusätzlich in die Lage zu versetzen, ihre Aufgabe, jeglichen Grenzübertritt zu verhindern, zu erfüllen, wurde im selben Jahr damit begonnen, vor allem ihre Bewaffnung zu verbessern. Ab Oktober 1952 hatten die alten Karabiner ausgedient, stattdessen erhielt die Grenzpolizei moderne sowjetische Schützenwaffen.

„Aktion Ungeziefer“: Zwangsvertreibungen im Grenzgebiet

Zeitgleich mit dem Ausbau der innerdeutschen Grenze zu einem auf Dauer unüberwindlichen Bollwerk ging die DDR-Führung daran, einen längst vorbereiteten Plan in die Tat umzusetzen: die Zwangsaussiedlung von „unzuverlässigen Elementen“ aus dem Bereich des Sperrgebietes, intern unter dem Namen „Aktion Ungeziefer“ bekannt. Noch am 17. Juni 1952 - die Vertreibung war längst im Gange oder in einzelnen Grenzregionen schon abgeschlossen - hatte die (Ost-)*Berliner Zeitung* empört alle derartigen Spekulationen zurückgewiesen:

---

[6] „40 Jahre Grenztruppen der DDR“, Armeemuseum der DDR, Dresden, 1986

„In der letzten Zeit werden jedoch durch feindliche Elemente verleumderische Gerüchte in Umlauf gesetzt, wonach aus den Ortschaften, die in dem Fünf-Kilometer-Streifen an der Demarkationslinie liegen, eine Massenaussiedlung von Einwohnern durchgeführt werden soll.

Die Haltlosigkeit und der feindselige Charakter dieser Gerüchte sind offensichtlich. Wie aus wohlunterrichteten Kreisen verlautet, sind keinerlei Aussiedlungen aus den Ortschaften, die im Fünf-Kilometer-Gürtel oder in dem 500-Meter-Streifen an der Demarkationslinie liegen, vorgesehen."[7]

Die Wirklichkeit sah anders aus. Bereits am 29. Mai 1952 waren in Sachsen-Anhalt die ersten Transporte Zwangsevakuierter zusammengestellt worden, im Kreis Arendsee sogar schon am 27. Mai. Dieses Datum dürfte Nachweis genug für die langfristige Vorbereitung der Evakuierungen sein, war es doch derselbe Tag, an dem die neue „Grenzordnung" in Kraft trat. Den Kreis Gardelegen mußten 225 Personen zwangsweise verlassen, den Kreis Haldensleben 117, den Kreis Wernigerode 158 und den Kreis Oschersleben 287. In Mecklenburg setzten die Zwangsumsiedlungen am 7. Juni ein, in Thüringen wurden sie am 5. und 6. Juni vorgenommen. Insgesamt wurden von der Zwangsumsiedlung von Thüringen bis nach Mecklenburg 2.347 Familien mit insgesamt 8.331 Personen überrascht. Ohne jegliche Möglichkeit des Widerspruchs hatten sie innerhalb weniger Stunden ihre Häuser zu verlassen, Bauern war es verwehrt, ihr Vieh, landwirtschaftliche Geräte, Saatgut oder Brennstoff mitzunehmen. Den Betroffenen wurden Ausweisungsbescheide vorgelegt, in einer Reihe von Fällen erhielten die Betroffenen durch Obergerichtsvollzieher auf den für Zwangsvollstreckungen üblichen Formularen die Räumungsbenachrichtigung.

Für die Aufstellung der Evakuierungslisten hatten durchweg Angehörige des Staatssicherheitsdienstes gesorgt, unterstützt von örtlichen Funktionären der SED. Basis der Evakuierungslisten bildeten dabei die über Jahre gesammelten Informationen von SED-Mitgliedern und anderen Spitzeln, wobei generell folgende Personenkreise von heute auf morgen ihre Heimat zu verlassen hatten:

- aktive Gegner des Systems,
- Ostflüchtlinge und Volksdeutsche,
- ehemalige Berufssoldaten,
- Besitzende und selbständige Berufe,
- jeder, der Beziehung zum Westen hatte,
- illegale Grenzgänger sowie
- Kaufleute, Unternehmer, Großbauern, Handwerker, Gastwirte und sonstige freie Berufe, denen Verstöße gegen Bewirtschaftungsvorschriften oder unerlaubte Geschäftsbeziehungen zum Westen vorgeworfen wurden.

---

[7] „Die Sperrmaßnahmen der DDR vom Mai 1952", Weißbuch der Bundesregierung, 1953

Auffallend ist die große Zahl von Gastwirten, die der Zwangsumsiedlung zum Opfer fielen. In den meisten Fällen übernahm umgehend die staatliche Handelsorganisation (HO) die Geschäfte. Ähnliches gilt für die landwirtschaftlichen Flächen, die durch die Vertreibung freigeworden waren, bei denen es sich immerhin um 1.200 Betriebe mit einer landwirtschaftlichen Nutzfläche von knapp 16.000 ha handelte. Diese Betriebe gingen sofort in Landwirtschaftliche Produktionsgenossenschaften über.

Daß die DDR-Führung umfangreiche Propagandaaktionen startete, mit denen die Zwangsumsiedlungen begründet wurden, versteht sich von selbst, und auch der von der Evakuierung betroffene Personenkreis wurde selbstverständlich anders definiert. Nach offiziellem Sprachgebrauch waren es vor allem

„... wegen Diebstahl, Raub, Mord und wegen Störung der öffentlichen Ordnung vorbestrafte Personen, die nach Verbüßung der Strafe kein Arbeitseinkommen besitzen und seit mehr als 3 Monaten keiner gesellschaftlich nützlichen Arbeit nachgehen,
Personen ohne festen Arbeitsplatz, die nicht vom Arbeitseinkommen leben,
Personen, die ihren Lebensunterhalt durch Prostitution sichern",

die das Grenzgebiet zu verlassen hatten. Daneben hieß es in einem Schreiben an die Leiter der Volkspolizeikreisämter Thüringens vom 23. Mai 1952:

„In den Personenkreis, der aus der Sperrzone an der Demarkationslinie auszuweisen ist, sind außerdem noch einige Personen einzubeziehen: Grenzführer, illegale Grenzgänger, Personen, die nach dem Befehl 201 der SMAD abgeurteilt wurden, und Haushaltsmitglieder, die zum Haushalt eines republikflüchtig gewordenen Haushaltsvorstandes gehören."

Zumindest in Ansätzen wird in diesem Schreiben der tatsächliche Charakter und der ausschließlich politische Hintergrund der Zwangsumsiedlungen offenbart.

In welch brutaler Weise die Zwangsumsiedlungen vor sich gingen, macht der Bericht des damaligen Bürgermeisters von Geisa, Aloysius Will, deutlich, der wie viele andere auch in diesen Tagen, in die Bundesrepublik floh, und der hier auszugsweise wiedergegeben werden soll:

„Am 5.6.1952 wurde ich telefonisch benachrichtigt, daß ich mit meinem Stellvertreter um 9.30 Uhr in meinem Dienstzimmer anwesend sein müsse. Es meldete sich bei mir ein Kriminalbeamter sowie ein Polizeihauptwachtmeister Zimitsch und eröffnete mir folgendes:

‚Aus staatspolitischen Gründen habe der SSD die Umquartierung eines Teiles der Stadt Geisa angeordnet. Die Maßnahme müsse unter allen Umständen durchgeführt werden und man erwarte von mir als Bürgermeister jegliche Unterstützung.'

Auf meine Frage, wieviel Familien zur Umquartierung vorgesehen seien und welche Familien in Frage kommen, wurde geantwortet: ‚Das werden Sie im Laufe des Tages alles noch erfahren.' Auf die Frage, wohin die Umquartierung erfolge, wurde geantwortet: ‚In das Innere der DDR.'

Auf die Frage, welche Gründe zur Evakuierung vorliegen, wurde die Auskunft erteilt, daß das Angelegenheit des SSD sei. Weitere Auskünfte wurden nicht erteilt.

Nach ungefähr einer halben Stunde kamen beide wieder und verlangten von mir, daß ich sie auf dem Gang zur Benachrichtung der Familien zu begleiten habe. Ich habe dies im Verlauf einer heftigen Auseinandersetzung strikt abgelehnt, mit der Begründung, daß ich nicht Mitglied des SSD, sondern Bürgermeister sei und gerade jetzt in meinem Dienstzimmer anwesend sein müsse.

Nach weiterem Drängen habe ich eine halbe Stunde später jemanden mitschicken müssen, der die Wohnung der einzelnen Leute zeigen mußte. ...

Nach meinem telefonischen Anruf in Bad Salzungen, wo man mir mitteilte, daß man Sonderwünsche nicht berücksichtigen könne, da sonst der ganze Transport gefährdet sei, hatte ich bereits schon einen Überblick, daß ca. 15 Familien evakuiert werden sollten. ... Nach Rücksprache mit dem Kreisrat Neumann wurde mir versichert, daß der Kreisrat Schleicher aus dem Kreis Sondershausen anwesend sei, um den Transport zu übernehmen. Derselbe wurde dann noch am selben Tage abberufen, um die Quartiere in Sondershausen und Umgebung sicherzustellen. Die letzten Einwohner wurden abends gegen 19 Uhr benachrichtigt, mit der Aufforderung, etwa um 6 Uhr zum Abtransport bereit zu sein. Der nötigste Hausrat könne mitgenommen werden.

Nachdem mir bekannt war, welche Familien in Frage kamen, - es waren insgesamt 35 Familien und vier Einzelpersonen - wurde gemeinsam unter den zuverlässigen Personen ein Fluchtplan ausgearbeitet, mit dem Ziel, die nahe Zonengrenze sicher zu erreichen. Die Beteiligten - ungefähr ein Treck mit 50 - 60 Personen - sammelten sich in einem Kornfeld nahe der Stadt, um von dort aus gemeinsam abmarschieren zu können. Noch vor dem Abmarsch wurden sie von berittener Polizei entdeckt und zur Umkehr aufgefordert. Während der Verhandlungen, die von den Männern, die zu allem entschlossen waren, geführt wurden, wurde in der Nähe der Grenze plötzlich heftig geschossen, worauf sich die Grenzpolizisten sofort dorthin begaben. Der Treck setzte sich nunmehr in Bewegung und erreichte unbehelligt den 500-Meter-Streifen. Hier wurden die Flüchtlinge wieder von 2 Grenzpolizisten angehalten, die sie gleichfalls zur Rückkehr aufforderten. Die Männer umringten die Grenzpolizisten sofort und gaben ihnen den Rat, sie unbehelligt zu lassen, da sie zu allem entschlossen wären und niemals nach Geisa zurückkehren würden. Durch diese Drohungen eingeschüchtert, ließen die Grenzpolizisten den Treck ungehindert weiterziehen. Nachfolgende Flüchtlinge, die den Anschluß an den Treck nicht mehr erreicht hatten, wurden von der Grenzpolizei zurückgewiesen und nach kurzem Verhör in ihre Wohnungen entlassen. ...

Am 6.6.1952, geg. 3 Uhr, wurde ich von der Polizei geweckt, die mir mitteilte, daß die Lastwagen zum Abtransport der Evakuierten gegen 5 Uhr eintreffen würden und die Evakuierungen nunmehr vonstatten gehen würde.

Am Vorabend des 5.6.1952 wurde ich gegen 24 Uhr von dem Org.-Instrukteur des Landkreises Bad Salzungen, Hoffmann, aufgefordert, 150 Personen für die Verladung der Möbel bei der Durchführung der Evakuierung bereitzustellen. Aus der mir vorgelegten Liste konnte ich hierbei ersehen, daß sämtliche Gemeinden des Amtsbezirkes Geisa derartige Arbeitskräfte zur Verfügung zu stellen hatten.

Von den zur Umquartierung vorgesehenen Familien waren inzwischen 24 in die Bundesrepublik geflüchtet. Da 2 infolge Krankheit zurückbleiben konnten, waren nur noch 9 zu evakuieren.

Um 6 Uhr rollten ca. 60 Lastzüge, darunter große Möbeltransporter, in die Stadt ein und erweckten den Eindruck, als sollte die ganze Stadt evakuiert werden. Die Zurückgebliebenen begannen erst mit der Verladung, nachdem ihnen versichert worden war, daß sie tatsächlich nur in den Kreis Sondershausen umquartiert würden. Lediglich bei der Umquartierung des Kaufmanns Emil Dittmar kam es zu heftigen Auseinandersetzungen mit der Polizei. Dittmar ging noch am gleichen Tag - zusammen mit seinem Schwiegersohn, dem Lehrer Schmidt - über die Grenze.

Am 6.6.1952 begab ich mich nach Dermbach, um mich dort nochmals über das Reiseziel zu informieren. Ich habe dort festgestellt, daß je 2 Familien in einen Waggon verladen wurden. ... Kurz vor Beginn der Evakuierungen traf in Geisa noch eine 30köpfige Kommission aus Bad Salzungen ein, die sich aus Angestellten der verschiedenen Ämter, des Konsums usw. zusammensetzte. Die Aufgabe dieser Kommission lag in der Aufklärung der Bevölkerung über die Gründe der Evakuierung und in der Anfertigung von Übernahme-Protokollen für das von den Evakuierten zurückgelassene Eigentum (insbesondere bei Geschäftsleuten). Ich selbst hatte die Anweisung, die Wohnungen der Evakuierten zu versiegeln. Ich habe diese Maßnahme bewußt bis zum heutigen Tage hinausgezögert, so daß die im Ort zurückgebliebenen Angehörigen bzw. Verwandten noch Sachen aus den Wohnungen herausholen konnten."[8]

Nicht überall verliefen die Zwangsvertreibungen so vergleichsweise „friedlich" wie in Geisa. Nach Gestapo-Manier klingelten am 5. Juni 1952 acht Volkspolizisten und zwei SSD-Angehörige bei der Familie von Bürgermeister Fritz Pfeifer in Streufdorf und forderte sie auf, eine Verpflichtungs-Erklärung zu unterschreiben, nach der sie freiwillig Streufdorf verlasse. Mit dabei waren Arbeiter, die - obwohl Fritz Pfeifer die Unterschrift verweigerte - damit begannen, Möbelstücke aus dem Haus zu tragen und auf bereitstehende Lastwagen zu verladen. Pfeifer weckte in seiner Not Nachbarn, die ihm zur Hilfe eilen sollten. Morgens um 6 Uhr, der größte Teil der Möbel war bereits verladen, läuteten sämtliche Glocken der Gemeinde Sturm:

„Alle Bauern und Jugendlichen waren auf der Straße, um die Evakuierungsmaßnahmen zu verhindern oder aufzuhalten. Größere Trupps Jugendlicher griffen sofort ein und entluden die schon zum Teil beladenen Lkw's wieder und trugen die Möbelstücke in die Wohnungen zurück. Dasselbe geschah auch bei mir.

Als ich darauf ins Dorf ging, wurde ich von einem Volkspolizisten aufgefordert, mit ihm zu kommen. Die Bevölkerung nahm eine drohende Haltung ein, darauf ließen die VP-Leute mich in meine Wohnung zurückgehen. Sie postierten sich dafür, ungefähr 10 Mann, vor meiner Wohnungstür mit bereitgehaltenen Waffen und luden selbst wieder die Möbel auf.

Mittlerweile hatten die zusammengerufenen Leute im Ort die Strassen aufgerissen, Mähmaschinen, Bauholz und Stricke über die Straße gebaut, um so jeden Verkehr nach dem sogenannten ‚Heldburger Zipfel' und zur Kreisstadt zu unterbinden. Zusammengezogene Einheiten der Volkspolizei waren gegen die Bevölkerung, die eine sehr feindliche Haltung einnahm, machtlos. Die Polizei war bewaffnet mit Gummiknüppel, Karabiner und

[8] ebda

aufgepflanztem Bajonett. Ein Teil der Fahrzeuge, die beladen waren, zogen sich an der Dorfstraße zusammen und blieben hier, da sie an der Weiterfahrt verhindert waren, stehen.

Inzwischen versuchte die Kreisleitung der SED und des SSD sogenannte ‚Aufklärer' einzusetzen, die der Bevölkerung das Unsinnige ihres Verhaltens klarmachen sollten. Von der Bevölkerung wurde diesen sogenannten ‚Aufklärern' richtige und klare Antwort erteilt, indem sie kräftige Schläge ins Gesicht erhielten. Auf diesen Tumult hin wurde erneut Verstärkung der Polizei angefordert, und gegen 12.30 Uhr waren ungefähr im Ort 4/500 Mann Volkspolizei. Gleichzeitig erschienen auch mehrere höhere Offiziere der Russen, die sich aber in die MAS-Station zurückzogen.

Der Ort wurde umstellt, so daß ungefähr alle 50 Meter ein Doppelposten stand. Um die gleiche Zeit wurde ein Großeinsatz der Polizei versucht, um die Straßensperren zu beseitigen, dabei wurde rücksichtslos von den Gummiknüppeln Gebrauch gemacht."

Natürlich hatte die Bevölkerung letztlich keine Chance gegen die Staatsmacht, die zum Einsatz auch von brutaler Gewalt bereit war. 50 Angehörige der berittenen Polizei brachen mit Unterstützung von Wasserwerfern den Widerstand:

„Daraufhin stürmten die SSD-Funktionäre, mit vorgehaltener Pistole und wüsten Beschimpfungen, in die Häuser und holten u.a. auch mich, meine Frau und meine beiden Kinder heraus. Unter Fußtritten, Schlägen und Beschimpfungen, wie ‚CDU-Schwein' usw. wurden wir auf Lkw's verladen. Ebenso erging es vielen anderen Einwohnern des Dorfes Streufdorf.

An der MAS-Station, die Hauptquartier des SSD und der VP ist, wurde ich von dem Kreisvorsitzenden der SED, Jäger, erkannt und unter Beschimpfungen vom Auto heruntergeholt. Dabei sagte Jäger wörtlich: ‚Wenn sich dieses Schwein von Bürgermeister rührt, wird er sofort umgelegt.' Meine Frau sprang ebenfalls vom Wagen, und wir wurden beide in ein Zimmer auf der MAS-Station gebracht. Hier sahen wir auch mehrere Angehörige der Gemeindevertretung und andere Einwohner des Ortes wieder, die an Handschellen gefesselt waren.

Sämtliche Papiere, Wertgegenstände usw. wurden uns abgenommen, und nach ungefähr einer Stunde wurden wir abermals auf einen Lkw verladen. Dabei mußten wir so sitzen, daß wir uns nicht an die Bordwand des Fahrzeuges legen durften, um jede Bewegung oder Flucht unmöglich zu machen. 4 Mann VP mit entsichertem Karabiner saßen uns im Rükken und 4 Mann vor uns. Außerdem hatte der Führer des Transportes den Auftrag erhalten, bei der geringsten Fluchtbewegung auf uns zu schießen.

Wir wurden in das Gefängnis Hildburghausen eingeliefert und im Laufe von zwei Tagen mehrmals am Tage und in der Nacht vernommen, wobei wir immer wieder beschimpft wurden mit ‚Lumpen, Verbrecher' usw.

Nach drei Tagen wurde ich mit noch vier weiteren Streufdorfern entlassen und unter Polizeibewachung in den Kreis Arnstadt (Thür.) gebracht. Dort fand ich am nächsten Tag meine Familie wieder, mit der ich mich dann sofort nach West-Berlin absetzte, um einer wiederholten Verhaftung zu entgehen."[9]

---

[9] ebda

Die Verhöhnung der Opfer

Hatten die Zwangsevakuierten ohnehin schon ihre Heimat und ihren Besitz verloren, sahen sie sich zusätzlich einer von Zynismus geprägten Kampagne der örtlichen „Organe" ausgesetzt. In einer „Argumentation für das Grenzgebiet" begründete beispielsweise die Landrätin des Kreises Westprignitz mit Sitz in Perleberg am 10. Juni 1952 die Tatsache, daß Bauern ihr Vieh nicht mitnehmen durften, folgendermaßen:

„Es wird nicht ratsam sein, wenn der Bauer gleich alles mitnimmt, denn er kennt die Futterverhältnisse und Stallverhältnisse der neuen Wirtschaft noch nicht. Dieses muß dem Bauern bei der Agitation aufgezeigt werden, denn er liebt ja sein Vieh und möchte nicht, daß es vielleicht hungern muß."

Zynischer ging es nicht mehr, was auch für die nachfolgende „Argumentationshilfe" galt, in der zugleich zur Täuschung und Beruhigung den Betroffenen vorgegaukelt wurde, sie könnten eines Tages in ihre Heimat zurückkehren:

„Jeder Auszusiedelnde erfährt sofort bei Bekanntgabe auch den Ort, wohin er kommt. Die aus unserem Kreis Ausgesiedelten kommen in die Orte Prenzlau, Neuruppin und Templin. Bauern erhalten wieder eine Wirtschaft, die aber meist kleiner sein wird als ihr Eigentum.

Sie können also der gewohnten Beschäftigung bis zur Heimkehr nachgehen. Jede der ausgesiedelten Familien (wobei es sich in unserem Kreis nur um wenige gegenüber der Gesamtbevölkerung des Sperrgebietes handelt) und Einzelpersonen erhalten noch vor der Abreise einen Betrag für kleine Nebenkosten und einen namhaften Betrag für den Umzug, so daß niemandem Kosten entstehen. Für entstandenen Lohnausfall werden je Tag und Person 10,- DM auf die Dauer von 10 Tagen gezahlt, so daß auch hier keine Härten auftreten. Außerdem werden die Menschen unterwegs auch gesundheitlich betreut. Es ist also alles getan worden, damit niemand durch die Umquartierung in eine Notlage kommt. Diese großzügige Hilfe unserer Regierung zeigt wieder, daß auch bei solchen Menschen die Sorge um den Menschen im Vordergrund steht."

Wer mit „solchen Menschen" gemeint war, hatte Landrätin Beier ebenfalls in ihrer Argumentation klargemacht. Bei ihnen handele es sich keinesfalls um Verbrecher, sondern um Menschen, die in den zurückliegenden Jahren gezeigt hätten, daß sie nicht zu denen gehörten, auf die die Regierung sich verlassen könne. Es seien Personen, die ihr persönliches Wohl über das des Volkes gestellt oder bewußt den Aufbau der DDR zerstört und den feindlichen Argumenten mehr Glauben geschenkt hätten als denen der eigenen Regierungspolitik. Andere wiederum hätten eine undurchsichtige Lebensweise geführt, als Schmuggler an der grünen Grenze oder als Prostituierte. Es seien für die Aussiedlung also ausschließlich Personen festgelegt worden, die keine Gewähr dafür böten, daß die DDR sich auf sie verlassen könne.

Da der Bevölkerung im Grenzgebiet im 500-m-Schutzstreifen sowie im 5-km-Sperrgebiet durch die Einführung der besonderen Ordnung „einige Belastungen“ auferlegt worden seien, habe die Regierung vom 1. Juli 1952 an für die Bevölkerung in diesem Gebiet besondere Erleichterungen geschaffen. Dazu gehöre ein Lohn- und Gehaltszuschlag von 15 Prozent für alle Lohn- und Gehaltsempfänger volkseigener und ihnen gleichgestellter Betriebe sowie für Behördenangestellte, ein monatlicher Zuschlag von 10 DM für Rentner sowie eine Steuersenkung um 10 Prozent für Handwerker, die Steuern für Angehörige freier Berufe würden um 15 Prozent gesenkt. Zudem könnten die Bauern, die im Sperrgebiet bleiben dürften, „ebenfalls mit wesentlichen Vergünstigungen“ rechnen: „So bekommen z.B. alle bäuerlichen Betriebe, die im Sperrgebiet wohnen, eine Ermäßigung des Ablieferungssolls in Getreide, Hülsenfrüchten, Kartoffeln, Schlachtvieh, Milch, Eier, Zuckerrüben und Gemüse ... Das Ablieferungssoll für Heu und Stroh wird in voller Höhe gestrichen.“ Auch hier kam Landrätin Beier zu der Überzeugung: „Alle diese Vergünstigungen zeigen, daß unsere Regierung die Sorge um den Menschen verwirklicht und sofort Maßnahmen ergreift, wenn es erforderlich ist.“ Mit dem Aufruf, „Helfe jeder mit, alle Schwierigkeiten schnell zu beseitigen, dann werden auch die Ausgesiedelten sehen, daß diese uns durch Adenauer aufgezwungene Maßnahme so durchgeführt wird, daß der Mensch im Mittelpunkt unseres Geschehens steht“, endete diese sogenannte „Argumentation“.[10] Bemerkenswert bei der Zwangsvertreibung des Jahres 1952 war, daß trotz aller scheinbar eindeutigen Befehle, die den Kreis der zu Evakuierenden festlegte, der Willkür örtlicher Organe dennoch Tür und Tor geöffnet waren. So durften Personen, die nach dem Willen des MdI hätten vertrieben werden müssen, in ihren Heimatorten bleiben, andere, wie auch eine Reihe von Informellen Stasi-Mitarbeitern, die sich schon frühzeitig dem Regime angedient hatten, wurden dagegen zum Verlassen des Sperrgebietes gezwungen

Aktion „Festigung“ - Die zweite Vertreibungswelle

Bei dieser einen Zwangsvertreibung blieb es nicht. Nach dem 13. August 1961 holte die DDR zu einem weiteren Schlag aus, zur Aktion „Festigung“. Mit Befehl 35/61 des Ministers des Innern, Maron, vom 1. September 1961 und unter Federführung des Ministeriums für Staatssicherheit wurden erneut 920 Familien mit 3.175 Angehörigen, darunter 1.049 Kinder, aus ihrer angestammten Heimat vertrieben und ins Landesinnere der DDR umgesiedelt. In dem genannten Befehl, der mit seiner Formulierung einen Freibrief zur willkürlichen Vertreibung aller „unzuverlässigen Elemente“ darstellte, hieß es dazu u.a.:

[10] ebda

„1. Aus dem Bereich der 5 km-Sperrzone und des 500 m-Schutzstreifens sind auszuweisen:
a) Ehemalige Angehörige der SS, unverbesserliche Nazis, ehemalige Ortsbauernführer, Personen, die durch ihre reaktionäre Einstellung den Aufbau des Sozialismus hindern, sowie Personen, die ihrer Einstellung nach und durch ihre Handlungen eine Gefährdung für die Ordnung und Sicherheit im Grenzgebiet darstellen;
b) Erstzuziehende aus Westdeutschland und Westberlin;
c) Rückkehrer aus Westdeutschland und Westberlin, die bisher noch nicht durch gute Arbeitsleistungen ihre Verbundenheit zur Deutschen Demokratischen Republik unter Beweis gestellt haben und die bei der Eingliederung in das gesellschaftliche Leben große Schwierigkeiten bereiten;
d) Personen, die als Grenzgänger angefallen sind oder die Arbeit der Deutschen Grenzpolizei erschwerten oder behinderten. Darunter fallen arbeitsscheue und asoziale Elemente, HWG-Personen usw.;
e) Alle Personen, die der polizeilichen Meldepflicht nicht nachgekommen sind bzw. bewußt versucht haben, die Meldepflicht zu umgehen;
f) Ausländer und Staatenlose.

Die in enger Gemeinschaft lebenden Angehörigen der unter a - f genannten Personen sind mit auszuweisen.

2. Die Feststellung des obengenannten Personenkreises hat durch die VPKÄ in Zusammenarbeit mit den Kreisdienststellen des MfS und der Deutschen Grenzpolizei zu erfolgen.

3. Die Leiter der Volkspolizeikreisämter unterbreiten der Einsatzleitung des Kreises die Vorschläge der zur Ausweisung kommenden Personen.
Die Einsatzleitungen der Kreise verfügen nach Bestätigung durch die Bezirkseinsatzleitungen die Ausweisung der betreffenden Personen.

4. Nach Bestätigung wird dem Betreffenden die Ausweisung von den zuständigen Dienststellen der Volkspolizei mündlich mitgeteilt.

Er ist aufzufordern, binnen 48 Stunden nach der mündlichen Mitteilung das Grenzgebiet zu verlassen und sich unverzüglich und auf kürzestem Wege an den Ort zu begeben, der als neuer Wohnort festgelegt wurde. Von den Einsatzleitungen der Bezirke werden die Kreise und Orte bestimmt, in welche die Ausgewiesenen ihren Wohnsitz zu verlegen haben. Der neue Wohnort muß außerhalb der Grenzkreise liegen.

Nur in außergewöhnlichen Ausnahmefällen kann eine Fristverlängerung um 24 Stunden gewährt werden.

Die Ausweisung erfolgt unter Aufsicht des zuständigen Volkspolizeikreisamtes.

5. Die Abmeldung der Personen ist durch die Abteilung Paß- und Meldewesen vorzunehmen und alle über die Person vorliegenden Unterlagen sind sofort unter Beifügung einer abschließenden Einschätzung der Person dem VPKA mit ZKD zu übersenden, in dessen Bereich der neue Wohnsitz liegt.

6. Durch die VPKÄ ist dafür zu sorgen, daß die Registrierstempel in den Personalausweisen ungültig gemacht werden und daß die ausgesiedelten Personen keine Passierscheine zur Einreise in das Sperrgebiet erhalten."

Auch diese Aktion, die am 1. Oktober 1961 eingeleitet und nach wenigen Tagen abgeschlossen wurde, kam für die Betroffenen völlig überraschend. In der

Regel in den frühen Morgenstunden erschienen „Handlungsgruppen", bestehend aus Volkspolizisten, Mitarbeitern des MfS, Kriminalpolizei, Vertretern des Staats- und Parteiapparates sowie Angehörigen der Bewaffneten Kampfgruppen der Arbeiterklasse und setzten die Vertreibungen, teils gewaltsam, durch. Ganze Dörfer wurden abgeriegelt, aus dem Bezirk Schwerin ist sogar der Einsatz von Schützenpanzerwagen bekannt. Schwerkranke wurden in Sanitätsfahrzeugen abtransportiert. Zugewiesen wurden den Vertriebenen häufig baufällige Häuser, die kaum mehr als bewohnbar bezeichnet werden konnten. Hinzu kam, daß sie an ihrem neuen Wohnort der permanenten Überwachung durch die Volkspolizei, insbesondere aber durch MfS-Spitzel unterlagen und durch entsprechende Markierungen in den Personaldokumenten von vornherein und auf Dauer als „unzuverlässige Elemente" gebrandmarkt waren.

Mit den massenhaften Zwangsevakuierungen begnügte sich die DDR-Führung beileibe nicht, um die „Sicherheit an der Staatsgrenze West und an den Grenzen zwischen der Hauptstadt der Deutschen Demokratischen Republik (das Demokratische Berlin) und Westberlin und zwischen der Deutschen Demokratischen Republik und Westberlin" zu „erhöhen". Mit dem Befehl 48/61 vom 15. Dezember 1961, ebenfalls vom Minister des Innern Maron unterschrieben, wurde die Grundlage für umfangreiche Enteignungsmaßnahmen geschaffen, die letztlich Einzel-Vertreibungen ermöglichte. Dabei ging es ausschließlich darum, den Ausbau der Grenze sowohl in und um Berlin als auch zum übrigen Bundesgebiet voranzutreiben. In dem Befehl heißt es dazu:

„1. Müssen zur Anlegung des Grenzschutzstreifens, von Grenzsicherungsanlagen, für Unterkunftszwecke, für den Straßenbau usw. Grundstücke, Grundstücksteile und Gebäude den Eigentümern oder Nutzern entzogen werden, sind diese dem Rat des Kreises, in dessen Bereich sich die Vermögenswerte befinden, bekanntzugeben.

Auf Grund bestehender Beschlüsse hat der Rat des Kreises die vermögensrechtlichen Angelegenheiten zu regeln.

2. Wird das in den Gebäuden befindliche Inventar für die Zwecke der Organe des Ministeriums des Innern benötigt oder muß es aus volkswirtschaftlichen Gründen im Gebäude verbleiben, sind diese Vermögenswerte dem Rat des Kreises anzuzeigen, damit es von ihm käuflich erworben werden kann. Das aus volkswirtschaftlichen Gründen nicht benötigte Inventar kann in der Regel der Eigentümer mitnehmen.

Gleichzeitig mit der Bekanntgabe des Grundstückes bzw. des Gebäudes an den Rat des Kreises ist der Antrag auf Übernahme und Schätzung des von den Organen des Ministeriums des Innern zu übernehmenden Inventars beim Rat des Kreises zu stellen, in dessen Bereich sich die Vermögenswerte befinden ...

5. Werden von den Organen des Ministeriums des Innern Ferien- oder Erholungsheime sowie andere im Eigentum gesellschaftlicher Organisationen oder sozialistischer Genossenschaften (FDGB, Konsum usw.) stehende Grundstücke oder Gebäude ständig zur Durchführung von Grenzsicherungsmaßnahmen genutzt, sind sie in das Eigentum des Volkes zu überführen."

Auszug aus dem Befehl

des Chefs der SMA für das Bundesland Sachsen 28

4.Dezember 1946 Nr.o2o8 Dresden

Betr.: Den Schutz der tschechoslowakischen und polnischen Grenzen des BL Sachsen.

I c h b e f e h l e :

5. Die Posten des deutschen Grenzschutzes sowie die Bezirks- und Abschnittsinspektionen des Grenzschutzes sind in operativer Hinsicht nur den entsprechenden Militärbefehlshabern zu unterstellen.

6. Personen, die unrechtmäßig die Grenze überschreiten sowie die bei ihnen sichergestellten Vermögenswerte (Autos,Wertgegenstände, Waffen und übriges Sachbeweismaterial) sind von den Militärwachen und von den Posten der deutschen Grenzpolizei an die entsprechenden Instanzen gemäß der Instruktion vom 23.November 1946 über den Schutz der tschechoslowakischen und polnischen Grenzen weiterzuleiten.

7. Für die Bewaffnung des Personalbestandes der deutschen Grenzpolizei sind Karabiner mit dem Kaliber 7,92 einzuführen.

Die Richtlinien für die ~~Benutzung~~ Anwendung der Waffen durch die deutsche Grenzpolizei sind in einer Spezialinstruktion vom 23.11.46 festgelegt.

Der Präsident der Landesverwaltung Sachsen,Herr Dr.Friedrichs, hat:

a) Den Grenzwachen zur Erstellung von Wällen, Gräben und Stachelverhauen nach ihren Angaben Arbeitskräfte zur Verfügung zu stellen.

b) Dem Grenzschutz die Gebäude der ehemaligen Zollposten an der Grenze der Tschechoslowakei zur Verfügung zu stellen.

c) Räumlichkeiten für die Unterbringung der Dienststellen des Grenzschutzes an der polnischen Grenze sowie Räumlichkeiten für den Grenzschutz und seine Familien an der gesamten Grenze zur Verfügung zu stellen.

d) Für die Versorgung der Ämter der deutschen Grenzwache und des Personalbestandes mit Brennstoff in der Saison 1946/47 zu sorgen.

e) Dem Personalbestand der Grenzpolizei, deren Wohnungen an ihren früheren Arbeitsplätzen zu bewahren.

f) Die Versorgung des Personalbestandes der Grenzpolizei mit allen Arten von Lebensmitteln, Geld und Sachlieferungen gemäß dem Etat der Grenzpolizei vom 23.11.46 einzurichten.

g) Sein Gutachten über das Ausmaß der prozentuellen Zuschläge zum Gehalt der Grenzpolizei im Zusammenhang mit dem Gesuch des Polizeipräsidenten,Herrn Hoffmann, vorzulegen.

h) Bis zum 15.Dezember 1946 bei den Bezirks-Polizeipräsidien in Chemnitz Dresden und Bautzen Untersuchungsgefängnisse für je loo Personen für die illegalen Grenz-Übertreter einzurichten.

Der stellv.Chef der SMA für das BL Sachsen
Generalmajor Dubrowski.

Der Stabschef der SMA f.d.BL Sachsen
Garde-Generalmajor Dudorow.

Für die Richtigkeit des Auszuges:
Für den Kanzleichef der Verwaltung der SMA f.d.BLS,
Gardemajor Bjelousow 9.12.46
gez.Unterschrift.

Präsidenten FSS

ВЫПИСКА ИЗ ПРИКАЗА

НАЧАЛЬНИКА СОВЕТСКОЙ ВОЕННОЙ АДМИНИСТРАЦИИ ФЕДЕРАЛЬНОЙ ЗЕМЛИ САКСОНИЯ

1 26

№ 0208

4 декабря 1946г. Гор. Дрезден

СОДЕРЖАНИЕ: - Об охране границ Федеральной Земли Саксония с Чехословакией и Польшей

ПРИКАЗЫВАЮ:

5. Посты немецкой пограничной охраны, как равно окружные и участковые инспекции пограничной охраны в оперативном отношении подчинить только соответствующим военначальникам.

6. Нарушители границы, как равно задержанное при них имущество /автомашины, ценности, оружие и прочие вещественные доказательства/ войсковыми заставами и постами немецкой пограничной полиции направляются в соответствующие инстанции согласно инструкции по охране чехословацкой и Польско-немецкой границы от 23 ноября 1946 года. Wache

7. На вооружение личного состава немецкой пограничной полиции ввести карабины калибра 7,92.

Правила применения в дело оружия немецкой пограничной полицией определены специальной инструкцией от 23.II.46г.

Президенту Самоуправления ФЗС г-ну ФРИДРИХС надлежит:

а/ - Предоставить в распоряжение пограничных застав рабочую силу для устройства завалов, рвов и установки проволочного заграждения по их указаниям. Wälle

б/ - Передать в распоряжение пограничной охраны помещение бывших таможенных постов на границе с Чехословакией.

в/ - Предоставить помещение для размещения служебных учреждений пограничной охраны на границе с Польшей и помещения для личного состава и их семей на всем протяжении границы.

г/ -Озаботиться снабжением учреждений немецкой пограничной охраны и личного состава топливом на сезон 1946-47гг.

д/ - Закрепить за личным составом пограничной полиции их квартиры по месту прежней работы.

е/ - Учредить снабжение личного состава пограничной полиции всеми видами продовольственного, денежного и вещевого довольствия в соответствии со штатом пограничной полиции от 23.II.46г.

ж/ - Представить свои соображения о размерах процентной надбавки к жалованию личного состава пограничной полиции в связи с ходатайством президента полиции г-на Гофмана;

з/ - Организовать к 15 декабря 1946 года при окружных президиумах полиции в гг. Хемниц, Дрезден и Бауцен лагеря предварительного заключения нарушителей границы емкостью на 100 человек каждый.

п.п.

ЗАМ НАЧАЛЬНИКА СВА ФЗ САКСОНИЯ
ГЕНЕРАЛ-МАЙОР - ДУБРОВСКИЙ/.

НАЧАЛЬНИК ШТАБА СВА ФЗ САКСОНИЯ
ГВАРДИИ ГЕНЕРАЛ-МАЙОР -ДУДОРОВ

ВЫПИСКА ВЕРНА: НАЧАЛЬНИК КАНЦЕЛЯРИИ УПРАВЛЕНИЯ СВА
ФЕДЕРАЛЬНОЙ ЗЕМЛИ САКСОНИЯ
ГВАРДИИ МАЙОР

/ БЕЛОУСОВ /.

выписка отп.
в 2-х экз.
согласно расчета
рассылки.
4.12.46г.

R I C H T L I N I E N

für die Organe der deutschen Polizei zum Schutz der Demarkationslinie in der sowjetischen Okkupationszone Deutschlands.

Bestätigt vom Oberkommandierenden der Gruppe der sowjetischen Okkupationstruppen und dem Hauptbevollmächtigten der SMA in Deutschland

Marschall der Sowjetunion

W. S o k o l o w s k i j

23. August 1947

I. Organisationshinweise.

§ 1

Die Grundaufgabe des Dienstes der Polizei an der Grenze und den Demarkationslinien zwischen den okkupierten Zonen Deutschlands besteht in der Bewachung der Grenzen und Demarkationslinien nach den von den Kommandeuren der sowjetischen Okkupationstruppen erlassenen Bestimmungen.

§ 2

Die Polizei im Grenzgebiet und an den Demarkationslinien untersteht in allen dienstlichen Fragen direkt dem zuständigen Abschnittskommando der sowjetischen Okkupationstruppen.

§ 3

Die Komplettierung der Polizeieinheiten, ihre materielle Versorgung (Finanzierung, Bekleidung und andere wirtschaftlichen Ausgaben), sowie Wohlfahrtseinrichtungen und damit verbundene Fragen werden vom jeweiligen Ministerium des Innern der zuständigen Landesregierung in Verbindung mit dem Chef der Polizei durchgeführt.

§ 4

Für Waffen und Munition, sowie Transport- und Nachrichtenwesen der Grenzpolizei sorgen die zuständigen Kommandos der sowjetischen Militäreinheiten.

II. Aufbau der Grenzpolizei - Einheiten

§ 5

In Ländern der sowjetischen Okkupationszone Deutschlands wird die Verwaltung der Grenzpolizei dem Chef der Polizei übertragen.

§ 6

An der Grenze und an den Demarkationslinien werden für den direkten Grenzdienst Polizeieinheiten aufgestellt, deren Zahl und Stärke vom Stab der Gruppe der sowjetischen militärischen Okkupationstruppen in Deutschland bestimmt wird.

Jedes Abschnittskommando der Grenzpolizei umfasst 4 - 5 Polizeikommandanturen.

§ 7

Jeder Grenpolizei-Kommandantur unterstehen 10 - 15 Grenzpolizeikommandos von je 8 - 10 Mann Stärke.

§ 8

Der Leiter jedes Kommandos der Grenzpolizei wird vom Minister des Innern und vom Leiter der Landespolizei mit Zustimmung des Chefs der SMA (Armeekommandeur) bestimmt.

Versetzungen, Amtsenthebungen oder Entlassungen eines Leiters des Kommandos kann nur mit Genehmigung der zuständigen Landesregierung erfolgen.

§ 9

Die Führung und die Tätigkeit des Leiters eines Grenzpolizeikommandos bedingt die Zusammenarbeit mit seinem Stab und dessen Leiter, die von der jeweiligen Landesregierung bestimmt werden.

§ 10

Die Leiter der Kommandanturen, sowie auch die Leiter der Kommandos werden vom Chef der Landespolizei ernannt und vom Chef der SMA bestätigt.

§ 11

Die Einstellungen, Entlassungen und Versetzungen von Polizeimannschaften, welche ihren Dienst an der Grenze und an der Demarkationslinie versehen, werden im Zusammenhang mit § 3 dieser Bestimmungen von der Personalabteilung der zuständigen Landespolizeiverwaltung durchgeführt.

- 3 -

COU[illegible]

III. Rechte und Pflichten der Grenzpolizei.

§ 12

Sämtliche Angehörigen der Grenzpolizei (Kommandanturen, Abteilungen und Kommandos) und Personen, die mit der Leitung dieser Organe der Grenzpolizei betraut sind, genießen alle politischen und dienstlichen Rechte, die durch gesetzliche Bestimmungen für die Territorialpolizei der sowjetischen Okkupationszone in Deutschland erlassen sind.

§ 13

Der Grenpolizei sind bei Ausübung ihres Dienstes folgende Pflichten auferlegt:

a) der Grenzpolizist hat die ihm vorgeschriebene Uniform mit Rangabzeichen, die ihm von der Inneren Deutschen Verwaltung der sowjetischen Okkupationszoene Deutschlands bestätigt sind, zu tragen;

b) der Grenzpolizist hat die ihm vom Kommando der Sowjetarmee ausgehändigte Waffe zu tragen;

c) er hat alle Anordnungen, Befehle und Instruktionen bezüglich des Grenzdienstes aufs strengste einzuhalten;

d) er trägt die volle Verantwortung für die ihm anvertraute Waffe, Bekleidung und Ausrüstung, die für die Okkupationsdauer gemäss Gesetz bestimmt sind.

§ 14

Für Disziplinarvergehen, Nichteinhaltung des Grenzdienstes, sowie für Übertretung interner dienstlicher Bestimmungen haben die Leiter der Grenzpolizei-Einheiten das Rechte, ihren Unterstellten folgende Disciplinarstrafen aufzuerlegen:

Der Einheitsführer kann seinen Unterstellten folgendermaßen bestrafen:

mündliche Verwarnung,
Verweis und
Arrest bis 10 Tage

durch schriftliche Bekanntgabe im Tagesbefehl an die Einheit.

Der Leiter der Kommandantur kann seinen Unterstellten wie folgt bestrafen:

mündliche Verwarnung,
Verweis und
Arrest bis 5 Tage

durch schriftlichen Kommandanturbefehl.

- 4 -

volle Verantowortung für die richtige und genaue Durchführung des Dienstes im Bereich der Kommandantur.

§ 25

Der Leiter der Grenzpolizei-Abteilung trägt die Verantwortung für seine Unterstellten, für die richtige Organisation und für den Dienst an der Grenze und an der Demarkationslinie, für die Aufrechterhaltung der Disziplin und Ordnung in der Abteilung, sowie für die Führung der ganzen Abteilung.

V. Festnahme und Registrierung der Grenzübertreter.

§ 26

Jeder Festgenommene, der die Grenze oder Demarkationslinie überschritten hat, unterliegt an Ord und Stelle einer genauen Untersuchung und einer Leibesvisitation auf Waffen, Dokumente und Wertsachen.

§ 27

1) Die Überprüfung der an der Grenze Festgenommenen bis zum Grenzpolizei-Kommando erfolgt durch die Angehörigen des Kommandos oder durch zusätzlich angeforderte Polizeikräfte.

2) Anforderungen von zusätzlichen Polizeikräften, Entsendung derselben zum Tatort, Übergabe und Übernahme der Festgenommenen erfolgt auf Grund von intern festgelegten Bestimmungen.

§ 28

Die in das Polizeikommando überführten Grenzübertreter werden einer genauen Untersuchung unterzogen. Bei der Untersuchung werden abgenommen alle Wertsachen, Geld, Ware; über diese wird ein Verzeichnis in 2-facher Ausfertigung zusammengestellt, wovon das 1. Exemplar dem Protokoll beigefügt und das zweite dem Festgenommenen ausgehändigt wird.

§ 29

Der Leiter des Grenzpolizei/kommandos stellt den Grund und den Umstand des Grenzübertritts fest, prüft die Richtigkeit des Protokolls, prüft das Verzeichnis über abgenommene Sachen. Anschliessend wird der Betreffende unter Bewachung in die Grenzpolizeikommandantur mit allen Dokumenten und allen von ihm abgenommenen Sachen und Wertsachen überführt.

§ 30

Der Leiter der Grenpolizei-Kommandantur stellt nicht später als im Laufe von 24 Stunden - gerechnet vom Moment der Festnahme -

die Personalien des Festgenommenen fest, erledigt die Erfassungen für den Erkennungsdienst und überprüft die Fahndungsnachweise der Kriminalpolizei der Landesregierung.

§ 31

Nach Erhalt der Unterlagen überprüft der Erkennungsdienst der Kripo die Fahndungsersuchen und erteilt im Laufe von 24 Stunden Rückantwort an die anfragende Dienststelle.

§ 32

Bis zum Abschluss der Überprüfung bleibt der Festgenommen in Haft bei der Grenzpolizeikommandantur. Schlussbericht über Überprüfung mit Stellungnahme des Leiters der Kommandantur wird sofort den Kommandeuren der sowjetischen Militäreinheit vorgelegt, der den Festgenommenen einer weiteren Untersuchung zuführt oder mit einer Geldstrafe von 50 - 200 Reichsmark belegt.

§ 33

Die Grenzübertreter und die Übertreter der Demarkationslinie, Einwohner der sowjetischen Okkupationszone, welche für den Grenzübertritt bestraft wurden, werden nach Prüfung und Freilassung der Polizei ihres ständigen Wohnortes übergeben und erhalten dort in ihren Registrierkarten einen Vermerk über den Vorfall.

§ 34

Die Übertreter der Grenze und Demarkationslinie, die nicht Einwohner der sowjetischen Okkupationszone sind, werden einer genauen Überprüfung unterzogen. Diejenigen, welche nach Beschluss der sowjetischen Militäreinheit auf freien Fuss gesetzt werden, werden der Grenzbehörde der Zone oder des Staates übergeben, welcher an die Sowjetzone angrenzt. Die Übergabe erfolgt an den amtlich zugelassenen Grenzübergangspunkten.

Die Übergabe erfolgt nach besonderen Vorschriften.

§ 35

Das an der Grenze oder an der Demarkationslinie beschlagnahmte Gut oder andere Wertsachen, wie auch die Strafgelder, sind den deutschen Selbstverwaltungen zu übergeben gemäss spz. festgelegter Bestimmungen.

- 8 -

§ 36

Zur Belohnung der besten Mitarbeiter der Polizei wird ein spezieller Fond gebildet, der zur Verfügung eines jeden Leiters der Grenzpolizeieinheit steht.

Die Ordnung der Ausgaben des genannten Fonds wird nach besonderen Richtlinien festgelegt.

§ 37

Der Leiter des Grenzpolizeikommandos führt ein Tagebuch, in dem alle Festnahmen und Vorfälle an der Grenze und an der Demarkationslinie nach bestätigtem Muster eingetragen werden.

Auf Grund der Eintragungen werden die Tagesberichte über die Vorfälle und über die Festgenommenen täglich dem Leiter der Kommandantur vorgelegt.

§ 38

Der Leiter der Grenzpolizeikommandantur stellt auf Grund der eingelaufenen Meldungen der Kommandos täglich einen Bericht über die Festgenommenen und über die Vorfälle in seinem Kommandanturbereich zusammen und berichtet darüber dem Leiter der Abteilung und dem Kommandeur der entsprechenden sowjetischen Militäreinheit der Okkupationstruppen.

§ 39

Der Leiter der Abteilung berichtet in seinem Tagesbericht dem Chef der Polizei der Landesregierung und dem Kommando der sowjetischen Okkupationstruppen über die Vorfälle und über die Zahl der Festgenommenen.

§ 40

Der Chef der Polizei der Landesregierung berichtet einmal in der Dekade der Deutschen Inneren Verwaltung der sowjetischen Okkupationszone über die Arbeit der Grenzpolizei.

Über alle besonderen Ereignisse an der Grenze und an der Demakationslinie ist sofort nach Überprüfung schriftlich Mitteilung zu machen.

§ 41

Die Ordnung der Registrierung der Festgenommenen, die Erfassung und Aufbewahrung der beschlagnahmten Wertsachen und Gegenstände wird nach einer speziellen Instruktion festgesetzt.

- 9 -

VI. Regelung des Dienstplanes.

§ 42

Die Stäbe der Grenpolizei-Abteilungen und Kommandanturen befinden sich an Orten, die von den entsprechenden Stabsleitern der Armee vorgesehen sind.

Die Standorte der Polizeikommandos setzt der Leiter der Kommandantur, mit entsprechender Bestätigung des Kommandeurs der Militäreinheit -, in deren Bereich sich die Kommandantur befindet, fest.

Der Sicherheitsdienst an der Demarkationslinie erfolgt durch Posten ununterbrochen Tag und Nacht.

§ 43

Jede Polizei-Abteilung, Kommandantur und jedes Kommando hat einen eingerichteten Raum zur Durchführung von Sitzungen und Schulungen und ebenfalls ein Zimmer zur Aufbewahrung von Waffen und Munition. Dieser Raum ist durchgehend zu bewachen.

§ 44

Die Mannschaften der Grenzpolizei erhalten Waffen und Munition nur bei Dienstantritt und retournieren dieselben sofort nach Dienstschluss (Einsatz).

§ 45

In der dienstfreien Zeit wohnen die Vorgesetzten und Mannschaften der Grenzpolizei in Privatwohnungen.

Die Mannschaften der Kommandantur und des Kommandos melden sich pünktlich zur festgesetzten Zeit bei der entsprechenden Dienststelle zum Wachtdienst, nach Beendigung des Wachtdienstes oder bei einer besonderen Anforderung.

Das Verlassen des Standortbereichs der Kommandanturen und der Kommandos in der dienstfreien Zeit ist den Vorgesetzten und Mannschaften jedesmal nur möglich mit der Erlaubnis des entsprechenden höheren Vorgesetzten.

Chef der Inneren Abteilung
der Verwaltung der SMA
des Landes Sachsen-Anhalt

Garde-Oberst . . . .
(Schtachanowskij)

Übersetzt aus dem Russischen
ins Deutsche: gez. Seinert

A b s c h r i f t !

~~Geheime Verschlußsache~~

Deutsche Verwaltung des Innern in der sowj. Besatzungszone Deutschlands

Berlin, den 6. 10.1947

gVS 034/53 - 1 Exemplar
1. Ausf. - 2 Blatt

G e h e i m !

24.3.54

gelöscht

Waffengebrauchsvorschrift

Die Verwendung von Schußwaffen durch die deutsche Polizei zur Durchführung dienstlicher Obliegenheiten.

I. Auf Anordnung der Sowjetischen Militäradministration in Deutschland ist kategorisch verboten, von der Schußwaffe Gebrauch zu machen gegen Angehörige der Sowjetarmee und der anderen alliierten Armeen in jedem Falle.

II. Von der Schußwaffe, die zum ständigen oder vorläufigen Tragen während der Durchführung dienstlicher Obliegenheiten ausgegeben wurde, kann in folgenden Fällen Gebrauch gemacht werden:

a) Zum Zwecke der Selbstverteidigung bei Überfall bewaffneter Verbrecher, falls der Polizeiangehörige dabei tätlich bedroht wird.

b) Zur Verteidigung eines Bürgers beim Überfall durch bewaffnete Verbrecher,

c) wenn der Polizeiangehörige bei der Festnahme eines besonders gefährlichen Verbrechers (eines Räubers, Banditen, eines bekannten Rückfalldiebes oder eines bedeutenden Mitgliedes der faschistischen Partei) sämtliche Möglichkeiten eines operativ-taktischen Vorgehens ausgeschöpft hat, ohne sein Ziel zu erreichen und falls ein besonders gefährlicher Verbrecher möglicherweise entkommen könnte,

d) wenn dem Polizeiangehörigen während der Durchführung einer operativen Aufgabe bei der Festnahme von Banditen und verbrecherischen Elementen bewaffneter Widerstand entgegengesetztwird und andere Möglichkeiten der Festnahme erschöpft sind,

e) bei der Bewachung öffentlicher Gebäude, Lebensmittelniederlagen und anderer materieller Werte, falls letztere von bewaffneten Banden überfallen werden,

f) bei der Flucht festgenommener Verbrecher während ihrer Bewachung oder Begleitung.

Die Waffe wird in allen Fällen nur dann angewandt, wenn es dem Polizeiangehörigen genau bekannt ist, daß eine bewaffnete Gruppe oder eine Einzelperson Verbrecherkreisen angehört und daß man sich bei Festnahme der letzteren möglicherweise in Lebensgefahr begibt. Bevor Schüsse auf das Ziel abgegeben, werden, ist ein Warnungsschuß abzufeuern.

III. Es ist kategorisch verboten, die Schußwaffen in folgenden Fällen anzuwenden:

a) Bei Festnahme von Personen, die in Verdacht verbrecherischer Handlungen stehen, falls es dem Polizeiangehörigen nicht genau beka nnt ist, ob die verdächtige Person verbrecherischen Kreisen angehört.

- 2 -

 ~~Geheime Verschlußsache~~

b) falls bei der Festnahme von Banden und Banditen andere Möglichkeiten und Mittel angewendet werden können und falls eine Festnahme der Verbrecher ohne Anwendung der Schußwaffe möglich ist,

c) bei Festnahme minderjähriger Verbrecher, wenn dieselben nicht mit bewaffneten erwachsenen Verbrechern in Verbindung stehen und keinen bewaffneten Widerstand leisten,

d) bei Festnahme von Verbrechern an öffentlichen Plätzen, in Theatern, auf Märkten, bevölkerten Straßen, Plätzen, in Straßenbahnen, Untergrundbahnen u.a. Verkehrszentren der Bevölkerung.

Jeder Fall einer ungesetzlichen Anwendung von Waffen ist sorgfältig nachzuprüfen. Die Schuldigen sind zu strenger Verantwortung zu ziehen.

Hat ein Polizeiangehöriger von der Schußwaffe Gebrauch gemacht, so ist von ihm sofort ein schriftlicher Bericht abzugeben, der von ihm unterschrieben und von seinem Dienststellenleiter und dem Offizier der öffentlichen Sicherheit (NKWD) gegengezeichnet werden muß. Dieser Bericht kann gleichzeitig als Unterlage für die Abbuchung verschossener Patronen sowie auch für die Aushändigung von neuen Patronen dienen.

gez. W a g n e r
I. Vizepräsident

F.d.R.d.A.
Kiesling
(Kiesling)
VP-Hwm.

~~Nur für den Dienstgebrauch~~

Der Präsident
der Deutschen Verwaltung des Innern
in der sowjetischen Besatzungszone

Berlin-Wilhelmsruh, den 19. 11. 19 48
Kurze Straße 5/6
Telefon: 42 00 53
Telegr.-Anschrift: DVdI Berlin

vVS. Tgb.-Nr.: 0156/48 Mü/Ky
GP/B 2 8 Ex.

eilt
Kr
Diesen Befehl ebenfalls an: 5 Chefs LPB + V-Abt.
5 Innenmin.
22/11

Befehl Nr. 14

Betr.: Verhalten der Grenzpolizei bei Schiessereien von den westlichen Besatzungszonen her,

I. In letzter Zeit mehren sich die Fälle, in denen vom Westen her über die Demarkationslinie geschossen wird; in einzelnen Fällen wurden sogar Grenzpolizeiangehörige getroffen. Aus dem ganzen ist erkennbar, dass hinter diesen Schiessereien ein System steckt. Der Klassenfeind will durch solche Provokationen die Grenzpolizei zur Erwiderung des Feuers verführen. Er will aus der Demarkationslinie, die heute Deutschland durch die Schuld der imperialistischen Westmächte und ihrer westdeutschen Anhänger zerschneidet, eine brennende Grenze machen. Die demokratische Bevölkerung in der sowj.Besatzungszone aber will in ruhiger friedlicher Arbeit die neue demokratische Ordnung weiter festigen und den Zweijahresplan durchführen.

II. Daher wird befohlen:

1) Die Grenzpolizei lässt sich durch derartige Provokationen weder beunruhigen noch von der gewissenhaften Durchführung ihrer Aufgaben abhalten. Sie zeigt ihre Überlegenheit durch streng disziplinierties Verhalten.

2) Eine wilde und planlose Erwiderung des Banditenfeuers vom Westen her würde die Bestrebungen des Klassenfeindes geradezu fördern. Sie ist daher zu unterlassen und seitens aller Vorgesetzten mit allen Mitteln zu unterbinden. Der Schusswaffengebrauch der Grenzpolizei bleibt nach

-2-

(21) Druck H. Schwarzer, Berlin O 17, Markusstr. 52 — 3366 I. P. I. Mi. V. 966, 47

wie vor durch die Instruktion § 27 bestimmt. Auf den vorliegenden Fall gilt § 27a. Im Sinne dieser Bestimmung ist Feuer nur zu erwidern, wenn die Feuerabgabe (Ort und Person) vom Westen her gegen einen Grenzpolizeiangehörigen einwandfrei erkannt ist. Eine verschärfte Kontrolle der täglich verbrauchten Munition ist notwendig.

Jedes Überschreiten der Demarkationslinie durch Grenzpolizeiangehörige bei Verfolgung derartiger Banditen muss unbedingt vermieden werden.

III. An unruhigen und ungeschützten Stellen sind Postenlöcher anzulegen, jedoch in unauffälliger Form. (Arbeiten nur nachts). Dadurch soll vermieden werden, dass der Klassenfeind auch derartige reine Schutz- und Abwehrmassnahmen für Zwecke seiner Hetze ausnutzt.

IV. Notwendige Verstärkungen an unruhigen Stellen sind ausschliesslich innerhalb des Bereichs der Grenzpolizei durchzuführen. Derartige Verstärkungen sind in erster Linie als örtliche Reserve zu betrachten. Das äussere Bild soll sich auch an unruhigen Stellen nicht ändern.

V. Wegen der grossen politischen Bedeutung dieser vom Westen her planmässig betriebenen Störungen an der Demarkationslinie ist notwendig, jeden Fall derartiger Schiessereien sofort durch Zeugen aus der Grenzpolizei oder auch durch zuverlässige Einwohner schriftlich festzulegen. FS-Meldungen in jedem Fall sofort an DVdI, Hauptabtlg. Grenzpolizei und Bereitschaften. Noch notwendige ergänzende schriftliche Berichte sind beschleunigt nachzureichen.

VI. Neben der vermehrten Dienstaufsicht der vorgesetzten Stellen fällt eine entscheidende Aufgabe den PK-Leitern zu, denen es obliegt, sämtliche Grenzpolizeiangehörige sowohl über die politischen Zusammenhänge wie über die Not-

-3-

wendigkeit des vorstehend befohlenen Verhaltens aufzuklären.

VII. Der Eingang (Tag und Stunde) dieses Befehls ist durch FS zu bestätigen.

(Rentzsch)
Hauptabteilungsleiter

gez. Dr. h.c. Fischer

Verteiler:

Abt. Grenzpolizei u. Bereitschaften:
Brandenburg
Mecklenburg
Sachsen - Anhalt
Thüringen
Sachsen
Hauptabteilung GP/B , Referat G 1
Hauptabteilung GP/B für Übersetzung an die S M A D
Präsident Dr.h.c.Fischer

EIDESSTATTLICHE VERPFLICHTUNG

Ich verpflichte mich

in der Erkenntnis, daß die Deutsche Grenzpolizei in der Deutschen Demokratischen Republik dazu berufen ist, die Interessen der deutschen Werktätigen vor faschistischen, reaktionären und anderen feindlichen und verbrecherischen Elementen zu schützen, daß sie darüber hinaus ein zuverlässiges Bollwerk der demokratischen Entwicklung sowohl in der Deutschen Demokratischen Republik als auch im Kampf um ein einheitliches, demokratisches Deutschland darstellt,

an Eides statt

der werktätigen Bevölkerung ergeben zu sein, die ehrenvollen Pflichten eines Angehörigen der Deutschen Grenzpolizei ehrlich zu erfüllen, entsprechend der demokratischen Gesetzlichkeit die öffentliche Ordnung, die Rechte der Bürger, ihr persönliches und das Volkseigentum zu schützen.

Ich gelobe

mich diszipliniert zu betragen, die dienstlichen Befehle und Verfügungen genau zu erfüllen, mich in dem von mir übernommenen Dienst zu vervollkommnen und über alle mir bekanntwerdenden Angelegenheiten, deren Geheimhaltung durch Gesetz oder dienstliche Anordnung vorgeschrieben oder ihrer Natur nach erforderlich ist, strengste Verschwiegenheit gegen jedermann zu wahren.

Ich gelobe

mich in der Tat des großen Vertrauens würdig zu erweisen, in der Deutschen Grenzpolizei dienen und eine Waffe tragen zu dürfen
Ich bin mir bewußt, daß eine Verletzung dieser eingegangenen Verpflichtung eine strenge Bestrafung zur Folge hat.
Ich verpflichte mich, vom Tage der Unterzeichnung dieser Verpflichtung ab in der Deutschen Grenzpolizei nicht weniger als drei Jahre zu dienen.

Die Perfektionierung des „Grenzregimes“

Wollte die DDR die „besondere Ordnung an der Demarkationslinie“ durchsetzen, reichte es selbstverständlich nicht, die „unzuverlässigen Elemente“ aus dem Grenzgebiet zu vertreiben. Weitere Maßnahmen mußten hinzukommen: Der Ausbau der Grenze mit festen „Grenzsicherungsanlagen“, mit Zäunen, Kfz-Sperrgräben und dem Verlegen von Minen sowie die „Vervollkommnung“ des Schießbefehls. Als erstes aber forcierte Erich Mielke als zuständiger Minister für Staatssicherheit den militärischen Charakter der Grenzpolizei. Mit Befehl vom 24. September 1952 und mit Wirkung vom 1. Oktober wurden „zur Hebung des Verantwortungsbewußtseins des Offiziers- und Unteroffiziers-Bestandes und zur Festigung der Disziplin in den Reihen der Grenzpolizei“ militärische Dienstgrade eingeführt. Fortan gab es in der Grenzpolizei Soldaten und Gefreite, Unteroffiziere, Feldwebel, Ober- und Hauptfeldwebel, Offiziersanwärter, Leutnante, Unter- und Oberleutnante, Hauptleute, Majore, Oberstleutnante und Oberste sowie als höchste Dienstgrade Generalmajore und Generalleutnante. Zwar wurden gleichzeitig auch Laufbahnvorschriften erlassen, doch behielt sich Mielke die Möglichkeit vor, „bei besonderen Verdiensten gegenüber der Deutschen Demokratischen Republik ... eine Ernennung in den nächsthöheren Offiziers-Dienstgrad vor Ablauf der für den entsprechenden Dienstgrad vorgeschriebenen Zeit“ vornehmen zu können - eine Möglichkeit, von der später insbesondere die oberste Führungsriege von NVA und Grenztruppen immer wieder und üppig Gebrauch machte.

Ebenfalls 1952, und zwar am „Tag der Republik“, dem 7. Oktober, demonstrierte die DDR mit einer großen militärischen Parade in Berlin ihr durch die Sowjetunion gestärktes Selbstbewußtsein. Mit dabei: die Grenzpolizei in neuen, khakifarbenen Uniformen und stolz auf die frischen militärischen Dienstgradabzeichen. Noch in einem anderen Punkt war das Jahr 1952 wegweisend für die künftige Abschottungspolitik: In den Grenzorten, die inzwischen von unliebsamen „Elementen“ gesäubert waren, wurde nun auch die Bevölkerung in die Sicherung der Grenze einbezogen.

Ab August hatten „Werktätige die gesellschaftliche Aufgabe (übernommen), die Deutsche Grenzpolizei in ihrer Tätigkeit zu unterstützen. Als Grenzpolizeihelfer tragen sie zur weiteren Erhöhung der Sicherheit an den Grenzen der DDR bei“.[1]

[1] „40 Jahre Grenztruppen der DDR“, Armeemuseum der DDR, Dresden, 1986

Im Sinne der Präzisierung und Erweiterung des Schießbefehls wichtigstes Ereignis des Jahres 1953 war der Erlaß einer „Schußwaffengebrauchsvorschrift für die Angehörigen der HVDVP", die am 14. Oktober vor allem auch im Lichte der Erfahrungen des Volksaufstandes vom 17. Juni desselben Jahres durch Willi Stoph als damaligem Innenminister erlassen worden war. Danach hatte die Volkspolizei immer dann von der Waffe Gebrauch zu machen, „wenn der Schutz unserer demokratischen Ordnung oder die öffentliche Ordnung und Sicherheit mit anderen polizeilichen Mitteln nicht mehr gewährleistet werden kann ...". Auch in dieser Vorschrift finden sich die Zwangsvorstellungen wieder, unter denen die DDR-Führung bis zum Untergang dieses zweiten Staates in Deutschland litt. Anzuwenden war die Waffe „bei Festnahme von Verbrechern, insbesondere von Spionen, Saboteuren, Agenten, Provokateuren", wenn diese bei ihrer Festnahme bewaffneten Widerstand entgegensetzten oder zu fliehen versuchten. Zu schießen war „bei Angriffen und Überfällen von Gruppen verbrecherischer, staatsfeindlicher Elemente" auf „volkseigene Betriebe, staatliche und kommunale Einrichtungen, Dienststellen der Volkspolizei und andere Objekte" sowie beim Überfall auf Transporte, die von der Volkspolizei gesichert wurden - wobei hiermit wohl in erster Linie Gefangenen-Transporte gemeint gewesen sein dürften. „Zum Schutz führender Persönlichkeiten des Staates, der demokratischen Parteien und Massenorganisationen" konnte gleichermaßen zur Waffe gegriffen werden wie „bei der Verfolgung entwichener Häftlinge" oder „bei Kraftfahrzeugkontrollen im Rahmen von Fahndungsmaßnahmen, wenn Fahrzeuge trotz gut sichtbarem Haltezeichen die Kontrolle vorsätzlich durchfahren und der begründete Verdacht besteht, daß sich die gesuchte Person oder andere verbrecherische Elemente im Fahrzeug befinden". Weiterhin tabu dagegen waren die Angehörigen der sowjetischen Besatzungsmacht:

„Von der Schusswaffe darf nicht Gebrauch gemacht werden:
1) gegen Angehörige der Dienststellen des Hohen Kommissars der UdSSR in Deutschland und der sowjetischen Streitkräfte in der Deutschen Demokratischen Republik
2) gegen Angehörige der beim Hochkommissariat der UdSSR akkreditierten Militärmissionen".

Hier allerdings bereits mit der Einschränkung, „soweit nicht bewaffnete Angriffe auf Bürger der Deutschen Demokratischen Republik oder Organe der Deutschen Volkspolizei erfolgen".

Kinder und Minderjährige waren vor dem Beschuß - jedoch nur in der Theorie - sicher, soweit „diese nicht mit bewaffneten Verbrechern in Verbindung stehen und keinen bewaffneten Widerstand leisten". Auf „öffentlichen Plätzen, Märkten, verkehrsreichen Straßen, in Verkehrsmitteln oder Gebäuden" sollte gleichfalls - sofern „eine Gefahr für die Öffentlichkeit eintreten würde" - die Schußwaffe nicht angewendet werden. Ein weiterer Passus dieser Vorschrift verdient insofern Erwähnung, als er in dieser Form in folgenden Schießbefehlen nicht mehr vorkommt. Ausdrücklich wird gefordert: „Nach Möglichkeit ist der Täter durch Beinschuss so zu verletzen, daß eine Festnahme ohne Schwierigkeiten erfolgen kann." In späteren Jahren ist dann eher von der „Vernichtung" die Rede, geht es nicht mehr darum, Täter lediglich fluchtunfähig zu schießen.

„Ausprägung des militärischen Charakters"

Für die Deutsche Grenzpolizei und die DDR insgesamt war das Jahr 1955 von besonderer Bedeutung. Am 1. Dezember übernahm sie die alleinige Bewachung und Kontrolle der innerdeutschen Grenzen einschließlich der Grenzen in und um Berlin - wenn auch „einer Bitte der Regierung der DDR entsprechend", die Sowjetunion erneut „Berater für die Grenzpolizei zur Verfügung" gestellt hatte.[2] Ausgenommen war lediglich die Kontrolle der Angehörigen der drei West-Alliierten auf den Transitstrecken zwischen Berlin und dem übrigen Bundesgebiet. Für sie blieben die Sowjets zuständig. Auf diesen 1. Dezember war die Grenzpolizei langfristig und sorgfältig vorbereitet worden. Im Laufe des Jahres bereits war ihre Bewaffnung und Ausrüstung aus sowjetischen Beständen beträchtlich modernisiert worden. Außerdem wurden in den Grenzbereitschaften die Reserven - bisher nur als Gruppen formiert - sowie die Grenzkommandos auf Kompaniestärke vergrößert. Führungskräfte der Grenzpolizei machten sich an Lehreinrichtungen der sowjetischen Grenztruppen mit den Grundlagen der „sozialistischen Landesverteidigung und Grenzsicherung" vertraut. Schon im Vorjahr war die „Ausprägung des Truppencharakters" mit der Übernahme der Innendienstvorschrift und der Disziplinarordnung der Kasernierten Volkspolizei, die zu diesem Zeitpunkt längst auf dem Weg zur Nationalen Volksarmee war, verstärkt worden. Zudem hatte das Politbüro des Zentralkomitees der SED Ende 1955 beschlossen, die Grenzpolizei „zu einer schlagkräftigen und jederzeit kampfbereiten militärischen Truppe zu entwickeln". Die Aufgabenstellung für die DGP war demnach nicht mehr der bloße Schutz der „Staatsgrenze", sondern sie hatte vielmehr

„- die unmittelbare Sicherung und Verteidigung der Land- und Seegrenzen der DDR gegen alle Grenzverletzungen und Provokationen zu gewährleisten;
- in das Grenzgebiet einbrechende bewaffnete Gruppen des Gegners mit eigenen Kräften und Mitteln niederzuschlagen;
- den Schutz der Grenzen so zu organisieren, daß es auch hierdurch dem Gegner erschwert wird, unter Ausnutzung des Überraschungsmomentes anzugreifen;

---

[2] Wilfried Hanisch: "Für den Schutz der Staatsgrenze der jungen Republik", Pätz, 1986

- eingedrungene größere Kräfte des Gegners im Zusammenwirken mit der (1956 gebildeten, d. Verf.) Nationalen Volksarmee zu vernichten und - falls erforderlich - gemeinsam mit den übrigen bewaffneten Kräften der DDR, vor allem mit den grenznahen Truppenteilen und Verbänden der Nationalen Volksarmee sowie mit der Sowjetarmee die Staatsgrenze standhaft zu verteidigen und zur Vernichtung des Aggressors beizutragen".[3]

Mit der „Verordnung zur Erleichterung und Regelung von Maßnahmen an der Grenze zwischen der Deutschen Demokratischen und der Deutschen Bundesrepublik“ vom 3. Mai 1956 hatte die DDR - nach einer zwischenzeitlichen Anordnung zur Neuregelung der Grenzsicherungsmaßnahmen vom 23. Juni 1954 - eine weitere rechtliche Grundlage geschaffen, die Bewegungsmöglichkeiten der Bevölkerung im Grenzgebiet einzuschränken, die Freiräume für die Grenzpolizisten zu erhöhen und die Fluchtmöglichkeiten in den Westen zu minimieren. Über die Menschen, die in diesem Gebiet wohnten, arbeiteten oder es besuchen wollten, wurde ein enges Netz von Meldeverpflichtungen bei Volks- oder Grenzpolizei geworfen. Die Überwachung auf Schritt und Tritt nahm perfektionistische Züge an. Personen, die sich „widerrechtlich in der Sperrzone aufhalten“, waren sofort den zuständigen Dienststellen zu melden. Versammlungen und Kundgebungen mußten - sofern sie denn überhaupt genehmigt wurden - spätestens um 01.00 Uhr beendet sein (§ 6, Abs. 1), „öffentliche Gaststätten, Kinos, Pensionen, Erholungsheime und andere öffentliche Lokale, die sich im 500-m-Schutzstreifen befinden“, blieben geschlossen (§ 6, Abs. 3). Innerhalb eben dieses Streifens war jeglicher Aufenthalt außerhalb der Bauernhöfe in den Monaten Mai bis August ab 23.00 Uhr, im März, April, September und Oktober ab 22.00 Uhr und von November bis Februar ab 21.00 unter massiver Strafandrohung verboten (§ 7, Abs. 1). Weitere Einschränkungen für die örtliche Bevölkerung, die doch nach der Zwangsvertreibung von 1952 eine „vertrauenswürdige“ hätte sein müssen:

„§ 7 (2) Außerhalb von geschlossenen Ortschaften ist der Aufenthalt auf Straßen und Feldern, der Verkehr aller Arten von Transportmitteln und das Arbeiten außerhalb des Gehöftes nur von Sonnenaufgang bis Sonnenuntergang gestattet. ...

(4) Zum Aufsuchen der Arbeitsstätte im 500-m-Schutzstreifen außerhalb der Ortschaften dürfen nur die von der Deutschen Grenzpolizei vorgeschriebenen Wege benutzt werden. ...

§ 8 Die Genehmigung für bauliche Veränderungen im 500-m-Schutzstreifen darf vom Rat des Kreises nur dann erteilt werden, wenn die Zustimmung des zuständigen Kommandeurs der zuständigen Bereitschaft der Deutschen Grenzpolizei vorliegt.
Veränderungen im Gelände können nur mit Zustimmung des Leiters der nächstgelegenen Dienststelle durch die Deutsche Grenzpolizei gestattet werden.“

Kollektiv- und Einzeljagden wurden untersagt, Sportschießen innerhalb der 5-km-Sperrzone lediglich auf den „hierfür polizeilich zugelassenen Schießstän-

[3] ebda

den" nach 48stündiger vorheriger Anmeldung gestattet. Für die Fischerei in Grenzgewässern legte der Ministerrat die Zeit von Sonnenauf- bis -untergang fest und verfügte für Verstöße gegen die Verordnung zugleich einen Strafrahmen von bis zu zwei Jahren Gefängnis, „sofern nicht nach anderen Gesetzen oder Bestimmungen eine höhere Strafe verwirkt ist". Mit dieser Verordnung war der Grenzpolizei nach vorhergehenden „Provisorien" ein Instrument in die Hand gegeben, das ihr die uneingeschränkte Kontrolle im Grenzgebiet ermöglichte und dazu führte, daß die im Sperrgebiet lebende Bevölkerung weitgehend von der übrigen der DDR abgeschnitten und isoliert wurde.

Mit den Ergebnissen beim Ausbau der „Staatsgrenze" und der Zementierung der Teilung Deutschlands zeigte sich die DDR-Führung dennoch nur eingeschränkt zufrieden und mahnte zu noch mehr „Wachsamkeit". Anläßlich des 10. Jahrestages des Bestehens der Deutschen Grenzpolizei am 1. Dezember 1956 meinte DDR-Präsident Otto Grotewohl in einer Grußadresse an die DGP zwar, diese habe „keine Anstrengungen und Schwierigkeiten gescheut, um die von der Regierung gestellten Aufgaben in Ehren zu erfüllen", forderte aber ebenso, „noch wachsamer und entschlossener unsere Grenzen zu hüten". Die DDR sei schließlich das am weitesten nach dem Westen vorgeschobene Land des sozialistischen Lagers, darum konzentrierten sich die „imperialistischen Kriegstreiber in ihrer feindlichen Tätigkeit auf die Deutsche Demokratische Republik. Durch verschiedene Methoden ihrer Feindtätigkeit versuchen sie, die Geschlossenheit des sozialistischen Lagers zu zerstören". Die Angehörigen der Deutschen Grenzpolizei müßten deshalb vorbildlich und diszipliniert auftreten und so handeln, „daß alle Werktätigen täglich aufs neue spüren, daß die Deutsche Grenzpolizei ein wichtiges und zuverlässiges Organ der Arbeiter-und-Bauern-Macht ist".

„Getötete Personen unverändert liegenlassen"

Die Unterstellung unter das Ministerium des Innern sowie die Bildung des „Kommando der Deutschen Grenzpolizei" leitete für die DGP am 1. März 1957 eine neue Aera ein, die geprägt war vom konsequenten Ausbau der „Staatsgrenze" und nicht zuletzt und vor allem aber vom Erlaß der Dienstvorschrift III/2 des Ministeriums des Innern, Kommando der Deutschen Grenzpolizei, vom 12. September 1958, in der in 235 Punkten die gesamte Perfidie der DDR-Führung überdeutlich wird. Da es sich hierbei um eine „Schlüssel-Vorschrift" handelte, soll sie im Folgenden ausführlicher behandelt werden.

Mutig hatten Grenzpolizeiangehörige danach alle Schwierigkeiten zu überwinden und „gegenüber allen Feinden unversöhnlich zu sein und ohne Rücksicht auf das eigene Leben die Staatsgrenze zu schützen und zu verteidigen", wobei unter „allen Feinden“ selbstverständlich auch die Menschen zu verstehen waren, die aus der DDR in die Bundesrepublik hatten fliehen wollen. Wer die militärische Sprache kennt, weiß, was bedeutet, wenn von den Grenzpolizisten verlangt wurde, „sich unter keinen Umständen gefangen zu geben und nicht zuzulassen, daß Verwundete oder Tote, sowie deren Dokumente, Waffen und Ausrüstungen, dem Feinde in die Hände fallen“.

Ein umfangreiches Instrumentarium entstand, mit dem jede „Grenzverletzung“ unmöglich gemacht werden sollte, und das gleichzeitig zur gegenseitigen Kontrolle, Bespitzelung und damit zu Verunsicherung und Disziplinierung führte.

Gebildet wurden:
- die Grenzstreife (GS)
- die Kontrollstreife (KS)
- der getarnte Posten (GP)
- der Wachposten (WP)
- der Beobachtungsposten (BP)
- die Patrouille (PT)
- die Suchgruppe (SG)
- der Hinterlandssicherungsposten (HL)
- der Hinterhaltsposten (HH)
- der Begleitposten (BGP)
- der Diensthabende der Grenzkompanie (DH)

Generell wurde den Grenzposten befohlen, Personen, die versuchten, die „Staatsgrenze“ zu überschreiten oder die durch „Gespräche, Signale oder andere Mittel Verbindung mit der gegenüberliegenden Seite aufnehmen oder hierzu den Versuch unternehmen und Verletzer der Grenzordnung festzunehmen“. „Gegner“, die gewaltsam in das Gebiet der DDR eingedrungen waren, waren entweder festzunehmen oder zu vernichten. Verlangt wurde die „unbedingte Tarnung und Geheimhaltung des Systems der Grenzsicherung“. Des weiteren hatten die Grenzposten „ständig Eigeninitiative zur Täuschung und Irreführung des Gegners anzuwenden“, wobei es sich beim „Gegner“ in der Regel um die eigene Bevölkerung handelte, wie im weiteren Verlauf nicht zuletzt aus dem Beispiel des „Hinterhaltspostens“ noch ersichtlich werden wird. Ausgerüstet wurden die Grenzposten mit Karabinern, mit Maschinenpistolen oder mit Pistolen. Bei „normaler Lage“ wurden an die Grenzposten 30 Patronen für Karabiner ausgegeben, für die Maschinenpistole zwei Trommelmagazine mit je 40 Patronen oder zwei Stangenmagazine mit je 24 Patronen, für die Pistole zwei Magazine mit je sieben Patronen sowie zehn Patronen für die Leuchtpistole. Bei „Grenzoperationen“ erhielten die Posten zusätzlich leichte und schwere Maschinengewehre, leichte Panzerabwehrgeschütze, Handgranaten und Sondermunition.

Strikt verboten war ihnen u.a., die Waffe während des Dienstes aus der Hand zu legen, laut zu sprechen, während der Dunkelheit zu rauchen oder sich „in ein Gespräch mit den Angehörigen kapitalistischer Armeen, des Bundesgrenzschutzes, des Zolls oder der Bevölkerung angrenzender Staaten einzulassen".

Die Grenzstreife

Ihre Aufgabe war es, unbekannte Personen im Grenzabschnitt zu kontrollieren, die Arbeiten in Grenznähe zu überwachen sowie die „pioniertechnischen Anlagen" - sprich die Sperreinrichtungen - auf ihre Funktionsfähigkeit zu überprüfen. Sollten Grenzstreifen Einheimischen oder anderen Personen begegnen, hatten sie nach einer Ausweiskontrolle zur Täuschung ihre Marschrichtung zu ändern, um die „Bewegung in der alten Richtung" erst dann wieder fortzusetzen, „wenn diese Personen sich aus dem Blickfeld der Grenzstreife entfernt haben". Baumkronen mußten ebenso beobachtet werden wie „Unterschlupf-, Deckungs - und Tarnungsmöglichkeiten (Gebäude, Gräben, Bodenbewachsungen), die die Grenzverletzer ausnützen können". Allein aus dieser Aufgabenstellung wird offenkundig, daß von der Abwehr „feindlicher Kräfte" aus dem Westen nicht mehr die Rede sein konnte, sondern vielmehr nur noch davon, die eigene Bevölkerung an der Flucht in den Westen zu hindern.

Die Kontrollstreife

Das Vertrauen in die Grenzposten war augenscheinlich nicht allzu stark ausgeprägt, sonst hätte es der Kontrollstreife nicht bedurft. Eine ihrer Hauptaufgaben war die Überwachung eben dieser Posten. Festgestellte Mängel in der Dienstdurchführung waren an Ort und zu Stelle zu korrigieren und - was im konkreten Fall erhebliche negative Auswirkungen haben konnte - dem Kompaniechef zu melden. Um Zwischenfälle und Unglücksfälle in den eigenen Reihen zu vermeiden, war es diesen Kontrollstreifen untersagt, sich an die Grenzposten heranzuschleichen, die Handlungen von „Grenzverletzern" nachzuahmen oder die Grenzposten zu entwaffnen. Sollten die Kontrollstreifen auf „Gegenstände" stoßen, zu denen in der Dienstvorschrift „Leichen, Strandgut, Ballons und Geräte" gerechnet wurden, durften sie selbständig daran keine Veränderungen vornehmen, sondern hatten ihren Fund dem Kompaniechef zu melden.

Der getarnte Posten

Ein „gedecktes Beziehen und Verlassen der Stellung“ war für den „getarnten Posten“ neben einem „guten Sicht- und Schußfeld nach allen Seiten“ das A & O der Diensterfüllung. Eingesetzt wurde er „in der wahrscheinlichen Richtung der Bewegung der Grenzverletzer“. Ihm war die Aufgabe zugewiesen, eine „Umgehung des Grenzpostens durch die Grenzverletzer unmöglich“ zu machen und für die „überraschende Festnahme von Grenzverletzern“ zu sorgen. Sollte der Gegner die Stellung erkennen, war diese sofort zu wechseln.

Ein besonderes Kapitel bildeten die „Wachposten“, von denen es den

- Wachposten an der Grenze (WG),
- Wachposten am Schlagbaum (WS),
- Wachposten an Grenzbrücken (WB),
- Wachposten an Anlegestellen(WA),
- Wachposten bei der Einheit (WE) sowie den
- Wachposten zur besonderen Verwendung (WV)

gab:

Der Wachposten an der Grenze

Sämtliche Personen in seinem Bereich hatte dieser Wachposten zu kontrollieren, Personen, die die Grenze überschreiten wollten oder in anderer Form gegen die Grenzordnung verstießen, festzunehmen, „Wasserfahrzeuge, die ohne Berechtigung Menschen oder Lasten absetzen, zum Beidrehen zu zwingen“ sowie „alles von Schiffen an Land geworfene oder angespülte Gut sicherzustellen“.

Der Wachposten am Schlagbaum

Er hatte alle Personen, die seinen Bereich passierten, zu überprüfen, und solche, die nicht über die erforderlichen Dokumente zur Einreise in das Sperrgebiet verfügten, festzunehmen, ebenso generell alle „verdächtige Personen“ und diejenigen, die versuchten, den Schlagbaum zu umgehen.

Der Wachposten bei der Einheit

Ihm waren besonders umfangreiche Aufgaben zugewiesen worden, u.a. hatte er von einem Hochstand aus „das umliegende Gelände besonders in Richtung der Grenze, den Luftraum und an Küstenabschnitten die See ununterbrochen zu beobachten“, per Signal den Kontakt zu den Grenzposten zu halten, „bei Einbruch der Dunkelheit alle Pforten und Tore zu verschließen sowie die Fenster und Türen zu verriegeln“ und schließlich dafür zu sorgen, daß niemand ohne Genehmigung des Kompaniechefs bzw. des Diensthabenden das Objekt betreten oder verlassen konnte. Selbst bei Angehörigen der Grenzpolizei, die dem Posten bekannt waren, hatte er sie an die Einheit herankommen zu lassen, um dann den Diensthabenden „durch Klingelzeichen“ zu rufen. Welch strengen Vorschriften gerade dieser Wachposten unterworfen war, zeigt dieser Teil der Vorschrift: Verboten war ihm, „sich hinzusetzen, vor seiner Ablösung das Dienstgebäude zu betreten, zu essen, zu trinken, zu rauchen sowie seine Notdurft zu verrichten“.

Der Wachposten an der Grenzbrücke

„Alle Anzeichen zur Vorbereitung von Diversions- und Sabotageakten“ hatten diese Posten rechtzeitig zu erkennen, alle Personen, die „ungesetzlich“ eine Brücke überschritten oder sich in unmittelbarer Nähe aufhielten, festzunehmen sowie das „Fotografieren der Brückenobjekte nicht zu gestatten“. Besonderes Augenmerk mußten sie zudem darauf richten, daß beim Überfahren der Brükken aus Zügen keine Personen aus- oder einstiegen oder Gegenstände herausgeworfen würden.

Der Wachposten an der Bootsanlegestelle

Im Schiffbau mußten sich diese Posten auskennen, denn nach der Dienstvorschrift hatten sie „die Beschaffenheit der Wasserfahrzeuge und alle möglichen Verstecke für Menschen, Waffen und Waren zu kennen“. Alle ausfahrenden und zurückkehrenden Wasserfahrzeuge mußten sie auf „das Mitführen von blinden Passagieren, Waffen, Hetzschriften und Schmuggelwaren sowie die Vollständigkeit der Besatzung“ überprüfen.

Der Wachposten zur besonderen Verwendung

Für diese Aufgabe wurden ausschließlich besonders linientreue Grenzpolizeiangehörige eingesetzt, waren sie es doch, die u.a. „zur Sicherung des Tatortes beim Schußwaffengebrauch mit tödlichem Ausgang“ herangezogen wurden. Sie hatten bei schwerwiegenden Vorkommnissen die Spuren zu sichern, Ballons abzuschießen, die Fundortsicherung von Leichen vorzunehmen, notgelandete Flugzeuge und Absturzstellen im Grenzgebiet und schließlich gestrandete Schiffe oder wichtiges Strandgut zu sichern.

Der Beobachtungsposten

„Vorbereitung zu Grenzverletzungen, Ansammlungen an der Grenze, verdächtige Signale und Zeichen, Wahrnehmung von Schüssen in der Nähe der

Grenze (beiderseits), Versuche der Beschädigung, Vernichtung oder Veränderung von Grenzzeichen, Einflug von Flugzeugen oder Ballons, Auftauchen von Wasserfahrzeugen und die ‚Gegenbeobachtung'" waren Alarmsignale für diese Art von Posten, bei denen es sich ausschließlich um „gut ausgebildete Grenzpolizeiangehörige", bei speziellen Aufgaben sogar nur um Offiziere oder erfahrene Unteroffiziere handeln durfte. Von Beobachtungstürmen, Erd- und Baumbeobachtungsständen oder getarnten Geländepunkten und Objekten überwachten sie das Grenzgebiet und hatten bei der „Feststellung von Grenzverletzern die Verfolgung und Festnahme" zu organisieren.

Die Patrouille

Nicht nur das Grenzgebiet, sondern auch das eigene Hinterland war der Einsatzbereich der Patrouille. Neben der Kontrolle der Personen im Grenzgebiet mußte sie u. a. Tanzveranstaltungen, Versammlungen, Kundgebungen oder sonstige Zusammenkünfte „auf Genehmigung und Einhaltung der Bestimmungen" überprüfen, wobei in diesen Fällen Offiziere oder Unteroffiziere als Postenführer eingesetzt werden sollten.

Die Suchgruppe

Ausgesprochene Häscherfunktionen waren den Suchgruppen zugewiesen worden. Verpflichtet waren sie, „die zur Suche anstehenden Personen - Grenzverletzer, Verbrecher und Fallschirmspringer, die sich im Grenzgebiet versteckt halten - aufzuspüren, zu verfolgen und festzunehmen bzw. unschädlich zu machen". Sie sollten eng „mit der Grenzbevölkerung, den GPH, den GPH-Gruppen, Parteisekretären und Bürgermeistern sowie mit anderen Organisationen" zusammenarbeiten und hatten in Erfüllung ihrer Aufgabe besonderes Augenmerk auf „Häuser, Ruinen, Hohlwege, Stallungen sowie andere Verstecke" zu richten. Sollte in einer Ortschaft nach einem Verdächtigen gesucht werden, „stellt der Leiter der Suchgruppe zur Abriegelung der Ortsein- und Ausgänge Posten aus dem Bestand der Suchgruppe aus, die durch Angehörige der GPH-Gruppen verstärkt werden. Außerdem können GPH mit der Beobachtung von Personen innerhalb der Ortschaft beauftragt werden. Alle Personen, die die Ortschaft verlassen oder betreten, sind sorgfältig zu kontrollieren".

Der Hinterhaltsposten

Eine äußerst schäbige Aufgabe war diesen Posten übertragen, die ausschließlich gebildet waren, um potentielle „Grenzverletzer" in die Falle laufen zu lassen. In unbewohnten Häusern und Ruinen, „wo die Ankunft der Grenzverletzer zu erwarten ist“, hatten sich diese Posten ebenso auf die Lauer zu legen wie „an Brücken, Furten und anderen Übergangsstellen, wenn die Zeit der Ankunft und die Bewegungsrichtung der Grenzverletzer bekannt ist“. Hohlwege und Ortsränder waren weitere bevorzugte Punkte. Bereits im „Kampfbefehl“ waren dem Postenführer alle „Angaben über den Charakter des zu erwartenden Grenzübertritts und alle Angaben, die seine Durchführung charakterisieren“ gemacht worden, der daraufhin die Festnahme sowie die „Eskortierung der Festgenommenen“ organisieren konnte. Als wichtig erachteten es die Verantwortlichen, daß nach dem „Erfüllen des Kampfauftrages“ alle Spuren, die auf den Hinterhaltsposten hätten hinweisen können, verwischt wurden.

Der Hinterlandssicherungsposten

Ganze Abschnitte - auch im Hinterland - mußte dieser Posten, der Zugstärke annehmen konnte, im konkreten Fall abriegeln, um „Grenzverletzer oder andere gesuchte Personen festzunehmen“. Die Bedeutung, die diesem Posten beigemessen wurde, wird aus der Vorschrift klar, daß er durch Angehörige „anderer bewaffneter Organe“, der Grenzpolizeihelfergruppen sowie durch die Inanspruchnahme anderer Posten aufgestockt werden konnte. Schließlich war für ihn auch die Bewaffnung mit leichten Maschinengewehren vorgesehen.

Der Begleitposten

Am Ende aller gescheiterten Fluchtbemühungen stand in der Regel der Begleitposten, der die „Grenzverletzer“ zum einen an Ort und Stelle zu durchsuchen und sie zum anderen in die zuständigen Dienststellen zu eskortieren hatte. Gerade zum Begleitposten wurden einige Vorschriften erlassen, die es verdienen, im Wortlaut zitiert zu werden:

„Nach der Übernahme weist der Postenführer jedem zu Eskortierenden seinen Platz in der Marschordnung an. Er belehrt sie über das Sprechverbot untereinander, mit dem Begleitposten und Außenstehenden und verwarnt sie, daß bei Fluchtversuchen und Nichtbeachtung der Forderungen der Begleitposten von der Schußwaffe Gebrauch gemacht wird. ...

Führen die Festgenommenen Fahrräder bei sich, ist die Kette von der Übersetzung zu übernehmen und die Luft bis auf ein Minimum aus den Schläuchen zu lassen.

Bei Mitführen von Krafträdern hat der Festgenommene die Zündkerze zu entfernen und diese an den Postenführer abzugeben. ...

Das Eskortieren von Festgenommenen entlang der Grenze in der unmittelbaren Grenznähe ist verboten. Erfolgt die Eskortierung bei Nacht oder bei begrenzter Sicht, ist die Anzahl der Begleitposten zu erhöhen, und zur Verstärkung des Begleitpostens sind Diensthunde einzusetzen. Die Marschrichtung ist so festzulegen, daß die Eskortierung nicht durch unübersichtliche Geländeabschnitte und auf belebten Straßen und Wegen erfolgt. ...

Besteht der Begleitposten aus 2 Grenzpolizeiangehörigen, bewegen sich diese an der Flanke hinter den Festgenommenen, die Waffe ist schußbereit. ...

Bei der Eskortierung auf Kfz. sitzen die zu Eskortierenden auf der rechten Sitzbank. Dabei ist zu beachten, daß die Sitzbank nicht bis zur rechten hinteren Ecke belegt wird. Besonders gefährliche Personen sind zu fesseln. Sie haben auf dem Boden der Ladefläche Platz zu nehmen. ...

Die Angehörigen des Begleitpostens nehmen auf der linken Sitzbank Platz. Ein Angehöriger des Begleitpostens, zusätzlich mit Pistole ausgerüstet, sitzt in der vorderen Wagenekke an der Alarmanlage. Ein weiterer Posten nimmt in der linken hinteren Wagenecke Platz. Weitere Posten nehmen entsprechend auf der linken Seitenbank Platz. Der Abstand zu den Eskortierenden muß die Anwendung der Schußwaffe gewährleisten und einen plötzlichen Überfall unmöglich machen. ...

Erfolgt die Eskortierung mit der Eisenbahn, hat der Postenführer zu berücksichtigen, daß
- das Dienstabteil des Zuges benutzt werden kann, wenn sich keine anderen Personen in diesem befinden; ...
- bei der Notdurft durch die Festgenommenen alle Maßnahmen zur Verhinderung von Fluchtversuchen einzuleiten sind;
- das Ein- und Aussteigen an der entgegengesetzten Seite des Bahnsteiges erfolgt (Gegenverkehr beachten).

Der Begleitposten ist zusätzlich mit Pistolen auszurüsten."

„Einkreisen und lautlos festnehmen"

Fluchtwillige, die im Grenzgebiet entdeckt worden waren, sollten nach allen Regeln der Kunst überlistet, festgenommen und notfalls auch mit der Schußwaffe am „Grenzdurchbruch" gehindert werden:

„-Bewegen sich Grenzverletzer in Richtung der Stellung des Grenzpostens, beziehen die Angehörigen des Grenzpostens getarnt Stellung im Gelände, so daß sich die Grenzverletzer selbst in die Einkreisung begeben;
- bewegen sich die Grenzverletzer seitlich der bezogenen Postenstellung, so hat der Grenzposten seine Stellung zu verlassen, den Grenzverletzern den Weg zur Grenze abzuschneiden, sie einzukreisen und festzunehmen;
- entfernen sich die Grenzverletzer von der Stellung des Grenzpostens, so hat der Grenzposten diese schnell und getarnt zu überholen, einzukreisen und festzunehmen."

Nach Möglichkeit sollte die Festnahme an einem Ort vorgenommen werden, der von der „gegenüberliegenden Seite", der Bundesrepublik also, nicht einzusehen war. Immer wieder wird darauf verwiesen, „Grenzverletzer überraschend einzukreisen, mit der Waffe im Anschlag plötzlich" aufzutauchen oder die Festnahme „lautlos" durchzuführen. Nur in Ausnahmefällen, wenn dieses angesichts der Witterung und des Geländes nicht anders möglich war, war es erlaubt, „Grenzverletzer" mit einem „überraschenden und energischen Anruf ‚Halt, stehen bleiben!'" zur Aufgabe aufzufordern. Nach der Festnahme sollte die anschließende Durchsuchung ebenfalls ohne neugierige Blicke anderer vorgenommen werden. Die Festgenommenen waren an einen „gedeckten Durchsuchungsort“ zu bringen, die Waffen in Anschlag zu bringen, die Sicherungsposten hatten sich so aufzustellen, daß sie jederzeit schießen konnten, ohne den durchsuchenden Posten zu gefährden. Hauptaugenmerk sollte bei der Durchsuchung auf Waffen, Munition, vor allem aber auf Pfeffer, Salz und Sand gelegt werden, offensichtlich hatten die Grenzer hiermit schlechte Erfahrungen gemacht.

Ausdrücklich *verpflichtete* die Dienstvorschrift III/2 die Angehörigen der Grenzpolizei in einer Vielzahl von Fällen zur Schußwaffe zu greifen. Es ist durchaus zulässig, nicht von bloßen „Schußwaffengebrauchsbestimmungen“ zu sprechen, wie es in Kapitel XI der Vorschrift heißt, sondern es handelt sich expressis verbis um einen ausgesprochenen Schießbefehl.

Ohne Warnung mußte geschossen werden, „zur Abwehr von bewaffneten Überfällen auf die örtlichen Organe und Institutionen der Arbeiter-und-Bauernmacht der DDR, die Grenzposten, Einheiten und Objekte der DGP und anderen bewaffneten Organe der DDR, die Bevölkerung der DDR“. Ist diese Bestimmung noch nachvollziehbar, geht es in den folgenden Punkten insbesondere darum, „Grenzverletzer“ durch den Einsatz von Schußwaffen zur Not in letzter Sekunde vor Erreichen des 10-m-Kontrollstreifens an der Flucht zu hindern und dabei auch deren Tod in Kauf zu nehmen.

Nach Anruf bzw. Stoppzeichen war zu schießen „beim Zusammentreffen mit bewaffneten Grenzverletzern und Banditen, bei der Verfolgung von Grenzverletzern in Richtung der Deutschen Bundesrepublik, wenn sie unmittelbar den 10 m Kontrollstreifen erreichten, andere Möglichkeiten der Festnahme nicht mehr bestehen und das Geschoß die Grenze nicht überfliegen kann“.

Nach erfolgtem Anruf und Warnschuß mußte gezieltes Feuer abgegeben werden „beim unbewaffneten Überfall auf die Bevölkerung der DDR, wenn für diese unmittelbare Gefahr besteht, zur Festnahme von Grenzverletzern oder der Festnahme unterliegender Personen, bei Fluchtversuchen festgenommener Grenzverletzer oder der Festnahme unterliegender Personen“. Mit keinem Wort ist in diesem Befehl die Rede von aus dem Westen „eingedrungenen Feinden“, vielmehr beziehen sich die Vorschriften ausschließlich auf die Anwendung der Schußwaffe gegenüber der eigenen Bevölkerung - ein Umstand, der den Angehörigen der Grenzpolizei hätte zu denken geben müssen. Auch dieses ist ein Beweis dafür, daß der Schießbefehl sehr wohl existiert hat: Unter Punkt 214 wird die „Anwendung der Leuchtpistole“ geregelt. Sie durfte ausdrücklich benutzt werden „zur Beleuchtung des Geländes und bei der Abgabe von *gezielten* Schüssen auf Grenzverletzer in der Nachtzeit“.[4]

---

[4] Alle Hervorhebungen durch Kursiv- oder Fettschrift in Zitaten stammen vom Autor.

1959: Die innerdeutsche Grenze bei Hohegeiß (Harz) von westlicher Seite. Noch besteht sie lediglich aus einem einfachen Stacheldrahtzaun und dem 10-m-Kontrollstreifen.

Der Tod von Grenzverletzern wurde vom Kommando der Deutschen Grenzpolizei durchaus billigend in Kauf genommen, wie zusätzlich Punkt 213 der Dienstvorschrift beweist:

„Wurde durch den Schußwaffengebrauch eine Person getötet, läßt der Grenzposten diese unverändert liegen, sichert den Tatort und verständigt die Grenzkompanie. Liegt die getötete Person in unmittelbarer Grenznähe oder auf dem 10 m Kontrollstreifen, so ist sie bei Anzeichen von Provokationen bzw. Menschenansammlungen jenseits der Grenze, ohne Verwischung der Merkmale am Tatort, an einen gedeckten Ort zu bringen."

Auch hier sollte es nach Möglichkeiten keine Augenzeugen von westlicher Seite geben.

Bemerkenswert und kennzeichnend für das menschenverachtende Verhalten des SED-Regimes ist, daß die Grenzpolizisten zwar selbständig auf Personen schießen durften oder gar mußten, nicht jedoch auf Tiere oder Sachen. War festgestellt worden, daß Tiere wie Hunde oder Tauben, „welche zur Überbringung von Meldungen geeignet sind, wiederholt die Grenze verletzen", durften diese nur nach einem besonderen Befehl des Kompaniechefs abgeschossen werden. Gleiches galt für „einfliegende Ballons", für deren Abschuß ebenfalls der Befehl des Kompaniechefs abgewartet werden mußte. Gar gänzlich verboten war die Anwendung der Schußwaffe auf Hunde, wenn der Posten erkannt hatte, „daß diese zufällig oder beim Jagen hinter Wild die Grenze überschritten haben und im Blickfeld des Grenzpostens wieder zurückkehren". Eindeutiger kann nicht belegt werden, daß das Leben eines Hundes oder einer Taube bei der Grenzsicherung mehr galt als das eines Menschen.

Bedeutende Ergänzungen erfuhren die Bestimmungen zur Anwendung der Schußwaffe durch den Befehl 39/60 des Ministers des Innern vom 24. Juni 1960, in dem vor allem die führende Rolle der SED auch in der Grenzpolizei - und bei der Erteilung des Schießbefehls - festgeschrieben wurde. Als rechtliche Grundlagen für die Anwendung von Schußwaffen galten demnach der „Tatbestand der Notwehr, die Notwendigkeit der Abwehr von bewaffneten Angriffen auf die staatliche Ordnung und ihre Einrichtungen" sowie - und das muß hervorgehoben werden - „interne Anweisungen und Befehle von Vorgesetzten oder Entscheidungen der Vorsitzenden der Bezirkseinsatzleitungen". Zwar wurde die Formulierung, nach der die Grenzpolizisten zum Schießen in bestimmten Fällen *verpflichtet* waren, ersetzt durch die *Berechtigung* zur Anwendung der Schußwaffe, dafür aber wurde der Kreis der Personen, auf die geschossen werden durfte, in einem Maße erweitert, der es nahezu gestattet, von einem Freibrief für die Angehörigen der Grenzpolizei zu sprechen.

„An den Staatsgrenzen West und Nord (See), am Ring um Berlin und an den Berliner Sektorengrenzen" konnte nunmehr „zur Gewährleistung der Unantastbarkeit der Grenzen und zur Verteidigung des Hoheitsgebietes der Deutschen Demokratischen Republik bei bewaffneten Angriffen von Einzelpersonen oder Gruppen staatsfeindlicher und krimineller Elemente" ebenso geschossen werden wie - wichtiger noch - „bei der Festnahme von Spionen, Saboteuren, Provokateuren und anderen Verbrechern, wenn sie der Festnahme bewaffneten Widerstand entgegensetzen oder die Flucht ergreifen und keine Möglichkeit besteht, die Festnahme durch eine andere qualifizierte Maßnahme herbeizuführen". Da es sich nach dem Selbstverständnis der SED bei jedem „Grenzverletzer" von vornherein zumindest um ein „kriminelles Element" handelte, das zudem auch noch Spion, Saboteur, Provokateur oder ein anderer Verbrecher sein konnte, stellte es für die Grenzpolizisten kaum ein Problem dar, den „Grenzverletzer" einer dieser Kategorien zuzuordnen und auf ihn zu schießen. Ebenfalls im Befehl 39/60 erließ Innenminister Maron die Bestimmungen, nach denen „Angriffe auf öffentliche Einrichtungen im Inneren der DDR" abgewehrt werden sollten und schrieb auch hierbei die Machtposition der Vorsitzenden der SED-Bezirkseinsatzleitungen fest. Sie hatten beispielsweise bei „Zusammenrottungen und Aufwiegelungen Werktätiger zu konterrevolutionären Handlungen" den Befehl zum Schießen zu erteilen, und sie waren es, denen bei „unbewaffneten Angriffen auf Gebäude demokratischer Organisationen und Dienststellen staatlicher Organe" die Entscheidung über den Waffeneinsatz vorbehalten blieb.

Erweitert wurde der Befehl durch die 1. Durchführungsanweisung, erlassen am 11. Juli 1960 durch den Kommandeur des Kommandos der Deutschen Grenzpolizei, Oberst Peter, galt sie doch nicht nur für die an der „Staatsgrenze zur Westzone" eingesetzten Kräfte, sondern ebenso für den „Ring um Berlin und an der Küste". Wenn auch die Grenzpolizisten - wie erwähnt - lediglich *berechtigt* waren, von der Schußwaffe Gebrauch zu machen, wußten sie doch, daß es in folgenden Fällen von ihnen unbedingt erwartet wurde:

„Zur Gewährleistung der Unantastbarkeit der Grenzen und zur Verteidigung des Hoheitsgebietes der Deutschen Demokratischen Republik bei bewaffneten Angriffen und Überfällen von Einzelpersonen oder Gruppen staatsfeindlicher und krimineller Elemente.

Bei der Festnahme von Spionen, Saboteuren, Provokateuren und anderen Verbrechern, wenn sie der Festnahme bewaffneten Widerstand entgegensetzen oder die Flucht ergreifen, einen Warnschuß unbeachtet lassen und keine andere Möglichkeit besteht, die Festnahme durch eine andere qualifizierte Maßnahme herbeizuführen."

Eine zusätzliche Erweiterung und die Aufforderung zur „Vernichtung" des Gegners erfuhr der Schießbefehl 39/60 - nach dem Mauerbau - am 19. März 1962. In einer 2. Durchführungs-Anweisung wurden Bestimmungen erlassen, die ausschließlich für die in Berlin eingesetzten 1. und 2. Grenzbrigade (B) galten. Ziel war es, „die Unantastbarkeit der Staatsgrenze in Berlin und der Deutschen Demokratischen Republik nach Westberlin bei jeder Lage zu gewährleisten und keinerlei Verletzungen ihrer Souveränität zuzulassen". Erneut wurden die Angehörigen der Grenzbrigaden, wie schon 1958, zum Schießen *verpflichtet*, zwar - wenigstens verbal - vorrangig „zur Festnahme, Gefangennahme oder zur Vernichtung bewaffneter Personen oder bewaffneter Banditengruppen, die in das Gebiet der DDR und in ihre Hauptstadt eingedrungen sind". In der Praxis wichtiger dürfte jedoch der folgende Halbsatz gewesen sein: „bzw. die Grenzen nach Westberlin zu durchbrechen versuchen ..." Zu zahlreichen an der Berliner Mauer Getöteten führte insbesondere die Bestimmung, nach der die Grenzer schießen mußten

„[...] zur Festnahme von Personen, die sich den Anordnungen der Grenzposten nicht fügen, indem sie auf Anruf 'Halt, stehenbleiben - Grenzposten' oder nach Abgabe eines Warnschusses nicht stehenbleiben, sondern offensichtlich versuchen, die Staatsgrenze der Deutschen Demokratischen Republik zu verletzen und keine andere Möglichkeit zur Festnahme besteht
- zur Festnahme von Personen, die mit Fahrzeugen aller Art die Staatsgrenze nach Westberlin offensichtlich zu verletzen versuchen, nachdem sie vorschriftsmäßig gegebene Stoppzeichen der Grenzposten unbeachtet ließen oder auf einen Warnschuß nicht reagierten bzw. nachdem sie die Sperren durchbrochen, beiseite geräumt oder umfahren haben und andere Möglichkeiten zur Festnahme der betreffenden Personen nicht mehr gegeben sind".

Mit allen Mitteln also mußten „Grenzdurchbrüche" verhindert werden. Die Entscheidung darüber, ob er schießen würde oder nicht, lag nicht länger beim Angehörigen der Grenzbrigaden selbst, sondern die Verpflichtung zur Schußwaffenanwendung hatte der Minister des Innern unmißverständlich zu Papier gebracht. Die einzigen Einschränkungen lagen darin, daß nur in Richtung „Staatsgebiet" der DDR oder allenfalls parallel zur Grenze geschossen werden durfte, nicht aber in Richtung von Berlin (West). Desgleichen waren Angehörige ausländischer Armeen und Militärverbindungsmissionen, Angehörige diplomatischer Vertretungen sowie Kinder von der Anwendung von Schußwaffen ausgenommen - ein Verbot, das zumindest gegenüber Kindern nachweisbar durchbrochen wurde. Bei „unbewaffneten Provokationen, Zusammenrottungen und Unruhen jeglicher Art in der Hauptstadt der Deutschen Demokratischen Republik (das demokratische Berlin), an der Staatsgrenze um Westberlin sowie bei Zerstörungen von Grenzsicherungsanlagen durch Personen" schließlich sollten weniger Schußwaffen als vielmehr „hauptsächlich Nebelkerzen" eingesetzt werden.

Die Zementierung der deutschen Teilung - Täuschungsmanöver am Tag vor dem Mauerbau

Der 13. August 1961 eröffnete ein weiteres Kapitel der Abschottungspolitik der DDR. Die Fluchtbewegung in den freien Westen hatte ein Ausmaß angenommen, das die DDR wirtschaftlich auszubluten drohte. Der Bau der Mauer und der nunmehr forcierte Ausbau der übrigen innerdeutschen Grenze sollte die Absichten der Fluchtwilligen ein für allemal vereiteln. Schon einen Tag vor dem Mauerbau, am 12. August, hatte Innenminister Maron einen Beschluß der DDR-Regierung unterschrieben, in dem die Freizügigkeit innerhalb Berlins massiv eingeschränkt wurde. Tatsächlich aber handelte es sich um ein ausgefeiltes Täuschungsmanöver, denn einen Tag später waren die getroffenen Anweisungen durch die rigorose Absperrung von Berlin (West) ohnedies hinfällig. Einwohner der DDR hätten nach der Bekanntmachung für den Besuch West-Berlins eine Genehmigung ihres zuständigen Volkspolizei-Kreisamtes bzw. ihrer zuständigen Volkspolizei-Inspektion benötigt, im Straßenverkehr sollten für den Kfz-Verkehr die Übergänge Kopenhagener Straße, Wollankstraße, Bornholmer Straße, Brunnenstraße, Chausseestraße, Brandenburger Tor, Friedrichstraße, Heinrich-Heine-Straße, Oberbaumbrücke, Puschkinallee, Eisenstraße, Sonnenallee und Rudower Straße geöffnet bleiben. „Friedliche Bürger Westberlins“ könnten „unter Vorlage ihres Westberliner Personalausweises die Übergangsstellen zum demokratischen Berlin passieren“.

Selten hat eine Regierung die Menschen derart belogen und in falscher Sicherheit gewogen. Auch für Westdeutsche sollte sich nichts ändern, an vier Ausgabestellen, so wurde versichert, würden sie wie bisher Tagesaufenthaltsgenehmigungen für den Besuch „der Hauptstadt der Deutschen Demokratischen Republik (das demokratische Berlin)“ bekommen. Lediglich Einwohner der DDR, „die nicht in Berlin arbeiten, werden gebeten, bis auf weiteres von Reisen nach Berlin Abstand zu nehmen“. Zudem forderte der (Ost-Berliner) „Magistrat von Groß-Berlin“, durch den damaligen Oberbürgermeister Friedrich Ebert „alle Bürger des demokratischen Berlins, die bisher einer Beschäftigung in Westberlin nachgingen“, auf, „sich entweder an ihrer letzten Arbeitsstelle im demokratischen Berlin zur Wiederaufnahme der Arbeit oder bei der für sie zuständigen Registrierstelle zur Vermittlung einer geeigneten Tätigkeit zu melden“. In einer dritten Bekanntmachung schließlich teilte DDR-Verkehrsminister Kramer die Einstellung bzw. Einschränkung des innerstädtischen S- und U-Bahnverkehrs der Fahrgastschiffahrt sowie des Busverkehrs mit:

„Der direkte S-Bahn-Verkehr zwischen den Randgebieten der Deutschen Demokratischen Republik und Westberlin wird eingestellt.

Ferner werden eingestellt der direkte S-Bahn-Verkehr zwischen den S-Bahnhöfen Pankow-Gesundbrunnen, Schönhauser Allee-Gesundbrunnen, Treptower Park-Sonnenallee, Baumschulenweg-Kölnische Heide."

Fünf S-Bahnhöfe (Bornholmer Straße, Nordbahnhof, Oranienburger Straße, Unter den Linden und Potsdamer Platz) wurden für den öffentlichen Verkehr völlig geschlossen, die Bahnhöfe Wilhelmsruh, Schönholz und Wollankstraße durften nur noch von westlicher Seite aus betreten werden. Zur Verbindung der nördlich, westlich und südlich von Berlin (West) gelegenen Kreise des Bezirks Potsdam mit Berlin (Ost) sollte der Berufsschnellverkehr auf dem Berliner Außenring verstärkt werden. Eingriffe gleicher Dimension gab es auch auf dem Streckennetz der U-Bahn. Von der völligen Schließung betroffen waren die U-Bahnhöfe Potsdamer Platz, Warschauer Brücke, Walter-Ulbricht-Stadion, Nordbahnhof, Oranienburger Tor, Französische Straße, Stadtmitte, Bernauer Straße, Rosenthaler Platz, Weinmeisterstraße, Jannowitzbrükke, Heinrich-Heine-Straße sowie Teile des Bahnhofes Friedrichstraße. Sie sollten über viele Jahre, teilweise bis zur friedlichen Wende in der DDR, „Geisterbahnhöfe" bleiben, in denen in gespenstischem Halbdunkel lediglich schemenhaft Angehörige der Grenztruppen bzw. der Transportpolizei auszumachen waren, die darauf zu achten hatten, daß niemand auf die langsam fahrenden Züge sprang. Gleichzeitig wurde der Ausflugsverkehr der „Weiße Flotte" zwischen den Havelseen und dem Osten Berlins eingestellt. Einige dieser Maßnahmen würden zwar „zu Fahrzeitverlängerungen führen", hieß es in der Bekanntmachung weiter, das Ministerium für Verkehrswesen werde jedoch „sofort die erforderlichen Maßnahmen einleiten, um so schnell wie möglich auftretende Unbequemlichkeiten zu vermindern". Auch mit dem abschließenden Satz sollte der Öffentlichkeit Sand in die Augen gestreut werden: „Diese Maßnahmen tragen vorläufigen Charakter und bleiben in Kraft bis zum Abschluß eines Friedensvertrages."

Tatsächlich handelte es sich beim „Mauerbau" um eine sorgfältig vorbereitete Maßnahme, die seit Öffnung der ehemaligen DDR-Archive Punkt für Punkt belegt werden kann. Schon 1980 hatte SED-Chef Honecker eingeräumt, daß es die SED gewesen war, die auf einem Treffen der Ersten Sekretäre der Sozialistischen Parteien vom 3. bis 5. August 1961 in Moskau gefordert hatte, „die Grenzen gegenüber Berlin-West und zur BRD" unter Kontrolle zu nehmen. Im Einverständnis mit der KPdSU sei dieser Forderung entsprochen worden. Am 12. August 1961 dann hatte Honecker dem Politbüro-Mitglied Erich Mückenberger aus Frankfurt/Oder ein als „Geheime Kommandosache" deklariertes Schreiben zukommen lassen, in dem er den SED-Funktionär anwies - für diesen durchaus nicht so geheimnisvoll wie der Wortlaut des Textes es vermuten läßt -, „entsprechend den getroffenen Vereinbarungen am 13. August 1961 die erforderlichen Maßnahmen zu veranlassen. Die Dir bekannten Dokumente werde ich Dir im Verlaufe der Nacht übermitteln.“ Gleichlautende Schreiben Honeckers erhielten parallel auch andere Mitglieder des Politbüros.

Mit Soldaten und Panzern Mauerbau gesichert

Ebenfalls am Sonnabend, 12. August, um 20 Uhr, hatte Minister Hoffmann, mit dem Befehl 001/61 die Voraussetzungen für die militärische Absicherung des Mauerbaues gegeben. „Zur Durchführung der uns von Partei und Regierung gestellten Aufgaben“ befahl er:

„1. Die Nationale Volksarmee hat die Aufgabe mit Teilen die bewaffneten Kräfte des Ministeriums des Innern bei der Sicherung der Sektorengrenzen und am Außenring von Westberlin zu unterstützen.

2. Die Truppenteile der Nationalen Volksarmee bilden in den befohlenen Abschnitten mit den Kräften der 1. und 8. MSD eine zweite Sicherungsstaffel in einer Tiefe von ca. 1000 m von der Grenze.
Es werden eingesetzt:
a) im demokratischen Berlin - 2 MSR, 1 PR, 1 AB, 1 Pi-B
b) am Außenring von Westberlin - 3 MSR, 1 PR, 1 AB, 1 Pi-B

Die Kräfte sind bataillonsweise, bei Panzern im demokratischen Berlin kompanieweise, so zu konzentrieren, daß sie ausreichend Manöver- und Sicherungsmöglichkeiten haben.
Die Aufstellung der Kräfte ist am 13.08. 08.00 Uhr zu beenden.
Die Anwendung der Schußwaffe ist kategorisch verboten und erfolgt nur auf meinen Befehl.
Die Munition in den Panzern ist zu versiegeln. Die Infanterie-Munition (außer Pistolenmunition für Offiziere) und Platzpatronen ist kompanieweise in versiegelten Kisten mitzuführen.
Platzpatronen sind bei Notwendigkeit auf Entscheidung der Kompaniechefs an den Mann auszugeben.
Scharfe Munition erhalten nur Wachen und Streifen.

3. Die 8. MSD mit dem MSR-28 und 29, PR-8, AB-8 und Pi-B 8 im Bestand von mindestens 3 150 Mann, 100 Panzer und 120 SPW haben bereit zu sein, innerhalb des demokratischen Berlin im Zusammenwirken mit den Kräften des MdI den Durchbruch der Sektorengrenze sowie provokatorisches und demonstratives Auftreten von Westberlin aus durch Agenten, Rowdys und militaristische Organisationen zu unterbinden.
Gefechtsstand der 8. MSD - Magerviehhof (Friedrichsfelde)
Im Präsidium der Deutschen Volkspolizei Berlin (Neue Königsstr.) sind 1 - 2 Verbindungsoffiziere zu entsenden.

4. Die 1. MSD mit dem MSR-1, 2 und 3, PR-1, AB-1 und Pi-B 1 im Bestand von mindestens 4 200 Mann, 140 Panzer, 200 SPW hat bereit zu sein, im Zusammenwirken mit der 5. Grenzbrigade am Außenring von Westberlin den Durchbruch sowie provokatorisches

und demonstratives Auftreten von Westberlin aus durch Agenten, Rowdys und militaristische Organisationen zu unterbinden.
Gefechtsstand der 1. MSD - Objekt des MSR-1 (Oranienburg)
Zum Stab der 5. Grenz-Brigade (Groß Glienicke) sind 1 - 2 Verbindungsoffiziere zu entsenden.

5. Ministerium für Nationale Verteidigung Strausberg
Auf dem gemeinsamen vorgeschobenen Gefechtsstand - Karlshorst - befindet sich eine operative Gruppe der NVA unter Leitung meines Stellvertreters für Ausbildung.
Im Stab des MdI befindet sich eine Gruppe von drei Genossen unter Leitung des Chefs Verwaltung Ausbildung.
Die Organisation der Nachrichtenverbindung erfolgt entsprechend der Gefechtsanordnung für Nachrichtenverbindungen Nr. 02/61.

6. Die Kommandeure und Politorgane haben bei allen Handlungen offensiven Kampfgeist, Standfestigkeit und eine hohe Disziplin aller Armeeangehörigen zu sichern. Die Waffenbrüderschaft mit der Sowjetarmee und den bewaffneten Kräften des MdI sowie die Verbundenheit mit der werktätigen Bevölkerung des demokratischen Berlin und der DDR ist zu festigen.
Mein Stellvertreter und Chef der Politverwaltung erläßt Weisungen zur Führung der politischen Arbeit und zur politischen Versorgung und Betreuung der eingesetzten Verbände und Truppenteile.

7. Die materiell-technische sowie medizinische Sicherstellung der Truppen der 1. und 8. MSD hat auf der Grundlage der Anordnung des Chefs der Rückwärtigen Dienste Nr. 01/61 des Ministeriums für Nationale Verteidigung zu erfolgen.

8. Meldungen:
- Passieren der Ablauflinie bzw. Abfahrt der Eisenbahntransporte;
- Eintreffen im befohlenen Raum bzw. Entladebahnhof;
- Herstellung der Arbeitsbereitschaft der Stäbe und Beendigung der Aufstellung der Kräfte - 13.08. 08.00 Uhr;
- Operative Sammelberichte täglich nach dem Stand von 18.00 Uhr bis 22.00 Uhr;
- Gefechtsmeldungen alle 6 Stunden, bei plötzlichen Lageveränderungen sofort.

Alle Meldungen sind durch die Division gleichzeitig an den MB V und das Ministerium für Nationale Verteidigung zu geben."

Mit „X" begann die Abriegelung

Hatte Armeegeneral Hoffmann die Voraussetzungen für die militärische Absicherung der Grenzschließungen geschaffen, erließ Innenminister Maron, ebenfalls am 12. August, den Befehl 002/61, mit dem er konkret die Aufgaben festlegte, die die Deutsche Grenzpolizei im Rahmen der Abriegelungsmaßnahmen zu erfüllen hatte: „Zur Erhöhung der Sicherheit der Deutschen Demokratischen Republik sind mit ‚X'-Zeit Maßnahmen zur Einschränkung des Verkehrs aus den Bezirken der Deutschen Demokratischen Republik und dem

„Grenzdurchbrüche sind nicht zuzulassen“ (Brandenburger Tor, nach dem 13. August 1961)

Kritische Stunden, Wochen nach dem Mauerbau. Am Checkpoint „Charly“ in Berlin standen sich sowjetische und amerikanische Panzer gegenüber.

demokratischen Berlin nach Westberlin einzuleiten", begann dieser Befehl, in dem es weiter hieß:

„1. (1) Mit ‚X' + 30 Minuten ist im Bereich der 5. Grenzbrigade Gefechtsalarm auszulösen und die Grenzsicherung am westlichen Außenring durch den geschlossenen Einsatz der Einheiten zu organisieren und durchzuführen.
Am Ring des demokratischen Berlins ist verstärkte Grenzsicherung durchzuführen.

(2) Am westlichen Außenring von Groß-Berlin sind ‚X' + 30 Minuten 11 KPP/KP/GKÄ zu schließen und bis ‚X' + 180 Minuten mit Pioniermitteln zu sperren.[1]

(3) An den KPP an der Grenze zum demokratischen Berlin ist eine verstärkte Kontrolle durchzuführen. An den Eisenbahn-KPP des demokratischen Berlin sind alle ein- und ausfahrenden Reisezüge zu kontrollieren.

(4) Zur Gewährleistung der ununterbrochenen Sicherung werden dem Kommandeur der 5. Grenzbrigade

- die Lehrbereitschaft Potsdam der Bereitschaftspolizei ‚X' + 180 Minuten,
- 4 Grenzkompanien und 4 Pionierzüge ‚X' + 240 Minuten;
- Offiziersschule der DGP ‚X' + 360 Minuten unterstellt.

(5) Zur Verstärkung der Grenzsicherung am westlichen Außenring sind Teile des Grenzabschnittes mit Drahtsperren auszubauen. Die pioniermäßige Verstärkung des Grenzabschnittes ist bis ‚X'+ 8 Tage abzuschließen. ...

2. (1) In den Linieneinheiten der Verbände der Staatsgrenze West ist mit 'X' + 5 Stunden verstärkte Grenzsicherung unter Beibehaltung des 8-Stunden-Dienstes zu organisieren und durchzuführen.

In den Hauptrichtungen sind die Linieneinheiten durch Reserven zu verstärken.

(2) In den Stäben der Grenzbrigaden und Grenzbereitschaften ist die erhöhte Arbeitsbereitschaft herzustellen.

Die schweren Grenzabteilungen sind in Gefechtsbereitschaft zu versetzen.
Die Verlegung der sGA in gefährdete Richtungen ist zu planen und in Abhängigkeit der Lage zu befehlen.

3. Die Aufklärungsorgane der DGP sind anzuweisen, eine verstärkte Aufklärung im feindlichen Vorfeld und im eigenen Grenzgebiet durchzuführen, um rechtzeitig die Absichten und Ziele des Gegners sowie von ihm organisierte staatsfeindliche Handlungen im eigenen Gebiet zu erkennen und zerschlagen zu können.

Die militärische Beobachtung des gegnerischen und eigenen Grenzgebietes ist durch die Kommandeure verstärkt zu organisieren und zu führen.

4. Der Kommandeur der Deutschen Grenzpolizei hat zu gewährleisten, daß mit den anderen bewaffneten Organen des Ministeriums des Innern, des Ministeriums für Staatssicherheit und der Nationalen Volksarmee im Grenzgebiet ein enges Zusammenwirken organisiert wird.

---

[1] Am Außenring von Berlin waren zu schließen: KP Glienicke - Nordbahn (Straße), GKA Hohen-Neuendorf, GKA Stolpe-Süd, GKA Albrechtshof, KP Staaken, GKA Griebnitzsee, GKA Dreilinden (alle S-Bahn), KP Düppel (Straße), KP Seehof (Straße), GKA Teltow (S-Bahn), GKA Mahlow (S-Bahn)

Mit den Kommandeuren der am Ring um Berlin stationierten sowjetischen Grenzbataillonen sind die eingeleiteten Sicherungsmaßnahmen abzusprechen. Das Zusammenwirken der eingesetzten Kräfte ist zu organisieren. ...

5. Als Grundlage für den Gebrauch von Schußwaffen gilt mein Befehl 39/60.
Die Kräfte der Bereitschaftspolizei sind sofort nach ihrem Eintreffen in die Schußwaffengebrauchsbestimmungen einzuweisen ... "

Mit dem Befehl 002/61 (Geheime Verschlußsache B 3/33 - 285/61) setzte der Chef des Kommandos der Deutschen Grenzpolizei, Oberst Peter, am 12. August 1961 den o.a. Befehl Innenministers Maron vom selben Tag in die Praxis um, wieder ohne Nennung des konkreten „X"-Termines, mit dem die Abriegelung Berlins (West), aber auch der „Staatsgrenze West" sowie - zumindest zeitweise - der Grenzen zwischen der DDR und Berlin (Ost) beginnen sollte. Nachfolgend der Wortlaut dieser Geheimen Verschlußsache:

„Kommando der Deutschen Grenzpolizei

Befehl Nr. 002/61
des Kommandeurs der Deutschen Grenzpolizei

Gefechtsstand Pätz
12. August 1961

1. Die Deutsche Grenzpolizei hat die Aufgabe, am Ring um Berlin den Verkehr aus der Deutschen Demokratischen Republik nach dem demokratischen Berlin - entsprechend dem Befehl des Ministers des Innern - einzuschränken und durch verstärkte Grenzsicherung die Sicherheit der Deutschen Demokratischen Republik im engen Zusammenwirken mit den anderen bewaffneten Organen des Ministeriums des Innern, den Dienststellen des Ministeriums für Staatssicherheit, der Nationalen Volksarmee und dem AZKW zu gewährleisten.

‚X' + 30 Minuten ist an der Staatsgrenze West eine verstärkte Grenzsicherung zu organisieren, um Verletzungen der Grenze in beiden Richtungen nicht zuzulasssen, und die Ausdehnung von Provokationen auf das Territorium der Deutschen Demokratischen Republik zu verhindern.

2. Die 1. bis 4. Grenzbrigade haben die Aufgabe, verstärkte Grenzsicherung - unter Beibehaltung des 8-Stunden-Dienstes - durchzuführen, Verletzungen der Grenzen der Deutschen Demokratischen Republik zu verhindern und die Ausdehnung von Provokationen auf das Territorium der Deutschen Demokratischen Republik nicht zuzulassen.
Die Kontrolle über die Einhaltung der Grenzordnung ist zu verstärken.
In den Hauptrichtungen sind die Linieneinheiten durch den Einsatz von Reserven zu verstärken.

3. In den Stäben der Grenzbrigaden und Grenzbereitschaften ist die erhöhte Arbeitsbereitschaft der Stäbe herzustellen. Offiziere der Stäbe sind zur Kontrolle und Anleitung der befohlenen Aufgaben in den Einheiten einzusetzen.
Die schweren Grenzabteilungen sind in Gefechtsbereitschaft zu versetzen und zur Verlegung in gefährdete Richtungen bereitzuhalten. Die Entschlüsse der Kommandeure zur Verlegung sind mir zur Bestätigung zu melden.
Die Verlegung hat erst auf meinen Befehl zu erfolgen.

4. Die größte Dichte an Kräften und Mitteln ist in der Hauptrichtung der Bewegung der Grenzverletzer und an den Flanken der Grenzkontrollämter zu schaffen.
In provokationsgefährdeten Abschnitten sind getarnte Posten einzusetzen. In der Tiefe sind motorisierte Reserven bereitzuhalten.

5. Die Kommandeure der Verbände haben mit dem Chef der BdVP, den Bezirksdienststellen des MfS, der NVA und den örtlichen Organen der Staatsmacht ein enges Zusammenwirken und einen ständigen Informationsaustausch zu organisieren.

6. Durch die Kommandeure und Politorgane sind in Verbindung mit den Partei- und FDJ-Organisationen eine verstärkte politisch-ideologische Arbeit unter allen Soldaten, Unteroffizieren und Offizieren durchzuführen.

Es ist zu gewährleisten, daß die Befehle und Dienstvorschriften korrekt und gewissenhaft erfüllt werden und die Geheimhaltung aller Maßnahmen gewahrt wird.

7. Den Aufklärungsorganen der Deutschen Grenzpolizei sind Aufgaben zur Aufklärung des Gegners und seiner Handlungen zu stellen.
Durch die Kommandeure ist eine verstärkte Beobachtung der Handlungen des Gegners zu organisieren, um seine Absichten und Ziele rechtzeitig zu erkennen.
Die Beobachtungs- und Aufklärungsergebnisse sind mit den Aufklärungsorganen ständig auszuwerten.

8. Meldungen:
- Übergang zur verstärkten Grenzsicherung,
- Herstellung der erhöhten Arbeitsbereitschaft der Stäbe,
- Herstellung der Gefechtsbereitschaft der schweren Grenzabteilung;
- Entschluß über Verlegung der schweren Grenzabtlg.;
- Besondere Vorkommnisse sofort;
- Lagemeldung erstmalig ‚X‘ + 4 Stunden, weitere Meldungen alle 6 Stunden.

- Oberst - (P e t e r)“

Minutiös waren sämtliche Maßnahmen in den letzten Stunden vor und den ersten nach der Teilung Berlins festgelegt, wobei die Verantwortung für ihre Durchsetzung - neben dem MfS - in erster Linie das Ministerium des Innern trug, dem nicht nur die Volkspolizei, sondern zu diesem Zeitpunkt auch noch die Deutsche Grenzpolizei unterstand. In einem „Kalenderplan der Massnahmen“ hatte der Stab des Präsidums der Volkspolizei Berlin am 12. August 1961 folgenden Plan befohlen, wobei „X“ für 01.00 Uhr des 13. August stand:

Lfd. Nr.	Uhrzeit	Maßnahmen
1.	X	a) 1. Brigade Bereitschaftspolizei unterstellt dem Kommandeur des Bezirks Berlin b) Sicherungskommando Berlin unterstellt dem Kommandeur 1. Brigade Bereitschaftspolizei

2.	X + 30'	a) Schliessen der Übergänge ausser den vorges. KP für Personen- u. Kfz.-Verkehr b) Auslösung Gefechtsalarm Stufe II für PdVP Bln.
3.	X + 3 Std.	Nachrichtenverbindung durch Draht u. bewegl. Mittel. Ab X + 3 Std. wenn notwendig auch mit Funk (gedeckt)
4.	X + 3 Std.	a) Grösste Dichte entlang der Grenze erreicht b) Umgruppierung der Kräfte Sicherungskommando Bln. zur verstärkten Sicherung an den KP. c) Pioniermässige Sperrung der Übergänge ausser den 16 KP
5.	X + 4 Std. 30'	Unterstellung eines Pionierzuges von Potsdam Eiche und des Pionierlehrganges der 1.B Potsdam unter Kdr. Sicherungskräfte
6.	X + 6 Std.	Bez.-Schule Berlin ist dem Kdr. 1. Brig. BP unterstellt
7.	X + 7 Std.	MPS Aschersleben ist dem Kdr. 1. Brig. BP unterstellt
8.	X + 2,4,6 8 u. 12 Std.	Lagemeldungen an Stab MdI (doublierend absetzen) Lagemeldungen an Stab MdI (doublierend absetzen)
9.	X + 18, 24 u. weiter alle 6 Std.	
10.	X + 24 Std.	9,6 km Drahtsperren auf 2 Pfählen in den Hauptrichtungen aufgebaut.
11.	X + 4 Tage	Abschluss der gesamten Pionierarbeiten in dem Abschnitt von 9,86 km.

Oberstleutnant der VP
- Stabschef - (S c h n e i d e r)[2]

Am 22. August 1961 - die brutale Teilung Berlins war längst in vollem Gang - wurden die Berliner mit einer öffentlich plakatierten Bekanntmachung konfrontiert, mit der die Anordnungen vom 12. August ausnahmslos verschärft wurden. Als Begründung führte Innenminister Maron die „zahlreichen Provokationen, die in den letzten Tagen auf Betreiben Westberliner Stellen und besonders des Bürgermeisters von Westberlin, Brandt, gegen Bürger und Einrichtungen der Hauptstadt der Deutschen Demokratischen Republik (das Demokratische Berlin) begangen wurden“ an. Es sei deshalb nötig, „ab Mittwoch, den 23.8.1961, 00.01 Uhr Uhr, bis zum Abschluß eines Friedensvertrages folgende Ordnung an der Grenze zwischen der Hauptstadt der DDR (das Demokratische Berlin) und Westberlin einzuführen:

[2] Siehe auch S. 172 ff.

„BEKANNTMACHUNG
des Ministeriums des Innern
der Deutschen Demokratischen Republik

1. Für die Übergänge im Straßenverkehr zwischen der Hauptstadt der Deutschen Demokratischen Republik (das Demokratische Berlin) und Westberlin wird folgende Regelung eingeführt:

a) Ausländische Staatsangehörige benutzen im Interesse ihrer schnelleren Abfertigung den Übergang

Friedrich-Ecke Zimmerstraße

der zu diesem Zweck für alle anderen Ein- und Ausreisenden gesperrt wird.
Angehörige des Diplomatischen Korps und Angehörige der westlichen Besatzungskräfte werden auf den gleichen Übergang verwiesen.

b) Für Einwohner Westdeutschlands sind folgende Übergänge zugelassen:

Bornholmer Straße
Heinrich-Heine-Straße

c) Für Einwohner Westberlins sind folgende Übergänge zugelassen:

Chausseestraße
Invalidenstraße
Oberbaumbrücke
Sonnenallee

2. Friedliche Bürger von Westberlin können unter Vorlage ihres mit einem Lichtbild versehenen westberliner Personalausweises und der gültigen Aufenthaltsgenehmigung die für sie festgelegten Übergangsstellen zum Demokratischen Berlin passieren.
Westberliner Kinder können nur in Begleitung ihrer Eltern die Grenze passieren. Sie müssen in deren westberliner Personalausweis eingetragen sein.

Berlin, den 22. August 1961

M A R O N
Minister des Innern"

Bei den „friedliebenden Bürgern von Westberlin" handelte es sich um gerade einmal etwas über 6.000 Menschen, die ihren Arbeitsplatz weiterhin in Berlin (Ost) hatten und vorübergehend noch unentbehrlich waren. Allen anderen West-Berlinern dagegen war der Zugang nach Berlin (Ost) strikt verwehrt. Sie mußten, das sei an dieser Stelle eingeflochten, auf das erste Passierscheinabkommen warten, das am 17. Dezember 1963 vom West-Berliner Senatsrat Horst Körber und seinem Pendant, DDR-Staatssekretär Wendt, unterzeichnet wurde. Zwischen dem 19. Dezember 1963 und dem 5. Januar 1964 machten 1,24 Millionen West-Berliner von der Möglichkeit, den Ostteil der Stadt zu besuchen, Gebrauch. Vier derartiger Passierscheinabkommen wurden vereinbart, das letzte am 7. März 1966. Erst das Viermächte-Abkommen über Berlin und Deutschland als Ganzes führte am 20. Dezember 1971 zu einer Vereinbarung, die den West-Berlinern jährlich bis zu 30-tägige Aufenthalte in Ost-Berlin und in der DDR erlaubte.

EHRENURKUNDE

FÜR VORBILDLICHEN EINSATZ
BEI DEN
SICHERUNGSMASSNAHMEN
AM 13. AUGUST 1961
VERLIEHEN AN

Kommando der Grenztruppen

10 Jahre antifaschistischer Schutzwall
10 Jahre sicherer Schutz des Friedens und des Sozialismus

ZENTRALKOMITEE DER SOZIALISTISCHEN EINHEITSPARTEI DEUTSCHLANDS

ERSTER SEKRETÄR

Am selben Tag übrigens, an dem MdI Maron eine neue „Ordnung an der Grenze“ zu Berlin (West) erlassen hatte, am 22. August 1961, unterzeichnete das Mitglied des Nationalen Verteidigungsrates und Vorsitzender der Bezirks-Einsatzleitung Berlin, Paul Verner, den Befehl 5/61, der den „weiteren Ausbau des Grenzsicherungssystems nach Westberlin“ und den „Ausbau der 2. Reihe der Grenzsicherung“ zum Inhalt hatte. Befohlen wurde u. a. die sofortige Unterstellung der „Kommission unter Leitung des Genossen Oberstltn. der VP Gondessen“ sowie der eingesetzten Kräfte des Luftschutzes „unter den Kommandeur der 1. Brigade der Bereitschaftspolizei Berlin sowie eine sofortige Begehung der gesamten Grenze durch den Leiter der genannten Kommission im Zusammenwirken mit den Kommissionen der Stadtbezirke „mit dem Ziel, noch bestehende Lücken festzustellen und unter Einsatz aller Kräfte bis zum 24.08.1961 - 24.00 Uhr - zu schließen“. Unabhängig davon war zur Vervollständigung des Sperrsystems mit dem „pioniermäßigen Ausbau der 2. Reihe zu beginnen und bis zum 31.08.1961 - 24.00 Uhr abzuschließen“.

Mauerbau gegen „Betrug, Korruption und Erpressung“

Unbestritten ist längst, daß die Regierung der DDR den Mauerbau nicht in eigener Verantwortung hatte beschließen können - wenngleich sie offensichtlich auch die treibende Kraft gewesen war -, denn souverän war dieser Satellitenstaat trotz aller öffentlichen Bekundungen bei weitem nicht. So wie sieben Jahre später ein in Moskau formulierter „Hilferuf“ aus der CSSR zur Niederschlagung des „Prager Frühlings“ führte, hatten sich schon 1961 die „Bruderstaaten“ des Warschauer Vertrages um die Entwicklung in der DDR „gesorgt“. In einer entsprechenden Erklärung, am 13. August 1961 im *Neuen Deutschland* veröffentlicht, beklagten sie, daß es „auf der Erde keinen Ort (gebe), wo so viele Spionage- und Wühlzentren fremder Staaten konzentriert wären und wo sie sich so ungestraft betätigen können wie in Westberlin. Diese zahlreichen Wühlzentren schleusen in die DDR Agenten ein, damit sie verschiedene Diversionen unternehmen, sie werben Spione an und putschen feindliche Elemente zur Organisation von Sabotageakten und Unruhen in der DDR auf“. Aber damit nicht genug:

„Die herrschenden Kreise in der Bundesrepublik und die Spionageorgane der NATO-Länder benutzen die gegenwärtige Verkehrslage an der Westberliner Grenze, um die Wirtschaft der Deutschen Demokratischen Republik zu unterhöhlen. Durch Betrug, Korruption und Erpressung veranlassen Regierungsorgane und Rüstungskonzerne der Bundesrepublik einen gewissen labilen Teil von Einwohnern der DDR, nach Westdeutschland zu gehen. Diese Betrogenen werden in die Bundeswehr gepreßt, sie werden in großem Umfang für Spionageorgane verschiedener Länder angeworben, worauf sie als Spione und Sabotageagenten wieder in die DDR geschickt werden.“

Derart eingestimmt, konnte nun auch die gewünschte Aufforderung der „Teilnehmerstaaten des Warschauer Vertrages“ an die Regierung der DDR folgen, endlich etwas gegen diese unhaltbaren Zustände zu unternehmen, die dieser zugleich als Legitimation gegenüber der Weltöffentlichkeit dienen sollte:

„Die Regierungen der Warschauer Vertragsstaaten wenden sich an die Volkskammer und an die Regierung der Deutschen Demokratischen Republik mit dem Vorschlag, an der Westberliner Grenze eine solche Ordnung einzuführen, durch die der Wühltätigkeit gegen die Länder des sozialistischen Lagers zuverlässig der Weg verlegt und rings um das ganze Gebiet Westberlins, einschließlich seiner Grenze mit dem demokratischen Berlin, eine verläßliche Bewachung und eine wirksame Kontrolle gewährleistet wird.“

Scheinheilig und verlogen betonten die sozialistischen Regierungen, auch sie sähen natürlich, „daß die Ergreifung von Schutzmaßnahmen an der Grenze Westberlins für die Bevölkerung gewisse Unbequemlichkeiten schafft“, aber die Schuld daran treffe ausschließlich die Westmächte und vor allem die Regierung der Bundesrepublik Deutschland. Wenn die Berliner Grenzen bisher offengehalten worden seien, dann sei dieses nur in der Hoffnung geschehen, daß „die Westmächte den guten Willen der DDR nicht mißbrauchen würden“. Der jetzigen „anomalen Lage“ müsse nun aber „durch eine verstärkte Bewachung und Kontrolle an den Westberliner Grenzen“[3] endlich ein Ende gesetzt werden.

Noch bevor überhaupt dieser „Vorschlag“ veröffentlicht werden konnte, hatte sich die Regierung der DDR bereits an seine Verwirklichung gemacht, mehr als nur ein Indiz für die langfristige Vorbereitung der weiteren - aus der Zielsetzung Moskaus und Ost-Berlins endgültigen - Spaltung Deutschlands. Von Bedeutung ist die damalige bestellte, abgesprochene und höchst willkommene Forderung der Warschauer Vertragsstaaten auch jetzt noch. Denn heute soll er ehemaligen SED-Spitzenfunktionären wie Krenz und Genossen als Alibi dafür dienen, sie hätten weder Mauer noch die anschließenden und ergänzenden Grenzsicherungsmaßnahmen einschließlich des Schießbefehls zu verantworten, dieses sei letztlich alles Sache des „großen Bruders“ Sowjetunion gewesen.

[3] Bekanntmachungen des Ministers des Innern, des Magistrats von Groß-Berlin und des Ministers für Verkehrswesen sowie die Erklärung der Regierungen der Warschauer Vertragsstaaten veröffentlicht in: Neues Deutschland, 16. Jahrgang, Nr. 222, 13. August 1961, Berlin (Ost)

Einwohner des Grenzgebietes!

- Arbeiter und Arbeiterinnen
- Genossenschaftsbäuerinnen- und Bauern
- Handwerker und Gewerbetreibende
- Angehörige der Intelligenz
- Jugendliche und Jungpioniere

Die Nationale Front und die Deutsche Grenzpolizei rufen Euch zur Mitarbeit!

Schützen wir gemeinsam unsere Staatsgrenze, unser Volkseigentum und unsere vollgenossenschaftlichen Dörfer.

Gegen:

- die deutschen Militaristen
- die Handlanger der gestürzten Junker
- Saboteure und Brandstifter
- Spione und Agenten

die unser neues gemeinsames Leben vernichten wollen!

V 21-2 SaG 03,60

Deshalb:

Helft der Deutschen Grenzpolizei –

und tragt dazu bei, daß diesen Elementen für immer das Handwerk gelegt wird.

Gebt Hinweise über ortsfremde Personen -

Gewährt keinem Unbekannten Obdach -

Stellt selbst Grenzverletzer und übergebt sie den nächsten VP Organen oder Grenzkompanien

Erklärt Euch zur Mitarbeit bereit!

Jede Gemeinde im 5 km Gebiet ein

Grenzpolizeihelfer-Dorf

Unsere Staatsgrenze ist unantastbar!

Kreissekretariat
Nationale Front

Deutsche Grenzpolizei
Dermbach

Über drei Millionen Flüchtlinge bis zum Mauerbau

Zwar sprach die DDR fortwährend von der Mauer als einem „antifaschistischen Schutzwall“ zur Abwehr subversiver Elemente aus dem Westen, doch aus einer Chronik anläßlich des 40jährigen Bestehens der Grenztruppen - 1986 vom Kommando der Grenztruppen herausgegeben - wird ersichtlich, worum es ihr tatsächlich gegangen war: Unter dem Datum 13. August 1964 ist dort zu lesen:

„Seit Errichtung des antifaschistischen Schutzwalles an der Staatsgrenze der DDR zu Westberlin im Jahre 1961 sind beim sozialistischen Aufbau der DDR bedeutende Fortschritte erzielt worden. So wuchs das gesellschaftliche Gesamtprodukt von 141 auf etwa 164 Milliarden Mark und die Summe der Investitionen von 15,5 auf 17,3 Milliarden Mark. Die Versorgung der Bevölkerung mit hochwertigen Konsumgütern verbesserte sich.

In dieser Zeit besuchten 3 000 Delegationen aus etwa 100 Ländern die Staatsgrenze der DDR am Brandenburger Tor und würdigten die nationale- und Friedensmission des Deutschen Staates der Arbeiter und Bauern.“[4]

Kein Wort von abgewehrten Spionen oder Agenten, kein Wort von festgenommenen oder erschossenen Flüchtlingen und kein Wort zu den Hunderten von Millionen Mark, die inzwischen für den Ausbau der „Staatsgrenze“ ausgegeben oder schon gebilligt worden waren und auf diese Weise ihren Teil zum „gesellschaftlichen Gesamtprodukt“ beigetragen hatten.

Welche in der Tat auch wirtschaftlichen Verluste der DDR bis zum Mauerbau durch die anhaltende Fluchtwelle entstanden waren, zeigt ein Blick auf die Flüchtlingszahlen.

1949: 129.245
1950: 197.799
1951. 165.648
1952: 182.393
1953: 331.390 (48,7)
1954: 184.198 (49,1)
1955: 252.870 (49,1)
1956: 279.189 (49,0)
1957: 261.622 (52,2)
1958: 204.092 (48,2)
1959: 143.917 (48,3)
1960: 199.188 (48,8)
1961: 207.026 (49,2)[5]

---

[4] „40 Jahre Grenztruppen der DDR“, Armeemuseum der DDR, Dresden, 1986

[5] Quelle: Monatsmeldungen des Bundesministeriums für Vertriebene, Flüchtlinge und Kriegsbeschädigte; in Klammern der Anteil von jugendlichen Flüchtlingen unter 25 Jahren

Auffallend an diesen Zahlen ist der erhebliche Anstieg von Flüchtlingszahlen in politischen Krisenjahren. So 1953 (Volksaufstand in Ost-Berlin und in der DDR) und 1956 (Niederschlagung des Volksaufstandes in Ungarn und Polen). Aber auch Zwangsmaßnahmen der DDR-Regierung gegenüber der eigenen Bevölkerung ließen die Menschen massenweise diesen „Arbeiter-und-Bauern-Staat" verlassen; 1960 im Zusammenhang mit Zwangskollektivierungen sowie 1961 angesichts zunehmender Gerüchte über eine bevorstehende totale Schließung der Grenzen. Vor allem aber: Der DDR-Regierung lief die Jugend davon.

Aufschlußreich ist insbesondere die Entwicklung der Flüchtlingszahlen im Jahr 1961 selbst, wobei allein im August, dem Monat des Mauerbaus, über 47.000 Menschen, gewissermaßen in letzter Minute, die Möglichkeit zur Flucht in den freien Westen wahrnahmen:

Januar	16.697 (47,8)
Februar	13.567 (49,5)
März	16.094 (50,6)
April	19.803 (49,4)
Mai	17.791 (50,0)
Juni	19.198 (50,2)
Juli	30.145 (51,4)
August	47.433 (48,2)
September	14.821 (44,3)
Oktober	5.366 (50,0)
November	3.412 (51,4)
Dezember	2.420 (52,8)[6]

Als wie wirksam sich der Ausbau der Grenzanlagen mit Minen, mit Zäunen, Mauer, Hundelaufanlagen und Schießbefehl im Sinn der SED auswirkte, zeigte der Rückgang der Flüchtlingszahlen in den Jahren nach dem Mauerbau. Über das sogenannte sozialistische Ausland, durch Überwindung der innerdeutschen Sperranlagen, immer aber unter Gefahr für Leib und Leben, gelang es zwischen dem 13. August 1961 und dem 31. Dezember 1988 noch 216.283 Menschen, dem Gefängnis namens DDR zu entkommen. Davon registrierte die DDR 40.101 als „Sperrbrecher". 1989 - im Jahr der Wende - schwoll die Zahl der Einwohner, die der DDR den Rücken kehrte, noch einmal auf insgesamt 343.854 Personen an, wobei hier allerdings berücksichtigt werden muß, daß es in der zweiten Jahreshälfte de facto kaum noch Hindernisse gab, über Ungarn, die Tschechoslowakei und dann nach dem 9. November 1989 auch direkt in die Bundesrepublik Deutschland einschließlich Berlins (West) zu ge-

[6] wie Fußnote 2

langen. Welche für die DDR und ihren Weiterbestand katastrophalen Verhältnisse sich im Lauf des Jahres 1989 ergaben, wird daran ersichtlich, daß sich in den ersten sieben Monaten lediglich 795 Flüchtlinge bei den bundesdeutschen Behörden meldeten, die DDR dann aber zwischen August und Dezember mehr als 300.000 Einwohner verließen.

Eine weitere Zahl verdient noch uneingeschränkte Beachtung: Vom 13. August 1961 bis zum 31. Dezember 1989 flüchteten auch 2.624 Angehörige der „bewaffneten Organe der DDR“, bei denen es sich größtenteils um Angehörige der Grenztruppen gehandelt hatte. Diese Tatsache ist umso bemerkenswerter als bei einer gescheiterten Fahnenflucht die dann gefaßten Soldaten außerordentlich hohe Freiheitsstrafen - bis zu fünfzehn Jahre - erwartet hätten.

Verschärfung an der „Staatsgrenze West“

Zurück zu den Ereignissen des Jahres 1961: Direkte, jedoch zeitlich eng begrenzte Folge von Mauer und anderen neuen Grenzsicherungsmaßnahmen war zunächst ein drastisches Ansteigen der Fluchtwelle und der Zahl von Fahnenfluchten von Angehörigen der Nationalen Volksarmee wie auch der Deutschen Grenzpolizei, dem u.a. auch mit einer neuen „Ordnung zur Gewährleistung der Sicherheit an der Westgrenze der Deutschen Demokratischen Republik“ begegnet werden sollte. Auf der Grundlage der entsprechenden Verordnung des Ministerrates vom 3. Mai 1956 erfuhren die „Bedingungen für den Aufenthalt im Grenzgebiet“ am 21. September 1961 eine wesentliche Verschärfung. Als Begründung führte Innenminister Maron die „zunehmende Revanchepolitik und die verstärkten Bürgerkriegsvorbereitungen“ an, mit denen „die westdeutschen Militaristen die Aufrüstung und atomare Bewaffnung der Bundeswehr“ beschleunigten und versuchten, „durch gesteigerte Wühltätigkeit und Hetze die von ihnen geplante Aggression gegen die Deutsche Demokratische Republik und die anderen sozialistischen Staaten vorzubereiten“. Zudem habe die verstärkte Aktivität der „Spionage-, Terror- und verschiedenen revanchistischen und volksfeindlichen Organisationen“ eine neue Ordnung an der Westgrenze unumgänglich gemacht.

Gegenüber der Verordnung aus dem Jahr 1956 kam es zu einschneidenden Veränderungen, die die Bewegungsfreiheit der Menschen in drastischer Weise beschnitten. Sämtliche bisher gültigen Registriervermerke verloren ihre Gültigkeit. Alle Einwohner im Grenzgebiet hatten sich bei der zuständigen Einheit der Grenzpolizei neu registrieren zu lassen. Gleiches galt für die Registriervermerke zur Berufsausübung im Sperrgebiet. Die Gültigkeitsdauer für Registriervermerke für Personen, die außerhalb der Sperrzone wohnten, ihren Arbeitsplatz jedoch innerhalb dieses Bereiches hatten, wurde von sechs auf drei

Monate halbiert. DDR-Einwohner, die sich länger als zwölf Stunden im Sperrgebiet aufhielten, hatten nicht nur die entsprechende Registriervermerke bei sich zu führen, sondern waren außerdem verpflichtet, sich bei dem zuständigen ABV der Volkspolizei an- und abzumelden. Veranstaltungen jeglicher Art mußten nunmehr statt um 01.00 Uhr bereits um 24.00 Uhr beendet werden. Waren 1956 die Einwohner noch verpflichtet worden, Personen, die sich widerrechtlich im Sperrrgebiet aufhielten, den zuständigen Stellen zu *melden*, hatten sie nun „sofort den zuständigen Dienststellen der Deutschen Grenzpolizei oder der Deutschen Volkspolizei zu *übergeben*“! Und schließlich verbot die Regierung der DDR „Staatsangehörigen von kapitalistischen Staaten, Staatenlosen sowie Bürgern Westdeutschlands und Westberlins“ kategorisch das Betreten von Sperrzone und Schutzstreifen, Personengruppen also, die bis dahin „nach Antragstellung eine Aufenthaltsgenehmigung bzw. einen Passierschein oder das Visum für die Orte in der 5-km-Sperrzone und im 500-m-Schutzstreifen“ hatten erhalten können.

Gestrichen wurde die Befreiung von der Passierschein- und Meldepflicht für Ärzte und Hebammen, die im Grenzgebiet wohnten und ihre Praxis hatten, sowie „für Personen, die dringende Reparaturarbeiten auszuführen haben und für solche Personen, die als Einsatzkräfte aus besonderen Anlässen sich vorübergehend aufhalten müssen (z.B. Feuerwehren, Straßenwinterdienst, Hochwasserdienst, Katastropheneinsätzen u.a.).“

Offensichtlich hatte die weitgehende Abriegelung des Sperrgebietes auch gegenüber dem eigenen Hinterland zu erheblichen Schwierigkeiten geführt, denn in der 1. Ergänzung zum Befehl 39/61 des MdI vom 17.Februar 1962 kam es zu einigen wichtigen Korrekturen. So wurde als neuer Punkt in den Befehl die Erlaubnis eingefügt, „für die Kräfte des Straßenwinterdienstes (...) je nach den örtlichen Witterungsbedingungen in der Zeit von Dezember bis April jeden Jahres Passierscheine zur mehrmaligen Ein- und Wiederausreise für den 500-m-Schutzstreifen auszustellen“. Gleiches galt - ganzjährig - „für die Angehörigen des Deutschen Roten Kreuzes, die bei Unfällen, Krankentransporten oder ähnlichen Vorkommnissen das Sperrgebiet betreten müssen“, und nunmehr „je nach dem erforderlichen Umfang Passierscheine“ erhalten konnten.

Kampf gegen „Rechtsbrecher, Rowdys und asoziale Elemente“

Jedes öffentliche Leben im Sperrgebiet war mehr oder weniger unterbunden worden, denn Innenminister Maron hatte in dem ursprünglichen Befehl 39/61 vom 14. September 1961 auch „Andere Sicherheitsmaßnahmen“ erlassen. Sämtliche Zugänge zum 500-m-Schutzstreifen waren demnach durch die DGP zu sperren und unpassierbar zu machen, mit Ausnahme der Straßen, die „zur Versorgung und Verbindung der Bevölkerung notwendig“ waren. Gleiches galt für die Zugänge zum 5-km-Sperrgebiet. Zuzugsgenehmigungen waren ausdrücklich nicht zu erteilen „an Rückkehrer und Zuziehende aus Westdeutschland und Westberlin, an Ausländer und Staatenlose, an schwer oder mehrfach Vorbestrafte sowie an solche Personen, die aus dem Sperrgebiet an der Staatsgrenze West oder aus anderen Gebieten ausgesiedelt wurden bzw. bei denen andere Hinweise vorhanden sind, daß durch ihren Aufenthalt im Sperrgebiet die Sicherheit gefährdet wird“. Dazu zählten „ehemalige SS-Angehörige, unverbesserliche Nazis, ehemalige Ortsbauernführer usw“. Die Deklarierung unliebsamer Einwohner des Grenzgebietes als „unverbesserliche Nazis“ usw. öffnete der SED-Führung zugleich die Möglichkeit einer weiteren Vertreibungswelle, wie sie dann tatsächlich auch kurz danach unter der Losung „Aktion Festung“ - wie beschrieben - eingeleitet wurde.

In 27 weiteren Punkten des Befehls 39/61 wurden zusätzliche Restriktionen verkündet, von denen exemplarisch hier nur einige, auch absurde, zitiert werden sollen:

„19. Die Stellvertreter für Inneres der Vorsitzenden der Räte der Kreise und Bezirke haben zu gewährleisten, daß die Unterbringung von Vieh im Freien innerhalb des 500-m-Schutzstreifens nur in Koppeln mit fester Umzäunung in mindestens 100 m Entfernung von der Grenze erfolgt.
20. Das Halten von Sporttauben im 500-m-Schutzstreifen ist nicht gestattet. ...

22. Die Kommandeure der Grenzbereitschaften haben den Räten der Kreise eine Aufstellung derjenigen Ruinen in unmittelbarer Grenznähe zu übergeben, die abgerissen werden müssen. Die Abbrucharbeiten sind durch Kräfte der Deutschen Grenzpolizei zu sichern.

Die Stellvertreter für Inneres der Vorsitzenden der Räte der Kreise haben den Kommandeuren der Grenzbereitschaften einen Zeitplan für die durchzuführenden Abbrucharbeiten zu übergeben und sicherzustellen, daß die Objekte bis Ende 1961 beseitigt sind.

23. Bauliche Veränderungen und Veränderungen im Gelände, die die Grenzsicherung beeinträchtigen, sind nicht zuzulassen.
24. Die Nutzung des Wassers von Grenzgewässern und die Durchführung wassertechnischer Arbeiten ist nur mit Genehmigung des Kommandeurs der zuständigen Grenzbrigade gestattet. Die Durchführung von Maßnahmen dieser Art ist zu untersagen, wenn dadurch das Wasserregime des betreffenden Gewässers verändert wird. ...

26. Öffentliche Badeanstalten in Grenzgewässern sind durch Anweisung des Stellvertreters für Inneres der Vorsitzenden der Räte der Kreise zu schließen. Jegliche Benutzung von Wasserfahrzeugen für sportliche Zwecke ist verboten.
27. Aufnahmeheime für Rückkehrer und Neuzuzüge in den Grenzkreisen sind zu schließen und in das rückwärtige Gebiet zu verlegen.“

Registriervermerke, die zur Einreise in das Sperrgebiet berechtigten, durften nur noch in Ausnahmefällen erteilt werden. Zu versagen waren sie in jedem

Grenzer auf dem Pariser Platz am Brandenburger Tor vor dessen Umbau zu einem Bollwerk, das auch „Grenzdurchbrüche“ mit Kraftfahrzeugen unmöglich machen sollte.

Fall ... wenn zu vermuten ist, daß die betreffende Person die Ordnung und Sicherheit im Sperrgebiet gefährdet". Pauschal unterstellte die DDR diesen Personenkreisen, eine derartige „Gefährdung" hervorzurufen:

„- Personen, die aus dem Sperrgebiet ausgesiedelt wurden
- Zuziehende aus Westdeutschland und Westberlin
- Rückkehrer mit feindlicher Einstellung
- Ausländer und Staatenlose
- Rechtsbrecher, Rowdys, asoziale Elemente
- Personen, die wegen Schädigung unseres Staates vorbestraft sind
- Personen, die eine negative Einstellung zu unserer Arbeiter-und-Bauern-Macht haben."

„Jugendliche unter 25 Jahren" sowie „Personen, bei denen nächste Angehörige die DDR illegal verlassen haben", waren dem Innenminister besonders suspekt. „Bei der Entscheidung solcher Anträge zur Berufsausübung im 500-m-Schutzstreifen ist *ein besonders strenger Maßstab* anzulegen", ordnete er deshalb an.

„Die stärkeren Bataillone des Sozialismus"

Zwar wird im Befehl 39/61 wie auch in der Ordnung vom 21. September 1961 noch von der „Deutschen Grenzpolizei" gesprochen, tatsächlich jedoch war die Grenzpolizei auf Befehl des Vorsitzenden des Nationalen Verteidigungsrates, Walter Ulbricht, bereits am 15. September mit der gleichzeitigen Bildung des „Kommando der Grenztruppen der DDR" dem Ministerium für Nationale Verteidigung unterstellt worden und hatte ebenfalls von Mitte September an die ersten neuen, steingrauen Uniformen erhalten. Der Staat ließ die damit verbundene Bildung der rein militärisch ausgerichteten und strukturierten Grenztruppen entsprechend feiern:

„Damit stehen, der gegebenen militärpolitischen Situation entsprechend, alle Organe der Deutschen Demokratischen Republik, die für die äußere Sicherheit unseres Arbeiter-und-Bauern-Staates verantwortlich sind, unter einheitlichem Kommando. ... Eine neue Etappe der militärischen Sicherung und Verteidigung unserer Staatsgrenzen hat begonnen. Die Sache des Friedens wird triumphieren. Auf unserer Seite steht die mächtige, unbesiegbare Sowjetarmee, auf unserer Seite stehen die stärkeren Bataillone des Sozialismus. Mit ihnen in einer Front die Genossen der Land- und Luftstreitkräfte, der Volksmarine und der Einheiten, Truppenteile und Verbände des Kommandos Grenze der Nationalen Volksarmee."[7]

Ausgenommen von der Unterstellung unter das MfNV waren zu diesem Zeitpunkt lediglich die um und in Berlin stationierten Grenzsicherungskräfte, die am 16. September zu zwei Grenzbrigaden (B) zusammengefaßt und in den Verantwortungsbereich des Kommandos der Volkspolizei-Bereitschaften beim Minister des Innern überführt wurden.

[7] „Der Grenzsoldat", 21. 9. 1961, 9. Jahrgang, Nr. 38

Als außerordentlich aufschlußreich erweist sich das Protokoll der Übergabe der Grenzpolizei an die Nationale Volksarmee, das als Anlage 11 zu den Unterlagen der 8. NVR-Sitzung vom 29. November 1961 gehört (Geheime Kommandosache B 76/61). Auf der Grundlage des Befehls Nr. 1/61 des Vorsitzenden des NVR, Walter Ulbricht, vom 12. September 1961 sowie des Übergabeplanes des Ministeriums des Innern und des Ministers für Nationale Verteidigung vom 6. September 1961 war diese Übergabe in der zweiten Septemberhälfte, vom 15. bis zum 30. September 1961, vollzogen worden. Vorgefunden hatten die Chefs der Verwaltungen, Waffengattungen und Dienste des MfNV insgesamt eine Truppenstärke von 38.318 Mann, die sich aufgliederte in

2	Generale
4.167	Offiziere
6.617	Unteroffiziere sowie
27.532	Soldaten.

Von den Grenztruppen waren eingesetzt:

- an der Staatsgrenze zur Bundesrepublik	68 %
- an der Küste	6 %
- an der Staatsgrenze zur VR Polen	4 %
- an der Staatsgrenze zur CSSR	2 %
- sonstige (Kdo., Schulen, Sonderobjekte)	20 %

Mit Stichtag 30. September 1961 gehörten den Grenztruppen 12.064 Soldaten als Mitglieder und Kandidaten der SED an, davon

33,7 % Offiziere
32,7 % Unteroffiziere und
33,6 % Soldaten.

3.600 Angehörige der Grenztruppen hatten zudem im Zeitraum der Übergabe den Antrag, Kandidat der SED zu werden, gestellt. Die FDJ-Organisationen zählten zum selben Zeitpunkt 19.607 Mitglieder.

Mehr als jeder zweite Grenzer, insgesamt 50,2 Prozent, dessen Dienstzeit im Herbst 1961 abgelaufen wäre, wollte sich darüber hinaus freiwillig weiterverpflichten.

Wohl wurde positiv erwähnt, daß bis November 1961 40.581 Belobigungen und Auszeichnungen hätten ausgesprochen bzw. verliehen werden können, dennoch aber könne der „politisch-moralische Zustand der Grenztruppen nicht befriedigen, da insbesondere die Zahl der Fahnenfluchten und anderen besonderen Vorkommnisse sehr hoch liegt.

Vom 01.01. bis 15.09.1961 wurden fahnenflüchtig:

3 ehemalige Offiziere
22 ehemalige Unteroffiziere und
132 ehemalige Soldaten,

davon 28 Mitglieder und Kandidaten der SED und 109 FDJ-Mitglieder.

Den Schwerpunkt der besonderen Vorkommnisse bilden die 2. und 3. Grenzbrigade". Die soziale Zusammensetzung der Grenztruppen stellte sich im Herbst 1961 wie folgt dar:

	Offiziere	Unteroffiziere	Soldaten
Arbeiter	82,9 %	82,9 %	80,2 %
Angestellte	7,7 %	7,6 %	8,7 %
Sonstige	9,3 %	9,5 %	11,2 %

Im 1. Halbjahr 1961 wurden 6 078 Disziplinarverstöße sowie 149 Fälle von Vergehen gegen die militärische Disziplin und Ordnung registriert.

Beklagt wurden vor allem Verstöße gegen Befehle und Forderungen von Dienstvorschriften wie: Wachvergehen, Nichtausführung von Befehlen, Urlaubsüberschreitungen und unerlaubtes Entfernen von der Truppe. Dazu - und das war besonders schwerwiegend - seien „Fälle von Hetze gegen den Staat und Kontaktaufnahmen mit dem Gegner durch Grenzposten" aufgetreten. Mit einer „Summe von Maßnahmen auf allen Gebieten" sollte daher „eine Veränderung des politisch-moralischen Zustandes" innerhalb der Grenztruppen, vor allem in den Stäben und Kompanien, erreicht werden.

Ausgesprochen unzufrieden zeigte sich Minister Hoffmann auch mit dem Ausbildungsstand der ehemaligen Grenzpolizisten. Die Hauptkritikpunkte:

„- Kommandeure und Stäbe sind ungeübt in der Erfüllung ihrer Aufgaben bei komplizierter Lage und verkürzter Vorbereitungszeit
- Schwach wird die Organisation der militärischen Sicherung der Staatsgrenze beherrscht
- die militärische Qualifizierung der Offiziere einschließlich der Polit-Offiziere ist erforderlich
- Die Qualifikation des Unteroffiziers-Korps bedarf einer dringenden Verbesserung".

Zwangsläufig wurde auch im Übergabeverfahren besonderes Gewicht auf die „Sicherung der Staatsgrenze" gelegt und dabei festgestellt, daß das bisherige System nicht den militärischen Forderungen entspreche:

„Die Staatsgrenze zur Westzone ist eine offene Grenze mit einer Länge von 1370 km, von denen lediglich nur 130 km = 9,5 % durch einfache Drahtsperren auf zwei Pfählen gesichert sind.
Außerdem war durch ungenügende Auffüllung bis zum 15.09.1961 eine unzureichende Postendichte vorhanden.
Die Gefechtsausbildung der eingesetzten Grenzsoldaten entspricht noch nicht voll den Forderungen, die an sie zur zuverlässigen Sicherung der Staatsgrenze gestellt werden.

Mit den vorhandenen Kräften und Mitteln sind die Grenztruppen lediglich in der Lage, die Aufgaben im 500-m-Streifen zu erfüllen. Es ist zu überprüfen, welche Aufgaben durch die Grenztruppen und welche durch andere Organe erfüllt werden können."

Unzufriedenheit bei der militärischen Führung zeigte sich auch hinsichtlich der übernommenen Bewaffnung und Kfz.-Technik. Sie bestehe vorwiegend aus älteren Typen, die infolge jahrelanger Nutzung nur bedingt brauchbar seien, die Einsatzbereitschaft werde zum Teil herabgesetzt, weil vielfach Ersatzteile fehlten, deren Produktion vor Jahren schon eingestellt worden sei. Außerdem sei die strukturmäßige Bewaffnung teilweise mit nicht artverwandtem Ersatz aufgefüllt, die vorhandene Kfz.-Technik zum größten Teil veraltet und nicht geländefähig und somit die Manövrierfähigkeit der Grenztruppen stark eingeschränkt. Dasselbe gelte für die Einsatzbereitschaft der überalterten gepanzerten Fahrzeuge. Zumindest aber mengenmäßig konnten sich die von der Grenzpolizei übernommenen Bestände sehen lassen und machten zugleich deutlich, daß es sich kaum um herkömmliche „Polizei-Ausrüstung" handelte:

Bezeichnung der Bewaffnung und Ausrüstung	Soll	Ist	Auffüllung in %
Mittlere Panzer	60	70	115
SPW	373	156	35
Handfeuerwaffen	39391	42768	105
LMG	2813	2263	80
40 mm Panzerbüchse	2784	2340	85
82 mm rückstoßfr. Geschütz	220	125	55
107 mm rückstoßfr. Geschütz	54	0	0
85 mm selbstf. Kanone	144	66	45
Kräder	794	1071	125
PKW handelsüblich	341	300	90
Kfz.-Zugmittel	144	64	45
LKW	1365	872	65
Spez.-Kfz.	880	774	85
Küsten- und Hafenschutzboote	20	24	120
Motorbarkassen	16	6	30
Hafenbarkassen	12	20	165

Festgestellt worden war weiter, daß die Wintereinkleidung der Grenzsoldaten nicht in vollem Umfang gewährleistet sei und daß es erhebliche Mängel bei den Unterkünften gebe. Bei zwei Dritteln handele es sich um Barackenunterkünfte, die zwischen 1948 und 1954 gebaut worden seien und sich zum größten Teil in einem unbefriedigenden baulichen Zustand befänden. Schließlich entspreche auch die Standortverteilung der Grenztruppen „nicht den Forderungen einer zuverlässigen Sicherung der Staatsgrenze. Bei diesen Objekten ist ein kontinuierliches Ablöseprogramm mit Massivobjekten in den nächsten fünf Jahren erforderlich".

„Westbindungen und außerordentlich geringer Bildungsstand"

Als „Anlage 12" wurden die Schlußfolgerungen aus der Übernahme der Grenzpolizei gezogen:

„1. Die Kontrolle des Ministeriums für Nationale Verteidigung, durchgeführt nach der Übernahme der Grenzpolizei in den Bestand der Nationalen Volksarmee, hat als erste Aufgabe die Notwendigkeit der Veränderung der gesamten politischen und militärischen Leitungs- und Führungstätigkeit des Kommandos Grenztruppen ergeben. Die Leitungs- und Führungstätigkeit bedarf in aller erster Linie einer straffen Anleitung durch das Ministerium für Nationale Verteidigung, der ständigen Hilfe und Kontrolle sowie der Planmäßigkeit und Systematik der Leitungsarbeit.
Ein Militärrat beim Kommando Grenze als beratendes Organ des Kommandos ist dringend erforderlich und wurde bereits geschaffen.
Personelle Veränderungen in der Leitung sind nach weiterer Überprüfung vorzusehen.

2. Um den Forderungen nach einer maximalen Grenzsicherung gerecht zu werden, ist die Überarbeitung der Struktur und der Stellenpläne der Grenztruppen, ausgehend von ihren Einsatzabschnitten und Aufgaben, bis 15.12.1961 abzuschließen.

Die Struktur und die Stellenpläne bewegen sich innerhalb der im Februar des Jahres 1961 von dem Nationalen Verteidigungsrat beschlossenen Grundsätzen und des vom Vorsitzenden des Nationalen Verteidigungsrates bestätigten Limits.

3. Der politisch-moralische Zustand der Grenztruppen kann nicht befriedigen.
Insbesondere ist die Zahl der Fahnenfluchten und anderer besonderer Vorkommnisse sehr hoch. Das Hauptkettenglied zur Verbesserung der Grenzsicherung ist die Verbesserung der politisch-ideologischen Erziehungsarbeit vor allem in den Grenzkompanien und Grenzbataillonen. Die Politische Hauptverwaltung des Ministeriums für Nationale Verteidigung hat die Anleitung der Politischen Verwaltung des Kommandos Grenze zu verbessern und ständig zu gewährleisten.

4. Die Aufgaben der Grenztruppen sind entsprechend den der Nationalen Volksarmee im Rahmen der Vereinten Streitkräfte des Warschauer Vertrages gestellten Aufgaben zum Schutze der Souveränität der Deutschen Demokratischen Republik und der Sicherung unserer Staatsgrenze gegen jegliche Art von Grenzdurchbrüchen und Grenzprovokationen zu präzisieren.

5. Die „Freiwilligen Helfer zur Unterstützung der Deutschen Grenzpolizei" sind mit Ausnahme der in den 500-m-Schutzstreifen an der Staatsgrenze und an der Küste bestehenden Gruppen als „Freiwillige Helfer der Deutschen Volkspolizei" durch die VP-Kreisämter zu übernehmen.

Zur besseren Unterstützung der Grenztruppen an der Staatsgrenze zur CSSR, zur VR Polen und an der Küste ist es zweckmäßig, in Gemeinden, die unmittelbar an der Staatsgrenze zur CSSR, zur VR Polen und an der Küste liegen, Abschnittsbevollmächtigte der Deutschen Volkspolizei einzusetzen, die jeweils nur für diese Gemeinde verantwortlich sind. Die Festlegung der in Frage kommenden Gemeinde soll durch den Chef der HVDVP nach Absprache mit dem Chef des Kommandos Grenze bzw. dem Kommandeur der Grenzbrigade Küste erfolgen.

Die Stellvertreter für Inneres der Vorsitzenden der Räte der Grenzkreise an der Staatsgrenze zur CSSR und zur VR Polen sind auf der Grundlage des Ministerratsbeschlusses vom 26. 10.1961 zu verpflichten, die Forderungen der Grenzbevollmächtigten der Nationalen Volksarmee hinsichtlich der Instandhaltung und Instandsetzung der Grenzmarkierungen zu erfüllen.

6. Die Analyse der personellen Zusammensetzung der an der Westgrenze eingesetzten Grenztruppen hat ergeben, daß 60 - 70 % derselben Westbindungen hat und daß insgesamt der bildungsmäßige Stand außerordentlich gering ist. Das Ministerium für Nationale Verteidigung hat bei der Werbung und Auswahl zur Auffüllung der Grenztruppen einen den Bedingungen der Nationalen Volksarmee entsprechenden Maßstab anzulegen.

7. Die Verantwortung über die Ordnung und Sicherung in dem 500-m-Schutzstreifen an der Staatsgrenze West und an der Küste wird entsprechend den Beschlüssen der Partei und Regierung voll den Grenztruppen der Nationalen Volksarmee auferlegt.
Eine enge Zusammenarbeit der Grenztruppen mit allen anderen Sicherungs- und Kontrollorganen sowie den örtlichen Organen der Staatsmacht in den Fragen der Aufrechterhaltung der von Partei und Regierung beschlossenen Ordnung in der 5-km-Zone ist weiter zu festigen.
Maßnahmen zur einheitlichen, zentralisierten Führung der Grenztruppen sind durch den Minister für Nationale Verteidigung durchzusetzen.

8. Die Ernennung der Grenzbevollmächtigten entsprechend den Abkommen mit der CSSR vom 22.09.1956 und mit der VR Polen vom 21.05.1957 erfolgt ab sofort durch den Minister für Nationale Verteidigung.
Alle bisher getroffenen internationale Abkommen über Grenzangelegenheiten müssen überprüft und nach Notwendigkeit Änderungen in der Zuständigkeit der staatlichen Organe der Deutschen Demokratischen Republik vorgenommen werden.
Eine Reihe Verordnungen und Anordnungen stimmen nicht mehr mit der Praxis überein: sie enthalten Aufgaben für die „Deutsche Grenzpolizei“ und drohen für Verletzungen der Bestimmungen Sanktionen an. Es muß überprüft werden, ob und inwieweit diese gesetzlichen Bestimmungen außer Kraft zu setzen bzw. zu ändern sind. Außerdem erscheint es zweckmäßig, eine Verordnung des Präsidiums des Ministerrats zu erlassen, in der das Regime an der gesamten Staatsgrenze einschließlich der Rechte und Pflichten der Bürger und der zuständigen Staatsorgane hinsichtlich der mit der Sicherheit und der Kontrolle an der Staatsgrenze zusammenhängenden Fragen geregelt werden.

9. Im Interesse der Einheitlichkeit der Uniformierung und Ausrüstung sowie im Interesse einer besseren Ökonomik ist es zweckmäßig, einheitliche Uniformen für alle Teile der Nationalen Volksarmee einschließlich Kommando Grenze einzuführen.

Vorschlag:
- NVA-Uniformen, grüne Spiegel und grünes Mützenband für allgemeine Grenztruppen;
- Volksmarine-Uniform für Grenzbrigade Küste,
Matrosen-Mützenband mit Aufschrift „Grenzbrigade Küste“
Einführung der Uniform im Laufe des Jahres 1962/63.

10. Die gegenwärtige Standortverteilung der Grenztruppen sowie die Unterbringung der Grenzeinheiten entspricht nicht den notwendigen Bedingungen und Bedürfnissen. Das Ministerium für Nationale Verteidigung hat einen Plan zur Verbesserung der Standortvertei-

lung und der Unterbringung der Grenztruppen zu erarbeiten und in den nächsten Jahren durchzusetzen.

11. Der Zustand der Bewaffnung, Ausrüstung und Kampftechnik entspricht nicht voll einer zuverlässigen Grenzsicherung. Das Ministerium für Nationale Verteidigung hat in den Jahres- und Perspektivplänen die schnelle Veränderung dieses Zustandes herbeizuführen.

12. Der gegenwärtige Stand der nachrichtenmäßigen Ausrüstung der Grenztruppen entspricht in keiner Weise den Erfordernissen der Grenzsicherung.
Das Ministerium für Nationale Verteidigung hat die bessere Ausstattung mit Nachrichtenmitteln sowie eine ständige Instandhaltung weitgehendst sicherzustellen.

13. Die Arbeit mit den Kadern ist entsprechend den Richtlinien für die Kaderarbeit in der Nationalen Volksarmee zu verbessern. Es sind Kaderperspektivpläne und Pläne zur besseren politischen und militärischen Ausbildung der Offiziere der Grenztruppen aufzustellen und durchzuführen.

14. Es erscheint zweckmäßig, die Benennung der Grenztruppen neu festzulegen:

a) Kd. Grenze	in Kdo. Grenztruppen der NVA
b) Grenzbrigade	in Grenzbrigade der NVA
c) Grenzbereitschaft	in Grenzregiment der NVA
d) Grenzabteilung	in Grenzbataillon der NVA“

Schießen, um „erforderliche Zwecke“ zu erreichen

Schon am 6. Oktober 1961 hatte Armeegeneral Heinz Hoffmann als nunmehr für die Grenztruppen zuständiger Minister für Nationale Verteidigung mit dem Befehl 76/61 „Bestimmungen über den Schußwaffengebrauch für das Kommando“ erlassen, die die bisher geltenden Befehle des Ministers des Innern weiter verschärften. Wachen, Posten und Streifen der Grenztruppen wurden nunmehr verpflichtet, an der „Staatsgrenze West und Küste ..., die Schußwaffe in folgenden Fällen anzuwenden:

- zur Festnahme, Gefangennahme oder zur Vernichtung bewaffneter Personen oder bewaffneter Banditengruppen, die in das Gebiet der DDR eingedrungen sind bzw. die Grenze nach der Westzone zu durchbrechen versuchen, wenn sie die Aufforderung zum Ablegen der Waffen nicht befolgen oder sich ihrer Festnahme oder Gefangennahme durch Bedrohung oder Anwendung mit der Waffe zu entziehen versuchen;

- zur Abwehr von bewaffneten Angriffen bzw. Überfällen auf das Territorium der Deutschen Demokratischen Republik, auf die Bevölkerung im Grenzbereich, auf Grenzposten oder Angehörige anderer bewaffneter Organe der Deutschen Demokratischen Republik im Grenzbereich;

- zur Festnahme von Personen, die sich den Anordnungen der Grenzposten nicht fügen, indem sie auf Anruf ‚Halt - stehenbleiben - Grenzposten‘ oder nach Abgabe eines Warnschusses nicht stehenbleiben, sondern offensichtlich versuchen, die Staatsgrenze der Deutschen Demokratischen Republik zu verletzen und keine andere Möglichkeit zur Festnahme besteht ...“

FAHNENEID

DER GRENZTRUPPEN DER DEUTSCHEN DEMOKRATISCHEN REPUBLIK

ICH SCHWÖRE:

Der Deutschen Demokratischen Republik, meinem Vaterland, allzeit treu zu dienen und sie auf Befehl der Arbeiter-und-Bauern-Regierung gegen jeden Feind zu schützen.

ICH SCHWÖRE:

An der Seite der Nationalen Volksarmee und der anderen Schutz- und Sicherheitsorgane der Deutschen Demokratischen Republik sowie fest verbunden mit den Armeen und den Grenztruppen der Sowjetunion und der anderen verbündeten sozialistischen Länder als Soldat der Grenztruppen der Deutschen Demokratischen Republik jederzeit bereit zu sein, standhaft und mutig, auch unter Einsatz des Lebens, die Grenzen meines sozialistischen Vaterlandes gegen alle Feinde zuverlässig zu schützen.

ICH SCHWÖRE:

Ein ehrlicher, tapferer, disziplinierter und wachsamer Soldat zu sein, den militärischen Vorgesetzten unbedingten Gehorsam zu leisten, die Befehle mit aller Entschlossenheit zu erfüllen und die militärischen und staatlichen Geheimnisse immer streng zu wahren.

ICH SCHWÖRE:

Die militärischen Kenntnisse gewissenhaft zu erwerben, die militärischen Vorschriften zu erfüllen und immer und überall die Ehre unserer Republik und ihrer Grenztruppen zu wahren.

Sollte ich jemals diesen meinen feierlichen Fahneneid verletzen, so möge mich die harte Strafe der Gesetze unserer Republik und die Verachtung des werktätigen Volkes treffen.

Völlig aufgehoben wurden die Einschränkungen, die der erste Teil des Befehles enthielt, in der Anlage 1, in der es unter Punkt 2 und 3 wörtlich hieß:

„Die Waffe darf insoweit gebraucht werden, wie es für die zu erreichenden Zwecke erforderlich ist.

Die Angehörigen der Nationalen Volksarmee sind jederzeit zum Waffengebrauch berechtigt, wenn sie in Ausübung ihres Dienstes zum Schutze der Deutschen Demokratischen Republik eingesetzt sind."

Gerade diese beiden Punkte sagten nichts anderes aus, als daß die Angehörigen der Grenztruppen die Schußwaffe stets anwenden durften. Die „zu erreichenden Zwecke" waren klar definiert, nämlich „Grenzdurchbrüche" zu verhindern. Anders als in früheren Zeiten wurde nun jedoch nicht mehr klar abgegrenzt, wann der Schußwaffeneinsatz verboten war, sondern der Grenzer selbst hatte zu entscheiden, ob er für die „zu erreichenden Zwecke" auf Flüchtlinge schießen sollte oder nicht. Erleichtert werden sollte ihm diese Entscheidung nicht zuletzt dadurch, daß ihm für den Fall des Schußwaffengebrauchs bescheinigt wurde, er dürfe jederzeit schießen, wenn er zum Schutz der DDR eingesetzt war. Zwangsläufig nur in solchen Fällen, also während des Dienstes an der Grenze, konnten die Angehörigen der Grenztruppen in die Situation geraten, für sich über die Anwendung der Schußwaffe zu entscheiden zu müssen. Beklagt wird von vielen Angehörigen der ehemaligen Grenztruppen, daß die Grenzer mit dieser Bestimmung letztlich von der politischen und militärischen Führung allein und im Stich gelassen worden seien. Von jedem Grenzer sei erwartet worden, „Grenzdurchbrüche" in letzter Konsequenz auch durch tödliche Schüsse zu verhindern, das Strausberger Ministerium habe jedoch lediglich eine „Kann-Bestimmung" erlassen, davon ausgehend, daß diese von den Grenztruppen-Angehörigen schon richtig verstanden werde.

„Wirksamste Bekämpfung durch Handgranaten"

Um den Zielen einer in der Tat unüberwindbaren „Staatsgrenze" und der Bekämpfung aller potentiellen „Grenzverletzer" näher zu kommen, wurden den DDR-Forschungseinrichtungen immer wieder neue Aufgaben gestellt, beispielsweise zur Entwicklung von „Minen mit physikalischen Wirkprinzipien". Aber auch die Truppe selbst war gefordert, wenn es darum ging, in Versuchen „Grenzdurchbrüche" zu simulieren und neue Methoden zu ihrer Verhinderung zu erproben. Ein besonders perfides Beispiel gibt in diesem Zusammenhang die Vertrauliche Verschlußsache H 0 26 91 der Stadtkommandantur Berlin, Unterabteilung operative Arbeit, vom Oktober 1967 wieder. Zum Inhalt hatte sie den „Abschlußbericht über die Durchführung eines Tests zum Problem Erkennen und Bekämpfen von Unterwasserschwimmern“, der auf einem Programm des Chefs Pionierwesen vom 28. September 1967 basierte. Wäre dieser „Test“ der Grenzbrigade Küste befohlen worden, so wäre eine Argumentation, nach der die Bekämpfung von Kampfschwimmern z.B. der Bundesmarine hätte geprobt werden sollen, noch halbwegs glaubwürdig gewesen. Anders jedoch in diesem konkreten Fall, für den als Übungsgebiet der Große Griesensee bei Berlin ausgewählt worden war. Hier ging es, zumal die Stadtkommandantur Berlin keinerlei Aufgaben im Ostseeraum zu erfüllen hatte und expressis verbis auf die „Verschmutzung der Berliner Gewässer“ Bezug genommen wurde, eindeutig und ausschließlich darum, neue Wege zu erproben, um die Flucht durch Berliner Grenzgewässer zu verhindern.

Am 2. Oktober 1967 waren die Tester der Stadtkommandantur an dem See zusammengekommen, das Wasser war klar, der Untergrund morastig dunkel, die Sicht unter Wasser betrug drei Meter. Zu den Wetterverhältnissen um exakt 14.15 Uhr notierte der Protokollant: „größere Aufheiterungen mit starker Sonneneinstrahlung, klare Sichtverhältnisse, leichter Wind“. Beim „Test Nr. 1“ hatte ein Taucher - mit unbekleideten Händen und blanken Teilen an Tauchgerät und Brillenrand - in drei Metern Entfernung vom Beobachter in ein, anderthalb, zwei und drei Metern Tiefe zu schwimmen, sich schließlich in 3,20 m Tiefe auf Grund liegend aufzuhalten. Ermittelt wurde, welche Teile des Tauchers noch sichtbar waren. Ähnliche Test wurden mit veränderten Entfernungen zum Beobachter und anderen Wassertiefen wiederholt. Die Taucher wurden mit Schnorcheln auf die Strecke geschickt, hatten die Luft anzuhalten, die Regler an ihren Atemgeräten zur Verringerung der Blasenbildung einmal mit Leinen, dann mit Perlon und schließlich mit einem Autowaschschwamm zu umwickeln. Der Test habe gezeigt, so das Ergebnis, „daß es sehr schwierig ist, die Luftblasenbildung zu verringern. Nach Auskunft der Taucher besteht die Möglichkeit, daß ein geübter Taucher die Abstände zur Atmung vergrößern, aber das Entweichen der Luft am Regler nicht beeinflussen kann“. Im „Test Nr. 4“ - nunmehr zwischen 17.45 Uhr und 18.30 Uhr, bei klarem Himmel, guter Oberwassersicht und ruhigem Wasserspiegel - stellte die UA operative Arbeit nicht völlig überraschend fest: „Mit zunehmender Dämmerung verringerte sich die Beobachtung sehr stark. In der Dunkelheit und bei leichtem Wellengang ist ein Taucher nicht wahrzunehmen.“ Als mögliches Gegenmittel gegen die Dunkelheit wurden denn auch Lichtschranken ausprobiert. Montiert wurden die Lichtschranken, ein Eigenbau der DEFA Babelsberg, mit einer Lichtstärke von 4 000 Lux in zwei Meter Wassertiefe auf dem Grund des Sees. Ergebnis in diesem Fall:

„Die Lichtschranke unter Wasser ist ein brauchbares Mittel zur Erhöhung der Sicherheit vor Unterwasserschwimmern.

In Verbindung mit dem Einbau von Unterwassermikrophonen erhöht sich die Wirksamkeit erheblich.

Für einen evtl. Einbau muß berücksichtigt werden:
- die Scheinwerfer müssen in eine Betonrinne (aus Platten gelegt) eingelassen werden und einen breiten starken Lichtstrahl werfen.
- durch ein Sandband ist eine Aufwirbelung von Schlamm und Morast in Scheinwerfernähe zu verhindern.

Beim Test A - C durchschwammen 2 Taucher unmittelbar hintereinander die Lichtschranke. Der aufgewirbelte Grund durch den ersten Taucher verdunkelte den Lichtstrahl so stark, daß der zweite Taucher nicht erkannt und das Aufsteigen von Luftblasen nur schwer festzustellen war. (Deshalb Anbringen von Betonplatten mit notwendig)."

Weitere umfangreiche Tests mit Mikrophonanlagen der Abteilung Aufklärung der Stadtkommandantur Berlin ergaben schließlich, daß

„[...] ein Unterwassermikrophon ein sehr gutes Mittel zur Feststellung von Unterwasserschwimmern (ist). Der Radius der Erkennbarkeit liegt bei 30 m. Diese Entfernung der Feststellung garantiert eine erfolgreiche Bekämpfung bereits vor den Sperranlagen.

Zum Beispiel:
Der Einbau von 2 mal 2 voneinander unabhängigen Mikrophonen können den Britzer Zweigkanal auf eine Länge von 120 m absichern und die Fortbewegung des Unterwasserschwimmers bis zur Bekämpfung verfolgen lassen."

Auf den Blättern 12 bis 14 der Vertraulichen Verschlußsache wird exakt beschrieben, wie sich die UA operative Arbeit die „Bekämpfung" der Unterwasserschwimmer vorstellte: Mit Maschinenpistolen und sogar mit Handgranaten:

„Test Nr. 7 Die Bekämpfung von Unterwasserschwimmern durch MPi-Feuer

Tiefe der Holzscheiben	Feststellungen
3,20 m	- keinerlei Wirkung - alle Projektile wurden in unbeschädigtem Zustand auf der Holzplatte gefunden
0,80 m	- keinerlei Wirkung am Zielobjekt - Wirkung minimal - Metallreste von zerstörten Projektilteilen beim Auftreffen auf die Wasseroberfläche lagen lose auf dem Brett - die meisten Schüsse wurden unter Wasser abgelenkt - ein Projektil sprang zurück (aus dem Wasser) und traf den Schützen, ohne jegliche Wirkung am Stiefel (1,20 m vom Auftreffpunkt)
0,30 m	- teilweise durchschlugen die Geschosse die Holzplatte - es zeigte sich die erste durchschlagende Wirkung - es gab ca. 50 - 60 % Querschläger unter Wasser
0,20 m	- alle Geschosse durchschlugen die Holzplatte (Stärke 2 cm)

Bemerkungen: Bei allen Versuchen wurde die Waffe in einem Winkel von ca. 75 Grad zum Zielobjekt gehalten. Je flacher der Winkel war, um so größer wurde die Anzahl der Querschläger unter Wasser. Die Höhe von der Wasseroberfläche zur Mündung Waffe betrug ca. 1,30 m.

Schießen auf eingerammten Brett:

Schußwinkel 10° - 15°
Entfernung 10 m
Bis 20 cm unter der Wasseroberfläche wurde das Brett durchschlagen. Die Wellenbewegung des Wassers spielte keine unwesentliche Rolle. Sie verursachte auch Abprallen beim Anvisieren von 10 cm. Tiefer angehaltene Geschosse trafen nicht auf.

Taucher in 15 m Entfernung von der Einschußstelle:

Taucher lag auf Grund 2 m Wassertiefe. Beim Dauerfeuer stellte er Geräusche fest, die wie das Arbeiten mit einem Niethammer klangen.

Bemerkungen: Die MPi eignete sich nicht zur Bekämpfung von Unterwasserschwimmern, die eine Tauchtiefe von 0,50 m überschreiten.Die MPi ist in diesem Falle nur ein moralisches Mittel, wenn der Taucher bei Dauerfeuer die Laute wahrnimmt.

Test Nr. 8 Die Bekämpfung von Unterwasserschwimmern mit Handgranaten

In 3,20 m Tiefe wurde eine Holzplatte 5,00 x 2,50 m befestigt.

Wirkung:
- 50 cm Durchmesser zerschmetternde Wirkung
- Splitterwirkung konnte nicht festgestellt werden
- Taucher auf Grund stellte in 30 m Entfernung Unterwasserdetonation durch leichte Erschütterung fest

Bemerkungen: Die Handgranate ist ein wirksames Mittel gegen Unterwasserschwimmer. Beim Werfen nach Feststellung des Tauchers durch die aufsteigenden Luftblasen ist die Vorgabe und die Zündschnur zu berücksichtigen. Regel: 3 m Wassertiefe im Bereich von ca. 10 - 15 m vor der aufsteigenden Luftblasen die Handgranaten werfen.

Schlußfolgerungen:

1. Das Testprogramm ergab wesentliche neue Erkenntnisse zum Erkennen und Bekämpfen von Unterwasserschwimmern, die nach konkreter Auswertung bei der Sicherung der Staatsgrenze an Wasserabschnitten zur Anwendung gebracht werden können.
2. Das Programm ist nicht vollständig abgeschlossen. Es wurde zum Beispiel das Erkennen von Tauchern mit einem Kreislaufgerät nicht getestet. Gleichfalls konnte die Verschmutzung der Berliner Gewässer keine Berücksichtigung finden. Teilprobleme müssen nochmals einer Untersuchung unterzogen werden.
3. Das Erkennen und Feststellen von Unterwasserschwimmern im kombinierten Einsatz von Unterwasserlichtschranken und Mikrophonanlagen ist das wirksamste Mittel bei Tag und Nacht, welches der Test erbrachte.
4. Die wirksamste Bekämpfung ist nur durch die Handgranate möglich.
Die MPi hat nur moralische Wirkung.

Kroh, Major“

Eingesetzt wurden Handgranaten zur Bekämpfung von „Grenzverletzern“ in Berliner Gewässern schließlich nicht. Der politische Schaden, den die DDR fürchtete, war wohl doch größer als der erhoffte Nutzen. Menschlicher wurde das Grenzregime durch den Verzicht auf den Handgranaten-Einsatz in keiner Weise, wie auch aus der Geheimen Verschlußsache H 32 158, ebenfalls aus dem Bereich der Stadtkommandantur Berlin hervorgeht.

38,6 Schuß Munition auf jeden Flüchtling

Denn, und dieses verdient durchaus Erwähnung, zahllose Angehörige der Grenztruppen waren keinesfalls bereit, ohne Skrupel auf „Grenzverletzer“ zu schießen. Trotz aller Indoktrination brachten sie es nicht fertig, dem Befehl zu folgen „mit allen Mitteln den Grenzdurchbruch zu verhindern“ oder „treffsicher mit dem ersten Schuß das sich bewegende Ziel zu vernichten“. Natürlich war offene Befehlsverweigerung undenkbar, zumal ein Grenzposten nie auf sich allein gestellt war, sondern wohlbewußt immer den „zweiten Mann“ bei sich hatte. Und ob der ähnlich dachte und nicht etwa wegen der Befehlsverweigerung und des Zulassens eines „Grenzdurchbruchs“ Meldung mit allen entsprechenden Konsequenzen erstattete, war durchaus nicht sicher. Dennoch aber gab es Möglichkeiten, die Abgabe der möglicherweise tödlichen Schüsse zu verweigern, ohne die Gefahr einer Bestrafung einzugehen: das bewußte Schießen neben das Ziel. Heftig kritisiert wurde dieses Verhalten in einer geradezu makabren Untersuchung, die die 1. Grenzbrigade der Nationalen Volksarmee hatte durchführen lassen. Fazit des vom Stabschef der Brigade, Oberst Franzisky, unterschriebenen Papiers: Es wird zu viel geschossen, ohne die Flüchtlinge zu treffen.

In der Geheimen Verschlußsache H 32 158 vom 17. Juni 1969 teilte er mit, daß „an der Staatsgrenze der Deutschen Demokratischen Republik zum besonderen Territorium Westberlin (...) im Zeitraum vom 01. Dezember 1968 bis 13. Juni 1969 in 10 Fällen die Schußwaffe zur Anwendung gebracht“ worden sei. Dabei seien 425 Schuß Munition verschossen worden. Was Oberst Franzisky überhaupt nicht akzeptieren mochte, war die Tatsache, daß dennoch zwei Personen ohne jede Verletzung die Flucht gelungen war, auf die (am 3. Februar 1969 an der Berliner Massantebrücke) immerhin 48 Schuß und am 6. Juni 1969 (an der Adalbertstraße) 61 Schuß abgefeuert worden waren.

148 Schuß hatte es am 9. April 1969 gebraucht, um an der Adalbertstraße einen „Grenzverletzer“ zu töten, 45 Schuß, um einen weiteren am 11. April zu verletzen. „In den restlichen 6 Fällen wurde nach Abgabe von insgesamt 123 Schuß Munition 7 Personen festgenommen, ohne diese bei der Anwendung der Schußwaffe zu treffen.“ Preußisch exakt wurde ermittelt:

„Auf jede Person, gegen die die Schußwaffe angewendet wurde, kommen somit im Durchschnitt 38,6 Schuß Munition.

Diese Anzahl der verschossenen Munition ist zu hoch. Die erzielten Treffer stehen in keinem Verhältnis dazu."

Zu denken geben müsse die Tatsache, so Franzisky weiter, daß dieser geringen Zahl von Treffern teilweise gute bis befriedigende Ergebnisse beim Schießen der Einzelgefechtsübungen in den Truppenteilen und Einheiten gegenüberstünden.

Daß auch mit wenigen Schuß getroffen werden könne, bewiesen die Fälle, bei denen die Schußwaffe gegen Diensthunde angewendet worden sei:

„23.01.69	1./GR-35	12 Schuß	Diensthund wurde aus größerer Entfernung getötet
30.05.69	4./GR-37	1 Schuß !	Diensthund wurde durch Kradstreife aus ca. 170 m Entfernung erschossen."

Ausdrücklich vermißt der Oberst „taktische Handlungen" zur Festnahme von „Grenzverletzern", außerdem seien in nur drei Fällen (die vorgeschriebenen, d. Verf.) Warnschüsse abgegeben worden. „Die Rekonstruktion von Grenzdurchbrüchen und einzelner, durch Gebrauch der Schußwaffe verhinderter Grenzdurchbrüche" habe klar gezeigt, „daß eine Schußwaffe als ‚letztes Mittel' nicht gerechtfertigt war, da der Grenzverletzer mit ‚anderen Mitteln' wie Führen taktischer Handlungen, hätte festgenommen werden können". Die für ihn ernüchternde Erkenntnis des Brigade-Stabschefs:

„Da dies nicht der Fall war, muß geschlußfolgert werden, daß die Grenzposten ihren Dienst zum Teil äußerst oberflächlich versehen, da sie den Grenzverletzer meist erst feststellen, wenn er bereits einen Teil des Sperrsystems im Sicherungsstreifen überwunden hat und dann auf Grund der kurzen Entfernung zur Staatsgrenze nur noch die Anwendung der Schußwaffe übrig bleibt."

Es habe sich eine Tendenz gezeigt, nach der bei einem großen Teil der Grenzposten und Gruppenführer die Ansicht vorherrsche, den „Grenzverletzer" durch „Sperrfeuer" zum Stehenbleiben zu zwingen. Daraus ergebe sich auch die hohe Schußzahl und die „nicht zielsichere" Anwendung der Schußwaffe.

Um das Ansehen der Republik besorgt

In seinem Bericht zu erwähnen vergaß der Oberst auch nicht, daß beispielsweise die Grenzposten auf dem Dienstboot der Bootskompanie des Grenzregimentes 35 geschlafen hätten. Das daraus erkennbare mangelnde Verantwortungsbewußtsein führe dann zu Erscheinungen wie den geschilderten.

Geheime Verschlußsache!

GVS-Nr.: H 32 158, 1.Ausf., Bl. 6

lfd. Nr.	Datum	Uhrzeit	Einheit/TT	Grund	Ort	Schußzahl	Festnahme	Durchbruch	verletzt	getötet
1.	15.12.68	01.05	4./37	Verstoß GO	Wredebrücke	2	+			
2.	24.12.69	21.04	2./33	vers.Grdbr.	Hdm/VdK	5	+			
3.	13.01.69	17.50	2./33	vers.Grdbr.	Kronpr.Brücke	2	+			
4.	28.01.69	20.50	3./31	vers.Grdbr.	Eberswalder Str.	80	+			
5.	03.02.69	01.28	3./37	Grenzdurchbr.	Massantebrücke	48		+		
6.	03.02.69	18.55	2/ 33	vers.Grdbr.	Voßstraße	12	+			
7.	09.04.69	21.50	1./35	vers.Grdbr.	Adalbertstraße	148	+			+
8.	11.04.69	03.05	2./38	vers.Grdbr.	Potsdamer Platz	45	+		+	
9.	06.06.69	00.34	3./38	Grenzdurchbr.	Adalbertstraße	61		+		
10.	13.06.69	02.55	3./33	vers.Grdbr.	HdM/O-Gr.-Str.	22	+			
				11 Personen		425	8	2	1	1

Tabelle 1: Anwendung der Schußwaffe zur Verhinderung eines Grenzdurchbruches

Geheime Verschlußsache!
GVS-Nr.: H 32 158, 1.Ausf., Bl. 7

Lfd. Nr.	Einheit/TT	EGÜ tag				EGÜ nacht			
		Teiln. %	Erf. %	Ø-%	Note	Teiln. %	Erf. %	Ø-%	Note
1.	3./31	77	87	3,1	3	77	98	2,3	2
2.	2./33	90	85	3,4	3	83	92	3,0	3
3.	3./33	92	91	3,0	3	100	100	2,8	3
4.	1./35	90	100	2,4	2	90	100	2,2	2
5.	3./37	86	96	2,2	2	86	98	2,0	2
6.	4./37	100	93	2,6	3	100	96	2,7	3
7.	2./38	80	92	2,5	2	65	87	3,1	3
8.	3./38	92	91	3,0	3	89	95	2,7	3

Tabelle 2: Ergebnisse Schießen der EGÜ (MPi) im 1. Ausbildungshalbjahr 1968/69
(Einheiten = Tabelle 1)

Die Konsequenzen aus den Nachlässigkeiten lagen für Oberst Franzisky auf der Hand:

„1. Die Wachsamkeit der Grenzposten ist nicht genügend ausgeprägt. Die Beobachtung des eigenen Hinterlandes wird stark vernachlässigt. Die Grenzposten verlassen sich auf eingesetzte Mittel wie Warnzäune, Signalgeräte und Diensthunde, obwohl der technische Zustand eines Teiles der Mittel sowie die Ausbildung der Diensthunde keine Garantie dafür bietet, daß die Grenzverletzer rechtzeitig angezeigt werden.

2. Das Training taktischer Handlungen zur Festnahme von Grenzverletzern ohne Anwendung der Schußwaffe wird oberflächlich durchgeführt, ohne auf die Besonderheiten der einzelnen Grenzabschnitte einzugehen. Die Einweisung der Grenzposten in den Postenbereich erfolgt routinehaft; Veränderungen der Lage werden nicht berücksichtigt.

3. Grenzposten, die die Schußwaffe zur Anwendung brachten, zeigten zwar ihre Bereitschaft dazu, doch sind sie bestrebt, den Grenzverletzer nicht zu treffen, was durch die Theorie des ‚Sperrfeuerschießens‘ zum Ausdruck kommt.

4. Die Anwendung der Schußwaffe mit hoher Schußzahl zieht in den meisten Fällen eine Anzahl von Provokationen des Gegners nach sich, denen die Grenzposten ausgesetzt sind. Der Gegner nimmt solche Fälle zum Anlaß, die ideologische Diversionstätigkeit weiter zu verstärken (Beispiel am 09. und 11. 04. 69 an der Adalbertstraße und am Potsdamer Platz Aufstellung neuer Hetzplakate).

5. Die unüberlegte und unzweckmäßige Anwendung der Schußwaffe schadet dem Ansehen unserer Republik. Das widerspiegelt sich nicht im Denken der Grenzposten.“

„Sicherheit der Staatsgrenze für Betriebsleiter ein zweitrangiges Problem“

Besondere Probleme bereitete den Verantwortlichen zwangsläufig die Abriegelung der innerstädtischen Berliner Grenzen bzw. der Berliner Grenzen zur DDR. Das Großstadtgebiet war dicht bebaut, zudem befand sich eine große Zahl von Betrieben, die aus volkswirtschaftlichen Gründen nicht einfach geschlossen oder verlagert werden konnten, innerhalb des „Grenzgebietes“. Immer wieder gelangen teilweise spektakuläre Fluchten, die, derweil vom Westen beobachtet und dokumentiert, „das Ansehen der DDR“ in empfindlicher Weise minderten. Kein Wunder also, daß sich der Kommandeur der 1. Grenzbrigade, später dann der Stadtkommandant, wieder und wieder mit der Durchsetzung der Verordnungen „zum Schutze der Staatsgrenze der DDR im Grenzgebiet der Hauptstadt der DDR - Berlin“ zu beschäftigen hatten. Häufige Kontrollen im Berliner Grenzgebiet und in den dortigen Betrieben offenbarten - aus Sicht der DDR-Führung - katastrophale Schwächen und eine mangelnde Einsicht in die Notwendigkeit „einer konsequenten Durchsetzung der Grenzordnung“. In der Vertraulichen Verschlußsache H 3 1191, Akenzeichen 18 01 02, vom 5. Januar 1968 warf der Kommandeur der 1. Grenzbrigade, Oberst Gröning, „verschiedenen Dienststellen staatlicher Organe und Trup-

penteilen der 1. Grenzbrigade" vor, in ihnen breiteten sich „Erscheinungen des Liberalismus" aus, „die auf ein Verkennen der Bedeutung einer konsequenten Durchführung der Grenzordnung im Gesamtsystem der Sicherung der Staatsgrenze schließen lassen". Anlaß für diese herbe Kritik war ein „schwerer Grenzdurchbruch" am 23. November 1967 gewesen, bei dem drei Personen aus dem im Grenzgebiet liegenden Betrieb Fritz Pape KG, Berlin-Pankow, in das westliche Berlin hatten fliehen können. Dieser Fall zeige, so Oberst Gröning, „daß die Durchsetzung der Grenzordnung noch nicht den sich aus der gegenwärtigen Klassenkampfsituation ergebenden Erfordernissen zur allseitigen Gewährleistung von Ordnung und Sicherheit im Grenzgebiet und damit zur wirksamen Abwehr von Angriffen auf die Staatsgrenze unserer Republik entspricht". Diese Einschätzung finde seine Bestätigung auch darin, daß die Grenzordnung in entscheidenden Fragen wie:
- der Passierscheinpflicht,
- der Genehmigungsvermerke in den Personalausweisen und der
- Genehmigungen zur Aufnahme von Arbeiten in Betrieben im Grenzgebiet

durchbrochen werde.

Der Kommandeur der Grenzbrigade weiter:

„Bei der Auswertung der Ursachen und begünstigenden Umstände des benannten schweren Grenzdurchbruches sowie der bisher durchgeführten Kontrollen zur Überprüfung der Einhaltung der Grenzordnung mußte festgestellt werden, daß Mängel und Verstöße, wie sie bereits seit Erlaß der Verordnung zum Schutze der Staatsgrenze auftraten, heute noch nicht überwunden und in erster Linie in Betrieben im Grenzgebiet an der Tagesordnung sind.

Hier zeigt sich, daß sich einzelne Betriebsleiter Rechte herausnehmen, die sie mit ökonomischen Notwendigkeiten begründen, um bestimmte Forderungen der Grenzordnung zu umgehen. Die Aufrechterhaltung der Sicherheit an der Staatsgrenze wird von ihnen als zweitrangiges Problem betrachtet bzw. vollkommen außer Acht gelassen. Sie tragen dadurch mit dazu bei, dem Gegner Angriffspunkte für seine hetzerische Propaganda gegen die Staatsgrenze der DDR in der Hauptstadt der DDR - Berlin - zu geben. In Anbetracht der Tatsache, daß die Sicherung der Staatsgrenze in einer Großstadt Besonderheiten zu berücksichtigen hat, wurden von Seiten der Dienststellen der Grenztruppen und der staatlichen Organe, die für die Durchsetzung der Grenzordnung mitverantwortlich sind, an solche Betriebe, die im Grenzgebiet liegen und großen Anteil bei der Erfüllung des Volkswirtschaftsplanes haben bzw. die Deutsche Demokratische Republik durch ihre Erzeugnisse repräsentieren, ... Ausnahmegenehmigungen erteilt. Obwohl in den Ausnahmegenehmigungen besondere Forderungen zur Aufrechterhaltung der Sicherheit festgelegt wurden, sind es in der Hauptsache solche Betriebe, bei denen die Bestimmungen der Grenzordnung ständig durchbrochen bzw. als nicht existent angesehen werden."

„Grenzordnung fast außer Kraft gesetzt"

Im Mittelpunkt besonders harscher Kritik standen dabei die Graphische Werkstätten Berlin sowie das Werk für Signal- und Sicherheitstechnik in Berlin-Treptow:

„Bereits nach der Erteilung der Ausnahmegenehmigung am 07.05.1965 an den Betrieb VEB Graphische Werkstätten Berlin mußte bei Kontrollen festgestellt werden, daß die Festlegungen der Ausnahmegenehmigungen umgangen wurden. Da auch nach Auswertung der Mängel mit dem Betriebsleiter bzw. dem Sicherheitsbeauftragten keine Änderungen herbeigeführt werden konnten und ständig Verstöße auftraten, wurde darum gebeten, die Ausnahmegenehmigung zeitweilig aufzuheben, bis die Gewähr vorhanden ist, die Forderungen der Ausnahmegenehmigung vollinhaltlich zu erfüllen. In einer Stellungnahme des Wirtschaftsrates von Groß-Berlin vom 17.01.1966 wurde dazu mitgeteilt, daß mit dem Betriebsleiter eine entsprechende Auswertung erfolgte und Maßnahmen eingeleitet werden, die Verletzungen der Grenzordnung ausschließen. Eine Überprüfung am 06.12.1967 ergab jedoch, daß wiederum keine Übersicht vorhanden ist, welche betriebsfremde Personen das Haus verlassen haben. Zum Zeitpunkt der Kontrolle fehlte der Passierschein 83 621. Außerdem wird durch den Betriebsleiter die Ausnahmegenehmigung so verstanden, daß täglich bis zu 25 Passierscheine für Besucher des Betriebes durch den Betriebsschutz ausgestellt werden, obwohl Passierscheine nur in dringenden Fällen selbst ausgestellt werden sollen. Eine Beantragung von Passierscheinen bei den zuständigen Dienststellen der Volkspolizei findet nur in den seltensten Fällen statt.

Ähnliche Erscheinungen treten im Betrieb VEB WSSB, Berlin-Treptow, auf. Die auf der Grundlage der Ausnahmegenehmigung erarbeitete Betriebsordnung ist inhaltlich so abgefaßt, daß die Grenzordnung fast außer Kraft gesetzt ist. Weiterhin wurde festgestellt, daß beim Betriebsschutz kein genauer Nachweis über den Aufenthalt betriebsfremder Personen bzw. Betriebsangehöriger besteht. Wird im Interesse der Planerfüllung eine Arbeitszeitverlängerung notwendig, so ist die Betriebswache nicht davon informiert, wieviel Arbeitskräfte sich länger im Betrieb aufhalten dürfen.

Über diese Ausnahmegenehmigung hinaus gibt es zwischen den Betrieben, den VP-Inspektionen und den Grenzregimentern solche Vereinbarungen, daß durch sogenannte Lotsen Personen bzw. Fahrzeuge ohne Passierscheine in das Grenzgebiet geführt werden, was hauptsächlich für Zulieferer und Kunden aus anderen Bezirken der Republik zutrifft. Auch in diesen Betrieben kann von der Einhaltung der Grenzordnung nur zum Teil gesprochen werden, da die Gestellung von Lotsen ein Durchbrechen der Forderungen der Grenzordnung begünstigt und was, wie die Kontrollen zeigten, auch eintritt."

Friedrichshain: „Schülerin als Pförtner eingesetzt"

Am 6. Dezember 1967 herrschte im Bereich der 1. Grenzbrigade Großeinsatz. Kontrolleure wurden in alle Grenzabschnitte geschickt, um die Einhaltung der Grenzordnung zu überprüfen, und was sie ihrem Kommandeur Gröning melden mußten, löste bei diesem blankes Entsetzen aus. Von der Einhaltung der Bestimmungen konnte nicht die Rede sein. Berichtet wurden ihm aus dem Abschnitt des Grenzregimentes 31 folgende Verstöße:

- Im Umspannwerk der Deutschen Reichsbahn fanden sich ausgehängte Fenstergitter, unverschlossene Leitern und offenstehende Kellertüren.
- Im ARW Pankow, Werk III, in der Schulzestraße, registrierten die Kontrolleure:

„Durch den eingesetzten Pförtner des Zentralen Wachschutzes erfolgt die Kontrolle der Personen auf gültige Passierscheine nur oberflächlich, so daß die Möglichkeit besteht, daß betriebsfremde Personen das Gelände betreten können. Außerdem wurde im Betrieb eine männliche Person eingestellt, die geschieden ist und 4 Kindern Unterhalt zu gewähren hat."

Im Abschnitt des Grenzregimentes 33 wurden folgende Verstöße aufgelistet:

- Mehreren Personen hatte am Tag der Kontrollen das Betreten des VEB Berliner Brauereien in der Kieler Straße untersagt werden müssen, da diese sich nicht im Besitz gültiger Passierscheine bzw. Grenzausweise befanden.
- Im VEB Kühlanlagen, Scharnhorststraße, mußte am selben Tage ein Transportarbeiter aus dem Betrieb verwiesen werden, da sein Grenzausweis nicht für das 2. Halbjahr 1967 verlängert war. Zwei Mitarbeiter der Hygiene-Inspektion, die den Betrieb aufsuchen wollten, waren ebenfalls nicht im Besitz von Passierscheinen. Die Sonderregelung, die durch die VPI-Mitte für diesen Betrieb zum Zwecke der reibungslosen Versorgung der Bevölkerung erteilt wurde, wurde durch den Betrieb gröblichst verletzt, indem die Ein- und Ausschleusung der Fahrzeuge aus den Bezirken der DDR durch Lotsen nicht garantiert wurde und diese ohne Passierschein das Grenzgebiet befuhren.
- Im VEB Grünanlagenbau, Reinhardtstraße, waren nicht einmal die Angehörigen des Zentralen Wachschutzes im Besitz gültiger Grenzausweise.

Von durchaus besonderer Qualität zeigten sich Verstöße im Abschnitt des Grenzregimentes 35:

„- Zwischen einer großen Zahl von Betrieben und dem GR-35 bestehen schriftliche Vereinbarungen aus dem Jahre 1965/66, die nicht der Grenzordnung entsprechen. Nach diesen Vereinbarungen sind alle Abteilungsleiter der genannten Betriebe berechtigt, mittels Lotsen Besucher ohne Passierscheine zum Betreten des Grenzbetriebes zu empfangen. Die Kontrolle ergab, daß täglich bis zu 20 Personen je Betrieb ohne Passierschein das Grenzgebiet betreten.
- Die Betriebsschule „Ernst Zinna", Berlin-Friedrichshain, Stralauer Platz, erhält nicht ständig zur Kontrolle der Angehörigen des Betriebs Pförtner vom Zentralen Wachschutz gestellt. Einige Pförtner, die durch den Wachschutz gestellt werden, sind selbst nicht im Besitz von Berechtigungen zum Betreten des Grenzgebietes. Mehrere Aussprachen zwischen dem Direktor der Betriebsberufsschule und leitenden Genossen des Zentralen Wachschutzes führten bisher zu keiner Veränderung des Zustandes. Zum Zeitpunkt der Kontrolle am 06.12.1967 war kein Pförtner vorhanden. Zur Kontrolle des Personenverkehrs wurde durch den Direktor eine Schülerin eingesetzt, die nicht Gewähr gibt, daß die Grenzordnung durchgesetzt wird.
- Im Filter- und Vergaserwerk, Werk III, erfolgte die Materialbeschaffung aus Betrieben der DDR durch Fahrer, die nicht im Besitz von Passierscheinen sind. Obwohl bei Kontrollen ständig die Lagerung von Schrott und Müll direkt an der Betriebsmauer beanstandet werden mußte, änderte sich dieser Zustand bis zum heutigen Tage nicht.

Verstöße gegen die Grenzordnung wurden weiterhin in den Betrieben:

- VEB Kohlehandel, Berlin-Mitte (Lager)
- Oberflächenveredelung
- Ruth Schmidt KG
- VEB Verpackungsmittelwerke
- BEHALA Osthafen
- Herr KG sowie

Lagerplatz Stubenrauchstraße des VBK Hochbau Berlin
festgestellt."

Ohne Ansehen der Betriebe bzw. der Personen müsse nunmehr vorgegangen werden, meinte Oberst Gröning, da sich die Durchsetzung der Grenzordnung zu einem „wirklichen Problem" entwickelt habe. Ausgezeichnet bewährt habe sich in diesem Zusammenhang die Zusammenarbeit mit der Staatsanwaltschaft: „Es ist an der Zeit, im Interesse der Sicherheit an der Staatsgrenze, Betriebsleiter zur Verantwortung zu ziehen", lautete seine unverhüllte Drohung.

Aber neben den „Nachlässigkeiten" der Betriebsleiter bereitete dem Oberst auch anderes Sorgen:

„Zu einem weiteren Problem sind die immer noch häufigen Verstöße gegen die Grenzordnung durch unberechtigtes Betreten des Grenzgebietes aus nachfolgenden Gründen geworden:

- 'Besichtigungen' der Staatsgrenze;
- Begleitung weiblicher, im Grenzgebiet wohnhafter Personen;
- Betreten aus Unkenntnis der Ortslage;
- Betreten infolge Trunkenheit."

Bei derartigen Delikten handele es sich überwiegend um „vorsätzliche Verletzungen der Staatsgrenze". Allein im Ausbildungsjahr 1965/66 hätten die Grenztruppen 823 Personen aus den vorgenannten Gründen vorläufig festgenommen. 574 von ihnen seien in Berlin (Ost), 290 in den Bezirken der DDR und 59 in Westdeutschland, in Berlin (West) bzw. im Ausland beheimatet gewesen. Doch obwohl alle vorläufig festgenommenen Personen den zuständigen VP-Inspektionen zugeführt worden seien, gebe es, so hatte Oberst Gröning weiter zu monieren, vermutlich die Praxis, daß ein Teil der Festgenommenen ohne genaue Überprüfung der Sachverhalte entlassen werde. Das spiegele sich nicht zuletzt in den Statistiken über die Festnahmen wegen des Verstosses gegen die Grenzordnung wider:

„So gibt es zwischen den Statistiken der 1. Grenzbrigade und des PdVP in den Monaten Juli bis Dezember 1967 folgende Differenzen:

	durch GR gemeldete Festnahme w. VGO	im PVDP reg. Festn. w. VGO	Differenz
Juli	54 Pers.	36 Pers.	- 18
August	112 Pers.	81 Pers.	- 31
September	85 Pers.	72 Pers.	- 13
Oktober	71 Pers.	58 Pers.	- 13
November	35 Pers.	35 Pers.	0
Dezember	47 Pers.	36 Pers.	- 11

„Erzieherische Maßnahmen gegen Betriebsleiter"

Daß es an den Berliner Grenzen so nicht weitergehen konnte, war für den Kommandeur der 1. Grenzbrigade klar. In seinen Schlußfolgerungen schlug er deshalb konsequenterweise vor:

„1. Auf Grund der gegenwärtigen Lage bei der Durchsetzung der Grenzordnung ist eine außerordentliche Koordinierungsberatung zur Verbesserung der Durchsetzung der Grenzordnung auf der Grundlage des vorliegenden Berichtes erforderlich. Gegenstand dieser Beratung muß sein, wirksamere Maßnahmen zur Einhaltung der Grenzordnung zu beraten und festzulegen.
Zur Beratung werden folgende Punkte vorgeschlagen:

- Beseitigung von Vereinbarungen zwischen Betrieben und Truppenteilen sowie zwischen Betrieben und VP-Inspektionen aus den zurückliegenden Jahren, die nicht mehr der gegenwärtigen Lage entsprechen.
Die Überprüfung hat unter Verantwortung der Kommandeure der Grenzregimenter in Verbindung mit den zuständigen Leitern der VP-Inspektionen im I. Quartal 1968 zu erfolgen.

Grundsätze:
o strengste Prüfung auf der Grundlage der bestehenden Grenzordnung;
o Betriebe, denen Ausnahmegenehmigungen erteilt wurden, haben für 1968 einen neuen Antrag zu stellen;
o auf der Ebene Grenzregiment / VP-Inspektionen sind keine Ausnahmegenehmigungen mehr zu erteilen.

- Verbesserung der Kennzeichnung des Verlaufes des Grenzgebietes lt. § 3[8] der Verordnung zum Schutz der Staatsgrenze mit dem Ziel der Ausschaltung jeglicher Mißverständnisse.

- Durchführung gemeinsamer Kontrollen durch Grenztruppen, Volkspolizei und Staatsanwaltschaft zu unregelmäßigen Zeitabständen in den Grenzbetrieben.

---

[8] „Verordnung zum Schutz der Staatsgrenze der Deutschen Demokratischen Republik" vom 19.3.1964, GBL der DDR, Teil II Nr. 34:
§ 3 Die örtlichen Räte sind dafür verantwortlich, daß der Verlauf der Staatsgrenze, der Grenzgebiete und eingerichteten Schutzstreifen sowie deren Zugangsstraßen (Wege) entsprechend den Forderungen der bewaffneten Organe sichtbar gekennzeichnet werden.

- Einflußnahme auf die Kaderarbeit in den Grenzbetrieben bei Einstellung von Arbeitskräften durch Abteilung Inneres der Stadtbezirke.

- Überprüfung aller baulichen Maßnahmen in den Grenzbetrieben sowie der Ordnung auf Lager- und Abstellplätzen in unmittelbarer Nähe des Grenzsicherungsstreifens.

- Konsequente Durchsetzung des Beschlusses der Bezirkseinsatzleitung über Abriß- bzw. Verlegungsmaßnahmen im bzw. aus dem Grenzgebiet.
Grundsatz: Kein Ausweichen innerhalb des Grenzgebietes (Beispiel - Fa. Ohnstein, Wildenbruchstraße).

- Verstärkung der Zusammenarbeit mit der Grenzbevölkerung zur Verbesserung der Durchsetzung der Grenzordnung in enger Verbindung mit den WPO und den Ausschüssen der Nationalen Front sowie Durchführung von periodischen Haus- bzw. Wohngebietsversammlungen.

- Einleitung erzieherischer Maßnahmen gegen Betriebsleiter bei festgestellten Verstößen gegen die Grenzordnung."

Anlage: 6

Entwurf / 26.8.61

als GVS

REGIERUNG
DER DEUTSCHEN DEMOKRATISCHEN REPUBLIK
Ministerium des Innern

Geheimhaltungsgrad aufgehoben
1987
(persönlich)

Befehl
des Ministers des Innern

Geheime Verschlußsache
B 3/1 - 17/61
Ausfertigungen
Ausfertigung 3 Blatt

Nr. 35/61

1. September 1961
~~....... August 1961~~

Berlin

Inhalt: Ausweisung von Personen aus dem Grenzgebiet der Westgrenze der DDR.

Aufgrund der Verordnungen vom 26. Mai 1952 und vom 3. Mai 1956 über Maßnahmen an der Grenze zwischen der Deutschen Demokratischen Republik und der Westzone sind folgende Maßnahmen durchzuführen:

1. Aus dem Bereich der 5 km-Sperrzone und des 500 m-Schutzstreifens sind auszuweisen:

   a) Ehemalige Angehörige der SS, unverbesserliche Nazis, ehemalige Ortsbauernführer, Personen, die durch ihre reaktionäre Einstellung den Aufbau des Sozialismus hindern, sowie Personen, die ihrer Einstellung nach und durch ihre Handlungen eine Gefährdung für die Ordnung und Sicherheit im Grenzgebiet darstellen;

   b) Erstzuziehende aus Westdeutschland und Westberlin;

   c) Rückkehrer aus Westdeutschland und Westberlin, die bisher noch nicht durch gute Arbeitsleistungen ihre Verbundenheit zur Deutschen Demokratischen Republik unter Beweis gestellt haben und die bei der Eingliederung in das gesellschaftliche Leben große Schwierigkeiten bereiten;

   d) Personen, die als Grenzgänger angefallen sind oder die Arbeit der Deutschen Grenzpolizei erschwerten oder behinderten. Darunter fallen arbeitsscheue und asoziale Elemente, HWG-Personen usw.;

e) Alle Personen, die der polizeilichen Meldepflicht nicht nachgekommen sind bzw. bewußt versucht haben, die Meldepflicht zu umgehen;

f) Ausländer und Staatenlose.

Die in enger Gemeinschaft lebenden Angehörigen der unter a - f genannten Personen sind mit auszuweisen.

2. Die Feststellung des obengenannten Personenkreises hat durch die VPKÄ in Zusammenarbeit mit den Kreisdienststellen des MfS und der Deutschen Grenzpolizei zu erfolgen.

3. Die Leiter der Volkspolizeikreisämter unterbreiten der Einsatzleitung des Kreises die Vorschläge der zur Ausweisung kommenden Personen.
Die Einsatzleitungen der Kreise verfügen nach Bestätigung durch die Bezirkseinsatzleitungen die Ausweisung der betreffenden Personen.

4. Nach Bestätigung wird dem Betreffenden die Ausweisung von den zuständigen Dienststellen der Volkspolizei mündlich mitgeteilt.
Er ist aufzufordern, binnen 48 Stunden nach der mündlichen Mitteilung das Grenzgebiet zu verlassen und sich unverzüglich und auf kürzestem Wege an den Ort zu begeben, der als neuer Wohnort festgelegt wurde. Von den Einsatzleitungen der Bezirke werden die Kreise und Orte bestimmt, in welche die Ausgewiesenen ihren Wohnsitz zu verlegen haben. Der neue Wohnort muß außerhalb der Grenzkreise liegen.
Nur in außergewöhnlichen Ausnahmefällen kann eine Fristverlängerung um 24 Stunden gewährt werden.
Die Ausweisung erfolgt unter Aufsicht des zuständigen Volkspolizeikreisamtes.

5. Die Abmeldung der Personen ist durch die Abteilung Paß- und Meldewesen vorzunehmen und alle über die Person vorliegenden Unterlagen sind sofort unter Beifügung einer abschließenden Einschätzung der Person dem VPKA mit ZKD zu übersenden, in dessen Bereich der neue Wohnsitz liegt.

Geheimhaltungsgrad aufgehoben

In diesem VPKA sind die Personen in die Maßnahmen nach der DA des Leiters der HVDVP Nr. 6/60 einzubeziehen. Durch die Abteilung PM sind diese Personen nach DA des ~~Leiters der HVDVP~~ MdI Nr. 25/60 zu erfassen. Sie sind im Lochfeld HVDVP 1a flach zu kerben.

6. Durch die VPKÄ ist dafür zu sorgen, daß die Registrierstempel in den Personalausweisen ungültig gemacht werden und daß die ausgesiedelten Personen keine Passierscheine zur Einreise in das Sperrgebiet erhalten.

7. Vermögensrechtliche Ansprüche werden über die zuständigen Stellen der Bezirke und Kreise geregelt.

8. Der Leiter der HVDVP hat die Durchführung dieses Befehls zu kontrollieren und mir jeweils am 1., 10. und 20. jeden Monats über die Zahl der Ausgewiesenen, aufgegliedert nach der sozialen Herkunft und den Grund der Ausweisung sowie über besondere Vorkommnisse, zu berichten.

Maron

(Maron)

Inventur

~~Entwurf~~

Hauptverwaltung Deutsche Volkspolizei

Berlin, den 26. August 1953

Vertrauliche Dienstsache

~~Vertrauliche Verschlußsache~~

Bestätigt am 14.10.53

durch

Minister des Innern

Schusswaffengebrauchsvorschrift

für die Angehörigen der HVDVP

Die Deutsche Volkspolizei ist ein bewaffnetes Schutzorgan der Deutschen Demokratischen Republik. Sie hat die Aufgabe, die demokratische Ordnung in der Deutschen Demokratischen Republik zu sichern sowie das Leben und Eigentum ihrer Bürger zu schützen.

Diese Aufgabe verpflichtet jeden VP-Angehörigen, die aus den Händen des Volkes empfangenen Waffen ständig einsatzbereit zu halten und ihre Handhabung zu meistern.

Die Waffenträger der Volkspolizei haben von der Waffe dann Gebrauch zu machen, wenn der Schutz unserer demokratischen Ordnung oder die öffentliche Ordnung und Sicherheit mit anderen polizeilichen Mitteln nicht mehr gewährleistet werden kann oder die Anwendung der Waffe aus Notwehr im Sinne des § 53 StGB erforderlich ist.

I. Die Schusswaffe ist anzuwenden:

1) bei der Festnahme von Verbrechern, insbesondere von Spionen, Saboteuren, Agenten, Provokateuren, wenn dieselben der Festnahme bewaffneten Widerstand entgegensetzen oder die Flucht ergreifen und keine Möglichkeit besteht, die Festnahme durch eine andere polizeiliche Maßnahme herbeizuführen;

2) zum Schutz und zur Verteidigung von volkseigenen Betrieben, staatlichen und kommunalen Einrichtungen, Dienststellen der Volkspolizei und anderen Objekten sowie von Transporten, die durch VP-Angehörige gesichert werden, bei Angriffen und Überfällen von Gruppen verbrecherischer, staatsfeindlicher Elemente.

- 2 -

3) zum Schutz führender Persönlichkeiten des Staates, der demokratischen Parteien und Massenorganisationen, sowie zur Verteidigung von Personen beim Überfall durch bewaffnete Verbrecher;

4) bei der Verfolgung entwichener Häftlinge, wenn diese auf Anruf der VP-Angehörigen nicht stehen bleiben und sich durch Flucht der Wiederergreifung entziehen wollen;

5) wenn einem VP-Angehörigen während der Durchführung einer dienstlichen Handlung bewaffneter Wiederstand entgegengesetzt wird und dieser durch andere polizeiliche Maßnahmen nicht gebrochen werden kann;

6) wenn ein VP-Angehöriger mit der Bewachung oder Begleitung festgenommener Täter beauftragt ist, dieselben flüchten und auf Anruf nicht stehen bleiben;

7) bei Kraftfahrzeugkontrollen im Rahmen von Fahdnungsmaßnahmen, wenn Fahrzeuge trotz gut sichtbarem Haltezeichen die Kontrolle vorsätzlich durchfahren und der begründete Verdacht besteht, daß sich die gesuchte Person oder andere verbrecherische Elemente im Fahrzeug befinden.
In derartigen Fällen ist das Fahrzeug durch Schüsse auf die Bereifung zum Stehen zu bringen.

Als Grundsatz hat zu gelten, daß die Waffe nur dann angewendet werden darf, wenn andere Abwehr- bzw. polizeiliche Maßnahmen nicht ausreichen, um den polizeilichen Erfolg herbeizuführen.

Außer in Fällen höchster Gefahr ist zunächst immer erst ein Warnschuß abzugeben, dem erst nach kurzer Pause Zielschüsse folgen dürfen. Flüchtige Täter sind in jedem Fall durch Anruf und die Abgabe eines Warnschusses auf die Anwendung der Waffe aufmerksam zu machen. Nach Möglichkeit ist der Täter durch Beinschuss so zu verletzen, daß eine Festnahme ohne Schwierigkeiten erfolgen kann.
Der Warnschuß ist nicht abzugeben, wenn durch die Verzögerung des Zielschusses eine unmittelbare Gefahr für eine Person, den beteiligten VP-Angehörigen oder ein zu sicherndes Objekt eintreten würde.

- 3 -

Bei Angriffen auf führende Persönlichkeiten des Staates, der demokratischen Parteien und Massenorganisationen ist von der Schußwaffe ohne vorherige Warnung und ohne Abgabe eines Warnschusses sofort mit Abgabe von Zielschüssen Gebrauch zu machen.

II. Von der Schusswaffe darf nicht Gebrauch gemacht werden:

1) gegen Angehörige der Dienststellen des Hohen Kommissars der UdSSR in Deutschland und der sowjetischen Streitkräfte in der Deutschen Demokratischen Republik;

2) gegen Angehörige der beim Hochkommissariat der UdSSR akkreditierten Militärmissionen, soweit nicht bewaffnete Angriffe auf Bürger der Deutschen Demokratischen Republik oder Organe der Deutschen Volkspolizei erfolgen;

3) gegen Angehörige der Diplomatischen Missionen in der Deutschen Demokratischen Republik;

4) gegen Kinder und Minderjährige, wenn diese nicht mit bewaffneten Verbrechern in Verbindung stehen und keinen bewaffneten Widerstand leisten;

5) wenn durch die Anwendung der Waffe auf öffentlichen Plätzen, Märkten, verkehrsreichen Straßen, in Verkehrsmitteln oder Gebäuden eine Gefahr für die Öffentlichkeit eintreten würde.

Nach jeder Anwendung der Schusswaffe hat der betreffende VP-Angehörige einen Bericht über das Vorkommnis anzufertigen und der vorgesetzten Dienststelle zuzuleiten, die die Schusswaffenanwendung auswertet sowie die Rückerstattung der verschossenen Munition veranlaßt.

Mit der Herausgabe dieser Schusswaffengebrauchsvorschrift wird die Waffengebrauchsvorschrift vom 6.10.1947 ausser Kraft gesetzt.

Chef der Deutschen Volkspolizei

Maron

(M a r o n)

REGIERUNG DER DEUTSCHEN DEMOKRATISCHEN REPUBLIK
Ministerium des Innern
Kommando der Deutschen Grenzpolizei

Bestätigt: d. 12. September 1958

Minister des Innern

(M a r o n)

DV III/2

D i e n s t v o r s c h r i f t
für den Dienst der Grenzposten
-.-.-.-.-.-.-.-.-.-.-.-.-.-.-.-

XI. Kapitel

Schußwaffengebrauchsbestimmungen

2o7. Die Angehörigen der Deutschen Grenzpolizei sind verpflichtet, bei der Sicherung und Verteidigung der Grenzen und der Arbeiter- und Bauern-Macht der DDR, die Waffe in folgenden Fällen anzuwenden

a) ohne Warnung :

Zur Abwehr von bewaffneten Überfällen auf:

- die örtlichen Organe und Institutionen der Arbeiter- und Bauernmacht der DDR;
- die Grenzposten, Einheiten und Objekte der DGP und anderen bewaffneten Organen der DDR;
- die Bevölkerung der DDR.

b) Nach Anruf bzw. Stoppzeichen:

1. Beim Zusammentreffen mit bewaffneten Grenzverletzern und Banditen.
2. Bei der Verfolgung von Grenzverletzern in Richtung der Deutschen Bundesrepublik, wenn sie unmittelbar den 10 m Kontrollstreifen erreichten, andere Möglichkeiten der Festnahme nicht mehr bestehen und das Geschoß die Grenze nicht überfliegen kann.
3. Wenn Grenzposten beim Stoppen von KFZ vorsätzlich überfahren werden.

c) Nach erfolgtem Anruf und Warnschuß:

1. Beim unbewaffneten Überfall auf die Bevölkerung der DDR, wenn für diese unmittelbar Gefahr besteht.
2. Zur Festnahme von Grenzverletzern oder der Festnahme unterliegender Personen.
3. Bei Fluchtversuchen festgenommener Grenzverletzer oder der Festnahme unterliegender Personen.

4. Zur Abwehr eines Überfalles ohne Waffen, oder bei aktiven Widerstand einer oder mehrerer Personen, wenn dabei für die Angehörigen der Deutschen Grenzpolizei eine unmittelbare Gefahr für das Leben besteht.

5. Wenn das Stoppzeichen für Kfz. umfahren wird.

208. Die Angehörigen der Deutschen Grenzpolizei wenden in den angeführten Fällen des Punktes 207 c) die Schußwaffe erst dann an, wenn alle anderen Möglichkeiten zur Festnahme bzw. Wiederherstellung der Ruhe und Ordnung erschöpft sind.

209. Die Warnung beinhaltet:

- den Anruf (am Tage mit " Halt, stehen bleiben ", bei Nacht und schlechter Sicht "Halt, stehen bleiben, Deutsche Grenzpolizei " oder am Tage durdh Stoppzeichen und nachts durch Schwenken der Taschenlampe mit rotem Licht);
- den Warnschuß, der in einem Winkel von 50 - 70 Grad nach oben zu erfolgen hat.

210. Es ist verboten, die Schußwaffe anzuwenden:

- auf Personen, die die Grenze von der Deutschen Demokratische Republik in Richtung volksdemokratischer Staaten überschreiten, sich bereits unmittelbar an der Grenze befinden und keinen bewaffneten Widerstand leisten (in diesem Fall sind die festgelegten Verständigungssignale zu der jeweiligen benachbarten Volksdemokratie in Anwendung zu bringen;
- zur Signalgebung, wenn andere Möglichkeiten zur Herstellung der Verbindung zur Grenzkompanie und Nachbarposten vorhanden sind;
- auf Kinder, außer wenn sie sich an einem bewaffneten Überfall beteiligen;
- auf Hunde, wenn der Posten erkennt, daß diese zufällig oder beim Jagen hinter Wild die Grenze überschritten haben und im Blikfeld des Grenzpostens wieder zurückkehren;

- zur Warnung der Personen, die sich an der Grenze, jedoch auf dem Territorium des angrenzenden Staates befinden;

Bei der Anwendung der Schußwaffe ist zu beachten, daß:

- durch die Anwendung der Schußwaffe besonders in Ortschaften keine aussenstehenden Personen verletzt werden;
- die Geschosse nicht die Grenze in Richtung des angrenzenden Staates überfliegen, ausser bei der Verteidigung der Grenze gegen eindringende bewaffnete Kräfte des Gegners.

211. Wird festgestellt, daß Tiere (Hunde, Tauben), welche zur Überbringung von Meldungen geeignet sind, wiederholt die Grenze verletzen, werden diese nur auf Befehl des Kompaniechefs abgeschossen.

212. Einfliegende Ballons, werden nur auf Befehl des Kompaniechefs bei günstigen Schußentfernungen von den dafür festgelegten Punkten im Gelände abgeschossen.

213. Wird durch den Schußwaffengebrauch eine Person getötet, läßt der Grenzposten diese unverändert liegen, sichert den Tatort und verständigt die Grenzkompanie. Liegt die~~r~~ getötete Person in unmittelbarer Grenznähe oder auf dem 10 m Kontrollstreifen, ~~ist diese~~ 10 ist sie bei Anzeichen von Provokationen bzw. Menschenansammlungen, jenseits der Grenze, ohne Verwischung der Merkmale am Tatort, an einem gedeckten Ort zu bringen. Wird eine Person bei Anwendung der Schußwaffe verletzt, so ist dieser sofort, unter Einhaltung aller Sicherheitsmaßnahmen, Hilfe zu leisten.

214. Die Anwendung der Leuchtpistole erfolgt, wenn keine anderen Möglichkeiten vorhanden sind, zur:

- Signalgebung zwischen den Grenzposten und der Grenzkompani[e]
- zur Signalgebung zwischen Grenzposten und Grenzbooten;
- zum Ableuchten des Geländes, wenn Grenzverletzer versuchen sich der Festnahme zu entziehen;
- zur Beleuchtung des Geländes und bei der ~~Anwendung~~ Abgabe von gezielten Schüssen auf Grenzverletzer in der Nachtzeit.

215. Bei der Anwendung der Leuchtpistole ist zu beachten:

- die Jahreszeit, Witterung, Bodenbewachsung und Bodenbedeckung (trockene Wälder, Wiesen, Getreide usw.);
- der Aufprall des Leuchtsatzes (Absuchung des Geländes zur Verhütung von Bränden);
- das aus der Leuchtpistole in einem Winkel von 7o bis 9o ° nach oben geschossen wird.

216. Angehörige der Deutschen Grenzpolizei, die die Schußwaffe entgegen dieser Vorschrift anwenden (.z.B. wahl - und zielloses Schiessen , fahrlässiger Schußwaffengebrauch), eine Waffe oder Munition verlieren, oder widerrechtlich Waffen und Munition besitzen, werden disziplinarisch oder gerichtlich zur Verantwortung gezogen.

XII. Kapitel

Die Pflichten der Grenzposten bei der Ausnutzung der Verstärkungsmittel

1. Der lo m-Kontrollstreifen

217. Der Geländestreifen, welcher zur Feststellung von Spuren im Gelände angelegt ist, heisst lo m Kontrollstreifen. Er kann natürlich oder künstlich sein.

218. Die Grenzposten, die den lo m Kontrollstreifen aus dienstlichen Gründen betreten, haben ihre Spuren mit festgelegten Zeichen zu markieren. Dem Kompaniechef ist darüber Meldung zu erstatten und die Grenzposten, die in diesem Abschnitt ihren Dienst versehen davon zu informieren.

219. Der Grenzposten ist verpflichtet:

- den Verlauf der Grenze und des 10 m Kontrollstreifens sowie seinen Zustand zu kennen;
- ständig die ~~Listen und~~ Methoden und Schliche der Grenzverletzer bei dem Überschreiten des 10 m Kontrollstreifens zu studieren und zu entlarven.

2. Sperren

220. Die Grenzposten sind verpflichtet:

- den Verlauf der Sperren im Abschnitt der Grenzkompanie, ihre Bedeutung und ihren Zustand zu kennen;
- ständig den Zustand der Sperren zu überprüfen und bei Feststellungen von Beschädigungen, die Ursachen zu ermitteln;
- ständig die Listen und Methoden der Grenzverletzer beim Überwinden der Sperren zu studieren und zu entlarven;
- die Richtungen der Bewegung der Grenzverletzer festzustellen und Maßnahmen zu ihrer Festnahme einzuleiten;
- über alle Beschädigungen der Sperren dem Kompaniechef Meldung zu erstatten.

3. Die Signalanlagen und Signalgeräte

221. Die Anlagen und Geräte, die bei Grenzdurchbrüchen Signale übermitteln, werden Signalgeräte genannt.

222. Die Grenzposten sind verpflichtet:

- die taktisch-technischen Daten und die Funktion der Anlagen und Geräte zu kennen;
- vor dem Dienstantritt die Signalgeräte auf ihre Einsatzbereitschaft zu überprüfen und beim Eintreffen am Einsatzort einzusetzen und zu tarnen;

REGIERUNG
DER DEUTSCHEN DEMOKRATISCHEN REPUBLIK
MINISTERIUM DES INNERN
– Der Minister –

Kriег. 527/61

~~Geheime Verschlußsache!~~
~~Nr. B 3/1 – 16/3/61~~
00001 ~~1. Ausfertigung 1 Blatt~~

Geheimhaltungsgrad aufgehoben
05. Dez. 1987

Erste Ergänzung
zum Befehl des Ministers des Innern
Nr. 39/60

26. August 1961 Berlin

Inhalt: Schußwaffengebrauchsbestimmungen

Durch die gewissenhafte Erfüllung der vom Ministerrat unserer Regierung beschlossenen Maßnahmen zur Erhöhung der Sicherheit unserer Grenzen wurde den westdeutschen Militaristen und Kriegstreibern ein schwerer Schlag zugefügt und den Menschenhändlern in Westberlin ihr Handwerk gelegt.

Wie erwartet, antwortete der Gegner mit maßloser Hetze, Verleumdung und Provokationen. Durch die sich ständig steigernde Nervosität des Gegners muß mit einer weiteren Zunahme von Provokationen gerechnet werden. Den Provokationen muß mit größter Wachsamkeit, höchster Kampfbereitschaft, Ruhe und Sicherheit entgegengetreten werden.

Kein Angehöriger der bewaffneten Kräfte des Ministeriums des Innern darf sich provozieren lassen.

Es wird deshalb nochmals angeordnet:

1. Es ist von allen Angehörigen der bewaffneten Kräfte höchste Disziplin zu üben. Provokationen sind durch richtiges, taktisches Verhalten, energisches Auftreten und Besonnenheit zu verhindern.

   Die im Befehl des Ministers des Innern Nr. 39/60 festgelegten Bestimmungen sind unter allen Umständen einzuhalten. Vor der Anwendung der Schußwaffe müssen alle anderen Möglichkeiten zur Erreichung des Erfolges ausgenutzt worden sein. Muß im äussersten Falle die Schußwaffe angewandt werden, darf auf keinen Fall in Richtung Westberlin geschossen werden.

   Gegen Angehörige der westlichen Besatzungsmächte darf die Schußwaffe unter keinen Umständen angewandt werden.

2. Die Kommandeure der Einheiten und die Leiter der Dienststellen haben zu veranlassen, daß alle Angehörige ihres Dienstbereiches regelmäßig in dem für sie notwendigen Umfang über diese Ergänzung belehrt werden.

(Maron)

Ministerium des Innern
Büro des Ministers
Eing. 19. MRZ 1962
Tgb.-Nr.

REGIERUNG
DER DEUTSCHEN DEMOKRATISCHEN REPUBLIK
MINISTERIUM DES INNERN
- Der Minister -

GVS

~~Geheime Verschlußsache!~~
~~B 3/1 - 13/62~~
~~1. Ausf. 1 Blatt~~

Geheimhaltungsgrad aufgehoben
05 Dez 1987

DURCHFÜHRUNGS-ANWEISUNG
Nr. 2
zum Befehl des Ministers des Innern
Nr. 39/60

19. März 1962 Berlin

Inhalt: Bestimmung über Schußwaffengebrauch für die 1. und 2. Grenzbrigade (B)

Die Einheiten der 1. und 2. Grenzbrigade (B) haben die Aufgabe, die Unantastbarkeit der Staatsgrenze in Berlin und der Deutschen Demokratischen Republik nach Westberlin bei jeder Lage zu gewährleisten und keinerlei Verletzungen ihrer Souveränität zuzulassen.

Zur weiteren Sicherung unserer Staatsgrenze nach Westberlin

W E I S E I C H A N :

1. Für die Wachen, Posten und Streifen der Grenzbrigaden (B) gelten die Bestimmungen über den Schußwaffengebrauch entsprechend meinem Befehl Nr. 39/60 vom 28. 6. 1960.

2. In Erweiterung dieses Befehls sind die Wachen, Posten und Streifen der Grenzbrigaden (B) an der Staatsgrenze in Berlin und um Westberlin verpflichtet, die Schußwaffe in folgenden Fällen anzuwenden:

   a) zur Festnahme, Gefangennahme oder zur Vernichtung bewaffneter Personen oder bewaffneter Banditengruppen, die in das Gebiet der DDR und in ihre Hauptstadt eingedrungen sind bzw. die Grenzen nach Westberlin zu durchbrechen versuchen, wenn sie die Aufforderung zum Ablegen der Waffen nicht befolgen oder sich ihrer Festnahme oder Gefangennahme durch Bedrohung mit der Waffe oder Anwendung der Waffe zu entziehen versuchen;

   b) zur Abwehr von bewaffneten Angriffen bzw. Überfällen auf das Territorium der Deutschen Demokratischen Republik, auf die Bevölkerung im Grenzgebiet der Hauptstadt der DDR (das demokratische Berlin) und der Deutschen Demokratischen Republik, auf Grenzposten oder Angehörige anderer bewaffneter Organe der Deutschen Demokratischen Republik;

c) zur Festnahme von Personen, die sich den Anordnungen der Grenzposten nicht fügen, indem sie auf Anruf "Halt - stehenbleiben - Grenzposten" oder nach Abgabe eines Warnschusses nicht stehenbleiben, sondern offensichtlich versuchen, die Staatsgrenze der Deutschen Demokratischen Republik zu verletzen und keine andere Möglichkeit zur Festnahme besteht;

d) zur Festnahme von Personen, die mit Fahrzeugen aller Art die Staatsgrenze nach Westberlin offensichtlich zu verletzen versuchen, nach dem sie vorschriftsmäßig gegebene Stoppzeichen der Grenzposten unbeachtet ließen oder auf einen Warnschuß nicht reagierten bzw. nach dem sie die Sperren durchbrochen, beiseite geräumt oder umfahren haben und andere Möglichkeiten zur Festnahme der betreffenden Personen nicht mehr gegeben sind.

3. Die Anwendung der Schußwaffe gegen Grenzverletzer darf nur in Richtung Staatsgebiet der Deutschen Demokratischen Republik (das demokratische Berlin) oder parallel zur Staatsgrenze erfolgen.

4. Von der Schußwaffe darf nicht Gebrauch gemacht werden:
- gegenüber Angehörigen ausländischer Armeen und Militärverbindungsmissionen;
- gegenüber Angehörigen der diplomatischen Vertretungen;
- gegenüber Kindern.

5. Bei unbewaffneten Provokationen, Zusammenrottungen und Unruhen jeglicher Art an der Staatsgrenze in der Hauptstadt der Deutschen Demokratischen Republik (das demokratische Berlin), an der Staatsgrenze um Westberlin sowie bei Zerstörungen von Grenzsicherungsanlagen durch Personen sind hauptsächlich Nebelkerzen einzusetzen.

6. Der Kommandeur der Bereitschaftspolizei meldet mir über den Chef des Stabes des MdI über die Einführung dieser Bestimmungen in Verbindung mit den Bestimmungen meines Befehls 39/60 in allen Einheiten der Grenzbrigaden (B) bis zum 14.4.1962 Vollzug.
Bis zu diesem Zeitpunkt sind in allen Einheiten der Grenzbrigaden(B) aktenkundige Belehrungen über die Bestimmungen des Schußwaffengebrauchs vorzunehmen.

Minister des Innern — i. V.
Generalmajor — gez. Grünstein

F. d. R.
Franke
(Franke)
Oberst

Geheime Verschlußsache

Geheime Verschlußsache

Geheime Verschlußsache!
... Ausfertigungen
1. Ausfertigung 4. Blatt

B/1-213701 Urschrift

1 Ausf., 9 Bl.

KOPIE

ORIGINAL IM MILITÄRARCHIV

AK gem. DV 30/10

28.6.198?

Von Minister Eppelmann für ... (seit) ab März 82 durch Grenzgesetz abgelöst ! ?

REGIERUNG
DER DEUTSCHEN DEMOKRATISCHEN REPUBLIK

B E F E H L

DES MINISTERS FÜR NATIONALE VERTEIDIGUNG

Nr. 76/61

0?.Oktober 1961 Strausberg

Inhalt: Bestimmungen über Schußwaffengebrauch für das Kommando Grenze der Nationalen Volksarmee

Die Verbände, Truppenteile und Einheiten des Kommandos Grenze der Nationalen Volksarmee haben die Aufgabe, die Unantastbarkeit der Grenzen der Deutschen Demokratischen Republik bei jeder Lage zu gewährleisten und keinerlei Verletzungen ihrer Souveränität zuzulassen.

Zur weiteren Sicherung der Staatsgrenzen der Deutschen Demokratischen Republik

B E F E H L E I C H :

1. Für die Wachen, Posten und Streifen der Grenztruppen der Nationalen Volksarmee gelten ab sofort die Bestimmungen über Schußwaffengebrauch der DV-10/4 (Standortdienst- und Wachvorschrift) der Nationalen Volksarmee (Anlage 1).

2. In Erweiterung dieser Bestimmungen sind die Wachen, Posten und Streifen der Grenztruppen der Nationalen Volksarmee

- 2 -

an der Staatsgrenze West und Küste verpflichtet, die Schußwaffe in folgenden Fällen anzuwenden:

- zur Festnahme, Gefangennahme oder zur Vernichtung bewaffneter Personen oder bewaffneter Banditengruppen, die in das Gebiet der DDR eingedrungen sind bzw. die Grenze nach der Westzone zu durchbrechen versuchen, wenn sie die Aufforderung zum Ablegen der Waffen nicht befolgen oder sich ihrer Festnahme oder Gefangennahme durch Bedrohung mit der Waffe oder Anwendung der Waffe zu entziehen versuchen;

- zur Abwehr von bewaffneten Angriffen bzw. Überfällen auf das Territorium der Deutschen Demokratischen Republik, auf die Bevölkerung im Grenzbereich, auf Grenzposten oder Angehörige anderer bewaffneter Organe der Deutschen Demokratischen Republik im Grenzgebiet;

- zur Festnahme von Personen, die sich den Anordnungen der Grenzposten nicht fügen, indem sie auf Anruf "Halt – stehenbleiben – Grenzposten" oder nach Abgabe eines Warnschusses nicht stehenbleiben, sondern offensichtlich versuchen, die Staatsgrenze der Deutschen Demokratischen Republik zu verletzen und keine andere Möglichkeit zur Festnahme besteht;

- zur Festnahme von Personen, die mittels Fahrzeugen aller Art die Staatsgrenzen offensichtlich zu verletzen versuchen, nachdem sie vorschriftsmäßig gegebene Stoppzeichen der Grenzposten unbeachtet ließen oder auf einen Warnschuß nicht reagierten bzw. nachdem sie Straßensperren durchbrochen, beiseite geräumt oder umfahren haben und andere Möglichkeiten zur Festnahme der betreffenden Personen nicht mehr gegeben sind.

2. Die Anwendung der Schußwaffe gegen Grenzverletzer darf nur in Richtung Staatsgebiet der DDR oder parallel zur Staatsgrenze erfolgen.

3. Von der Schußwaffe darf nicht Gebrauch gemacht werden

- gegenüber Angehörigen ausländischer Armeen und Militärverbindungsmissionen;
- gegenüber Angehörigen diplomatischer Vertretungen;
- gegenüber Kindern

4. Bei unbewaffneten Provokationen, Zusammenrottungen und Unruhen jeglicher Art an der Grenze sowie Zerstörungen von Grenzsicherungsanlagen durch Personengruppen sind Nebelkerzen "rot" (Tränengasmittel) einzusetzen.

5. Die Anwendung der Schußwaffe auf Flugzeuge fremder Nationalität, die die Lufthoheit der Deutschen Demokratischen Republik verletzen, ist nur auf meinen Befehl gestattet.

6. Der Chef des Kommandos Grenze der Nationalen Volksarmee meldet mir über die Einführung dieser Bestimmungen in allen Einheiten, Truppenteilen und Verbänden des Kommandos Grenze bis zum 10. Oktober 1961 Vollzug.

Bis dahin sind in allen Einheiten, Truppenteilen und Verbänden des Kommandos Grenze der Nationalen Volksarmee aktenkundige Belehrungen über die Bestimmungen des Schußwaffengebrauchs vorzunehmen.

7. Der Befehl Nr. 39/60 des Ministers des Innern und die dazu erlassenen Ergänzungen und Durchführungsbestimmungen sowie Kap. XI der Dienstvorschrift III/2 werden mit gleichem Termin außer Kraft gesetzt.

8. Dieser Befehl behält bis auf Widerruf Gültigkeit.

- Armeegeneral - / H o f f m a n n /

Geheime Verschlußsache 109
Geheime Verschlußsache

31/213701 1/9

Anlage 1
KOPIE

Schußwaffengebrauch

1. Die Wachen, Posten und Streifen der Nationalen Volksarmee können in Ausübung ihres Dienstes von der Waffe Gebrauch machen:

   a) um einen Angriff abzuwehren oder den Widerstand zu brechen, wenn sie in Erfüllung ihrer Aufgaben angegriffen werden;

   b) wenn Verbrecher, insbesondere Spione, Saboteure, Agenten, Provokateure, der Festnahme bewaffneten Widerstand entgegensetzen oder flüchten.

2. Die Waffe darf insoweit gebraucht werden, wie es für die zu erreichenden Zwecke erforderlich ist.

3. Die Angehörigen der Nationalen Volksarmee sind jederzeit zum Waffengebrauch berechtigt, wenn sie in Ausübung ihres Dienstes zum Schutze der Deutschen Demokratischen Republik eingesetzt sind.

Nationale Volksarmee
Stadtkommandantur Berlin
UA. operative Arbeit

O. U., den Oktober 1967

Vertrauliche Verschlußsache!

Az.: 18 03 10
VVS-Nr.: H 0 26 91

3 Ausfertigungen
1 Ausfertigung = 19 Blatt

Betr.: **Abschlußbericht**

über die Durchführung eines Testes zum Problem Erkennen und Bekämpfen von Unterwasserschwimmern

Bezug:

Grundlage: Programm des Chefs Pionierwesen vom 28.09.1967

Testprogramm:

Das Erkennen von Tauchern bei Tag und Nacht, in verschiedenen Tiefen, aus verschiedenen Höhen, ohne Hilfsmittel, mit Hilfsmittel und ihre Bekämpfung

Allgemeine Angaben:

02.10.67
14.15 Uhr

Wetterverhältnisse
- größere Aufheiterungen mit starker Sonneneinstrahlung
- klare Sichtverhältnisse
- leichter Wind verursachte Griesensee

Wasserverhältnisse
- Wasser klar (Binnengewässer ohne Ab- und Zufluß) Großer Griesensee (N-33-136-B-d)
- Untergrund morastig dunkel
- keine Strömung
- maximale Wassertiefe am Testort 3.20 m
- Sicht unter Wasser: 3 m

Vertrauliche Verschlußsache
VS-Nr.: M 0 26 91 .1.. Ausf. Bl. 2

Skizze zum Testort:

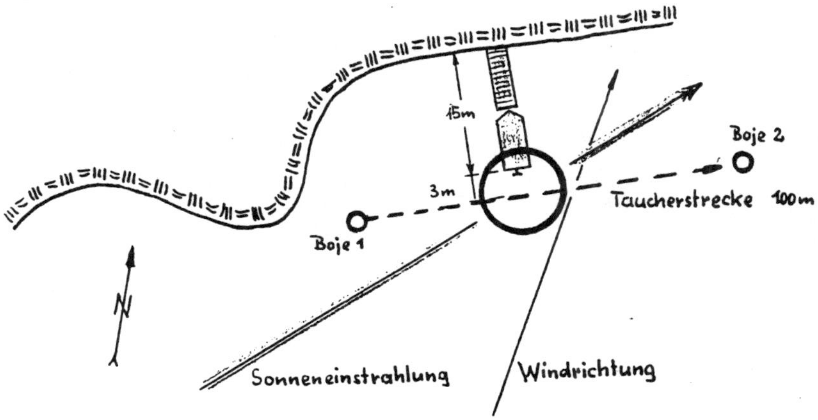

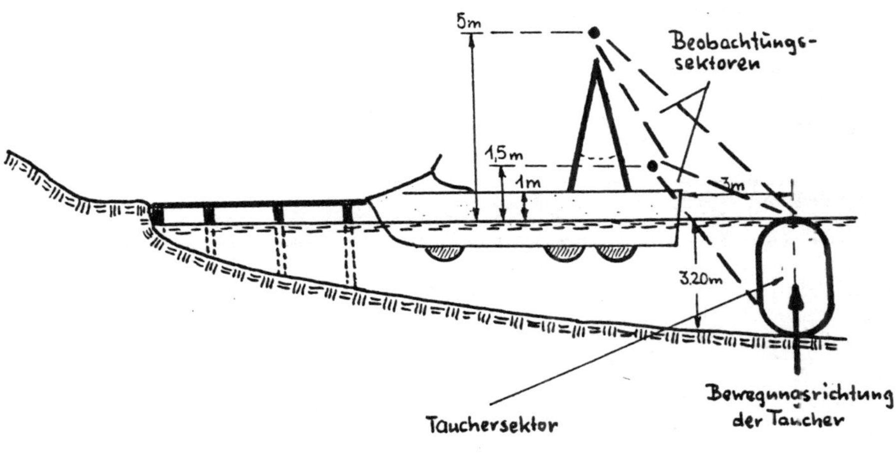

Test Nr. 2 — Taucher mit Taucheranzug und Schnorchel

Tauchtiefe	Entfernung vom Beobachter und getauchte Strecke mit Luftanhalten	Feststellungen
Anschwimmen: Schnorcheltiefe Tauchtiefe 3 m	3 m Strecke 10 - 12 m	- Anschwimmen sichtbar - beim Eintauchen hörbare Geräusche - Wasseroberfläche bleibt während des Tauchvorganges ruhig - der Schwimmer ist sichtbar - das Auftauchen verursacht hörbare Geräusche
-"-	6 m Strecke 10 - 12 m	- Schwimmer ist nicht sichtbar - alle übrigen Feststellungen treffen auch hier zu

Bemerkungen: Nach Auskunft der Taucher beträgt die durchschnittliche Tauchleistung mit Schnorchel 25 - 30 m

Test Nr. 3 — Taucher mit vollständiger Taucherausrüstung und dem Versuch, die Luftblasenbildung zu verringern

Mittel zur Verringerung der Luftblasen	Feststellungen
Regler mit Leinen umwickelt	Blasenbildung etwas geringer, aber noch gut sichtbar
Regler mit Perlon umwickelt	Blasenbildung etwas geringer, aber noch gut sichtbar
Regler mit einem Schwamm (Autowaschschwamm) ausgelegt	Der Taucher bekommt keine Luft. Ein Tauchvorgang kann nicht erfolgen.

Vertrauliche Verschlußsache
VS-Nr.: H 0 26 91 .1. Ausf. Bl. 7

Test Nr.5 — Das Durchtauchen einer Lichtschranke (Unterwasserscheinwerfer) mittels Tauchgerät

Witterungs- und Wasserverhältnisse:
- klarer Himmel
- leichter Wind
- leichter Wellengang

Unterwasserscheinwerfer:
- Eigenbau der DEFA Babelsberg
- Lichtstärke bei 2 m unter Wasser 4 000 Lux
- Quecksilberbirnen 24 Volt

Testtiefe: 3,20 m auf Grund

Scheinwerfereinstellung	Feststellung
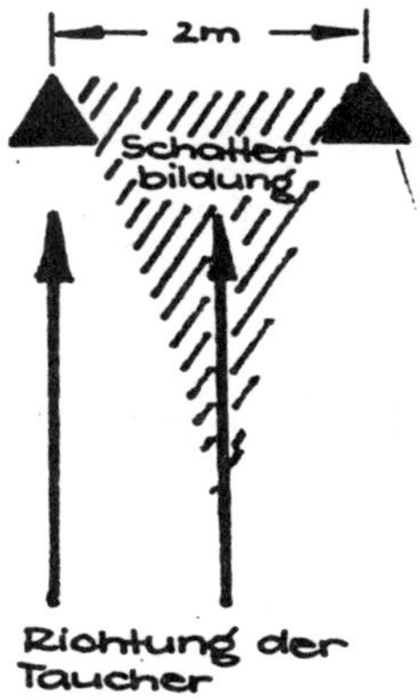	Beide Scheinwerfer waren auf dem Grund befestigt. Der Schein richtete sich auf den ankommenden Taucher - Scheinwerferwirkung mittelmäßig, gebündelter Strahl ca. 5 m - beim direkten Überschwimmen des Scheinwerfers ist der Taucher gut in seinen Konturen zu erkennen - die aufsteigenden Luftblasen reflektieren das Licht und sind sehr gut erkennbar. Sehr auffällige Bewegung im Wasser - unter Ausnutzung der Schattenbildung ist der Taucher nicht zu erkennen, nur die im Scheinwerferlicht aufsteigenden Luftblasen lassen ein Durchtauchen der Lichtschranke vermuten. Das gleiche läßt sich feststellen, wenn der Scheinwerferkegel unterschwommen wird.

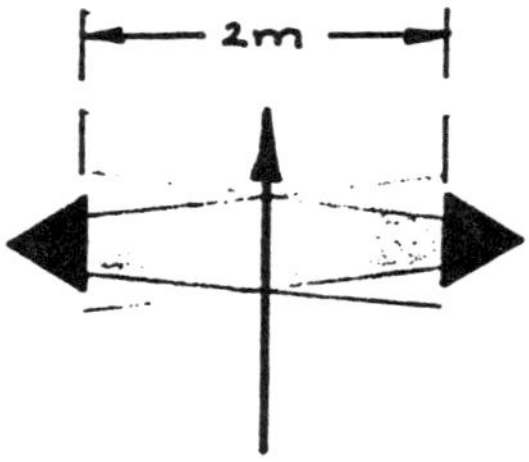

Beide Scheinwerfer auf Grund gegenüberliegend.

- Scheinwerferwirkung gut
- im Lichtstreifen ist der Taucher gut sichtbar
- die Zeit des Durchschwimmens beträgt maximal 4 Sekunden
- der Scheinwerferstrahl ist 5 - 6 m vom Taucher aus sichtbar
- Aufsteigen der Luftblasen wie oben

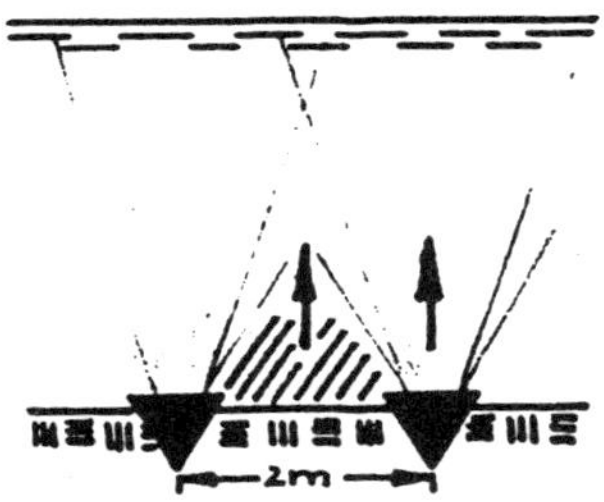

Beide Scheinwerfer auf Grund nach der Wasseroberfläche gerichtet.

- Scheinwerferwirkung sehr gut
- die Schattenbildung muß durch eine Betonplattenerhebung ausgeschalten werden - obwohl auch in diesem Bereich ein Taucher sichtbar ist
- Sichtlänge 1,5 m

Bemerkungen: Die Lichtschranke unter Wasser ist ein brauchbares Mittel zur Erhöhung der Sicherheit vor Unterwasserschwimmern.
In Verbindung mit dem Einbau von Unterwassermikrophonen erhöht sich die Wirksamkeit wesentlich.
Für einen evtl. Einbau muß berücksichtigt werden:

- die Scheinwerfer müssen in eine Betonrinne (aus Platten gelegt) eingelassen werden und einen breiten starken Lichtstrahl werfen.
- durch ein Sandband (siehe Skizze) ist eine Aufwirbelung von Schlamm und Morast in Scheinwerfernähe zu verhindern.

Vertrauliche Verschlußsache

VS-Nr.: M 0 25 91 1. Ausf. Bl. 10

Skizze zum Mikrophontest:

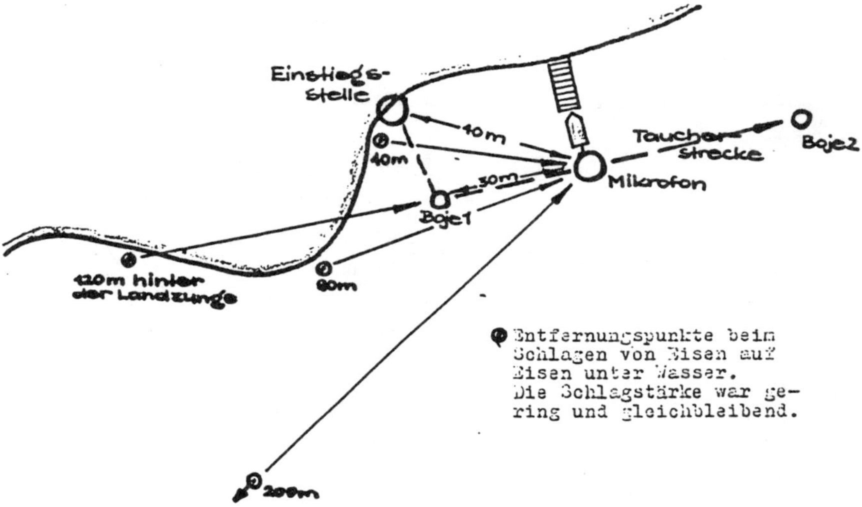

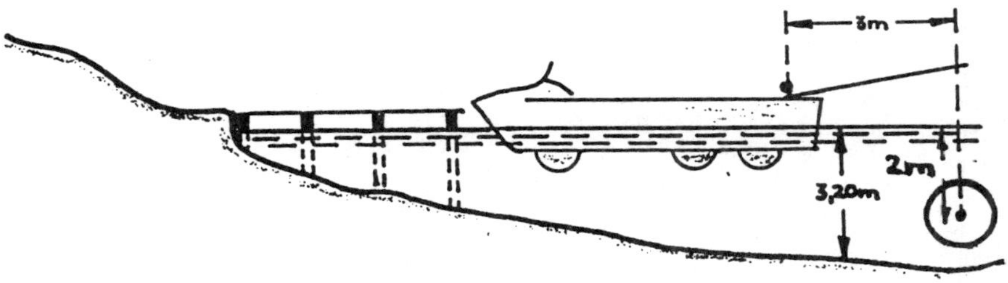

Die Tiefe des Mikrophons unter der Wasseroberfläche hat keinen Einfluß auf die Hörbarkeit des Tauchers. Jedoch werden die Laute über Wasser in ihrer Stärke gemindert.

Entfernung	Tätigkeit	Feststellungen
40 m	Einsteigen in das Wasser	- Es war nur das gleichbleibende Schlagen der Wellen ans Ufer und dem Landeübersetzmittel BAF hörbar. (gleichmäßiges Rauschen auf- und abschwellend mit leisen Pfeifton)
30 m	Taucher befand sich in Höhe der Boje 1 unter Wasser	- starkes Rauschen - dieses Rauschen war einwandfrei von den vorher abgehörten Übermittlungen zu trennen - weitere Versuche zeigten, daß mit Sicherheit ein Taucher ab 30 m durch das Mikrophon festgestellt werden kann.
15 m	Taucher befand sich zwischen Boje 1 und Mikrophon	- das Rauschen nahm an Stärke zu und wurde durch ansteigendes Pfeifen und Kratzen begleitet.
10 m bis Mikrophon (in 2 m Entfernung vorbeigeschwommen)	-"-	- die aufgeführten Laute wurden noch stärker
40 m	Taucher zwischen Mikrophon und Boje 2	- die alten Geräusche des Wellenschlages stellten sich ein - der Taucher war nicht mehr zu hören
0,50 - 2 m	Sprechen und Husten des Tauchers	- sämtliche dumpfen Laute hörbar - die gesprochenen Worte und Zahlen konnten nicht verstanden werden

Entfernung	Tätigkeit	Feststellungen
5 m	Sprechen und Husten des Tauchers	- deutliche dumpfe Laute hörbar
40 m	Schlagen von Eisen auf Eisen	- jeder einzelne Schlag hell und klar hörbar
30 m	Schlagen von Eisen auf Eisen	- jeder einzelne Schlag hell und klar hörbar
200 m	Schlagen von Eisen auf Eisen	- die Lautstärke war schwächer, aber noch deutlich zu hören
120 m	Schlagen von Eisen auf Eisen hinter der Landzunge	- es konnten keine Geräusche festgestellt werden

Bemerkungen: Ein Unterwassermikorphon ist ein sehr gutes Mittel zur Feststellung von Unterwasserschwimmern. Der Radius der Erkennbarkeit liegt bei 30 m. Diese Entfernung der Feststellung garantiert eine erfolgreiche Bekämpfung bereits vor den Sperranlagen.

Zum Beispiel:

Der Einbau von 2 mal 2 voneinander unabhängigen Mikrophonen können den Britzer Zweigkanal auf eine Länge von 120 m absichern und die Fortbewegung des Unterwasserschwimmers bis zur Bekämpfung verfolgen lassen.

„Keiner kommt durch, Genossen"

Keiner kommt durch, Genossen,
das sei versprochen!
Nicht den Verführten
lassen wir aus unserm Land,
nicht den Verführer
lassen wir zu uns herein.
Wir verhindern
den Mißbrauch der Dummheit.

Das sei versprochen, Genossen,
keiner kommt durch!
Nicht die Mordbrenner in unser Land,
das neu gestaltete,
nicht die Verlockten
hin in den Irrlichtersumpf.
Wir schützen Selbstmörder
vor ihren Taten.

Das sei versprochen, Genossen,
keiner kommt durch!
Wir heben die Wühlmäuse aus,
und halten den Anstürmen stand.
Gegen die schwarz-braune Flut
hält der Schutzwall.
Wir schwören:
Keiner kommt durch, Genossen,
das sei versprochen!

Dieses Gedicht von DDR-Nationalpreisträger Helmut Preißler[1] steht für zahlreiche andere, mit denen die sozialistische Einstellung der Grenztruppen-Angehörigen gefestigt und die klassenkämpferische Moral gestärkt werden sollte. Zugleich sollte es den Grenzern die moralische Rechtfertigung für das Schießen auf Flüchtlinge und „Provokateure" erleichtern. „Grenzverletzer" waren demnach Verführte und Verlockte, den Grenztruppen oblag es also konsequenterweise, diese vor ihrem Selbstmord im Irrlichtersumpf der kapitalistischen Bundesrepublik zu schützen. Andererseits durften natürlich die Verführer, Mordbrenner und die schwarz-braune Flut aus dem Westen nicht in

[1] Veröffentlicht in: „Daß sicher sei, was lieb uns ist", Politische Verwaltung der Grenztruppen der NVA

das neugestaltete Land, in die DDR, hineingelassen werden: „Wir schwören: Keiner kommt durch, Genossen." Grenzern , die dennoch anfällig waren, für das, was sie (verbotenerweise) im West-Fernsehen oder aus dritter Quelle erfahren hatten, gab Preißler das Gedicht „Der Sumpf hat verwirrende Lichter"[2] mit auf den Weg:

„Der Sumpf hat
verwirrende Lichter.
Fäulnis leuchtet
in grellbunten Farben.
Was sein Ende spürt,
lebt gierig in den Tag.

Hemmungslos ist da die Lüge,
maßlos der Haß auf Gesundes.
Was im Schmutze sich weiß,
will Saubres beflecken.

Doch ihre Lügen zerplatzen
an unserem Wissen.
ihr Haß ist ohnmächtig
durch unsere Macht.
Ihre Schlammflut bricht sich
an unserer Mauer."

Wie in allen Diktaturen hatte sich die Kunst auch in der DDR der herrschenden Ideologie unterzuordnen und wurde systematisch und ausschließlich als Instrument zur Sicherung des Systems mißbraucht. Im konkreten Fall der Grenztruppen galt es, die permanente Indoktrination zu unterstützen und zu untermauern, Feindbilder zu erzeugen und zu verstärken sowie den Haß auf den Klassenfeind zu säen und in den Grenztruppen-Angehörigen zu verinnerlichen, wie ein letztes Beispiel aus dem Fundus der Politischen Hauptverwaltung der Grenztruppen belegen soll:

„Der dort drüben steht mit der Waffe

Der dort drüben steht
mit der Waffe,
könnte mein Bruder sein.
Doch:
Was ist ein Bruder?

---

[2] ebda

Kain erschlug Abel.
Märchen erzählen
von feindlichen Brüdern.
Doch:
Auch das beweist nichts.

Der da mein Bruder
sein könnte,
mag sanft sein und friedfertig,
aber:
Er hat eine Waffe,
gehorcht seinen Oberen,
die
sind meine Feinde.

Der dort drüben steht
mit der Waffe,
könnte mein Bruder sein.
Aber er ist:
Arm der Heim-ins-Reich-Holer,
williges Werkzeug der Einbrecher,
fühllose Waffe der Raubmörder, -
Mensch, vielleicht Bruder,
jedoch:
benutzbar zum Mord und also
mein Feind.“

In dem Befehl 101/83 beispielsweise hatte Minister Heinz Hoffmann gefordert, in der politischen Erziehung alle Anstrengungen auf die Vermittlung eines klassenmäßigen Feindbildes zu richten, „das Zweifel an der Brutalität und Hinterhältigkeit des Gegners beseitigt, Abscheu und Haß erzeugt“. Preißler, das muß man ihm bescheinigen, hatte sich zweifellos alle erdenkliche Mühe gegeben, diesen Forderungen der Partei gerecht zu werden. Seine „Werke“ und die vieler seiner Künstler-Genossen hätten nur weniger Änderungen bedurft, um auch in anderen Diktaturen das Wohlgefallen des jeweiligen Regimes zu finden.

Welchen Wert die SED der Indoktrination der Soldaten mit Hilfe der Kunst beimaß, zeigt die „Vereinbarung zwischen dem Ministerium für Nationale Verteidigung und dem Ministerium für Kultur“ vom 15. Februar 1983, in der ohne jeden erkennbaren Ansatz, der Kunst einen eigenständigen Wert einzuräumen, die Ministerien festlegten, „auf der Grundlage des Verteidigungsgesetzes der DDR und des Wehrdienstgesetzes ihre bewährte Zusammenarbeit im Interesse der zielstrebigen Verwirklichung der vom X. Parteitag der SED gestellten Aufgaben zur allseitigen Stärkung der Landesverteidigung unter den neuen Anforderungen der 80er Jahre weiter zu vertiefen".

Mit Kunst die Kampfkraft und Gefechtsbereitschaft erhöhen

Kunst in der DDR wurde von staatlicher Seite zum bloßen Werkzeug degradiert, die „gemeinsamen Anstrengungen" waren darauf zu richten,

„- die Potenzen sozialistischer Kultur, der Literatur und der Künste noch wirkungsvoller einzusetzen, um die patriotische und internationalistische Erziehung der Bürger der DDR, insbesondere der Jugend, zu fördern, ihre Leistungsbereitschaft für den militärischen Schutz des Sozialismus zu vertiefen und durch die Unterstützung der kulturpolitischen Arbeit in den Streitkräften und der kulturell-ästhetischen Bildung der Angehörigen der NVA die Kampfkraft und Gefechtsbereitschaft zu erhöhen;
- die vielfältigen Beziehungen zwischen Kultur- und Kunstschaffenden sowie kulturellen und künstlerischen Einrichtungen und Armeeangehörigen, Einheiten und Truppenteilen zu fördern und neue Formen des Zusammenwirkens zu entwickeln;
- das Entstehen neuer Werke der Literatur und der Künste anzuregen und zu fördern, die der Herausbildung und Vertiefung sozialistischer Wehrmotive dienen, die Leistungen der Angehörigen der Nationalen Volksarmee im Kampf um die Sicherung von Frieden und Sozialismus an der Seite der Sowjetarmee und der anderen Bruderarmeen würdigen und den menschheitsfeindlichen Charakter des Imperialismus und seiner Armeen entlarven."

Beide Ministerien verpflichteten sich,

„[...] die weitere Schaffung und Verbreitung von Werken der sozialistisch-realistischen Kunst und Literatur (zu unterstützen, d. Verf.), die volksverbunden, parteilich und massenwirksam den Sinn des Soldatseins im Sozialismus zum Inhalt haben und in denen sich die führende Rolle der Partei in den Streitkräften, das Persönlichkeitsbild des Soldaten, die Einheit von Volk und Armee, das Waffenbündnis mit der Sowjetarmee und den anderen sozialistischen Bruderarmeen überzeugend widerspiegelt. Größere Aufmerksamkeit wird der emotional wirksamen Aufdeckung des aggressiven Charakters der NATO und der Vermittlung eines wissenschaftlich begründeten Feindbildes geschenkt.

Besondere Anstrengungen werden auf den Gebieten der Literatur, des Theaters und im Filmschaffen unternommen, um Themen der Landesverteidigung künstlerisch zu gestalten. Dabei arbeiten die Ministerien eng mit der Akademie der Künste der DDR und den Künstlerverbänden zusammen.

Es wird festgelegt:

1. Beide Ministerien unterstützen verstärkt die Schaffung von Auftragswerken auf dem Gebiet der Literatur, der Musik, der bildenden und darstellenden Kunst sowie des Films, die die gesellschaftlichen Belange der Landesverteidigung zum Ausdruck bringen. Sie fördern und unterstützen künstlerische Wettbewerbe zum Thema der Landesverteidigung anläßlich gesellschaftlicher Höhepunkte und die Durchführung entsprechender Ausstellungen. ...

2. Werke der sozialistisch-realistischen Kunst, die sich den Fragen der Landesverteidigung widmen, sind wiederkehrend zu verbreiten und in Verbindung mit neuen Arbeiten verstärkt für die sozialistische Wehrerziehung zu nutzen.
Sie sind in der Gestaltung kulturpolitischer und künstlerischer Höhepunkte (Ausstellungen, Festivals und Festspiele, Leistungsvergleiche und Werkstattage) wirkungsvoll einzubeziehen.

3. Die Möglichkeiten der Zusammenarbeit von Künstlern und Schriftstellern mit Armeeangehörigen im Verlaufe künstlerischer Schaffensprozesse sind zu erweitern. In die Diskussion zur weltanschaulichen Aussage des Kunstwerkes, zur politisch richtigen Widerspiegelung des Klassenauftrages der NVA und zu anderen inhaltlichen Fragen sind Generale und leitende Offiziere der NVA verstärkt einzubeziehen. Truppenbesuche, Studienaufenthalte und Praktika für Kulturschaffende und Kunststudenten werden ermöglicht.

4. Der Förderung junger Talente ist besondere Aufmerksamkeit zu widmen. Durch die Kommandeure und Politorgane werden Anstrengungen unternommen, Künstler während ihres Grund- bzw. Reservistenwehrdienstes bei der vorbildlichen Erfüllung ihrer militärischen Aufgaben besonders zu unterstützen, sie in Hinblick auf ihr künstlerisches Schaffen im Interesse der Landesverteidigung zu fördern und sie in das geistig-kulturelle Leben der Truppenteile und Einheiten einzubeziehen."

Gleichzeitig wurde vereinbart, partnerschaftliche Beziehungen zwischen den Grenztruppen und folgenden künstlerischen Einrichtungen zu vertiefen:

- Staatsoper Berlin
- Nationaltheater Weimar
- Städtische Bühnen Erfurt
- Staatstheater Schwerin
- Städtische Bühnen Magdeburg
- Schriftstellerverband der DDR
- Loh-Orchester Sondershausen
- Hochschule für Musik „Franz Liszt", Weimar
- Fachschule für Werbung und Gestaltung, Berlin
- VEB Deutsche Schallplatten, Berlin
- Gruppe „Podium junger Künstler".

Der Stadtkommandantur Berlin waren zugeordnet:

- Maxim-Gorki-Theater, Berlin, sowie der
- Staatszirkus der DDR.

Wenig erstaunlich ist, daß die SED der Beeinflussung der Bevölkerung durch den Film besonderes Gewicht beimaß. In umfangreichen „Grundsätzen der Zusammenarbeit bei der Entwicklung, Produktion und dem Einsatz von Filmen zu Fragen der sozialistischen Landesverteidigung" war u.a. vereinbart worden, daß sich beide in Frage kommenden Ministerien einander „bei der wirksamen Propagierung und dem gezielten Einsatz von Filmen, die der Erhöhung der Verteidigungsbereitschaft, besonders der Jugend, dienen", zu unterstützen hätten.

Durchgeführt werden sollten u.a.:

„a) Filmpremieren und Gespräche mit Filmschöpfern und Schauspielern in Garnisonen der Nationalen Volksarmee, besonders anläßlich kulturpolitischer Höhepunkte in der Arbeit mit dem Film;
b) Informationsveranstaltungen des VEB PROGRESS Film-Verleih mit Spiel- und Kurzfilmen, die für die militärpolitische Öffentlichkeitsarbeit bedeutsam sind; Vorstellung von Produktionen des Filmstudios der NVA, die zur Unterstützung der sozialistischen Wehrerziehung in den Bezirken und Kreisen genutzt werden können;
c) Zusammenstellung spezieller Filmangebote für die militärpolitische Öffentlichkeitsarbeit durch den VEB PROGRESS Film-Verleih aus Anlaß der ‚Woche der Waffenbrüderschaft', der Jahrestage der Befreiung vom Faschismus und des Warschauer Vertrages sowie anderer militär- und kulturpolitischer Ereignisse;
d) Propagierung von Filmen zur Unterstützung der sozialistischen Wehrerziehung in den Hinweisen des VEB PROGRESS Film-Verleih, durch die Bezirksfilmdirektionen und in Publikationen beider Ministerien,
e) Auswertung des bei internationalen Filmfestivals, -messen und -besichtigungen vorgefundenen Angebots durch die Hauptverwaltung Film auch im Interesse einer effektiven und differenzierten Nutzung für die politisch-ideologische Arbeit in der NVA sowie für die sozialistische Wehrerziehung;
f) Einbeziehung der Bezirksfilmdirektionen in Vereinbarungen zwischen örtlichen Räten und Dienststellen der Nationalen Volksarmee im Interesse der wehrpolitischen Arbeit."

Üblicherweise war der Besuch von Filmvorführungen in Kasernen nur für die Angehörigen und Zivilbeschäftigten der NVA und der Grenztruppen kostenfrei, aber auch hier gab es eine Reihe von Ausnahmen, wobei am auffallendsten ist, daß „Filmvorführungen im Schutzstreifen an der Staatsgrenze der DDR ... auch für Zivilpersonen eintrittsfrei durchgeführt" wurden.

Für die Grenztruppen bestand eine der vorrangigen Aufgaben in der engen Zusammenarbeit mit dem „Podium junger Künstler an der Staatsgrenze der DDR". Bereits im Oktober 1985 hatte im Klubhaus des Kommandos der Grenztruppen in Pätz die 1.000 Veranstaltung dieses „Podiums" gefeiert werden können. Gewürdigt wurden sie dabei vom ehemaligen Leiter des Singeklubs „13. August", auch dieser Name ein deutlicher Hinweis auf die Besitznahme der Kunst durch die SED und die ideologisch bedingte Verfälschung der tatsächlichen Bedeutung des Mauerbaus..

1986, die Grenztruppen feierten ihr 40jähriges Bestehen, war das Jahr, in dem die „Kulturschaffenden" in besonderer Weise gefordert waren. Fotografen, Maler, Grafiker, Musiker, Literaten, sie alle hatten sich verstärkt in den Dienst der Verherrlichung des Sozialismus und des Dienstes in den Grenztruppen zu stellen. So hatte in Suhl eine Ausstellung unter dem Titel „... daß sicher sei, was lieb uns ist" stattgefunden, auf der die gezeigten Werke, Malerei, Grafik, Collage, deutlich gemacht hätten, „wie die freundschaftlichen und produktiven Beziehungen der Grenzsoldaten mit bildenden Künstlern die Entstehung neuer parteilicher, von sozialistischem Ideengehalt erfüllter Kunstwerke fördern, persönlichkeitsformend und bewußtseinsbildend zur Erhöhung der Kampfkraft und Gefechtsbereitschaft beitragen". Truppenbesuche und Studienaufenthalten hätten zudem Künstlern „Eindrücke vom Antlitz des Soldaten, vom Ringen um hohe Gefechtsbereitschaft und von der Sicherung der Staatsgrenze" vermittelt.

Um Künstler vollends an den Staat namens DDR zu binden, zeigte sich die Führung der Grenztruppen - ganz im Sinne auch der Vereinbarung zwischen dem Ministerium für Nationale Verteidigung und dem Ministerium für Kultur - recht großzügig, soweit es um die Auftragsvergabe bzw. um den Ankauf von Kunstwerken ging. Allein für die Grenztruppen waren bis 1980 72 Auftragswerke geschaffen worden, davon 28 Gemälde/Tafelbilder, 35 Plastiken/ Reliefs, sieben Grafiken und zwei Grafikserien. Ab 1981 nahm die Zahl der bestellten Werke sogar noch zu. Bis 1985 waren weitere 82 Kunstwerke im Auftrag der Grenztruppen produziert worden.

Klassenaufgaben hatte auch das bereits am 4. Februar 1954 gebildete Stabsmusikkorps der Grenzpolizei bzw. dann der Grenztruppen zu erfüllen. „Zu würdigen ist", so hieß es 1986, „der hohe Anteil an der Entwicklung und Interpretation der Militärmusik in der DDR, der u.a. in über 120 Rundfunkproduktionen und mit drei Langspielplatten deutlich wird. Wesentlich aber sind die Einsätze des Stabsmusikkorps der Grenztruppen der DDR und die der Musikkorps Magdeburg, Plauen und Rudolstadt (seit 1984 Musikkorps Suhl) zur Festigung der Verbindungen mit der Grenzbevölkerung im Interesse der Erfüllung des Klassenauftrages der Grenztruppen der DDR." Zu Gehör gebracht wurden u.a. der „Marsch der Junggardisten" ebenso wie der Galopp „Flug ins All", der „Oktobergruß" oder der Marsch „Ziel erkannt". „Grün ist meine Waffenfarbe" sang der Chor der Offiziers-Hochschule der Grenztruppen der DDR „Rosa Luxemburg", das „Lied der Neuerer" sowie „Postengang" der Singeklub „Hermann Jahn" der Grenztruppen.

Als geradezu perfide muß die Verherrlichung des Mauerbaues vom 13. August 1961 auch durch die Musik und hier speziell durch das Lied „Jung sind die Linden" bezeichnet werden.

Oberstleutnant Siegfried Berthold hatte sich den Text einfallen lassen, Oberstleutnant Kurt Greiner-Pol die Musik, und Stabsfeldwebel Alfons Stritz intonierte:

„Es war in den Tagen des August,
die Rosen erblühten im Garten,
da haben wir unseren Schutzwall gebaut,

wir konnten nicht länger warten.
Wer das Leben stört
und die Warnung nicht hört,
spürt die Faust unsrer starken Armee.
Solange man aus Bonn noch mit Kriegsbränden droht,
stehn wir auf Wacht an der Spree.

Vergeßt nicht die Tage im August
und nicht unsre jungen Genossen,
die mitten im Frieden am Ufer der Spree
von den Feinden des Volkes erschossen.
Weder Mord noch Krieg
führt sie jemals zum Sieg,
und Berlin, unsre Hauptstadt, bleibt frei.
Der Heimat das Herz, und dem Feinde die Stirn,
das lehrte uns unsre Partei.
Jung sind die Linden, und jung bleibt Berlin,
weil wir auf Wache zum Spreeufer ziehn.
Uns weht die Fahne des Sieges voran,
wir halten stand -
no pasarán !"

„Wegen uns" hieß ein anderer Titel mit dem Text:

„Warum zögern sie,
zum atomaren Überfall zu greifen? Wegen uns!
Warum spitzen sie die Lippen,
aber traun sich nicht zu pfeifen? Wegen uns !
Unterm Schirm unsrer großen Raketen
stehn wir Schulter an Schulter bereit.
Und da hilft auch kein Fluchen und Beten -
heut dreht sich die Erde, heut läuft die Zeit
für uns! Für uns!

Warum wehren sich die Knechte,
wenn die Herrn die Peitsche schwingen ? Wegen uns!
Warum können Aggressoren
heut kein Volk mehr niederzwingen? Wegen uns!
Unterm Schirm unserer großen Raketen,
hinterm Schutzwall der Bruderarmeen,
wächst die Zukunft heran des Planeten,
und die Erde wird immer und allzeit sich drehn
für uns! Für uns!"

„Greif zur Feder Kumpel“ war eine Forderung, die schon am 24. April 1954 auf der sog. „Bitterfelder Konferenz“ an die Angehörigen der Grenztruppen gerichtet worden war und „eine große Bewegung des Schreibens“ auslöste. 1963 wurde die Zentrale Arbeitsgemeinschaft „Schreibende Grenzsoldaten“ gebildet, die von Beginn an unter der künstlerischen Leitung von Nationalpreisträger Helmut Preißler stand. Wie Preißler seine Aufgabe verstand und welch „künstlerisches“ Anliegen er verfolgte, wird aus den eingangs zitierten Gedichten überdeutlich. „Mit großem Einfühlungsvermögen versuchen die Mitglieder“, so schwärmte das Autorenkollektiv in den Beiträgen zur Geschichte der Grenztruppen, „den schweren Grenzdienst sowie den Grenzeralltag literarisch zu gestalten. Sie sind gleichzeitig bemüht, das geistig-kulturelle Leben auf die Festigung der Kampfkollektive im Interesse einer hohen Gefechtsbereitschaft in unseren Truppenteilen und Einheiten zu orientieren“. Seit 1977 hatten die Mitglieder der ZAG über 500 Gedichte zu Papier gebracht, Kurzgeschichten und satirische Beiträge und waren dafür u.a. mit dem Theodor-Körner-Preis, der Medaille ausgezeichnetes Volkskunstkollektiv der DDR, dem Preis für künstlerisches Volksschaffen und dem Kunstpreis des FDGB ausgezeichnet worden.

Weiterer wichtiger Mosaikstein im System der Indoktrinierung durch den Mißbrauch der Kunst war die „Zentrale Arbeitsgemeinschaft ‘Bildende Kunst’ der Grenztruppen der DDR, 1963 als Arbeitsgemeinschaft der 11. Grenzbrigade gegründet und von Genossen Hans Hattop künstlerisch geführt“. 1973 neu formiert, war

„[...] seit dieser Zeit (...) der Maler und Grafiker Hans Räde künstlerischer Leiter. Der Grenzsoldat ist das bevorzugte Thema der Volkskünstler. Ihn vor allem wollen sie darstellen, den Genossen, der gleich ihnen in der vordersten Linie steht: Grenzdienst, Postengang, Soldaten und ihre Technik, Soldaten beim Lernen, beim Sport, bei der Ausbildung, der Soldat beim Musizieren und Lesen, der Soldat und seine Liebste, der Soldat und sein Kind, Begegnungen mit Waffenbrüdern, das Verbundensein der Genossen mit ihrem sozialistischen Vaterland.“[3]

„Um entsprechend der ehrenvollen Tradition in den Grenztruppen der DDR das Andenken an die ermordeten Grenzsoldaten zu wahren und lebendig zu halten“, habe die Arbeitsgemeinschaft „eindrucksvolle Porträts geschaffen. Die Teilnahme an den Arbeiterfestspielen der DDR, eigene Ausstellungen und viele Veröffentlichungen zeugten vom Leistungsvermögen der Volkskünstler, das auch durch die hohe Zahl von Auszeichnungen zum Ausdruck komme:

„1969 - Hervorragendes Volkskunstkollektiv der DDR, 1971 und 1985 - Preis für künstlerisches Volksschaffen 1. Klasse, 1980 - Medaille ausgezeichnetes Volkskunstkollektiv der DDR, 1982 und 1986 - Goldmedaille anläßlich der Arbeiterfestspiele der DDR, 1983 - Artur-Becker-Medaille in Silber, 1984 - Medaille für Verdienste im künstlerischen Volksschaffen der DDR“.

---

[3] Quelle: „Gesicherte Grenze - gesicherter Frieden“, Autorenkollektiv, Pätz, 1986

Der Nationale Verteidigungsrat: Verlängerter Arm der SED

Trotz aller Befehle durch den Minister des Innern oder den Minister für Nationale Verteidigung wurden die Weichen zum Ausbau der innerdeutschen Grenze sowie in den Fragen der Schußwaffenanwendung tatsächlich nicht in deren Büros gestellt. Nach dem Politbüro des ZK der SED und natürlich auch der sowjetischen Regierung hatte in diesen Bereichen allein der Nationale Verteidigungsrat der DDR (NVR) das Sagen, auch wenn die Mitglieder dieses Gremiums nur selten, in der Regel zwei Mal jährlich, zusammentrafen. Als Nachfolger der Sicherheitskommission des ZK der SED war der NVR am 10. Februar 1960 durch Gesetz geschaffen worden. Wenige Monate später, im September, fand er Aufnahme in die Verfassung der DDR. Dem NVR oblag in erster Linie die „zentrale Leitung der Verteidigungs- und Sicherheitsmaßnahmen". Seine Machtfülle wird daraus ersichtlich, daß er berechtigt war, Entscheidungen zu treffen, die von Gesetzen und anderen Rechtsvorschriften abwichen. Im NVR-Statut vom 27. Oktober 1981, das bis zum Ende der DDR Bestand hatte, hieß es u.a.:

> „Der Nationale Verteidigungsrat
> - organisiert und leitet alle erforderlichen Verteidigungs- und Sicherheitsmaßnahmen und regelt alle grundsätzlichen internationalen Fragen der Militär- und Sicherheitspolitik der DDR
> - bestimmt für alle staatlichen, wirtschaftsleitenden und gesellschaftlichen Organe, Institutionen und Organisationen verbindlich die zum Schutz und zur Sicherheit der DDR, zur Erfüllung ihrer internationalen militärischen Beistandsverpflichtungen sowie zur Gewährleistung der Verteidigungsbereitschaft und Verteidigungsfähigkeit des Landes erforderlichen Aufgaben und Maßnahmen
> - übt die oberste militärische Kommandogewalt gegenüber allen bewaffneten Kräften der DDR aus ..."

1. Vorsitzender dieses ausschließlich mit SED-Mitgliedern besetzten NVR war nach Walter Ulbricht der bisherige Sekretär des NVR Erich Honecker, zugleich auch Generalsekretär des ZK der SED und Vorsitzender des Staatsrates der DDR. Die Liste der Mitglieder liest sich über die Jahre wie das „Who is who" der DDR-Führung und unterstreicht die Bedeutung des NVR: Otto Grotewohl, Vorsitzender des Ministerrates; Hermann Matern, Vorsitzender der Zentralen Parteikontrollkommission; Albert Norden, Sekretär für Propaganda; Kurt Leuschner, Vorsitzender der Staatlichen Plankommission; Heinz Keßler, Minister für Nationale Verteidigung und sein Vorgänger Heinz Hoffmann; Egon Krenz, ZK-Sekretär für Sicherheitsfragen; Werner Krolikowski, 1. Stellvertreter des Vorsitzenden des Ministerrates; Erich Mielke, Minister für Staatssicherheit; Günter Mittag, ZK-Sekretär für Wirtschaft; Horst Sin-

dermann, Präsident der Volkskammer; Willi Stoph, Vorsitzender des Ministerrates; Friedrich Dickel, Minister des Innern und Chef der Volkspolizei sowie Fritz Streletz, Stellvertreter des Ministers für Nationale Verteidigung. Weitere ZK- und Politbüro-Mitglieder, unter ihnen 1. Sekretäre von SED-Bezirksleitungen, hatten dem NVR angehört.[1]

Eine besondere Rolle hatte der Nationale Verteidigungsrat in allen Fragen der deutschen Teilung und ihrer physischen Umsetzung zu spielen. Besonders detailliert befaßte sich der NVR nicht zuletzt mit den Vorbereitungen des Baues der Berliner Mauer und dem Ausbau der innerdeutschen „grünen Grenze“, nicht minder intensiv mit der bis fast zum Ende der DDR anhaltenden ständigen weiteren Perfektionierung des „Grenzregimes“.

„Gute Kampfstimmung“ am 13. August

12. August 1961: Gegen 22 Uhr hatte der Sekretär des Nationalen Verteidigungsrates, Erich Honecker, das Gebäude des Präsidiums der Deutschen Volkspolizei betreten, um von hier aus die Abriegelungsmaßnahmen in Berlin zu überwachen und - falls nötig - zu koordinieren. Kurz vor Mitternacht war auch Walter Ulbricht als Vorsitzender des NVR erschienen, hatte das Haus aber bereits nach einer guten Stunde wieder verlassen. Um 6.03 Uhr, nunmehr am 13. August, hatte Ulbricht von der Bezirkseinsatzleitung Berlin dann einen ersten schriftlichen Lagebericht erhalten, der die Perfektion der Vorbereitung des Mauerbaus nachweist. Von den 60 vorgesehenen innerstädtischen Kontrollpunkten waren bereits um 04.45 Uhr 45 (75%) geschlossen, 2.538 „Genossen“ der Grenzbrigade hatten sich zu diesem Zeitpunkt im Einsatz befunden, 1.400 zur „Besetzung der Grenze“, 200 als Angehörige von Pionierzügen, 400 der Reserve sowie 238 des Sicherungskommandos des PdVP. Dazu kamen als Wache noch einmal 300 Kräfte der Brigade. Zur „Lage beim Gegner“ in dieser schicksalsträchtigen Nacht hieß es in dem Bericht:

„- Im Bereich der VPI-Treptow sperrte die Stupo geg. 03.25 am KP Elsenstr. den Verkehr zum Demokratischen Berlin.
- Auf der westlichen Seite des KP 34 (Brandenburger Tor) wurden Posten der Stupo 150 m zurückgezogen.
- Um 02.45 wurden am Brandenburger Tor ca. 100 Stummpolizisten eingesetzt, die den Fahrzeugverkehr absperren.
- Geg. 03.45 fuhren am Übergang Sonnenallee 2 Stupo-SchnellKdo's - Stärke ca. 50 Mann - auf.
- Um 03.45 bildete sich in der Rheinsberger-Ecke Brunnenstr. (Stadtbezirk Mitte) eine Ansammlung von 15 Jugendlichen. Diese Gruppe wurde um 04.00 Uhr durch den Einsatz des Schnell-Kdo's aufgelöst.
An den anderen Stützpunkten war die Lage zu diesem Zeitpunkt normal.“

[1] Siehe auch: Otto Wenzel, „Kriegsbereit“, Köln, 1995

Am 15. August dann hatte Ulbricht eine Aufstellung der Bezirkseinsatzleitung Berlin erhalten, in der er über die Stärke der in Berlin zur Abriegelung der Stadt eingesetzten Kräfte informiert wurde. Danach standen nunmehr bereit:

a) Grenzsicherung		
Kräfte der Brigade	2188	u. 303 im Objekt
8. Bereitschaft	354	
3. Bereitschaft	142	
Sicherungskommando	965	
Bezirksschule	285	
MPS Aschersleben	780	
insges.:	5107	
b) VPI- Friedrichshain	512 (75,6 %)	
VPI-Köpenick	580 (89,6%)	
VPI-Lichtenberg	639 (78,9%)	
VPI-Mitte	974 (77,5%)	
VPI-Pankow	529 (80,%)	
VPI-Prenzl. Berg	563 (96,%)	
VPI-Treptow	458 (91%)	
VPI-Weissensee	356 (85,2%)	
PdVP	776 (82%)	
insges.:	5387	
c) BG-Amt Schönefeld	88 (55,6%)	
WSI	87 (86,1%)	
StVA Bln. I	216 (71,5%)	
StVA Bln. II	47 (39,8%)	
UHA	102 (73,1%)	
insges.:	540	
a) bis c) =	11.034 VP-Angeh.	

An Kampfgruppen wurden eingesetzt:

Kreis	Batl mot.	Allgemein
Friedrichshain	210	146
Köpenick	301	760
Lichtenberg	280	60
Mitte	945	1750
Pankow	-	296
Prenzl. Berg	93	240
Treptow	293	358
Weissensee	-	247
insges.:	2122	3857
	(57,2%)	(48%)

Das 1., 2. und 3. motorisierte Bataillon (Mitte) waren nach dem Bericht vom 14. August, 23 Uhr, an dem Kommandeur des Sicherungskommandos unter-

stellt, das 7. Bataillon vom selben Zeitpunkt an dem Sicherungskommando und wurde im Abschnitt Nord eingesetzt. Schließlich fielen - ganz abgesehen von der NVA selbst - neben den Kräften der Berliner Transportpolizei über 800 aus der DDR zusammengezogenen Angehörigen dieser speziellen Polizeitruppe wichtige Aufgaben bei der Absicherung des Mauerbaus zu.

Ausführlich beschäftigte sich auch dieser erwähnte Bericht an den NVR-Vorsitzenden Ulbricht mit der „Lage beim Gegner". So hätten sich am Abend des 13. August am Potsdamer Platz und in der Stresemannstraße etwa 1.000 West-Berliner versammelt, sich nach 23 Uhr jedoch allmählich zerstreut. Gegen 23.15 Uhr habe am Kontrollpunkt Wollankstraße der Fahrer eines Kombis die Haltezeichen der Posten nicht beachtet und sei nach West-Berlin weitergefahren. „Weitere Krawallfahrten an diesem Schwerpunkt am gleichen Tage weisen nachdrücklichst auf diesen bestehenden Schwerpunkt hin", hieß es in der Meldung. Gegen 2.20 Uhr sei ein Bildreporter am Kontrollpunkt Bornholmer Straße „wegen provokatorischer Äusserungen und Aufnahmen von militärischen Fahrzeugen festgenommen" und zur VPI-Prenzlauer Berg gebracht worden. Insgesamt seien 166 Personen den Volkspolizeiinspektionen zugeführt, davon jedoch 61 wieder entlassen worden.

Ausdrücklich wurde betont, daß „in allen eingesetzten Einheiten eine gute Kampfstimmung" herrsche, „den Provokateuren - besonders an den Übergängen nach Westberlin" - werde „energisch entgegengetreten". Im übrigen sei „noch einmal besonders hervorzuheben, dass bei der überwiegenden Mehrheit der Ehefrauen unserer Volkspolizisten ein hohes Verständnis für den Dienst ihrer Ehemänner vorhanden ist", und dieses, obwohl es „eine Reihe von Beispielen (gibt), dass der Klassenfeind Methoden anwendet, um die Ehefrauen von VP-Angeh. zu beunruhigen". Schließlich sei es inzwischen gelungen „eine ordnungsgemäße Unterbringung und Verpflegung der Kräfte der VP und der KG" zu gewährleisten:

„Die zusätzlichen Kräfte der Bereitschaftspolizei aus der DDR werden wie folgt untergebracht:
1 Btl. in einer Schule in Bln.-Lichtenberg und
1 Btl. im Schlacht- und Viehhof.
Inzwischen konnten auch im Abschnitt Süd Quartiere für die zuvor nicht ordnungsgemäss untergebrachten Kräfte der Bereitschaftspolizei eingerichtet werden."

Abschließend informierte die Einsatzleitung Berlin über die am 14. August beantragten bzw. erteilten Aufenthaltsgenehmigungen für Berlin (Ost) und die DDR:

„a) Am 14.08.1961 wurden in der Zeit von 07.00 Uhr bis 20.00 Uhr = 2365 Tagesaufenthaltsgenehmigungen an westdeutsche Bürger ausgehändigt.

b) Aufenthaltsgenehmigungen an westberliner Bürger zur Einreise in die Bezirke der DDR wurden von 255 Anträgen 120 genehmigt.
c) Am 14.08.1961 wurden 9851 Passierscheine zum Betreten Westberlins durch Bürger des demokr. Berlins beantragt."

Daß zu Punkt c) keine Angaben über die Zahl der tatsächlich ausgegebenen Passierscheine gemacht wurde, nimmt nicht wunder. Es dürfte sich wohl kaum um eine Handvoll, wenn überhaupt, gehandelt haben.

„Tanzmusik, Hetzreden und Kurznachrichten"

Wenige Tage später, am 25. August 1961, erhielt Ulbricht einen weiteren Bericht der Bezirkseinsatzleitung Berlin, nach dem sich die Zahl der zur Grenzsicherung eingesetzten Kräfte gegenüber dem 13. August mehr als verdoppelt hatte. Sie betrug nun, mit Stand vom 24. August, 15 Uhr:

„1. a) Grenzsicherung

Kräfte der Brigade	3932
Sicherungskommando	1352
MPS Aschersleben	747
3. Bereitschaft	130
4. Bereitschaft	298
8. Bereitschaft	349
9. Bereitschaft	348
Bezirksschule Berlin	202
ingesamt:	7358

b) Kräfte des PdVP

VPI Friedrichshain	608 (89,9%)
VPI Köpenick	664 (84%)
VPI Lichtenberg	704 (82,9%)
VPI Mitte	1107 (88,3%)
VPI Pankow	620 (81,3%)
VPI Prenzl. Berg	596 (86,3%)
VPI Weissensee	386 (90%)
PdVP	141 (-)
insgesamt:	6246

c) BS-Amt Schönefeld	160 (94,8%)
WSI	89 (89%)
StVA Berlin I	241 (78,8%)
StVA Berlin II	88 (63%)
UHA	156 (100%)
insgesamt:	734

d) Stärke der Kampfgruppen

Btl. mot.		Btl. Allgemein	
I.	398	Köpenick	96
		Mitte	308
		Pankow	97
		Treptow	100
	398		601

e) Im Raum Berlin sind eingesetzt:

Brigade einschl. unterstellte Kräfte	7358
PdVP	6980
Kampfgruppen	999
Transportpolizei	788
	18.125

f) Von der 5. Grenzbrigade mit unterstellten Einheiten sind eingesetzt:

Brigadestab	674
Ostring	1574
Westring	3846
insgesamt:	6094“

Beklagt wurden von der Einsatzleitung Berlin wiederum „Provokationen“ von westlicher Seite, deren Anzahl sich verstärkt habe:

„Wiederholt wurde festgestellt, daß bes. in den Abendstunden an bestimmten KP auf westlicher Seite Lautsprecherwagen in Erscheinung traten, die neben Tanzmusik Hetzreden und Kurznachrichten übertrugen.

Die in den Abendstunden aufgetretenen Menschenansammlungen auf westlichem Gebiet (u.a. in der Nähe des sowj. Ehrenmals und am Moritzplatz) tragen einen organisierten Charakter und werden durch die an der Grenze stationierten Militäreinheiten und Fahrzeuge der Besatzungsmächte unterstützt.

In allen Fällen wurde durch die Stupo der Einsatz zur Abdrängung der Ansammlungen durchgeführt.

- Einige Beispiele von Provokationen:

Gegen 20.50 Uhr randalierten an den KP 6 und 7 (Nordgraben) auf westlicher Seite ca. 20 - 30 Jugendliche und beschossen unsere Posten mit einem Luftgewehr. Ein Uwm. wurde dabei leicht verletzt.

Gegen 18.30 Uhr versammelten sich gegenüber dem KP 25 (Chausseestr.) ca. 2000 Bürger.

Sie bildeten Sprechchöre und hetzten insb. gegen Gen. Walter Ulbricht.

Behinderung und Angriffe auf den sowj. Bus, der die Genossen zur Wachablösung transportierte.

Gegen 20.00 Uhr wurde der KP 62 (Kiefholzstr./Treptower-Str.) durch einen amerikanischen SPW angefahren. Hinter diesem befanden sich ca. 70 Jugendliche, die an der Grenze randalierten und gegen unsere Posten hetzten. Das nach 10 Minuten eingetroffene Stupo-Kdo. vertrieb die Jugendlichen. Der SPW blieb am Ort.“

Durch Kopfschuß getötet und versunken

Während die Einsatzleitung in dem Rapport an NVR-Vorsitzenden Ulbricht voller Lobes erwähnte, „der Appell der Kampfgruppen und der anschließende Vorbeimarsch hinterließ bei vielen VP-Angeh. auf Grund der großen Disziplin und Begeisterung einen tiefen Eindruck“ und zugleich mitteilte, „in den Dienststellen der VP Berlin wurden am 24.08.61 erneut eine ganze Reihe von Verpflichtungen abgegeben. So zogen 2 VP-Angeh ihr Entpflichtungsgesuch zurück, 6 baten um Aufnahme in die Partei und 6 VP-Angeh. wollen Mitglied der FDJ werden“, wurde erschreckend emotionslos über den ersten nach dem 13. August erschossenen Flüchtling berichtet:

„Grenzdurchbrüche:
Am 24. 08.1961 ereignete sich 12 Grenzdurchbrüche.
Am gleichen Tage versuchte um 16.15 Uhr der
Günter Litwin, geb. 19.01.37
über das Bahngelände zwischen Friedrichstr. und Lehrter-Bahnhof nach Westberlin zu entkommen.
Ein Posten forderte L. auf, stehen zu bleiben, dieser sprang jedoch ins Wasser und versuchte, auf diesem Wege nach Westberlin zu kommen.
Durch einen Posten der Transportpolizei wurde nach weiteren Warnungen mit der MPi Sperrfeuer gegeben, ohne daß L. darauf reagierte.
Danach gab der Posten gezieltes Feuer. L. wurde durch Kopfschuß tödlich verletzt und versank.
Gegen 19.10 Uhr wurde der Tote aus der Spree geborgen und in das VP-Krankenhaus überführt.
Der L. hatte bis zum 13.08. in Westberlin gearbeitet. Die weitere Bearbeitung erfolgt durch die Abt. K der Transportpolizei in Zusammenarbeit mit der MUK PdVP.“

Wichtiger als der Tod dieses Flüchtlings schien der Einsatzleitung offensichtlich, sich selbst und dem „Gen. Ulbricht“ Sand in die Augen zu streuen, soweit es die Stimmung innerhalb der Ost-Berliner Bevölkerung anbelangte. So wurde ausdrücklich erwähnt: „Auf einem Forum mit dem Genossen Albert Norden im Stützpunkt IX übergaben die Genossen eine Erklärung, daß sie - wenn notwendig - die Maßnahmen der Regierung auch unter Anwendung ihrer Waffen durchsetzen werden“. Erstmals übrigens in schriftlicher Form findet sich der Hinweis auf das Schauermärchen, wonach Grenzer durch „leichtbekleidete Damen“ auf westlicher Seite von ihrer Aufgabe abgelenkt werden sollten, und das bis zur Endzeit durch die Grenztruppen geisterte. Aber: „Die VP-Angeh. lassen sich durch das Anbieten von Westzigaretten, Auftreten von Prostituierten sowie die Handlungen der Besatzer nicht provozieren, sondern verrichten ihren Dienst überwiegend besonnen und pflichtbewußt“, konnte die Einsatzleitung melden. Zudem erhöhe sich in den Betrieben „die Verpflichtungsbewegung zur Erfüllung der Pläne“. Hamsterkäufe gingen zurück, „was nicht zuletzt auf die Aufklärungsarbeit der Partei und des DFD zurückzuführen" sei. Schließlich habe das „Direktionskollegium der Institute in Buch, bestehend aus namhaften Professoren", sich einstimmig hinter die Maßnahmen der Regierung gestellt. Nun werde angestrebt, „daß sich alle Ärzte der Bucher Krankenanstalt diesem Treuebekenntis anschließen".

Drei Tage später, auf der 7. Sitzung des Nationalen Verteidigungsrates am 28. August 1961, kam es zu der weitreichenden Entscheidung, die Verbände der Deutschen Grenzpolizei - „mit Ausnahme der Kräfte der Ring um Westberlin" - dem Minister für Nationale Verteidigung zu unterstellen. Die erforderlichen Vorbereitungen dazu waren von Minister Hoffmann in enger Zusammenarbeit mit dem Minister des Innern und dem Minister für Staatssicherheit in äußerst kurzer Zeit abzuschließen: Die Umunterstellung sollte bis zum 15. September verwirklicht sein. Ebenfalls auf dieser Sitzung erhielt der Minister für Nationale Verteidigung den Auftrag, „unmittelbar die erforderlichen Maßnahmen zur Sicherung der Staatsgrenze West gegen jedwede Provokation einschließlich eventueller Panzervorstöße so vorzubereiten, damit zum festgelegten Zeitpunkt (30. November 1961, d. Verf.) die Durchführung derselben gesichert ist". Außerdem sollten nach Abstimmung unter den drei genannten Ministerien Arbeitsgruppen eingesetzt werden, die „an den Schwerpunkten der Staatsgrenze West an Ort und Stelle mit den Vorsitzenden der Räte der Grenzkreise und den zuständigen Grenzkommandeuren festlegen, welche Sicherungsmaßnahmen bis zu einem bestimmten Zeitpunkt an der Staatsgrenze West durchzuführen sind".

Schließlich noch wurden Hoffmann und Maron damit beauftragt, für den Nationalen Verteidigungsrat eine exakte Vorlage „über die Gewährleistung der Sicherheit an der Seegrenze der Deutschen Demokratischen Republik einschließlich ihrer Hoheitsgewässer zu unterbreiten". Für die Beschaffung der Materialien „für die pioniermäßige Sicherung der Staatsgrenze West" wurde dem Minister für Nationale Verteidigung und dem Minister des Innern die Verantwortung übertragen.

Berlin: Noch immer Fälle des „Abseilens"

20. September 1961: Wenige Wochen nach dem Mauerbau traf sich der „Zentrale Stab" zu einer Lagebesprechung, um die bisher verwirklichten Abriegelungsmaßnahmen zu erörtern, vor allem aber auch, um zusätzliche Schritte zu beschließen. Das Politbüro des ZK der SED hatte diese Besprechung gefordert und zugleich, wie der Leiter der Sitzung, Erich Honecker, die übrigen dreizehn Teilnehmer wissen ließ, „noch bestehende unzulängliche Pioniermaßnahmen zur Sicherung der Staatsgrenze in Berlin kritisiert". Der

Erfolg des am 13. August geführten „Schlages gegen Militaristen und Revanchisten“ dürfe nicht durch „Nachlässigkeiten im Grenzsicherungssystem beeinträchtigt werden“, monierte Honecker und wies zugleich die Richtung, in die es zu gehen hatte: „Alle Durchbruchsversuche müssen unmöglich gemacht werden.“

In der Tat war es aus der Sicht der SED wenig erfreulich, was Generalmajor Seifert über die Lage an der „Staatsgrenze“ in Berlin zu berichten hatte. Allein vom 13. August bis zum 18. September hatten in Berlin „216 Grenzdurchbrüche mit insgesamt 417 Personen“ registriert werden müssen, 85 Angehörige der Volkspolizei hatten eine der letzten Chancen zur Flucht in den Westen ergriffen. Immer noch gebe es täglich fünf bis sechs Grenzdurchbrüche mit zehn bis elf beteiligten Personen. Zudem seien vermehrt „gewaltsame Grenzdurchbrüche mit Kraftfahrzeugen eingetreten“. Als eine der ersten Gegenmaßnahmen seien die Sicherungskräfte umgruppiert und zwei Grenz-Brigaden gebildet worden. Außerdem wurden „402 Genossen der mittleren Polizeischule Aschersleben (...) in der Grenz-Brigade Berlin zur Stärkung der Kader aufgenommen. Die 1. Grenz-Brigade Berlin ist strukturmäßig aufgefüllt“. Darlegen konnte Seifert auch, daß die „Pioniermaßnahmen durch Ziehen von Gräben, Legen von Betonplatten und Betonschwellen verbessert“ worden seien. Allein in der Nacht vom Sonnabend zum Sonntag (16. zum 17.09.) seien 59 ohnehin gesperrte Straßenübergänge zusätzlich mit Straßenschwellen gesichert, in der darauffolgenden Nacht ergänzend Gräben gezogen worden. Diese Maßnahmen reichten jedoch nicht aus, „mit Unterstützung des Magistrats des demokratischen Berlin müssen schnell weitere Sperrmaßnahmen durchgeführt werden, wie Gräben ziehen, Straßen aufreißen, Sandaufschüttungen usw“. In zwei Abschnitten der Grenze sollten nach Vorstellungen des Stabes des Ministeriums des Innern 18 bis 20 km Mauer errichtet werden, bis zur Fertigstellung seien dort durch Gräben „Grenzdurchbrüche“ zu verhindern.

Bis ins Detail befaßten sich die Teilnehmer der Lagebesprechung mit noch offenen Fluchtmöglichkeiten, und ebenso detailliert beschlossen sie, die Lükken im Grenzsicherungssystem schnellstmöglich zu schließen. Die Kanalisation sei zu beachten, betonte Seifert, und ergänzte, daß es in diesem Bereich zwar noch keine erfolgten Grenzdurchbrüche, aber doch bereits entsprechende Versuche gegeben habe: „Es bestehen zwar an den Eingängen Gitter, doch es besteht die Möglichkeit, unter diesen hindurchzukriechen. Es wird geprüft, um eine bessere Sicherung der Kanalisationseingänge zu schaffen.“

Probleme bereiteten dem Gremium vor allem die Bernauer-, die Harzer- sowie die Bouchéstraße:

„Entschiedene Maßnahmen sind zu treffen ..., u.a., wo die Grenzlinie entlang der Hausgrundstücke verläuft. Es gibt immer noch Fälle des Abseilens aus Wohnungen. Eine vollständige Räumung oder schnellere Räumung unzuverlässiger Elemente muß erfolgen."

Auch SED-Bezirkseinsatzleiter Paul Verner sah dieses so. Auf die Frage Honeckers, ob in jedem Fall Kfz-Durchbrüche verhindert werden könnten, erklärte er:

„Die bisherigen Maßnahmen reichen nicht aus, das beweist das Beispiel in der Bouchéstraße. Hier verläuft die Grenze entlang der Bordkante der Straße, d.h. die Hausgrundstücke mit ihren Vorgärten liegen auf westberliner Gebiet. Der Zaun reicht nicht aus, um Durchbrüche zu verhindern."

„Mauer oder Drahtsperren?"

Erhebliche Diskussionen wurden bemerkenswerterweise über die Frage geführt, ob an der „grünen Grenze" um Berlin eine Mauer gebaut werden solle oder ob nicht Drahtsperren zweckmäßiger seien. Eine Mauer nämlich werfe bei Nacht Schatten und biete somit für den Gegner „günstige Möglichkeiten der Annäherung. Besser wären feste Drahtsperren auf 2 Pfählen mit Verspannungen". Stasi-Chef Mielke schaltete sich hier in die Diskussion ein und bekräftigte, seiner Ansicht nach sei an der grünen Grenze eine Drahtsperre das geeignete Hindernis. Sie sei „haltbarer und für die Bekämpfung von Grenzdurchbrüchen geeigneter". Zur schnelleren Durchführung der Pionierarbeiten sollten im übrigen den Ministerien des Inneren, für Nationale Verteidigung und für Staatssicherheit je ein Abschnitt zugewiesen werden. Schließlich einigten sich die Teilnehmer der Lagebesprechung für den Bereich der Berliner grünen Grenze auf einen „Drahtzaun mit Betonblöcken und Gräben".

Einigkeit herrschte auch über folgende Punkte, um den Flüchtlingsstrom endlich zum Versiegen zu bringen.

„- Die Häuser in der Bernauer- und Harzer Straße sollten umgehend geräumt werden. (Aber: „700 auf einmal ist nicht möglich. Die Unzuverlässigen werden mit Kampfgruppen in zivil umgesiedelt.")
- Auf solche Straßen, die feste Decken haben, sollen Schwellen gelegt werden.
- Wo zur Zeit noch keine Schwellen zur Verfügung stehen, sollen Sandaufschüttungen vorgenommen werden
- Die Mauer soll zwei Meter hoch werden."

Generalmajor Weiß tat sich zudem mit dem Vorschlag hervor, „an der grünen Grenze Hunde einzusetzen".

„Auf Verräter und Grenzverletzer ist zu schießen"

NVR-Sekretär Honecker schließlich faßte die Beratungsergebnisse zusammen, die sich in einem „Elf-Punkte-Programm" in der Niederschrift wiederfinden:

„1. Gen. Armeegeneral Hoffmann hat sofort Spezialisten für Pionierarbeiten dem Stab des Ministeriums des Innern zu stellen.
2. Gen. Generalmajor Seifert hat mit den Spezialisten die bisherigen Pläne zu überprüfen und einen exakten Plan der weiteren Pioniermaßnahmen auszuarbeiten.
Abschnitt für Abschnitt sind die erforderlichen Maßnahmen festzulegen wie
a) wo sind die erforderlichen Gräben mit der entsprechenden Tiefe und Breite zu ziehen,
b) wo sind Betonpfähle und Höcker zu errichten und wo sind Platten zu legen,
c) wo und wie werden sichere Personenschleusen eingerichtet, die kein Durchfahren von Fahrzeugen ermöglichen und
d) wo Straßen in ihrer Länge aufgerissen werden müssen.

3. Mit der forcierten Verstärkung der pioniermäßigen Schließung der Staaatsgrenze in Berlin muß damit gerechnet werden, daß verbrecherische Elemente den Versuch unternehmen, die Staatsgrenze am Westring von Berlin zu durchbrechen. Die Spezialisten sind zu beauftragen, die bisherige Planung und die errichteten Sperren zu prüfen.
Alle Wege, die nach Westberlin führen, sind mit tiefen Gräben zu sichern. Die Drahtsperren sind zu verstärken und durch Panzerhindernisse ist zu gewährleisten, daß kein Fahrzeug durchbrechen kann.

4. Die Sperrzone von 100 m ist konsequent durchzusetzen. Es ist ein strenges militärisches Regime einzuführen. In diesem Gebiet sind nur die eingesetzten Kommandeure der Grenz-Brigade verantwortlich.

5. Mit den Vorständen der LPG ist festzulegen, daß in der 100 m Sperrzone nur niedrige Kulturen anzubauen sind.

6. Im Plan für die Beschleunigung der Pioniermaßnahmen ist festzulegen, in welchen Abschnitten die Kräfte der Nationalen Volksarmee für 4-5 Tage, die Kräfte des Ministeriums für Staatssicherheit und die Kräfte des Ministeriums des Innern eingesetzt werden.

7. Gen. Generalmajor Seifert hat täglich über den Stand der Durchführung der Pioniermaßnahmen zu berichten.

8. Gegen Verräter und Grenzverletzer ist die Schußwaffe anzuwenden. Es sind solche Maßnahmen zu treffen, daß Verbrecher in der 100 m Sperrzone gestellt werden können. Beobachtungs- und Schußfeld ist in der Sperrzone zu schaffen.

9. Es sind Maßnahmen einzuleiten, die zur Erhöhung der Wachsamkeit führen und das klassenmäßige Verhalten jedes Posten erhöhen und festigen. Der Einsatz von Offizierskontrollen ist zu verstärken. Die Verbindung der Offiziere zu den Soldaten ist zu verbessern. Jedem Angehörigen der bewaffneten Kräfte ist ideologisch überzeugend klarzumachen, daß er einen Kampfauftrag zur Sicherung des Friedens an der Staatsgrenze zu erfüllen hat.

10. Die Umsiedlung der Häuser in den bekannten Straßenzügen ist nach einem Plan durchzuführen. Zu beschleunigen ist die Aussiedlung feindlicher und schwankender Elemente.

11. Gen. Generalmajor Seifert hat zu prüfen, ob es zweckmäßig ist, an bestimmten Grenzabschnitten berittene Streifen einzusetzen."

So überraschend es sich auch anhören mag: In den ersten Tagen nach dem Mauerbau waren die Grenzpolizisten noch relativ „zurückhaltend" in der Anwendung der Schußwaffe gegenüber Flüchtlingen gewesen. So teilte der Leiter

Operativ der 1. Grenzbrigade am 18. Oktober 1961 seinem Pendant beim Kommando der Bereitschaftspolizei im Ministerium des Innern, Oberstleutnant Zieschow, mit, in der Zeit vom 13. August bis zum 10. Oktober seien insgesamt 50 Warnschüsse sowie 18 Zielschüsse „bei Grenzdurchbrüchen und versuchten Grenzdurchbrüchen“ abgefeuert worden. Dabei habe es zwei Tote, dreizehn Verletzte sowie 40 Festnahmen gegeben.

„Panzer-Minenfelder nach entsprechender Vereinbarung mit dem Oberkommandierenden der sowjetischen Streitkräfte“

Eine der wenigen Sitzungen, in deren Protokolle (Geheime Kommandosache 27 zu B76/71) auch die sowjetische Rolle bei der physischen Teilung Deutschlands im Zusammenhang mit den Maßnahmen des 13. August schriftlich festgehalten wurde, fand am 18. November 1961 statt. Anwesend waren die Mitglieder Ulbricht, Honecker, Stoph, Neumann, Pisnik, Mielke, Maron, Hoffmann und R. Verner. Entschuldigt fehlten Grotewohl, Matern, Leuschner und Norden. Die Tagesordnungspunkte 3 bis 6 hatten dabei den „Stand der Sicherungsmaßnahmen“ sowohl an den Berliner wie auch den übrigen innerdeutschen Grenzen zum Inhalt. Festgelegt wurden u.a. die „Grundsätze für die pioniermäßige Verstärkung und Kennzeichnung der Staatsgrenze der DDR zu Westdeutschland.“ Und hier nun findet sich in der „Anlage 2“ der Satz:

„Panzersperren (Panzer-Minenfelder und Panzergräben) sind im Verlaufe der gesamten Pionierarbeiten nach entsprechender Vereinbarung mit dem Oberkommandierenden der Gruppe der sowjetischen Streitkräfte in Deutschland anzulegen.“

Dieses ist zweifellos ein wichtiges Indiz für die Mitverantwortung der Sowjetunion bei der Errichtung der innerdeutschen Sperranlagen und sagt nichts anderes aus, als daß dem sowjetischen Oberkommandierenden in Wünsdorf ein gewichtiges Wort bei der Anlage der innerdeutschen Minenfelder zukam. Es ändert aber nichts daran, daß es die DDR war, die die sowjetischen Vorgaben umsetzte und weit über das „Soll“ hinaus erfüllte, denn ausdrücklich wird in dem Protokoll von Panzersperren und Panzerminen gesprochen, nicht aber von Personenminen. Diese hatte die Sowjetunion offensichtlich niemals verlangt, aber sie waren es, die die DDR ausschließlich verlegt und installiert hatte.

In der genannten „Anlage 2“ hatte der NVR zudem die Etappen festgelegt, in denen „eine pioniermäßige Verstärkung der Staatsgrenze der DDR zu Westdeutschland durchzuführen (war) mit dem Ziel, die Unantastbarkeit ihrer Grenze gegenüber Störaktionen, Provokationen und Grenzverletzungen jeder Art zu gewährleisten“.

1. Etappe:	bis 30. November 1961
2. und 3. Etappe:	1. April bis 30. November 1962

Die konkrete Festlegung der Zeiträume und Maßnahmen sollte durch den Minister für Nationale Verteidigung erfolgen. Beschlossen wurden:

Für die 1. Etappe:

- Drahtminensperre, Drahtsperre auf 2 Pfählen mit S-Rolle	265 km
- Straßensperren (Barrieren)	117
- Beobachtungstürme	40

Für die 2. und 3. Etappe:

- Drahtminensperre, Drahtsperre auf 2 Pfählen mit S-Rolle u.a. Inf. Sperren	551 km
- Straßensperren	192
- Beobachtungstürme	98
- Lichtsperren	24,5 km
- Scheinwerfer	18

Gleichlaufend mit dem Bau der Sperren waren durchzuführen:

- Roden von Waldgelände
- Schaffen von Sicht- und Schußfeld
- Anlegen der 6-m-Kontrollstreifen
- in der 2. Etappe in panzergefährdeten Richtungen an gut einsichtbaren Stellen Ausbau von Panzerstellungen
- in der 3. Etappe Ausbau von Wechselstellungen.

Nach Abschluß der 3. Etappe sollte einschließlich der bereits früher vorhandenen Sperren folgendes Sperrsystem ausgebaut sein:

- Drahtminensperre, Drahtsperre auf 2 Pfählen, mit S-Rolle u.a. Inf.-Sperren	938 km
davon Drahtminensperre	614 km
- Straßensperren	784
- Beobachtungstürme	537
- Scheinwerfer	18

Für die „Kennzeichnung der Staatsgrenze West sowie der Sperrgebiete und Pioniersperren“ wurde folgendes Prinzip beschlossen:

„a) Grenzsteine sind auf der Grenzlinie an allen Grenzbiegungen, auf gerader Linie mit einem Zwischenraum von 150 m zu setzen.
b) Grenzsäulen sind 1 m hinter der Grenzlinie mit einem Zwischenraum von 450 m zu errichten.
c) Verbotsschilder kennzeichnen die Begrenzungen des Sperrgebietes und des 500-m-Schutzstreifens.
d) Warnschilder sind beiderseits der Sperren aufzustellen.“

Als aufschlußreich erweist sich auch die „Anlage 3" , in der die „benötigten materiellen Mittel für die Sicherstellung des weiteren pioniermäßigen Ausbaus und für die Kennzeichnung der Staatsgrenze und der Sperrgebiete" aufgeführt wurden. Die „Volkswirtschaft" hatte zur Perfektionierung der deutschen Teilung beizusteuern:

„1. Mittel für den weiteren pioniermäßigen Ausbau

Stacheldraht	1 740 t
Bindedraht	25 t
Krampen	20 t
Pfähle zum Sperrenbau (Beton)	227 000 Stück
Holz	510 fm
Holz	180 m^3
Holzmasten 8 m lang	490 Stück
Inf.Minen (Splitterminen)	21 900 Stück
Kabel 2-erdig	33 km
Isolatoren mit Hakenstützen	1 000 Stück
Beleuchtungskörper	1 000 Stück
Scheinwerfer (Mot.)	18 Stück
Sprengstoff	20 - 30 t

2. Mittel für die Kennzeichnung der Staatsgrenze und der Sperrgebiete

Grenzsteine	12 000 Stück
Grenzsäulen	3 500 Stück
Verbotsschilder mit Stopschild für Sperrgebiet	800 Stück
Verbotsschilder für Sperrgebiet	10 000 Stück
Verbotsschilder mit Stopschild für 500-m-Schutzstreifen	500 Stück
Warnschilder (sämtliche Schilder einschl. Pfähle)	25 000 Stück "

1962: 14 NVA-Soldaten beim Minenlegen verletzt, 20 Fahnenfluchten

Mit welcher Intensität und unter Einsatz welch enormer Kräfte und Mittel die DDR sich daran machte, die Grenzen zu Berlin (West) und zum übrigen Bundesgebiet zu schließen, veranschaulicht ein Bericht von Armeegeneral Hoffmann, in dem dieser am 3. Januar 1963 (Geheime Verschlußsache, GVS-Tagebuch-Nr. IA 13/63) Erich Honecker in dessen Eigenschaft als Sekretär des NVR über den Stand der am 28. November 1961 befohlenen Abriegelungsmaßnahmen informierte. Teilweise vorzeitig und über das Soll hinaus waren die Vorgaben des NVR an der Grenze zu Westdeutschland erfüllt worden. Hoffmann:

„1. … In den drei Etappen waren lt. den beschlossenen Grundsätzen zu errichten:

kombinierte Sperren	816 km
Es wurden gebaut:	
kombinierte Sperren:	668,25 km
Drahtsperren auf 2 Pfählen mit S-Rolle	216,75
Gesamt:	885,00 km

Damit sind an der Staatsgrenze der DDR zu Westdeutschland unter Einbeziehung der bei der Übernahme der Grenztruppen vorhandenen 124 km Drahtsperre 1.009,00 km planmäßig verstärkt. Das sind 73 % der Länge der Staatsgrenze der DDR zu Westdeutschland (1.381 km).
Im Verlaufe der 1. und 3. Etappe wurden in 447 km kombinierte Sperren Minen des Typs POMS-2 und PMD-6 verlegt.

Im gleichen Zeitraum wurden errichtet:

490	Straßensperren
96	Beobachtungstürme
1,20 km	Lichtsperre
161,00 km	Warnzaun sowie
587,55 km	6-m-Kontrollstreifen angelegt.

Die weitere Errichtung von Lichtsperren wurde für unzweckmäßig befunden, da der Kostenaufwand nicht im Verhältnis zum Nutzeffekt derselben steht.

Für den im Beschluß festgelegten Ausbau von Panzerstellungen bitten wir nochmals um einen Hinweis, ob in der gegenwärtigen Periode der Ausbau und die Besetzung von Panzerstellungen zweckmäßig ist. Bisher erfolgte nur eine Präzisierung der Panzerstellungen im Gelände und dokumentarische Aufnahme in den Alarmdokumenten der Grenzbrigaden. Durch die Forstwirtschaftsbetriebe wurden bis 01.12.62 425,29 km Schneise geschlagen und geräumt. Zur Erfüllung des Beschlusses über die Schaffung eines 100 m breiten Streifens entlang der Staatsgrenze der DDR zu Westdeutschland als Sicht- und Schußfeld sind noch 131,15 km Schneise zu schlagen und zu räumen.

2. Die Kennzeichnung des 500-m-Schutzstreifens und des 5-km-Sperrgebietes ist abgeschlossen.
Für die Kennzeichnung der Staatsgrenze der DDR zu Westdeutschland wurden 11.300 Stück Grenzsteine und 5.160 Stück Grenzsäulen vorbereitet.
Wir bitten um Festlegung, ob die Markierung der Staatsgrenze jetzt durchgeführt werden kann.

3. Durch gute und zweckmäßige Arbeit der Kommandeure, Stäbe, Partei- und FDJ-Organisationen erfüllten die eingesetzten Truppenteile und Einheiten die ihnen gestellten Aufgaben vorbildlich und zeigten eine große Einsatzbereitschaft zur termingerechten Fertigstellung der Sperren. Auch unter äußerst ungünstigen Gelände- und Witterungsbedingungen, besonders im Thüringer Wald und in der Rhön, wurden unter Anspannung aller Kräfte und persönlichen Einsatz um die vorfristige Erfüllung der gestellten Aufgaben in guter Qualität gekämpft.

Trotz dieser positiven Ergebnisse gab es einige negative Erscheinungen, die sich in den besonderen Vorkommnissen ausdrücken. So kam es durch ungenügende Wachsamkeit und durch nicht konsequente Einhaltung der befohlenen Sicherungsmaßnahmen während der

Pionierarbeiten im Jahre 1962 zu 20 Fahnen- und einer Gruppenflucht sowie Entführung einer mittleren Kettenzugmaschine (ATS).
Des weiteren wurden durch Oberflächlichkeit, routinehafte Arbeit und Nichteinhaltung der Sicherheitsbestimmungen 14 Angehörige der Nationalen Volksarmee beim Verlegen der Minen verletzt.

4. Durch die pioniermäßige Verstärkung der Staatsgrenze zu Westdeutschland und in den Hauptrichtungen der Bewegung der Grenzverletzer verlagerten sich diese in die noch nicht gesperrten Abschnitte der 3. Grenzbrigade (Elbabschnitt und Grenzgewässer); 7. Grenzbrigade (Harz) und in die vorhandenen Lücken zwischen den errichteten Sperren.
5. Die Handlungen des Gegners waren gekennzeichnet durch provokatorisches Auftreten und verstärkte Aufklärungstätigkeit westdeutscher Zivilpersonen, Angehöriger des BGS und Zollgrenzschutzes sowie Angehöriger der in Westdeutschland stationierten Besatzungstruppen.
Sie drückten sich im einzelnen aus in:

- verstärkter Aufklärung mittels Hubschrauber und Aufklärungsflugzeugen;
- Vermessungen, Filmen und Anfertigen von Lageskizzen der Sperren (besonders Minensperren);
- Beschimpfung und Verleumdung der DDR, unserer Regierung und der Volksarmee;
- versuchter Abwerbung und Aufforderung zur Fahnenflucht;
- Zeigen und Aufstellen von Hetzlosungen, Durchführung von Hetzveranstaltungen und Abwerfen von Flugblättern;
- Entfaltung und Instellunggehen des BGS (bis Kompaniestärke), teilweise unter Beteiligung von Angehörigen der amerikanischen Besatzungstruppen.

Durch das ruhige und besonnene Verhalten der Angehörigen der Nationalen Volksarmee kam es im Verlaufe des Einsatzes jedoch zu keinen ernsthaften Auseinandersetzungen.

II. Ordnung zur Sicherung und zum Schutz der Seegrenze und des Küstengebietes der DDR

Die unter Ziffer 2 des Beschlusses festgelegte „Ordnung zur Sicherung und zum Schutz der Seegrenze und des Küstengebietes der DDR“ wurde eingeführt. Auf der Grundlage dieser Ordnung wird im 500-m-Schutzstreifen Steinbeck - Dassow - See im Jahre 1963 eine pioniermäßige Verstärkung der Küste durch Drahtsperren auf 2 Pfählen mit S-Rolle durchgeführt.

III. <u>Kontrolle und Abfertigung des gesamten grenzüberschreitenden Personenverkehrs</u>

Die Kontrolle und Abfertigung des gesamten grenzüberschreitenden Personenverkehrs einschließlich Paßkontrolle an sämtlichen Übergängen zur CSSR, zur Volksrepublik Polen, zu Westdeutschland, in den Zügen des internationalen Reiseverkehrs und in den Seehäfen wird durch Paßkontrollkräfte der Grenztruppen durchgeführt. Auf Grund der Vereinbarungen zwischen dem Ministerium für Staatssicherheit und mir vom 22.04.1962 sowie vom 01.01.1962 sind die Paßkontrollkräfte der Grenztruppen dem Minister für Staatssicherheit operativ unterstellt. Die Sicherung der Grenzübergangsstellen erfolgt durch Kräfte der Nationalen Volksarmee.

Die operative Unterstellung der Paßkontrollkräfte im Bereich des Stadtkommandanten von Berlin an den Minister für Staatssicherheit wird bis zum 15.01.1963 abgeschlossen. Bis zum gleichen Zeitpunkt werden die Grenzübergangsstellen und ihre Sicherung im Bereich der 2. Grenzbrigade, die zur Zeit noch der Zollverwaltung der DDR unterstehen, durch die NVA übernommen. ...

Mit sozialistischem Gruß
Hoffmann, Armeegeneral"

„Richtungsgebundene Splittermine" wird eingeführt

Nur selten finden sich in den Protokollen der NVR-Sitzungen Rede-Manuskripte. Eine der wenigen Ausnahmen bildet die 41. Sitzung, zu der der NVR am 14. Juli 1972 zusammengekommen war. Armeegeneral Hoffmann hatte dabei einen Bericht „über die Lage an der Staatsgrenze" abzugeben. Bereits am 17. Februar desselben Jahres war er vom NVR angewiesen worden, „wirksame Maßnahmen zur Stabilisierung der Grenzsicherung der DDR zur BRD und zu WESTBERLIN sowie zur Verbesserung der pioniertechnischen Anlagen an der Staatsgrenze durchzusetzen". Was Hoffmann dem NVR berichtete, konnte sich zumindest aus seiner Sicht sehen lassen. Der Schwerpunkt des „pioniertechnischen Ausbaues" liege, so informierte er die Genossen,

„[...] besonders auf:

- der Errichtung von Streckmetallzäunen zur Anbringung der richtungsgebundenen Splittermine,
- der pioniertechnischen Sperrung und dem nachrichten- und signaltechnischen Ausbau der Abschnitte, in denen sich Ortschaften in unmittelbarer Grenznähe befinden,
- dem Ausbau eines befestigten Kolonnenweges entlang der Sperranlagen,
- der Instandsetzung von Straßensperren an den Zugängen zum Schutzstreifen,
- der Schaffung von Sicht- und Schußfeld entlang der Grenzsicherungsanlagen."

Vorgesehen sei, in den kommenden Jahren den „pioniertechnischen Ausbau der Staatsgrenze zur Bundesrepublik Deutschland verstärkt fortzusetzen". 1975 dann sollte dieser Ausbau im wesentlichen abgeschlossen sein.

Ausführlich stellte Hoffmann die „Neufestlegung des Schutzstreifens und der Sperrzone" dar, durch die „das Grenzgebiet wesentlich verringert" werde. Aus dem noch bestehenden Grenzgebiet sollten danach 180 Ortschaften und 139 Ortsteile mit 164.955 Bewohnern herausgelöst werden. Damit verblieben im Grenzgebiet noch 318 Ortschaften und 203 Ortsteile mit 205.753 Bewohnern. Gleichzeitig werde eine Verringerung der im Grenzgebiet verbleibenden Industriebetriebe und -anlagen um ca. 50 Prozent erreicht. Zur „Erhöhung der Sicherheit und Ordnung und der Verbesserung des Gesamtzustandes im Grenzgebiet" sei der Abriß von insgesamt 209 Gebäuden und Anlagen vorgesehen. Mit den erforderlichen Maßnahmen solle entsprechend einem Beschluß des Politbüros am 1. September 1972 begonnen werden.

Sprengung von erdverlegten Minen zur Vorbereitung auf die Installierung der SM-70, Ende 1969

Der SM-70 fielen unzählige Menschen zum Opfer

00C063

Geheime Verschlußsache!
GVS-Nr.G 692297 1.Ausf./Blatt 6

Anhang 2

Aufbau der Splittermine SM-70/M

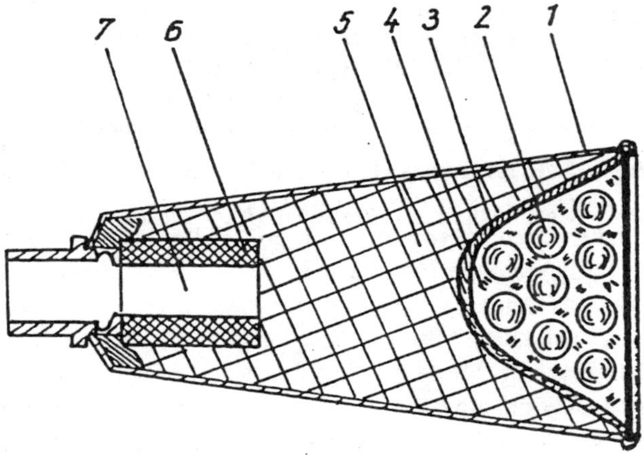

1 = Blechmantel des Minenkörpers
2 = Wälzlagerstahlkugel
3 = Kupfertrichter
4 = Vergußmasse C TGL 140-019
5 = Sprengstoff TГ - 45/55 (45% Trotyl; 55% Hexogen)
6 = Preßkörper Nitropenta 10
7 = Zündkanal zur Ausnahme des Sprengzünders NS-225

Die Situation an den Berliner Grenzen habe sich stabilisiert - so Hoffmann weiter -, eine ständig wachsende Bedeutung jedoch erhalte „die Sicherung der Seegrenze der Deutschen Demokratischen Republik“. Hier habe die Zahl der Versuche und die erfolgten Grenzdurchbrüche in den vergangenen Jahren erheblich zugenommen. So seien seit Jahresbeginn 1972 85 Personen wegen versuchten Grenzdurchbruchs festgenommen worden, 13 Personen sei der Durchbruch gelungen.

In gestelzter Form ging Hoffmann abschließend auf die wachsende Zahl von „Grenzprovokationen“ durch die westliche Seite ein:

„Ich erlaube mir, den Nationalen Verteidigungsrat darüber zu informieren, daß trotz der sich im Allgemeinen abzeichnenden Entspannungstendenzen der Gegner durch eine wachsende Anzahl gezielter Anschläge auf die Staatsgrenze, das Grenzsicherungssystem und das Grenzgebiet seine aggressiven Machenschaften gegenüber der Deutschen Demokratischen Republik fortsetzt. Die Aktivität des Gegners findet ihren Ausdruck vor allem in der zunehmenden Vielfalt der Methoden der ideologischen Diversion sowie in einer Vielzahl von Grenzprovokationen einschließlich der Zerstörung der Grenzsicherungsanlagen.“

So habe der Gegner im Zeitraum vom 1. Januar bis 31. Mai 1972 in 1.183 Fällen versucht, „Kontakt mit unseren Grenzposten aufzunehmen und sie zur Fahnenflucht aufzufordern, davon allein in 308 Fällen an der Staatsgrenze zu WESTBERLIN“. Im gleichen Zeitraum seien in sieben Fällen Grenzposten mit der Waffe bedroht oder gar beschossen worden. In 1.307 Fällen sei eine „provokatorische Verletzung unseres Staatsgebietes“ registriert worden, 21 Mal die Beschädigung von Markierungen des Staatsgebietes bzw. von Grenzsicherungsanlagen. Gleichzeitig werde die Lage an der Staatsgrenze noch immer durch eine hohe Anzahl der Versuche von Grenzdurchbrüchen charakterisiert, „wobei die Methoden der Grenzverletzer ständig gefährlicher und raffinierter werden“. 237 Personen hätten in den Handlungsstreifen der Grenztruppen eindringen können. 134 von ihnen seien durch die Grenztruppen festgenommen worden, 103 jedoch sei der Grenzdurchbruch in die Bundesrepublik Deutschland gelungen.

Daß Hoffmann, diese Zahlen zum Anlaß nahm, eine „effektivere Gestaltung des Systems der Grenzsicherung und des pioniertechnischen Ausbaus der Staatsgrenze der DDR zur BRD konsequent durchzusetzen“, das „Klassen- und Staatsbewußtsein“ der Angehörigen der Grenztruppen weiter zu festigen und „das Zusammenwirken mit den Organen des Ministeriums für Staatssicherheit und der Deutschen Volkspolizei sowie die Zusammenarbeit mit den örtlichen Organen ... weiter zu vertiefen“, nimmt nicht wunder.

Mit der Erprobung der „richtungsgebundenen Splittermine“, von der Hoffmann in der NVR-Sitzung gesprochen hatte, war schon am 1. Januar 1971 begonnen worden. Mit Befehl vom 9. Oktober 1970 (Geheime Verschlußsache

G/078067) hatte der damalige Grenztruppenchef, Generalleutnant Peter, eine Erhöhung der „Effektivität der Grenzsicherung“ durch die Erprobung der Splittermine (SM-70) angeordnet. Er befahl:

„1. Im Grenzabschnitt des Grenzregiments 24 (3. GK., 4.GK., 6. GK.) sind 3 Komplekte der Splittermine SM-70 zur Komplettierung der vorhandenen Pioniersperren einzubauen.
2.- Der Einbau hat in 2 Varianten zu erfolgen:
- 3 Minenlinien vertikal am Grenzzaun I angebracht
- 2 Minenlinien vertikal am freundwärtigen Zaun der Minensperre Typ 66 angebracht.[2]
Zur Verhinderung des Untergrabens der Sperre sind zwischen den Betonzaunpfählen Erdsporne einzubringen, an denen das untere Streckmetallfeld zu befestigen ist.
Zur Anfertigung der Erdsporne werden der 5. Grenzbrigade Profil - bzw. Flacheisen zugeführt. Die Fertigung hat durch die Kräfte der Grenzbrigade zu erfolgen.
3. Die Pionierarbeiten zum Einbau der Minenkomplekte sind unter Berücksichtigung der materiell-technischen Sicherstellung durch Kräfte der 5. Grenzbrigade bis zum 31. 12. 1970 abzuschließen.
Beginn der Erprobung im Grenzeinsatz am 01.01.1971.
Abschluß der Erprobung am 15.08. 1971. ...

9. Alle an den Pionierarbeiten zum Einbau der Splittermine SM-70 eingesetzten Angehörigen der Grenztruppen sind aktenkundig über die Geheimhaltung dieser Maßnahme zu belehren.“

Die in der DDR auf der Grundlage einer CSSR-Konstruktion weiterentwickelte und produzierte SM-70 erwies sich mit ihrer tödlichen Wirkung aus Sicht der SED als derart erfolgreich, daß zeitweise bis zu 60.000 Stück von ihnen an den Streckmetallzäunen an der Grenze zur Bundesrepublik Deutschland montiert waren. Von welch verheerender Wirkung die SM-70 waren, zeigt die „Gegenüberstellung wichtiger Leistungsparameter der Mine SM-70 und SM-70/M“ (Geheime Verschlußsache G 692297):

[2] Allein die Tatsache, daß die SM-70 am „freundwärtigen“ Zaun, also zum eigenen Hinterland hin, montiert werden sollte, beweist eindeutig, daß es nicht darum ging, Angriffe von westlicher Seite abzuwehren, sondern ausschließlich darum, die eigene Bevölkerung an der Flucht zu hindern, d. Verf.

Kriterien	SM-70	SM-70/M
Art und Größe der Ladung	TNT 110 g	TNT/Hexogen 98 g
Splittereinlage	80 Stahlsplitter 4 x 4 mm	20 Wälzlagerkugeln 8 mm
Anzahl der Treffer auf eine Zielfläche 1 m x 1 m; 25 mm Fichtenholz; Entfernung 21,1 m, davon Durchschläger	26 Stück = 33 % der Splitter 6 Stück = 23 % der Treffer	8,8 Stück = 44 % der Splitter 8,8 Stück = 100 % der Treffer
Absolute Flugweite der Splitter	120 m	280 m
Optimale Schußentfernung der Mine	10 m	20 ... 30 m
Seitliche Streuung der Splitter von der Schußachse (einseitig)	15 m	26 m

Minen im Westen, Hunde in Berlin

Während der gesamten Zeit ihrer Existenz hatte die DDR ein besonderes Schwergewicht auf den Ausbau der innerdeutschen Grenze einschließlich der Grenzen in und um Berlin gelegt. Keine Kosten waren zu hoch, um die Grenzsicherungsanlagen kontinuierlich auszubauen, umzugestalten und noch undurchdringlicher zu gestalten. Aber: Bedacht auf internationale Reputation, sollte eine „moderne Staatsgrenze" geschaffen werden, die - wie die Mauer in Berlin mit viel weißer Farbe - im wahrsten Sinne des Wortes die Unmenschlichkeit des Systems übertünchen sollten. Damit sollte nicht zuletzt, wie es im SED-Jargon hieß, „politischer Schaden von der DDR abgewendet werden". Alte Grenzzäune wurden durch moderne ersetzt, die berüchtigten Splitterminen abgebaut, Landminen bis 1985 aufgenommen. Durchlässiger wurden die Grenzen damit nicht. Schon weit im Hinterland, ja sogar bereits in den Heimatorten potentieller „Grenzverletzer", der Begriff „Republikflüchtlinge" fand sich nach 1961 im offiziellen Sprachgebrauch kaum noch, begann die Bespitzelung. Spätestens mit dem Betreten der 5-km-Sperrzone waren die Fluchtwilligen mehr oder weniger Freiwild, den Freiwilligen Helfern der Grenztruppen ebenso ausgesetzt, wie der Transport- und Volkspolizei und insbesondere natürlich den Grenztruppen selbst. Nur wenige schafften es überhaupt, die 500-m-Schutzzone zu erreichen. Aber auch diesen wurde das Überwinden der ausgeklügelten Grenzsicherungsanlagen zunehmend erschwert.

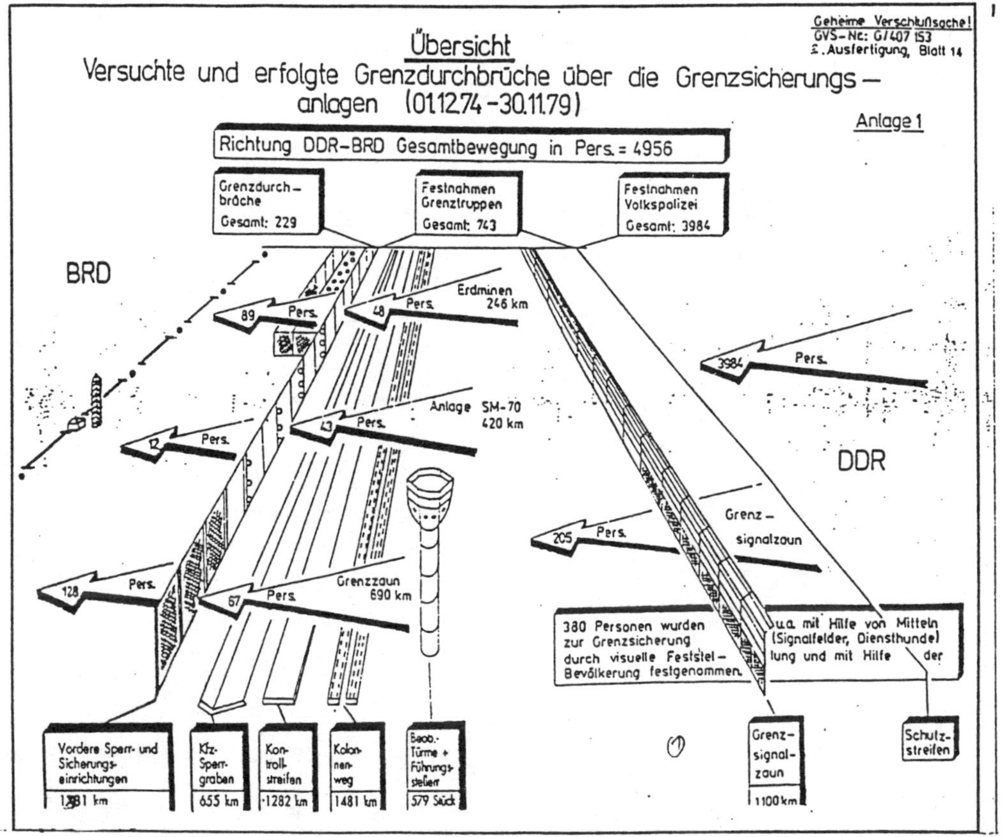
Geheime Verschlußsache!
GVS-Nr.: G/407 153
2. Ausfertigung, Blatt 14
Übersicht
Versuchte und erfolgte Grenzdurchbrüche über die Grenzsicherungs- anlagen (01.12.74 - 30.11.79)
Anlage 1
Richtung DDR-BRD Gesamtbewegung in Pers. = 4956
Grenzdurch-brüche Gesamt: 229
Festnahmen Grenztruppen Gesamt: 743
Festnahmen Volkspolizei Gesamt: 3984
BRD
DDR
89 Pers.
48 Pers.
Erdminen 246 km
3984 Pers.
12 Pers.
43 Pers.
Anlage SM-70 420 km
205 Pers.
Grenz-signalzaun
128 Pers.
67 Pers.
Grenzzaun 690 km
380 Personen wurden zur Grenzsicherung durch visuelle Feststellung und mit Hilfe der Bevölkerung festgenommen.
u.a. mit Hilfe von Mitteln (Signalfelder, Diensthunde)
Vordere Sperr- und Sicherungseinrichtungen 1381 km
Kfz-Sperrgraben 655 km
Kontrollstreifen 1282 km
Kolonnenweg 1481 km
Beob.-Türme + Führungsstellen 579 Stück
Grenz-signal-zaun 1100 km
Schutz-streifen

1977 beispielsweise war eine Übersicht zusammengestellt worden, die die „Grenzdurchbrüche" in den Jahren 1973 bis 1975 zum Inhalt hatte. Daraus ging hervor, daß

„[...] die Anzahl der versuchten Grenzdurchbrüche vom Territorium der Deutschen Demokratischen Republik aus ... in den letzten Jahren ständig weiter zurückgegangen (ist). Den Versuch bzw. die Vorbereitung eines Grenzdurchbruches vom Territorium der Deutschen Demokratischen Republik über die Staatsgrenze zur BRD, zu WESTBERLIN bzw. über die Seegrenze unternahmen:

- im Jahre 1973 3 004 Personen (= 100 %)
- im Jahre 1974 1 797 Personen (= 60 %)
- im Jahre 1975 1 397 Personen (= 47 %)

Auch im Jahre 1976 zeichnet sich die Fortsetzung dieser Tendenz ab.
Im 1. Halbjahr 1976 unternahmen vom Territorium der DDR aus 455 Personen den Versuch bzw. die Vorbereitung eines Grenzdurchbruchs, davon

- an der Staatsgrenze zur BRD 67 %
- an der Staatsgrenze zu WESTBERLIN 26 %
- an der Seegrenze zur DDR 7 %

94,5 % der versuchten bzw. vorbereiteten Grenzdurchbrüche wurden durch die Grenztruppen der DDR, die Grenzsicherungskräfte der Volksmarine bzw. die Kräfte des Ministeriums für Staatssicherheit sowie des Ministeriums des Innern verhindert, davon 85 % bereits in der Tiefe des Territoriums der DDR.
25 Personen gelang es, den Grenzdurchbruch durchzuführen.

Die Versuche des Grenzdurchbruchs konzentrierten sich insbesondere auf den Grenzabschnitt:

- der Bezirke MAGDEBURG und ERFURT sowie
- der Hauptstadt der DDR, BERLIN".

Die weiteren Erkenntnisse:

„Hinsichtlich der altersmäßigen Zusammensetzung der Grenzverletzer bilden männliche Personen im Alter von 14 bis 25 Jahren den Schwerpunkt.

Bei den Versuchen des Grenzdurchbruches zeichnet sich die Tendenz zunehmender Gefährlichkeit und Brutalität in den Handlungen der Grenzverletzer ab".

Aber auch das stellten die Grenztruppen fest. Allein im ersten Halbjahr hätten 100 Personen versucht, die Sperranlagen in Richtung DDR zu überwinden.

Aufschlüsse über die Zahl der Fluchtversuche sind auch der Geheimen Verschlußsache G / 407 153 zu entnehmen, in der die „Grenzverletzungen" im Zeitraum zwischen dem 1. Dezember 1974 und dem 30. November 1979 aufgeschlüsselt sind. Danach hatten 4.956 Personen über die innerdeutsche Grenze fliehen wollen, festgenommen wurden 4.027. Bemerkenswert auch hierbei: 3.984 Fluchtwillige waren schon im Vorfeld der Volkspolizei ins Netz gegangen, von den Grenztruppen selbst wurden „nur“ 743 „Grenzverletzer“ festgenommen. Diesen gescheiterten Versuchen standen 229 geglückte gegenüber, und zwar in mit Erdminen gesicherten Bereichen mit 89 Personen, in mit der Splittermine SM-70 ausgebauten Bereichen mit zwölf und in lediglich mit Grenzzaun versehenen Abschnitten mit 128 Personen.

Bestätigt wird mit diesen Daten zugleich, daß es nur den wenigsten der potentiellen Flüchtlinge überhaupt gelang, in das Grenzgebiet bzw. an die eigentlichen Sperren heranzukommen. In einer Dissertation noch im Jahr 1989 hatte der damalige Oberst an der Offiziershochschule der Grenztruppen „Rosa Luxemburg“, Jürgen Hörnlein, im Zusammenhang mit der Effektivität der Freiwilligen Helfer folgende Rechnung aufgemacht. In dem rund 860 km langen Abschnitt vom Harz bis zur Tschechoslowakei wurden jährlich zwischen 200 und 400 Versuche der „Grenzverletzung“ registriert. Von diesen Personen gelangten tatsächlich nur sechs Prozent, also zwölf bis 24 bis unmittelbar an die Grenze. Von diesen wiederum konnten nur etwa 40 Prozent die Sperranlagen tatsächlich überwinden. Nur - rein rechnerisch - fünf von 200, denen es gelungen war, überhaupt die 5-km-Sperrzone zu erreichen, glückte die Flucht in den Westen. Über einen Zeitraum von zehn Jahren hatte sich - nach dieser Dissertation - folgendes Bild ergeben:

Die Grenztruppen selbst hatten noch den geringsten Anteil an der Festnahme potentieller Flüchtlinge. Sechs Prozent wurden von ihnen festgenommen, zehn Prozent durch das MfS, davon rund ein Fünftel an den Grenzübergangsstellen durch Angehörige der Paßkontrolleinheiten, die Bestandteil des MfS waren. Für acht Prozent der Fluchtwilligen begann die Flucht in den Westen erst garnicht, sie wurden nach entsprechender Bespitzelung bereits im Heimatort festgenommen. Die überwältigende Mehrzahl der Fluchtwilligen verfing sich auf dem Weg zur Grenze in den Netzen von Transport- und Volkspolizei, weitere acht Prozent schließlich in dem der Freiwilligen Helfer nicht nur der Grenztruppen, sondern auch in dem der Freiwilligen Helfer der Volkspolizei.

„Politischen Schaden abwenden!“

Am 1. Juli 1983 traten in Strausberg die Mitglieder des Nationalen Verteidigungsrates zu ihrer 67. Sitzung zusammen. Auf der Tagesordnung stand die von Armeegeneral Heinz Hoffmann erarbeitete Beschlußvorlage zur „Erhöhung der Wirksamkeit von Grenzsicherungsanlagen an der Staatsgrenze zur BRD und zu BERLIN (WEST)“, der MfS-Chef Mielke, MdI und Chef der Volkspolizei Dickel sowie Generaloberst Scheibe als Leiter der Abteilung für Sicherheitsfragen des Zentralkomitees der SED ihre Zustimmung erteilten. Bemerkenswert ist die Geheime Kommandosache 26/83, als die das Protokoll eingestuft wurde, insofern, als sich in den Anlagen ausführliche Angaben über „Grenzdurchbrüche durch Sperranlagen mit Splitterminen“ ebenso finden, wie exakte Zeichnungen mit Vorschlägen „zum weiteren pionier- und signaltechnischen Ausbau der Staatsgrenze zu Berlin (West)“ sowie „zur BRD“. Komplettiert wurden die Anlagen durch konkrete Beschlüsse zum Ausbau der Grenzen im Zeitraum von 1983 bis 1989, ergänzt durch entsprechende Kostenaufstellungen und Aussagen zum „Gesamtbedarf an land- und forstwirtschaftlichen Nutzflächen“.

Konfrontiert wurde der NVR auf dieser Sitzung mit der Tatsache, daß selbst Splitterminen-bewehrte Grenzanlagen fluchtwillige DDR-Einwohner nicht an ihrem Vorhaben hatten hindern können. So waren von 1971 bis zum 20. März 1983 bei „Grenzdurchbrüchen“ in solch gefährlichen Abschnitten insgesamt 48 Personen in den Westen gelangt, wobei vierzehn von ihnen zum Teil schwerste Verletzungen erlitten hatten.

Vorrangig ging es dem NVR bei seinen Entscheidungen nunmehr darum,

„- günstigere Bedingungen für die Erfüllung des Klassenauftrages durch die Grenztruppen der DDR zu schaffen, indem die Sperrfähigkeit, Funktionstüchtigkeit und Wirksamkeit der errichteten Anlagen, insbesondere in der Tiefe des Schutzstreifens, erhöht wird;

- politischen Schaden von der DDR abzuwenden, die Möglichkeiten des Gegners zur Hetze gegen die DDR einzuschränken und zu verhindern, daß Personen verletzt das Territorium der BRD erreichen“.

Eingeflochten sei an dieser Stelle der Hinweis, daß gerade der zweitgenannte Punkt den Angehörigen der Grenztruppen immer wieder zu schaffen machte. Sie bestätigen einhellig, daß ihnen angesichts des zu erwartenden Medienechos in der Bundesrepublik Deutschland nichts Schlimmeres geschehen konnte, als daß in ihrem Abschnitt ein „Grenzverletzer“ verletzt die Grenze überwandt. Allein schon aus diesem Grunde hätten zahlreiche Grenzer eher bewußt neben das Ziel geschossen, als zu riskieren, daß ein Flüchtling mit Verletzungen doch noch in den Westen gelangte.

Um die Festnahme oder Vernichtung von „Grenzverletzern“ vom Westen weitgehend unbeobachtet durchführen zu können, legte der NVR fest,

„die in der Tiefe des Schutzstreifens vorhandenen Grenzsignalzaunanlagen ... auf ihrer gesamten Länge zu einem wirksamen und zuverlässigen Grenzsignal- und Sperrzaun, unter Verwendung neuer Grenzsignalzauntechnik mit Ergänzungseinrichtungen und funktionssicheren Schließanlagen in Gassentoren sowie wildabweisenden Mitteln, umzurüsten“. (Wildabweisende Mittel waren von den Grenztruppen gefordert worden, weil es durch Wild sehr häufig zu Fehlalarmen gekommen war, d. Verf.)

In wichtigen Richtungen sollte der Grenzsignal- und Sperrzaun mit Hundelaufanlagen ergänzt werden, wobei sich „die Anstrengungen (...) bis 1985 auf die wirksame Sperrung von 450 km Staatsgrenze“ richten sollten, „auf die

Anlage 3

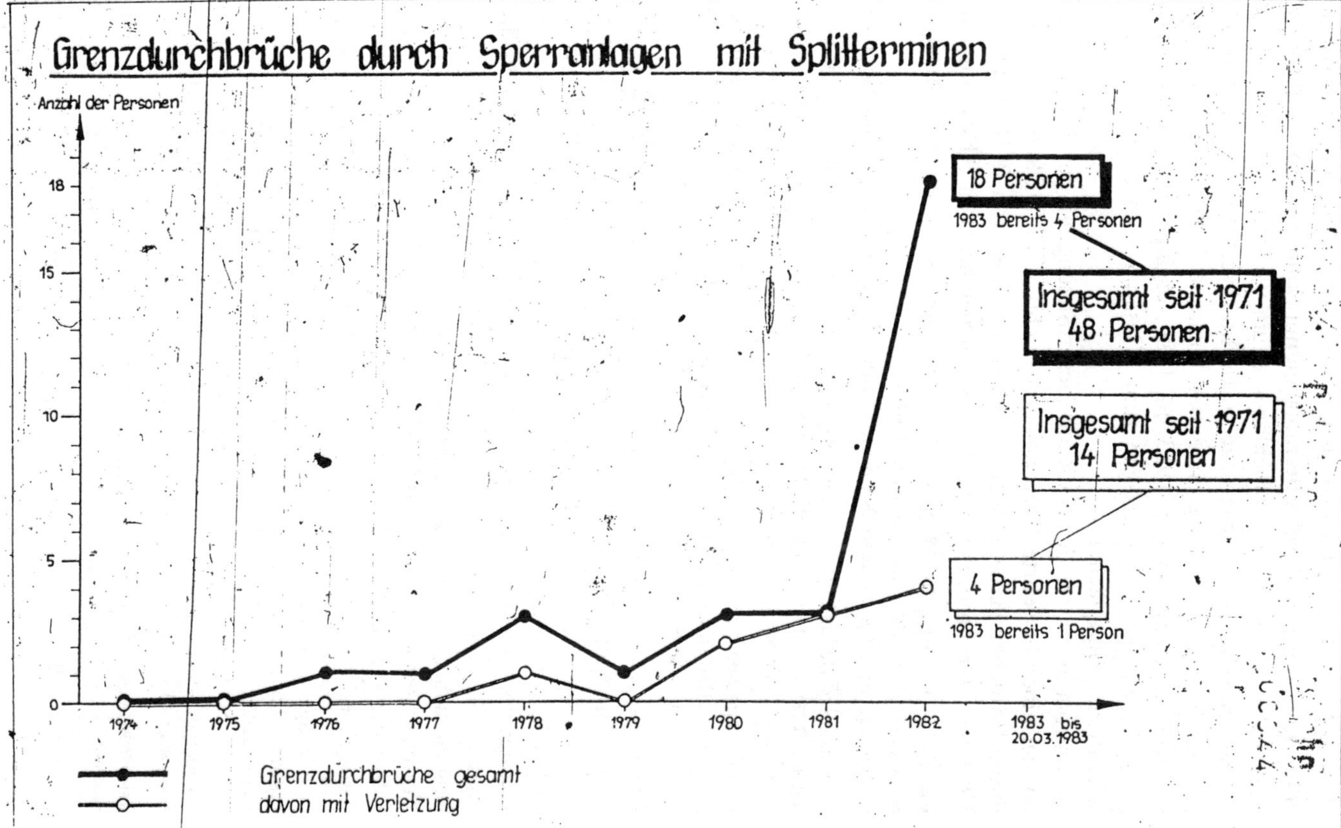
Grenzdurchbrüche durch Sperranlagen mit Splitterminen
Anzahl der Personen
18
15
10
5
0
1974
1975
1976
1977
1978
1979
1980
1981
1982
1983 bis 20.03.1983
18 Personen
1983 bereits 4 Personen
Insgesamt seit 1971 48 Personen
Insgesamt seit 1971 14 Personen
4 Personen
1983 bereits 1 Person
Grenzdurchbrüche gesamt
davon mit Verletzung

sich in den letzten zehn Jahren ca. 80 % der Versuche der Grenzverletzungen" konzentriert hatten. Im einzelnen wurden folgende Maßnahmen beschlossen:

1. An der Staatsgrenze zur BRD

Maßnahme	Zeitraum 1983 ... 1985	1986 ... 1989	Gesamt
Rekonstruktion der 1 210 km Grenzsignalzäune auf Grenzsignal- und Sperrzäune	450	760	1 210
davon mit Hundelaufanlagen 83	110	120	230
Rekonstruktion der 200 km Erdminensperren auf Minensperren 83	75	125	200
Neubau von Sperranlagen mit Splitterminen in der Tiefe des Schutzstreifens	40	80	120
Demontage der 450 km Sperranlagen mit Splitterminen am Grenzzaun I	230	220	450

Von 1983 bis 1985 waren für die Realisierung dieser Maßnahmen an der „Staatsgrenze West" 110 Millionen Mark vorgesehen, für die Jahre 1986 bis 1989 insgesamt 183 Millionen Mark. Für die Einrichtung von „Sperranlagen mit Splitterminen in der Tiefe des Schutzstreifens (120 km)" war ein Flächenbedarf von 240 Hektar angeben worden.

Die entsprechenden Vorgaben des NVR für die „Staatsgrenze zu Berlin (West)" lauteten:

Maßnahme	Zeitraum 1983 ... 1985	1986 ... 1989	Gesamt
Rekonstruktion der Grenzsignalzäune auf Grenzsignal- und Sperrzäune	14,6	18	32,6
davon mit Hundelaufanlagen	6	4	10
Demontage der 38 000 Flächensperren	38 000	-	38 000
Neubau von Beobachtungstürmen	56	40	96
Demontage der 75 Erdbeobachtungsstellen (Beton) und Postenhäuser	75	-	75
Rekonstruktion der Grenzmauer (alter Typ) auf Grenzmauer 75	6,4	8	14,4
Abbau der 21 km Höckersperren (Stahligel)	9	12	21
Installation von Lichtschrankensystem	8 Objekte	12 Objekte	20 Objekte

Die Kosten hierfür wurden für den Gesamtzeitraum von 1983 bis 1989 mit 23 Millionen Mark veranschlagt, lagen tatsächlich aber um ein vielfaches höher. Für die Hundelaufanlagen am Grenzsignal- und Sperrzaun sollte ca. 100 Hektar Fläche in Anspruch genommen werden.

Milliarden für den Grenzausbau

Die Kosten, die für die Grenzsicherung hatten aufgebracht werden müssen, waren zu DDR-Zeiten üblicherweise ein streng gehütetes Geheimnis. Nur selten - und dann in kleinen, auf Geheimhaltung vergatterten Kreisen - konnte darüber gesprochen werden. So zum Beispiel am 12. November 1965 auf einer Beratung mit Kommandeuren der Grenztruppen zum Abschluß des Ausbildungsjahres 1964/65. Minister Hoffmann war dabei vom Kommandeur der 1. Grenzbrigade mit dem Problem konfrontiert worden, daß den Grenztruppen zwar der Auftrag erteilt worden sei, „einen umfangreichen Plan des pioniertechnischen Ausbaus der Staatsgrenze zu gewährleisten", allerdings nach vorliegenden Informationen nicht damit gerechnet werden könne, daß die Grenztruppen das erforderliche Material vor Juni 1966 erhalten würden. Aufgrund der vorliegenden Erfahrungswerte beginne dann jedoch schon der Ernteeinsatz, so daß sich die Frage ergebe, wie der erteilte Befehl erfüllt werden könne. Die dem Kommandeur erteilten Antworten sind außerordentlich aufschlußreich, belegen sie doch die massiven finanziellen und wirtschaftlichen Schwierigkeiten, vor die die DDR sich beim Ausbau der Grenzen gestellt sah, die dessen ungeachtet dennoch überwunden werden mußten. Der Chef der Grenztruppen erwiderte, das Material für den pioniermäßigen Ausbau der Staatsgrenze sei bis 1975 geplant worden: „Eine jährliche Bilanzierung konnte aufgrund unserer volkswirtschaftlichen Lage nicht erreicht werden." Das Material zur Erfüllung des Befehles werde entsprechend den gegebenen Möglichkeiten planmäßig zugeführt, es komme darauf an, daß die Kommandeure dieses „für die Erfüllung der Schwerpunkte" nutzten.

Konkreter wurde Minister Hoffmann:

„Der Ausbau der Grenzsicherungsanlagen erfordert ca. 250 Mio MDN. Der Nationale Verteidigungsrat und die anderen Regierungsorgane haben uns dazu die Zustimmung gegeben. Die Realisierung ist jedoch von den ökonomischen Belangen unserer Republik abhängig. Daß der Ausbau der pioniermäßigen Anlagen im Grenzgebiet nicht in jedem Fall planmäßig erfolgen kann, ist für die Leitung des Ministeriums verständlich. Es kommt darauf an, daß die zuständigen Organe des Ministeriums und die Leitungen des Kommandos der Grenztruppen und der Stadtkommandantur operativ und unbürokratisch alle Gelegenheiten der Materialbereitstellung unter Einbeziehung der örtlichen Reserven nützen, um den Perspektivplan mit hoher Qualität zu erfüllen."

Gefordert werden sollten die örtlichen Organe im übrigen noch in einer anderen Frage, die ebenfalls auf der genannten Beratung besprochen wurde. Dabei ging es um ökonomische Unzulänglichkeiten und die Sorge um politisches Ansehen gleichermaßen. Der Kommandeur der 1. Grenzbrigade monierte, daß der Ausbau der Grenzsicherungsanlagen bisher vorwiegend manuell erfolge, „da der Einsatz moderner Technik entsprechend der Ausrüstung der Grenzbrigaden nicht gegeben ist. Das hat auf jeden Fall außenpolitische Auswirkungen, da die pionier-technischen Arbeiten vor den Augen des Klassengegners erfolgen". Auch hier hatte Minister Hoffmann eine - wenn auch eher unbefriedigende - Antwort parat. Die Leitung des Ministeriums habe aufgrund von Untersuchungen festgestellt, „daß Unzulänglichkeiten bei der Zuführung von moderner handelsüblicher Pioniertechnik bei der materiellen Planung zugelassen wurden". Nun komme es darauf an, „daß neben dem Einsatz von Leihtechnik (örtliche Organe) ab 1966 verstärkte Anstrengungen unternommen werden, um handelsübliche Straßenbautechnik, die für den Einsatz an der Staatsgrenze zweckmäßig ist, anzukaufen".

In einem Interview mit dem vorletzten Chef der Grenztruppen, Generalmajor Teichmann, verwies dieser im Februar 1990 darauf, daß nach einer Aufstellung vom 20. November 1989 allein die reinen Grenzsicherungsanlagen und -bauten 869,9 Millionen Mark gekostet hätten. Ergänzt werden müsse dieser Beitrag um den Bau und die Unterhaltung von Grenzübergangsstellen, wobei allein für eine kleinere Grenzübergangsstelle zehn Millionen Mark angesetzt werden müßten. Nicht berücksichtigt seien zudem die volkswirtschaftlichen Verluste durch die Ausweisung von Sperr- und Schutzzone sowie Kontrollstreifen und insbesondere die Ausgaben für die Grenztruppen, angefangen von den Personalkosten bis hin zu den Beträgen für Ausrüstung und Bewaffnung. Fest steht: Die DDR hat im Laufe der Jahre Milliarden Mark ausgegeben, um ihre Grenzen - auch zu Polen und zur CSSR - für jeden „Grenzverletzer" undurchdringlich auszubauen. Als Beträge für die Errichtung von Grenzsicherungsanlagen je Kilometer bzw. je Stück werden genannt:

- Grenzzaun 3 m Höhe:	115.000 Mark
- Grenzzaun 2 m Höhe:	40.000 Mark
- Grenzmauer (Plattenbauweise):	260.000 Mark
- Grenzsignal und Sperrzaun:	170.000 Mark
- Grenzsignalzaun:	102.000 Mark
- Hundelaufanlage:	23.000 Mark
- Kfz-Sperre:	50.000 Mark
- Kolonnenweg:	127.000 Mark
- Lichttrasse:	50.000 Mark
- Scheinwerferanlage:	55.000 Mark
- Führungsstelle:	65.000 Mark
- Beobachtungsturm, 11 m:	16.000 Mark[3]

[3] Quelle: Neue Berliner Illustrierte, 46. Jahrgang Nr. 8/90, Februar 1990, Berlin (Ost)

Älterer Grenzzaun mit verschiedenen Alarmeinrichtungen. Am Holzmast sind rote und grüne Rundumleuchten und eine Alarmhupe installiert, am rechten Pfosten ein Suchscheinwerfer.

Hinter der Grenzsäule ein Durchlaßtor im Metallgitterzaun. Den Übergang über den Kfz-Sperrgraben versperren Höckersperren, dahinter befindet sich ein Beobachtungsbunker aus Beton.

Eingeschaltete Lichtsperren, mit denen die DDR gefährdete Abschnitte zusätzlich sicherte.

1966: Die „moderne Staatsgrenze" im Abschnitt des Grenzschutzkommandos Nord: Einreihiger Metallgitterzaun, Kfz.-Sperrgraben, Kontrollstreifen, betonierter Kolonnenweg, Beobachtungsturm.

„Modernisierung der Staatsgrenze"

Zurück zur Sitzung des Nationalen Verteidigungsrates vom 1. Juli 1983. Erkennbar wird an der dort vorgenommenen Darstellung von „Grenzsicherungsmaßnahmen" an den innerdeutschen Grenzen zweierlei: Die DDR scheute keine Anstrengungen, den Flüchtlingen schon weit im eigenen Hinterland den Weg abzuschneiden und jede Flucht im Zusammenwirken von Grenztruppen und einer Reihe technischer Einrichtungen wie Lichtschrankensysteme, Minensperren und unüberwindbaren Zäunen, aber auch Hundelaufanlagen unmöglich zu machen. Zeugen, zumal westliche, sollte es auf keinen Fall länger geben, insbesondere dann nicht, wenn Flüchtlinge verletzt oder gar erschossen wurden. Gestatteten es die weiträumigen Flächen an der „Staatsgrenze West", mit Minen gegen Flüchtlinge vorzugehen, war dieses dagegen im dichtbesiedelten innerstädtischen Berliner Bereich nicht möglich. Hier setzte die SED deshalb auf den Einsatz der jeweils modernsten Technik und baute vor allem auch Hundelaufanlagen auf dem Gebiet des Bezirks Potsdam massiv aus.

Daß die Angehörigen des NVR die volle und uneingeschränkte Verantwortung für das Geschehen an den innerdeutschen Grenzen zu tragen haben, wird erkennbar aus den detaillierten Befehlen, die dieses Gremium erließ. So wurde in der 67. NVR-Sitzung auch beschlossen,

„[...] die gegenwärtig 650 km minengesperrten Abschnitte der Staatsgrenze (davon 200 km Erdminensperren und 450 km Sperranlagen mit Splitterminen) schrittweise auf 320 km zu reduzieren.

Dazu sind die in 30 bis 50 m Abstand von der Staatsgrenze am Grenzzaun (3 m Höhe) montierten 450 km Sperranlagen mit Splitterminen schrittweise abzubauen. Der Grenzzaun (3 m Höhe) verbleibt als Sperr- und Warnzaun und ist entsprechend den Erfordernissen der Lage und dem Stand der Forschung und Entwicklung durch den Einsatz neuentwickelter Grenzsicherungsanlagen mit physikalischen Wirkprinzipien zu ergänzen. Der Abbau der Splitterminen erfolgt nach Umrüstung der in der Tiefe des Schutzstreifens errichteten Grenzsignalzaunanlagen in den betreffenden Abschnitten".

Nicht eine „Humanisierung" der Grenzsicherung war beim Beschluß, Sperranlagen mit Splitterminen abzubauen, das Ziel. So sollten die mit zum Teil veralteten Minentypen bestückten 200 km Erdminensperren vorerst in ihrer gesamten Länge erhalten bleiben, schrittweise jedoch durch moderne Erdminen „rekonstruiert" werden. Dazu erteilte der NVR die Anweisung, „in der Tiefe des Schutzstreifens (...) in besonders gefährdeten Abschnitten bis 120 km Sperranlagen mit Splitterminen im Abstand von ca. 20 m vom Grenzsignal- und Sperrzaun unter Beachtung der geographischen und demographischen Bedingungen neu zu errichten. Die Splitterminenanlagen sind ständig technisch zu vervollkommnen". Offensichtlich mochte im Nationalen Verteidigungsrat niemand auf den Widerspruch aufmerksam machen, nach dem einerseits die Splitterminenanlagen abgebaut, sie gleichzeitig jedoch ständig technisch vervollkommnet werden sollten. Angemerkt sei in diesem Zusammenhang am Rande, daß zum Zeitpunkt derartiger Beschlüsse die DDR längst Mitglied der Vereinten Nationen war und auch die Menschenrechtserklärung der Völkergemeinschaft unterschrieben hatte, ohne sich allerdings im entferntesten an die damit eingegangenen Verpflichtungen zu halten.

Besonderes Augenmerk widmete der NVR der „Staatsgrenze der DDR zu BERLIN (WEST)“, die immer wieder im Brennpunkt öffentlichen Interesses stand. Innerhalb des Stadtgebietes von Berlin und ausgewählter Ortslagen im Bezirk Potsdam sollte deshalb der Bau der Grenzmauer 75 als Sperrelement unmittelbar an der Grenzlinie fortgesetzt werden. Mit neuen Beobachtungstürmen vom Typ BT-9 waren außerdem bessere Beobachtungsmöglichkeiten zum frühzeitigen Erkennen von Grenzdurchbruchsversuchen, aber auch „zur Gewährleistung der Sicherheit bei Abwehr provokatorischer Handlungen“ zu schaffen. Schlupflöcher in unterirdischen Anlagen von U- und S-Bahn im grenzüberschreitenden Verkehr, in kompletten Grenzstreckenabschnitten und im Bereich von Wassersperren hatten mit Lichtschrankensignalsystemen endgültig gestopft zu werden. Sowohl in Berlin selbst als auch im Bezirk Potsdam kam es den NVR-Angehörigen darauf an, zwar auch den „Schutzstreifen als vordere Begrenzung mit Grenzzaun I“ auszubauen, mehr noch aber legte der NVR Wert darauf, „durch umfassende Rekonstruktion (...) die Sperrfähigkeit, Funktionstüchtigkeit und Wirksamkeit der Grenzsignalzaunanlagen an der hinteren Begrenzung des Schutzstreifens zu erhöhen“. Der Schußwaffengebrauch sollte möglichst überflüssig gemacht werden, nicht, wie bereits dargelegt, aus humanitären Gründen, sondern um eine entsprechende negative Berichterstattung in westlichen Medien zu verhindern. Als wie wichtig der NVR das Problem des „Ansehens der DDR“ nahm, zeigt auch die Formulierung, nach der „veraltete und unzweckmäßige Ausbauelemente (wie Flächen- und Höckersperren, Erdbeobachtungsstellen, Postenhäuser sowie Hundelaufanlagen) im Stadtgebiet der Hauptstadt der DDR, BERLIN, schrittweise, beginnend ab 1983, zu entfernen (sind). Damit wird eine Verbesserung des äußeren Bildes des Grenzabschnitts erreicht“.

War den NVR-Mitgliedern am 1. Juli 1983 eine Übersicht über die Zahl der geglückten „Grenzdurchbrüche“ in mit Splitterminen gesicherten Abschnitten übergeben worden, sollten diese nun zügig abgebaut werden, um das internationale Ansehen der DDR nicht noch weiter zu schädigen. Honecker selbst war es, der dem Ministerium für Nationale Verteidigung die Aufgabe gestellt hatte, die Demontage bis zum Ende des Jahres 1984 zu beenden, ohne allerdings die „Grenzsicherung“ auch nur andeutungsweise zu beeinträchtigen. Diese Vorgabe bereitete angesichts der erforderlichen Kräfte und Mittel dem MfNV zwar erhebliches Kopfzerbrechen, wie einem entsprechenden Schreiben von Minister Hoffmann an den NVR-Vorsitzenden vom 4. Juni 1984 (Geheime Verschlußsache A 455 178) zu entnehmen ist. Doch mit dem handschriftlichen Vermerk „Einverstanden E. Honecker, 4.6.84“ waren Hoffmans Vorschläge akzeptiert, mußten zusätzliche Mittel bereitgestellt werden:

„Werter Genosse H o n e c k e r !

Ausgehend von Deiner Aufgabenstellung, nach Möglichkeit den Abbau der Sperranlagen mit Splitterminen noch in diesem Jahr zu beenden, gestatte ich mir, Dir folgendes zu melden:

1. Beim konzentrierten Einsatz der zur Verfügung stehenden Kräfte und Mittel wäre es möglich, bis Ende 1984 die Splitterminen vom vorderen Sperrelement bei gleichzeitiger Errichtung des Grenzsignal- und Sperrzaunes abzubauen.

2. Der neue Grenzsignal- und Sperrzaun, der entsprechend dem Beschluß der Nationalen Verteidigungsrates der DDR vom 01.07.1983 in der Tiefe des Schutzstreifens vorgesehen ist, könnte jedoch im vollen Umfang nur errichtet werden, wenn dazu im III. Quartal 1984 zusätzlich materielle Mittel im Umfang von ca. 16 Mio Mark durch die Volkswirtschaft außerplanmäßig bereitgestellt werden.
Das müßten für die Errichtung von 210 km Grenzsignal- und Sperrzaun vorrangig

- 210.000 m²	verzinktes Streckmetall
- 215.000 Stück	Betongitterplatten und für
- 1.600.000 Mark	Plasterzeugnisse

sein.

3. Sollten die oben genannten materiellen Mittel nicht zusätzlich bereitgestellt werden können, wäre nach den gegenwärtig getroffenen Festlegungen (Abbau der Splitterminen erst nach der Errichtung des Grenzsignal- und Sperrzaunes) nur ein Stand von 240 km = 53 % bis Ende 1984 zu erreichen.
Bei Weiterführung der bis zum gegenwärtigen Zeitpunkt gestellten Aufgabe wären im Jahre 1985, unter Beachtung der Wintermonate Anfang Dezember bis einschließlich März und der vollen materiellen Absicherung noch 210 km Grenzsignal- und Sperrzaun zu errichten.

4. Bei einem vollständigen Abbau der Splitterminen vom vorderen Sperrelement ohne gleichzeitige Errichtung des Grenzsignal- und Sperrzaunes in der Tiefe des Schutzstreifens entstehen für die Grenzsicherung komplizierte Bedingungen.
Aus unserer Sicht wäre es zweckmäßig anzustreben, durch die Volkswirtschaft der Deutschen Demokratischen Republik die zusätzlichen Materialien im Jahre 1984 bereitzustellen und den Abbau der Sperranlagen mit Splitterminen noch in diesem Jahr zu beenden.
Bei Deinem prinzipiellen Einverständnis würde ich in Deinem Auftrage mit dem Mitglied des Politbüros und Sekretär des ZK der SED, Genossen Günter M i t t a g , Verbindung aufnehmen und ihn um die Einleitung der erforderlichen Maßnahmen ersuchen.

Werter Genosse H o n e c k e r !

Außer den Sperranlagen mit Splitterminen sind an der Staatsgrenze der DDR zur BRD noch auf einer Länge von insgesamt 140 km erdverlegte Minensperren vorhanden. Die Räumung dieser Minen ist äußerst kompliziert, da diese teilweise von Hand aufgenommen werden müssen.

Bei maximalem Einsatz der in den Grenztruppen der DDR dafür zur Verfügung stehenden Kräfte und Mittel und von Pioniereinheiten der NVA könnten bis zum 01.08.1985 die Erdminensperren ebenfalls geräumt werden.

Ich bitte um Deine Kenntnisnahme, Bestätigung des unterbreiteten Vorschlages bzw. um Deine Weisung.

Mit sozialistischem Gruß
H o f f m a n n Armeegeneral"

Fast auf den Tag genau ein halbes Jahr später, am 12. Dezember 1984, konnte Hoffmann dem NVR-Vorsitzenden „Vollzug" melden. „Durch den konzentrierten und zielstrebigen Einsatz der Pioniereinheiten der Grenztruppen der DDR, verstärkt durch Pionierkräfte der Landstreitkräfte der Nationalen Volksarmee" seien bis zum 30. November 1984

„- die Sperranlagen mit Splitterminen auf einer Länge von insgesamt 450 km vollständig abgebaut und
- 38 km (27,5 %) Erdminensperren geräumt"

worden. Das Räumen der Erdminen auf ausstehenden 98 km, „das unter den Bedingungen komplizierter Geländeverhältnisse überwiegend per Hand durchgeführt werden müsse und deshalb einen längeren Zeitraum erfordert, wird im Jahr 1985 zielstrebig fortgesetzt und bis zum 31. 10. 1985 vollständig abgeschlossen". Vorrangig in den minengeräumten Abschnitten sei „zur weiteren Gewährleistung der zuverlässigen Sicherung der Staatsgrenze" der neue Grenzsignal- und Sperrzaun auf einer Länge von 540 km „in der Tiefe des Schutzstreifens" errichtet worden. Auch diese Arbeiten würden 1985 planmäßig fortgesetzt, ließ Hoffmann den NVR-Vorsitzenden wissen.

Die Protokolle des Nationalen Verteidigungsrates und die Briefe der NVA-Führung an den NVR beweisen eindeutig: Das Ministerium für Nationale Verteidigung, aber auch das Kommando der Grenztruppen in Pätz waren allenfalls ausführende Organe, die ihre Befehle und Anweisungen vom NVR erhielten, von einem NVR, der ausschließlich SED-Mitglieder zu seinen Angehörigen zählte. Daß beispielsweise Armeegeneral Hoffmann auch als zuständiger Minister wenig zu sagen hatte, und selbst bei der Veröffentlichung von Pressemitteilungen Honecker um Erlaubnis bitten mußte, soll mit einem weiteren Beispiel demonstriert werden. Es ging dabei darum, den Abbau von Minenfeldern auf der Grundlage der NVR-Beschlüsse vom 1. Juli 1983 veröffentlichen zu dürfen. Vorgesehen waren die Räumung von Minenfeldern in den Bereichen der Grenzregimenter -24, Salzwedel, -23, Kalbe, -1, Mühlhausen sowie -10, Plauen.

Dazu schrieb Hoffmann am 16. September 1983 an Honecker, entsprechend dessen Aufgabenstellung sei nunmehr der Entwurf einer „Pressemitteilung über bestimmte Abbaumaßnahmen an der Staatsgrenze der DDR zur BRD" erarbeitet worden. Er, Hoffmann, schlage vor, „wenn eine solche Mitteilung in die BRD lanciert werden soll, diese nicht früher als in der Woche vom 26.09. bis 02. 10. 1983 vorzunehmen, da zu diesem Zeitpunkt bereits an den in der Pressemitteilung genannten Orten sichtbare Ergebnisse zu verzeichnen sein werden". Mit der Bitte „um Kenntnisnahme und Bestätigung der unterbreiteten Vorschläge bzw. um Deine Weisung" schloß sein Schreiben an Honecker, das dieser mit einem prägnanten „Einverstanden, EH" versah.

Der Hinweis darauf, daß selbst hochkarätige Funktionäre, wie eben der Minister für Nationale Verteidigung, in einer solchen Funktion an die Weisungen des NVR und damit der SED gebunden waren, darf jedoch nicht dazu führen, daß diese nun die Verantwortung für die Toten und Verletzten an den innerdeutschen Grenzen von sich weisen. Denn als zum Teil „geborene" Mitglieder des Nationalen Verteidigungsrates hatten sie eben diese Beschlüsse herbeigeführt oder doch gebilligt, die sie dann in anderer Eigenschaft umsetzen mußten und die zum Tode von hunderten Menschen führten.

Zerstörte Eisenbahnbrücke bei Dömitz (Elbe) im Jahr 1985

Luftaufnahme der zerstörte Elbbrücke bei Dömitz im Jahr 1985. Die innerdeutsche Grenze verlief auf dem Deich zwischen Brücke und Ortschaft.

Anlage 2

Geheime Kommandosache
Anlage Nr.
B 76/61 (Persönlich!) 27

Grundsätze

für die pioniermäßige Verstärkung und Kennzeichnung der Staatsgrenze der DDR zu Westdeutschland

Zur weiteren Sicherung der Deutschen Demokratischen Republik gegenüber den Kriegsvorbereitungen der westlichen Imperialisten ist eine pioniermäßige Verstärkung der Staatsgrenze der DDR zu Westdeutschland durchzuführen mit dem Ziel, die Unantastbarkeit ihrer Grenze gegenüber Störaktionen, Provokationen und Grenzverletzungen jeder Art zu gewährleisten.
Dazu wird festgelegt:

1. Die pioniermäßige Verstärkung der Staatsgrenze West ist in drei Etappen durchzuführen:

   1. Etappe : bis 30. November 1961
   2. und 3. Etappe : 1. April bis 30. November 1962

   Die konkrete Festlegung der Zeiträume und der Maßnahmen für die 2. und 3. Etappe erfolgt durch den Minister für Nationale Verteidigung.

2. In der 1. Etappe werden errichtet:

- Drahtminensperre, Drahtsperre auf 2 Pfählen mit S-Rolle	265 km
- Straßensperren (Barrieren)	117
- Beobachtungstürme	40

3. In der 2. und 3. Etappe sind zu errichten:

- Drahtminensperre, Drahtsperre auf 2 Pfählen mit S-Rolle u.a. Inf.-Sperren	551 km
- Straßensperren	192
- Beobachtungstürme	98
- Lichtsperren	24,5 km
- Scheinwerfer	18

- 2 -

Gleichlaufend mit dem Bau der Sperren sind durchzuführen:

- Roden von Waldgelände
- Schaffen von Sicht- und Schußfeld
- Anlegen der 6-m-Kontrollstreifen
- in der 2. Etappe in panzergefährdeten Richtungen an gut einsichtbaren Stellen Ausbau von Panzerstellungen
- in der 3. Etappe Ausbau von Wechselstellungen.

Die für die 2. und 3. Etappe geplanten Maßnahmen sind im Gelände konkret festzulegen, nach dem ist die vorläufige Aufstellung der benötigten materiellen Mittel (Anlage Nr. 2) zu präzisieren.

Mit Erfüllung der Maßnahmen der 1. bis 3. Etappe sind an der Staatsgrenze West, einschließlich der zu einem früheren Zeitpunkt errichteten Sperren, folgende Pionieranlagen vorhanden:

- Drahtminensperre, Drahtsperre auf 2 Pfählen, mit S-Rolle u.a. Inf.-Sperren	938 km
davon Drahtminensperre	614 km
- Straßensperren	784
- Beobachtungstürme	537
- Lichtsperren	24,5 km
- Scheinwerfer	18

Panzersperren (Panzer-Minenfelder und Panzergräben) sind im Verlaufe der gesamten Pionierarbeiten nach entsprechender Vereinbarung mit dem Oberkommandierenden der Gruppe der sowjetischen Streitkräfte in Deutschland anzulegen.

(Einteilung der Etappen und Platz der wichtigsten Sperren - siehe Karte; Schema der Anlage der Sperren und Aufbau der Drahtminensperren und Drahtsperren auf 2 Pfählen mit S-Rolle siehe beigefügte Schemata).

- 3 -

5. Die Kennzeichnung der Staatsgrenze West sowie der Sperrgebiete und Pioniersperren hat nach folgendem Prinzip zu erfolgen:

a) Grenzsteine sind auf der Grenzlinie an allen Grenzbiegungen, auf gerader Linie mit einem Zwischenraum von 150 m zu setzen.

b) Grenzsäulen sind 1 m hinter der Grenzlinie mit einem Zwischenraum von 450 m zu errichten.

c) Verbotsschilder kennzeichnen die Begrenzungen des Sperrgebietes und des 500-m-Schutzstreifens.

d) Warnschilder sind beiderseits der Sperren aufzustellen.

Der Zeitpunkt der Kennzeichnung der Staatsgrenze (Errichtung der Grenzsäulen) wird besonders festgelegt.

(Muster der Grenzsäulen und Verbots- bzw. Warnschilder - siehe beigefügte Schemata).

1. <u>Sperranlage SM-70</u>

Die seit 1970 errichteten Sperranlagen SM-70 haben sich unter Friedensbedingungen als effektivstes Sperrelement bewährt.

Der Kostenaufwand für die auf einer Breite von 421 km errichteten 88 Sperranlagen SM-70 beträgt insgesamt 86,7 Mio Mark.
(100 km einschließlich Grenzzaun I = ca. 20.6 Mio Mark)

Mit den in den letzten Jahren durchgeführten technischen Verbesserungen konnte keine ausreichende Zugriffsicherheit der Minen erreicht werden. Sie ist auch bei weiterer technischer Verbesserung nicht vollständig zu gewährleisten.

Vom Gegner wurden bisher in 3 Fällen 8 Minen entwendet. In Grenzbataillonen, in denen 4 bis 6 Anlagen installiert sind, werden 50 bis 70 % der Kräfte zur Sicherung dieser Grenzabschnitte gebunden.

Nachteilig wirkt sich die hohe Zahl der durch Störfaktoren bedingten Minenauslösungen aus.
Im Ausbildungsjahr 1978/79 detonierten ca. 10 000 Minen. Das sind 15 % aller montierten Minen, wovon durch Wild ca. 50 %, Witterungseinflüsse ca. 30 % und technische Mängel ca. 20 % ausgelöst wurden.

Neben dem ökonomischen Aufwand zur Ergänzung der Minen in Höhe von 2,3 ~~Mio~~ Mark führen solche Auslösungen zu einer hohen Belastung der Kräfte zur Überprüfung und Instandsetzung, zur Untergrabung des Vertrauens zur Technik und zu routinehaftem Verhalten und Handeln der Angehörigen der Grenztruppen.

Geheime Verschlußsache !
GVS-Nr.:G/407153 2 ,Ausf.Bl. 4

Der neu entwickelte elektrotechnische Teil der Sperranlage SM-70 (WET) entspricht den taktisch-technischen Forderungen und wird nach konstruktiver Anpassung an die derzeitige Anlage eine höhere Zuverlässigkeit und Funktionssicherheit gewährleisten.
Der hohe Anteil der ungewollten Auslösungen durch Wild und Witterung wird nicht wesentlich verringert.

Die seit 1974 durchgeführte Entwicklung des sperrtechnischen Teiles (WST) stellt keine befriedigende Lösung dar, da der ökonomische Aufwand unvertretbar hoch ist. (Fünffache Kosten der bisherigen Anlagen).

Aufgaben:

(1) Die Sperranlage SM-70 ist in der Ausrüstung der Grenztruppen beizubehalten. Weitere Anlagen der gegenwärtigen Konstruktion sind nicht mehr zu errichten. (421 km = 88 Anlagen

(2) Die bisher errichteten Sperranlagen SM-70 sind durch den Einbau neuer Bauteile zu modernisieren, um die Funktions- und Zugriffsicherheit zu erhöhen.

Gegenüber der Industrie ist die Forderung zu erheben, im Herbst 1980 eine modernisierte Anlage zur Erprobung an die Grenztruppen zu übergeben, im Jahr 1981 5 - 10 Anlagen für die Nutzung bereitzustellen und die Serienproduktion ab 1982 vorzusehen.

Die Erprobung der modernisierten Anlage hat durch die Grenztruppen 1980/81 zu erfolgen.

(3) Die Maßnahmen der Umrüstung der Sperranlage SM-70 sind im Rahmen der planmäßigen Hauptinstandsetzungen zu realisieren und bis 1986 abzuschließen.

(4) Die Arbeiten zur Weiterentwicklung des sperrtechnischen Teiles der Sperranlage SM 70 (WST) sind einzustellen.

(5) Die Forschung und Entwicklung ist darauf zu konzentrieren, im Zeitraum von 1986 bis 1990 eine neue Sperranlage zu entwickeln und deren Einführung ab 1991 zu gewährleisten.

Verantwortlichkeit:

Für Forschung, Entwicklung und Beschaffung:
- Stellvertreter des Ministers und Chef Technik und Bewaffnung.

Für Umrüstung:
- Stellvertreter des Ministers und Chef der Grenztruppen.

2. Minensperre-66 (erdverlegte Schützenminen)

Die erdverlegten Schützenminensperren haben sich, insbesondere in der Periode vor Errichtung der Sperranlagen SM-70, als Mittel und wichtiger moralischer Faktor in der Grenzsicherung bewährt.

Gegenwärtig sind 237 km der Staatsgrenze mit erdverlegten Schützenminen gesperrt. Darin sind 192 km veraltete Minensperren eingeschlossen, die bis 1985 geräumt und teilweise mit einer Mine modernen Typs neu verlegt werden. Seit 1977 wurden 45 km mit ca. 225 000 Minen des neuen Typs PPM-2 gesperrt.
Der Kostenaufwand je 100 km beträgt mit Streckmetallzaun ca. 46,0 Mio Mark und ohne Streckmetallzaun ca. 29,0 Mio Mark.

Die Wirksamkeit der erdverlegten Minensperre wurde bisher durch die ungenügende Funktionssicherheit und geringe Lebensdauer der Minen und eine unzureichende Minendichte beeinträchtigt.

Durch den Einsatz der Mine PPM-2, die ein mechanisiertes Räumen und Verlegen ermöglicht und deren voraussichtliche Lebensdauer 5 Jahre beträgt, wird die Wirksamkeit der Minensperre-66 und die Sicherheit der eigenen Kräfte erhöht. Die Tatsache, daß bisher 58 Angehörige der Grenztruppen bei Räum- und Verlegearbeiten mittlere und schwere Verletzungen erlitten, ist darauf zurückzuführen, daß das Räumen der Minen überwiegend manuell durchgeführt wurde

Ein ausschließlich maschinelles Räumen ist erst nach Ablösung der älteren Minentypen ab 1985 möglich.

Die Erhaltung der Wirksamkeit der erdverlegten Minensperre erfordert einen hohen ökonomischen Aufwand.

Die begrenzte Lebensdauer der Mine erfordert im 5jährigen Rhythmus ein Räumen und Verlegen derselben.
Der jährliche Kostenaufwand dafür beträgt ca. 7,2 Mio Mark.

Aufgaben:

(1) Die erdverlegte Minensperre ist als Sperrelement beizubehalten und weiterzuentwickeln.

(2) Die Minensperre-66 ist in Grenzabschnitten anzulegen, die den geographischen und Sicherheitsbedingungen entsprechen und in denen mechanisierte Räum- und Verlegearbeiten möglich sind.

(3) Ausgehend vom Leistungsvermögen der Minenräum-Komplexe zur Räumung und Neuverlegung von Minen ist eine Sperrlänge von 125 km festzulegen.

(4) Die Forschung ist darauf zu richten, ab 1986 eine Mine mit einer Lebensdauer von mehr als 5 Jahren zu entwickeln, die maschinell verlegt und geräumt werden kann.
In Abhängigkeit von den Forschungsergebnissen ist die Sperrlänge der Minensperre-66 neu zu beurteilen und vorzuschlagen.

Verantwortlich:

Für die Forschung, Entwicklung und Beschaffung:
- Stellvertreter des Ministers und Chef Technik und Bewaffnung.

Für die planmäßige Räumung und Neuverlegung der Minen:
- Stellvertreter des Ministers und Chef der Grenztruppen.

01.10.82 lo   02. Jan 1979 Po   Sekretariat STMCGT 000013
Eingang am: XXVII 473
02. Jan 1980

GRENZTRUPPEN
DER DEUTSCHEN DEMOKRATISCHEN REPUBLIK
[Stellv]ertreter des Chefs der Grenztruppen
und Chef des Stabes

O.U., den .07. 1978
Tgb.-Nr.: /78

Sekretariat STMC
Eingang am: 28.7.
XXVII
441

[Nr].: 520205

Geheime Verschlußsache

Geheime Verschlußsache !
GVS-Nr.: G / 403979
1.Ausfertigung = 12 Blatt

Kommando der Grenztruppen Chef des Stabes	
Posteingang 16. AUG. 1978	
Tgb.-Nr. 951	

Baumgarten
R.
15/8

Auskunftsangaben

über das Anlegen und Räumen von Minensperren
an der Staatsgrenze der DDR zur BRD

Entsprechend der vom Minister für Nationale Verteidigung am 07.07. 1976 bestätigten

" Konzeption für den Ausbau der vorderen Sperrelemente an der Staatsgrenze der DDR zur BRD und zu WESTBERLIN im Zeitraum bis 1980 "

(GVS-Nr.: G / 400668 , Abschnitt II)

hat der Anteil der Minensperren am vorderen Sperrelement an der Staatsgrenze zur BRD mindestens 60 % zu betragen.

Das entspricht einer Länge von ca. 830 km .

Da in der Konzeption das jährliche Nachverlegen von 50 km Minensperre in der Dichte 4 - 5 geplant war, wurden ab 1977 den Grenztruppen jährlich 220.000 Stück Infanterieminen PPM - 2 zugeführt.
Von diesen Minen können jedoch nur ca. 100.000 Stück aus den vorgenannten Gründen verlegt werden.

Mit Stand per 20.06. 1978 verfügen die Grenztruppen über einen Lagerbestand von 290.000 Stück Infanterieminen, davon 230.000 Stück PPM - 2 .
Damit ist die gesamte Lagerkapazität für Minen im Bereich der Grenztruppen ausgelastet und überzogen.

Die Restzuführung für 1978 beträgt nochmals 150.000 Stück PPM - 2, von denen bereits ein Teil im Herstellerbetrieb zum Versand bereit steht.
Die Aufnahme dieser Minen in den Pioniermunitionslagern der Truppenteile ist nicht mehr möglich.
Die Restzuführung 1978 muß storniert werden.

Nach der Erfüllung der Jahresaufgabe 1978 zur Nachverlegung von 23 km Minensperre = 115.000 Stück PPM - 2, der vorgesehenen Abgabe bzw. Vernichtung von insgesamt 60.000 Stück Infanterieminen PMN, PMP - 71 und OSM - 3 und der Stornierung der Restzuführung 1978 (150.000 Stück PPM- 2) sind im Bestand der Grenztruppen mit Abschluß des Ausbildungsjahres 1977 / 78 noch 115.000 Stück Minen PPM - 2 vorhanden.

Entsprechend den Möglichkeiten des Räumens der MRK können jährlich ca. 100.000 Minen = 20 km Minensperre nachverlegt werden.

Ausgehend von dieser Situation und dem vorhandenen Lagerbestand Ende 1978 ist es erforderlich:

- die Restzuführung von 150.000 Stück PPM - 2 im Ausbildungsjahr 1977/78 zu stornieren;
- die im Bestand der Grenztruppen vorhandenen Minen OSM - 3 (11.000 Stück) kurzfristig durch das MfNV abzuverfügen;
- durch das MfNV die Vernichtung von 35.000 Stück PMP - 71 zu bestätigen;
  (Diese Minen sind nicht für den Einsatz an der Staatsgrenze geeignet)
- die Zuführung der Minen des Typs PPM - 2 in den Jahren 1979 - 80 auf 100.000 Stück zu reduzieren;
  (Geplante jährliche Menge 220.000 Stück).

(3) Aufgabenstellung

Minensperre SM - 70

Bis 1980 erreichter Ausbaustand	490 km	=	102	Anlagen
davon GK NORD	255 km	=	53	Anlagen
GK SÜD	235 km	=	49	Anlagen
In der Konzeption geplant	610 km	=	122	Anlagen
davon GK NORD	305 km	=	61	Anlagen
GK SÜD	305 km	=	61	Anlagen

Somit können bis zum Abschluß des Ausbildungsjahres 1980 20 Sperranlagen nicht fertiggestellt werden. Der Aufbau wird im Perspektivzeitraum 1981 - 83 sichergestellt.
Die Ursachen für den verzögerten Bauablauf waren:

- die notwendige Umrüstung der Sperranlagen mit neuen Minenhalterungen im Zeitraum 1973 und 74
- die Stabilisierung der Zugriff- und Demontagesicherheit für die Minen und Auslösemechanismen in den Jahren 1976 und 77
- und der Einsatz von Montagekräften für die Erprobung des neuentwickelten Sperr- und elektrischen Teils der Sperranlagen.

4. Die Entschlüsse für den pionier-, signal- und nachrichtentechnischen Ausbau im Perspektivzeitraum 1981 - 90 der Grenzkommandos NORD und SÜD berücksichtigen die Erfahrungen und Erkenntnisse der vergangenen Jahre, die gezeigt haben, daß:
   - die Minenräumkompanien jährlich nur ca 10 km Minensperre Typ 66 räumen,
   - im Räum- und Verlegezyklus von 5 Jahren im Grenzkommando NORD und im Grenzkommando SÜD, je 50 km Minensperre Typ 66 durch die MRK unterhalten werden können (insgesamt 100 km),
   - die weitere Reduzierung der Minensperre Typ 66 ab 1980 auf einen Stand von insgesamt 100 km mit der Dichte 5, bei gleichzeitiger Erhöhung des Anteils der Minensperre SM-70 für die Probleme der Sicherheit, der Aufrechterhaltung der Wirksamkeit und Instandhaltung der Minensperren, die günstigste Lösung darstellt,
   - der überwiegende Teil der noch zu reduzierenden Minensperren Typ 66 aufgrund der Geländeverhältnisse und der maximalen Auslastung der MRK zum Räumen und Nachverlegen, manuell geräumt werden müssen.

Im GKN bis 1985 ca 20 km
im GKS bis 1990 ca 140 km.

Wird der weiteren Reduzierung der Minensperren Typ 66 nicht zugestimmt, müssen zur Gewährleistung der Räum- und Nachverlegearbeiten zusätzlich zwei Minenräumkompanien gebildet werden.

5. Bei Zustimmung zur Reduzierung der Minensperren Typ 66 auf insgesamt 100 km und gleichzeitiger Erhöhung des Anteils der Minensperre SM-70 auf 120 km werden nach wie vor 60 % des vorderen Sperrelementes an der Staatsgrenze der DDR zur BRD durch Minensperren gesichert.
Die Kennziffer für Minensperren insgesamt würde weiterhin 830 km betragen. Davon
im GKN 375 km und
im GKS 455 km.
Die Kennziffer für Minensperren SM-70 und für Minensperre Typ 66 ändern sich dann wie folgt:

<u>Minensperre SM-70:</u>		= 730 km	=	146 Anlagen
davon	GKN	325 km	=	65 Anlagen
	GKS	405 km	=	81 Anlagen

<u>Minensperre Typ 66:</u>		= 100 km
davon	GKN	50 km
	GKS	50 km.

Aus der Veränderung der Kennziffern ergeben sich nach 1980 materielle und personelle Konsequenzen

(1) <u>Materielle Konsequenzen</u>:

- zusätzliche materielle Sicherstellung und die Errichtung von 120 km Grenzzaun I mit Minen SM-70 = 24 Sperranlagen.

MINISTERIUM FÜR NATIONALE VERTEIDIGUNG
Stellvertreter des Ministers und
Chef der Grenztruppen der DDR

GVS-Nr.: G/403832
1.Ausfertigung = 4 Blatt 01. 10. 82

Az.: 52 02 05

Auskunftsangaben über das Anlegen und Räumen von Minensperren an der Staatsgrenze der DDR zur BRD

1. Ausgangsbetrachtungen

Die Staatsgrenze der DDR zur BRD hat eine Gesamtlänge von 1397,4 km, davon GKN : 598,3 km
GKS : 799,1 km

Entsprechend der vom Minister für Nationale Verteidigung am 07.07.1976 bestätigten Konzeption für den Ausbau der vorderen Sperrelemente an der Staatsgrenze der DDR zur BRD und zu WESTBERLIN im Zeitraum bis 1980 (GVS-Nr.: G 400668, Abschnitt II) hat der Anteil der Minensperren am vorderen Sperrelement mindestens 60 % = 838,44 km zu betragen.

Sie gliedern sich in

Sperrentyp	ME	Gesamt KGT	davon	
			GKN	GKS
Minensperre SM - 70	km	610	305 (61 Stück)	305 (61Stück)
Minensperre Typ 66	km	220	70	150

Kriterien für die Festlegung der Anzahl der Minensperren SM-70 in den Grenzkommandos bildeten nicht die Grenzlängen, sondern die Anzahl der Grenzbataillone. Von der Wartungsgruppe im Grenzbataillon ist die Instandhaltung von 3-4 Sperranlagen maximal möglich.

2. Entwicklungstendenzen auf der Grundlage der Perspektivpläne 1981 - 1990 in den Grenzkommandos

Zum gegenwärtigen Zeitpunkt beträgt der Gesamtumfang an Minensperren Typ 62 und Typ 66

Sperrentyp	ME	Gesamt KGT	davon GKN	davon GKS
Minensperre Typ 62	km	182,0	42,1	139,9
Minensperre Typ 66	km	294,7	76,9	217,8
Gesamt	km	476,7	119,0	357,7

Bis 1980 sind im GKN und GKS die Minensperren Typ 62 vollständig geräumt.

Die Perspektivplanung 1981 bis 1990 der Grenzkommandos NORD und SÜD zeigt deutlich die Tendenz der weiteren Reduzierung der Minensperren mit erdverlegten Minen.

	ME	Stand 1980 lt. Konzeption	Stand 1980 lt. operat. Planung	Reduzierung 1981... 85	Stand 1985	Reduzierung 1986... 90	Stand 1990
GKN	km	70,0	69,1	23,9	45,2	-	45,2
GKS	km	150,0	188,2	75,2	113,0	19,1	93,9
KGT	km	220,0	257,3	99,1	158,2	19,1	139,1

Somit werden die Minensperren mit erdverlegten Minen von 1980 -1990 gegenüber der Konzeption um weitere 80,9 km reduziert = 16 Sperranlagen SM-70.

295
- 257
38

000010

3. Probleme der Erhaltung der Einsatzbereitschaft und materiellen Planung der erdverlegten Minensperren

Geplanter Bedarf an Minen für 5 Jahre (1 Zyklus)

GKN:	70 km Minensperre	= 350 000 Minen
GKS:	150 km Minensperre	= 750 000 Minen
KGT:	220 km Minensperre	=1100 000 Minen

Das ergibt einen Jahresbedarf von 220 000 Minen = 44 km Minensperre zum Nachverlegen in Dichte 5.

Die Voraussetzungen für das Räumen und Neuverlegen der erdverlegten Minensperren in Intervallen von 5 Jahren sind im GKN geschaffen. Bis 1980 ist der erste Zyklus der Räumung und Neuverlegung der in der Perspektive verbleibenden Minensperren abgeschlossen. Sie wird im Perspektivzeitraum planmäßig fortgesetzt.

Im GKS sind die Voraussetzungen für das Räumen und Neuverlegen der Minen in Intervallen von 5 Jahren nicht gegeben. Bis 1980 werden nur 46,4 km Minensperre in den 5 jährigen Instandsetzungszyklus einbezogen.

Dadurch entsteht bis 1980 ein Minderbedarf an Minen :

GKN	25 km Minensperre	= 125 000 Minen
GKS	104 km Minensperre	= 520 000 Minen
KGT	129 km Minensperre	= 645 000 Minen

Im Perspektivzeitraum 1981 -1990 ist das GKS mit den zur Verfügung stehenden Kräften und Mitteln nicht in der Lage, den Instandhaltungsintervall durchzusetzen.

		ME	bis 1980 erreicht	1981	1982	1983	1984	1985	1981...85	1986...90
GKN	Räumen von Minensperren	km	45,0	5,8		13,2	12,2	14,0	45,2	45,2
	Verlegen von Minensp.	km	45,0	5,8		13,2	12,2	14,0	45,2	45,2
GKS	Räumen von Minensperren	km	46,4	14,0	14,7	17,3	17,9	15,0	78,9	68,9
	Verlegen von Minensp.	km	46,4	14,0	14,2	15,6	17,9	15,0	76,7	66,7
KGT	Räumen von Minensperren	km	91,4	19,8	14,7	30,5	30,1	29,0	124,1	114,1
	Verlegen von Minensp.	km	91,4	19,8	14,2	28,8	30,1	29,0	121,9	111,9

Das GKS muß in die Lage versetzt werden, jährlich 20 km Minensperre zu räumen und nachzuverlegen, um die im Perspektivzeitraum verbleibenden 94 km Minensperre im vorgesehenen Intervall instand zu halten.

Wer 94?

Unter diesen Voraussetzungen ergibt sich ab 1981 ein jährlicher Bedarf an Minen

	ME	1981	1982	1983	1984	1985	1981...85	1986...90
GKN	St	29000		66000	61000	70000	226000	226000
GKS	St	95000	95000	95000	95000	95000	475000	475000
KGT	St	124000	95000	161000	156000	165000	701000	701000

Wenn auf die 220 km erdverlegte Minensperren verzichtet wird, ist es erforderlich etwa 50Stück Sperranlagen SM-70 zu errichten. Dadurch erhöht sich die Anzahl der Anlagen pro Grenzbataillon um durchschnittlich 1-2 Stück und damit der Instandsetzungsaufwand. Eine Aufstockung der Wartungskräfte der Grenzbataillone ist erforderlich.

000012

Geheime Kommandosache
27 (persönlich!) 27 26/83

Ot. Ausf. 1 16 Blatt

TOP – 12

Eingereicht von: Minister für Nationale Verteidigung
Genossen Armeegeneral H. Hoffmann

B e s c h l u ß v o r l a g e

für den

Nationalen Verteidigungsrat

der Deutschen Demokratischen Republik

Inhalt: Erhöhung der Wirksamkeit von Grenzsicherungsanlagen an der Staatsgrenze der DDR zur BRD und zu BERLIN (WEST)

Erarbeitet von: Minister für Nationale Verteidigung
Genossen Armeegeneral H. Hoffmann

Zugestimmt haben:

Minister für Staatssicherheit
Genosse Armeegeneral E. M i e l k e

Minister des Innern und Chef der
Deutschen Volkspolizei
Genosse Generaloberst F. D i c k e l

Leiter der Abteilung für Sicherheitsfragen
des Zentralkomitees der SED
Genosse Generaloberst H. S c h e i b e

H o f f m a n n
Armeegeneral

3

B e s c h l u ß

des Nationalen Verteidigungsrates der Deutschen Demokratischen Republik

Der Nationale Verteidigungsrat der Deutschen Demokratischen Republik beschließt:

1. Dem

   "Vorschlag zur Erhöhung der Wirksamkeit von Grenzsicherungsanlagen an der Staatsgrenze der DDR zur BRD und zu BERLIN (WEST)"

   wird unter Beachtung der während der Sitzung gegebenen Hinweise und unterbreiteten Vorschläge zugestimmt.

2. Der Minister für Nationale Verteidigung wird beauftragt, die erforderlichen Maßnahmen für den weiteren pionier- und signaltechnischen Ausbau der Staatsgrenze der DDR zur BRD und zu BERLIN (WEST) festzulegen.
   Für die Führung und Koordinierung der Forschung und Entwicklung neuer Grenzsicherungsanlagen ist bis zum 01. 10. 1983 eine ständige Arbeitsgruppe zu bilden, die sich aus Beauftragten des Ministeriums für Nationale Verteidigung, des Ministeriums für Staatssicherheit und des Ministeriums des Innern zusammensetzt.

3. Der Vorsitzende des Ministerrates wird beauftragt, die Forschung und Entwicklung zur beschleunigten Schaffung von modernen Grenzsicherungsanlagen mit physikalischen Wirkprinzipien ohne Minen und von Ergänzungseinrichtungen für die vorhandenen Sperr- und Signalelemente sowie die Bereitstellung der für die Errichtung von Grenzsicherungsanlagen in der Tiefe des Schutzstreifens erforderlichen land- bzw. forstwirtschaftlichen Flächen durch die dafür zuständigen Organe zu gewährleisten.

4. Die materiell-technische und finanzielle Sicherstellung ist im Rahmen der bestätigten bzw. geplanten Fonds zu realisieren.

Begründung

Die Grenzsicherungsanlagen an der Staatsgrenze der DDR zur BRD und zu BERLIN (WEST) haben sich in ihrer Gesamtheit als fester und unverzichtbarer Bestandteil zur Sicherung der Staatsgrenze bewährt, und wesentlich zur Stabilisierung und Erhöhung der Wirksamkeit der Grenzsicherung beigetragen.

Sie entsprechen in wichtigen Parametern dem technischen Stand der 60er und 70er Jahre. Den operativen Anforderungen der 80er Jahre werden sie damit nicht mehr voll gerecht.
Zunehmend gelingt es gegnerischen Kräften, die Wirkungsweise der Grenzsicherungsanlagen aufzuklären und ihre Kenntnisse für gezielte Angriffe gegen die Staatsgrenze der DDR auszunutzen. Die Anzahl von Personen, denen es gelingt, die Grenzsignalzaun- und Sperranlagen unverletzt und ohne Auslösung zu überwinden, ist erheblich angestiegen.

Die geringe Entfernung zwischen den Sperranlagen mit Splitterminen und der Staatsgrenze der DDR (zwischen 30 bis 50m) begünstigt Anschläge und Provokationen vom Territorium der BRD gegen diese Anlagen.
Andererseits ermöglicht es Grenzverletzern, in Richtung DDR-BRD nach Auslösung die Sperranlagen mit Splitterminen zu überwinden und in kürzester Zeit das Territorium der BRD unverletzt oder verletzt zu erreichen und sich damit der Festnahme zu entziehen.

Die Bergung von verletzten oder toten Grenzverletzern kann vom Gegner beobachtet und dokumentiert werden.

Technische Unzulänglichkeiten und durch langjährige Nutzung bedingter Verschleiß, besonders an Grenzsignalzaun- und Sperranlagen mit Splitterminen, erfordern den zusätzlichen Einsatz von Kräften, führen zu hohen Belastungen und beeinträchtigen die Wirksamkeit der Grenzsicherung.

Die zuverlässige Sicherung der Staatsgrenze der DDR zur BRD und zu BERLIN (WEST) in den 80er Jahren erfordert die Erhöhung der Wirksamkeit der Grenzsicherungsanlagen und macht die vorgeschlagenen Maßnahmen notwendig.

Anlage 1

Gegenwärtiger pionier- und signaltechnischer Ausbau

Staatsgrenze zur BRD

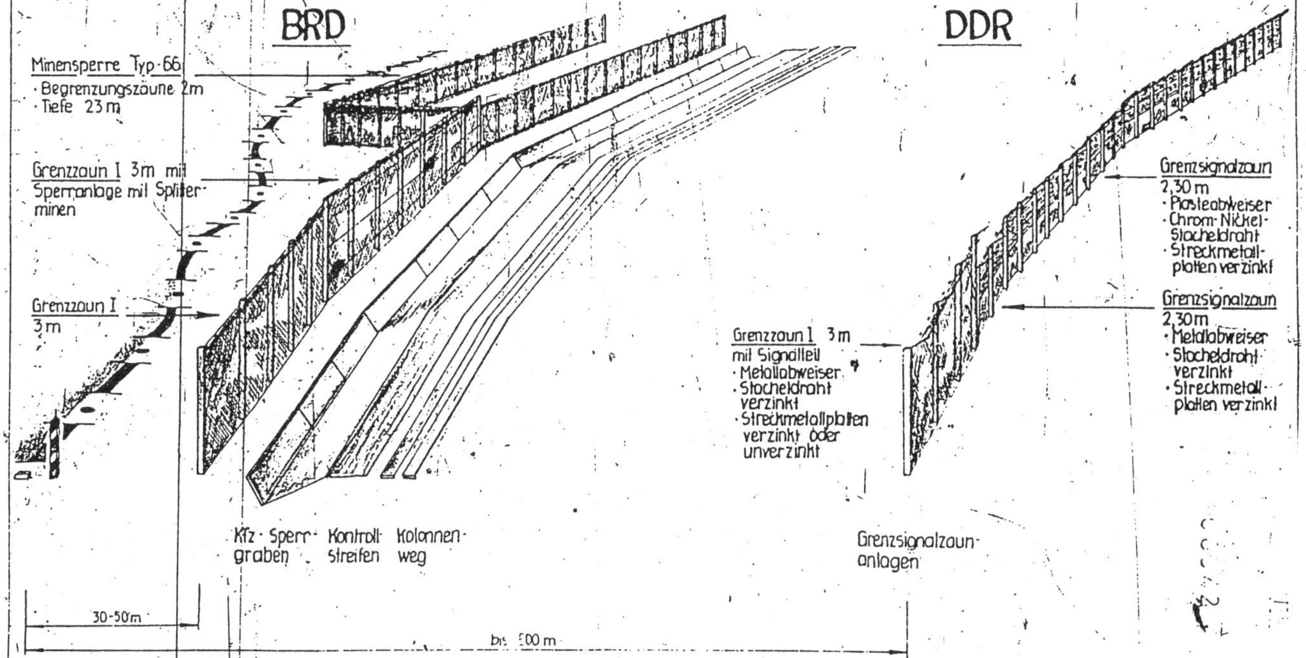

Anlage 2

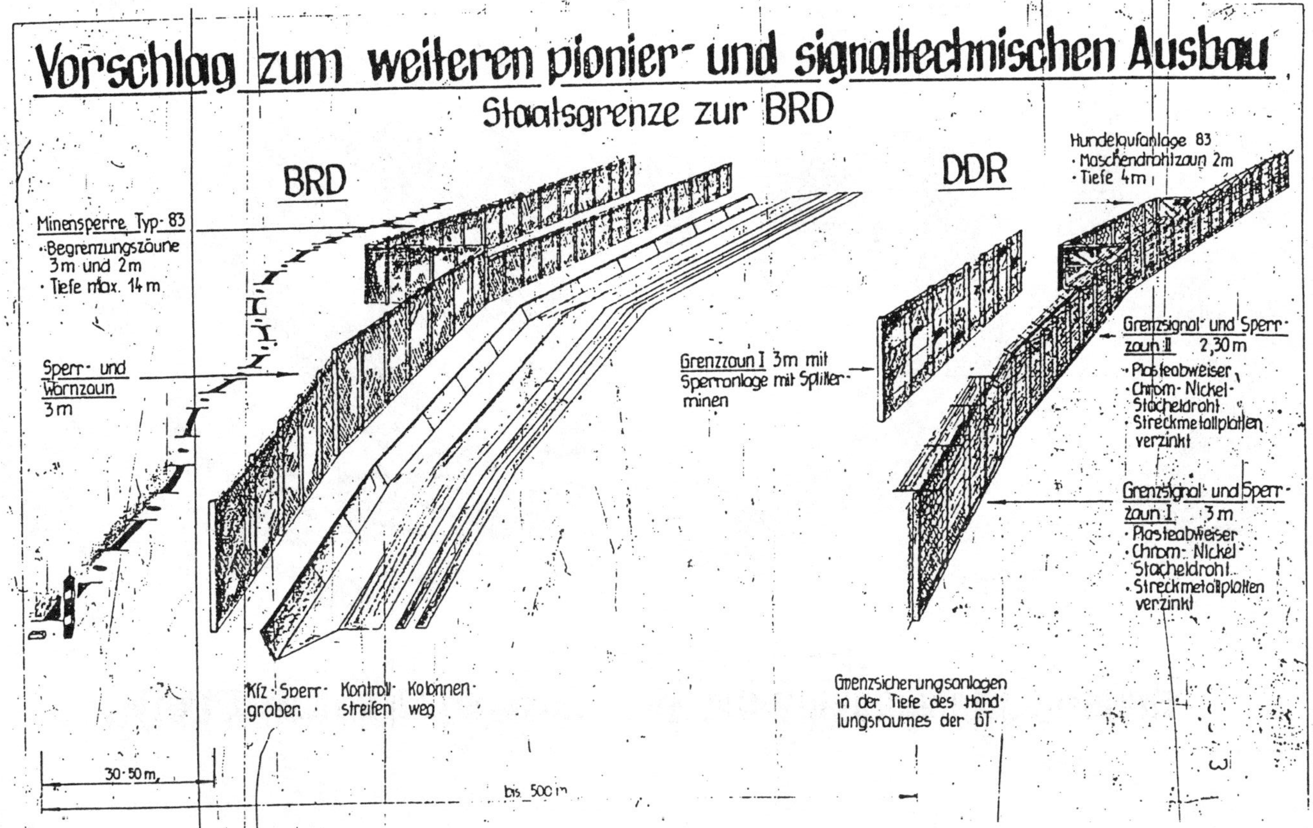
Vorschlag zum weiteren pionier- und signaltechnischen Ausbau
Staatsgrenze zur BRD
BRD
DDR
Minensperre Typ 83
· Begrenzungszäune 3m und 2m
· Tiefe max. 14 m
Sperr- und Warnzaun 3 m
Hundelaufanlage 83
· Maschendrahtzaun 2m
· Tiefe 4m
Grenzzaun I 3m mit Sperranlage mit Splitterminen
Grenzsignal- und Sperrzaun II 2,30 m
· Plasteabweiser
· Chrom-Nickel-Stacheldraht
· Streckmetallplatten verzinkt
Grenzsignal- und Sperrzaun I 3 m
· Plasteabweiser
· Chrom-Nickel-Stacheldraht
· Streckmetallplatten verzinkt
Kfz-Sperrgraben
Kontrollstreifen
Kolonnenweg
Grenzsicherungsanlagen in der Tiefe des Handlungsraumes der GT
30-50 m
bis 500 m

Anlage 4

Gegenwärtiger pionier- und signaltechnischer Ausbau

Staatsgrenze zu BERLIN (West)

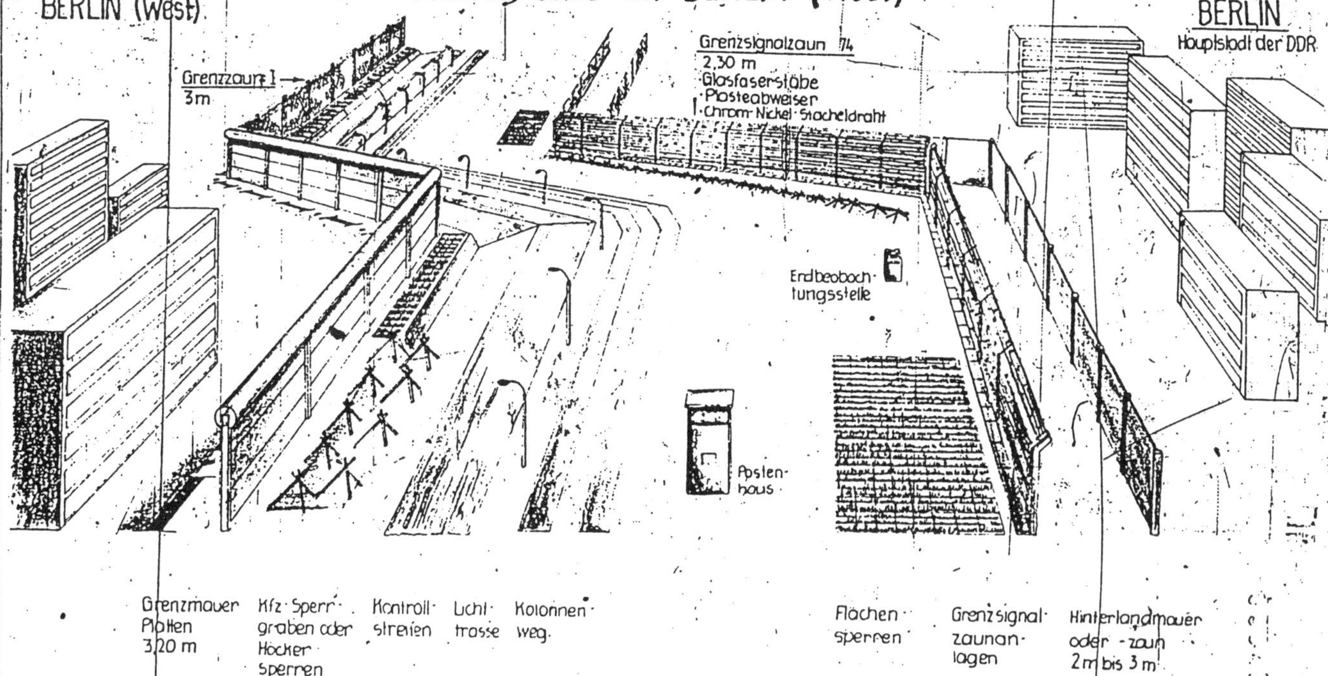

Anlage 5

Vorschlag zum weiteren pionier- und signaltechnischen Ausbau

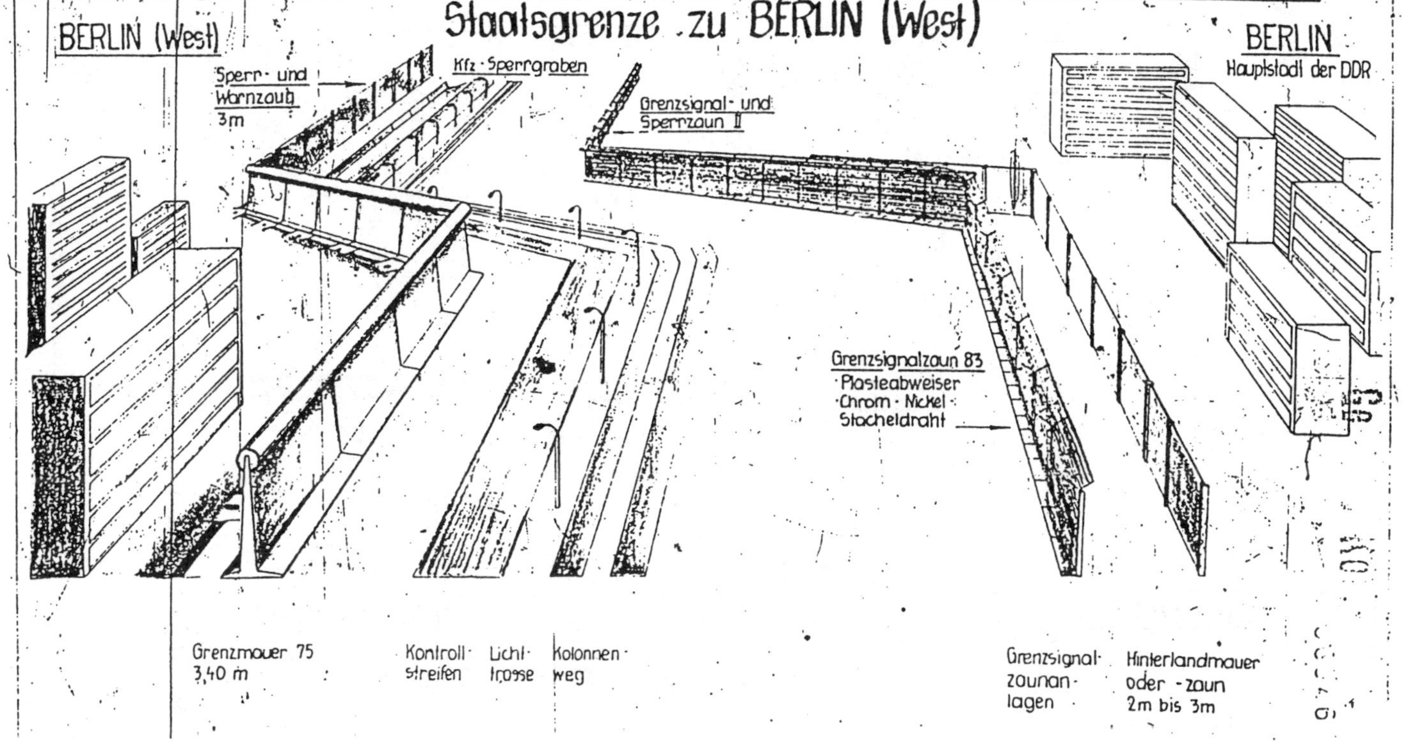

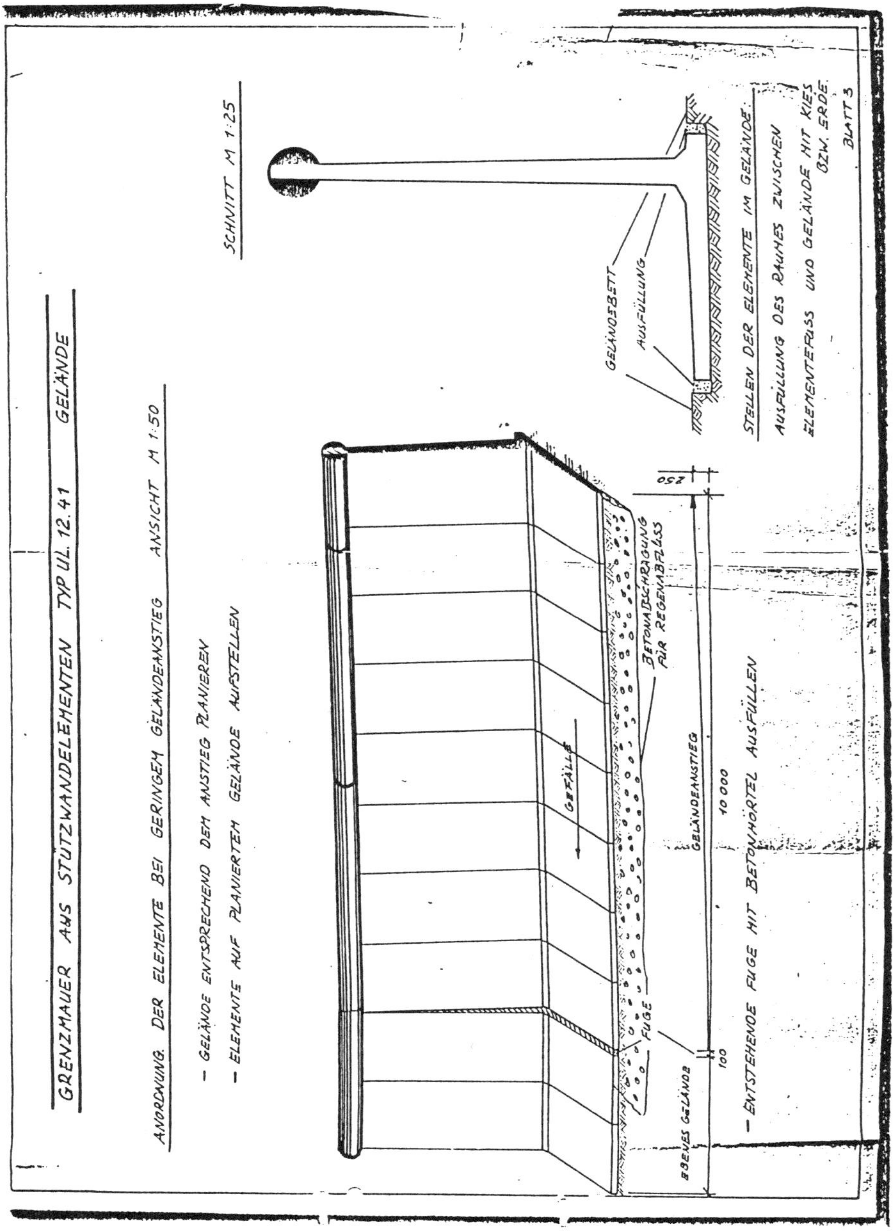
GRENZMAUER AUS STÜTZWANDELEMENTEN TYP UL 12.41 GELÄNDE
ANORDNUNG DER ELEMENTE BEI GERINGEM GELÄNDEANSTIEG
ANSICHT M 1:50
– GELÄNDE ENTSPRECHEND DEM ANSTIEG PLANIEREN
– ELEMENTE AUF PLANIERTEM GELÄNDE AUFSTELLEN
SCHNITT M 1:25
GELÄNDEBETT
AUSFÜLLUNG
STELLEN DER ELEMENTE IM GELÄNDE
AUSFÜLLUNG DES RAUMES ZWISCHEN
ELEMENTEFUSS UND GELÄNDE MIT KIES
BZW. ERDE
BLATT 3
250
BETONABSCHRÄGUNG
FÜR REGENABFLUSS
GEFÄLLE
FUGE
EBENES GELÄNDE
100
GELÄNDEANSTIEG
10 000
– ENTSTEHENDE FUGE MIT BETONMÖRTEL AUSFÜLLEN

PRINZIPSCHEMA FÜR DEN AUSBAU DER STAATSGRENZE DER DDR ZU WESTBERLIN

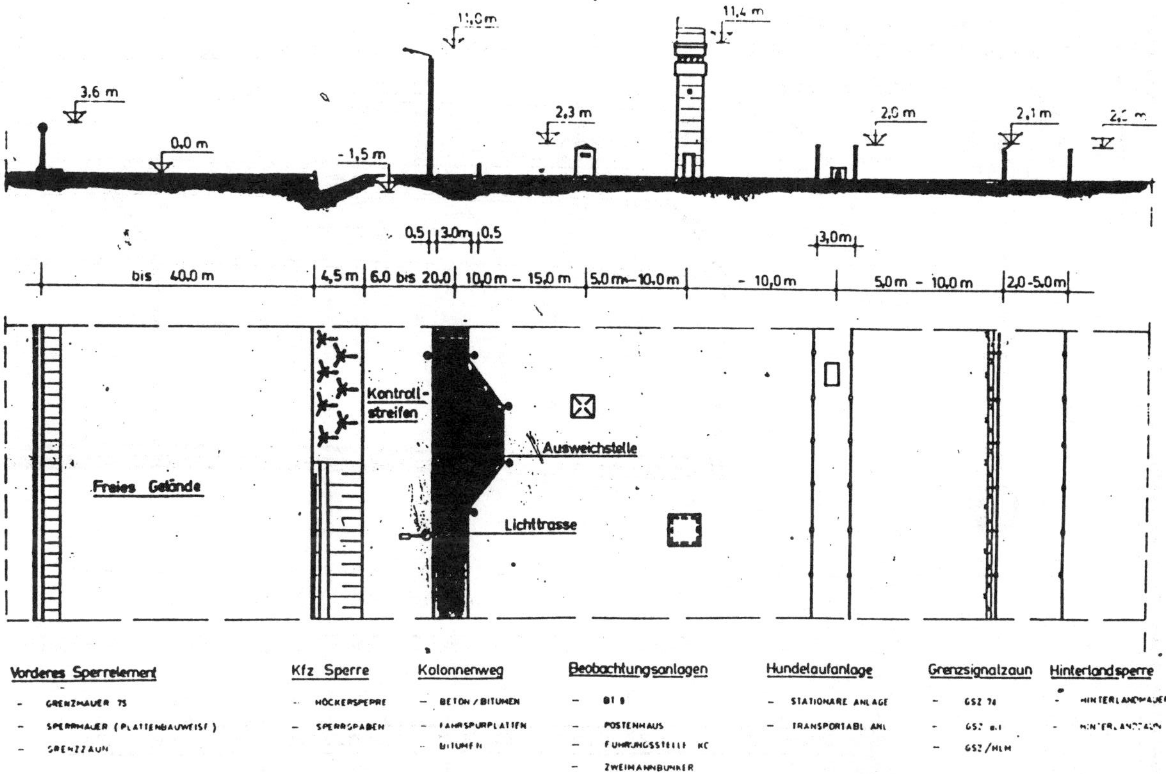

- 74 -

000089 Geheim

MINISTERRAT
DER DEUTSCHEN DEMOKRATISCHEN REPUBLIK
MINISTERIUM FÜR NATIONALE VERTEIDIGUNG
Der Minister

Berlin, den 16. 09. 1983
Tgb.-Nr.: A 306 /83
2. Ex

Generalsekretär des Zentralkomitees der
Sozialistischen Einheitspartei Deutschlands und
Vorsitzenden des Nationalen Verteidigungsrates
der Deutschen Demokratischen Republik

Genossen Erich H o n e c k e r

Werter Genosse H o n e c k e r !

Entsprechend Deiner Aufgabenstellung wurde der Entwurf einer

"Pressemitteilung über bestimmte Abbaumaßnahmen
an der Staatsgrenze der DDR zur BRD"

vorbereitet.

Aus unserer Sicht bitte ich, wenn eine solche Mitteilung in die Medien der BRD lanciert werden soll, diese nicht früher als in der Woche vom 26. 09. bis 02. 10. 1983 vorzunehmen, da zu diesem Zeitpunkt bereits an den in der Pressemitteilung genannten Orten sichtbare Ergebnisse zu verzeichnen sein werden.

Ich bitte um Kenntnisnahme.

Mit sozialistischem Gruß

H o f f m a n n
Armeegeneral

GVS 290783
E 144183

Geheime Verschlußsache

000090

MINISTERRAT
DER DEUTSCHEN DEMOKRATISCHEN REPUBLIK
MINISTERIUM FÜR NATIONALE VERTEIDIGUNG
Der Minister

Berlin, den 11. 10. 1983

Geheime Verschlußsache!
GVS-Nr.: A 454 371
.1. Ausfertigung / .3. Blatt

Generalsekretär des Zentralkomitees der
Sozialistischen Einheitspartei Deutschlands und
Vorsitzenden des Nationalen Verteidigungsrates
der Deutschen Demokratischen Republik

Genossen Erich Honecker

Einverstanden
EH
11. 10. 83

Werter Genosse Honecker!

Zum weiteren schrittweisen Abbau von Anlagen als vorderes Sperrelement erlaube ich mir, Dir auf der Grundlage des Beschlusses des Nationalen Verteidigungsrates der DDR vom 01. 07. 1983 den Abbau von weiteren fünf Anlagen an der Staatsgrenze zur BRD noch im Jahre 1983 vorzuschlagen.

Davon

1. im Grenzregiment 24, SALZWEDEL, eine Anlage vom 12. 10. bis 08. 11. 1983,

2. im Grenzregiment 23, KALBE, eine Anlage vom 24. 10. bis 11. 11. 1983,

3. im Grenzregiment 1, MÜHLHAUSEN, eine Anlage vom 17. 10. bis 01. 11. 1983 sowie

4. im Grenzregiment 10, PLAUEN, je eine Anlage vom 12. 10. bis 31. 10. 1983 und

5. vom 14. 11. bis 30. 11. 1983.

Damit wären 1983 insgesamt zehn Anlagen mit einer Sperrlänge von 48 km (ca. 10 % des Gesamtbestandes) entfernt.

000091

Geheime Verschlußsache!

GVS-Nr.: A 454 371 .?. Ausf., Bl. 2

Die Lage der entsprechenden Grenzabschnitte erlaube ich mir, im Schema beizufügen.

Der Abbau der Sperranlagen erfolgt in Übereinstimmung mit der Errichtung der neuen "Grenzsignal- und Sperrzäune" in der Tiefe des betreffenden Abschnittes.

Zur Weiterführung dieser Arbeiten schlage ich vor:

Auf Grund des zu erwartenden Winters die Abbaumaßnahmen im Zeitraum vom 01. 12. 1983 bis zum 28. 02. 1984 auszusetzen sowie

den weiteren Abbau in Abhängigkeit von der Witterung im Monat März/April 1984 fortzusetzen.

Ich bitte um Kenntnisnahme und Bestätigung der unterbreiteten Vorschläge bzw. um Deine Weisung.

Mit sozialistischem Gruß

H o f f m a n n
Armeegeneral

Geheime Verschlußsache !
GVS-Nr.: A 454 371
1 . Ausfertigung, Blatt 3

Abbau von Sperranlagen mit Splitterminen

1983

000092

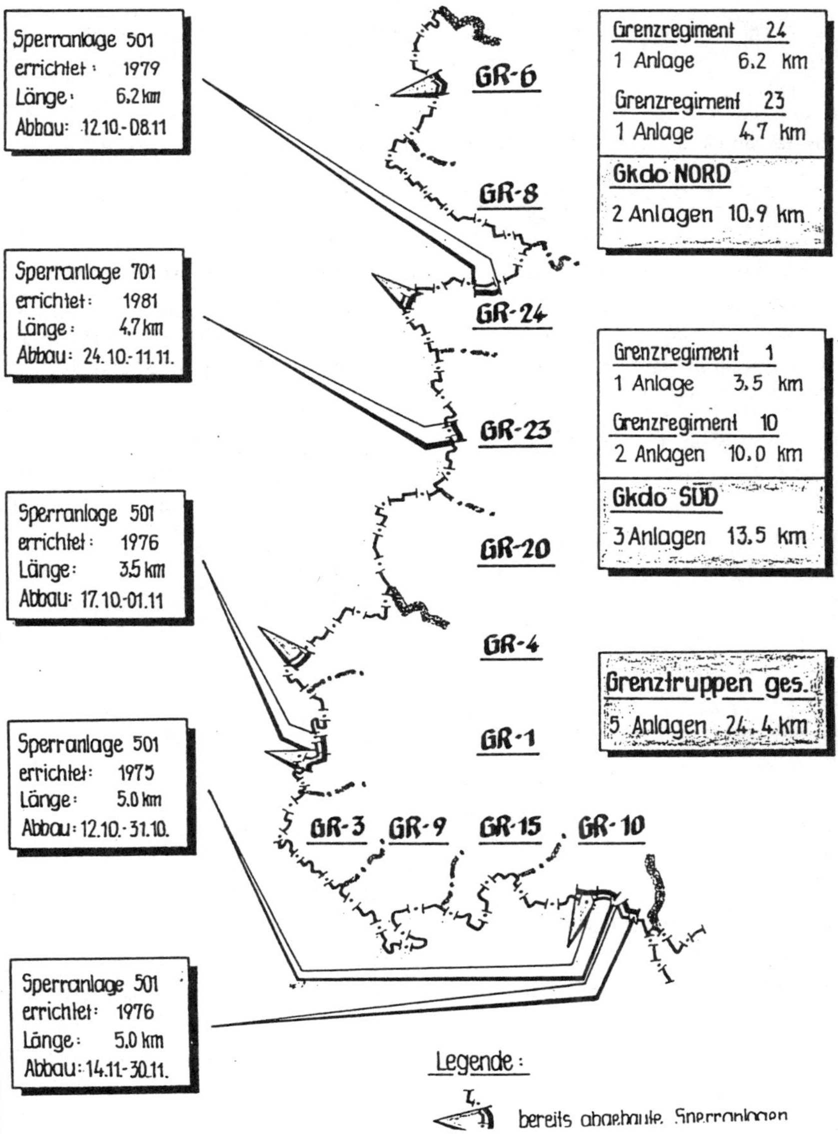

Die Befehle 101
Die Grenze sichern und die Feinde vernichten

Wenige Tage vor dem Weihnachtsfest 1989, gut sechs Wochen nach der Maueröffnung, machte Admiral Theodor Hoffmann den Deutschen eines der schönsten Geschenke, auch wenn die Öffentlichkeit kaum etwas unmittelbar davon erfuhr. Der letzte Minister für Nationale Verteidigung in Uniform - er hatte übrigens speziell für diese Funktion die Uniform eines Armeegenerals anziehen sollen, bestand jedoch auf seiner Zugehörigkeit zur Volksmarine - hob ein für allemal den Schießbefehl der DDR auf. Mit der Geheimen Verschlußsache A 821 001 unterschrieb Hoffmann den Befehl 101/89 „über die Aufgaben zur weiteren Vervollkommnung des Schutzes der Staatsgrenze der Deutschen Demokratischen Republik im Ausbildungsjahr 1989/90“ in seiner Fassung vom 21.12.1989 und setzte damit den direkten Vorgängerbefehl vom September desselben Jahres außer Kraft. Kernsatz des Hoffmann-Befehles:

„Die Anwendung der Schußwaffe, mit Ausnahme zur Abwehr von Angriffen auf das Leben der Angehörigen der Grenztruppen oder anderer Bürger der DDR, ist zuverlässig auszuschließen.“

Die „101er-Befehle“ hatten zu diesem Zeitpunkt bereits eine lange Tradition. Ungeachtet aller vom Ministerium für Nationale Verteidigung oder des Ministeriums des Innern herausgegebenen „Schußwaffenanwendungsbestimmungen“ stellten sie die verbindlichen Weisungen für die politische Indoktrination, Ausrüstung und Ausbildung der Grenztruppen ebenso dar, wie für die „Sicherung der Staatsgrenze“, sei es durch Sperranlagen oder eben auch durch die Anwendung der Schußwaffe. Die 101er-Befehle sind es auch, auf die die Berliner Staatsanwaltschaft sich in den Prozessen gegen ehemals führende Generale der NVA und Mitglieder des sog. „Kollegiums“ beruft, die den Minister für Nationale Verteidigung zu beraten hatten.

In der Regel für ein Ausbildungsjahr Gültigkeit hatten diese 101er-Befehle, in denen die Situation an den Grenzen aus der Sicht der Partei bewertet wurde, um daraus die erforderlichen Konsequenzen zu ziehen. Denn zufrieden war die Staats-und Parteiführung der DDR mit der Lage an der „Staatsgrenze West“ oder an den Berliner Grenzen bis zum Untergang des Staates nie. Von Jahr zu Jahr hatte demnach die Zahl der Provokationen von westlicher Seite zugenommen, permanent wurde erhöhte Wachsamkeit gegenüber dem Klassenfeind angemahnt, wurden den Grenzsoldaten verstärkte Anstrengungen „zum Schutze des siegreichen Aufbaus des Sozialismus in der Deutschen Demokratischen Republik und des Friedens“ abverlangt. Waren die vom Minister erlassenen Befehle noch relativ allgemein gehalten, wurden sie von Ebene zu Ebene, bis hin zur Kompanie, konkreter und enthielten zunehmend detaillierte Angaben zu Schwachstellen in der Grenzsicherung, zu Abschnitten, in denen Minen zu verlegen oder Grenzzäune zu bauen waren oder sich „tunnelgefährdete Objekte" befanden. Befehle zur Gefechtsausbildung der Grenztruppen fanden sich, aber auch Anordnungen, vor allem für das Grenzkommando Mitte in Berlin, die Ausbildung für den Häuserkampf zu verstärken.

Zugleich spiegeln die Minister-Befehle auch die jeweilige weltpolitische Situation bzw. Kälte- oder Tauwetterperioden zwischen Ost und West wider und geben Auskunft über den Stand der Beziehungen der DDR zu den Nachbarländern, was insbesondere an den Befehlen der Jahre 1967 und 1968 abzulesen ist, in denen der „Prager Frühling" im sozialistischen Nachbarland CSSR zu erheblicher Unruhe in der DDR-Staats- und Parteiführung und zu einer dementsprechenden massiven Militarisierung der Grenztruppen führte.

Die erste konkrete Umsetzung erfuhren die 101er-Befehle, nunmehr in Form von „80er-Befehlen", im Kommando der Grenztruppen in Pätz bei Königs Wusterhausen, eine nächste dann als 40er-Befehle in den Grenzkommandos Nord, Mitte und Süd und schließlich auf Regiments- bzw. Kompanieebene. Angesichts des Umfanges der einzelnen 101er-Befehle beschränkt sich der Verfasser im Nachfolgenden auf die Darstellung von Besonderheiten und der wesentlichen Unterschiede und Änderungen in den jährlichen Befehlen.

101/61

Standpauke für die junge Truppe

Am 14. Dezember 1961, die vorherigen Grenzpolizisten waren erst wenige Monate, seit dem 15. September, mehr oder weniger unfreiwillig zu Soldaten geworden, erließ Armeegeneral Heinz Hoffmann den Befehl 101/61 (Geheime Verschlußsache 01-/5907), in dem mit Kritik an den neugeschaffenen Grenztruppen nicht gespart wurde. Zwar seien in den zurückliegenden Monaten nach der Eingliederung der Grenztruppen in den Bestand der Nationalen Volksarmee weitere Voraussetzungen für eine wirkungsvollere Sicherung der Staatsgrenze geschaffen worden, auch hätten Kommandeure, Stäbe, Partei- und FDJ-Organisationen die Bedeutung der von der Partei und Regierung eingeleiteten Maßnahmen richtig erkannt und mit viel Fleiß und Hingabe gearbeitet, es seien jedoch noch immer gravierende Mängel festzustellen, schrieb Hoffmann den Grenztruppen ins Stammbuch, wobei er vor allem das noch fehlende „Klassenbewußtsein" sowie den noch nicht genügenden Einfluß der SED innerhalb der Grenztruppen im Sinn hatte:

„Die durchgeführten Kontrollen ... zeigen jedoch, daß das Tempo der Entwicklung in der gegenwärtigen politischen Situation zur Sicherung der Staatsgrenze zu gering ist, was besonders in der mangelhaften politisch-ideologischen Erziehung und der ungenügenden militärischen Führung zum Ausdruck kommt. Die Führung der Grenztruppen wird durch sporadische, unplanmäßige und zeitraubende Arbeit erschwert.
In der Befehlsgebung werden Vorgesetzte übergangen, wodurch grundlegende Führungsprinzipien nicht beachtet werden. Das Prinzip der Einzelleitung als die Einheit von politischer und militärischer Führung wurde verletzt."

Weitere Kritikpunkte:

- Die ungenügende militärische Ordnung und Disziplin,
- mangelhafte Gefechtsausbildung,
- die hohe Zahl von besonderen Vorkommnissen,
- eine mangelhafte Ausbildung bei Nacht, bei begrenzter Sicht und im Zusammenwirken mit Nachbareinheiten und Reserven,
- eine ungenügende Schießausbildung sowie
- Mängel bei der Abwehr überraschender Überfälle und bei Manövern zur Gewährleistung der Aktivität der Grenzsicherung.

Zudem, und dieses sollte schleunigst abgestellt werden, entspreche

„[...] die Organisation der Grenzsicherung (...) noch nicht voll den Forderungen, jegliche Grenzdurchbrüche zu verhindern. Die Verantwortlichkeit der Kommandeure, besonders der Gruppenführer, Zugführer und Kompaniechefs, für ihre Abschnitte ist noch unzureichend. Die Beobachtung und der Horchdienst zur Feststellung von Veränderungen und Bewegungen im gegnerischen Grenzgebiet wurde vernachlässigt".

Damit aber nicht genug: Die Ausbildung der Unteroffiziere sei mangelhaft und oft systemlos durchgeführt worden, die Gefechtsausbildung als Voraussetzung für die erfolgreiche Sicherung der Staatsgrenze werde gröblichst vernachlässigt. All diese Schwachpunkte sollten im neuen Ausbildungsjahr abgestellt werden, um die Hauptaufgabe der Grenztruppen, die „in einer guten politischen und militärischen Ausbildung zur Verbesserung der Sicherung der Staatsgrenze der Deutschen Demokratischen Republik" bestehe, erfüllen zu können.

„Die Grenzsicherung ist ununterbrochen bei Schaffung der größten Dichte in den wahrscheinlichen Richtungen der Bewegung von Grenzverletzern zu organisieren. Die Aktivität der Grenzsicherung ist durch ständige Beobachtung, zweckmäßige Manöver mit den Kräften und Mitteln, geschickte Ausnutzung des Systems der Pioniersperren und des Geländes sowie verstärkten Einsatz technischer Mittel zu erhöhen. ... Tarnung und unbedingte Geheimhaltung aller Maßnahmen der Grenzsicherung sind zu gewährleisten."

In nur kurzer Zeit sollte der Übergang von der Polizei zur Truppe umgesetzt werden. Der Gefechtsausbildung wurde daher eine besondere Bedeutung beigemessen. In reinstem Sozialisten-Deutsch hieß es dazu: „Durch unermüdliche Erziehungsarbeit aller Vorgesetzten in der Gefechtsausbildung ist diese zur wahren Schule des militärischen Lebens zu gestalten".

Für die Ausbildung in Grenztaktik verordnete das Strausberger Ministerium den Grenztruppen, hier den Schwerpunkt auf die Beobachtung, den Horchdienst, das Erkennen von Bewegungen und Veränderungen beim Gegner und im Gelände zu legen. Die Schießausbildung schließlich müsse zu einer „meisterhaften Beherrschung der Waffe unter allen Bedingungen der Lage" führen: „Die Soldaten sind durch systematische Vorbereitung zu treffsicherem Schießen in allen Anschlagsarten, besonders auf bewegliche Ziele, bei Tag und Nacht auszubilden". Im selben Befehl forderte Armeegeneral Hoffmann eine intensivere Panzerschießausbildung bei Tag und Nacht und in allen Feuerarten und wies die Artillerie-Einheiten an, ihre Angehörigen in die Lage zu versetzen, „die Handlungen der Linien- und Reserveeinheiten im direkten Richten bei Tag und Nacht, besonders als Begleitgeschütze und in der Panzerabwehr, wirkungsvoll unterstützen zu können". Den Pioniereinheiten der Grenztruppen wurde die Aufgabe gestellt, das Anlegen von Sperren, das Verlegen und Aufnehmen scharfer Minen zu üben, und schließlich noch sollte bei der „Ausbildung der Fährtenhundeführer und Abrichtung ihrer Diensthunde (erreicht werden), daß diese Spuren von 6 bis 8 km Länge bei einem Alter bis zu 4 Stunden verfolgen" konnten.

Die Offiziersschule der Grenztruppen war nach dem Befehl 101/61 auserkoren, zum Zentrum in der „Vermittlung der Lehre des Marxismus-Leninismus, in der politisch-ideologischen klassenmäßigen Erziehung zu werden". Geformt werden sollten dort Offiziere, die „allen Anforderungen eines harten opferreichen und mit modernen technischen Mitteln geführten Krieges gerecht werden". Und so beschrieb Hoffmann das Bild des Grenztruppen-Offiziers, wie es seinem und dem SED-Ideal entsprach:

> „Er muß als treuer Sohn des Volkes Vorbild sozialistischer Lebens- und Pflichtauffassung sein, den Soldaten und Unteroffizieren Beispiel im Ertragen von Entbehrungen und höchsten Belastungen geben und von der Überzeugung durchdrungen sein, daß er der gerechtesten Sache der Welt, dem Sozialismus-Kommunismus dient und bereit ist, bei der Lösung der ihm gestellten Aufgaben rückhaltlos sein Leben einzusetzen."

Daß Anspruch und Wirklichkeit weit auseinanderklafften, konnte jedoch auch Armeegeneral Hoffmann nicht übersehen. Die Disziplin im Kommando Grenze ließ zu wünschen übrig. Nicht zuletzt auch auf Grund katastrophalen Fehlverhaltens von Vorgesetzten kam es zu Erscheinungen, die teilweise den Charakter von Meutereien annahmen und den Chef der Politischen Hauptverwaltung des MfNV, Admiral Waldemar Verner, beschäftigten. Ein besonders markanter Fall ereignete sich so am 8. Oktober 1961 in der 16. Ausbildungskompanie der 10. Grenzbereitschaft und war Gegenstand des Befehls 92/61 vom 4. November desselben Jahren:

„Beim Marsch der Kompanie zum Abendessen kam es innerhalb dieser Einheit zu Disziplinarverstößen, wobei vom Offizier vom Dienst falsche Erziehungsmaßnahmen mit dem 1. Zug der Kompanie zur Wiederherstellung der Disziplin angeordnet wurden.
Im Ergebnis dieser Maßnahme verweigerten 32 Soldaten die Einnahme des Essens und beschlossen, unerlaubt das Objekt zu verlassen, um im naheliegenden Ort an einem Heimatfest teilzunehmen. Daraufhin formierten sich 48 Genossen der Kompanie und marschierten geschlossen, unter Umgehung der Wache, unerlaubt aus dem Objekt.
Als der Kompaniechef von der unerlaubten Entfernung Kenntnis erhielt, löste er Alarm aus, bewaffnete den Rest der Kompanie und gab den Befehl, mit allen Mitteln die Soldaten in das Objekt zurückzuholen. Dieser Befehl wurde vom Offizier vom Dienst ausgeführt.
Der Kompaniechef verheimlichte diese besonderen Vorkommnisse gegenüber seinem Vorgesetzten und nahm selbst nach diesem Vorkommnis bis morgens an dem Heimatfest teil."

Die Ursachen für die Befehlsverweigerung der 48 Grenzsoldaten sah Verner darin, daß

„- von dem Kommandeur der Abteilung und den übergeordneten Stäben die Aufsichtspflicht gegenüber der Ausbildung und der Erziehung der Neueingestellten gröblichst vernachlässigt wurde;
- eine völlig ungenügende politisch-ideologische Erziehungsarbeit mit den neu-eingestellten Soldaten durchgeführt wurde,
- nicht immer die diszipliniertesten und erfahrensten Offiziere und Unteroffiziere für die Ausbildung von neueingestellten Soldaten ausgewählt und die vorhandenen ungenügend auf die Erfüllung ihrer Ausbildungs- und Erziehungsaufgaben vorbereitet wurden;
- von allen für die Ausbildung Verantwortlichen zu wenig Aufmerksamkeit der Organisation und Planung sowie materiellen Sicherstellung der Ausbildung geschenkt wurde".

Als Sofortmaßnahme zog der Kommandeur der 10. Grenzbereitschaft die Verantwortlichen disziplinarisch zur Rechenschaft. Zudem wurde zur „Verbesserung der Ausbildung von neueingestellten Soldaten im Kommando Grenze" folgender Befehl erlassen, der auch weitreichende personelle Konsequenzen zur Folge hatte:

„ (...) 2. Der Stellvertreter des Ministers für Ausbildung hat in Zusammenarbeit mit dem Chef der Verwaltung Kader und dem Chef des Kommandos Grenze zu veranlassen, daß Kaderumbesetzungen vorgenommen und fähige Offiziere und Unteroffiziere den Ausbildungseinheiten zur Verfügung gestellt werden.
3. Der Chef des Kommandos Grenze hat zu gewährleisten, daß während der militärischen Grundausbildung der neueingestellten Soldaten keine Versetzungen, Kommandierungen usw. vorgenommen und die Neueingestellten zu keinem Wach- und Arbeitsdienst eingesetzt werden.
4. Auf Grund der mangelhaften kaderpolitischen Zusammensetzung der neueingestellten Soldaten hat der Stellvertreter des Chefs des Hauptstabes für Organisation innerhalb des Kommandos Grenze eine kadermäßige Überprüfung durchführen zu lassen und die Einhaltung der Kaderprinzipien zu gewährleisten.

Ich erwarte von den Kommandeuren, daß sie mit allen ihnen zur Verfügung stehenden Kräften und Mitteln die Ausbildung der neueingestellten Soldaten entsprechend der hohen Verantwortung unserer Grenztruppen gewährleisten."

101/62

„Ziele mit dem ersten Schuß vernichten!"

Trotz einiger im zurückliegenden Ausbildungsjahr erzielten Fortschritte, las sich auch der Befehl 101/62 für das Ausbildungsjahr 1962/63 vom 23. November 1962 (Geheime Verschlußsache 01/5003) eher wie eine Mängelliste. Denn „die Kenntnisse und Fähigkeiten einiger Kommandeure und Offiziere in der Organisation und Führung der Grenzsicherung sind noch nicht ausreichend, so daß Grenzdurchbrüche nicht in allen Fällen verhindert wurden. Sie verstehen nicht immer, die Lage beiderseits der Grenze und den Zustand ihrer Truppenteile und Einheiten allseitig zu beurteilen sowie den Einsatz der Kräfte und Mittel zweckmäßig vorzunehmen". Positiv wurde hervorgehoben, daß die Gruppen „in der Bildung von Hinterhalten, im Blockieren von Räumen und in der Deckung von Richtungen" Erfolge erzielt hätten, ebenso bei der „Sicherung des Kontrollterritoriums der Grenzübergangsstellen und der Wassergrenzen".

Das allerdings war dem Strausberger Ministerium zu wenig. Die wesentlichsten Mängel - so Armeegeneral Hoffmann - bestünden in der ungenügenden Ausnutzung des Geländes zur Grenzsicherung durch die Postenführer, in der unzureichenden Tarnung beim Beziehen und beim Herauslösen sowie bei der Bewegung im Postenbereich. Posten und Postenführer seien in der Beobachtung, exakten Meldung der Beobachtungsergebnisse, der zweckmäßigen Auswahl des Platzes für die Feuerführung sowie in der Festnahme, Durchsuchung und Eskortierung von Grenzverletzern noch nicht genügend geübt, desgleichen werde die Spezialausbildung „ungenügend zur Erhaltung und Erweiterung der vorhandenen Sperren, Hindernisse und anderer Grenzsicherungsanlagen sowie des Grenzmeldenetzes genutzt".

Erstmals tauchte in dem Befehl 101/62 im Zusammenhang mit der Anwendung der Schußwaffe auch der Begriff der *Vernichtung* des Gegners auf, der hier allerdings noch „Ziel" genannt wurde. Die Schießausbildung mit Schützenwaffen sei noch unbefriedigend, hieß es, und „gewährleistet nicht die Vernichtung des Zieles mit dem ersten Schuß (Feuerstoß). ... Besonders mangelhaft ist die Vorbereitung der Posten und Postenführer auf das Schießen bei Nacht". In dieser Zeit war es offensichtlich auch zu einer Reihe von Schießunfällen innerhalb der Grenztruppen gekommen, denn ausdrücklich wird auf die „ungenügende Kenntnis der Teile, Mängel in der Handhabung der Waffen sowie die ungenügenden Fertigkeiten der Soldaten im Erkennen und schnellen Beseitigungen von Hemmungen“ verwiesen, die häufig zu fahrlässigem Schußwaffengebrauch geführt hätten.

Bemerkenswert war nicht zuletzt, daß in dem Befehl auch explizit auf die mangelhafte Disziplin innerhalb der Grenztruppen zu dieser Zeit verwiesen wurde, die in „vielen Einheiten Fahnenflucht, Grenzdurchbrüche und andere besondere Vorkommnisse“ begünstigt hätten.

Natürlich fand sich an erster Stelle des Befehles 101/62 wiederum die „zuverlässige Sicherung der Staatsgrenze“, nach der „Grenzdurchbrüche und die Ausdehnung von Provokationen auf das Territorium der DDR“ nicht zuzulassen waren. Ergänzt wurde dieser Befehl jedoch durch die ausdrückliche Bezugnahme auf die „Staatsgrenze zu Westberlin“, deren Sicherung „den besonderen Bedingungen der Verhältnisse einer Großstadt unterzuordnen und im Zusammenwirken mit anderen bewaffneten Kräften sowie mit den örtlichen Staatsorganen und bei einer zweckmäßigen Tiefenstaffelung der Reserve zu verbessern“ war. Erläuternd sei angemerkt, daß unter „den besonderen Bedingungen der Verhältnisse einer Großstadt“ die Tatsache zu verstehen war, daß angesichts der dichten Bebauung an den Sektorengrenzen es nicht möglich war, den 500-m-Schutzstreifen einzurichten bzw. die aus Sicht der Staatsführung erforderlichen Sicht- und Schußfelder. Potentielle „Grenzverletzer“ konnten sich, anders als an der innerdeutschen Grenze, unbemerkt relativ weit den Sektorengrenzen nähern, was durch die geforderte „Tiefenstaffelung“ verhindert werden sollte. Diesem Ziel diente auch ein weiterer Punkt des Befehles, der die zielstrebigere „Aufklärung durch organisierte Beobachtung im Grenzgebiet“ zum Inhalt hatte, wie auch die Forderung, „alle Handlungen des Gegners, besonders die Vorbereitung von Grenzprovokationen und Grenzdurchbrüchen rechtzeitig“ zu erkennen und zu verhindern.

Erneut wurde - unter Punkt 8 - eine grundlegende Verbesserung der Schießausbildung befohlen. Und wiederum war die Rede davon, daß „durch methodisch richtiges und zielstrebiges Schießtraining“ endlich die „Hauptursachen fahrlässigen Schußwaffengebrauchs zu beseitigen“ seien. Die Grenzposten müßten zu „ausgezeichneten Schützen“ ausgebildet werden, die in der Lage seien, „jedes unbewegliche und sich bewegende mit dem ersten Schuß (Feuerstoß) bei Tag und Nacht zu vernichten“. Den Pioniereinheiten stellte Hoffmann neben dem weiteren Ausbau des Sperrsystems die Aufgabe, „vorrangig das Verlegen von Infanterie- und Panzerminen durchzuführen“. Erreicht werden sollten all diese Ziele durch „sozialistische Kommandeure und Spezialisten, ... die solche Kenntnisse und Fertigkeiten besitzen, die den Anforderungen der modernen Grenzsicherung gerecht werden“.

101/63

Lehrgrenzabschnitte und Infanterieschießgärten

Von sozialistischen Idealvorstellungen waren die Grenztruppen auch im darauffolgenden Ausbildungsjahr 1963/64 noch weit entfernt. So ist im Befehl 101/63 (Geheime Verschlußsache 01/5004) vom 8. November 1963 nachzulesen, daß sich auch weiterhin die Grenzposten unzureichend tarnten, Deckungen nicht ausnutzten, Personen und Fahrzeuge nur oberflächlich kontrollierten und vor allem erhebliche Defizite bei der Schießausbildung mit Schützenwaffen aufwiesen. Zwar hatte sich „die erfolgreiche und treffsichere Anwendung der Schußwaffe“ im allgemeinen verbessert, aber: „Unzureichend wird das schnelle Erfassen eines Zieles, die selbständige Feuerkorrektur und die Abgabe treffsicherer Feuerstöße auf sich bewegende Ziele bei Tag und Nacht beherrscht.“

Ursachen und Schlußfolgerungen lagen für Hoffmann auf der Hand:
Das Klassen- und Staatsbewußtsein, das offensichtlich noch immer ungenügend ausgeprägt war, mußte gefestigt, „die Grenzsicherung (...) durch taktisch-zweckmäßigen Einsatz der Kräfte und Mittel bei Schaffung der größten Dichte zu den Schwerpunktzeiten und in den wahrscheinlichen Richtungen der Bewegung der Grenzverletzer, maximaler Ausnutzung von Signalgeräten und Sicherung des Sperrensystems“ organisiert werden.

Auch neuen Formen von „Grenzdurchbrüchen“ wurde der Befehl 101/63 gerecht, denn aufgenommen wurde die Anweisung, „an den Kontrollterritorien der Kontrollpassierpunkte zu Westdeutschland und zu Westberlin ... unberechtigtes Passieren und gewaltsame Durchbrüche, besonders mit Kraftfahrzeugen,“ nicht zuzulassen.

Erwähnt wurde übrigens erstmals auch die Grenzüberwachung an der Staatsgrenze zur Volksrepublik Polen und zur Tschechoslowakischen Sozialistischen Republik.

Anders als in den vorhergehenden 101er-Befehlen trat die Gefechtsausbildung vorerst in ihrer Bedeutung zurück. Sie hatte sich nunmehr - so wörtlich - „den Erfordernissen der Grenzsicherung unterzuordnen“. Die Ergebnisse der Grenzsicherung galten gleichzeitig als Kriterium für die Wirksamkeit der Gefechtsausbildung. Ein deutlicher Hinweis auf die anhaltend hohe Zahl von Flüchtlingen und darauf, daß - zumindest intern - von der Abwehr eines Angriffs des kapitalistischen Gegners überhaupt nicht mehr die Rede war, sondern daß es nur noch darum ging, der eigenen Bevölkerung den Weg in den Westen zu versperren.

Konsequenterweise ordnete Armeegeneral Hoffmann eine intensivierte Taktikausbildung an, deren Schwerpunkt „auf die Ausbildung der Grenzposten zur Verhinderung von Grenzdurchbrüchen zu legen war“.

Zum „aktiven, kühnen und besonnenen Handeln" sollten die Grenzposten erzogen werden, was insbesondere zu besseren Fertigkeiten beim „taktisch-zweckmäßigen Verhalten im Grenzabschnitt, bei der Kontrolle von Personen und Fahrzeugen sowie bei der Festnahme und Zuführung von Grenzverletzern, bei Provokationen des Gegners und beim Kampf mit bewaffneten Grenzverletzern" führen sollte. Natürlich spielte auch im Befehl 101/63 die Schießausbildung eine herausragende Rolle, wobei die Forderungen an die Soldaten von Jahr zu Jahr höher geschraubt wurden. Die Angehörigen waren jetzt „zur entschlossenen und treffsicheren Anwendung der Schußwaffe in allen Lagen der Grenzsicherung" auszubilden und zu befähigen, „jedes unbewegliche oder sich bewegende Ziel zu jeder Tages- und Nachtzeit, auch unter schwierigen Witterungsbedingungen mit dem 1. Feuerstoß zu vernichten". Foto- und Magnetontechnik hielten Einzug in die Grenztruppen, um „konkrete Aufklärungsergebnisse und Beweismaterialien über aggressive Absichten und Akte des Gegners zu schaffen", der „Freizeitmassensport" war „zielstrebiger auf die Forderungen der Grenzsicherung" auszurichten, und die „Bootseinheiten des Kommandos der Grenztruppen und der Stadtkommandantur der Hauptstadt der Deutschen Demokratischen Republik, Berlin", waren zu befähigen, „ihre Bootstechnik ausgezeichnet zu beherrschen und die Sicherung der Binnengrenzgewässer der Deutschen Demokratischen Republik im engen Zusammenwirken mit den an Land eingesetzten Kräften zu gewährleisten".

Die Grenzsicherung der DDR nahm nach den „Provisorien" der Gründerjahre und auch nach dem Mauerbau immer perfektere Züge an. „Lehrgrenzabschnitte", bei denen es sich - wie in Neu-Zittau bei Berlin und in Suhl - um nichts anderes handelte als um die Original-Nachbauten der „Staatsgrenze" wurden ausgebaut und „Infanterieschießgärten zum Schießtraining auf reale Entfernung" angelegt. Zur Vervollständigung der Schießausbildung wurde schließlich befohlen, „die Schaffung von Infanterieschießplätzen für die Verbände und Truppenteile [...] mit dem Ziel fortzusetzen, daß Ende 1965 jeder Verband mindestens über einen Infanterieschießplatz verfügt". Daneben hatte die Offiziersschule der Grenztruppen Sorge dafür zu tragen, daß ausreichend Offiziere für die Stadtkommandantur Berlin sowie für die Grenzbrigade Küste ausgebildet wurden.

In immer stärkerem Maße beeinflußte die Abriegelung der eigenen Bevölkerung nicht nur das Denken und Handeln der Militärs, sondern griff auch auf das Leben außerhalb von Politbüro, Nationalem Verteidigungsrat, Ministerium und Kasernen über. So forderte der Befehl 101/63 Rationalisatoren und Erfinder auf, sich in ihrer Arbeit „vorrangig auf die Schaffung von Mitteln und Geräten zur weiteren Erhöhung der Wirksamkeit der Grenzsicherung, Veranschaulichung und Verbesserung des Ausbildungsprozesses, besonders in der Taktik- und Schießausbildung sowie zur Kleinmechanisierung der Stabsarbeit“ zu konzentrieren. Den Verantwortlichen war die Grenze noch längst nicht dicht und unüberwindlich genug.

101/64

„Festnahme oder Vernichtung gewährleisten“

Das Bemerkenswerteste an dem Befehl 101/64 (Geheime Verschlußsache 01/5005) vom 17. November 1964 ist zweifellos die Tatsache, daß hierin nicht nur - wie bisher auch schon - die unbedingte Verhinderung von „Grenzdurchbrüchen“ verlangt wurde, sondern daß nunmehr auch Ursachenforschung betrieben werden sollte. „Die analytische Tätigkeit muß zum festen Bestandteil der Führungstätigkeit werden und hat das rechtzeitige Erkennen von Schwerpunkten sowie das tiefgründige Aufdecken der Ursachen von Grenzdurchbrüchen und anderen Vorkommnissen zu gewährleisten“, verlangte Minister Hoffmann von den Grenztruppen. Ein Irrglaube allerdings wäre es, zu meinen, Ursachen für „Grenzdurchbrüche“ sollten ergründet werden, um sie überflüssig zu machen, sprich bessere Lebensbedingungen oder gar Reise- oder Meinungsfreiheit zu schaffen, es ging ausschließlich darum, schon frühzeitig mögliche Fluchtwillige zu erkennen, auszuspähen und festzunehmen.

Gleichzeitig wurde in dem Befehl noch einmal verdeutlicht, in wessen Auftrag die Grenztruppen zu handeln und auch zu schießen hatten:

> „Bei der Erfüllung der von der Sozialistischen Einheitspartei Deutschlands und der Regierung der Deutschen Demokratischen Republik gestellten Aufgaben wurden im Jahr 1964 die Hauptanstrengungen in der politischen Arbeit, der Grenzsicherung und der Gefechtsausbildung der Grenztruppen der Nationalen Volksarmee auf die Gewährleistung der Sicherung der Staatsgrenze der Deutschen Demokratischen Republik gelegt [...]“,

begann der Befehl und machte unmißverständlich klar, daß Regierung, NVA und Grenztruppen allenfalls die Rolle von Erfüllungsgehilfen der Partei zu spielen hatten.

Klartext wurde nun auch im Zusammenhang mit dem Schießbefehl geredet. Hatte es in den Vorjahren noch verbrämt geheißen, Grenzer sollten „sich bewegende“ bzw. „bewegliche und unbewegliche Ziele“ mit dem ersten Schuß treffen und vernichten können, sagte der Befehl 101/64, worum es tatsächlich ging, nämlich um Menschen:

> „Durch den taktisch-zweckmäßigen Einsatz der Kräfte und Mittel, bei der Schaffung der größten Dichte zu den Schwerpunktzeiten und in den wahrscheinlichen Richtungen der Bewegung der Grenzverletzer ist unter Ausnutzung der signal- und pioniertechnischen Anlagen und des geschaffenen Sicht- und Schußfeldes zu erreichen, daß Grenzverletzer frühzeitig erkannt und ihre Festnahme oder Vernichtung gewährleistet wird.“

Im Zusammenhang mit der Erwähnung des „Sicht- und Schußfeldes“ die „Festnahme oder Vernichtung“ von Grenzverletzern verbindlich einzufordern, mußte auch bei dem letzten Grenzposten eventuell noch vorhandene Zweifel über das, was von ihm erwartet wurde, zerstreuen. Deutlicher konnte ein Schießbefehl kaum noch formuliert werden, der ergänzt wurde durch die Anweisung, „Soldaten und Unteroffiziersschüler (...) zu befähigen, alle Ziele zu jeder Tages- und Nachtzeit auch unter schwierigen Witterungsbedingungen mit dem ersten Feuerstoß (statt bisher: dem ersten Schuß, d. Verf.) zu vernichten“.

Den Pioniertruppen wurde aufgegeben, das Sperren- und Grenzmeldenetz auszubauen, vor allem aber den Bau von Kolonnenwegen an der Grenze fortzusetzen. Bis zum Ende des Ausbildungsjahres 1964/65 sollte zumindest in den Schwerpunktabschnitten, also dort, wo die höchsten Flüchtlingszahlen registriert worden waren, ein ausreichendes Netz von Kolonnenwegen geschaffen sein.

Daß Theorie und Wirklichkeit auch bei der Grenzsicherung weit auseinanderklafften, zeigt gerade der Punkt „Kolonnenwege“ in aller Deutlichkeit. In einer Stellungnahme des zur Mitzeichnung aufgeforderten Stadtkommandanten der „Hauptstadt Berlin“, Generalmajor Poppe, ließ dieser schon am 30. Oktober den stellvertretenden Minister und Chef des Hauptstabes, Generalleutnant Riedel, wissen, daß die Realisierung unmöglich sei, weil die entsprechenden Materialien fehlten. Poppe schrieb: „Die im Punkt 5 (2) getroffenen Festlegungen über die Anlage von Kolonnenwegen in allen Grenzabschnitten bitte ich auszuklammern, da die zur Zeit vorhandenen materiellen Mittel und technischen Geräte meines Dienstbereiches nicht ausreichen, dieser Forderung gerecht zu werden.“ Poppe stieß mit seiner Bitte insofern auf offene Ohren, als der Bau von Kolonnenwegen in der dann verbindlichen Fassung nur noch für die „Schwerpunktabschnitte“ festgelegt wurde. Seine Stellungnahme zeigt jedoch, daß die DDR zwar mit Hochdruck und Vorrang an dem Ausbau der Grenzen arbeitete, dennoch aber die staatliche Planwirtschaft nicht in jedem Fall in der Lage war, Forderungen von Partei und Militär zu erfüllen.

101/65

„Herde des verdeckten Kampfes liquidieren!“

Poppe hatte auch ansonsten etliche Vorschläge zur Präzisierung, wie er es nannte, von 101er-Befehlen zu Papier gebracht, die zum Teil ausgesprochen martialische Züge annahmen. So reichte ihm nicht die Formulierung, nach der Hauptaufgabe der Grenztruppen die „ununterbrochene und zuverlässige Sicherung der Staatsgrenze“ der DDR sein sollte, Poppe wollte mehr. Angefügt werden sollte nach seinen Vorstellungen der Befehl, sie, die Grenztruppen „haben bereitzusein, Herde des verdeckten Kampfes zu liquidieren sowie aktive Gefechtshandlungen zur Zerschlagung des Gegners zu führen“, eine Anregung, die ebenfalls aufgenommen wurde. Geringfügig geändert fand sich in diesem Befehl (Geheime Verschlußsache 01/5006) vom 4. November 1965 Poppes Vorschlag wieder. Dort hieß es nun:

„Die Grenztruppen der Nationalen Volksarmee haben zur Wahrung der Unantastbarkeit der Deutschen Demokratischen Republik bereit zu sein, Aktionen des verdeckten Kampfes im Grenzgebiet (also auf dem eigenen Territorium, d. Verf.) zu liquidieren und im Falle der Auslösung militärischer Provokationen oder einer Aggression durch den Gegner aktive Gefechtshandlungen zur Sicherung der Unantastbarkeit der Staatsgrenze zu führen.“

Wenn heute ehemals führende Generale der Grenztruppen und der NVA jede Mitverantwortung für die Schießbefehle weit von sich weisen und beteuern, sie hätten auf die Inhalte dieser Befehle keinerlei Einfluß gehabt, so straft sie neben diesem Beispiel ein weiterer Blick in die Archive Lügen. Zur Stellungnahme und Mitzeichnung waren sowohl der Chef der Grenztruppen, der Chef der Volksmarine wie auch der Berliner Stadtkommandant, der Chef Nachrichten oder der Chef Aufklärung des MfNV aufgefordert, und ihre Empfehlungen gingen häufig in die endgültige Fassungen der 101er-Befehle ein. Im Zusammenhang mit dem Befehl 101/65 beispielsweise wurden von zwölf Vorschlägen des Chefs der Grenztruppen, Generalmajor Peter, acht vollständig übernommen. Ähnliche und gar höhere „Trefferquoten“ erzielten auch die übrigen Mitzeichnungsberechtigten.

Neben einer verstärkten Zusammenarbeit mit den „Aufklärungsorganen“ des Ministeriums des Innern und des Ministeriums für Staatssicherheit verlangte Minister Hoffmann von den Grenztruppen erneut, „unter Ausnutzung der signal- und pioniertechnischen Anlagen und des geschaffenen Sicht- und Schußfeldes das frühzeitige Erkennen sowie die vorläufige Festnahme oder die Vernichtung von Grenzverletzern zu gewährleisten“. Nicht offen sollten die Grenztruppen gegen „Grenzverletzer“ vorgehen und damit möglicherweise Blutvergießen verhindern, sondern - wie es auch in der Bildung von „Hinterhaltsposten“ und in der Forderung nach „taktischer List“ zum Ausdruck kam - eher konspirativ. Fluchtwillige wurden ausdrücklich in die Falle gelockt, dementsprechend mußte der Einsatz der Kräfte und Mittel „beweglich, gedeckt und getarnt (...) erfolgen“. „Scheinhandlungen und Scheinanlagen“ hatten den Gegner aus Ost und West zusätzlich zu verunsichern.

Aufschluß geben die Befehle „über die Aufgaben der Grenztruppen“ nicht zuletzt über die Vorkommnisse und Formen von „Grenzverletzungen“, die sich im jeweils zurückliegenden Jahr ereignet hatten. So taucht im dem Befehl

101/65 dezidiert der Auftrag zur verstärkten Sicherung der Brücken an der Grenze zu Polen auf. „Unterbrochen und zuverlässig“ waren - in dieser Formulierung erstmalig - „die Brückenobjekte an der Staatsgrenze zur Volksrepublik Polen“ zu sichern, und zwar „zur weiteren Erhöhung der Wirksamkeit der Brückensicherung“ im engen Zusammenwirken und in enger Koordinierung der Handlungen mit den polnischen Grenztruppen.

„Kontaktaufnahmen gefährden die Staatsgrenze“

Aber auch ein weiterer neuer Punkt findet sich in dem Befehl: „Versuchen von Kontaktaufnahmen durch den Gegner“ war nun „mit zielgerichtetem, offensivem und entschlossenem Auftreten der eigenen Kräfte zu begegnen“.

Dieser Punkt verdient insofern besondere Beachtung, als er in den Folgejahren immer wieder zu lesen ist und allein das „Entbieten eines Tagesgrußes“ z.B. durch Angehörige des Bundesgrenzschutzes oder der (West-) Berliner Polizisten als „Provokation“ Eingang in die DDR-Statistiken fand und die „Aggressionsabsichten“ des westlichen kapitalistischen Gegners untermauern sollten. Wie ernst die Grenzposten solche „Provokationen“ zu nehmen hatten, macht eine Ausarbeitung von Major der Justiz Richter vom 9. November 1963 sichtbar, der auf zwölf Seiten *„Einige Fragen zur Anwendung des § 18 MStG“* versuchte zu beantworten. In erster Linie ging es dem Major darum zu klären, „inwieweit Kontakte zwischen Angehörigen unserer Grenztruppen und Angehörigen westdeutscher und westberliner Organe gerechtfertigt sind“, oder ob sie Disziplinarvergehen, Militärstraftaten oder gar Verbrechen darstellten. Aus den bis dahin bearbeiteten Strafverfahren, denen „Kontaktaufnahme“ zugrunde lag, war nach Major Richter sichtbar geworden, „daß an der Westgrenze und in den letzten Monaten in verstärktem Maße an der Staatsgrenze zu Westberlin der Gegner mit größerer Intensität und zum Teil mit neuen Methoden psychologischen Einfluß auf die „Angehörigen unserer Grenztruppen nimmt“. Kaum überschaubar war dabei „die breite Skala dieser Tätigkeit des Gegners“. „Vom Tagesgruß und scheinbar unverfänglichen Zurufen, über das Anbieten von Zigaretten u.a. bis hin zu Beschimpfungen, Bedrohungen und Aufforderungen“ reichte demnach die Palette der „Provokationen“, mit denen sich die Grenzer konfrontiert sahen.

> „Der tiefere Inhalt dieser Methode des Feindes ist das Bestreben des deutschen Imperialismus und Militarismus, das gesamte System unserer Grenzsicherung ‚durchlässig zu machen‘, den Soldaten den Unglauben an die Rechtmäßigkeit ihrer Aufgaben zu suggerieren und damit Disziplinlosigkeit, politische Unklarheit sowie Nachsicht gegen jegliche Form der Anschläge auf unsere Staatsgrenze bei unseren Grenzsoldaten und schließlich Fahnenfluchten zu erreichen.“

Analysen über Fahnenfluchten im Jahr 1963 ließen erkennen, daß „die psychologische Beeinflussung durch den Gegner eine wesentliche Ursache für eine später begangene Fahnenflucht oder Nichtanwendung der Schußwaffe im Falle eines Grenzdurchbruchs war". Wenig erstaunlich, daß Grenztruppen und politischer Führung dieses Problem auf den Nägeln brannte.

Ein wesentlicher Unterschied bei der strafrechtlichen Würdigung verbotener „Kontaktaufnahmen" bestehe darin,

> „[...] ob die ‚Kontaktaufnahme' das positiv zu wertende Reagieren eines Grenzsoldaten auf ein Ansprechen oder Provozieren durch einen Angehörigen westlicher Grenzorgane oder Zivilpersonen ist, ob die Kontaktaufnahme von unseren Grenzsoldaten mit dem Ziel des Erbettelns von Zigaretten u.a., ob sie mit dem Ziel sich ‚Abwechslung' im Grenzdienst zu verschaffen oder ob die Kontaktaufnahme mit dem Ziel der Erforschung von Fluchtmöglichkeiten und damit zusammenhängenden Fragen erfolgt".

Immerhin kam der Major d.J. zu dem Ergebnis, „daß bei Kontaktaufnahmen nicht immer die Sicherheit der Staatsgrenze gefährdet ist" und führte als Beispiel einen Grenzsoldaten der 4. Grenzbrigade an, der eine vom Westen hinübergeworfene Zigarettenschachtel aufgehoben hatte. Dieses Verhalten hätte - anders als Militärstaatsanwalt und zuständiges Militärgericht es beurteilten - eine „konkrete Gefährdung der Sicherheit der Staatsgrenze nicht begründet", auch wenn der Grenzsoldat wegen der Verletzung von Vorschriften nach § 18 MStG verurteilt worden war. Erhebliche Kritik übte Major d. J. Richter an den Militärstaatsanwälten der Grenztruppen und unterstrich, es sei

> „[...] unreal und nichts weiter als das Zeichen dafür, daß sich der Militärstaatsanwalt von den Ereignissen in seinem Zuständigkeitsbereich an der Grenze getrieben fühlt, wenn er das Schlafen des Postenführers (der Posten wacht in dieser Zeit) als eine Gefährdung der Sicherheit der Staatsgrenze und damit als gesellschaftsgefährliche Handlung einschätzt oder wenn er ein belangloses Fünfminutengespräch eines Grenzsoldaten mit einem Zöllner vom zugewiesenen Postengebiet aus im gleichen Maße eine Militärstraftat im Sinne des § 18 MStG darstellen soll. ...
> Entweder wir wollen Vorschriftenverletzungen als den Ausdruck politischer Unklarheit einzelner Grenzsoldaten fälschlicherweise als allgemeinen Gefährdungszustand an unserer Staatsgrenze deklarieren, oder wir wollen das Problem der Sicherheit der Staatsgrenze vom operativ-militärischen Gesichtspunkt einschätzen, d.h., wenn durch die Verletzung der Grenzdienstvorschriften objektiv das System der Unantastbarkeit unserer Staatsgrenze angegriffen ist."

Offensichtlich war das Rechtsverständnis des Major d.J. Richter für einen sozialistischen Staat wie die DDR, der nicht überall Rückhalt in der Bevölkerung fand, wohl doch zu ausgeprägt, denn seine Gedanken stießen nicht auf Widerhall. Im Gegenteil - die „verbotenen Kontaktaufnahmen" beunruhigten bis zum Ende der Grenztruppen, genauer bis zum eingangs bereits erwähnten, von Admiral Theodor Hoffmann im Dezember 1989 erlassenen, Befehl 101/89

Kommandeure der Grenztruppen ebenso wie Militärstaatsanwälte und -gerichte.

Mit dem Befehl 101/65, um auf diesen zurückzukommen, wurden die Ausbildungsanforderungen an den einzelnen Grenzsoldaten wesentlich verschärft. Selbstverständliches Ausbildungsgebot war auch jetzt natürlich, ihn zu befähigen, „alle Ziele unter geschickter Ausnutzung des Geländes zu jeder Tages- und Nachtzeit, auch unter schwierigen Witterungsbedingungen, treffsicher zu vernichten". Den Artillerie-Einheiten wurde die Aufgabe gestellt, mindestens ein Drittel aller Feueraufgaben bei Nacht mit angelegter Schutzbekleidung durchzuführen, und „durch die militärische Körperertüchtigung und Sport" waren „besonders solche Eigenschaften wie Mut, Kraft, Gewandtheit und Reaktionsvermögen zu entwickeln". Der Nahkampfausbildung, dem Judo und Boxen sollte dabei mehr Aufmerksamkeit gewidmet werden. Zugleich drängte das MfNV auf die Entwicklung neuer Techniken zur Grenzsicherung und forderte, die „Neuererbewegung fest in den sozialistischen Wettbewerb einzubeziehen". Mehr Hilfe und Unterstützung für eine erfolgreiche Arbeit mit wissenschaftlichem Niveau war den Neueren zu gewähren, anerkannte Neuerungen sollten unverzüglich verallgemeinert und eingeführt werden. Dieselbe Forderung galt in erster Linie für die militärtechnische Forschung und Entwicklung, deren Ergebnisse „zur Schaffung moderner Signal- und Sicherungstechnik für die Grenzsicherung" schneller als bisher an den Grenzen umgesetzt werden sollten.

101/67

Prager Frühling: „Bruderarmeen" kommen ins Spiel

Der Befehl 101/67 vom 10. Oktober 1967 (Geheime Verschlußsache 01/5664) ist in mancherlei Hinsicht ungewöhnlich. So galt er anders als seine Vorgänger für gleich zwei Ausbildungsjahre (1967/68 und 1968/69) und erfuhr durch einen Anhang (Geheime Verschlußsache A 67128) wesentliche Ergänzungen und Präzisierungen, die praktisch einem neuen Befehl gleichkamen. Zum Ausdruck kommen in Befehl und Anhang vor allem die Irritationen und Unsicherheiten, zu denen die politische Entwicklung in der Tschechoslowakei geführt hatten. Der „Prager Frühling" beschäftigte die Führungen der Warschauer Vertragsstaaten, die, wie insbesondere die DDR, ein Überschwappen des vorsichtigen Demokratisierungsprozesses im Nachbarland fürchteten. Zugleich befaßten sich die „sozialistischen Bruderstaaten" der CSSR bereits mit militärischen Planspielen, um dem „Prager Frühling" ein für allemal ein Ende zu setzen.

Betroffen von derartigen Überlegungen war zwar in erster Linie die NVA. Doch auch die Grenztruppen sollten in dieser Situation nicht nur die sonst vorrangigen Aufgaben der Grenzsicherung gegenüber der Bundesrepublik Deutschland einschließlich Berlin (West) erfüllen, sondern zudem eine verstärkte Grenzsicherung an der tschechoslowakischen Grenze übernehmen. Desgleichen hatten sie den reibungslosen Einmarsch in der DDR stationierten sowjetischen Okkupationstruppen in die CSSR zu sichern. Konsequenterweise rückte im Befehl 101/67 des Ministeriums für Nationale Verteidigung schon im ersten Punkt des Befehles der militärische Aspekt in den Vordergrund, und die bisher an dieser Stelle genannte Hauptaufgabe der Grenztruppen, nämlich die „Staatsgrenze der Deutschen Demokratischen Republik unter allen Lagebedingungen ununterbrochen und zuverlässig zu sichern", an die zweite Stelle. Auch wenn es sich um einen an die Grenztruppen gerichteten Befehl handelte, stand nunmehr die NVA im Vordergund, und als wichtigster Punkt wurde jetzt - und auch in den Folgejahren - bis 1975 - herausgestellt:

„Die militärische Hauptaufgabe der Nationalen Volksarmee besteht im zuverlässigen Schutz der Staatsgrenze, des Luftraumes und des Küstenvorfeldes der Deutschen Demokratischen Republik sowie der verbündeten sozialistischen Staaten gemeinsam mit der Sowjetarmee und den anderen Bruderarmeen des Warschauer Vertrages. Im Falle der Entfesselung einer Aggression durch den Gegner ist dieser auf seinem Territorium zu vernichten."

Auffallend ist dabei folgendes: In keinem der vorhergehenden Befehle war vom Schutz auch der „verbündeten sozialistischen Staaten" die Rede gewesen und niemals zuvor von der „Sowjetarmee und den anderen Bruderarmeen des Warschauer Vertrages". Geschlossen werden muß aus diesem Wortlaut, daß die Planspiele zum Einmarsch in die Tschechoslowakei im Oktober 1967 längst liefen und die gewaltsame Niederschlagung des „Prager Frühlings" mehr oder weniger beschlossene Sache war. Mit dem Befehl 101/67 sollten die Angehörigen von NVA und Grenztruppen zweifellos auf ihren von ihnen erwarteten Beitrag hierzu vorbereitet werden.

So wird auch verständlich, daß Minister Hoffmann entsprechend der von der SED-Führung getroffenen Vorgaben für die anstehenden Ausbildungsjahre eine Intensivierung hauptsächlich der Gefechtsausbildung verlangte. Daß dieses nicht etwa mit der Situation in der CSSR begründet wurde, sondern mit der gestiegenen Gefahr einer „imperialistischen Aggression", darf nicht überraschen. Die Empfänger des Befehles wußten ohnehin, wie dieser zu verstehen und umzusetzen war.

Armee-General Hoffmann befahl unter anderem:

„- Im Falle der Entfesselung einer Aggression durch den Gegner haben die Grenztruppen durch geschickten, manöverreichen Einsatz die Staatsgrenze aktiv zu verteidigen, die Her-

anführung und Entfaltung der Landstreitkräfte zu decken und deren Gefechtshandlungen im eigenen und gegnerischen Grenzgebiet zu unterstützen.
- Entsprechend den wachsenden Anforderungen, die an die Grenztruppen im System der Landesverteidigung gestellt werden, sind die Anstrengungen zielstrebig auf die Erhöhung der Kampfkraft der Verbände, Truppenteile und Einheiten zu konzentrieren.
- Die Entwicklung der Grenztruppen ist auf die Schaffung zweckmäßig gegliederter und dislozierter Verbände, Truppenteile auszurichten, die ...
- ständig über konzentrierte, unverzüglich geschlossen zum Gefechtseinsatz bereite Linieneinheiten verfügen.
- Die Kenntnisse der Kommandeure und Offiziere sind zu festigen in der Organisation und Führung von Gefechtshandlungen zur Vernichtung subversiver Kräfte des Gegners im Zusammenwirken mit den Einsatzleitungen der Grenzbezirke und -kreise."

Illegale Grenzübertritte an den Grenzen zur Volksrepublik Polen und zur Tschechoslowakischen Sozialistischen Republik sollten ebenso wie „das Zerstören oder Beschädigen von Markierungen und Anlagen" an diesen Grenzen nicht zugelassen werden. „Ununterbrochen und zuverlässig" waren zudem die Grenzbrücken über Oder und Neisse zu sichern. Auch dieses kann als Beweis für die unsichere Lage an den Grenzen zu den „Bruderstaaten" gewertet werden.

Daß die SED und damit als Vollstrecker ihrer Politik Minister Hoffmann die Grenztruppen konsequent auf eine Unterstützung des Einmarsches der Warschauer-Vertrag-Armeen in die CSSR einstimmte, läßt sich in aller Deutlichkeit an der ungewöhnlich hohen Zahl von Kommandostabsübungen, die den Grenztruppen mit dem Befehl 101/67 verordnet wurde, ablesen. Sie zeigt zugleich die enge Verwobenheit zwischen Grenztruppen und übriger NVA:

„a) In jedem Ausbildungsjahr Teilnahme des Kommandos der Grenztruppen und der Stadtkommandantur BERLIN an einer gemeinsamen einstufigen Kommandostabsübungung der Teile und Militärbezirke, die unter Leitung des Ministers für Nationale Verteidigung durchgeführt wird.

b) Im Ausbildungsjahr 1967/68 Teilnahme der Stäbe der 11. und 13. Grenzbrigade an einer einstufigen Kommandostabsübung, die mit dem Stab der 4. MSD durchgeführt wird.

c) Im Ausbildungsjahr 1968/69 Teilnahme
- der Stäbe der 3. und 5. Gbr. an einer zweistufigen Kommandostabsübung, die mit dem Stab der 8. MSD durchgeführt wird.
- der Stäbe der 7. und 9. Gbr. an einer zweistufigen Kommandostabsübung, die mit dem Stab der 4. MSD durchgeführt wird.

d) Im Ausbildungsjahr 1967/68 Teilnahme
- der Stäbe der Truppenteile der 3. Gbr. an einer zweistufigen Kommandostabsübung mit den Truppenteilen der 8. MSD
- der Stäbe der Truppenteile der 9. Gbr. an einer zweistufigen Kommandostabsübung mit den Truppenteilen der 4. MSD.

Mit den Stäben der Truppenteile der 5. und 7. Gbr. ist im Ausbildungsjahr 1967/68 und mit den Stäben der Truppenteile der 11. und 13. Gbr. im Ausbildungsjahr 1968/69 je eine einstufige Kommandostabsübung unter Leitung der Kommandeure der Grenzbrigaden durchzuführen.

e) Mit den Stäben der Grenzbrigaden der Stadtkommandantur BERLIN ist je Ausbildungsjahr eine zweistufige Kommandostabsübung unter Leitung des Stadtkommandanten der Hauptstadt der DDR, BERLIN, durchzuführen.
Die gemeinsam mit den Landstreitkräften durchzuführenden Kommandostabsübungen sind
- für die Verbände durch den Chef der Grenztruppen mit den Chefs der Militärbezirke
- für die Truppenteile durch die Kommandeure der Grenzbrigaden mit den Kommandeuren der MSD abzustimmen.

2 (1) Übungen mit Truppenteilen

Mit den Grenzregimentern an der Staatsgrenze zu WESTBERLIN, den Grenzausbildungsregimentern und dem Unteroffiziersausbildungsregiment ist einmal im Ausbildungsjahr eine Regimentsübung durchzuführen.

(2) Übungen mit Einheiten

Mit den Ausbildungsbataillonen der Grenzregimenter und den Unteroffiziersausbildungsbataillonen der Grenzbrigaden an der Staatsgrenze zu Westdeutschland ist in jedem Ausbildungsjahr eine Bataillonsübung durchzuführen.
Kompanieübungen sind durchzuführen
- mit jeder Grenzkompanie eine im Ausbildungsjahr
- mit jeder Ausbildungs- und Unteroffiziersausbildungskompanie eine im Ausbildungshalbjahr

3. Taktische Übungen der Artillerieeinheiten mit und ohne Gefechtsschießen sind durchzuführen:
- mit jeder schweren Grenzkompanie und jeder Batterie der Grenzausbildungs- und des Unteroffiziersausbildungsregiments (außer Unteroffiziersbatterien) je Ausbildungshalbjahr eine taktische Übung mit Gefechtsschießen
- mit jeder Abteilung im Ausbildungsjahr zwei taktische Übungen, davon eine mit Gefechtsschießen.
Die taktischen Übungen mit Gefechtsschießen werden durch Meteorologenzüge der Militärbezirke III und V sichergestellt.
Geschütz- (Werfer-) und Zugschießen aus gedeckter Feuerstellung sind im Rahmen der taktischen Übungen mit Gefechtsschießen der Batterie durchzuführen.
Batterieaufgaben sind während der taktischen Übung der Abteilung zu schießen.
Jede Geschützbedienung hat im Ausbildungsjahr mindestens eine Aufgabe im direkten Richten auf bewegliche bzw. unbewegliche Ziele zu schießen.
Mindestens ein Drittel aller Feueraufgaben sind bei Nacht und ein Drittel mit angelegter Schutzausrüstung zu erfüllen.
Zum Abschluß der Unteroffizierslehrgänge sind Artillerieprüfungsschießen bei einer taktischen Übung durchzuführen. Taktische Übungen mit Gefechtsschießen sind auf den Truppenübungsplätzen der Militärbezirke III und V durchzuführen."

Angesichts der Tatsache, daß die Gefechtsausbildung in den Grenztruppen erhebliche Kräfte band, die an den innerdeutschen Grenzen nun fehlten, wurde die Volkspolizei verstärkt in die Grenzsicherung eingebunden. Sie sollte jetzt - gewissermaßen in Amtshilfe - z.B. an der „Staatsgrenze zu WEST-BERLIN ... insbesondere solche Räume“ kontrollieren, „die eine gedeckte Annäherung der Grenzverletzer bis in die unmittelbare Nähe des Grenzgebietes begünstigen“. Ferner waren „standhafte Nachrichtenverbindungen ... zu den Kontrollpunkten der Deutsche Volkspolizei an den Zugängen zum Grenzgebiet“ zu schaffen, um günstigere Voraussetzungen dafür zu schaffen, potentielle „Grenzverletzer“ noch vor dem Betreten des 5-km-Sperrgebietes abfangen zu können.

Natürlich durfte trotz der zusätzlichen Aufgaben an den Grenzen zu den sozialistischen Nachbarrepubliken der Kampf gegen „Grenzverletzer“ im Innern Deutschlands nicht vernachlässigt werden. Schrittweise eingeführt werden sollte deshalb die sog. „Kompaniesicherung“, bei der Kompanien feste Grenzabschnitte zur Überwachung zugewiesen wurden. Auf diese Weise sollten zweierlei Ziele erreicht werden: eine tiefere Verwurzelung der Kompanien in den Grenzgebieten und das schnellere Erreichen von Räumen, in denen „Grenzdurchbrüche“ erwartet wurden oder sich bereits ereignet hatten. Von dem System der „Kompaniesicherung“ meinen auch heute noch zahlreiche frühere Angehörige der Grenztruppen, es sei das erfolgreichste überhaupt gewesen. Unverständlicherweise sei die Führung in späteren Jahren dann zur „Bataillonssicherung“ übergegangen, die erstens den Kontakt zur Grenzbevölkerung habe abreißen lassen und zweitens dazu geführt habe, daß es nach Auslösung eines Grenzalarmes erheblich länger gebraucht habe, bis Posten an den gemeldeten Orten eingetroffen seien.

Sorge bereitete den Verantwortlichen nicht zuletzt das Verhalten der Bevölkerung in den Grenzorten, die längst nicht so „klassenbewußt“ waren, wie es die Führung sich gewünscht hätte. So forderte Minister Hoffmann, „im Interesse einer straffen Ordnung und Sicherheit im Schutzstreifen“ die konsequente Durchsetzung „der Festlegungen für die Genehmigung und Sicherung von Feld- und Waldarbeiten“ ein und mahnte, in den Betrieben und auf Baustellen in Grenznähe nur solche Arbeiten zuzulassen, „die eine unbefugte Nutzung von Technik, die zur Vorbereitung und Durchführung von Grenzdurchbrüchen dienen kann, ausschliessen“, wobei ergänzend darauf hinzuweisen ist, daß unter derartiger Technik schon Leitern zum Überwinden der Grenzzäune zu verstehen waren wie aber auch Traktoren oder Lastwagen.

Ungeachtet aller zusätzlichen Aufgaben für die Grenztruppen in diesem Zeitraum vergaß Minister Hoffmann nicht, nachhaltig an den „sozialistischen Wettbewerb“ zu erinnern, der „weiterzuführen und wirksamer für die Verbesserung der Grenzsicherung und die Erhöhung der Gefechtsbereitschaft zu nutzen“ war. Gleich eine ganze Reihe von Daten gab es in den beiden Ausbildungsjahren, für die der Befehl galt, die die Grenzsoldaten zu neuen Höchstleistungen anspornen sollten: „Höhepunkte des sozialistischen Wettbewerbs sind der 50. Jahrestag der Sowjetarmee, der 50. Jahrestag der Novemberrevolution verbunden mit dem 50. Jahrestag der Kommunistischen Partei Deutschlands, der 20. Jahrestag der Deutschen Demokratischen Republik sowie der 12. und 13. Jahrestag der Nationalen Volksarmee" - „Höhepunkte", auf die manch Grenzsoldat angesichts der zusätzlichen Schinderei sicherlich gern hätte verzichten mögen.

Forderung nach Kadavergehorsam

In welch prekärer Lage sich das Ministerium für Nationale Verteidigung Ende des Jahres 1967 sah, zeigt die schon anfangs erwähnte Ergänzung und Präzisierung des Befehles 101/67, die am 10. Oktober 1967 erlassen wurde. Unzufrieden zeigte es sich mit der ideologischen Standfestigkeit der Grenzsoldaten. Durch „eine wirksamere politisch-ideologische Arbeit auf der Grundlage des Marxismus-Leninismus" sollten deshalb alle Armeeangehörigen zu „der Partei- und Staatsführung treu ergebenen, ideologisch gestärkten und politisch bewußten Klassenkämpfern erzogen werden, die jederzeit bereit und in der Lage sind, alle Befehle zum sicheren militärischen Schutz des Sozialismus bedingungslos zu erfüllen. Alle Bereiche und Prozesse des militärischen Lebens sind ideologisch so zu durchdringen, daß der Klasseninhalt jeder militärischen Aufgabe verstanden wird und die Armeeangehörigen bewußt, initiativreich und diszipliniert handeln". Die Nervosität, die die Partei- und Staatsführung beherrschte, war in diesen Tagen buchstäblich mit Händen zu greifen.

101/69

Strausberg führt Todesautomaten SM-70 ein

Auch im Befehl 101/69 (Geheime Verschlußsache A 68700) vom 3. Oktober 1969 sowie in am selben Tag erneut erlassenen Ergänzungen und Präzisierungen (Geheime Verschlußsache A 161430) beherrschte die tschechoslowakische „Konterrevolution", die zu diesem Zeitpunkt längst blutig niedergeschlagen war, Denken, Handeln und Befürchtungen von Partei- und Staatsapparat in der DDR. So sollte die NVA neben dem Schutz des eigenen Territoriums ihre Hauptaufgabe darin finden, „die verbündeten sozialistischen Staaten gemeinsam mit der Sowjetarmee und den anderen Bruderarmeen des Warschauer Vertrages zuverlässig zu schützen". Entsprechend der bis in die Mitte der achtziger Jahre gültigen sowjetischen Militärdoktrin war danach „im Falle der Aggression durch den Gegner (...) dieser auf seinem Territorium zu vernichten".

Eine Schwerpunktverlagerung ergab sich für die Grenztruppen bei der Abwehr von „Grenzdurchbrüchen". Sie hatten - wie bekannt - „die Ausdehnung provokatorischer Handlungen des Gegners" weiterhin nicht zuzulassen, doch waren „gegnerische Kräfte, die in das Grenzgebiet der Deutschen Demokratischen Republik eindringen", ausdrücklich „zu vernichten bzw. gefangenzunehmen". Die Reihenfolge des verlangten Handelns hatte sich verkehrt, die Vernichtung des Gegners besaß nun erste Priorität.

Im Bereich der eigentlichen Grenzsicherung wurde den Kommandeuren Improvisationskunst abverlangt, denn augenscheinlich war die Planwirtschaft noch immer nicht in der Lage, genügend Betonplatten, Zäune und Minen zu liefern. Verstärktes Augenmerk sollten die Grenztruppen demnach auf die Grenzabschnitte richten, „in denen Versuche von Grenzverletzungen am wahrscheinlichsten sind". Angesichts der Mangelwirtschaft in der DDR, die selbst vor der Grenzsicherung nicht halt macht, war den Grenztruppen-Kommandeuren aufgegeben, die Sicherheit in den gefährdeten Abschnitten „auf Kosten der weniger gefährdeten Abschnitte zu erhöhen". Ein bemerkenswertes Eingeständnis des Unvermögens sozialistischer Planwirtschaft von höchster Stelle. Abhilfe sollten nicht zuletzt eine verstärkte Einbeziehung anderer bewaffneter Organe sowie vorrangig die Gewinnung zusätzlicher Freiwilliger Helfer der Grenztruppen innerhalb der Grenzbevölkerung schaffen. Entlastung für die Grenztruppen versprach sich der MfNV zudem durch eine „verstärkte Aufklärung des eigenen Grenzgebietes". Nach Möglichkeit sollten „Grenzverletzer ... in der Tiefe des Grenzgebietes" bzw. im „grenznahen Hinterland" aufgespürt und durch „andere bewaffnete Organe" festgenommen werden.

Dennoch aber ging der Ausbau der Sperranlagen - wenngleich nicht im gewünschten Ausmaß - voran. In Berlin z.B. sollte er nicht nur dazu beitragen, „Grenzdurchbrüche" zu verhindern, es ging auch darum, „die täglich in der Grenzsicherung gebundenen Kräfte zugunsten der weiteren Erhöhung der Kampfkraft der Truppenteile und Einheiten zu reduzieren".

Im einzelnen wurde befohlen:

„- Der pioniertechnische Ausbau der Staatsgrenze ist ... systematisch durchzuführen. ... Organisation und Durchführung der Pioniermaßnahmen haben den rationellsten Einsatz der Pionierkräfte, der Technik und Baumaterialien zu gewährleisten. (Auch dieses ein überdeutlicher Hinweis auf die Materialknappheit, der Verf.)
- An der Staatsgrenze der Deutschen Demokratischen Republik zu Westdeutschland sind innerhalb der Grenzabschnitte der Verbände vorrangig zusammenhängende Abschnitte auszubauen und zu sperren.
- An der Staatsgrenze der Deutschen Demokratischen Republik zu WESTBERLIN ist der Ausbau der hauptsächlichsten Sperrelemente im Jahr 1970 abzuschließen."

Ausführlicher als zuvor wird auf die Bedeutung der FHG hingewiesen. Planmäßig sollten die Freiwilligen Helfer der Grenztruppen in das System der Grenzsicherung einbezogen und ihre Zahl „in den Räumen der Hauptanstrengung sowie in Ortschaften, die als Ausgangspunkte für Grenzverletzungen bekannt wurden“, wesentlich erhöht werden. Die FHG selbst erhielten die Aufforderung, die Grenztruppen unverzüglich „über fremde Personen im Grenzgebiet, über die Vorbereitung von Grenzverletzungen und über Verletzungen der Grenzordnung“ zu informieren. Daß die Grenztruppen sich eher in der Defensive gegenüber der eigenen Grenzbevölkerung befanden, läßt sich unschwer dem Befehl entnehmen, in dem erstmals eine „wirkungsvolle Öffentlichkeitsarbeit im Grenzgebiet“ gefordert wird. Ziel dieser „Öffentlichkeitsarbeit“, die sich in der Praxis auf Agitation, Propaganda und Indoktrination beschränkte und nicht etwa mit „Offenheit“ verwechselt werden darf, war es, „zu einem ständigen und vertrauensvollen Kontakt zur Grenzbevölkerung“ zu kommen und letztlich zu erreichen, daß diese „die Grenzsicherungs- und Ordnungsmaßnahmen in zunehmenden Maße vorbehaltlos und zuverlässig“ unterstützten. Daß dieses bis zuletzt nicht gelang, ist hinlänglich bekannt und bewiesen.

Fortschreibungen fanden sich im Rahmen der Gefechtsausbildung der Grenztruppen, wobei nun „provokatorische Angriffe des Gegners“ durch offensives und geschicktes Handeln zu verhindern waren. In das Grenzgebiet eingedrungen, waren sie zwar weiterhin im äußersten Fall zu vernichten, doch fanden zwei neue Begriffe Eingang in den Befehl. Die (polizeiliche) „Festnahme“ wurde ersetzt durch die (militärische) „Gefangennahme“. Zusätzlich hatten die „Gegner“ vor Vernichtung oder Gefangennahme „kurzfristig isoliert“ werden sollen.

Zunehmend Wert legte die SED darauf, die Fertigkeiten der Truppen der Stadtkommandantur Berlin im Häuserkampf zu verbessern. Schon zum Punkt „operative Ausbildung“ hatte es geheißen, „Kenntnisse und Fähigkeiten der Offiziere in der Organisation und Führung von Gefechtshandlungen im Zusammenwirken mit den Landstreitkräften, besonders unter den Bedingungen des Gefechtseinsatzes in einer Stadt“ seien zu festigen. Unter der Rubrik „Gefechtsausbildung“ wird Armeegeneral Hoffmann noch deutlicher: „In den Truppenteilen und Einheiten an der Staatsgrenze der Deutschen Demokratischen Republik zu WESTBERLIN ist die Ausbildung im Straßen- und Häuserkampf systematisch fortzuführen.“

In diesen Zusammenhang paßt auch ein weiterer Bestandteil des Befehles, in dem festgelegt worden war, die Pioniereinheiten der Stadtkommandantur Berlin seien „im Forcieren komplizierter Wasserhindernisse sowie im Schaffen von Breschen in Barrieren zu trainieren“. Alle technischen Mittel seien dabei einzusetzen. Die Marschrichtung war dabei für jeden Grenzsoldaten klar: Berlin (West).

Noch heute berufen sich zahlreiche Ex-NVA- und Grenztruppen-Generale darauf, der Häuserkampf sei lediglich geübt worden, um vom Gegner besetzte Städte zurückzuerobern. Abgesehen davon, daß es den eher symbolischen militärischen Kräften der westlichen Alliierten in Berlin (West) wohl kaum gelungen wäre, Ost-Berlin auch nur teilweise zu besetzen, liegen auch ausreichend Unterlagen vor, die unwiderlegbar beweisen, daß auch den Grenztruppen der DDR für den Ernstfall konkrete Aufgaben und Räume bei der Eroberung West-Berlins zugewiesen worden waren, daß die Artillerie-Einheiten der um Berlin dislozierten Grenztruppen-Einheiten längst die Koordinaten im Westteil der Stadt gelegener Ziele gespeichert hatten.

Erstmals findet im Befehl 101/69 die berüchtigte Splittermine SM-70 Erwähnung. An den Grenzzäunen angebracht, verschoß sie bei der geringsten Berührung von Auslösedrähten von zwei Seiten eine todbringende Ladung von 80 scharfkantigen Stahlsplittern bzw. 20 Wälzlagerkugeln, die bis zu 120 m bzw. 280 m weit gestreut werden konnten, in Richtung der Fluchtwilligen. Ein Ausweichen oder Entkommen war praktisch unmöglich. „Besonderes Augenmerk“ so heißt es in dem Befehl dazu, „ist auf die Ausbildung in der Anwendung der Mine SM-70 sowie im Verlegen und Wiederaufnehmen von Schützen- und Panzerminen zu richten“. Sechzehn Jahre noch sollten an den innerdeutschen Grenzen Minen als Mittel zur Verhinderung von Grenzdurchbrüchen eine Rolle spielen, endgültig geräumt war der Todesstreifen jedoch erst Jahre später, nämlich 1995. Ironie der Geschichte: Ausgerechnet frühere Grenzsoldaten waren es vor allem, die nach der staatlichen Wiedervereinigung für die Demontage der Grenzanlagen und das Räumen der Minen eingesetzt worden waren.

Weiteres fällt beim Befehl 101/69 auf. Im Anhang 1, in dem die Übungen für die Operativen Gruppen der Rückwärtigen Dienste ebenso festgeschrieben wurden wie für Grenzbrigaden und -regimenter, findet sich plötzlich die Gesamtüberschrift: „Operative Kriegsspiele“. Auch eine solche Formulierung war zweifellos Bestandteil des Bestrebens, die Grenzsoldaten - wider besseres Wissen - davon zu überzeugen, ein imperialistischer Angriff auf die DDR und andere sozialistische Staaten stehe unmittelbar bevor. (Zur Erinnerung: Im Befehl 101/67 hatten die „operativen Kriegsspiele“ noch „Kommandostabsübungen“ geheißen, im Befehl 101/71, nach dem die Grenztruppen nach der „Entfesselung einer Aggression“ den Gegner nunmehr „kühn und entschlossen zu vernichten“ hatten, ist dann nur noch von den genannten „Kriegspielen“ die Rede.)

101/71

Aufruf zur „Unduldsamkeit“

Ungeachtet aller Befehle und aller Bemühungen zeigte sich die Bevölkerung im Grenzgebiet weiterhin - mit Ausnahmen natürlich - nicht in dem von der SED gewünschten Maße bereit, aktiv an der „Grenzsicherung“ mitzuwirken. In der Geheimen Verschlußsache A 162601 vom 30. September 1971 wird deshalb noch einmal nachdrücklich Bezug auf diesen Zustand genommen. Den Grenztruppen wurde unmißverständlich aufgegeben, „das sozialistische Vertrauensverhältnis“ - was immer man darunter verstehen mag - „zwischen den Grenztruppen und der Grenzbevölkerung (...) durch eine zielgerichtete politisch-ideologische Erziehungsarbeit in den Einheiten und eine wirkungsvolle Öffentlichkeitsarbeit im Grenzgebiet ununterbrochen zu festigen“. Die Defizite in der Akzeptanz der Grenzabriegelung zeigten sich auch in der Notwendigkeit, den Grenztruppen zu befehlen,

„[...] alle Bürger des Grenzgebietes zu hoher politischer Wachsamkeit gegenüber gegnerischen Anschlägen und feindlichen ideologischen Einflüssen sowie zur Unduldsamkeit gegenüber der Verletzung der sozialistischen Gesetzlichkeit und Ordnung zu erziehen. Alle Maßnahmen sind darauf zu richten, daß die Bürger des Grenzgebietes die Grenzsicherungsmaßnahmen vorbehaltlos unterstützen“.

Verstärkt sollten weitere Bürger gewonnen werden, „die in der Lage und geeignet sind, die Grenzsicherung und die Durchsetzung der Ordnungsmaßnahmen im Grenzgebiet vor allem im Rahmen ihrer Berufsausübung, ihrer gesellschaftlichen Tätigkeit oder auf Grund der örtlichen Lage ihrer Wohnung ständig zu unterstützen“. Die Verantwortlichen im Strausberger Ministerium waren sich durchaus der Tatsache bewußt, daß „Grenzdurchbrüche“ nicht zu verhindern wären, solange die örtliche Bevölkerung sich nicht vorbehaltlos an Spitzeldiensten beteiligten und nicht jeden Unbekannten den Grenztruppen meldeten. Zwar hatte der letzte DDR-Staatsratsvorsitzende Egon Krenz noch 1996 in einer Einlassung zu seiner Verteidigung vor dem Berliner Landgericht wissen lassen, die spezielle sozialistische Form der Grenzsicherung habe die rückhaltlose Unterstützung der Bevölkerung erfahren, die Strausberger Befehle und die Realität jedoch sprechen eine andere Sprache.

In ihrer eigenen Ideologie gefangen, fiel der Partei neben Schießbefehl und milliardenschwerem Ausbau der Grenze wenig anderes ein, als in die Mottenkiste des Marxismus-Leninismus zu greifen:

„Die politisch-ideologische Arbeit als Herzstück der Führungstätigkeit ist noch zielstrebiger auf die marxistisch-leninistische Erziehung aller Armeeangehörigen, ihre Befähigung zur vorbildlichen Erfüllung der militärischen Aufgaben, die Entwicklung sozialistischer Soldatenpersönlichkeiten und militärischen Kampfkollektive zu richten.“

Und weiter:

„Die Beschlüsse unserer Partei, die Erfahrungen und wissenschaftlichen Erkenntnisse der Sowjetarmee sowie die fortgeschrittensten Erkenntnisse auf allen Gebieten des militärischen Lebens sind schöpferisch auszuwerten, zu verallgemeinern und zielgerichtet in die Praxis umzusetzen."

Glücklicherweise zeigte sich die überwältigende Mehrheit der Grenzsoldaten als immun gegen derartige Erziehungsversuche, und von der Sowjetunion lernen, hieß längst nicht mehr unbedingt, siegen zu lernen.

Auch dieser „Grundwert" innerhalb der Grenztruppen - wie in der NVA überhaupt - verurteilte alle Anstrengungen zur Bildung ideen- und initiativreicher Soldaten von vornherein zum Scheitern: Denn angesichts der kompromißlosen Forderung zur „bedingungslosen Erfüllung der Befehle" erstickte jede Kreativität von vornherein im Keim. Angezweifelt werden darf weiter, daß das System der „militärischen Kollektive" motivierend auf die Soldaten wirkte. Derartige Kollektive waren nach dem Willen der politischen und militärischen Führung ausdrücklich in den Erziehungsprozeß einzubeziehen. Ihre „erzieherischen Potenzen" sollten genutzt werden, was sich im Phrasendeutsch der SED bzw. des MfNV so las:

„Dazu ist in allen Kampfkollektiven eine solche politisch-ideologische Grundeinstellung zu schaffen, die Disziplinverletzungen als Ehrverletzungen wertet und die kollektive Meinung sowie den kollektiven Kampf gegen die Ursachen von Disziplinlosigkeiten herausfordert."

Für die Gefechtsausbildung verlangte der Befehl 101/71 von den Grenzsoldaten das Training „zur Suche, Verfolgung, Einkreisung und Festnahme bzw. Vernichtung von Grenzverletzern" sowie „die standhafte Verteidigung von Stützpunkten und einzelnen Objekten sowie die Durchführung entschlossener Angriffshandlungen". Um Angriff ging es auch in den Passagen, die sich mit dem Grenzkommando Mitte befaßten. Die Fertigkeiten im Straßen- und Häuserkampf sollten verbessert und dabei „besonderes Augenmerk (...) auf den Einsatz und die Führung von Sturmgruppen und -abteilungen sowie den zweckmäßigsten Einsatz von Artillerietruppenteilen und -einheiten im Straßen- und Häuserkampf" gelegt werden. Schließlich erhielten die um und in Berlin stationierten Grenztruppen einen weiteren Auftrag, der nur wenig mit der „Verteidigung der Staatsgrenze" zu tun hatte. Sie sollten vorrangig „im Forcieren von Wasserhindernissen mit Steilufern sowie von Kanälen, im Anlegen und Räumen von Sperren mit und ohne Sprengwirkung sowie im Anbringen und Beseitigen versteckter Ladungen unter den Bedingungen des Straßen- und Häuserkampfes" ausgebildet werden.

Ganz anderer Art stellten sich die Befehle für die Grenzkommandos Nord und Süd dar. Hier legte Armeegeneral Hoffmann vor allem Wert auf „den Ausbau von Führungsstellen sowie das Verlegen und Aufnahmen von Infanterie- und Panzerminenfelder“, wobei die Minen SM-70 und PMP-71 ausdrücklich hervorgehoben wurden.

101/73

Das „Feindbild“ wird verstärkt

An anderer Stelle war bereits darauf hingewiesen worden, daß seitens der Grenzsoldaten angesichts der zu erwartenden öffentlichen Reaktion im Westen alles unternommen werden sollte, das Überwinden der Grenzsperren durch verletzte Flüchtlinge zu verhindern. Ein latentes Unrechtsbewußtsein war offensichtlich durchaus vorhanden, und es kommt auch in dem Befehl 101/73 (Geheime Verschlußsache A 298700) vom 27. September 1973 zum Ausdruck. Handlungen aus dem eigenen Hinterland sollten rechtzeitig erkannt und in der Tiefe des Grenzgebietes verhindert werden, wies der Minister an. Vor allem aber war durch „schnelles gedecktes Handeln der zur Grenzsicherung eingesetzten Kräfte (...) zu sichern, daß der Gegner keine Möglichkeit erhält, die Handlungen der Grenztruppen zu dokumentieren und gegen die Deutsche Demokratische Republik zu mißbrauchen“. Wären die Verantwortlichen uneingeschränkt von der Rechtmäßigkeit ihrer Befehle, von der Vereinbarkeit von Mineneinsatz und Schußwaffengebrauch gegen Flüchtlinge mit der Menschenrechtserklärung der Vereinten Nationen oder den KSZE-Vereinbarungen überzeugt gewesen, hätte die DDR sich zu ihrer speziellen Form des Grenzregimes bekennen können. Daß sie es nicht tat, spricht Bände.

In Berlin hatten unterdessen Flüchtlinge immer neue Wege gefunden, die Grenzsperren zu überwinden, richtiger: zu unterqueren. Spektakuläre Tunnelbauten sind hierfür beredtes Zeugnis und mußten aus der Sicht der SED unbedingt verhindert werden. So fand sich denn neben dem Befehl, „das System der Grenzsicherung an den Grenzgewässern und an provokationsgefährdeten Abschnitten“ zu vervollkommnen, explizit der Hinweis darauf, „Grenzabschnitte und Objekte, in denen Schleusen für Grenzdurchbrüche durch Tunnelbau geschaffen werden können, sind im Zusammenwirken mit anderen bewaffneten Organen ständig unter Kontrolle zu halten“. Wie dieses zu geschehen hatte, wird an anderer Stelle aus der Darstellung der Befehlsketten 1975 und 1976 ersichtlich.

Der SED war sehr wohl bewußt, daß alle Sperranlagen nichts nutzen würden, wenn die Grenzsoldaten selbst nicht über das erforderliche Maß an „Klassenbewußtsein“ verfügten. Eingeführt wurde deshalb in den Befehl 101/73 der Begriff des „Feindbildes“, das es zu schaffen galt:

Nur die Partei hatte das Sagen in den Grenztruppen. Erich Honecker zu Gast.

„Die politisch-ideologische Stählung aller Armeeangehörigen, die Festigung der Klassenbeziehungen und des sozialistischen Vertrauensverhältnisses zwischen ihnen, die Vermittlung eines realen und klaren Feindbildes und der offensive Kampf gegen die verstärkte ideologische Diversion des Gegners ist eine zentrale Aufgabe der Führungstätigkeit."

Haß auf den „Klassenfeind" sollten den Grenzsoldaten angesichts fehlender anderweitiger Motivation eingeimpft werden, ein Unterfangen, das in der Regel allerdings vergeblich war. Dasselbe galt auch für Pflicht, „die emotionale Wirksamkeit der patriotischen und internationalistischen Erziehung" weiter zu erhöhen. Armeegeneral Hoffmann erlag ebenso wie die politische Führung in ZK und Politbüro der SED der irrigen Ansicht, eine „Vertiefung der Waffenbrüderschaft zur Sowjetarmee, zu den anderen sozialistischen Bruderarmeen und zu den Grenzsicherungsorganen der sozialistischen Nachbarländer" würde eine „nachhaltige erzieherische Wirkung" erzielen. Die Begriffe von Waffen- und Klassenbrüderschaft blieben bis zum Ende der DDR nichts anderes als hohle Phrasen, was für die Rufe nach erhöhter „revolutionärer Wachsamkeit" oder die im „sozialistischen Wettbewerb" geforderte „schöpferische Masseninitiative" gleichermaßen galt.

Auffallend im Befehl 101/73 ist das ausgeprägte Interesse an der Ausspähung über die innerdeutschen Grenzen hinweg. „Die Einschätzung des politisch-moralischen Zustandes der Grenzüberwachungsorgane des Gegners und der Bevölkerung im grenznahen Gebiet der BRD und in WESTBERLIN", sollte energisch erkundet, das gründliche Studium der „Organisation, Bewaffnung und Gefechtsmöglichkeiten des Bundesgrenzschutzes und der NATO-Streitkräfte im grenznahen Raum der BRD sowie der Besatzungstruppen und Bereitschaftspolizei in WESTBERLIN" forciert werden. Gefragt waren umfangreichere Erkenntnisse „über die militärgeographischen, politischen und ökonomischen Bedingungen im grenznahen Raum der BRD sowie in WESTBERLIN", aber auch „Kenntnisse über die elektronische Kampfführung der NATO und die Methoden ihrer Abwehr sowie über den Geheimschutz im Nachrichtenwesen", sämtlich Aufgaben also, die originär wenig mit den Grenztruppen, dafür aber um so mehr mit denen der Militärabwehr der NVA zu tun hatten.

101/75

„Wirksamkeit der Minensperren erhöhen!"

In den 101er-Befehlen nahm die Sperrung der Grenze durch die Verlegung von Minen von Jahr zu Jahr an Bedeutung zu, so auch in dem Befehl 101/75 (Geheime Verschlußsache A 300 000) vom 4. Oktober 1975. Wohl sollte ein besonderer Schwerpunkt beim Ausbau der Grenzen auch auf den Bau von

Kolonnen- und Zufahrtswegen sowie Grenzsignalzäunen gelegt werden, vorwiegend aber galt es, Fortschritte bei der „Erhöhung der Wirksamkeit der Minensperren 66 und den weiteren Ausbau der Sperranlagen mit der Mine SM-70“ zu erzielen. Wieder wird erkennbar, daß die SED zwar nicht auf das Verlegen bzw. das Anbringen der tödlichen Minen verzichtete, ihr aber eine Beobachtung von Explosionen mit Verletzten oder gar Toten vom Westen her zumindest unangenehm war. Zudem sollte verhindert werden, daß entweder in Richtung Bundesrepublik oder Berlin (West) geschossen würde oder bei Minenexplosionen Schäden auf dem Gebiet der Bundesrepublik einträten. Erdverlegte Minen sollten nunmehr in den Abschnitten, „in denen eine Gefährdung des Territoriums der BRD nicht auszuschließen ist“, durch andere Sperren ersetzt werden. An der Undurchlässigkeit der innerdeutschen Grenze durfte dieses selbstredend nichts ändern.

Erneut widmete Armeegeneral Hoffmann der Lage in und um Berlin volle Aufmerksamkeit, denn noch immer gab es hier spektakuläre „Grenzdurchbrüche“, die zwangsläufig weltweit größeres Interesse fanden als die an der innerdeutschen Grenze oder eine Flucht über die benachbarten sozialistischen Bruderländer. Weiterhin bereitete neben der „Schleusung von Personen aus dem Grenzgebiet bzw. den Hoheitsgewässern der DDR“ auch die Sicherung „tunnelgefährdeter Abschnitte und Objekte, in denen eine frühzeitige Aufklärung der Annäherung von Grenzverletzern erschwert ist“, nicht nur den Strausberger Verantwortlichen, sondern auch den Kommandeuren vor Ort erhebliches Kopfzerbrechen. Gestopft werden sollten die noch vorhandenen Schlupflöcher durch den „vorrangigen pionier-, nachrichten- und signaltechnischen Ausbau der Staatsgrenze“, d.h. durch den verstärkten Einsatz von Elektronik, durch immer neue Lichttrassen und durch eine immer höhere Mauer. Grenzverletzer, die es trotz der verlangten „rechtzeitigen Aufklärung“ schafften, bis an Mauer oder Grenzsperr- und Signalzäune zu gelangen, waren - und daran ließ Hoffmann keinerlei Zweifel - „durch das entschlossene Handeln der eingesetzten Kräfte“ festzunehmen oder zu vernichten.

Geradezu merkwürdig mutet auf den ersten Blick die Anweisung an, nach der Maßnahmen zu treffen waren, „um die Ordnung und Sauberkeit vor und in den Sperranlagen zu verbessern“. Einerseits ging es tatsächlich um „Sauberkeit“, immerhin handelte es sich nach Überzeugung der SED ja um eine „moderne“ Staatsgrenze (und ließ u.a. deshalb die Mauer weiß streichen), das tatsächliche Anliegen aber war ein anderes. Nur auf sauberen und immer wieder geharkten Kontrollstreifen konnten Spuren von „Grenzverletzern“ sofort bemerkt werden, und vor einer weißgestrichenen Mauer waren ohne Frage die Konturen von „Grenzverletzern“ eher erkennbar als vor einer dunklen. Buchstäblich nichts gab es im Zusammenhang mit der Grenzsicherung, was zwar nicht immer vordergründig, aber dennoch in der Praxis zur weiteren Erhöhung der „Funktionsfähigkeit und Wirksamkeit der Sperranlagen" führen sollte.

Relativ neu waren in diesen Jahren für die Grenztruppen die Erfahrungen, die sie im Zusammenhang mit dem mittlerweile zwischen der DDR und der Bundesrepublik geschlossenen Transitabkommen bzw. dem Grundlagenvertrag gewinnen mußten. Grenzübergangsstellen wurden (häufig auf Kosten des bundesdeutschen Steuerzahlers) ausgebaut und modernisiert, Straßen verlegt, Transitautobahnen abschnittsweise erneuert. Diese Baumaßnahmen führten dazu, daß wenigstens stundenweise, bis zur Errichtung neuer Sperren, Arbeiter aus der DDR praktisch nur einen einzigen Schritt hätten tun müssen, um in den Westen zu gelangen. Dem mußte entschieden begegnet werden: „Grenzabschnitte, in denen auf der Grundlage zwischenstaatlicher Vereinbarungen Bau- und andere Maßnahmen über die Grenzlinie durchgeführt werden, sind besonders zu sichern", hieß es in dem Befehl. Seine Umsetzung bestand darin, daß die Arbeiter, die unmittelbar an der Grenze eingesetzt wurden, nicht nur im Vorfeld von der Stasi intensiv „durchleuchtet" worden waren, während ihrer Arbeit waren sie zudem von Bewaffneten umringt, um nur nicht den geringsten Gedanken an einen Fluchtversuch aufkommen zu lassen.

Der Befehl 80/75

„Verletzte schnell und gedeckt bergen"

Hatte der jeweilige Minister für Nationale Verteidigung mit den 101er-Befehlen die Grundzüge für die Grenzsicherung und deren Ausbau festgelegt, war es am Chef der Grenztruppen in Pätz und dann weiter an den Kommandeuren der Grenzkommandos bis hin zu den Regiments- und Kompaniechefs, diese Befehle umzusetzen. Entscheidend dabei ist, daß die Befehle von Ebene zu Ebene - zwangsläufig - nicht nur konkreter wurden, sondern daß die mittlere und unteren Kommandoebenen der Grenztruppen auch hinsichtlich des Schießbefehls immer unmißverständlicher formulierten, wie an dem Beispiel der Befehlskette 1975 sichtbar wird. Vor allem aber wird deutlich, daß den Kommandeuren und Kompaniechefs vor Ort in allen Einzelheiten vorgegeben war, wie sie zu handeln hatten und ihnen aufgezeigt wurde, welche Schwachstellen noch vorhanden und somit zu beseitigen waren. Handlungsspielraum im Sinne der beispielsweise von der Bundeswehr praktizierten „Auftragstaktik" war ihnen ganz offensichtlich bei der Bekämpfung von „Grenzverletzungen" kaum gegeben.

Am 14. Oktober 1975 hatte der Chef der Grenztruppen den Befehl 80/75 (Geheime Verschlußsache G/279500) erlassen, in dem er - nach den bereits aus Strausberg bekannten Formulierungen verlangte, „Grenzverletzer, Provokateure und Diversanten, die sich auf dem Territorium der Deutschen Demokratischen Republik befinden, unter geschickter Ausnutzung aller gegebenen Möglichkeiten entschlossen“ festzunehmen oder zu vernichten.

„Durch zielgerichtete Erziehung und Ausbildung der Angehörigen ist zu sichern, daß zur Verhinderung von Grenzdurchbrüchen, Provokationen und Diversionsakten des Gegners die Schußwaffe entsprechend der Schußwaffengebrauchsbestimmung mit hohem politischen Verantwortungsbewußtsein entschlossen und treffsicher angewandt wird.“

Die Forderungen der Grenzordnung sollten „kompromißlos“ durchgesetzt werden, hieß es. Daß ein derartiger Befehl durchaus Menschenleben gefährden und kosten konnte, war dem Chef der Grenztruppen wohlbewußt, denn im nächsten Satz befahl er, „die durch Schußwaffengebrauch oder Minen Verletzten (...) schnell und gedeckt zu bergen“. Wichtiger als der Schutz von Menschenleben war es, „alle Handlungen (...) so zu organisieren und durchzuführen, daß der Gegner keine Gelegenheit zu deren Dokumentation erhält“. Mit „entschlossenen Manövern“ sollten „provokationsgefährdete Abschnittte“ ununterbrochen gesichert „und Angriffe des Gegners auf die Staatsgrenze“ abgewehrt werden. Ortschaften, Betriebe, Objekte und Baustellen waren ständig unter Kontrolle zu halten, „ihre Ausnutzung durch gegnerische Kräfte zur Vorbereitung von Angriffen auf die Staatsgrenze auszuschließen“. Da sich weder die westlichen Alliierten noch die Bundeswehr oder Bundesgrenzschutz in den Ortschaften, Objekten und auf den Baustellen aufhalten konnten, war ebenso unmißverständlich klar, daß ausschließlich „Grenzverletzer“, also die eigene Bevölkerung, gemeint war.

Im einzelnen wurde u.a. befohlen:

„Das Grenzkommando NORD hat die Hauptanstrengungen zu richten auf

- die Sicherung der Richtungen
LUDWIGSLUST - UELZEN
SALZWEDEL - LÜCHOW
MAGDEBURG - BRAUNSCHWEIG
HALBERSTADT - CLAUSTHAL-ZELLERFELD

der Objekte

Elbhäfen BOIZENBURG und DÖMITZ
Erdgaszentrum SALZWEDEL
Braunkohlentagebau HARBKE.“

Der Einsatz der Grenzsicherungsboote auf der Elbe hatte „auf der Grundlage der Erprobungsstruktur“ zu erfolgen, wobei für die Situation bei „geschlossener Eisdecke, Hoch- und Niedrigwasser im Elbgrenzabschnitt“ die Handlungen „beim Eintreten dieser Bedingungen zu präzisieren“ waren. Besondere

Aufmerksamkeit war zu richten auf „die Sicherung der Staatsgrenze beim Abbau des Grenzkohlepfeilers im Braunkohletagebau HARBKE.“

Für das Grenzkommando SÜD nannte der Chef der Grenztruppen als Richtungen, die vorrangig zu sichern waren:

„NORDHAUSEN - BAD SACHSA
EISENACH - SONTRA
SCHALKAU - COBURG
SAALFELD - LUDWIGSSTADT
PLAUEN - HOF“

sowie die Objekte

„ZPR und das Stadtgebiet BLANKENSTEIN
Lederfabrik HIRSCHBERG“.

Für das Grenzkommando MITTE, und damit für Berlin und das Umland, waren diese „Hauptanstrengungen“ zu erfüllen:

„Sicherung der Abschnitte
ESPLANADE - SCHILLINGBRÜCKE
KLEINMACHNOW - BRÜCKE DER EINHEIT

der Räume und Objekte

BERGMANN BORSIG
OSTHAFEN
Großbaustelle SCHÖNEFELD
KLEIN GLIENICKE;

- die ständige Überwachung und wirksame Kontrolle aller tunnelgefährdeten Abschnitte.“

Und weiter:

„Durch das abgestimmte Handeln der Bootseinheiten und der landseitig eingesetzten Kräfte an den Wassergrenzabschnitten der Hauptstadt der DDR ist zu gewährleisten, daß Unfälle und Havarien rechtzeitig festgestellt und die erforderlichen Rettungs- und Bergemaßnahmen unverzüglich eingeleitet werden. …
Die Sperrfähigkeit der Grenzsicherungsanlagen ist durch planmäßige Instandsetzung der vorhandenen Sperren sowie Errichtung neuer Sperren in besonders gefährdeten Abschnitten zu erhöhen.
Der Bau von 5 km Grenzmauer neuen Typs ist zu gewährleisten.“

Spezielles Augenmerk hatten die Angehörigen der Grenztruppen auf die Grenzübergangsstellen zu richten. Versuchen,

„[…] die Staatsgrenze unter Ausnutzung des grenzüberschreitenden Verkehrs an den Grenzübergangsstellen gewaltsam zu durchbrechen, sind auf der Grundlage vorbereiteter und überprüfter Einsatzvarianten durch abgestimmtes und entschlossenes Handeln der Sicherungs- und Kontrollkräfte wirksam zu verhindern. Die Abwehr von Durchbruchsversuchen mittels Technik und unter Ausnutzung von Geiseln ist zu planen und zu trainieren.“

Für die Hubschrauberstaffel wurden umfangreiche Aufgaben im Zusammenhang mit der Grenzsicherung befohlen, so die Luftbild- und visuelle Luftaufklärung, zudem die „Unterstützung der Aufklärung und Abwehr von gegnerischen Diversionsakten mittels Luftfahrzeugen". Zur Erfüllung von Flugaufgaben sollten die Besatzungen mit Maschinenpistolen ausgerüstet werden. Die Bedeutung, die den „Aufklärungskräften und -mitteln" beigemessen wurde, wird aus diesem Teil des Befehls sichtbar:

„10. (1) Die Grenzaufklärung ist zu organisieren und ununterbrochen zu führen mit dem Ziel, die gegen die Sicherheit und Ordnung an der Staatsgrenze gerichteten Absichten und Handlungen gegnerischer Kräfte im einsehbaren westlichen und im eigenen Grenzgebiet rechtzeitig festzustellen und wirksame Maßnahmen zur Abwehr von Angriffen auf die Staatsgrenze einzuleiten.
(2) Die Aufklärungskräfte und -mittel sind zur Aufklärung und Sicherung in provokationsgefährdeten Abschnitten, an den Zugängen zum Schutzstreifen, in den wahrscheinlichen Richtungen der Bewegung der Grenzverletzer und zur Überwachung und Kontrolle von Unterschlupfmöglichkeiten einzusetzen. Zur vollständigen Erfassung der Lage sind allen zur Grenzsicherung eingesetzten Kräften Beobachtungsaufgaben zu befehlen.
(3) Die Grenzaufklärer sind in den ihnen zugewiesenen Grenzortschaften und Räumen zielgerichtet zur Aufklärung und Verhinderung von Vorbereitungshandlungen zu Grenzdurchbrüchen und zur Aufdeckung von Verstößen gegen die Sicherheit und Ordnung einzusetzen. ...
(5) Die Funkaufklärung hat Angaben über geplante Maßnahmen und Aktivitäten der Grenzüberwachungsorgane der BRD einzubringen."

In der Schießausbildung wurde „das treffsichere Schießen mit der persönlichen Waffe von der Stelle, nach vorangegangener Bewegung und nach vorheriger Belastung auf Erd- und Luftziele" verlangt. Schwerpunkt sollte gelegt werden „auf das Bekämpfen beweglicher Ziele in Flankenfahrt, auf das Schießen mit Panzerbüchse und auf das Bekämpfen von tieffliegenden Luftzielen, besonders von Hubschraubern".

Während die Pioniereinheiten der Grenzkommandos Nord und Süd im Verlegen und Räumen von Schützenminen, im Berechnen, Herstellen, Anbringen und Zünden von Sprengladungen sowie in der „Beherrschung des Aufbaues und der Montage von Beobachtungstürmen" auszubilden waren, ging es im Bereich des Grenzkommando Mitte um anderes:

Hier stand die „Pioniersicherstellung von Gefechtshandlungen unter den Bedingungen starker Zerstörungen" im Mittelpunkt.

„Das Überwinden von Wasserhindernissen mit und ohne Steilufer durch Lande- und Brükkenübersetzen sowie im Anlegen und Überwinden von Sperrknoten, im Anlegen von Sperren mit und ohne Sprengwirkung und im Schaffen von Gassen, im sicheren Beherrschen der Technik unter allen Lagebedingungen in den Normzeiten und im schnellen und effektiven Einsatz von Tauchern unter allen Bedingungen der Tages- und Jahreszeit [...]"

fand sich auf dem Ausbildungsprogramm der Berliner Grenztruppen.

Der Befehl 40/75, Grenzkommando Mitte

Unterirdische Verkehrsanlagen sichern

„Die Unverletzlichkeit der Staatsgrenze“ zu Berlin (West) „durch entschlossene Handlungen zu wahren, Grenzdurchbrüche und bewaffnete Überfälle auf das Staatsgebiet der DDR nicht zuzulassen“, stellte sich als Hauptaufgabe für das Grenzkommando Mitte dar, wo eine weitere Präzisierung des 101er- bzw. 80er-Befehles vorgenommen wurde. Als Bereiche, auf die „die Hauptanstrengungen“ zu richten waren, wurden im Befehl 40/75 (Geheime Verschlußsache H/105 150) vom 5. November 1975 nunmehr konkret genannt:

„WOLLANKSTRASSE bis Bahndamm KÖLLNISCHE HEIDE,
- die Richtungen
BABELSBERG - STEINSTÜCKEN
BABELSBERG - KLEIN GLIENICKE
- die besonders zu sichernden Räume und Objekte
VEB BERGMANN BORSIG
OSTHAFEN
Großbaustelle SCHÖNEFELD
Mülldeponie GROSS ZIETHEN
KLEIN GLIENICKE.“

Der Kommandeur des Grenzkommandos Mitte forderte:

„Zur Verhinderung von Grenzdurchbrüchen, Provokationen und Diversionsakten des Gegners ist die Schußwaffe entsprechend der Schußwaffengebrauchsbestimmung mit hohem politischen Verantwortungsbewußtsein entschlossen und treffsicher anzuwenden. Verletzte sind sofort und gedeckt zu bergen. Die Handlungen sind so zu organisieren und durchzuführen, daß der Gegner keine Gelegenheit zu deren Dokumentation erhält.“

Wie detailliert den Truppenteilen Aufgaben zugewiesen wurden, zeigen die nachfolgenden Beispiele:

„Das Grenzregiment -33
sichert den Grenzabschnitt in der befohlenen Dislozierung, richtet seine Hauptanstrengung auf den Abschnitt WOLLANKSTRASSE bis KIELER ECK,

konzentriert seine Anstrengungen weiter auf:

- die wahrscheinlichen Richtungen der Bewegung der Grenzverletzer:
- WILHELMSRUH - UHLANDSTRASSE
- WILHELMSRUH - VEB BERGMANN BORSIG
- SCHÖNHAUSER ALLEE - HELMUT JUST BRÜCKE
- GESUNDBRUNNEN - HELMUT JUST BRÜCKE
- BAHNHOF FRIEDRICHSTRASSE - LEHRTER BAHNHOF

- die Durchsetzung der Grenzordnung im VEB BERGMANN BORSIG

- die Erhöhung der Sicherheit auf dem Streckenabschnitt der Deutschen Reichsbahn
PANKOW - SCHÖNHAUSER ALLEE

BAHNHOF FRIEDRICHSTRASSE - LEHRTER BAHNHOF

im Zusammenwirken mit dem GÜStSiR-26, den Kräften der Transportpolizei und in Zusammenwirken mit den zuständigen Organen der Deutschen Reichsbahn sowie
- die unterirdischen Verkehrsanlagen im West-West-Verkehr."

Zu den weiteren Aufgaben des Grenzregiments-33 gehörten:

„- Die Durchsetzung der Ordnung bei den Baumaßnahmen im Regierungskrankenhaus, dem Krankenhaus der Deutschen Volkspolizei und der Charité,
- mit den zuständigen Schutz- und Sicherheitsorganen und den Organen der Zusammenarbeit die Einführung und Durchsetzung des Havarieplanes für die Streckenabschnitte der Deutschen Reichsbahn und die Anlagen im West-West-Verkehr,
- die Sicherheit und Ordnung bei der Rekonstruktion der Grenzbrücken,
- die Schaffung der Kfz-Sperrfähigkeit nach Abschluß der Meliorationsarbeiten im Raum BLANKENFELDE."

Das <u>Grenzregiment -35</u>

„[...] richtet seine Hauptanstrengung auf den Abschnitt:
BRANDENBURGER TOR - GÜSt OSTHAFEN,

konzentriert die Anstrengung weiter auf:

UNTER DEN LINDEN - BRANDENBURGER TOR
TIERGARTEN - BRANDENBURGER TOR
FRIEDRICHSHAIN - FRITZ-HECKERT-STRASSE
PLÄNTERWALD - DAMMWEG, ...

gewährleistet:

- die Sicherheit der Staatsgrenze bei den Bau- und Abrißarbeiten am POTSDAMER PLATZ sowie die Beobachtung der Arbeiten im einsehbaren Grenzgebiet des Gegners,
- die Neuorganisation der Kontrolle des in das Grenzgebiet einfahrenden Schiffsverkehrs an der ELSENBRÜCKE im Zusammenwirken mit Paßkontrolleinheit und Zoll,
- den effektiven Einsatz der Bootskompanie zur zuverlässigen Sicherung des Wasserabschnittes sowie zur Rettung und Bergung gem. Befehl Nr. 66/75 des Kommandeurs Grenzkommando MITTE besonders im OSTHAFEN,
- eine hohe Sicherheit und Ordnung während der Bauarbeiten an der Grenzmauer neuen Typs,
-die Sicherheit und Ordnung bei der Rekonstruktion der Grenzbrücken sowie der GÜSt FRIEDRICH/ZIMMERSTRASSE".

Das <u>Grenzregiment -44</u> hatte seine Hauptanstrengungen auf den Abschnitt

STEINSTÜCKEN - BRÜCKE DER EINHEIT

zu konzentrieren und seine Anstrengungen weiter zu richten auf:

„ - die wahrscheinlichen Richtungen der Bewegung der Grenzverletzer

AUTOBAHN - GÜSt DREWITZ
DREWITZ - STEINSTÜCKEN
BABELSBERG - KLEIN GLIENICKE

- die zuverlässige Sicherung der Flanken GÜSt Bahnhof GRIEBNITZSEE und DREWITZ Autobahn,

- die Durchsetzung wirksamer Varianten des kombinierten wasser- und landseitigen Einsatzes von Kräften und Mitteln zur zuverlässigen Sicherung des Wasserabschnittes, ...

- mit den zuständigen Schutz- und Sicherheitsorganen und den Organen der Zusammenarbeit die weitere Festigung der Sicherheit und Ordnung besonders im Raum BABELSBERG sowie die weitere Durchsetzung des Beschlusses der Bezirkseinsatzleitung POTSDAM für die Räume

KLEIN GLIENICKE und
STUBENRAUCH/BREITSCHEIDTSTRASSE,

- den weiteren planmäßigen pioniertechnischen Ausbau des Grenzabschnittes besonders am GRIEBNITZSEEUFER,
- eine zielstrebige Verbesserung des Einsatzes der Diensthunde und den zweckmäßigen Aufbau der Hundelaufanlagen zwischen den Grenzposten in besonders gefährdeten Grenzabschnitten".

Für das Grenzregiment -42 hieß es, seine Hauptanstrengung auf den Abschnitt

SIEDLUNG GRÜNECK - WASSMANNSDORFER STRASSE

sowie weiter zu richten auf:

„ die wahrscheinliche Richtung der Bewegung der Grenzverletzer

SCHÖNEFELD - RUDOWER CHAUSSEE,

- die Durchsetzung einer straffen Ordnung bei der Sicherung des Raumes der Mülldeponie GROSS ZIETHEN,
- die Sicherung der Flanken der GÜSt RUDOWER CHAUSSEE".

Aufzuklären und zu dokumentieren waren ferner die „Handlungen, Technik und Bewaffnung der Besatzungstruppen auf dem TÜP LICHTERFELDE - SÜD[1]".

Das Grenzregiment -34 hatte vor allem auf den Abschnitt

GÜSt STAAKEN STRASSE - SIEDLUNG FALKENHÖH

zu achten sowie auf

„- die wahrscheinlichen Richtungen der Bewegung der Grenzverletzer:
DALLGOW - GÜSt STAAKEN STRASSE
DALLGOW - GÜSt STAAKEN EISENBAHN".

Zu sichern war weiter der Ausbau des Grenzabschnittes

„[...]besonders im Abschnitt SACROW - GROSS GLIENICKE".

[1] Gemeint ist der Truppenübungsplatz der amerikanischen „Berlin Brigade" in Berlin (West)

Das Grenzregiment -38 hatte seine Hauptanstrengung zu richten auf den Abschnitt

ADOLFSTRASSE (HOHENNEUENDORF) - S-BAHNBOGEN - TP 55 sowie auf den Bereich
HOHENNEUENDORF - PAULSTRASSE.

Des weiteren ging es um

„- die Durchsetzung der Ordnung zum Betreten des Grenzgebietes an den Kontrollpassierpunkten NIEDERNEUENDORF und STOLPE SÜD sowie der Enklaven SPORTWIESE und ERLENGRUND,

- die Durchsetzung der Hoheitsrechte auf den Grenzgewässern,

- die ständige Aufrechterhaltung der Kfz-Sperrfähigkeit".

Verbessert werden sollte das Zusammenwirken mit dem VPKA Oranienburg sowie mit dem MSR -1.

Das GÜSt-Sicherungsregiment -26 hatte seine Hauptanstrengung zu richten

„auf die GÜSt BAHNHOF FRIEDRICHSTRASSE
FRIEDRICH/ZIMMERSTRASSE
DREWITZ - AUTOBAHN
STAAKEN Bahnhof und Straße

sowie die GÜSt im Diplomatenverkehr".

Gewährleistet werden mußten zudem:

„- das Training der Varianten zur Verhinderung von gewaltsamen Grenzdurchbrüchen, Versuchen von Terrorverbrechen und anderen besonderen Vorkommnissen mit den Sicherungs- und Kontrollkräften sowie den Grenzregimentern,
- die ununterbrochene Sicherheit auf den GÜSt sowie die Funktions- bzw. Sperrfähigkeit der Alarm-, Signal- und Sperranlagen,
- die Sicherheit und Ordnung beim Ausbau der GÜSt STAAKEN Straße und Bahnhof, NEDLITZ und FRIEDRICH/ZIMMERSTRASSE im Zusammenwirken mit den Grenzregimentern".

Fortschritte bei der „Eßkultur"

Die mangelhafte „sozialistische Moral", die bereits im Befehl 101 des Ministers angesprochen wurde, fand sich als Kritikpunkt im Befehl des Chefs des Grenzkommando Mitte wieder, jetzt jedoch konkretisiert.

Bemängelt wurden besondere Vorkommnisse und disziplinare Verstöße, wie

„- Empfang von Feindsendern und Kontaktaufnahmen,
- vorschriftswidrige Anfertigung, Aufbewahrung, Übergabe und Übernahme von VS-Dokumenten,
- mangelhafte Ordnung in der Erfassung und Lagerung des militärischen Schriftgutes,

- Verletzung der Dienstpflichten in der Grenzsicherung,
- Verkehrsunfälle und Unfälle mit der Kfz- und Panzertechnik sowie Verkehrsgefährdung durch Trunkenheit,
- Nichteinhaltung der Sicherheitsbestimmungen,
- Angriffe auf das sozialistische und persönliche Eigentum,
- unerlaubte Entfernungen und Schädigen des Ansehens der Grenztruppen in der Öffentlichkeit unter Alkoholeinfluß".

Auch dieses enthielt der Befehl 40/75 : „Die Fortschritte in der Eß- und Speisesaalkultur sind zu festigen und durch planmäßigen Einsatz von Mitteln der volkswirtschaftlichen Masseninitiative weiter auszubauen."

Der Befehl 40/75, Grenzkommando Nord

„Festnahme bzw. Vernichtung unverzüglich melden"

Anderer Natur mußte zwangsläufig der entsprechende Befehl 40/75 des Kommandeurs des Grenzkommandos Nord sein, den dieser als Geheime Verschlußsache G 222 000 am 1. November 1975 für seinen Verantwortungsbereich erlassen hatte. Kein Zweifel wurde an dem gelassen, was von den Angehörigen der Grenztruppen erwartet und verlangt wurde: die unbedingte Verhinderung eines jeden Grenzdurchbruchs. „Provokationsgefährdete Abschnitte und Arbeiten an der Staatsgrenze" waren daher ständig zu sichern, „Ortschaften im Schutzstreifen und wichtige Objekte in unmittelbarer Nähe der Staatsgrenze" unter Kontrolle zu halten. „Der konzentrierte, mit Sperr- und Signalanlagen kombinierte Einsatz von Wachhunden" war zu verstärken, die Abrichtung der Hunde zu verbessern.

Den Grenzposten wurde auch sehr deutlich gesagt:

„Beim Erkennen von Grenzverletzern haben die Grenzposten sofort und ohne vorherige Meldung an den Vorgesetzten selbständig zu handeln, wenn nur dadurch der Grenzdurchbruch zu verhindern ist. Die Meldung ist unverzüglich nach der Festnahme bzw. Vernichtung des Grenzverletzers zu erstatten.

Die Alarmgruppen sind entsprechend der Lage zeitweilig im Grenzabschnitt, in der Regel an Führungsstellen unterzubringen. Durch die konkrete Befehlserteilung an die Grenzposten und Bergetrupps sowie deren zielstrebige Führung ist zu gewährleisten, daß durch Schußwaffengebrauch oder Minen verletzte Grenzverletzer schnell und gedeckt geborgen werden. Dem Gegner sind keine Möglichkeiten zur Dokumentation zu geben."

„Bis zur völligen Beherrschung", so heißt es in dem Befehl weiter, sollten „Handlungen zur Verhinderung von Grenzdurchbrüchen unter verschiedenen Lagebedingungen trainiert werden", dazu waren die im Grenzdienst eingesetzten Kräfte selbst verstärkt zu überwachen:

„Der Schwerpunkt ist auf die gedeckte und wiederkehrende Kontrolle zu legen. Die Kommandeure der GR und GB haben periodisch Rekognoszierungen in den Räumen der Hauptanstrengung und in den Richtungen der Bewegung der Grenzverletzer durchzuführen. Dabei sind besonders der Einsatz der Kräfte und Mittel, die Varianten zur Verhinderung von Grenzdurchbrüchen und das Zusammenwirken entsprechend der Lage zu präzisieren. ...
Es ist zu sichern, daß zur Verhinderung von Grenzdurchbrüchen und provokatorischen Handlungen des Gegners die Schußwaffe entsprechend der Schußwaffengebrauchsbestimmung mit hohem politischen Verantwortungsbewußtsein entschlossen und treffsicher angewendet wird."

„Besondere Vorkommnisse an der Staatsgrenze" sollten nach dem Befehl durch die Kommandeure der Grenzregimenter persönlich untersucht werden, zur Verhinderung weiterer Vorkommnisse „sind Aufgaben für das GR zu befehlen und durchzuführen". Des weiteren galt es, das

„[...] Zusammenwirken mit den Schutz- und Sicherheitsorganen der Grenzbezirke und -kreise (...) zu organisieren und zu führen mit dem Ziel, die Sicherheit und Ordnung im Grenzgebiet zu gewährleisten, die Vorbereitung von Grenzdurchbrüchen frühzeitig aufzuklären, durch tiefgestaffelten und koordinierten Einsatz der Kräfte und Mittel die Grenzverletzer vor Erreichen des Schutzstreifens festzunehmen und die Wirksamkeit des Zusammenwirkens weiter zu erhöhen".

Den Grenzregimentern wurden diese Richtungen zur Sicherung zugewiesen:

Grenzregiment 6

GREVESMÜHLEN, LÜBECK
SCHLUTUPER WIEK, Straße SCHLUTUP - SEIMSDORF.

Die Aufklärung war zu konzentrieren auf:

FLUGPLATZ BLANKENSEE
SEIMSDORF, SCHLUTUP
LÜBECKER BUCHT, TRAVE, DASSOWER SEE
HOLMER HOLZ, DASSOW, ZARNEWENZ
SEIMSDORF, HERRNBURG, LOCKWISCH

Für das Grenzregiment 8 wurde die Sicherung dieser Räume befohlen:

WITTENBERGE, LANZ, LÜCHOW,
der provokationsgefährdete Abschnitt
Straße LAUENBURG-BOIZENBURG, ELBE
und die Häfen
BOIZENBURG und DÖMITZ.

Die Aufklärung war zu konzentrieren auf

Hafen HITZACKER
BOIZENBURG, LAUENBURG;
BICKHUSEN, GOTHMANN, BOIZENBURG;
LENZEN, CUMLOSEN, LANZ.

In Vorbereitung von Maßnahmen zur Verstärkung der Grenzsicherung bei geschlossener Eisdecke, Hoch- und Niedrigwasser waren zu planen:

„- die verstärkte Grenzsicherung mit eigenen Kräften und Mitteln sowie mit Verstärkungskräften bis zu drei Ausbildungskompanien in x + 12 Stunden;
- der zeitweilige Übergang zur Kompaniesicherung;
- der landseitige Einsatz der Bootseinheiten,
- das Zusammenwirken mit den Reserven der BDVP SCHWERIN."

Dem Grenzregiment 24 oblag die Sicherung der Räume

SALZWEDEL, LÜCHOW,
Straße BERGEN - SALZWEDEL, Grenzsäule Nr. 428
und die Sicherung des Zentrums/Raumes
Erdgas SALZWEDEL,
Urlauberzentrum ARDENDSEE.

Aufzuklären hatte das Regiment die Objekte bzw. Richtungen

SALZWEDEL, LÜCHOW;
SEEBENAU, BERGEN;
RIEBAU, BRIETZ, SALZWEDEL;
Stadt ARENDSEE.

Für das Grenzregiment 23 wurden diese Räume genannt:

OEBISFELDE, WOLFSBURG
und der provokationsgefährdete Abschnitt
500 m nördlich und südlich Straße ZICHERIE-BÖCKWITZ.

Für die Aufklärung wurden befohlen

Nachrichtenanlage BAHRDORF;
OEBISFELDE, WOLFSBURG;
WESER ELBE KANAL, GEHRENDORF, BERGFRIEDE.

Dem Grenzregiment 25, „eingesetzt im Raum der Hauptanstrengung Nr 01 des GKN BEENDORF (ausschl.), HÖTENSLEBEN, BADELEBEN" kam besondere Bedeutung zu, verlief doch durch seinen Bereich die wichtige Transitstrecke Hannover - Berlin. Die Hauptanstrengungen waren daher zu richten auf die Abschnitte

MAGDEBURG, HELMSTEDT;
Autobahn HELMSTEDT, Tagebau HARBKE.

Für die Aufklärung wurden genannt:

Nachrichtenanlage HEESEBERG,
HÖTENSLEBEN, SCHÖNINGEN,
Straße HELMSTEDT - HARBKE, BUDDENSTEDT,
Bahnlinie HELMSTEDT,
VEITHEIM, RHODEN, OSTERWIECK.

Das „ununterbrochene Zusammenwirken mit dem Kommandanten der GÜST MARIENBORN“ mußte ebenso gewährleistet werden wie die „zuverlässige Sicherung der Staatsgrenze im Abschnitt des Tagebaues HARBKE“.

Nicht minder bedeutsam stellten sich die Aufgaben für das Grenzregiment 20 dar, kam es doch in dessen Verantwortungsbereich, im Harz, auf Grund der Geländebeschaffenheit immer wieder zu Fluchtversuchen. Zu sichern waren insbesondere:

KLEINER BROCKEN (ausschl.), Straße SORGE-HOHE GEISS,
DREI ANNEN - HOHNE,
HALBERSTADT, CLAUSTHAL ZELLERFELD.

Als provokationsgefährdet wurden angesehen:

Straße BAD HARZBURG-STAPELBURG, ECKERKRUG,
Straße HOHE GEISS - SORGE, Straße HOHE GEISS BENNECKENSTEIN.

Die Aufklärung hatte sich zu konzentrieren auf:

Nachrichtenanlagen TORFHAUS und WURMBERG,
STAPELBURG, BAD HARZBURG,
SORGE, HOHE GEISS,
STAPELBURG, ILSENBURG, DRÜBECK.

Als wie gefährdet die Grenztruppen diese Abschnitte betrachteten, zeigt sich daran, daß ausdrücklich die „qualitäts- und termingerechte Erfüllung des pionier- und signaltechnischen Ausbaus einschließlich des Abschnittes BROCKEN sowie die Erdverkabelung im I. GB und SiA VII sowie deren Sicherung (...) bei zeitweiliger Verstärkung durch Ausbildungseinheiten zu gewährleisten“ war. Für das „Sonderobjekt BROCKEN“ war eine spezielle Ordnung festgelegt, handelte es sich hierbei doch um den elektronischen Horchposten, den die Gruppe der Sowjetischen Streitkräfte in Deutschland dort betrieb. Schließlich befanden sich im Bereich des Regimentes noch die Urlauberzentren Schierke und Elend, denen ebenfalls erhöhte Aufmerksamkeit gewidmet werden sollte.

Besondere Erkenntnisse hinsichtlich der Planungen der Grenztruppenführung ergeben sich aus dem Befehl des GKN insofern, als hierin die „Unterbringungsräume“ erwähnt wurden, die den Ausbildungsregimentern zur Verstärkung der Grenzsicherung zugewiesen waren.

Für das GAR -5
Unterbringungsraum Nr. 01
MALLISS, HEIDDORF, NEU KALISS
mit den Handlungsrichtungen
Nr. 01 HEIDORF, DÖMITZ,
Nr. 02 ELDENBURG, LENZEN.

Unterbringungsraum Nr. 02

RIEBAU, RITZLEBEN, KLEIN CHÜDEN
mit den Handlungsrichtungen
Nr. 01 PRETZIER, SCHRAMPE;
Nr. 02 RITZE, Nordrand SALZWEDEL.

Für das GAR -7:
Unterbringungsraum Nr. 03
BECKENDORF, NIENDORF, EGGENSTEDT
mit den Handlungsrichtungen
Nr. 01 SOMMERSDORF, HARBKE;
Nr. 02 AUSLEBEN, HÖTENSLEBEN.

Unterbringungsraum Nr. 04
DARLINGERODE, ALTENDORF, BRÜBECK
mit den Handlungsrichtungen
Nr. 01 WASSERLEBEN, GROSSEN FALLSTEIN;
Nr. 02 DRÜBECK, ILSENBURG;
Nr. 03 DRÜBECK, SCHIERKE.

Auch in diesem Befehl wurde der Grenzaufklärung wieder auffallende Beachtung geschenkt. So hieß es u.a. dazu:

„(2) Die Grenzaufklärer sind in den ihnen zugewiesen Geländestreifen / Grenzorten sowie in den provokationsgefährdeten Abschnitten zur rechtzeitigen Feststellung der Vorbereitung von Grenzdurchbrüchen und provokatorischen Handlungen des Gegners gegen die Staatsgrenze der DDR sowie zur Aufdeckung von Verstößen gegen die Sicherheit und Ordnung im Grenzgebiet einzusetzen. ...

(3) Zur vollständigen Erfassung der Lage und der Handlungen des Gegners sind allen zur Sicherung der Staatsgrenze eingesetzten Kräften konkrete Beobachtungsaufgaben zu stellen. Anmarschwege, Anlaufpunkte und Unterschlupfmöglichkeiten im eigenen Grenzgebiet, die durch Grenzverletzer für die Vorbereitung von Grenzdurchbrüchen bzw. zum Überwinden des Grenzgebietes ausgenutzt werden können, sind im Zusammenwirken mit den Kräften der Volkspolizei aufzuklären, zu kontrollieren und zu überwachen.“

„Erkennen des Verräters gewährleisten“

Es ist müßig auf den umfangreichen Teil des Befehles einzugehen, in dem die Agitations- und kulturpolitische Arbeit oder der sozialistische Wettbewerb behandelt wurden. Aussagekräftiger war der Komplex der „militärischen Disziplin und Ordnung“, aus dem auf den tatsächlichen Zustand innerhalb des GKN geschlossen werden kann.
Unter Punkt 4 war dort zu lesen:

„Militärstraftaten, Gesetzesverletzungen und besondere Vorkommnisse sind in enger Zusammenarbeit mit dem Militärstaatsanwalt, den Mitarbeitern des Ministeriums für Staatssicherheit, den Militärschöffen und den gesellschaftlichen Organisationen zu verhindern. Insbesondere sind nicht zuzulassen:

- Fahnenfluchten;
- Verstöße gegen Vorschriften des Grenzdienstes;
- Kontaktaufnahmen mit Personen und Einrichtungen sowie der Empfang von Rundfunk- und Fernsehsendungen des nichtsozialistischen Auslands;
- Verstöße gegen den militärischen Geheimnisschutz und VS-Verluste;
- Schäden, Verluste sowie Angriffe auf sozialistisches und persönliches Eigentum;
- Vorkommnisse mit Körperverletzungen oder Todesfolge;
- schuldhaft verursachte Verkehrsunfälle und Havarien.

Zur Verhinderung von Fahnenfluchten sind ununterbrochen solche Bedingungen zu schaffen, die ein rechtzeitiges Erkennen des Verräters gewährleisten bzw. die Ausführung des Verrates nicht ermöglichen.
Dazu gehören insbesondere:
- eine wirksame, offensive politisch-ideologische Erziehungsarbeit;
- die Gewährleistung einer hohen Klassenwachsamkeit;
- die Geheimhaltung des Einsatzes der Kräfte und Mittel zur Grenzsicherung;
- eine gewissenhafte Erarbeitung der Personenanalyse;
- eine strenge Durchsetzung der Vorschriften über den Grenzdienst."

Anzuführen ist hier, daß mit den „besonderen Vorkommnissen mit Körperverletzung oder Todesfolge" in erster Linie die Verletzung oder Tötung von Angehörigen der Grenztruppen durch die eigenen Minen - sei es beim Verlegen, Warten oder Räumen - gemeint sein dürfte.

Erwähnt sei schließlich noch der Punkt 26 „medizinische Sicherstellung", in dem gefordert wird, den Gesamtkrankenstand des GKN unter 1,3 % zu halten, der aber auch zu einem Ansturm auf die wenigen Zahnärzte geführt haben dürfte. Denn befohlen wurde: „Die Zahnsanierung der Berufsoffiziere, Fähnriche und Berufsunteroffiziere ist bis zum 31.05.1976 abzuschließen."

<u>101/76</u>

„Standhaftigkeit und unerschütterlicher Siegeswille"

Zahlreiche ehemalige Angehörige von NVA und auch Grenztruppen hören es durchaus nicht gern, wenn von diesen „bewaffneten Organen" als einer reinen Partei-Armee gesprochen wird. Sie bestehen darauf, daß - nicht anders als in der Bundeswehr - auch bei der NVA bzw. den Grenztruppen lediglich der Primat der Politik strikt beachtet worden sei. Sie vergessen jedoch, daß im Falle der DDR der zu befürwortende Primat der Politik in das Diktat einer einzigen Partei, der SED, ausartete. Daß dieses in der Tat so war und die SED auch immer wieder mit Vehemenz auf einen derartigen Status und eine entsprechende Ausrichtung drängte und anderes nicht zuließ, zeigt eindrucksvoll der Befehl 101/76 (Geheime Verschlußsache A 475 444) vom 11. Oktober 1976. Die Grenztruppen waren demnach nur noch ein Vehikel der Führungsriege in ZK, Politbüro, Staatsrat oder ähnlichen Organen. Gemeinsam mit den Grenzsicherungskräften der Volksmarine waren sie es, die „in Erfüllung der Beschlüsse des IX. Parteitages der Sozialistischen Einheitspartei Deutschlands wachsende Aufgaben zur Gewährleistung der Unverletzlichkeit der Staatsgrenze und des militärischen Schutzes bei der Gestaltung der entwickelten sozialistischen Gesellschaft und der Schaffung grundlegender Voraussetzungen für den allmählichen Übergang zum Kommunismus zu lösen" hatten. Wichtigste Voraussetzung für „die erfolgreiche Erfüllung dieser ehrenvollen Pflicht" sei „die weitere Erhöhung der führenden Rolle der Partei, die Gewährleistung ihres Einflusses auf allen Seiten des politischen und militärischen Lebens". Deshalb auch müsse das entsprechende „Klassenbewußtsein der Grenzsoldaten als wichtiger Faktor hoher Kampfkraft, Gefechtsbereitschaft und zuverlässiger Grenzsicherung" weiter ausgeprägt werden. Als ob ein Krieg unmittelbar bevorstünde, verlangte Armeegeneral Hoffmann weiter:

> „Die klassenmäßige Erziehung zur bedingungslosen Erfüllung der Befehle (das früher auch gebrauchte Wort von der ‚initiativreichen' Erfüllung der Befehle war dem blinden Gehorsam gegenüber der Partei zum Opfer gefallen, d. Verf.) sowie zur Gewährleistung hoher Einsatzbereitschaft, Standhaftigkeit und unerschütterlicher Siegeswillen ist weiter zu verbessern. ... Die Vermittlung eines realen Feindbildes und die Vertiefung des Wissens über die Aufgaben und Handlungen des BGS und ZGD sowie der subversiven und revanchistischen Organisationen der BRD gegen den militärischen Schutz der Staatsgrenze ist zu verstärken. ...
> Die Führung der politisch-ideologischen Arbeit ist darauf zu richten, den Angehörigen der Grenztruppen die revolutionären Ideen des Marxismus-Leninismus zu vermitteln, ihnen die Politik der Partei zu erläutern, ihr sozialistisches Denken, Fühlen und Handeln zu entwickeln, sie für die Lösung der politischen und militärischen Aufgaben zu mobilisieren und gegen alle Einflüsse der imperialistischen und bürgerlichen Ideologie zu wappnen."

Es ist schon ein bemerkenswertes Eingeständnis eigenen bisherigen Versagens, wenn noch 1976, immerhin im 30. Jahr des Bestehens von Grenzpolizei bzw. Grenztruppen, derartige Forderungen aufgestellt werden mußten, zumal die Angehörigen der Grenztruppen zu diesem Zeitpunkt in ihrer Masse bereits in der DDR geboren und dort aufgewachsen waren.

Dennoch: Auch die DDR konnte sich dem Sog der internationalen Entspannungspolitik nicht völlig entziehen. Erstmals seit 1961 fand sich in einem 101er-Befehl nicht das schlimme Wort von der „Vernichtung" von Grenzverletzern und Gegnern. „Bei Anzeichen bzw. dem Versuch eines Grenzdurchbruchs sowie bei provokatorischen Grenzverletzungen oder Beschädigungen der Pionieranlagen durch den Gegner" sollten jetzt „unverzüglich aktive taktische Handlungen" geführt und Grenzverletzer festgenommen werden. Im Grenzalltag hatte der Verzicht auf die Forderung nach der „Vernichtung" jedoch kaum Auswirkungen gehabt. Die Grenzsoldaten wußten ohnehin, auch ohne ausdrückliche Erwähnung, was im Zweifel von ihnen erwartet wurde. Das Töten an den innerdeutschen Grenzen durch Minen und Schußwaffen nahm auch jetzt noch kein Ende.

Der Befehl 101/76 weist weitere Neuerungen auf, denn anders als zuvor werden nun konkrete Grenzabschnitte als Schwerpunkte genannt, an denen es zu einer Häufung geglückter „Grenzdurchbrüche" gekommen war. Betroffen waren davon das

- Grenzregiment 25, Oschersleben sowie das
- Grenzregiment 1, Mühlhausen.

Im Grenzabschnitt Harbke sollte weiterhin „die Grenzsicherung unter den Bedingungen des grenzüberschreitenden Abbaues der Braunkohlevorkommen" stabilisiert und entsprechend dem fortschreitenden Abbau rechtzeitig neu organisiert werden. Moniert wurden desweiteren Fluchtschwerpunkte in den Bereichen des Grenzregiment 44, Potsdam-Babelsberg, und Grenzregiment 34, Groß Glienicke. Als weitere Schwachstellen wurden die Mecklenburger Bucht sowie die Lübecker Bucht genannt, in der, wie es hieß, „Raubfischerei ... in Zusammenarbeit mit der Oberfischereimeisterei Rostock zu unterbinden" war. Schließlich galt es, „an den Eisenbahngrenzübergangsstellen der DDR zur BRD und zu Westberlin (...) spezielle Maßnahmen zur Abwehr von Terrorhandlungen in Zusammenarbeit mit den anderen Schutz- und Sicherheitsorganen sowie den Organen des Verkehrswesens konkret zu planen und sicherzustellen". Entstanden waren übrigens auf der Grundlage dieses Befehls-Teiles käfigartige Schleusen, die es unmöglich machten, Transitzüge von und nach Berlin (West) unbemerkt zu besteigen oder zu verlassen.

Für Historiker stellt der Befehl 101/ 76 auch in anderer Hinsicht eine wichtige Quelle dar, sind doch darin - ebenfalls erstmals - konkrete Angaben zum Bau von Sperranlagen sowohl an der innerdeutschen wie auch an der Berliner Grenze enthalten. Gefordert waren in den Grenzkommandos Nord und Süd die Grenzregimenter -25, -1, -3 und -10, denen die „komplexe Fertigstellung der Pionieranlagen in den Ausbauabschnitten" auferlegt wurde. Im einzelnen sollten vordringlich errichtet werden:

- 85 km Grenzzaun;
- 15 km Grenzmauer;
- 80 km Kolonnenweg;
- 80 km Grenzsignalzaun;
- 20 km Kfz.-Sperrgraben;
- 13 Sperranlagen 501
- 25 Führungsstellen
- 20 Beobachtungstürme.

Für Berlin hatte sich das Strausberger Ministerium außerdem im laufenden Ausbildungsjahr

- das Ersetzen von 9 km Grenzzaun durch Grenzmauer (Plattenbauweise) und
- die Errichtung von 5 km Grenzmauer Typ 75

vorgenommen. Unzufrieden zeigte sich die NVA-Führung weiterhin mit der Schießausbildung und deren Ergebnissen, die auf eine Erhöhung der Treffsicherheit konzentriert werden sollte: „Die Anzahl der Schützen, die mit dem ersten Schuß/dem ersten Feuerstoß bewegliche und auftauchende Ziele bekämpfen, ist ständig zu vergrößern", lautete der entsprechende Befehl.

Anordnung 80/76

„Vorbildliche Ordnung und Sauberkeit feindwärts der Sperranlagen"

Es würde den Rahmen dieses Buches sprengen, allzu ausführlich auf die Befehlsketten einzugehen. Aus den Befehlen 80/76 bzw. 40/76 sollen daher lediglich wenige, markante Punkte dargestellt werden. In der Anordnung 80/76 des Chefs der Grenztruppen vom 18. Oktober 1976 (Geheime Verschlußsache G/401000) hieß es zur Frage der Anwendung von Schußwaffen: „Grenzverletzer und Provokateure, die vom Territorium der DDR aus Anschläge gegen die Grenzposten oder die Grenzsicherungsanlagen durchführen, sind, wenn alle anderen Möglichkeiten der Festnahme erschöpft sind, unter kompromißloser Anwendung der Schußwaffe festzunehmen. Das Territorium des angrenzenden Staates ist durch die Anwendung der Schußwaffe nicht zu verletzen." Um die Maßnahmen zu erleichtern - einschließlich des Schußwaffengebrauches -, wurde befohlen,

„[...] im Schutzstreifen, insbesondere feindwärts der Sperranlagen, (...) eine vorbildliche Ordnung und Sauberkeit zu gewährleisten. Erforderliche Maßnahmen zur Beräumung zur Schaffung von Sicht- und Schußfeld und zur Rekultivierung sind in Zusammenarbeit mit den zuständigen Organen der Land-, Forst- und Wasserwirtschaft zu planen und durchzuführen".

Den Grenzkommandos wurden im wesentlich die „Hauptrichtungen" zugewiesen, die auch bereits schon im Befehl 80/75 genannt worden waren. Das Grenzkommando Nord hatte sich beim Ausbau der Grenze zu konzentrieren auf die Errichtung von:

35 km Grenzzaun I
15 km Grenzmauer
30 km Kolonnenweg
20 km Grenzsignalzaun

8 Sperranlagen 501
14 Führungsstellen
25 Beobachtungstürme.

Die entsprechenden Vorgaben für das Grenzkommando Süd lauteten:

54 km Grenzzaun I
21 km Kfz.-Sperrgraben
56 km Kolonnenweg
62 km Grenzsignalzaun
5 Sperranlagen 501
14 Führungsstellen und
25 Beobachtungstürme.

Für das Grenzkommando Mitte schließlich wurde befohlen, 5 km Grenzmauer 75 zu bauen sowie 9 km Grenzzaun und Grenzmauer in Plattenbauweise zu rekonstruieren.

Als weitaus konkreter erweisen sich wiederum die Befehle der unteren Ebenen, von denen drei, der Befehl 40/76 des Grenzkommando Mitte, der Befehl 45/76 des Grenzregiments 6 und der Befehl 001/76 des Grenzregiments 34, zumindest skizziert werden sollen.

„Der Gegner wird versuchen“, - so beginnt der Befehl 40/76 des Kommandeurs des Grenzkommando Mitte vom 8. November 1976 (Geheime Verschlußsache G/527 021) - „seine aktiven Handlungen gegen die Staatsgrenze der DEUTSCHEN DEMOKRATISCHEN REPUBLIK zu WESTBERLIN durch Provokationen und direkte Angriffe auch unter Anwendung von Gewalt und Terror fortzusetzen.“ Er werde daher seine Anstrengungen in zunehmenden Maße richten auf:

„- die Grenzabschnitte mit Grenzgewässern, Grenzübergangsstellen, tunnelgefährdete Objekte und Anlagen, Orte von Bau- und Pionierarbeiten sowie das den pioniertechnischen Anlagen vorgelagerte Territorium;
- publikumswirksame Abschnitte zur Hetze gegen die DDR und die Grenztruppen,
- die Intensivierung seiner Kontaktversuche mit den Grenzsicherungskräften und der Grenzbevölkerung“.

Diesem allen galt es natürlich, einen Riegel vorzuschieben, und entsprechend die „Unverletzlichkeit der Staatsgrenze der DDR zu WESTBERLIN ununterbrochen zu sichern“. Um all diesen Bestrebungen des Klassenfeindes zu begegnen, wurden als vorrangig zu sichernde Räume benannt:

- HELMUTH-JUST-STRASSE - BRANDENBURGER TOR - ALTE SCHÖNHAUSER STRASSE
- KÖPENICKER STRASSE - BAHNDAMM KÖLLNISCHE HEIDE - NÖLDNER PLATZ
- KOHLHASENBRÜCK - QUAPPENHORN - POTSDAM NEUE STRASSE

Gegenüber dem Vorjahresbefehl hatte das Grenzkommando Mitte die Zahl der Bereiche, die aus seiner Sicht als gefährdet anzusehen waren, erheblich vergrößert, wie die nachfolgende Übersicht verdeutlicht:

Grenzregiment -33

Hauptanstrengung:
Helmuth-Just-Straße / Grohmannstraße - Brandenburger Tor

Wahrscheinliche Richtung der Bewegung der Grenzverletzer:
Alexanderplatz - Stadion der Weltjugend
Alexanderplatz - S-Bahnviadukt Lehrter Bahnhof
Klosterstraße - Brandenburger Tor (in beiden Richtungen)

Provokationsgefährdet:

Nordgraben - Kopenhagener Straße
Wolliner Straße - Bergstraße

Zu gewährleisten war:

„- die konsequente Durchsetzung der für den Raum ZIEKOW-SIEDLUNG festgelegten Ordnung,
- die Zurückdrängung der hohen Anzahl der Verstöße gegen die Grenzordnung in den Abschnitten
PANKE - ESPLANADE,
EBERSWALDER STRASSE - GÜST INVALIDENSTRASSE,
- die Erhöhung der Sicherheit auf den Streckenabschnitten der Industriebahn
BLANKENFELDE - BERGMANN BORSIG,
der Deutschen Reichsbahn
PANKOW - SCHÖNHAUSER ALLEE,
des Grenzstreckenabschnittes
BAHNHOF FRIEDRICHSTRASSE - LEHRTER BAHNHOF,
der unterirdischen Verkehrsanlagen im West-West-Verkehr,
- die Durchsetzung der Havariepläne für die Streckenabschnitte der Deutschen Reichsbahn, die U-Bahnlinien im West-West-Verkehr sowie die Aufrechterhaltung der Funktionstüchtigkeit der Signal- und Sperranlagen.“

Grenzregiment -35

Hauptanstrengung:
Fritz Heckert Straße - Dammweg - Lasker Straße,
wahrscheinliche Richtungen der Bewegung der Grenzverletzer
Volkspark Friedrichshain - Schillingbrücke,
Volkspark Friedrichshain - GÜSt Oberbaumbrücke,
- Ostkreuz - Puderstraße,
- Plänterwald - Dammweg.
Zu sichernde Räume und Objekte:
- Osthafen,
- Elsenbrücke,
- Bauvorhaben der Deutschen Reichsbahn „Kreuzungsbau Treptow“,

- Mühlenstraße während der Abriß- und Ausbaumaßnahmen,

provokationsgefährdete Abschnitte:

- Bethaniendamm - Oppelner Straße,
- Landwehrkanal - Treptower Straße.

Zu gewährleisten war:

„- die Zurückdrängung der hohen Anzahl der Verstöße gegen die Grenzordnung im Abschnitt
LOHMÜHLENSTRASSE - DAMMWEG,
die Erhöhung der Sicherheit im Streckenabschnitt der Deutschen Reichsbahn
TREPTOWER GÜTERBAHNHOF - GÖRLITZER BAHNDAMM
sowie der unterirdischen Verkehrsanlagen im West-West-Verkehr,
- die Durchsetzung der Havariepläne für den Streckenabschnitt der Deutschen Reichsbahn, die U-Bahnlinien im West-West-Verkehr, die Grenzgewässer sowie die Funktionstüchtigkeit der Signal- und Sperranlagen,
- eine hohe Sicherheit und Ordnung während der Abriß- und Ausbaumaßnahmen im Raum MÜHLENSTRASSE“.

Grenzregiment -42

Hauptanstrengung:
Schönefeld Straße 174 / Bahnhofstraße - Rudower Fliess,
Richtungen der Bewegungen der Grenzverletzer:
Bahnhof Schönefeld - Wassmannsdorfer Chaussee,
Herder Straße - GÜSt Mahlow,
Iserstraße/Bahndamm - Teltowkanal.

Zu sichernde Räume und Objekte:

Schönefeld, Mülldeponie Groß-Ziethen, GÜSt Mahlow,

provokationsgefährdete Abschnitte:

Kronacher Straße - Lützow Straße.

Zu gewährleisten war:

„- die Zurückdrängung der hohen Anzahl der Verstöße gegen die Grenzordnung im Raum TELTOW,
- die Durchsetzung einer straffen Sicherheit und Ordnung im Raum
GÜST MAHLOW,
- die Schaffung einer zuverlässigen Sicherung im Abschnitt
TELTOW JAHNSTRASSE - Brücke TELTOWKANAL“.

Präzisiert werden sollten zudem im Zusammenwirken mit dem Grenzregiment -44 „die Aufgaben zur Abwehr gegnerischer Handlungen in der Richtung der Bewegung der Grenzverletzer ISERNSTRASSE - TELTOWKANAL“. Zusätzlich hatte das Regiment „bereit zu sein, bei Gewährleistung einer hohen Sicherheit und Ordnung den Grenzzaun entlang des TELTOWKANALS gegen Grenzmauer auszutauschen“.

Grenzregiment -44

Hauptanstrengung:
Kohlhasenbrück - Brücke der Einheit - Hermannstraße,
wahrscheinliche Richtungen der Bewegung der Grenzverletzer:
Autobahnabfahrt - GÜSt Drewitz Autobahn,
GÜSt Drewitz Bahnhof - Steinstücken,
RAW Potsdam - Klein Glienicke,
RAW Potsdam - Babelsberger Enge,
provokationsgefährdete Abschnitte:
Raum Klein Glienicke.

Zu gewährleisten war:

„- die Erhöhung der Wirksamkeit der Grenzsicherung durch die gemeinsamen Handlungen zur Verhinderung von Grenzdurchbrüchen,
- die Zurückdrängung der hohen Anzahl von Verstößen gegen die Grenzordnung im Raum der Hauptanstrengung,
- die Kontrolle der Durchsetzung der im Plan der Maßnahmen des Rates der Stadt POTSDAM enthaltenen Festlegungen zur Festigung der Ordnung und Sicherheit im Raum KLEIN GLIENICKE“.

Grenzregiment -34

Hauptanstrengung:
Hottengrund, Potsdamer Chaussee - Nordspitze Groß-Glienicker-See,
wahrscheinliche Richtung der Bewegung der Grenzverletzer:
Rehsprung - Südspitze Groß-Glienicker See,
Dallgow - GÜSt Staaken Straße,
Dallgow - GÜSt Staaken Eisenbahn.
Stabilisierung des Sicherungssystems in den Abschnitten:
Sacrow - Nordspitze Groß-Glienicker-See und
Martin-Luther-Straße - Eiskeller.

Zu gewährleisten war u.a.:

„- die Zurückdrängung der hohen Anzahl der Verstöße gegen die Grenzordnung im Raum STAAKEN,
- die konsequente Durchsetzung der Sicherheit und Ordnung in den Grenzorten STAAKEN und FALKENHÖH“.

Grenzregiment -38

Hauptanstrengung:
Nieder Neuendorfer Kanal - Fasanenweg - Falkenseer Straße,
wahrscheinliche Richtungen der Bewegung der Grenzverletzer:
Marwitzer Straße - Nieder Neuendorf,
Marwitzer Straße - Meisensteg,
Hohenneuendorf - Stolper Straße.
„Verstärkte Aufklärung und zuverlässige Sicherung des Ortsteiles SANDKRUG,

exakte Durchsetzung der Ordnung zum Betreten der Enklaven
SPORTWIESE und ERLENGRUND,
strikte Durchsetzung der Hoheitsrechte auf den Grenzgewässern;

provokationsgefährdete Abschnitte:

- ORANIENBURGER CHAUSSEE - IDASTRASSE,
- ENKIRCHER STRASSE - ROEDERNSTRASSE".

GÜSt-Sicherungsregiment -26

Hauptanstrengung:
Grenzübergangsstellen Invalidenstraße, Friedrichstraße Bahnhof, Friedrich-/Zimmer Straße, Mahlow, Drewitz Autobahn, Staaken Straße und Staaken Bahnhof.

Wahrscheinliche Richtungen der Bewegung der Grenzverletzer:
Alexanderplatz - S-Bahnviadukt Lehrter Bahnhof ,
Klosterstraße - Brandenburger Tor,
Herder Straße - GÜSt Mahlow,
Autobahnabfahrt - GÜSt Drewitz Autobahn
Dallgow - GÜSt Staaken Bahnhof / GÜSt Staaken Straße.

Zu beachten waren im übrigen die sog. Schwerpunktzeiten, nach denen mit „versuchten Grenzdurchbrüchen" vor allem zwischen 22.00 und 03.00 zu rechnen war, während sich die „Provokationen" in der Zeit von 13.00 bis 19.00 Uhr konzentrierten.

Warnung vor „Gewalt und Terror"

Als Beispiel für die akribische Umsetzung der 101-er-Befehle auf den unteren Ebenen kann der Befehl Nr. 001/76 des Kommandeurs des Grenzregimentes - 34, Oberst Hirtreiter, vom 17. November 1976 (Vertrauliche Verschlußsache G/538652) angesehen werden, in dem die „Organisation und Führung der Grenzsicherung im 1. Ausbildungshalbjahr 1976/77 beschrieben wurde. Aus ihm wird ersichtlich, wie auch aus den entsprechenden Befehlen der übrigen Grenzregimenter, daß buchstäblich keine Eventualität außer acht gelassen wurde, die einen „Grenzdurchbruch" ermöglicht oder erleichtert hätte. Selbstverständlich fehlte ebenfalls zu Beginn dieses Befehles nicht der Hinweis auf die unabdingbare Notwendigkeit einer umfassenden Grenzsicherung. Denn, so stellte es sich in dem Befehl dar:

„Die sich zur Zeit in der BRD und Westberlin abzeichnende revanchistische Entwicklung wird rechtsgerichtete Elemente ermutigen, Angriffe und Provokationen gegen die Staatsgrenze der DDR von Westberlin aus, besonders in den Abschnitten
- GROSS GLIENICKER SEE
- Flanken der GÜST STAAKEN STRASSE und EISENBAHN
- GROSSER SANDBERG bis B 8

und am Beobachtungsturm KANAL
auch unter Anwendung von Gewalt und Terror durchzuführen.
Der Gegner wird versuchen, durch Provokationen und versuchte Kontaktaufnahmen die Standhaftigkeit, Wachsamkeit und Dienstdurchführung der Grenzposten zu beeinflussen.

Mit verstärkten Handlungen des Gegners aus dem eigenen Hinterland ist im Abschnitt Kurve Haus Esche bis Groß-Glienicke Gutspark und im Abschnitt Hahneweg bis Torweg zu rechnen. Durch zielgerichtete und langfristige Aufklärung des Systems der Grenzsicherung am Rande des Grenzgebietes und vom Grenzgebiet des Gegners aus wird er versuchen, für ihn günstige Annäherungswege herauszufinden und für Angriffe auf die Staatsgrenze der DDR auszunutzen.
Mit zunehmenden Aktivitäten des Gegners ist am 1. Mai zu rechnen."

Als „provokationsgefährdete Abschnitte" hatte das Regiment ausgemacht:

„- GROSS-GLIENICKER SEE für Provokationen
- Postenpunkt 30 (SANDGRUBE) bis KREISGRENZE für Provokationen
- GÜST STAAKEN STRASSE bis Postenpunkt 33 (Haus 3) für versuchte Kontaktaufnahmen
- Postenpunkt 39 (RIESAER STRASSE) für versuchte Kontaktaufnahmen
- Postenpunkt 41 (EICHENWÄLDCHEN) bis Postenpunkt 43 (B 8) für Provokationen
- Postenpunkt 49 (KANAL) für Provokationen
- Postenpunkt 52 (Kienhorst) bis Postenpunkt 54 (ANKERSPITZE) für versuchte Kontaktaufnahmen".

Ausführlich wurde das Zusammenwirken mit den Nachbarregimentern beschrieben, wobei das Grenzregiment -44 „für die Sicherung der rechten Trennungslinie verantwortlich" war und „zeitweilig ein Grenzsicherungsboot im Abschnitt Brücke der Einheit bis Bootswerft Buchholz, bei besonderen Lagen auf Anforderung bis Haus Esche" einzusetzen hatte. Zusätzlich war „der Sperrkahn der Grenzübergangsstelle NEDLITZ an der BERTIENIENGE (...) ständig durch einen Sicherungsposten zu besetzen".

Wie militärisch, ja ausgesprochen kriegerisch sich Denken, Handeln und auch Sprache der Grenztruppen-Führung entwickelt hatten, zeigt der Befehl in Bezug auf den Grenzübergang Staaken:

„Der Kommandant der Grenzübergangsstelle STAAKEN STRASSE und STAAKEN EISENBAHN setzt zur Sicherung des Territoriums der Grenzübergangsstelle STAAKEN EISENBAHN Sicherungsposten an den Flanken des Kontrollterritoriums und am Grenzstreckenabschnitt der Grenzübergangsstelle STAAKEN EISENBAHN ein. An der GÜST STAAKEN STRASSE hat die Sicherung der Flanken im engen Zusammenwirken der SiP des Gr-34 auf PoP 31 und PoP 32 und dem SiP des GÜST-SiR auf der Führungsstelle des Diensthabenden Offiziers der GÜST STAAKEN STRASSE zu erfolgen.
Das Grenzregiment-38 ist für die Sicherung der linken Trennungslinie verantwortlich und setzt zur Sicherung ständig einen Sicherungspostem mit LMG auf dem Postenpunkt 2 ein."

Tagsüber „Provokationen", nachts „Grenzverletzungen"

Dem Grenzregiment -34 wurde im einzelnen befohlen:
- die ununterbrochene Sicherung „der Unverletzlichkeit der Staatsgrenze der DDR zu WESTBERLIN im Abschnitt JUNGFERNSEE - SCHÖNWALDE",
- die Bereitschaft, „selbständig oder im Zusammenwirken mit den territorialen Kräften der Landesverteidigung bewaffnete Überfälle und subversive Handlungen des Gegners entschlossen zu zerschlagen",
- die Bereitschaft, „nach Auslösung der vollen Bereitschaft in x + 120 Minuten zur gefechtsmäßigen Grenzsicherung überzugehen".

Im „Raum der Hauptanstrengung" (Stupeecke - Potsdamer Chaussee - Forstallee) war daher pro Grenzposten eine Postendichte von

450 m am Tage und
370 m bei Nacht

zu schaffen. Vom Einbruch der Dunkelheit bis zum Hellwerden war die Grenzsicherung durch 2 Grenzposten zu verstärken.

Erhöhte Wachsamkeit war in den „Schwerpunktzeiten" angesagt, die folgendermaßen angegeben wurden:

„Schwerpunktzeiten für Grenzverletzungen:
Schwerpunkttage : Freitag bis Montag
Schwerpunktzeit : 22.00 - 02.00 Uhr

Schwerpunktzeiten für Provokationen:
Schwerpunkttage: Mittwoch, Sonnabend, Sonntag
Schwerpunktzeit : 10.00 - 17.00"

„Im befohlenen Schußsektor gezieltes Einzelfeuer"

Schwer bewaffnet hatten die Grenztruppen-Angehörigen vor allem jeden Fluchtversuch an den Grenzübergangsstellen Staaken Strasse und Eisenbahn zu verhindern. Ihre Standardwaffen dabei: Leichte Maschinengewehre. Ausgerüstet damit waren u.a. ein Sicherungsposten auf dem Postenpunkt 2, ein weiterer auf dem Postenpunkt 54. Daß die Posten die Waffen nicht nur zur Abschreckung mit sich führten, sondern damit auch schießen sollten, beweist in aller Klarheit dieser entlarvende Satz des Befehles:

„Zur Sicherung der Flanken der Grenzübergangsstelle STAAKEN STRASSE und EISENBAHN sind ständig Sicherungsposten auf den Postenpunkten 31, 32 34 und 36 einzusetzen. Durch diese Sicherungsposten ist in Richtung des Kontrollterritoriums im befohlenen Schußsektor nur gezieltes Einzelfeuer zu schießen."

War es also schon tagsüber kaum möglich, die Grenzsperren zu überwinden, sorgten die Verantwortlichen auch für die Nacht vor. In den „Postenbereichen Kolbebucht, LPG und Laubenkolonie" waren zur Nacht- und Schwerpunktzeit „das Anwachsen der Kräfte durch je 3 Grenzposten aus der Grenzkompanie des Früh- und Spätdienstes durchzuführen".

Daß der Kommandeur des Grenzregimentes -34 durchaus auch Todesopfer bei der Durchsetzung der Grenzsicherung einkalkulierte, belegt er auf Blatt 9 seines Befehles. Dort heißt es:

„Zur Bergung der verletzten oder getöteten Grenzverletzer sind die P 601 der Zugführer Sicherungsabschnitte bzw. der Alarmgruppen einzusetzen. Die Grenzverletzer sind an den Umladepunkt lt. Karte Varianten zur Bergung verletzter oder getöteter Grenzverletzer in den Sankra umzuladen."

Mit dem verharmlosenden Begriff der „Schußwaffengebrauchsbestimmung" haben diese Sätze nur mehr wenig zu tun.

Nicht nur mit der Verhinderung von „Grenzdurchbrüchen" war das Regiment betraut, es hatte auch das Geschehen im angrenzenden Berlin (West) zu beobachten, insbesondere im Hinblick auf die Aktivitäten der dort stationierten westlichen Schutzmächte. Die „Grenzaufklärung" war dabei „durch alle im Grenzdienst eingesetzten Kräfte, den Aufklärungszug, die Kasernenwache, Offiziersaufklärungstrupps, die Freiwilligen Helfer der Grenztruppen und das gesellschaftliche Grenzmeldesystem zu führen". Zu konzentrieren hatten sie sich auf:

„- die gegnerischen Handlungen des uniformierten und zivilen Gegners im Westberliner Vorfeld
- das rechtzeitige Erkennen von Vorbereitungshandlungen zu Provokationen und Angriffen gegen die Staatsgrenze der DDR
- Alarmauslösungen in der (britischen, d. Verf.) Montgomery-Kaserne und deren Folgeerscheinungen; Ausbildungsmaßnahmen
- das Ein- und Ausfliegen von Truppen und Militärtechnik auf dem (britischen, d. Verf.) Flugplatz Gatow; besondere Handlungen und Baumaßnahmen
- die Annäherungsmöglichkeiten und die Aufklärung des Sicherungsstreifens durch Grenzverletzer im Raum der Hauptanstrengung, der Ortschaften STAAKEN und SCHÖNWALDE
- die Umgehungsmöglichkeiten an den Flanken der GÜST STAAKEN STRASSE und EISENBAHN".

Sofern die Grenzposten den Kontrollstreifen mit Kraftfahrzeugen inspizierten, durften sie nicht schneller als 10 km/h fahren, Versorgungsfahrzeuge nach Meedehorn waren durch Kradfahrer zu begleiten, unbewohnte Grundstücke bzw. Freiflächen im Grenzgebiet, die als Unterschlupf für Grenzverletzer hätten dienen können, mußten durch Alarmgruppe und Kräfte der Grenzkompanie nach Ablösung vom Grenzdienst durchsucht werden.

Kein Fleckchen im Grenzgebiet wurde bei der Überwachung ausgelassen, wobei „tunnelgefährdete Objekte“ besonders intensiver Kontrolle unterlagen. Im Fall des Grenzregiments -34 waren in jedem Grenzdienstaufzug der

„- Zufluß SACROWER SEE (Grenzknick)
- Zufluß GROSS-GLIENICKER SEE (LPG)
- Abfluß Panzergraben

und in jedem Frühaufzug zusätzlich

- die Garage Haus Trümper
- das Haus Sawallisch
- das Schmutzwasserpumpwerk STAAKEN
- die Katholische Kirche

zu kontrollieren“.

Die „Sperrgitter an der Verrohrung des Niederneuendorfer Kanals“ standen desgleichen auf der Kontrolliste, die Ergebnise hatten in das „Kontrollbuch für tunnelgefährdete Abschnitte und Objekte“ beim Operativen Diensthabenden eingetragen werden müssen.

Zusätzliche Aufgaben, die über die konkrete Grenzsicherung hinausgingen, waren den Kompaniechefs übertragen. So hatte der Chef der 1. Grenzkompanie „persönliche Anstrengungen zu unternehmen, um sein Führungskollektiv zu einheitlichen Auffassungen zur Durchsetzung der Dienstvorschriften und Befehle besonders im Garnisonsdienst zu erziehen“ und „seine Mitarbeit im Wohnausschuß der Nationalen Front in der Ortschaft Sacrow zu verbessern“. Ähnliches war dem Chef der 2. Grenzkompanie ins Stammbuch geschrieben worden, der „die Zusammenarbeit mit der Ortsparteileitung sowie dem Ortsausschuß der Nationalen Front und dem Grenzsicherheitsaktiv der Ortschaft GROSS-GLIENICKE zu aktivieren“ hatte. Der Chef der 3. Grenzkompanie mußte dem Befehl entnehmen, daß er „im Abschnitt Sandgrube bis Hahneberg (...) freundwärts des Hinterlandsicherungszaunes Sichtfeld“ schaffen und „im Abschnitt (...) die Ordnung und Sauberkeit zwischen Grenzsignalzaun und Hinterlandsicherungszaun“ verbessern müsse. Erhebliche Führungsschwächen schien der Chef der 4. Grenzkompanie aufzuweisen, denn er mußte sich Mängel in der „revolutionären Wachsamkeit in der Grenzsicherung“ nachsagen lassen und wurde aufgefordert, „seinen persönlichen Arbeitsstil zu verbessern und einheitliche Auffassungen im Kommandeursbestand zu erreichen“. Dem Chef der 5. Grenzkompanie schließlich wurde aufgegeben, „die Zusammenarbeit mit den örtlichen Räten Falkensee und Schönwalde (...) zu verbessern“.

Von außerordentlicher Wichtigkeit im System der Grenzsicherung stellten sich die Alarmeinheiten und Reserven dar, die 15 Minuten nach der Alarmierung einsatzbereit zu sein hatten und zwar zur:

„- Abriegelung der Staatsgrenze bzw. von Bewegungsrichtungen von Grenzverletzern
- Blockierung von Abschnitten in den einzelnen Einsatzvarianten
- Bergung von Grenzverletzern bei gegnerischer Einwirkung
- Unterstützung bei der Bergung von Personen und Kraftfahrzeugen auf dem Territorium der Grenzübergangsstelle STAAKEN STRASSE
-Abriegelung der Flanken der GÜST STAAKEN EISENBAHN bei Havarien im Grenzstreckenabschnitt."

Um für die Verhinderung von Fluchtversuchen jederzeit gewappnet zu sein, hatte ständig eine Alarmgruppe zur Verfügung zu stehen, die in „x + 5 Minuten" eingesetzt werden konnte. Zudem waren „aus dem Bestand der Grenzkompanien des Früh- und Spätdienstes (...) täglich je 10 Grenzposten für den Einsatz bei Sichtverschlechterung vorzuplanen und wie folgt einzusetzen:
nach dem Frühdienst bis 02.00 Uhr
nach dem Spätdienst von 02.00 Uhr bis 12.00 Uhr".

Minensperre 501: „Verletzte in x + 3' bergen"

Am 14. Mai 1976 hatte der Kommandeur des Grenzregiments -6 innerhalb des Grenzkommandos Nord den Befehl (Geheime Verschlußsache G 460 195) erlassen, in dem bemerkenswerte Daten zur Bergung von Minenopfern enthalten sind. Zur Verhinderung von Grenzdurchbrüchen waren den Grenzposten „überraschende Manöver zu Fuß und mit Kfz sowie mit beweglichen Scheinwerfern zum unregelmäßigen Absuchen und Ableuchten wichtiger Geländeabschnitte, besonders der Sperranlagen mit Gerät 501" befohlen worden. Im Falle von Verletzungen durch Minenexplosionen hatten die Bergetrupps hohe Anforderungen zu erfüllen, nicht zuletzt und vor allem, um eine Dokumentation des Geschehens von westlicher Seite aus zu erschweren oder zu verhindern. Danach waren „nach Eintreffen am Bergeort bis zum Bergen Verletzter folgende Zeitnormen zu erreichen:

- Minensperre Typ M-66 x + 6' und
- Minensperre Typ 501 x + 3'."

Das Beispiel des III. Grenzbataillons spiegelt die Perfektionierung des Grenzregimes durch die DDR eindeutig wider und soll deshalb exemplarisch nachstehend zitiert werden. In dem Regimentsbefehl hieß es:

„Das III. Grenzbataillon:
sichert den befohlenen Grenzabschnitt ununterbrochen und zuverlässig und hat die Hauptanstrengungen zu richten auf die Sicherung der Richtung
WITTENBURG, HOLLENBECK
- führt die Grenzaufklärung im einsehbaren Vorfeld der BRD, besonders in den Richtungen:

- HACKENDORFER HALBINSEL, BERNSTORFER BINNENSEE
- B-STRASSE, SOPHIENTHAL
- HEIDETANNEN, GSä-Nr. 212
- LEISTERFÖRDE, FORTKRUG
- GROSSER GRENZKNICK, Gsä-Nr. 231
im eigenen Grenzgebiet besonders in dem Raum:
- BOISSOW, ZARRENTIN, GREVEN
- konzentriert die Anstrengungen auf die Stabilisierung der Führungstätigkeit der 10. Grenzkompanie;
- gewährleistet die Unterbringung einer Alarmgruppe an der Führungsstelle im Sicherungsabschnitt-XI sowie im Objekt der 10. Grenzkompanie;
- verbessert das Zusammenwirken und die Zusammenarbeit mit den Grenzorten:
LASSAHN, ZARRENTIN und BOIZE
- kontrolliert 14-tägig die Wasserdurchlässe am Sperrensystem auf Sicherheit und Sauberkeit;
- gewährleistet die konsequente Durchsetzung des Befehls 62/74 des Kommandeurs Grenzkommando Nord beim Fischfang im SCHAALSEE/BERNSTORFER BINNEN-SEE;
- sichert ständig das Sprengmittellager durch einen Doppelposten;
- verbessert die Abrichtung des Fährtenhundes und der Hundemeute und gewährleistet deren ständige Einsatzbereitschaft;
- gewährleistet im Zusammenwirken mit der Deutschen Volkspolizei die ständige Sicherheit an den Bootsanlegestellen:
STINTENBURG
ZARRENTIN."

Als Aufgaben im Rahmen der „pioniertechnischen Sicherstellung" wurden u.a. genannt:

„Die Kräfte und Mittel sind komplex zum Ausbau einzusetzen. Schwerpunkt ist zu richten auf:
- den SiA-VI und IX mit Grenzzaun-I und 1 Anlage 501;
- den SiA-V und VI mit Grenzsignalzaun-70;
- den SiA-IX, Abschluß des geplanten Ausbaus Kolonnenweg."

Unzufrieden zeigte sich der Kommandeur des Regimentes mit der Zusammenarbeit „mit den Partei- und Staatsorganen der Grenzgemeinden", die daher zu verbessern war, und zwar in den Ortschaften:

Dassow, Selmsdorf, Herrnburg, Schlagsdorf, Kneese, Lassahn, Zarrentin und Boize. Um die schon vielfach angeführte „Sauberkeit und Ordnung" zu gewährleisten, wurde den Räten der Gemeinden aufgegeben, die „ständige Beschilderung und Sperrung des Schutzstreifens" sicherzustellen. „Die örtlichen Organe" hatten darüberhinaus bis zum 30. Juni 1976 das „Streichen aller Schlagbäume" zu vollziehen.

101/77

„Wachsam und gefechtsbereit"

„In der Einheit von sozialistischem Patriotismus und proletarischen Internationalismus sind die Liebe zu unserem Volk sowie die unzerstörbare Verbundenheit mit der Sowjetunion und den anderen Bruderländern und ihren Armeen weiter auszuprägen." Kaum einen 101er-Befehl gab es, der nicht mit solchen oder ähnlichen Phrasen begonnen hätte. Der Befehl 101/77 (Geheime Verschlußsache A 4763000) vom 3. Oktober 1977 bildete keine Ausnahme. Die Grenzsoldaten sollten daher „die aggressive Politik der entspannungsfeindlichen Kräfte des Imperialismus (...) entlarven und die ideologische Diversion offensiv zerschlagen". Offensichtlich aber hatten bei weitem nicht alle Grenzsoldaten mit der gleichfalls geforderten „sozialistischen Disziplin" etwas im Sinn bzw. verstanden sie nicht. Denn in diesem Befehl fühlte sich Armeegeneral Hoffmann bemüßigt, auf eine zunehmende Zahl von Disziplinlosigkeiten zu verweisen und mehr Ordnung in der Truppe anzumahnen: „Besonders den jungen Unteroffizieren und Offizieren ist zu helfen, eine auf sozialistischen Prinzipien beruhende Disziplin durchzusetzen." Und: „Dem Alkoholmißbrauch ist entschieden entgegenzutreten und das Alkoholverbot in den militärischen Objekten strikt einzuhalten." Möglichkeit zur Bewährung wurde den Grenzsoldaten auch gleich angeboten. Denn zu schöpferischem Denken, verbunden mit der Entwicklung „sozialistischer Soldatenpersönlichkeiten" sollte der sozialistische Wettbewerb unter der Losung „Soldatenbekenntnis - Für unser sozialistisches Vaterland - wachsam und gefechtsbereit" beitragen.

Erneut taucht in diesem Befehl das Grenzregiment 1, Mühlhausen, als Schwachpunkt in der Grenzsicherung auf, ebenso das Grenzregiment 9, Hildburghausen. Mit „Minuspunkten" wurde zudem ein weiteres Mal das Grenzregiment 44, Potsdam-Babelsberg, bedacht, dazu das Grenzregiment 33, Berlin-Treptow. Dort sollte verstärkt darauf geachtet werden, die Annäherung von „Grenzverletzern und ihr Eindringen in das Grenzgebiet rechtzeitig" zu erkennen, „die Staatsgrenze in kürzester Zeit" abzuriegeln und die „Bewegungsrichtung der Grenzverletzer zuverlässig" zu sperren.

Eine der Hauptaufgaben im Rahmen der Grenzsicherung wurde wiederum den Pioniereinheiten der Grenztruppen übertragen. Neben der „kontinuierlichen Modernisierung und Errichtung neuer Sperranlagen 501 bei gleichzeitiger Qualifizierung von Spezialisten für den Aufbau und die Wartung, der Mechanisierung des Verlegens und Räumens von Infanterieminen und des planmäßigen Baues von Führungsstellen und Beobachtungstürmen" hatten sie „an der Staatsgrenze der DDR zur BRD" zu bauen:

- 90 km Grenzzaun I
- 5 km Grenzmauer
- 80 km Kolonnenweg
- 100 km Grenzsignalzaun
- 30 km Kfz.-Sperrgraben
- 25 km Minensperre (Nachverlegung der Minensperre 66)
- 15 Sperranlagen 501
- 20 Führungsstellen
- 45 Beobachtungstürme.

Den Besonderheiten Berlins entsprechend, sollten hier weitere fünf Kilometer Grenzmauer, Typ 75, errichtet werden. Mit neuen Scheinwerferstellungen, der „planmäßigen Fortsetzung der Elektroanschlüsse für Beobachtungstürme und Funkmeßstationen“ sowie der weiteren Befestigung von Kolonnenwegen schließlich hatte die 6. Grenzbrigade Küste ihren Beitrag zur Verhinderung von „Grenzdurchbrüchen“ zu leisten.

Auch in diesem Befehl findet sich selbstverständlich das Thema „Schießausbildung“, die so zu verbessern war, „daß die geforderten Schießaufgaben mit guten und sehr guten Ergebnissen erfüllt werden. Der Anteil der Schützen, die die Ziele mit dem ersten Schuß bzw. dem ersten Feuerstoß bekämpfen, ist maximal zu erhöhen“.

Eine besondere Aufgabe hatte Minister Hoffmann im Rahmen der „militärwissenschaftlichen Arbeit“ parat. Forschungspotential und Lehreinrichtungen waren aufgerufen, „Zielbestimmungen für die Forschungsarbeit ausgewählter Probleme zur Vervollkommnung der Erhöhung der Grenzsicherung unter allen Lagebedingungen für die Zeit nach 1980 auszuarbeiten“. Gedacht war in erster Linie an den weiteren signal- und nachrichtentechnischen Ausbau der Grenze, nicht zuletzt aber auch an die Schaffung eines „Systems von Energieanschlußstellen entlang der Staatsgrenze zur BRD für das Manöver mit elektrotechnischen Sperr- und Beleuchtungsanlagen“.

101/78

Verstärkte Grenzsicherung zum 30. Geburtstag

Für das 30. Jahr des Bestehens der DDR hatte sich der Minister für Nationale Verteidigung eine zusätzliche Offensive in der sozialistischen Erziehung der Grenzsoldaten vorgenommen. Trotz aller Bemühungen mangelte es den Soldaten am gewünschten sozialistischen Bewußtsein. „Truppenwirksam“ sollte es nach dem Befehl 101/78 (Geheime Verschlußsache A 476 500) vom 6. Oktober 1978 darum gehen, „den Angehörigen der Grenztruppen und der Grenzsicherungskräfte der Volksmarine die Politik der SED, ihre Strategie und Taktik bei der geschichtlichen Entwicklung der DDR und bei der Weiterführung der sozialistischen Revolution wissenschaftlich fundiert, überzeugend und anschaulich zu vermitteln sowie die Gewißheit vom Sieg des Sozialismus fest in ihrem Bewußtsein zu verankern". Als „sozialistische Internationalisten, verbunden mit den Armeen und Grenztruppen der Sowjetunion" sollten sie sich empfinden und einen „stabilen politisch-moralischen Zustand" herstellen.

Das in den ersten Jahren der Grenzpolizei noch erwähnte kommunistische Vorbild der Volksrepublik China wurde nach langer Zeit wieder erwähnt, nunmehr aber als abschreckendes Beispiel. Die Zeiten hatten sich - vor allem auch nach den sowjetisch-chinesischen Grenzkonflikten am Ussuri - geändert. Entlarvt werden sollten jetzt nicht nur die Kriegsvorbereitung der aggressiven Kräfte des Imperialismus, sondern auch die der Pekinger Führung. Vermittelt werden sollte nicht mehr bloß ein „reales Feindbild", sondern zusätzlich ein „illusionsloses". Eingeräumt werden muß hier sicherlich eine gewisse Schwierigkeit, in der sich die Verfasser der Befehle befanden. Sie hatten in ihnen die ständige steigende imperialistische Aggressionsgefahr zu beschreiben, Feindbilder zu erzeugen, nur: Der Feind ließ sich nicht blicken. Daß hierdurch immer mehr sprachliche Höchstleistungen, immer mehr Superlative erforderlich wurden, ist erklärlich. Verständlicherweise gipfelten sie bisweilen in solchen Absurditäten, nach denen der verrottende Kapitalismus, je mehr er seinem Ende entgegengehe, um so heftiger - gewissermaßen in den letzten Todeszukkungen - um sich schlage, den Frieden und an erster Stelle die friedliebende DDR bedrohe und in ihrer Existenz gefährde. Aus diesem Grunde auch konnten Disziplinlosigkeiten der Grenzsoldaten nicht zugelassen werden, und so wird wiederum auf den Alkoholkonsum in der Truppe verwiesen. Dem Alkoholmißbrauch sei verstärkt und vorbeugend entgegenzuwirken. „Bei schuldhaft verursachten Vorkommnissen und Schäden, die unter Alkoholeinfluß eingetreten sind, ist die Wiedergutmachungsverordnung konsequent anzuwenden", drohte Minister Hoffmann zusätzlich.

Höhepunkt des Ausbildungsjahres bildete ein weiterer „sozialistischer Wettbewerb", der dieses Mal unter dem Zeichen des 30. Geburtstages der DDR stand. „Salut DDR 30 - Für unser sozialistisches Vaterland, wachsam und gefechtsbereit" hatte sich die Partei als Losung ausgedacht. Gedanke des Wettbewerbes war es, „das Bewußtsein von den historischen Leistungen und der sozialistischen Perspektive der DDR zu entwickeln und die Aktivität und Schöpferkraft der Angehörigen der Grenztruppen und der Grenzsicherungskräfte der Volksmarine bei der Lösung aller Aufgaben im Grenzdienst sowie in der politischen und militärischen Ausbildung zu fördern".

Der 30. Jahrestag der DDR hatte aber weitere Auswirkungen. Er sollte weder durch Tote an der Mauer noch an der „Staatsgrenze West“ gestört werden, ohne andererseits jedoch Grenzdurchbrüche zuzulassen.

„Zur Gewährleistung der Sicherheit und Ordnung an der Staatsgrenze der DDR in der Vorbereitung und Durchführung des Nationalen Jugendfestivals und der Veranstaltung zum 30. Jahrestag der DDR sind zur zuverlässigen Grenzsicherung erforderliche Maßnahmen rechtzeitig zu befehlen und im Zusammenwirken mit den anderen Schutz- und Sicherheitsorganen zu verwirklichen.“

Im Klartext bedeutete dieses: Anläßlich der genannten Aktivitäten wurde der doch angeblich gar nicht existente Schießbefehl vorübergehend außer Kraft gesetzt. Stattdessen wurde ein System der „verstärkten Grenzsicherung“ eingeführt, deren Kennzeichen eine massive Erhöhung der Postendichte war. Ähnlich wurde im übrigen auch beim Besuch ausländischer Staatsgäste in der DDR oder bei Besuchen Honeckers und anderer SED-Größen im „nichtsozialistischen Ausland“ verfahren, bei denen die Nachricht von verletzten oder getöteten „Grenzverletzern“ verständlicherweise unerwünscht war.

Wenn sich auch der Befehl in Teilen bemerkenswert moderat liest („Personen, die mit Booten, anderen Schwimmitteln oder schwimmend von der BRD bzw. von WESTBERLIN aus die Staatsgrenze ohne erkennbare feindliche Absichten oder Handlungen verletzen, sind aufzufordern, das Grenzgewässer der DDR unverzüglich zu verlassen.“) blieb die Verhinderung von „Grenzdurchbrüchen“ doch Richtschnur allen Handelns der Grenztruppen. An der Küste wurden jetzt „Marinehubschrauber der Grenzkette des Hubschraubergeschwaders 18 zur Aufklärung und Suche von Grenzverletzern“ eingesetzt. Pioniereinheiten hatten die Sperranlage 501 W weiter zu erproben, wobei das „W“ für wildabweisende Drähte steht, von denen man sich eine Reduzierung von Fehlalarmen versprach. Deren überaus große Zahl hatte u.a. dazu geführt, daß Alarmauslösungen häufig von den Grenztruppen gar nicht mehr ernst genommen wurden - oder sie unentwegt im Alarmzustand hielt.

Unvermindert fortgesetzt bzw. sogar noch intensiviert wurde auch der Ausbau der Sperranlagen. Allein für das Ausbildungsjahr 1978/79 wurde die Errichtung folgender Sperren beschlossen:

- 75 km Grenzzaun I
- 0,5 km Grenzmauer
- 90 km Kolonnenweg
- 30 km Kz.-Sperrgraben
- 90 km Grenzsignalzaun
- 25 km Minensperren
- 10 Stück Sperranlagen 501
- 22 Stück Führungsstellen
- 50 Stück Beobachtungstürme.

Besprechung am Kolonnenweg. Rechts eine der Anschlußstellen für das Grenzmeldenetz.

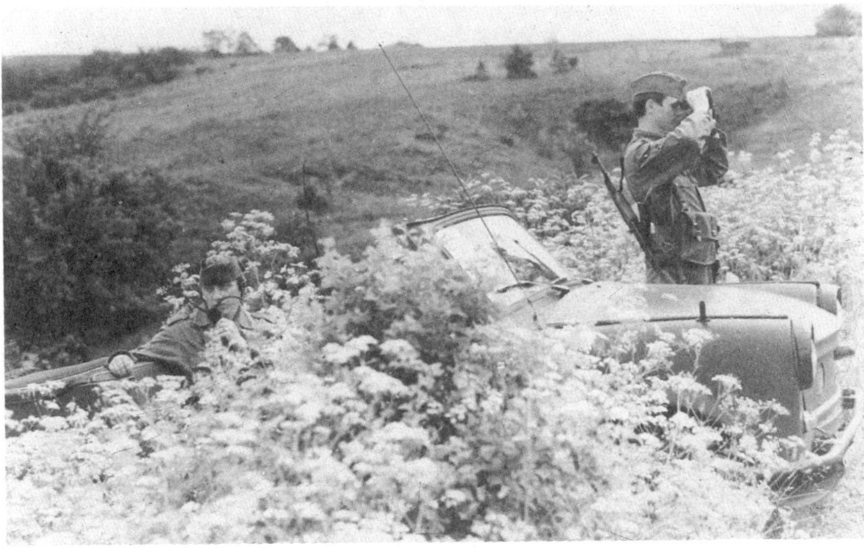

Streife auf der Suche nach „Grenzverletzern".

Einweisung an der „Staatsgrenze West“.

Für die Grenze zu Berlin (West) war der Bau weiterer fünf Kilometer Grenzmauer 75 befohlen, der Abschnitt Dreilinden mußte so ausgebaut werden, „daß seine Einbeziehung in die ständige Grenzsicherung erfolgen kann".

Geschossen aber werden sollte notfalls weiterhin, wenn dieses auch nicht mehr derart konkret wie in früheren Befehlen ausgedrückt wurde. Zu entnehmen ist diese Forderung allerdings dem Befehl zur Schießausbildung, die sich „auf die Erhöhung der Treffsicherheit, besonders auf sich bewegende Ziele sowie bei begrenzter Sicht, zu konzentrieren" hatte. Neu war jedoch der Hinweis, nach dem die Schützen und die Bedienungen die Schieß- und Feueraufgaben mit „geringstem Munitionsaufwand" zu erfüllen hatten.

Angesichts der ständigen Perfektionierung der „Staatsgrenze West" und der Berliner Grenze und den damit schwindenden Aussichten auf eine erfolgreiche Flucht in diesen Richtungen, stieg die Zahl derer, die versuchten, über die sozialistischen Nachbarländer nach Jugoslawien und von dort nach Österreich zu gelangen. Anlaß genug für das Strausberger Ministerium, auch den Grenzen zu Polen und zur Tschechoslowakei verstärkt Aufmerksamkeit zu widmen. Was sich bisher in erster Linie auf die innerdeutschen Grenzen bezogen hatte, galt nun zunehmend für die VR Polen und die CSSR: „Ungesetzliche Grenzübertritte sind nicht zuzulassen. Die Wirksamkeit der Grenzüberwachung in den wahrscheinlichen Bewegungsrichtungen der Grenzverletzer ist im engen Zusammenwirken mit den Grenzsicherungsorganen der sozialistischen Nachbarstaaten zu erhöhen", hieß es klipp und klar.

101/79

„Als sozialistischer Internationalist bewähren"

Von Jahr zu Jahr nahm die Politisierung der Ausbildung in den Grenztruppen zu. Sofern es den Umfang der 101er-Befehle anbelangte, trat die militärische Ausbildung eher in den Hintergrund, die Ideologen im Strausberger Ministerium hatten die Oberhand gewonnen. So im Befehl 101/79 (Geheime Verschlußsache A 477 360) vom 1. Oktober 1979. Zur „Sicherung der Staatsgrenze, der Souveränität und territorialen Integrität" der DDR waren nun „die Prinzipien des Leninschen Arbeitsstils auf allen Führungsebenen anzuwenden". Die politische Arbeit sei wissenschaftlich fundiert, offensiv und truppenwirksam zu führen. Zudem hätten

„(...) im Mittelpunkt der weiteren Vertiefung der sozialistischen Grundüberzeugungen (...) zu stehen:

- die Festigung der internationalistischen Haltung der Angehörigen der Grenztruppen und der Grenzsicherungskräfte der Volksmarine und des engen Waffenbündnisses mit den

Streitkräften und Grenztruppen der Sowjetunion und der anderen sozialistischen Bruderländer, sich an der Seite der Waffenbrüder unter allen Bedingungen als sozialistischer Internationalist zu bewähren;

- die Vertiefung des Vertrauens der Angehörigen der Grenztruppen und der Grenzsicherungskräfte der Volksmarine in die Richtigkeit der Politik der SED bei der Realisierung der Beschlüsse des IX. Parteitages zur weiteren Gestaltung der entwickelten sozialistischen Gesellschaft in der DDR und die weitere Festigung des Willens und der Entschlossenheit, das sozialistische Vaterland selbstlos und opferbereit zu verteidigen;

- die Entlarvung der verstärkten militärischen und ideologischen Kriegsvorbereitung durch die NATO, insbesondere die BRD, und ihres Zusammenspiels mit den Pekinger Führern, die differenzierte Vermittlung von Kenntnissen über den Grad der politisch-moralischen Aggressionsbereitschaft der an der Staatsgrenze und im Grenzgebiet handelnden Kräfte der BRD und WEST-BERLINS sowie die Bereitschaft und Fähigkeit, der verstärkten psychologischen Kriegführung des Gegners aktiv entgegenzuwirken".

Schwerpunkt der gesellschaftswissenschaftlichen Weiterbildung der Offiziere und Fähnriche sollten außerdem die „praxiswirksame Umsetzung des Gedankenreichtums der XI. Delegiertenkonferenz der Parteiorganisationen der SED in der NVA", vor allem aber „das tiefgründige Studium von W. I. Lenins Werk ‚Was tun?'" sein.

Aber nicht nur mit Lenin und Minen befaßte sich der Minister für Nationale Verteidigung. Eher kurios mutet in diesem Befehl die Anweisung an, durch einen verstärkten Einfluß der Vorgesetzten, der Tagesdienste und der Militärstreifen müsse erreicht werden, daß die Bestimmungen über „die Trageweise der Uniform und den Haarschnitt strikt durchgesetzt werden".

„Kampfposition 80. Mit den Waffenbrüdern vereint. Stets wachsam und gefechtsbereit!" Das war die Parole, unter der der sozialistische Wettbewerb im laufenden Ausbildungsjahr stand. Möglichst viele Soldaten sollten auf das Ziel hinarbeiten, die Titel „Bester" oder „Beste Einheit" zu erlangen sowie „meßbare Ergebnisse bei der Verwirklichung der auf die zuverlässige Grenzsicherung sowie hohe Kampfkraft und Gefechtsbereitschaft gerichteten FDJ-Initiativen" erreichen. Um die Entwicklung eines „sozialistischen Bewußtseins" nicht zu gefährden, wurde auch die strikte Order in den Befehl aufgenommen, „Kontakt- und Verbindungsaufnahmen zu Personen und Einrichtungen nichtsozialistischer Staaten oder WESTBERLINS sowie den Empfang von Rundfunk- oder Fernsehsendungen des Klassengegners (...) konsequent zu unterbinden". Die SED war sich augenscheinlich der Grenzsoldaten, die immerhin in der Regel sorgfältig - auch unter den Aspekten der politischen Zuverlässigkeit - ausgewählt worden waren, nicht immer sicher und befürchtete Gefahren allein schon aus dem bloßen Hören oder Sehen von Sendungen des „Klassengegners".

Entgegen der Nachkriegsregelungen der Vier Siegermächte über den Grenzverlauf zwischen der Bundesrepublik und der DDR machte die DDR ihre territorialen Ansprüche auch innerhalb des Befehls 101/79 geltend:

„Zur Wahrung des Rechtsstandpunktes und der Hoheitsrechte der DDR in den Grenzabschnitten, über die noch keine völkerrechtlichen Verträge über den Grenzverlauf abgeschlossen wurden, haben die Grenztruppen bei der Organisation und Durchführung der Grenzsicherung davon auszugehen, daß die Staatsgrenze der DDR zur BRD
- im Grenzabschnitt der ELBE in der Mitte des Talweges
und
- im betreffenden Grenzabschnitt der WARMEN BODE am Ostufer des Grenzgewässers verläuft [...]."

Ein Rechtsstandpunkt ohne Grundlage, von dem die DDR jedoch bis zu ihrem Ende nicht abwich. Allerdings hatte sie schon Anfang der 80er Jahre kein Interesse daran, die umstrittene Frage des Grenzverlaufes eskalieren zu lassen: „Grundsätzlich sind Personen, die von der BRD aus die Staatsgrenze auf dem Grenzabschnitt der ELBE verletzen, aufzufordern, das Hoheitsgebiet der DDR zu verlassen." Noch etwas fällt in dem Befehl auf. War es bisher untersagt, „Informationen der Grenzüberwachungsorgane der Westberliner Polizei" überhaupt zur Kenntnis zu nehmen, durften sie nun, „sofern sie in unmittelbaren Zusammenhang mit Problemen an der Staatsgrenze stehen", nicht nur entgegengenommen werden. Nach genauer Prüfung des Sachverhaltes war es beauftragten Offizieren jetzt sogar erlaubt, darauf zu reagieren.

Verstärkt wurde die Spezialisierung der Grenztruppen vorangetrieben. Auf der einen Seite sollte die „normale Grenzsicherung im wesentlichen durch den effektiven und beweglichen Einsatz zahlenmäßig reduzierter Kräfte" durchgeführt, zugleich aber sollten die freiwerdenden und übrigen Kräfte zu gefechtsstarken Grenzkompanien formiert werden, die ständig bereit zu sein hatten,

„- die Grenzsicherung zeitweilig in einzelnen Abschnitten zu verstärken;
- als Alarmeinheiten im System der Grenzsicherung zu handeln;
- unverzüglich zur Erfüllung von Gefechtsaufgaben im Grenzgebiet überzugehen".

Mehr noch als auf die Menschen und ihre Zuverlässigkeit beim „Schutz der Staatsgrenze" setzte trotz der Millionenkosten die SED auf den ständigen Ausbau und die technische Verfeinerung der Grenzsperranlagen. So wurde der militärtechnischen Forschung und Entwicklung konkret die Aufgabe zugewiesen, sich verstärkt mit folgenden Schwerpunkten zu befassen:
- Weiterführung der Erprobung und Einführung der Sperranlage 501 WET/WST;
- Vorbereitung der Einführung der komplexen Grenzsicherungsanlage GSA-80.

Für das Jahr 1980 ließ die SED den Minister für Nationale Verteidigung den Bau folgender Sperrsysteme befehlen.

- Grenzzaun I	60 km
- Kolonnenweg	55 km
- Kfz.-Sperrgraben	30 km
- Grenzsignalzaunanlagen	92 km
- Führungsstellen	29 Stück
- Beobachtungstürme	49 Stück

Dazu waren 78 km Minensperre Typ 62 und 66 zu räumen, 24 km neu zu verlegen sowie 186 km Grenzsignalzaunanlage und 90 km Sperranlage 501 hauptinstandzusetzen bzw. umzurüsten. Die „Staatsgrenze" wurde immer „moderner", auch in Berlin, wo vorhandene Mauerruinen abzureißen und die Errichtung der Grenzmauer Typ 76 planmäßig fortzusetzen waren. In den Abschnitten schließlich, die bereits mit der Grenzmauer Typ 75 ausgebaut waren, sollten die alten, überholten und nunmehr überflüssigen Kfz.-Sperren entfernt werden - immerhin war die Mauer Typ 75 derart konstruiert, daß sie sogar einem Grenzdurchbruch mit einem gepanzerten Fahrzeug widerstehen konnte.

Zwar hatten sowjetische „Berater" schon 1958 - damals noch bei der Deutschen Grenzpolizei - formell ihre Arbeit beendet, massiven Einfluß auf die Grenzsicherung der DDR besaß die Sowjetunion aber noch immer, wenngleich sich diese Tatsache eher verklausuliert in den Befehlen wiederfindet. Beispielsweise durch die Anordnung im Befehl 101/79, nach der zu erreichen war, daß „der Leiter bzw. ein Offizier jeder operativen Gruppe die Angaben zur Lage, die Einsatzvorschläge und die Maßnahmen des Zusammenwirkens in russischer Sprache ... melden kann. Die Anstrengungen zur Befähigung aller Offiziere der operativen Gruppen in russischer Sprache zu melden bzw. Aufgaben entgegenzunehmen, sind zu verstärken".

101/ 80

„Kampf gegen kleinbürgerliches Denken und Raffgier"

Der Befehl 101/80 vom 3. Oktober 1980 (Geheime Verschlußsache A 477 550) erinnert in fataler Weise an jenen, der pfeifend durch den Wald geht, um sich Mut zu machen, beispielsweise, wenn Armeegeneral Hoffmann sagen läßt:

„Alle Versuche des Feindes, die Kampfkraft und Gefechtsbereitschaft der Führungsorgane, Verbände, Truppenteile, Einheiten und Einrichtungen mit den Mitteln der ideologischen

Diversion, mit Gerüchten und Provokationen zu beeinträchtigen, sind entschieden zu zerschlagen. Bei der Entwicklung und Festigung der sozialistischen Grundüberzeugungen sind die Hauptanstrengungen zu richten auf:

- die Vertiefung des Vertrauens der Angehörigen der Grenztruppen zur Partei der Arbeiterklasse, die Entwicklung des Stolzes auf ihr sozialistisches Vaterland und die Stärkung der Gewißheit, daß die DDR als fester Bestandteil der sozialistischen Staatengemeinschaft den Anforderungen der verschärften Klassenauseinandersetzung zwischen Sozialismus und Imperialismus erfolgreich begegnen kann;
- die Ausprägung der internationalistischen Haltung der Angehörigen der Grenztruppen, die Entwicklung ihrer Bereitschaft sowie ihres Willens, die Waffenbrüderschaft mit den Streitkräften und Grenztruppen der Sowjetunion und der anderen Bruderländer unablässig zu festigen und an deren Seite jederzeit und ohne Zögern den bewaffneten Kampf zur Vernichtung des Klassenfeindes aufzunehmen und erfolgreich zu bestehen."

Die Tatsache, daß all dieses immer und immer wieder befohlen werden mußte, läßt nur den Schluß zu, daß die Mehrheit der Grenzsoldaten sehr wohl für „Gerüchte" anfällig waren, daß sie nicht an den Sieg des Sozialismus in der „Klassenauseinandersetzung mit dem Imperialismus" glaubten und daß die Beziehungen zum großen Bruder Sowjetunion erheblich zu wünschen übrig ließen.

Den ideologischen Defiziten sollte nicht zuletzt der erneute sozialistische Wettbewerb entgegenwirken, der zu Ehren der SED unter das Motto: „Kampfposition X. Parteitag. Für den zuverlässigen Schutz der Staatsgrenze der DDR! Alles zum Wohle des Volkes!" gestellt worden war.

Um in einem solchen Wettbewerb bestehen zu können, war es erforderlich, die gesellschaftswissenschaftliche Weiterbildung und politische Schulung „auf das tiefgründige Studium der Dokumente des X. Parteitages der SED, des XXVI. Parteitages der KPdSU und der XII. Delegiertenkonferenz der Parteiorganisationen der SED in der NVA und den Grenztruppen sowie auf die Klärung politisch-ideologischer Probleme im Zusammenhang mit dem 25. Jahrestag der NVA und dem 35. Jahrestag der Grenztruppen der DDR auszurichten". Die ausschließlich ideologische Fixierung der gesamten Ausbildung, die permanente Indoktrination und die Dominanz hohler Phrasen läßt verständlich werden, daß nur wenige Grenzsoldaten sich ihr mit wirklicher Anteilnahme und Begeisterung widmeten.

Wie weit die überwiegende Mehrzahl der Grenzsoldaten von sozialistischen Idealvorstellungen entfernt war, läßt sich unschwer aus dem Passus ablesen, in dem es heißt: „Das soldatische Pflichtbewußtsein der Angehörigen der Grenztruppen ist zu erhöhen. Die Erziehung zur widerspruchslosen Befehlserfüllung und zum unbedingten Gehorsam ist zu verstärken". Wie sich diese Anordnung mit der gleichzeitig erhobenen Forderung nach „organisiertem, von Entschlossenheit, Findigkeit und Aktivität geprägtem Handeln" bei der

Grenzsicherung in Einklang bringen lassen sollte, wußte wohl nicht einmal Minister Hoffmann, immerhin aber ergänzte er sein Gefahrenszenario durch den Hinweis, „die an Ausmaß und Gefährlichkeit zunehmenden Anschläge des Gegners und die immer raffinierteren Methoden der Grenzverletzer" erforderten zum zuverlässigen Schutz des Sozialismus ständig steigende Anforderungen an die Grenzsicherung.

Einen tiefen Einblick in den inneren Zustand der Grenztruppen gewährt auch dieser Befehl:

> „Der Kampf gegen Disziplinverstöße, kleinbürgerliches Denken und Verhalten, wie Raffgier und Mißachtung gesellschaftlichen Eigentums, gegen Störungen der sozialistischen Beziehung und alle Erscheinungen von Angriffs- und Widerstandshandlungen gegenüber Vorgesetzten ist entschiedener zu führen."

Grundlagenvertrag, Transit- und Verkehrsabkommen machten in ihren innerdeutschen Auswirkungen den Grenztruppen zunehmend zu schaffen. Neue Grenzübergangsstellen erforderten zusätzliche Maßnahmen, so die Neubauten Zarrentin, Stolpe, Dreilinden, Klein-Machnow und Wartha, der zweigleisige Ausbau der Eisenbahnstrecke Griebnitzsee-Wannsee sowie schließlich die Eröffnung des Teltowkanals. Durch „spezifische Sicherungsmaßnahmen" sollten dennoch eventuelle Schlupflöcher für Flüchtlinge erst gar nicht entstehen können.

Mehr als auf die Grenzsoldaten vertraute die SED auch weiterhin der Technik, selbst wenn diese erhebliche Mängel aufwies. Die Zugriffssicherheit der Splitterminen SM-70 z.B. sollte erhöht werden, insbesondere, nachdem der am 30. April 1976 erschossene Flüchtling Michael Gartenschläger zwei dieser Todesautomaten demontiert und damit einen weiteren, handfesten Beweis für das menschenverachtende System der DDR-Grenzsicherung geliefert hatte. Der Grenzzaun I war im Rahmen der Rekonstruktion mit zusätzlichen Sperr- und Signalmitteln „zweckmäßig zu komplettieren", der „durchgehende Ausbau der Grenzabschnitte mit Grenzsignalzaunanlagen ... planmäßig fortzuführen". Im einzelnen wurden für 1980 folgende Baumaßnahmen angeordnet:

- Grenzzaun I	33,0 km
- Grenzmauer 75	5,0 km
- Kolonnenweg	44,0 km
- Grenzsignalzaunanlagen	35,0 km
- Führungsstellen	28 Stück
- Beobachtungstürme	19 Stück
- Sperranlagen SM-70	1 Anlage

Instandzusetzen bzw. umzurüsten waren:

- Sperranlagen SM-70	13 Anlagen
- Grenzzaun I	101,0 km
- Minensperre Typ 66 (Sperrzaun)	21,0 km
- Kfz-Sperrgraben	94,0 km
- Kolonnenweg	138,0 km
- Grenzsignalzaunanlagen	140,0 km

Minensperre Typ 66:

- zu räumen und nachzuverlegen sind	21,0 km
- abzureißen und zu räumen sind	29,0 km

Kein Zweifel, die innerdeutschen Grenzen stellten, zumindest seit Gründung der DDR, die größte, teuerste und makaberste Baustelle wohl weltweit dar.

101/81

„Angriffshandlungen mit begrenztem Ziel"

Wiederum sollte Lenin den Grenztruppen helfen, die DDR-Grenzen abzuschotten. Für das Jahr 1981 sah der Befehl 101/81 (Geheime Verschlußsache A 478 291) vom 6. Oktober 1981 das verbindliche „tiefgründige Studium von W. I. Lenins Werk ‚Der 'linke Radikalismus', die Kinderkrankheit im Kommunismus'" vor. Ermöglicht werden sollte u.a. hierdurch „das umfassende Vertrautmachen mit Grundproblemen des revolutionären Weltprozesses, der marxistisch-leninistischen Revolutionstheorie sowie der Friedenstrategie des Sozialismus". Am Ende dieser speziellen Form der Weiterbildung erhoffte sich Oberst Liß, der als Stellvertreter des Chef des Hauptstabes für operative Fragen den Befehl ausgearbeitet hatte, „die lebensverbundene Aneignung von ausgewählten Problemen der marxistisch-leninistischen Weltanschauung". Derart gerüstet und in „einer vom Klassenstandpunkt geprägten sauberen moralischen Atmosphäre" sollte es den Grenzsoldaten möglich sein,

> „[...] bei Anzeichen von Grenzverletzungen und Versuchen von Grenzdurchbrüchen (...) unter zweckmäßiger Ausnutzung der technischen Mittel und Grenzsicherungsanlagen ohne Zeitverlust Maßnahmen zur Abriegelung der gefährdeten Richtung sowie entschlossene und aktive taktische Handlungen zur Festnahme der Grenzverletzer durchzuführen".

Wurde die Einführung moderner Technik im Rahmen der Volkswirtschaft der DDR auch vernachlässigt, an den innerdeutschen Grenzen fand sie schnell und umfassend Anwendung. Der Befehl 101/81 enthielt daher auch die Weisung nach Abschluß der Erprobung unverzüglich mit der planmäßigen Umrüstung der Sperranlage 501 zu beginnen. Des weiteren waren zu bauen:

- Grenzmauer 75	1,8 km
- Grenzzaun I	39,2 km
- Sperranlagen mit SM-70	10 Anlagen
- Kolonnenweg	54,5 km
- Führungsstellen	20 Stück
- Beobachtungstürme	23 Stück

Hauptinstandsetzungen bzw. Rekonstruktionen wurden angeordnet für:

- Minensperre Typ-66	13,0 km
- Sperranlagen mit SM-70	6 Anlagen
- Grenzzaun I	104,4 km
- Kfz-Sperrgraben	115,5 km
- Kolonnenweg	144,5 km
- Grenzsignalzaun	120,8 km

Zu räumen und abzubauen waren schließlich 24 km Minensperre 66, die jedoch durch andere, wirksamere Grenzsperren ersetzt wurden.

Erneut nahm in diesem Befehl die Gefechtsausbildung der Grenztruppen an Bedeutung zu, wobei diese natürlich auch immer unter dem Aspekt der Anwendung zur Grenzsicherung gegenüber der eigenen Bevölkerung zu sehen war. Immerhin aber findet sich in dem Befehl der Hinweis, daß die Grenztruppen nicht nur zur Verteidigung des eigenen Territoriums eingesetzt werden sollten. Sie sollten „die Einnahme eines vom Gegner besetzten Objektes“ trainieren, worunter dabei noch die „Wiedereroberung“ eines solchen Objektes verstanden werden könnte, aber wenige Zeilen später wird es konkreter. Insbesondere war „die Durchführung von Angriffshandlungen mit begrenztem Ziel“ zu drillen. In diesem Zusammenhang paßt auch die Anordnung, „die Angehörigen der Grenztruppen gründlich zu befähigen, die Waffen unter allen Bedingungen treffsicher anzuwenden und die Ziele mit dem ersten Feuerstoß bzw. der ersten Granate zu vernichten“.

101/82

„Saubere moralische Atmosphäre“ gefordert

Ganz offensichtlich litt die Einsatzbereitschaft der Grenztruppen der DDR darunter, daß Menschen in ihnen dienten. Trotz inzwischen jahrzehntelanger Indoktrinationsbemühungen, hatte die SED ihr Ziel nicht erreicht, die Mehrheit der Soldaten in ihrem Sinn zu erziehen. Erschwert wurde dieses Ansinnen wohl nicht zuletzt auch durch die Tatsache, daß in den Grenztruppen auch Wehrpflichtige zu dienen hatten, die nur schwer davon zu überzeugen waren, daß sie notfalls zur Verhinderung eines Grenzdurchbruchs auch auf Menschen zu schießen und dabei deren Tod in Kauf zu nehmen hatten. So erstaunt es wenig, wenn im Befehl 101/82 (Geheime Verschlußsache A 478 700) vom 24. September 1982 wiederum die „Erziehung der Angehörigen der Grenztruppen zur Erfüllung des Fahneneides, zur klassenmäßig richtigen Einstellung zum Befehl, zu Gehorsam und unbedingter Unterordnung“ ebenso verlangt werden mußte, wie die „Schaffung einer sauberen moralischen Atmosphäre in den militärischen Kollektiven“ und die Ausschaltung von „Störungen der sozialistischen Beziehungen zwischen den Grenzsoldaten und im Umgang der Vorgesetzten mit den Unterstellten“. Die Prinzipien der „Inneren Führung“ oder des „Staatsbürgers in Uniform“ waren nicht angesagt, fanden sie sich doch auch beim Waffenbruder Sowjetunion nicht. Die Motivation der Grenzsoldaten sollte durch immer neue Schauermärchen über den kapitalistischen Klassenfeind erzeugt werden, dessen „Anschläge und Angriffe auf die Staatsgrenze“, glaubt man dem Befehl, „an Ausmaß und Gefährlichkeit“ ständig zunahmen. Da die Grenzposten in ihrem Alltag allerdings mit eben solchen „Anschlägen und Angriffen“ nicht konfrontiert wurden, versteht es sich von selbst, daß eine derartige Propaganda wirkungslos bleiben mußte, zumal sie selbst von den Vorgesetzten nicht ernst genommen und von daher kaum überzeugend vertreten wurde. Was die Partei vorgab, wurde mehr oder weniger schlicht „nachgebetet“, weil es denn so erwartet wurde. Kompensiert werden konnte die mangelnde „Wachsamkeit“ der Soldaten allein durch den Einsatz von immer undurchdringlicher werdenden Sperranlagen, durch die Einführung des „industriellen Fernsehens“ - wie in der Lübecker Bucht - oder die jeweils modernste „lückenlose visuell-optische und funktechnische Beobachtung“ gefährdeter Abschnitte. Die Abwehr von „Grenzverletzern“ wurde immer weiter in das eigene rückwärtige Gebiet verlagert. Mehr und mehr galt es, „Anzeichen der Vorbereitung und Durchführung provokatorischer Grenzverletzungen ..., die Annäherung von Grenzverletzern, ihr Eindringen in den Schutzstreifen bzw. Handlungsraum der Grenztruppen und Versuche des Grenzdurchbruchs frühzeitig zu erkennen“.

„Die Themen des 100. Todestages und 165. Geburtstages von Karl Marx, des 65. Jahrestages der Großen Sozialistischen Oktoberrevolution und des 60. Jahrestages der Gründung der UdSSR“ und das „tiefgründige Studium ausgewählter Werke und Arbeiten W.I. Lenins über das Wesen des Imperialismus und seinen gesetzmäßigen Drang nach Expansion und Aggressivität“ sollten zu „Höhepunkten der politisch-ideologischen Arbeit“ gestaltet werden, um damit auch der ideologischen Diversion, vor der die Grenzsoldaten immer weniger gefeit waren, zu begegnen. Wenn der Feind sich schon nicht an den innerdeutschen Grenzen sehen ließ, dann sollte doch wenigstens nicht auf „die

Ausprägung eines klassenmäßig begründeten und konkreten Feindbildes, die Entwicklung einer hohen politischen und militärischen Wachsamkeit und die Herausbildung eines festen Klassenstandpunktes zur feindlichen Ideologie und zu ihrer offensiven Bekämpfung“ verzichtet werden.

101/83

Willkommene „Zuspitzung der internationalen Lage“ - „Abscheu und Haß erzeugen!“

Geradezu willkommen waren der Führung der NVA internationale Krisen oder - wie Anfang der achtziger Jahre - die Diskussionen um die Nachrüstung im Bereich der Mittelstreckenraketen in der Bundesrepublik Deutschland. Hier endlich war - im Sprachjargon des Ministers für Nationale Verteidigung - „eine gefährliche Zuspitzung der internationalen Lage“ gegeben, die natürlich Einfluß auf die Erhöhung von Wachsamkeit und Gefechtsbereitschaft der Grenztruppen haben mußte. Gefordert war deshalb an erster Stelle des Befehls 101/83 (Geheime Verschlußsache A 454 701) vom 3. Oktober 1983 ein „größtmöglicher Zuwachs an Kampfkraft und Gefechtsbereitschaft“. Als ob ein Krieg unmittelbar bevorstünde, sollten Führungsorgane und Truppen „auf die Führung von Handlungen zur gefechtsmäßigen Grenzsicherung vorbereitet“ sein. Möglich war dieses selbstverständlich nur, wenn „die führende Rolle der SED in allen Belangen des militärischen Lebens und in allen militärischen Arbeitskollektiven gewährleistet sowie hohe Aktivität der FDJ- und Gewerkschaftsorganisationen“ gefördert würden. „Der Stolz auf die Errungenschaften unseres sozialistischen Vaterlandes“ war weiterzuentwickeln, vor allem aber die „Überzeugung von seiner Verteidigungswürdigkeit auszuprägen“. „Die wachsende Rolle der SED als führende Kraft unserer sozialistischen Gesellschaft, die Festigung der Überzeugung von der Richtigkeit und Sieghaftigkeit der Politik der SED“ waren ebenso Ausbildungsziele wie „die Vertiefung der Kenntnisse über die 35jährige erfolgreiche Entwicklung der DDR als feste Grundlage für die weitere Ausprägung des Stolzes auf das sozialistische Vaterland“. Der Liebe zum sozialistischen Vaterland sollte ein geradezu unbändiger Haß auf den Feind gegenüberstehen. Wörtlich wird in dem Befehl 101/83 gefordert, in der politischen Erziehung alle Anstrengungen u.a. zu konzentrieren auf:

„[...] die Vermittlung eines klassenmäßigen Feindbildes, das die drohende Gefahr einer imperialistischen Aggression klar erkennen läßt, Zweifel an der Brutalität und Hinterhältigkeit des Gegners beseitigt, Abscheu und Haß erzeugt“.

Militärische Experten innerhalb von NVA und Grenztruppen hatten in diesen Sternstunden der Partei einen noch schlechteren Stand als ohnedies. Mit Stirnrunzeln mögen manchen Kommandeure auch den Befehl gelesen haben, nach dem die „neuesten wissenschaftlichen und militärwissenschaftlichen Erkenntnisse, besonders aus der Sowjetunion", kontinuierlich zu nutzen waren. Immerhin steckte die Sowjetunion zu diesem Zeitpunkt längst in ihrem afghanischen Abenteuer, das bekanntermaßen in einem Desaster für den „großen Bruder" endete, von dem sich die inzwischen russische Armee bis heute nicht erholt hat.

Die übrigen Teile des Befehles enthalten wenig Neues gegenüber den Vorgängern. Allerdings wurde nun schriftlich angewiesen, „das Vermächtnis der bei der Sicherung der Staatsgrenze ermordeten Grenzsoldaten (...) in Ehren zu halten und zur Erziehung besonders der jungen Grenzsoldaten zu nutzen". Es mag zynisch klingen, und doch war es so: Letztlich brauchte die SED getötete Grenzsoldaten, denn vor allem sie sollten zur Schaffung und Verstärkung des gewünschten „Feindbildes" mißbraucht werden. Die Umstände, unter denen die Grenzsoldaten starben, wurden dabei je nach Bedarf dargestellt. Hinweise darauf, daß einige von ihnen von ihren eigenen Genossen erschossen wurden, waren strikt verboten, ebenso wie die heute belegbare Tatsache, daß Grenzsoldaten auch im Kugelhagel fahnenflüchtiger Soldaten der sowjetischen Streitkräfte in der DDR starben. Das Schicksal dieser getöteten Grenzsoldaten soll keinesfalls beschönigt oder verharmlost werden. Jedes Opfer der deutschen Teilung ist zu beklagen, egal auf welcher Seite von Mauer und Stacheldraht es gebracht wurde. Verwerflich, und nur dieses soll hier angeprangert werden, ist das, was im Befehl von Armeegeneral Hoffmann mit „Nutzen zur Erziehung junger Grenzsoldaten" umschrieben wurde und ausschließlich der Erziehung zum Haß in den jungen Soldaten dienen sollte. In welcher Form dieser Haß gesät wurde - unter gleichzeitiger Vergewaltigung dessen, was im SED-Staat als Kunst zu gelten hatte - soll an dieser Stelle anhand von zwei weiteren „Gedichten" eingeflochten werden:

Unter uns

Überall und täglich
leben Helden
Mit Mut und Kühnheit
Der Grenzsoldat
Auf der Sturmbahn
Beim Marsch
Auf dem Postenturm
Den Feind im Visier

Fritz Otto
Liebs, Janello, Schmidt
Hauptmann Arnstadt
Unteroffizier EGON SCHULTZ
die ewige Flamme des Ruhmes
Brennt
Über ihren Gräbern
Wir erfüllen ihr VERMÄCHTNIS

Major Klaus Peters

Das Lied vom Feind

Soldat, du hast ein Gewehr in der Hand,
und ein Arbeiter hat es dir gegeben,
und du trägst das Gewehr für dein Vaterland,
und du bürgst für das Arbeiterleben.

Der Feind ist ohne Erbarmen und schlau,
und er nahm uns schon manchen Genossen,
er fragt nicht nach Liebe, nach Kind und Frau
und nach Tränen, so bitter vergossen.

Soldat, wenn dich die Furcht einmal faßt
und du glaubst schon, du mußt unterliegen,
ach, es bleibt auch für dich nur die alte Last
oder furchtlos den Feind zu besiegen.
Darum muß der Soldat gewappnet sein
und bereit, wenn die Stunden schlagen.
Denn wenn die Feinde ihr Feuer spei'n,
dann kann der Soldat nicht um Hilfe schrein,
ja, dann muß er die Feinde verjagen.

Walter Stranka[2]

Erziehung zum Haß und Schaffung eines „realen Feindbildes" (und damit das Senken einer natürlichen Hemmschwelle beim Schießen auf Menschen) sowie eine intensive politische Indoktrination auf der einen Seite und andauernder Ausbau der Grenzanlagen auf der anderen, derart mehrgleisig verfuhren die Grenztruppen, um das dennoch nie erreichte Ziel der völligen Absperrung der „Staatsgrenzen" zu verwirklichen.

---

[2] Aus: Liebig, Horst, „Wo sie gefallen sind, stehen wir", Politische Verwaltung der Grenztruppen der DDR, 1983

Auch 1983 waren an der innerdeutschen Grenze „Grenzsicherungsanlagen, einschließlich der in der Tiefe des Raumes zu errichtenden Sperr- und Signalanlagen" zu rekonstruieren, Grenzsignalzaunanlagen 80 zu bauen und Erdminensperren zwar auch zu räumen, gleichzeitig aber - „insbesondere in den wahrscheinlichen Bewegungsrichtungen der Grenzverletzer" - neu zu verlegen. Für die Berliner Grenzen waren der Neubau der Grenzmauer 75, neuer Beobachtungstürme BT-9 und die Demontage nicht mehr benötigter Flächensperren vorgesehen. Angesichts immer wieder versuchter „Grenzdurchbrüche" beispielsweise am weltbekannten „Check Point Charly" im Herzen Berlins, mußten neue Wege gefunden werden, um derartig spektakuläre Fluchtversuche zu unterbinden. Höckersperren sollten wegen ihrer Optik, die dem „Ansehen der Republik" schadeten, entfernt werden, die Lösung bestand in der Installation von technisch aufwendigen und vor allem kostenspieligen Schnellsperren.

101/84

Minen haben endlich ausgedient

Die herausragende Anordnung innerhalb des Befehles 101/84 (Geheime Verschlußsache A 455 301) vom 27. September 1984 findet sich auf Seite 15 und macht gerade einmal eine Zeile aus. Es wurde befohlen, beim „pionier- und signaltechnischen Ausbau der Staatsgrenze" die Anstrengungen auf „den Abschluß des Abbaus bzw. der Räumung der Minensperren" zu konzentrieren.

Die DDR hatte dem internationalen Druck nicht länger standhalten können, mit dem die Verlegung von Minen einhellig verurteilt worden war. SED-Generalsekretär Honecker selbst hatte den vollständigen Abbau der Minensperren gegenüber österreichischen Journalisten in einem Interview angekündigt und als Termin für den Abschluß der Räummaßnahmen das Jahr 1985 genannt.

Der Befehl, die Minen an den innerdeutschen Grenzen zu beseitigen, lag durchaus im Interesse der DDR selbst, auch wenn sie das nie zugegeben hat. Tatsache aber ist, daß allein bis 1979 auch über 100 Angehörige der Grenztruppen durch die eigenen Minen verletzt oder getötet worden waren.

Vor welchen Aufgaben die Grenztruppen bei der Minenräumung standen, ist der Vertraulichen Verschlußsache G/406070 des Chef Pionierwesen der Grenztruppen, Oberst Worbs, vom 27. August 1979 zu entnehmen. Errichtet worden waren zwischen 1961 und 1979

- ca. 150 km Minensperren Typ 61 mit Minen POMS (1961),
- ca. 800 km Minensperren Typ 62 mit Minen PMD - 6 (1962 - 65)

- ca. 300 km Minensperren Typ 66 mit Minen PMN, PMP-71, PPM-2 (ab 1966) sowie
- ca. 400 km Minensperren SM-70 mit Splitterminen 70 (ab 1970)

In den Minensperren der Typen 61, 62 und 66 waren allein im Rahmen der Erstverlegung insgesamt **1,125 Millionen** Minen in die Erde gebracht worden.

665.000 Minen waren zwar bis August 1979 geräumt, gleichzeitig aber 400.000 Minen seit 1976 „zur Erhöhung der Wirksamkeit!“ nachverlegt worden.

Die Schwierigkeiten, die die Grenztruppen bei der Minenräumung zu bewältigen hatten, gehen ebenfalls aus der erwähnten Geheimen Verschlußsache hervor:

„Ausgehend von der Erkenntnis, daß die eingesetzten Pionierkräfte beim Räumen der Minen PMN außerordentlich gefährdet sind, wurden in den Jahren seit 1970 systematisch Maßnahmen realisiert, um diese Gefährdung abzubauen.

Durchgeführt wurden:

(1) Die Entwicklung eines Maschinenkomplexes zum maschinellen Räumen der Minen sowie die Aufstellung von Minenräumkompanien.
Die beim Einsatz der Technik erreichten Ergebnisse können besonders beim Minentyp PMN mit einer maschinellen Auslösungsquote von 10 bis 15 % nicht befriedigen.

4. Schlußfolgerungen und Vorschläge

(1) Das Räumen von erdverlegten Minen bildet auch im Perspektivraum bis 1985 einen Schwerpunkt der Pioniersicherstellung der Grenzsicherung.
Bis 1980 sind alle Minensperren des Typs 62 (Minen PMD-6) planmäßig zu räumen und im Zeitraum bis 1985 alle Minen des Typs PMN (ca. 200 km).

(2) Die zur Verfügung stehende Minenräumtechnik sowie die Schutzausrüstung für Minensucher gewährleisten eine hohe Sicherheit der eingesetzten Kräfte, schließen jedoch eine bleibende Gefährdung nicht aus.

Zur weiteren Erhöhung der Sicherheit der Minensucher wird vorgeschlagen:

(1) Durch die Kommandeure der Verbände ist zu gewährleisten, daß bei der Auswahl und Vorbereitung der Soldaten der Minenräumtrupps strenge Maßstäbe angelegt werden. Es sind besonders solche Kräfte auszuwählen, die bereits durch ihre berufliche Tätigkeit an die Einhaltung konkreter Sicherheitsbestimmungen gewöhnt sind.

(2) Zur Vermeidung von Routine sind die Soldaten der Minenräumtrupps in Abhängigkeit von der Intensität des Einsatzes nach maximal 2 bis 3 Monaten abzulösen und durch neue Kräfte zu ersetzen.

(3) Durch eine verstärkte Kontrolle des Räumens von Minen ist die uneingeschränkte Durchsetzung der Forderungen der Dienstvorschrift zu sichern.
Abweichungen und Vereinfachungen der befohlenen Sicherheitsbestimmungen sind nicht zuzulassen.“

DDR-Grenzer vor einem Wachturm

„Waffenbrüder - Klassenbrüder“ - auch in den Grenztruppen

In „Ausbildungskabinetten“ wurden die Grenztruppen detailliert mit dem Grenzgebiet vertraut gemacht

Mobilität hatte hohe Priorität. Hunderte von Millionen Mark wurden für die Motorisierung der Grenztruppen und für den Ausbau der Kolonnenwege ausgegeben.

Für die Grenztruppen bedeutete der Verzicht auf Minensperren mehrere Aufgaben zugleich: Bis Ende 1984 mußten rund 340 km mit den Todesautomaten SM-70 bestückte Grenzzäune entschärft und weitere ca. 200 km erdverlegte Minen geräumt werden. Parallel dazu aber waren neue Grenzsperren zu bauen. Befohlen wurde deshalb die

„- Errichtung weiterer Anlagen des Grenzzaunes I/83 als vorderes Sperrelement sowie des Grenzsignal- und Sperrzaunes II in der Tiefe des Schutzstreifens,
- die Installation der Grenzsignalzaunanlage-80 und (an den Berliner Grenzen, d. Verf.)
- der Neubau von Beobachtungstürmen,
- die Installation der Grenzsignalzaunanlage-80 sowie von optoelektronischen Grenzsicherungsanlagen".

Um den neuen Bedingungen, nämlich ohne Minen auskommen zu müssen, gerecht zu werden, beschloß das MfNV ein Bündel von Maßnahmen auf unterschiedlichsten Gebieten. Sicherzustellen waren „die 100prozentige personelle Auffüllung der grenzsichernden Einheiten, die Gewinnung von Angehörigen der Grenztruppen der DDR für ein höheres Dienstverhältnis und eine längere Dienstzeit sowie die Sicherung der Ableistung des Grundwehrdienstes bzw. des Wehrdienstes auf Zeit in der festgelegten Dauer (und) der erweiterte Einsatz weiblicher Angehöriger der Grenztruppen der DDR im Dienstverhältnis Unteroffizier auf Zeit". Die wissenschaftliche Arbeit hatte sich auf die „weitere Vervollkommnung des Grenzsicherungssystems" zu konzentrieren, „Ergebnisse der Forschung und Entwicklung für Grenzsicherungsanlagen" sollten „schneller und breiter" genutzt und umgesetzt werden.

Daß die politische Erziehung wiederum einen wesentlichen Bestandteil des Befehles ausmachte, überrascht kaum. Dieses Mal ging es um die „ideologische Stählung der Angehörigen der Grenztruppen der DDR (...) auf der Grundlage des tieferen Eindringens in die marxistisch-leninistische Weltanschauung, durch die weitere Vertiefung der Überzeugung vom Sinn des Soldatseins im Sozialismus und der klassenmäßigen Begründung der Notwendigkeit und Gerechtigkeit des militärischen Dienstes zum Schutz der Staatsgrenze der DDR". Im ärgsten sozialistischen Duktus hieß es weiter:

„Die sich im Sieg der UdSSR über den Hitlerfaschismus ausdrückenden Gesetzmäßigkeiten, Vorzüge und Triebkräfte des Sozialismus sind für die Entwicklung von historischem Optimismus und für das Verständnis der friedenserhaltenden Rolle sozialistischer Streitkräfte sowie für die Erziehung zum Haß auf das imperialistische System und seine Söldner zielstrebig zu nutzen."

Die SED wollte - nunmehr schon Mitte der achtziger Jahre - nicht wahrhaben, daß der Sozialismus längst ausgedient hatte und nur noch Fiktion alter Männer in ZK und Politbüro war.

Dennoch: Die Suche nach Möglichkeiten, das Grenzsystem nicht löchrig werden zu lassen, wurde intensiv weitergeführt. Eines der Ergebnisse stellte die erhebliche Aufwertung des Diensthundewesens dar. Um dem steigenden Bedarf an Fährten-, Schutz- und Wachhunden gerecht zu werden, führte das MfNV die Fachrichtung Diensthundewesen der Unteroffiziersschule VI Perleberg im Standort Potsdam ein, nicht zuletzt auch, um den Bedarf an Tieren für die berüchtigten Hundelaufanlagen zu decken, die in den Jahren 1984 und 1985 mit Gesamtlängen von 100,6 bzw. 128,2 km ihren traurigen Höchststand erreichten.

Nach Recherchen der Berliner „Arbeitsgemeinschaft 13. August" existierten 1979 insgesamt 97,3 km Hundelaufanlagen mit 996 Tieren, mit Stand vom 30. Juni 100,6 km Anlagen mit 1.181 Hunden, am 31. Juli 1985 128,2 km Anlagen mit 1.163 Hunden. Zwei Jahre später hatte sich die Gesamtlänge der Hundelaufanlagen auf 91,7 km mit 1.073 Tieren reduziert, am 30. Juni 1988 waren es noch 78,6 km mit 954 Hunden und am 30. Juni 1989 schließlich 71,5 km mit 886 Hunden. Erst mit dem Befehl 101/89 in seiner Fassung vom 21. Dezember 1989 löste Admiral Theodor Hoffmann die Hundelaufanlagen endgültig auf.

Neben den Berliner Grenzen richtete sich das Augenmerk des MfNV verstärkt auf den Küstenbereich der DDR. Angesichts der Perfektionierung der Grenzsperren an den innerdeutschen Grenzen und der Absperrungen schon weit im eigenen Hinterland versuchten immer mehr „Grenzverletzer", über die Ostsee in die Freiheit zu gelangen. Für die 6. Grenzbrigade Küste bedeutete dieses u.a. den Befehl, „illegale An- und Ablandungen an der Küste der DDR (...) durch koordinierte land- und seeseitige Grenzsicherungsmaßnahmen rechtzeitig aufzudecken und zu verhindern". Das System der Strand- und Uferkontrolle sollte vor allem durch eine verstärkte Einbeziehung der Freiwilligen Helfer der Grenztruppen ausgebaut werden. Die Hauptaufgabe war es, „Maßnahmen und Handlungen zur Verhinderung von Grenzdurchbrüchen in Richtung des Offenen Meeres aus den inneren Seegewässern heraus (...) mit den anderen Schutz- und Sicherheitsorganen exakt zu koordinieren".

Mit Pflanzkästen gegen Grenzdurchbrüche

In welcher Weise die Vorgaben des NVR sowie die Befehle des Ministeriums für Nationale Verteidigung umgesetzt wurden, soll am Beispiel des Brandenburger Tores erläutert werden. Der Chef der Grenztruppen, Generalleutnant Baumgarten, Eberhard Krack, seines Zeichens Oberbürgermeister von Berlin (Ost), und Generalleutnant Drews als Stadtkommandant hatten im Mai 1984 eine „Konzeption für die Neugestaltung des Bereiches am Brandenburger Tor einschließlich der freundwärtigen Begrenzung“ beschlossen, in der zwar die Grenzsicherung im Vordergrund stand, diese Tatsache jedoch nicht allzu sichtbar werden sollte. Als Zielstellung für das „Objekt 11 c“ wurde dabei formuliert, „den Bereich am Brandenburger Tor unter Berücksichtigung der Forderung zur Erhöhung der Sicherheit und eines niveauvollen Aussehens sowie der Gewährleistung der Aufgaben der Grenzsicherung und der militärpolitischen Auslandsinformation zu gestalten.“

An den Durchfahrten des Tores sollten Pflanzkästen aus Waschbeton aufgestellt werden und die bisherigen Rohrsperren ersetzen. Gleichzeitig war eine „gärtnerische Gestaltung“ vorgesehen, um das Scheinwerferpaar in der Mitte vor dem Brandenburger Tor zu verdecken. Für den Pariser Platz beschlossenen die drei Genannten eine 45 cm hohe Einfassung „entlang der Rasenfläche bis Otto-Grotewohl-Straße (heute wieder: Wilhelmstraße, d. Verf.). Außerhalb des Sicherungsobjektes ist die teilweise Gestaltung der Einfassung als Sitzbank möglich.“

Entscheidender als ein gefälliges Aussehen aber war dieser Aspekt: „Diese Einfassung aus vorgefertigten U-Betonelementen mit Außenansicht Waschbeton entspricht einer niedrigen Begrenzung und dient als Kfz-Sperrelement.“ Eine „Kastensperre einschließlich der Buchenhecke rechts und links des Brandenburger Tores“ sollte nach Fertigstellung des neuen Kfz-Sperrelementes aus optischen Gründen verschwinden.

Für die „freundwärtige Begrenzung des Brandenburger Tores“ war folgende Gestaltung vorgesehen.

„- Aufbau eines durchgängigen modernen Stahlprofilzaunes mit einer Höhe von 1,10 bis 1,30 m, abhängig vom Geländeprofil (Rasenflächen, Einfahrtsbereich, Mittelstreifen)
Dieser Zaun wird Richtung des Brandenburger Tores um ca. 10,0 m gegenüber der jetzigen Begrenzung verlegt. Damit ist eine Vertiefung des Stauraumes für Kfz., die Trennung der Fahrbahnen für ein- und ausfahrende Delegationen und die Sicherheit im Kreuzungsbereich besser gewährleistet.
- Gestaltung des Einfahrtbereiches auf der linken Fahrbahn zum Brandenburger Tor (wie z.Zt. genutzt) mit einem zweiflügeligen Einfahrtstor mit je 3,0 m breiten Drehflügeln.
Bei normalem Delegationsverkehr wird nur ein Flügel des Tores für Ein- und Ausfahrt geöffnet, so daß nur ein Fahrzeug passieren kann. Beide Torflügel werden nur bei Partei- und Staatsdelegationen oder in anderen Ausnahmefällen geöffnet. Diese Regelung gewährleistet ein ungehindertes Ein- und Ausfahren von Dienst- und Einsatzfahrzeugen, auch wenn Delegationsfahrzeuge vor der Einfahrt stehen.
Die Tore sind als freitragende Drehflügeltore dem Zaunprofil angepaßt zu gestalten, die einzeln unabhängig voneinander, vom Postenhaus fernbedient werden können. Zur Sicherung gegen das Aufbrechen der geschlossenen Tore nach innen ist ein Mittelpfosten mit elektromagnetischer Verriegelung der Tore, der einer Aufprallast von 5 MP standhält, zu montieren.
Vor der Kfz-Einfahrt sind links und rechts je eine Sperrfläche begrenzt mit Pflanzkästen vorgesehen, um die Fahrbahnbreite auf je 3 m zu beschränken.“

Weitere Beschlüsse von Baumgarten, Krack und Drews:

- Die auf der Mittelpromenade vorhandene kleine Mauer sollte zu einer Sitzbank umgestaltet werden, aber als Sperrelement erhalten bleiben.

- Die Parkflächen vor der ungarischen Botschaft waren mit Pflanzkästen aus Waschbeton als Kfz-Sperrelement abzugrenzen.

- Die gesamte „freundwärtige Begrenzung" mußte mit einer „modernen Lichtschrankenanlage" gesichert werden.

- Um den Sperranlagen einen „freundlicheren" Anstrich zu geben, wurde die Errichtung einer „Zierwand" befohlen: „Aufbau einer Strukturwand 2.30 m hoch auf Betonsockel als linke und rechte Flanke zwischen der freundwärtigen Begrenzung und der Hinterlandmauer. Der Aufbau der Strukturwand ist mit der Gestaltungsvariante der Bebauung der Grotewohl-Straße abzustimmen."

- Nach Abriß der Ruinenreste des Hotels Adlon sollte ferner ein neues Postenhaus mit „Rundumsicht und Theraflex-Scheiben" errichtet werden, außerdem ein neuer Postenturm BT-6 „an der rechten Flanke des Brandenburger Tores zur Verbesserung der Sichtverhältnisse".
Insgesamt 336.000 Mark waren für die Maßnahmen aufzubringen, mit denen vorwiegend die Unmenschlichkeit der Inner-Berliner Grenze übertüncht werden sollte. 60.000 Mark kostete die Einfassung des Pariser Platzes mit U-Elementen, 25.000 Mark das Neuanlegen der Grünflächen sowie die Aufstellung zusätzlicher Pflanzkästen, 110.000 Mark der Zaunbau einschließlich der Toreinfahrt mit automatischer Schließanlage, 46.000 Mark die Strukturwand und 25.000 Mark die Beschaffung und Aufstellung des Postenhauses. Mit 30.000 Mark schlug die Aufstellung des Postenturmes zu Buche, mit 70.000 Mark schließlich der Einbau der Lichtschrankensicherung.

101/85

„Alleinschuld der NATO entlarven"

Auf den ersten zehn Seiten dieses Befehles vom 27. September 1985 (Geheime Verschlußsache A 456 101) sucht man vergeblich nach Anweisungen, die die Grenzsicherung konkret betreffen. Stattdessen erging sich Minister Hoffmann in Tiraden gegen den „imperialistischen Westen" und wurde nicht müde, die führende Rolle der SED in allen Bereichen des Lebens, insbesondere natürlich im militärischen, zu unterstreichen. Anforderungen an die Kampfkraft, Gefechtsbereitschaft und Grenzsicherung seien stets aus der Gesamtpolitik der SED abzuleiten, „die Truppenführung als sozialistische Menschenführung in höherer Qualität zu verwirklichen, die Vorzüge und Triebkräfte des Sozialismus sowie die gewachsene Leistungsbereitschaft und -fähigkeit der Angehörigen der Grenztruppen zu nutzen und den Wehrdienst zugleich als eine wichtige Etappe für die kommunistische Erziehung der jungen Generation zu gestalten", forderte Hoffmann auf. Den Kommandeuren verlangte er intensives Studium der SED-Beschlüsse ab, denn die politische Arbeit sollte im neuen Ausbildungsjahr nicht nur im Zeichen der Vorbereitung und Auswertung des XI. Parteitages der SED stehen, sondern sollte auch geführt werden „auf der Grundlage der Beschlüsse des X. und XI. Parteitages der SED, des ZK der SED und seines Politbüros, insbesondere der Beschlüsse vom 11.06. 1985 und 05.03.1985, der Dokumente des XXVII. Parteitages der KPdSU, der Materialien der XIII. und XIV. Delegiertenkonferenz der Parteiorganisationen der SED in der NVA und den Grenztruppen der DDR, des XII. Parlaments der FDJ und der XIII. FDJ-Delegiertenkonferenz". Dazu sollten „solche gesellschaftlichen Höhepunkte wie der 40. Jahrestag der Gründung der SED, der 100. Geburtstag Ernst Thälmanns, der 30. Jahrestag der NVA, der 40. Jahrestag der FDJ, die Volkswahlen und die Vorbereitung des 40. Jahrestages der Grenztruppen" den Grenzsoldaten zusätzliche Motivation vermitteln. Von der „Überlegenheit des Sozialismus" war die Rede, von den „historischen Leistungen der Arbeiterklasse der DDR bei der revolutionären Umgestaltung der Gesellschaft unter Führung der SED", vor allem aber wurde kräftig am Feindbild weitergebastelt:

„Zu entlarven sind die Alleinschuld der aggressivsten Kreise der NATO sowie die maßgebliche Beteiligung der Bundeswehr an der gefährlichen Zuspitzung der internationalen Lage. Die offensive Auseinandersetzung mit allen Erscheinungsformen der feindlichen Ideologie, besonders dem Antikommunismus, Antisowjetismus und Nationalismus, ist noch wirksamer fortzuführen und das illusionslose Feindbild über den potentiellen Gegner zu festigen."

An anderer Stelle wurden die Konzentration in der politischen Ausbildung auf „die Festigung der Überzeugung von der Alleinschuld der USA und anderer NATO-Staaten an der gewachsenen Kriegsgefahr ..." sowie als Gegengewicht „die weitere Ausprägung der Klassenposition zum sozialistischen Vaterland und zum Sinn des Soldatseins sowie zur unverbrüchlichen Waffenbrüderschaft mit den Bruderarmeen, insbesondere mit der Sowjetarmee" befohlen.

Relativ knapp gehalten waren dagegen die Aussagen zur direkten Grenzsicherung. Fortgeführt werden sollten die Errichtung des Grenzsignal- und Sperrzaunes II sowie der Grenzsignalzaunanlage 80 an der innerdeutschen Grenze sowie moderner Grenzsicherungsanlagen im Berliner Raum. Dort ging es zudem um den Abbau von Höckersperren, alten Beobachtungstürmen sowie von Postenhäusern.

Immer mehr wirkte sich die sich leerende DDR-Staatskasse nun auch auf die Grenztruppen aus. Aufwendungen für Energie, Wasser, Brenn- und Kraftstoffe mußten ebenso um zehn Prozent gesenkt werden wie Investitionsaufwendungen. Ebenfalls um zehn Prozent gegenüber dem Vorjahr waren „die Schäden am Eigentum der Grenztruppen“ zu reduzieren, generell „strengste Maßstäbe an die Plan- und Finanzdisziplin“ anzulegen.

101/86

Sorge um ideologische Standfestigkeit

Augenscheinlich dämmerte auch den Verantwortlichen von NVA und Grenztruppen mehr und mehr, daß sie allein mit politischer Propaganda und dem Beschwören des unweigerlich bevorstehenden Sieges des Sozialismus die Truppen nicht motivieren konnte. Ergänzt wurden daher im Befehl 101/86 (Geheime Verschlußsache A 820 101) vom 6. Oktober 1986, der erstmals von dem neuen Minister für Nationale Verteidigung, Armeegeneral Heinz Keßler, unterschrieben wurde, die unverzichtbaren Phrasen von Waffenbrüderschaft und der Festigung der sozialistischen Grundüberzeugungen mit der Aufforderung an die Kommandeure, die bestehenden Unzulänglichkeiten, die für jeden Soldaten Tag für Tag sichtbar wurden, aufzugreifen und sie auf eine - wenn auch ferne - positive Zukunft zu vertrösten. In der SED-Sprache wurde das Eingeständnis eigenen Versagens in die Worte gekleidet, zu vertiefen sei das Verständnis dafür, „daß sich die DDR auch weiterhin als politisch stabiler und ökonomisch leistungsfähiger Staat entwickeln wird, als Staat, in dem soziale Sicherheit besteht und der bewährte Kurs der Einheit von Wirtschafts- und Sozialpolitik fortgesetzt wird“.

Wird hieraus bereits ersichtlich, daß auch unter den Grenztruppen-Angehörigen immer mehr am Sozialismus zweifelten, beunruhigte die Staats- und Parteiführung noch ein anderes Problem. Sie sorgte sich zunehmend um die ideologische Standfestigkeit der bewaffneten Organe, insbesondere auch angesichts der fortschreitenden Demokratisierungsprozesse im benachbarten Polen sowie der Politik von Perestroika und Glasnost, die in Moskau unter Generalsekretär Gorbatschow immer konkretere Formen annahm. Offensiver sollte daher „die Auseinandersetzung mit allen Erscheinungsformen der feindlichen Ideologie“ geführt werden. Vor allem galt es, dem Feind den Boden „für jegliches Eindringen in den Kreis der Berufskader und ihrer Familien durch eine parteiliche Atmosphäre zwischen Vorgesetzten und Unterstellten, ein stabiles Vertrauensverhältnis sowie die sachliche Behandlung von persönlichen Angelegenheiten zu entziehen“. Kein Zweifel: Auch in den Grenztruppen hatte ein Prozeß der Nachdenklichkeit eingesetzt, eine Tatsache, die im persönlichen Gespräch auch frühere Offiziere der Grenztruppen immer wieder bestätigen. Die Tatsache, daß in einem 101er-Befehl überhaupt die Möglichkeit des „Eindringens“ feindlicher Kräfte in den „Kreis der Berufskader“ offen angesprochen wird, ist ein weiterer beredter Beleg hierfür. Begegnet werden sollte diesen Gefahren u.a. durch größere Anstrengungen in den Kompanie- und Regimentsklubs, „um die geistig-kulturellen Bedürfnisse der Angehörigen und Zivilbeschäftigten der Grenztruppen zu befriedigen und die Potenzen der sozialistischen Kultur und des kulturellen Erbes für die Entwicklung ihres Schöpfertums, ihrer Leistungsbereitschaft und Einsatzfreude sowie einer optimistisch-kämpferischen Lebenshaltung zu nutzen“.

Lassen diese Passagen auch erkennen, daß kritische Strömungen innerhalb der Bevölkerung und der Grenztruppen der politischen und militärischen Führung nicht völlig verborgen blieben, mochte sie dennoch auf das Ritual der politischen Aus- und Weiterbildung nicht verzichten. Hier nun hatten im Mittelpunkt zu stehen

„- die Erfüllung der historischen Mission der Arbeiterklasse unter den neuen Bedingungen der Klassenauseinandersetzung zwischen Imperialismus und Sozialismus und die sich daraus ergebende Verantwortung der sozialistischen Streitkräfte;
- der Sinn des Soldatseins im Sozialismus unter den konkreten Bedingungen des Kampfes um Frieden und sozialen Fortschritt in der Gegenwart,
- die aktuellen Probleme der Imperialismus-Analyse, insbesondere der BRD sowie der Entwicklung der drei imperialistischen Hauptzentren;
- die Ziele und Elemente der Militärstrategie der NATO, vor allem der USA und der BRD, sowie die Entwicklungstendenzen der NATO-Streitkräfte“.

Ergänzt durch „die Ausprägung gefestigter Kenntnisse zur Dialektik von Sozialismus und Frieden, die Stärkung des Vertrauens in die Richtigkeit und Sieghaftigkeit der auf das Wohl des Volkes, auf die Stärkung des Sozialismus und die Sicherung des Friedens ausgerichtete Politik der SED“ sollten die Grenztruppen-Vorgesetzten auf diese Weise „zur freien Rede und polemischen Argumentation“ befähigt werden.

Im Zusammenhang mit den Sperranlagen selbst, sollte der Schwerpunkt darauf gelegt werden, die bestehenden Anlagen „durch rationelle Wartungs- und Instandhaltungsmaßnahmen zu erhalten und ihre Funktionstüchtigkeit und Sperrfähigkeit, besonders der Grenzsignalzaunanlagen, weiter zu erhöhen“. Augenmerk war speziell auf Fluchtversuche an der Küste zu richten sowie auf die Absicherung von Bauarbeiten im Zusammenhang mit dem Transitverkehr, so beispielsweise auf die Baustellen an den Grenzübergängen Hirschberg und Drewitz.

101/87

Personenkult um den Staatsratsvorsitzenden

In der Endzeit der DDR schien die Strausberger Führung erstmals zu erkennen, daß auch die Grenztruppen aus Menschen bestanden. Von „Innerer Führung“ zwar noch weit entfernt, fanden sich doch im Befehl 101/87 (Geheime Verschlußsache A 820 501) vom 17. September 1987 plötzlich Anordnungen, die darauf schließen lassen. So wurde an die Vorbildfunktion von Vorgesetzten erinnert, die Wahrung der Rechte der Soldaten angemahnt sowie die Problematik von jungen Vorgesetzten im Verhältnis zu älteren Untergebenen angesprochen. Selbst die Dienst-, Arbeits- und Lebensbedingungen der Angehörigen der Grenztruppen sollten nunmehr „im Rahmen der personellen, materiellen und finanziellen Möglichkeiten durch umfassendere Ausschöpfung aller Reserven“ weiter verbessert werden. Erscheinungen „unnötigen Reglementierens sind weiter zurückzudrängen und der Anteil der administrativen Arbeit zu senken. Schöpferisches und initiativreiches Handeln sind entschiedener zu fördern“, verlangte der neue Minister in einer für die Partei-Armee geradezu revolutionären Weise.

Gleichzeitig aber stellte Keßler unmißverständlich dar, wem seine Treue gehörte und wer weiterhin das Sagen in der DDR hatte: die SED und damit Staatsratsvorsitzender Honecker. Zum ersten Mal enthält ein Jahresbefehl nicht nur das Bekenntnis zur führenden Rolle der SED in allen Fragen, sondern der Personenkult um den SED-Chef findet nun Eingang:

„Die Aussprache zu den vom Genossen Erich Honecker in seiner Rede vor den 1. Sekretären der Kreisleitungen der SED am 06. Februar genannten Fragen der ideologischen Arbeit ist weiterzuführen. Die Ergebnisse des Besuches des Generalsekretärs des ZK der SED und Vorsitzenden des Staatsrates der DDR in der BRD sind weiter auszuwerten. Dabei sind die historische Tragweite dieses Ereignisses, insbesondere für die weitere Gestaltung der Beziehungen zwischen den zwei souveränen deutschen Staaten und seine Bedeutung für die Sicherung des Friedens in Europa, überzeugend zu erläutern.“

Hatte sich die DDR schon verpflichten müssen, die im September 1987 beim Besuch Honeckers in Bonn gehaltenen Reden auch der eigenen Bevölkerung zugänglich zu machen, mußte den damit einhergehenden Gefahren der ideologischen Aufweichung selbstverständlich begegnet und der „Stolz auf die DDR und ihre Hauptstadt BERLIN“ gefestigt werden. Ausdrücklich befahl Keßler, die Angehörigen der Grenztruppen in die Lage zu versetzen, „allen Versuchen, die Politik der DDR zu entstellen und zu verleumden sowie die in vierzigjähriger Aufbauarbeit erzielten Erfolge herabzuwürdigen, entschlossen zu begegnen“.

Trotz aller schon verzweifelt wirkenden Bemühungen, mit wirklichkeitsfremden Phrasen längst überholte Ideologien künstlich am Leben zu erhalten:

Auch im Befehl 101/87 fanden sich partiell neue Töne. Nicht mehr vom Feind ist die Rede, sondern vom „potentiellen Gegner“, der im Kriegsfall besiegt werden mußte. Und die geänderte Militärdoktrin der Sowjetunion, die die Verteidigung in den Vordergrund rückte und nicht mehr von der Vernichtung des Gegners auf dessen Territorium sprach, spiegelte sich in der Forderung wider, die Streitkräfte der sozialistischen Gemeinschaft auf einem Niveau zu halten, das zur Verhinderung eines Krieges und zur Abwehr einer möglichen Aggression ausreiche, wobei militärische Parität „auf immer niedrigerem Niveau anzustreben“ sei.

Daß sich die Zeiten änderten und auch die DDR davon nicht unberührt bleiben konnte, zeigte die Bereitschaft, in Unglücksfällen westlichen Kräften das Betreten von DDR-Territorium zu gestatten, ohne dieses sofort als Provokation oder gar Angriff auf die Staatsgrenze zu werten:

„Zur Hilfeleistung und Bergung verletzter Personen, die infolge eines Unfalles und anderer Ereignisse auf das Hoheitsgebiet der DDR geraten sind, sowie zur Bekämpfung von Bränden ist zivilen und uniformierten Kräften der BRD und aus BERLIN (WEST) das Betreten des den Grenzsicherungsanlagen vorgelagerten Gebietes der DDR zu gestatten, wenn ein unverzügliches Handeln eigener Kräfte nicht möglich ist. Handlungen zur Bergung von Unfallfahrzeugen und von anderen Gegenständen sind nur zivilen Kräften zu genehmigen.“

Noch eine weitere Überraschung barg der Befehl 101/87 in sich. Der „Schutz der Staatsgrenze“ oblag nicht mehr allein oder doch vorrangig den Grenztruppen, sondern sollte „im Zusammenwirken mit den im Diensthabenden System eingesetzten Kräften der NVA und der GSSD“, den in der stationierten sowjetischen Streitkräften also, gewährleistet werden. Den sowjetischen Truppen wurde damit nach Jahrzehnten erstmals wieder direkte (zumindest Mit-) Verantwortung an der innerdeutschen Grenze übertragen. Begründet werden mag die Einbeziehung sowjetischer Truppen in die Grenzsicherung u.a. damit, daß es 1987 bereits an den Grenzen der DDR zu den benachbarten (noch-) sozialistischen Staaten, vor allem zur Tschechoslowakei, zu brennen begann. Armeegeneral Keßler befahl denn auch, „die Wirksamkeit der Grenzüberwachung, insbesondere an der Staatsgrenze zur CSSR, ist zu erhöhen“. Gleichzeitig ordnete er gründliche Untersuchungen „zur Erhöhung der Effektivität des Einsatzes der Kräfte und zur weiteren Verbesserung des Zusammenwirkens mit den anderen Schutz- und Sicherheitsorganen der sozialistischen Nachbarstaaten“ an. Die Ergebnisse sollten ihm bis zum 30. September 1988 gemeldet werden.

101/88

„Verdichtung des Kräfteeinsatzes“

Die zunehmende Zahl von „Grenzverletzern“, die der DDR über die Grenze zur Tschechoslowakei den Rücken kehrten, beschäftigte Minister Keßler auch im Befehl 101/88 (Geheime Verschlußsache A 821 101) vom vom 12. September 1988. „Die Grenzüberwachung an der Staatsgrenze der DDR zur CSSR und zur VR Polen ist zu vervollkommnen und die Wirksamkeit insbesondere im Grenzabschnitt der Grenzbrigade zur CSSR zu erhöhen“, schrieb er und forderte zugleich, den Schwerpunkt an diesen Grenzen „auf einen effektiveren Einsatz der Kräfte und die weitere Verbesserung des Zusammenwirkens mit den anderen Schutz- und Sicherheitsorganen sowie den Grenzschutzorganen der sozialistischen Nachbarstaaten zu legen“.

Gleichzeitig ging es darum, auch die letzten Möglichkeiten zur Flucht aus der DDR über die Grenzen zur Bundesrepublik einschließlich Berlin (West) zunichte zu machen. Die Grenzsperranlagen sollten entsprechend des Beschlusses des Nationalen Verteidigungsrates vom 1. Juli 1983 mit hohem materiellen und finanziellen Aufwand ausgebaut und modernisiert werden, wenngleich sie sich ohnehin bereits nahtlos von Hof bis Lübeck und um Berlin (West) hinzogen. „Fortschritte“ in der Bekämpfung von „Grenzverletzern“ waren trotz der vorgesehenen Baumaßnahmen, die erst am 30. November 1989 abgeschlossen sein sollten, aktuell durch „die Verdichtung des Kräfteeinsatzes im Schutzstreifen sowie durch zielstrebige, gedeckt und getarnt geführte Handlungen“ zu erreichen. Das bedeutete zwangsläufig einen erhöhten Personalbedarf auch an der innerdeutschen Grenze, kein Wunder also, daß die Grenzsicherung erneut im Zusammenwirken mit Kräften der NVA und der sowjetischen Streitkräfte vorgenommen werden sollte. Nicht zuletzt aber setzte das Strausberger Ministerium auf den verstärkten Einsatz von Hunden. Das Diensthundewesen sollte entsprechend weiter ausgebaut, die Anstrengungen darauf konzentriert werden, „gut abgerichtete Schutz- und Fährtenhunde wirksamer zur Grenzsicherung einzusetzen“. Zusätzlich war der Einsatz von Hubschrauberkräften „im Interesse der Grenzsicherung, insbesondere zur Grenzaufklärung und zur Unterstützung der Grenzregimenter, weiter zu intensivieren“.

Eher als ein Appell denn als ein Befehl wirkt Keßlers Forderung an die Kommandeure, in den Grenzsoldaten

„[...] das Vertrauen in die auf das Wohl des Volkes und die Sicherung des Friedens gerichtete Politik der Partei zu vertiefen, ein konkretes und überzeugendes Bild vom Werden und Wachsen der DDR, vom historischen Platz des VII. Parteitages der SED in der Entwicklung unseres Staates, von der Herausbildung der sozialistischen deutschen Nation, den Ergebnissen und Zielen der Sozialpolitik, der sozialistischen Demokratie und den Menschenrechten in der DDR zu vermitteln, die Treue der Angehörigen der Grenztruppen zum sozialistischen Vaterland unablässig zu festigen sowie ihren Stolz und die Bereitschaft weiter auszuprägen, Mitgestalter eines Staates zu sein, für den es sich lohnt, an der Staatsgrenze als Soldat des Volkes einzustehen".

Für derartige Versuche, doch noch das Ideal vom sozialistischen Menschenbild zu verwirklichen, war es längst zu spät. Denn mitten in das Ausbildungsjahr, für den der Befehl 101/88 galt, fielen die Öffnung der ungarischen Grenze zu Österreich, die massenhafte Fluchtbewegung über die tschechoslowakische Hauptstadt Prag und wenige Monate später schließlich die Maueröffnung.

101/89

Kampf gegen „bürgerliche Wertevorstellungen"

Dennoch aber konnte Armeegeneral Keßler am 12. September 1989 einen letzten 101er-Befehl unterschreiben (101/89, Geheime Verschlußsache A 821 201). Wiederum spielte die Überwachung der Grenze zur CSSR eine bedeutende Rolle, in die nun die Bevölkerung zur Erreichung einer höheren Effektivität „bei der Aufklärung und Verhinderung ungesetzlicher Grenzübertritte" einbezogen werden sollte. Im übrigen aber ließ sich aus diesem Befehl noch kaum ablesen, daß die Grenzsicherung in kürzester Zeit völlig hinfällig werden würde. Im Gegenteil: Auf der Grundlage eines Beschlusses des Nationalen Verteidigungsrates vom 16. Juni 1989 sollten innerhalb der Grenztruppen neue Führungsstrukturen geschaffen sowie Grenzbezirks- und -kreiskommandos gebildet werden. Die Bataillonssicherung, die sich als unzweckmäßig erwiesen hatte, sollte durch die Wiedereinführung der Kompaniesicherung mit fest zugewiesenen Grenzabschnitten abgelöst werden. Dazu forderte Keßler, „Schlußfolgerungen und Erfahrungen aus erfolgreichen Handlungen bei der Verhinderung von Grenzverletzungen, insbesondere bei der Abwehr von Grenzprovokationen und von Versuchen, die Staatsgrenze gewaltsam zu durchbrechen, (...) schneller und mit noch größerer Wirksamkeit in allen Truppenteilen zu verallgemeinern und durchzusetzen". Für die Grenze zu Berlin (West), deren Kennzeichen „gefährdete Abschnitte mit geringer Tiefe" waren, verlangte er „einen beweglichen, gestaffelten und koordinierten Kräfteeinsatz der Grenztruppen der DDR". Zudem ordnete er im Zusammenhang mit der Gewinnung weiterer Freiwilliger Helfer an, den Schwerpunkt hierbei auf das Grenzkommando Mitte, das seinen Sitz in Berlin-Karlshorst hatte, zu legen.

Daß sich die SED bereits in der Defensive sah, auch wenn sie das noch nicht erkennen, geschweige denn zugeben mochte, wurde nicht zuletzt aus den

Anforderungen ersichtlich, die an die politische Arbeit innerhalb der Grenztruppen gestellt wurden. So wurde eine „verstärkte ideologische Diversion des Gegners, besonders gegen die Friedens- und Militärpolitik der DDR, gegen die Staatsgrenze, das Grenzregime und die Grenztruppen der DDR“ durchaus gesehen und befohlen, diesen Erscheinungen „rechtzeitig, offensiv und differenziert entgegenzuwirken“. Gleiches galt bei den „Versuchen zur Verleumdung des Sozialismus und der massiven Propaganda bürgerlicher Wertevorstellungen“, denen „klassenmäßig und konsequent zu begegnen“ war. Bestand hatte dieser Befehl nur wenige Wochen.

101/89

Weihnachten 1989: Aufhebung des Schießbefehls

Zum letzten Mal unterschrieb am 21. Dezember 1989 ein Minister für Nationale Verteidigung der DDR einen Befehl „über die Aufgaben zu weiteren Vervollkommnung des Schutzes der Staatsgrenze der Deutschen Demokratischen Republik“, wenngleich es sich eher um einen Befehl handelte, mit dem wesentliche Bestandteile der unmenschlichen Durchsetzung der Teilung Deutschlands aufgehoben wurden. Es war Admiral Theodor Hoffmann, der als Nachfolger Keßlers den Befehl 101/89 in der Fassung vom 21.12.1989 unterzeichnete und damit letztlich zugleich das Ende der Grenztruppen besiegelte, wenngleich nicht nur der Admiral zu diesem Zeitpunkt das sich rasant nähernde Ende der DDR nicht hatte ahnen können. Wegen der besonderen Bedeutung dieses Befehles sollen die wesentlichen Bestandteile im Wortlaut wiedergegeben werden:

1. Schutz der Staatsgrenze

Die Hoheitsrechte der DDR sind bis zum unmittelbaren Verlauf der Staatsgrenze durchzusetzen.
Unter den Bedingungen der Reduzierung des Grenzgebietes an der Staatsgrenze der DDR zur BRD und zu BERLIN (WEST) haben der Einsatz der Kräfte und Mittel sowie die Wahrnehmung der Befugnisse der Grenztruppen der DDR ausschließlich im Grenzgebiet bzw. im Abschnitt zwischen der Grenzlinie und dem hinteren Element der Grenzsicherungsanlagen zu erfolgen.
Es ist eine hohe Wirksamkeit der Grenzsicherung zu gewährleisten. ...

Die Vorbereitung und Durchführung von Grenzverletzungen sind rechtzeitig festzustellen und Personen, die die Staatsgrenze verletzt haben oder den Versuch des ungesetzlichen Grenzübertritts in die Nachbarstaaten unternehmen, festzunehmen und den zuständigen Organen des Ministeriums für Innere Angelegenheiten zu übergeben.

Die Anwendung der Schußwaffe, mit Ausnahme zur Abwehr von Angriffen auf das Leben der Angehörigen der Grenztruppen oder anderer Bürger der DDR, ist zuverlässig auszuschließen.

Diensthunde, Scheinwerfer, Signalgeräte u.a. Mittel zur Grenzsicherung sind nur im Abschnitt zwischen der Grenzlinie und dem hinteren Element der Grenzsicherungsanlagen einzusetzen.
Der Einsatz von Wachhunden ist schrittweise zu reduzieren und an der Staatsgrenze zu BERLIN (WEST) vollständig einzustellen.

Die Kommandeure der Grenzbezirks- und -kreiskommandos bzw. Grenzregimenter sowie die Kommandanten der Grenzübergangsstellen sind berechtigt, zur Klärung bzw. Abstimmung erforderlicher Maßnahmen, insbesondere den grenzüberschreitenden Verkehr und Ordnungsmaßnahmen an der Staatsgrenze betreffend, mit Vertretern der zuständigen Grenzüberwachungsorgane oder Polizeidienststellen der BRD und von BERLIN (WEST) Gespräche an der Grenze bzw. unter Nutzung der vorhandenen Grenzinformationspunkte zu führen. Aus den Absprachen dürfen sich keine kommerziellen bzw. finanziellen Verpflichtungen ableiten lassen. ...

An den Grenzübergangsstellen sind die Unverletzlichkeit der Staatsgrenze sowie die ständige Aufrechterhaltung der Sicherheit und Ordnung zu gewährleisten.
Der Bereich Paßkontrolle ist in den Grenztruppen zu formieren (Bisher waren hierfür die Paßkontrolleinheiten des MfS zuständig, d. Verf.)

Der Einsatz von Kommandanten, Diensthabenden Offizieren und Sicherungskräften an den Grenzübergangsstellen ist unter Berücksichtigung der Formierung des Bereichs Paßkontrolle vorzunehmen. An den neu eröffneten Grenzübergangsstellen sind die erforderlichen Kräfte im Rahmen zu bildender Kommandantenbereiche einzusetzen.
Der Stellvertreter des Ministers und Chef der Grenztruppen der DDR hat in enger Zusammenarbeit
- mit den örtlichen Staatsorganen die Einstufung der neu eröffneten Grenzübergangsstellen in Verkehrskategorien sowie in ständig bzw. zeitweilig geöffnete zu prüfen und das Ergebnis bis zum 15.02.1990 dem Minister für Nationale Verteidigung zu melden.
- mit dem Ministerium für Verkehrswesen und dem Bereich Militärbauwesen und Unterbringung im MfNV die Reihenfolge des Ausbaus der neu eröffneten Grenzübergangsstellen festzulegen und dem Minister für Verkehrswesen die entsprechenden Forderungsprogramme bis zum 15.02.1990 zu übergeben. ...

Die Aufgaben der freiwilligen Helfer der Grenztruppen sind neu zu bestimmen. ...

Der Pionier- und signaltechnische Ausbau der Staatsgrenze ist einzustellen.
In den Jahren 1990/91 sind keine Maßnahmen des Neubaus, der Rekonstruktion, Hauptinstandsetzung bzw. Erweiterung oder Modernisierung der Grenzsicherungsanlagen durchzuführen.
Nicht mehr benötigte Grenzsicherungsanlagen bzw. solche, die dem Ansehen der DDR schaden, sind abzubauen.
Die Maßnahmen der Pioniersicherstellung sind auf die Erhaltung der Funktionstüchtigkeit bestehender Anlagen sowie den Ausbau der neu errichteten Grenzübergangsstellen auszurichten. ...

4. <u>Staatspolitische Aufgaben</u>

Die Chefs, Kommandeure und Leiter sowie alle Vorgesetzten haben ihre Anstrengungen in der Arbeit mit den Angehörigen der Grenztruppen insbesondere darauf zu richten:
- das Verständnis und Verantwortungsbewußtsein für die Erfüllung des Verfassungsauftrages zum Schutz der Staatsgrenze der Deutschen Demokratischen Republik zu vertiefen,

Treue und Ergebenheit zur sozialistischen Heimat zu erreichen und die Bereitschaft zu entwickeln, im Interesse des Friedens besonnen und zuverlässig zu handeln;
- unter Beachtung der politischen Meinungsvielfalt in unserem Land feste Positionen zu den verfassungsmäßigen Aufgaben, Pflichten und Rechten der Angehörigen der Grenztruppen zu entwickeln;
- die Angehörigen der Grenztruppen zu befähigen, gegenüber den Angehörigen der Grenzüberwachungsorgane und der Polizei der BRD und von BERLIN (WEST), Journalisten und anderen Personen durch korrektes und höfliches Auftreten das Ansehen der DDR zu stärken;
- durch die volle Entfaltung der demokratischen Mitgestaltung alle Angehörigen der Grenztruppen zu mobilisieren, Befehle zuverlässig zu erfüllen, Disziplin und Ordnung zu wahren sowie die gestellten Aufgaben, insbesondere zur Gewährleistung der Unverletzlichkeit der Staatsgrenze, des reibungslosen grenzüberschreitenden Verkehrs sowie in der Grenzausbildung mit hoher Einsatzbereitschaft zu lösen;
- den Dienst in den Grenztruppen unter den Bedingungen des Nebeneinanderbestehens und der Entwicklung gutnachbarlicher Beziehungen von Staaten unterschiedlicher Gesellschaftsordnung, besonders der DDR und der BRD bzw. BERLIN (WEST), allumfassend zu erläutern;
- die Einsicht zu entwickeln, daß der Einsatz von Angehörigen der Grenztruppen in der Volkswirtschaft aus der aktuellen Lage in unserem Lande erforderlich ist und allen höchste Leistungen abverlangt;
- die Erkenntnis zu vertiefen, daß Vertrauen zwischen Vorgesetzten und Unterstellten und die Entwicklung kameradschaftlicher und kulturvoller Beziehungen in allen Kollektiven bedeutsam für ihre Geschlossenheit sind."

GRENZTRUPPEN
DER DEUTSCHEN DEMOKRATISCHEN REPUBLIK
KOMMANDO DER GRENZTRUPPEN
Chef Kader

O.U., den 18.10.1989
Tgb.-Nr. 1426 /89

Chef Kader
Eing.-Nr.: 2957
19 10 89
an:

Ministerium für Nationale Verteidigung
Chef Kader

Werter Genosse Generalleutnant!

Die Angehörigen der Grenztruppen der DDR haben in den letzten Monaten mit Nachdruck ihre hohe Zuverlässigkeit unter Beweis gestellt. Die erhöhten Angriffe auf die Staatsgrenze der DDR zur BRD, BERLIN (West) sowie zur VR POLEN und zur CSSR wurden durch klassenmäßiges Verhalten, hohe Wachsamkeit und beispielgebende Pflichterfüllung erfolgreich abgewehrt. Eine Vielzahl außerordentlicher Leistungen wurden unmittelbar mit bereichsspezifischen militärischen Auszeichnungen gewürdigt.

Der komplizierten Lage an den Grenzen unseres Landes Rechnung tragend, wurden bereits zusätzlich zum Jahreskontingent 30.000,- Mark bereitgestellt.

In Beurteilung der Entwicklung der Lage bitte ich Sie, im Auftrage des Stellvertreters des Ministers und Chefs der Grenztruppen, für die unmittelbare Würdigung vorbildlicher Handlungen im Grenzdienst, weiterhin 40,0 TM für bereichsspezifische militärische Auszeichnungen bereitzustellen.

Ich bitte um Kenntnisnahme und Entscheidung.

zusätzlich
gesamt 1989
70,0 TM

Robitzsch
Oberst

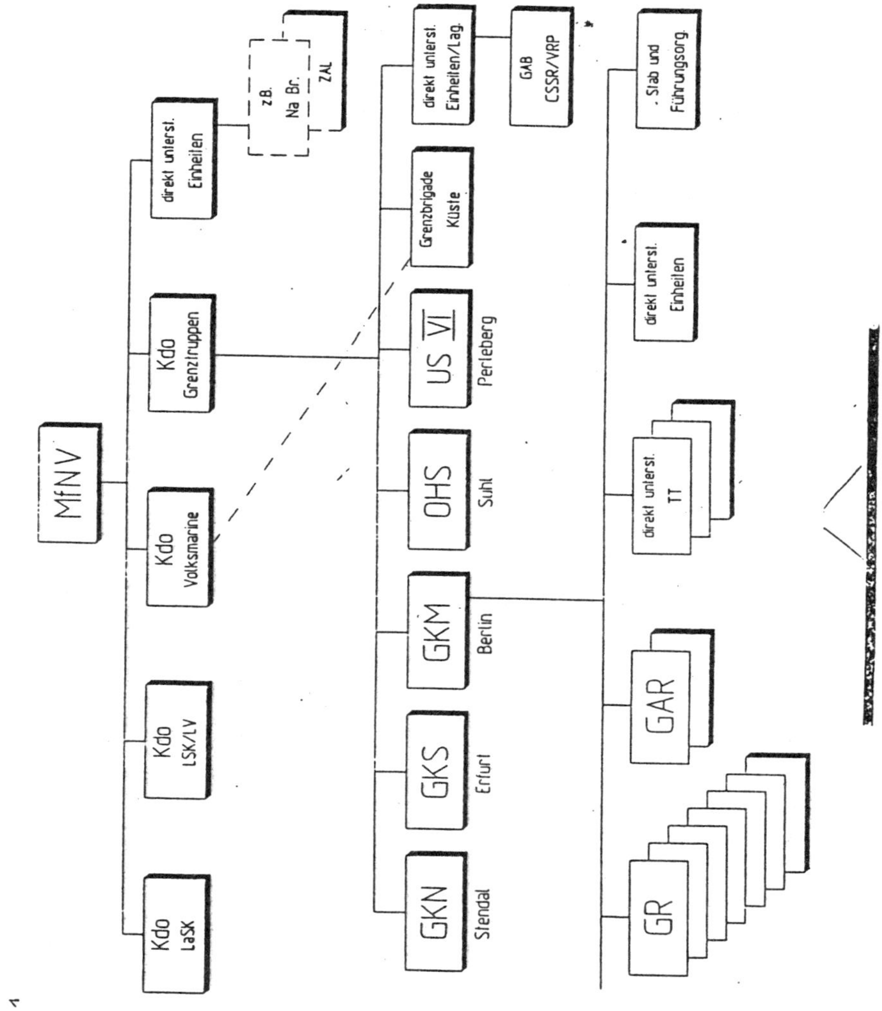
MfNV
Kdo LaSK
Kdo LSK/LV
Kdo Volksmarine
Kdo Grenztruppen
direkt unterst. Einheiten
z.B. Na Br.
ZAL
GKN Stendal
GKS Erfurt
GKM Berlin
OHS Suhl
US VI Perleberg
Grenzbrigade Küste
direkt unterst. Einheiten/Lag.
GAB CSSR/VRP
GR
GAR
direkt unterst. TT
direkt unterst. Einheiten
Stab und Führungsorg.

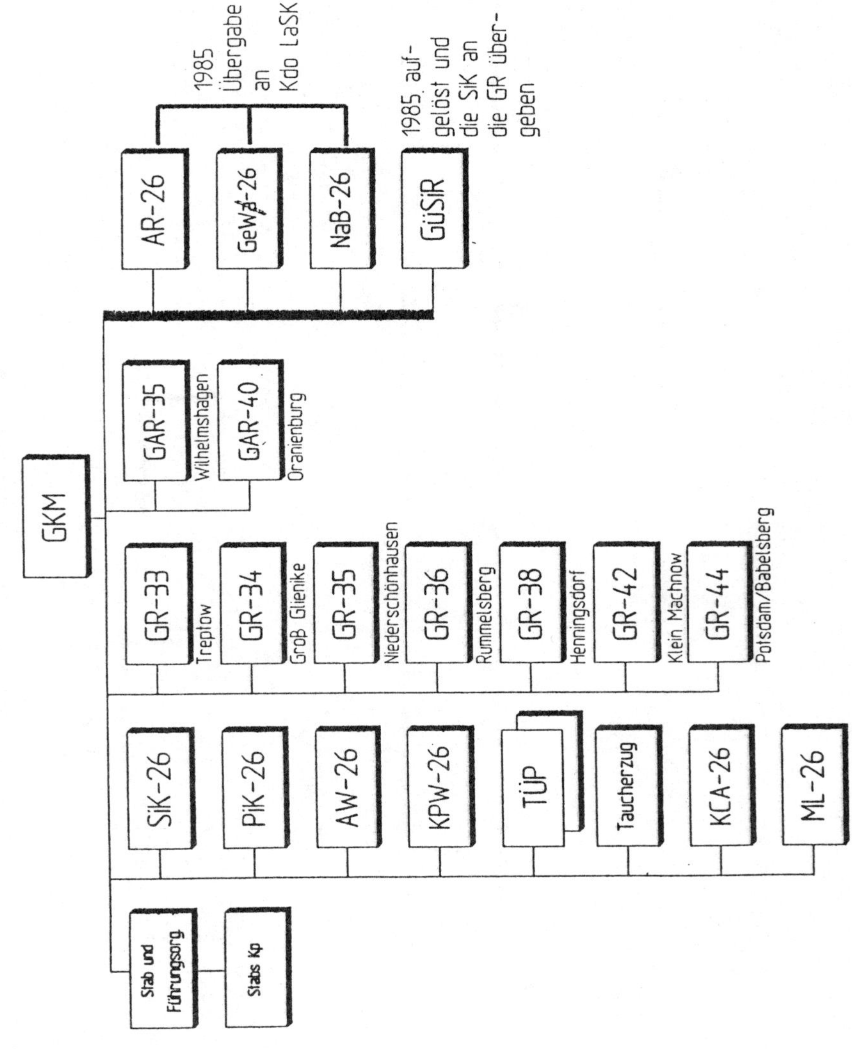
GKM
Stab und Führungsorg.
Stabs Kp
SiK-26
PiK-26
AW-26
KPW-26
TÜP
Taucherzug
KCA-26
ML-26
GR-33
Treptow
GR-34
Groß Glienike
GR-35
Niederschönhausen
GR-36
Rummelsberg
GR-38
Henningsdorf
GR-42
Klein Machnow
GR-44
Potsdam/Babelsberg
GAR-35
Wilhelmshagen
GAR-40
Oranienburg
AR-26
GeWa-26
NaB-26
GüSiR
1985 Übergabe an Kdo LaSK
1985 aufgelöst und die SiK an die GR übergeben
2

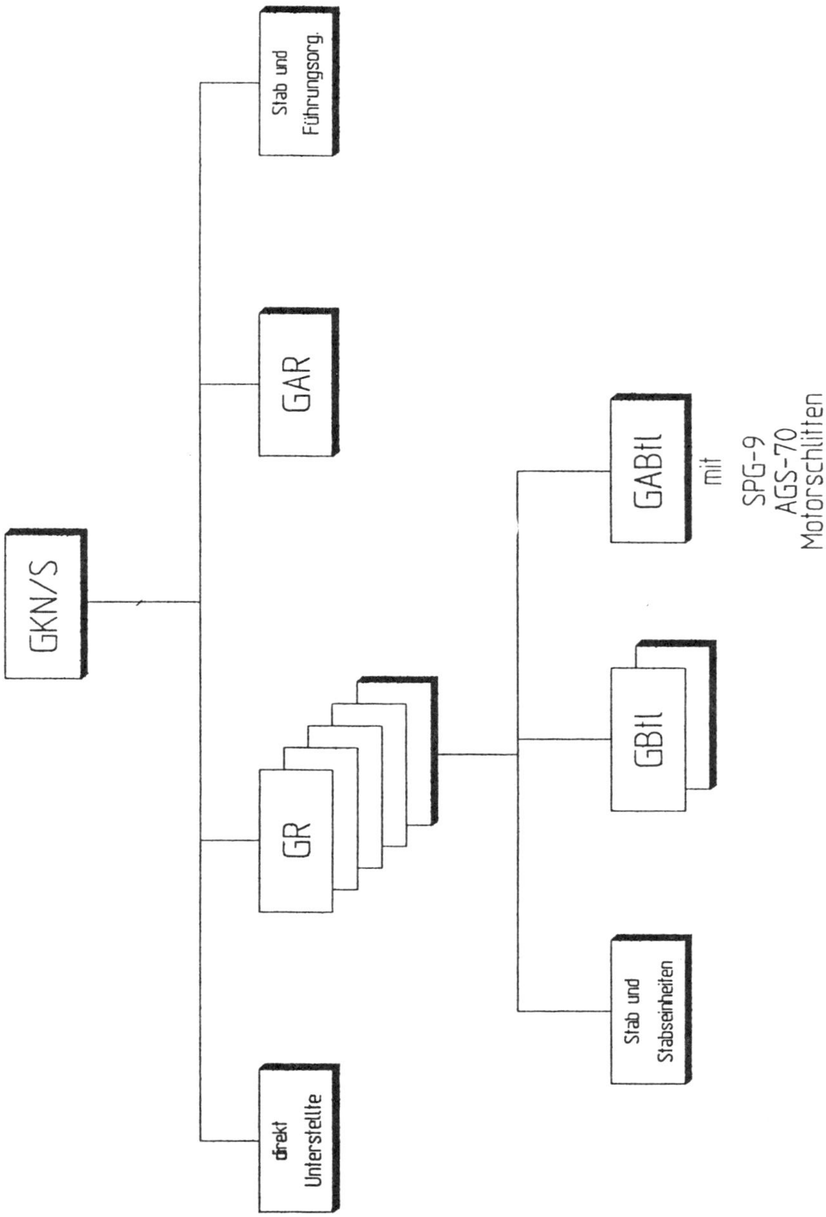
GKN/S
Stab und Führungsorg.
GAR
GR
direkt Unterstellte
GABtl
mit
SPG-9
AGS-70
Motorschlitten
GBtl
Stab und Stabseinheiten

Totenschein gefälscht - Urne mit der Post verschickt

Mindestens 28 Kinder und Jugendliche verletzt und erschossen

31. Januar 1951, 15 Uhr: Über den zugefrorenen Goldensee bei Groß-Thurow läuft ein Junge, nicht um zu fliehen, sondern um in der angrenzenden Bundesrepublik einzukaufen. Er wird von einer Grenzstreife der DDR entdeckt, einer der beiden Grenzpolizisten feuert im Laufen auf ihn. Der Elfjährige wird von einem Herzschuß getroffen, läuft noch einige Meter und bricht dann wimmernd zusammen. Sein dreizehnjähriger Bruder zieht den Erschossenen an das westliche Ufer des Sees.

5. Mai 1962, 4 Uhr morgens: Bei Darchau an der Elbe wird es gerade hell. Drei Jugendliche, 15 und 16 Jahre jung, steigen in das kalte Wasser. Sie wollen in die Freiheit schwimmen. Doch es kommt anders. Entdeckt werden sie von zwei Grenzposten der DDR, die sofort aus ihren Maschinenpistolen das Feuer auf die Jugendlichen eröffnen, obwohl die Elbe in diesem Abschnitt in voller Breite zum Gebiet der Bundesrepublik Deutschland gehört. Einer der Flüchtenden, der 16jährige B., gibt auf, schwimmt an das ostdeutsche Ufer zurück und wird festgenommen. Der zweite Flüchtende, der 15jährige K., geht unter und ertrinkt. Nur dem dritten Jugendlichen gelingt es trotz des auf ihn abgegebenen Dauerfeuers, das westliche Ufer zu erreichen. Die beiden beteiligten Grenzsoldaten werden kurz nach dem Vorfall vorzeitig zu Gefreiten befördert und erhalten zudem eine Geldprämie.

Zu allen Zeiten war es - zumindest nach den entsprechenden Bestimmungen - der Grenzpolizei in der SBZ bzw. dann der DDR wie auch später den Angehörigen der Grenztruppen strikt untersagt, auf Kinder oder Jugendliche zu schießen. In der Waffengebrauchsvorschrift, die am 6. Oktober 1947 erlassen worden war, hatte es u.a. geheißen:

> „[...] es ist kategorisch verboten, die Schußwaffen in folgenden Fällen anzuwenden:
> c) bei Festnahme minderjähriger Verbrecher, wenn dieselben nicht mit bewaffneten erwachsenen Verbrechern in Verbindung stehen und keinen bewaffneten Widerstand leisten ..."

Ähnlich klar auch die Formulierung der Schußwaffengebrauchsvorschrift für die Angehörigen der HVDVP vom 26. August 1953:

> „Von der Schußwaffe darf nicht Gebrauch gemacht werden:
> 4) gegen Kinder und Minderjährige, wenn diese nicht mit bewaffneten Verbrechern in Verbindung stehen und keinen bewaffneten Widerstand leisten..."

In der Dienstvorschrift III/2 vom 12. September 1958 hieß es dann unter Punkt 210:

„Es ist verboten, die Schußwaffe anzuwenden:
- auf Kinder, außer wenn sie sich an einem bewaffneten Überfall beteiligen.“

Selbst nach dem Mauerbau war beispielsweise in der Durchführungsanweisung Nr. 2 zum Befehl des MdI vom 19. März 1962 für die 1. und 2. Grenzbrigade (B) unter Punkt 4 zu lesen, von der Schußwaffe dürfe nicht Gebrauch gemacht werden „gegenüber Kindern“. Dasselbe Verbot findet sich auch im Befehl 76/71 des Ministers für Nationale Verteidigung, Armeegeneral Hoffmann, der im Oktober 1961 in Kraft getreten war. Für Grenzpolizisten und später dann für Grenzsoldaten war die Befehlslage also klar und unmißverständlich, was im übrigen auch für einen weiteren Aspekt des Schußwaffengebrauchs galt. Immer wieder ist in den Befehlen und Anordnungen der Hinweis enthalten, keinesfalls auf das Gebiet der Bundesrepublik Deutschland oder Berlins (West) zu schießen. Geschossen werden durfte nur in Richtung des eigenen Hinterlandes oder parallel zur innerdeutschen Grenze.

Trotz dieser eindeutigen Befehlslage aber sind nach Erkenntnissen der Zentralen Erfassungsstelle für Regierungs- und Vereinigungskriminalität (ZERV) in Berlin zwischen 1949 und 1981 mindestens 28 Kinder und Jugendliche - wider selbst das DDR-Recht - verletzt oder erschossen worden. Die Täter hatten keine oder allenfalls geringe Bestrafungen zu fürchten. Diese Morde wurden vertuscht, die Eltern über die wahren Todesursachen getäuscht, die Mörder selbst belobigt, befördert und gar zu Empfängen beim (Ost-) Berliner Stadtkommandanten eingeladen und mit allen Ehren empfangen.

Angesichts des extrem menschenverachtenden Verhaltens einzelner Grenzpolizisten und -soldaten, vor allem aber wegen des häufig kaum noch zu überbietenden Zynismus' der Vorgesetzten, der Stasi und der Strafverfolgungsorga-ne der DDR sollen die Protokolle bzw. die Erkenntnisse über die Verbrechen an Kindern und Jugendlichen nachstehend im vollen Wortlaut wiedergegeben werden. Sie weisen nach, daß nach der Anwendung von Schußwaffen - auch bei tödlichem Ausgang - mit allen Mitteln versucht wurde, die tödlichen Schüsse zu rechtfertigen. Nicht bei den Tätern wurde nach Schuldigen gesucht, sie standen von vornherein fest: die Opfer.

Fall Nr. 1: Mord an einem Mädchen (DDR-Dokument)

Landesbehörde der Volkspolizei
Land Thüringen
Abt. Grepo

Geheime Verschlußsache

Weimar, dem 28. Juli 1949
Ri/Rud.

Betr.: Tötung der Brigitte F r a u e n d o r f durch Schußwaffengebrauch
Bezug: Tätigkeitsbericht vom 23.7. zum 24.7.1949

Am 26.7.1949 wurde um 02.10 Uhr von dem Pol.Wm W. vom Kdo. Kirchgandern, Kdtr. Arenshausen , Bereitschaft Worbis, ca. 500 m vor der Dem-Linie, das Mädchen Brigitte Frauendorf. geb. am 18.12.1937 in Leipzig, wohnhaft in Leipzig C1, beim versuchten illegalen Grenzübertritt von Ost nach West im Kommandobereich Kirchgandern angeschossen.

Brigitte Frauendorf befand sich in Begleitung ihrer Eltern...

Diese drei Personen befanden sich auf dem Wege von Leipzig nach Frankfurt/Main und wollten im Kommandobereich Kirchgandern die Dem.-Linie illegal überschreiten. Sie trafen in Kirchgandern mit noch etwa 7 illegalen Grenzgängern zusammen und wurden von einem Grenzführer bis an die Zonengrenze geführt. Dabei wurden sie durch die Streife des Kdo. Kirchgandern, Wachtmeister Paul W. und Wachtmeister Walter R. gestellt. Dieses ereignete sich am 26.7. 1946 gegen 02.10 Uhr. Durch die Streife wurde ihnen zugerufen: ‚Halt! Grenzpolizei!'. Daraufhin versuchten alle illegalen Grenzgänger sich durch die Flucht der Festnahme zu entziehen, u.a. auch die Familie ... Die beiden Polizisten verfolgten die Grenzgänger und versuchten nochmals durch Halterufe und Signalpfiffe die Grenzgänger zum Stehenbleiben zu veranlassen. Jedoch alle Bemühungen waren ergebnislos. Da nun die letzte Möglichkeit zur Ergreifung der Grenzgänger erschöpft war, zumal es in dieser Nacht sehr dunkel war und die Grenzgänger sich in ein Kornfeld geflüchtet hatten, gab der Wm. Paul W. einen Warnschuß in die Luft ab. derselbe wurde nicht beachtet. Ein abgegebener Zielschuß durch den Wm. W. in die Richtung, wo er die Grenzverletzer vermutete, verletzte die Brigitte Frauendorf. Dabei vernahm W. eine Frauenstimme, die sagte: ‚Komm, Brigitte, steh auf.' Worauf die Angesprochene erwiderte: ‚Ich kann nicht, ich bin getroffen.' W. und R. begaben sich zur Unfallstelle und sahen dort ein ca. 10 -12 Jahre altes Mächen am Boden liegen. Daneben stand eine Frau und äußerte, daß ihr Kind tot wäre. Hierauf kam der Vater des Mädchens hinzu. Da W. sich überzeugen wollte, wo das Kind verletzt war, fühlte er den Körper desselben ab und stellte fest, daß in der Nähe des Oberschenkels Blut vorhanden war. Vermutlich hatte das Kind einen Bauchschuß erhalten. Das Kind wurde dann zum Kommando gefahren und ist dabei gestorben.

Wie aus den Vernehmungen der Eltern hervorgeht, ist zu ersehen, daß ein Verschulden von Seiten des Wm. W. nicht vorliegt, sondern daß die beiden Polizisten in der rechtmäßigen Ausübung ihres Dienstes gehandelt haben. Somit ist auch der Gebrauch der Schußwaffe gerechtfertigt.

Die Leiche des Kindes wurde in das Spritzenhaus der Gemeinde Kirchgandern überführt. Gegen 04.00 Uhr geschah das Inkenntnissetzen der Mordkommission Mühlhausen, die um 05.00 Uhr beim Grenzpolizeikommando Kirchgandern eintraf. Hier waren anwesend der KPA-Leiter aus Heiligenstadt, der KKPA-Leiter aus Heiligenstadt, ein russischer Offizier

aus Heiligenstadt, sowie der Leiter der Grenzpolizeikommandantur Arenshausen. Der hinzugezogene Arzt aus Hohengandern stellte den Tod des Mädchens fest.
Die weitere Bearbeitung des Vorfalles übernahm die Mordkommission und nach ausreichender Klärung wurde selbiger an den Oberstaatsanwalt in Nordhausen abverfügt.

Fall Nr. 2: Elfjähriger Junge erschossen (Dokument der Zentralen Erfassungsstelle für Regierungs- und Vereinigungskriminalität [ZERV])

Tatzeit: 31.01.1951, gegen 15.00 Uhr
Tatort: Groß Thurow, zugefrorener Goldensee
Einheit: Mecklenburg-Vorpommern, Grenzbereitschaft Schönberg, Kommandantur Schlagsdorf
Opfer: 11-jähriger Junge

Sachverhalt: Am 31. Januar 1951, gegen 15 Uhr wurde ein elfjähriger Junge von einem Volkspolizeiangehörigen durch einen Herzschuß getötet. Der Junge wollte über den zugefrorenen Goldensee bei Groß-Thurow in die Bundesrepublik gelangen, um dort Einkäufe zu erledigen. Die Grenzstreife entdeckte das Kind. Ein Volkspolizist der Deutschen Grenzpolizei feuerte im Laufen einen Hüftschuß ab. Der Junge lief noch einige Meter und brach unter weinerlichen Lauten zusammen. Von seinem 13-jährigen Bruder wurde das tote Kind ans westliche Ufer geholt.
Von den Vorgesetzten Dienststelle wurde alles unternommen, um den tödlichen Schuß des Grenzpolizisten ins rechte Licht zu rücken. Der Schuß wurde als Warnschuß dargestellt, der sich beim Laufen versehentlich in die falsche Richtung gelöst habe. Der Posten habe das Kind als solches nicht erkannt, sondern geglaubt, daß es sich um einen Jugendlichen handelte. Es wurde bis ins Justizministerium und beim Staatssekretär interveniert, um ein Strafverfahren von dem Schützen abzuwenden. Die Untersuchungsorgane wurden angewiesen, im Schlußbericht der Ermittlungen mildernde Umstände, wie die Verkettung unglücklicher Umstände, besonders hervorzuheben. Führungsebenen der Volkspolizei und der Staatsanwaltschaft einigten sich dahingehend, daß anstelle einer Gerichtsverhandlung gegen den Schützen eine Bürgerversammlung im Wohnort des Kindes durchgeführt werden sollte, um die aufgebrachte Bevölkerung zu beruhigen und den Schützen in der Öffentlichkeit zu rehabilitieren.
Der Minister des Innern erteilte dazu die Genehmigung und veranlaßte, daß die Versammlung unter Beteiligung der Vertreter der Staatsanwaltschaft, der Hauptverwaltung Deutsche Grenzpolizei und der Volkspolizei stattfinden solle.
Die Planungen, Verhandlungen und Entscheidungsverfahren zur Umgehung der strafrechtlichen Verfolgung des Schützen dauerten fast 1 Jahr an, so daß man zuletzt auf diese Versammlung verzichtete, da sich die Wogen in der Bevölkerung geglättet hatten. Eine Bürgerversammlung zu diesem Zeitpunkt würde den klassenfeindlichen Elementen nur wieder Stoff für falsche Auslegungen und Gerüchte bieten.
Im März 1951 schaltete sich Staatssekretär ... aus dem Ministerium des Innern ein. Das gute Verhältnis der Bevölkerung zur Grenzpolizei sei durch den Todesfall getrübt. Durch Gespräche habe man die Einwohner des Grenzdorfes von der Notwendigkeit überzeugen können, daß Agenten, Schieber und illegale Grenzgänger zu fassen seien. Er mahnt an, daß auch bei einem solchen Vorfall die Volkspolizei den Mut haben müsse, mit den Leuten zu

sprechen. Hierbei vergißt er nicht den Hinweis darauf, daß ein Großteil der Einwohner des Dorfes überzeugte SED-Mitglieder seien.
In wiederkehrenden sogenannten individuellen Aussprachen wollten führende Vertreter der Justiz, der Grenzpolizei und der Volkspolizei die Eltern des toten Kindes von der begründeten Handlungsweise der staatlichen Organe überzeugen. Als Gesprächspartner fungierte ein Oberstaatsanwalt ..., der unter „richtiger politischer Auslegung" auch die Einstellung des Verfahrens gegen den Schützen begründete. Den aufgebrachten Eltern, die der Justiz die Vertuschung des Todesfalles offen vorhielten, machte der Oberstaatsanwalt klar, daß keine Straftat vorliege, sondern daß der elfjährige Sohn durch einen unglücklichen Umstand den Tod fand.
Der Schütze wurde disziplinarisch mit 10 Tagen Arrest bestraft.

Fall Nr. 3: Erste Hilfe verweigert (Dokument der ZERV)

Am 02.12.51 bemerkten zwei Volkspolizei-Angehörige gegen 15.15 Uhr, daß sich zwei Radfahrerinnen im Grenzgebiet von Bleckenrode aus Richtung Westen von der innerdeutschen Grenze her nähern. Es handelt sich um zwei Frauen, von denen eine ein etwa 4-jähriges Kind auf dem Rücksitz hat. Als die Frauen der Streife gewahr werden, drehen sie um, um sich so offenbar einer drohenden Überprüfung zu entziehen.
Nach Abgabe eines 'Warnschusses' gibt der Streifenführer aus ca. 170 m einen 'Zielschuß' auf eine der Frauen ab.
Dieser trifft stattdessen eine 13-jährige Schülerin, die mit zwei anderen Mädchen zufällig auf der Dorfstraße von Bleckenrode spazierengeht. Das Karabinerprojektil dringt ihr von hinten durch das linke Schulterblatt in die linke Lunge, trifft als Querschläger zwischen den Rippen aus und reißt den rechten Oberarm auf.
Obwohl die eingetretenen Verletzungen, insbesondere die Schädigung der Lunge, schnell zu starken, lebensbedrohlichen Blutverlusten führen, bleibt das Mädchen zunächst mehr als 40 Minuten unversorgt auf der Dorfstraße liegen. Der Schütze hindert eine hinzukommende Gemeindeschwester sogar noch daran, Erste Hilfe zu leisten.
In Folge des erheblichen Blutverlustes kann man der 13jährigen später im Krankenhaus keine Narkose geben. Sie wird daher bei vollem Bewußtsein operiert, lediglich von zwei Schwestern festgehalten.
Die kommenden vier Wochen besteht weiterhin Lebensgefahr. Nachdem die Schülerin nach acht Wochen aus dem Krankenhaus entlassen worden ist, muß sie zu Hause noch mehrere Monate das Bett hüten. Die ärztliche Behandlung der Schußverletzungsfolgen dauert bis zum heutigen Tag (1996, d. Verf.) an. Entgegen allen offiziellen Verlautbarungen werden die beteiligten Grenzposten weder festgenommen noch in irgendeiner Form bestraft oder gar aus der Volkspolizei entlassen.
Der Schütze wird zu einer Grenzeinheit zurückversetzt, „wo er auch hingehen wollte".

Fall Nr. 4: 100 Mark für den Todesschuß (Dokument der ZERV)

SCHLUSSBERICHT

1. Sachverhalt

Am Freitag, dem 10. April 1953, gegen 17.45 Uhr, versuchten zwei Personen die damalige Demarkationslinie im Bereich des Kreises Oschersleben zwischen den Ortschaften Sommersdorf (ehem. DDR) und Hohnsleben (damals BRD-Gebiet) von Ost nach West zu überschreiten.
Die Annäherung der Beiden war dem dort zuständigen Postenpaar des Grenzkommandos Sommersdorf, zugehörig zur Grenzpolizeikommandantur Wefensleben, durch die sowjetische Nachbarstreife signalisiert worden.
Das Postenpaar verließ offenbar seinen Standort, der sich auf einer kleinen Anhöhe befand, und versuchte, die Flüchtenden zu stellen, was aber nicht gelang.
Bevor die Flüchtenden die Grenze überschreiten konnten, gaben die Grenzpolizisten ... zuerst je einen Warnschuß und danach einen gezielten Schuß ab.
Unmittelbar vor der Grenze (gem. der damaligen Meldung des Grenzkommandos Sommersdorf waren es 2 Meter) gingen die Flüchtenden zu Boden. Als sich die Streifenpolizisten näherten, erhob sich eine Person und floh längs der Demarkationslinie bis etwa 300 m vor Hohnsleben. ... gab auf diese Person einen gezielten Schuß ab, welcher sein Ziel verfehlte. Diese Person konnte in westliches Gebiet entkommen.
Die liegengebliebene Person (Geschädigter, 16 Jahre alter Junge) war, als die Streife bei ihr ankam, bereits tot.
Es ist nicht bekannt, ob eine Obduktion erfolgte.
Der Verbleib der Leiche konnte nicht ermittelt werden.
Angehörige des Getöteten konnten nicht ermittelt werden.
Die geflüchtete Person konnte nicht ermittelt werden; seine Personalien sind nicht bekannt.
Es soll sich um einen jungen Mann gehandelt haben.
Zur Untersuchung des Vorfalls wurde eine Spezialkommission eingesetzt, deren Zusammensetzung und Untersuchungsergebnis nicht bekannt ist.
Ferner war die zuständige sowjetische Dienststelle eingeschaltet. Deren Zusammensetzung und Untersuchungsergebnis ist ebenfalls nicht bekannt.
Die eingeschaltete Staatsanwältin des Kreises Oschersleben leitete keinen Ermittlungsvorgang ein.

Die beiden Schützen wurden mit einer Geldprämie von je 100,- DM ausgezeichnet.

Die Tatbeteiligung des Beschuldigten ... kann nach dem jetzigen Ermittlungsstand als mit an Sicherheit grenzender Wahrscheinlichkeit angenommen werden, weil dies der Zeuge ... eindeutig aussagt.
Der Beschuldigte ... ist tatverdächtig.
Beide Beschuldigte machen von ihrem Aussageverweigerungsrecht Gebrauch. Nach dem bisherigen Ermittlungsstand wurde der Getötete nur von einem Projektil in die Brust getroffen. Da weder das Projektil noch die Waffe vorhanden sind, kann ohne die Angaben zur Sache durch die beteiligten Schützen nicht geklärt werden, wer den tödlichen Schuß abgab.

Fall Nr. 5: Prämie für „vorbildliche Dienstführung" (Dokument der ZERV)

Am 07.08.53 versuchten der 17-jährige T. und der 20-jährige H. gegen 06.10 Uhr die innerdeutsche Grenze (damalige Demarkationslinie) bei Ohrsleben in Richtung Westen zu überqueren. Hierbei werden sie von zwei Angehörigen der Grenzpolizei entdeckt. Der Streifenführer gibt aus einer Entfernung von ca. 320 Metern mehrere gezielte Schüsse ab. Der 17-jährige erleidet einen Bauchschuß, an dessen Folgen er einen Tag später im Krankenhaus stirbt. Der 20-jährige wird in den linken Unterschenkelbereich getroffen und drei Wochen stationär behandelt.
Die beiden Grenzsoldaten werden kurz danach „für ihre gute und vorbildliche Dienstführung mit je 50 Mark prämiert".

Fall Nr. 6: Tod bei Dreilinden (Dokument der ZERV)

Am 26.12.53, gegen 23.30 Uhr, wollte der Fuhrunternehmer Adalbert W. mit seinem Lieferwagen über den Kontrollpunkt Dreilinden nach Berlin fahren.
Nachdem der Lieferwagen den Kontrollpunkt passiert hatte, beschossen unbekannte sowjetische Soldaten den Wagen des Adalbert W., in dem seine Frau und der gemeinsame Sohn mitfuhren. Isa W. erlitt Schußverletzungen; ihr Sohn Joachim, 16 Jahre alt, wurde durch einen Lungenschuß getötet. Der Fahrzeuglenker blieb unverletzt.
Namentlich nicht bekannte Volkspolizisten verhinderten Erste-Hilfe-Maßnahmen.

Fall Nr. 7: Bei Grünau verblutet (Dokument der ZERV)

Am 23. März 1956 versah der Angeschuldigte ... im Range eines Gefreiten der Grenzpolizei als Postenführer zusammen mit dem nicht näher zu ermittelnden Posten ... den Kontrolldienst am Berliner Ring bei Eichwalde. Der Angeschuldigte ... war mit einer Maschinenpistole 41, ... mit einem Karabiner 44 bewaffnet. Die Aufgabe dieses Postenpaares war es, die an der Grenze eingesetzten Kräfte zu kontrollieren.
Gegen 7.00 Uhr trafen sie bei einem zwischen der S-Bahn-Linie Eichwalde/Grünau und der Teufelsschlucht an der Grenze befindlichen Postenpaar ein. Während einer dortigen Zigarettenpause nahmen die vier Grenzsoldaten Hans-Roland Sch. (16 Jahre alt, d. Verf.)) wahr, als dieser durch den Stacheldraht von der DDR kommend auf das Gebiet des sowjetischen Sektors „krabbelte". Sch. ging alsdann direkt auf die durch ein Unterholz verdeckten Postenpaare zu. Der Angeschuldigte ... rief Sch. entgegen „Halt stehenbleiben. Deutsche Grenzpolizei. Hände hoch und umdrehen". Sch. kam dieser Aufforderung auch nach und erweckte den Eindruck bei den Polizisten, er würde sich durchsuchen und festnehmen lassen, um dann jedoch plötzlich den sich ihm am nächsten genäherten Polizisten beiseite zu stoßen und durch die restliche Gruppe hindurch in Richtung des sowjetischen Sektors zu laufen. Alle vier Polizisten riefen Sch. hinterher, er solle stehenbleiben und gaben Warnschüsse aus ihren Waffen in die Luft ab, der Angeschuldigte ... aus seiner Maschinenpistole mit Dauerfeuer. Sch. lief jedoch unbeirrt weiter. Daraufhin nahm der Angeschuldigte ..., der damals sportlich aktiv und ein guter Sprinter war, die Verfolgung auf. Nach 500 m hatte er Sch. fast eingeholt, als dieser plötzlich stehenblieb, sich umdrehte, ein feststehendes Messer aus seiner Kleidung zog und eine Kampfstellung einnahm. Der Angeschuldigte ... redete auf Sch. ein, er solle den Blödsinn sein lassen, er hätte keine Chance zu fliehen.

Sch. drehte sich gleichwohl um und rannte weiter in Richtung Grünau. Der Angeschuldigte folgte ihm erneut, dieses Mal verdeckt im Unterholz. Als Sch. deshalb den Angeschuldigten nicht mehr wahrnahm, ging er mit normalen Schritten weiter. Während eine S-Bahn in der Nähe vorbeifuhr, wollte der Angeschuldigte diese S-Bahn-Geräusche ausnutzen, um Sch. festzunehmen. Dies mißlang jedoch wegen der eigenen Laufgeräusche des Angeschuldigten und Sch. rannte erneut los. Nach 25 m blieb er nochmals stehen, rief dem Angeschuldigten zu: „Du kriegst mich nicht" und lief weiter. Der Angeschuldigte stellte nach der nunmehr ca. 2 km lang erfolgten Nacheile fest, daß er den Flüchtling ohne Schußwaffengebrauch nicht festnehmen konnte. Er kniete deshalb nieder, stützte seinen linken Arm auf sein linkes Knie und gab aus einer Entfernung von ca. 60 bis 70 m einen gezielten Schuß aus seiner Maschinenpistole auf die untere Partie der Beine des laufenden Flüchtlings ab. Sch. fiel von dem Schuß jedoch in Bauchhöhe getroffen nach vorn zu Boden. Im Fallen drehte er sich noch nach rechts und fiel auf den Rücken. Der Angeschuldigte ... lief zu dem Getroffenen hin, vernahm noch ein Röcheln und stellte nach ein paar Minuten fest, daß Sch. tot war.

Der Angeschuldigte konnte keine Einschußstelle erkennen. Die nachfolgend durchgeführten Untersuchungen wurden berichtsmäßig mit der Feststellung wiedergegeben, daß der Flüchtling „tödlich verletzt wurde".
Unterlagen über die möglicherweise durchgeführte Obduktion sind nicht mehr vorhanden bzw. auffindbar.
Den Bekundungen der Mutter des Sch., der Zeugin ..., zufolge sollen innere Verblutungen nach einem Bauchschuß den Tod verursacht haben.

Fall Nr. 8: In der Elbe ertrunken (Dokument der ZERV)

Am 05.08.62 versuchen drei Jugendliche im Alter von 15 bzw. 16 Jahren gegen 04.00 Uhr (zum Zeitpunkt des Hellwerdens) die Elbe bei Darchau in Ost-West-Richtung zu durchschimmen.
Hierbei werden sie von zwei Grenzsoldaten, die dort Streife gehen, überrascht.
Beide Soldaten eröffnen aus ihren Maschinenpistolen Dauerfeuer auf die in der Elbe Schwimmenden, obwohl der Fluß an dieser Stelle in seiner gesamten Breite westdeutsches Gebiet ist.
Einer der Flüchtenden, der 16-jährige B., kehrt aufgrund der Beschießung wieder aus dem Wasser an das östliche Elbe-Ufer zurück und wird festgenommen. Der zweite Flüchtende, der 15-jährige K., geht im Fluß unter und ertrinkt. Dem dritten Jugendlichen gelingt es, trotz der auf ihn angegebenen MPi-Salven, das westliche Ufer zu erreichen.
Die beiden beteiligten Grenzsoldaten werden kurz nach dem Vorfall vorzeitig zu Gefreiten befördert und erhalten eine Geldprämie.

In der entsprechenden Tagesmeldung der Nationalen Volksarmee, Kommando der Grenztruppen, wurde der Fall so dargestellt:

„Am 05.08.1962 gegen 4.15 versuchten die Jugendlichen

B u r k e r t, Herrmann
geb. 06.01.1946 in Schwerin
wohnhaft in Schwerin, Goethestr. 41

K ö h n k a m p , Gerd
geb. 1947
wohnhaft in Schwerin, Goethestr.

und R i c h t e r, Hannes
geb. 1945
wohnhaft in Schwerin, Lübecker Str.

die Elbe in Höhe der Fahrstraße Darchau zu durchschwimmen und in die Westzone flüchtig zu werden.
Sie begaben sich gedeckt zum Elbufer. Richter durchschwamm die Elbe im angekleideten Zustand, während sich Köhnkamp und Burkert auszogen. Dabei wurden sie von einem Grenzposten überrascht. Nach einem Warnschuß stellte sich Burkert während Köhnkamp in die Elbe sprang. Der Postenführer gab daraufhin mehrere kurze Feuerstöße aus der MPi ab. Vermutlich wurde Köhnkamp getroffen, denn es wurde beobachtet, daß er unterging. Ein Leichensuchgerät der Feuerwehr wurde zur Bergung der Leiche eingesetzt. Gegen 15.50 Uhr lief das westdeutsche Zollboot „Dannenberg" aus und fuhr bis in die Nähe des eigenen S-Bootes. Über Lautsprecher wurde gerufen, daß in den Morgenstunden an der Elbe geschossen wurde und im Namen der Bundesrepublik dagegen protestiert wird.
Die Untersuchung führt der 1. Stellv. des Regimentskommandeurs."

Fall Nr. 10: Schüsse auf eine Zwölfjährigen (Dokument der ZERV)

Am 30.10.63 hält sich ein 12-jähriger Junge gegen 16.15 Uhr in einem Waldstück in der Nähe seines Heimatdorfes (Weidenbach bei Mühlhausen, d. Verf.) in Thüringen auf, welches ca. 5 km von der innerdeutschen Grenze entfernt liegt.
Er hat gerade einige Fichten- und Tannenzweige abgemacht, die anläßlich des bevorstehenden „Allerheiligen" als Grabschmuck Verwendung finden sollten.
Auf seinem Rückweg ins Dorf trifft er plötzlich auf eine Streife der Nationalen Volksarmee. Aus Angst vor einer Bestrafung wegen der abgeschlagenen Zweige rennt der 12-jährige weg.
Einer der beiden Grenzsoldaten eröffnet daraufhin das Feuer aus seiner Maschinenpistole, wodurch der in Richtung Dorf laufende Schüler einen Oberschenkeldurchschuß erleidet und gehunfähig zu Boden fällt. Ein Soldat kommt hinzu, nimmt die stark blutende Wunde in Augenschein und entfernt sich wieder, ohne irgendwelche Anstalten zu machen, Erste Hilfe zu leisten. Von einem vorbeikommenden Dorfbewohner wird der Junge später in ein benachbartes Haus gebracht und dort notdürftig versorgt, bis der Transport ins Krankenhaus erfolgt.
Nach der Operation bleibt das Bein fast neun Monate steif. Das Opfer leidet auch heute noch unter Schmerzen und Bewegungseinschränkungen.

Fall Nr. 11: Lunge zerrissen (Dokument der ZERV)

<u>Bericht</u>

Am 25. 12. 63. beschlossen der Elektrolehrling Paul Sch. und der Elektrolehrling Hartmut D. in Neubrandenburg wohnhaft gewesen, z.Z. Flü-Lager Marienfelde, ihren seit Wochen gehegten Plan, nach West-Berlin zu flüchten, in die Tat umzusetzen. Sie fuhren von Neubrandenburg in den Sowjetsektor und versuchten, obwohl beide ortsunkundig sind, eine günstige Übergangsmöglichkeit zu erkunden. Sie kamen überein, die Stacheldrahthindernisse und die Mauer gegenüber Berlin 36, Bethaniendamm/Melchiorstraße zu überwinden.
Gegen 16.35 Uhr - sie hatten etwa 30 Minuten lang die Streifentätigkeit der Grepo beobachtet - überwanden sie den ersten Maschendrahtzaun und eine ca. 2 Meter hohe Hecke. Es gelang ihnen auch, den darauf folgenden Stacheldrahtzaun offenbar unbemerkt zu durchklettern. Als sie sich dem letzten Stacheldrahtzaun, der unmittelbar vor der Mauer errichtet worden war, näherten, hörten sie „Haltrufe". Trotzdem gelang es ihnen, auch den letzten Stacheldrahtzaun zu überwinden und an die Mauer zu springen bzw. diese schon z.T. zu erklimmen. Sch., der als erster die Mauer erklommen hatte, wurde von einem Schuß schwer verletzt. D. gelangte unverletzt nach West-Berlin.
Nach Aussagen des D. und nach Bekundungen weiterer Zeugen sind ca. 10 Einzelschüsse innerhalb einiger Sekunden abgegeben worden.
Es ist zu vermuten, daß die Schüsse aus zwei Maschinenwaffen abgegeben worden sind.
Sch. fiel von der Mauer auf westberliner Gebiet und brach hier zusammen. Er wurde mittels Feuerwehr in das Bethanien-Krankenhaus gebracht und sofort operiert. Gegen 22.45 Uhr verstarb Sch, das Geschoß hatte die Lunge zerrissen und nach beendeter Operation hat das Herz ausgesetzt.
Auf Wunsch der Eltern wurde der Leichnam des Sch. am 28.12.63 in den Sowjetsektor überführt, um von dort nach Neubrandenburg transportiert zu werden, damit dort seine Beisetzung erfolgen kann.
Durch das tragische Unglück erlitt D. einen leichten Nervenschock, ist aber den Umständen entsprechend wieder hergestellt und befindet sich im Flüchtlingslager Berlin-Marienfelde. Wann er in die Bundesrepublik ausgeflogen wird, steht noch nicht fest.
Auf westberliner Gebiet sind keine Geschoßeinschläge festgestellt worden.
Eine Tatortskizze und zahlreiche Tatortaufnahmen vermitteln ein naturgetreues Bild dieses Totschlages.

Fall Nr. 12: Zwei tote Kinder - Empfang beim Stadtkommandanten (Dokument der ZERV)

Tatzeit: 14. März 1966, gegen 19.10 Uhr

Tatort: Berlin, Treptow, Grenzanlagen in der Kleingartenkolonie „Sorgenfrei", Kiefholzstraße, Grenzknick zw. Sackführerdamm u. Heidkampgraben

Einheit: 1. Grenzbrigade, Grenzregiment 37, 3. Grenzkompanie
Opfer: 2 Jungen, 10 und 13 Jahre

Sachverhalt: In den Abendstunden des 14. März 1966 wurden zwei Jungen, 10 und 13 Jahre alt, (Lothar Schleußner und Jörg Hartmann, d. Verf.) von Posten der DDR-Grenztruppen im Schutzstreifen in einer Kleingartenkolonie in Berlin-Treptow entdeckt und mit einem „wüsten“ Feuer beschossen. Das, obwohl den Grenzern der Schußwaffengebrauch gegen Kinder gesetzlich verboten war. Eine Westberliner Zollstreife hörte 25 - 30 Schüsse, die in Feuerstößen geschossen wurden. Ein Passant hatte die Schüsse ebenfalls gehört. Ein Bewohner der gegenüberliegenden westlichen Laubenkolonie fand im Kleiderschrank seiner Wohnlaube das Geschoß einer ostzonalen Militärwaffe. Wem die Schüsse gegolten hatten, konnten die westlichen Ermittlungsbehörden erst 2 Tage später durch eine vertrauliche Nachricht aus dem Ostberliner Vopo-Polizeikrankenhaus erfahren.

Der 13-jährige Junge wurde durch Kopfschüsse getroffen und war auf der Stelle tot. Der Zehnjährige rang stundenlang mit dem Tod. Ein Militärangehöriger drückte seine Betroffenheit aus. Er habe 20 Minuten neben der Bahre mit dem röchelnden Kind gestanden. Die Schußwaffengebrauchsbestimmung von 1964 regelte eindeutig, daß gegenüber Kindern nicht von der Schußwaffe Gebrauch gemacht werden darf. In den militärischen Dienstvorschriften und Vergatterungen wurde befohlen „...Grenzdurchbrüche sind nicht zuzulassen, Grenzverletzer sind vorläufig festzunehmen oder unschädlich zu machen ...“.
In diesem Sinne wurden auch die Untersuchungen zur Sache geführt. Es wurde alles getan, um dieses, wie es hieß, „schwere Vorkommnis“ zu verschleiern. Von oberster Führung wurde die Geheimhaltung befohlen, der Truppe wurde eingeschärft, daß der Schußwaffengebrauch gerechtfertigt war. Der Posten habe „richtig und initiativreich“ gehandelt, erklärte der Ost-Berliner Stadtkommandant, Generalmajor P., und nahm dies zum Anlaß, die Schützen zum Empfang zu laden und zu prämieren. Andererseits hatte man Gründe dafür, die Leichen der Kinder sofort einzuäschern, die Sterbeurkunden zu fälschen und die Eltern der Kinder über die Todesursachen zu belügen. Der Zehnjährige sei in einem Fluß bei Treptow ertrunken, wollte man die Eltern glauben machen.

Der Sohn sei in einem kleinen Ort bei Leipzig an einem Stromschlag verstorben, erklärte man der Mutter des Dreizehnjährigen. Zur Überzeugung der Eltern wurde diesen eine von vorne bis hinten gefälschte Sterbeurkunde aus dem Standesamt Leipzig ausgehändigt. Zweifel der Mutter wurden zerstreut. Die hatte festgestellt, daß auf der Urne des Kindes ein anderes Sterbedatum eingetragen war als in der Urkunde.
Aus Angst vor der staatlichen Obrigkeit stellte sie keine weiteren Fragen.

Kommandeure der Grenztruppen und die Stasi wachten über die Ordnung solcher vertuschten Bluttaten. So erfuhr Stasi-Leutnant V. vom IM Duck aus der Grenzkompanie, daß kaum über den Fall diskutiert werde, aber die Prämierung durch den Stadtkommandanten sei Thema unter den Soldaten. Ein anderer IM steckte dem Stasi-Mann, daß über den Vorfall gute Stimmung in der Truppe herrsche, und über den Empfang beim Stadtkommandanten sei man begeistert. Bei der Auswertung durch die Führungsebene innerhalb der Grenztruppen spielte der Tod der beiden Kinder keine Rolle. Der Verstoß gegen die militärische Disziplin wurde nur darin gesehen, daß dem Gegner wesentliche Umstände der Tat bekannt wurden.

Fall Nr. 14: Asche mit der Post verschickt (Dokument der ZERV)

Am 16.12.66 versuchten der 17-jährige K. und der 18-jährige S. im Raum Kleinmachnow/ Teltow von der DDR nach West-Berlin zu fliehen.
Ihr Vorhaben wurde jedoch von Grenzposten bemerkt und unter Anwendung der Schußwaffen mit MPi-Dauerfeuer (insgesamt 40 Schuß) verhindert.

Der 17-jährige erleidet Schußverletzungen im Schädel- und Brustbereich, an denen er wenig später stirbt. Der unverletzte S. wird festgenommen.
Die Leiche des 17-jährigen wird eingeäschert. Drei Wochen später erhalten dessen Eltern eine Urne mit Asche ihres Sohnes per Post zugestellt. Die Urne befindet sich in einem Mietbehälter, den die Postzustellerin am Fahrrad transportiert.
„Die an der Verhinderung des Grenzdurchbruches beteiligten Grenzposten werden für ihre ausgezeichnete Dienstausführung“ vom Ost-Berliner Stadtkommandanten, Generalmajor Poppe, belobigt.
Mehrere Grenzsoldaten erhalten die „Medaille für vorbildlichen Grenzdienst“ bzw. das „Leistungsabzeichen der Grenztruppen“. Die Auszeichnungen sind z.T. mit der Gewährung von Geldprämien verbunden.

Fall Nr. 15: „Zielstrebig“ Fünfzehnjährigen erschossen (DDR-Dokument)

UNTERSUCHUNGSBERICHT

über den verhinderten Grenzdurchbruch DDR-BRD durch Anwendung der Schußwaffe im Sicherungsabschnitt VII
II./Gr-20 am 08.12.1979

1. Am 08.12.1979, 15.03 Uhr erfolgte durch zwei Grenzverletzer der Versuch des Grenzdurchbruchs nach Auslösung des Grenzsignalzauns 70 im Sicherungsabschnitt VII, auf der Höhe der Straße SORGE-HOHE GEISS, ca. 1100 m von der Staatsgrenze entfernt.
Gegen 16.00 Uhr näherten sich die Grenzverletzer ca. 150 m nördlich der Grenzsäule Nr. 1019 den Kräften der Abriegelung.
Nachdem sich die Grenzverletzer ca. 20 m dem Grenzposten genähert hatten, wurden sie gemäß DV 018/0/009 angerufen. Die Grenzverletzer versuchten durch Flucht sich der Festnahme zu entziehen.
Nach Abgabe eines Warnschusses eröffnete der Grenzposten gezieltes Feuer auf die Grenzverletzer und verhinderte die Flucht in den Waldkomplex. Im Ergebnis der Feuerführung (51 Schuß, d. Verf.) wurde ein Grenzverletzer tödlich verletzt.

Bei dem tödlich verletzten Grenzverletzer handelt es sich um Runge, Heiko, Schüler. Bei dem anderen Grenzverletzer handelt es sich um Fleischhauer, Uwe, Schüler (beide Jungen waren 15 Jahre alt, d. Verf.)

Nach Feststellung der Ursache der Auslösung am Grenzsignalzaun 70 übernahm der Kommandeur II. GB die Führung der taktischen Handlung, verstärkte und erweiterte die Abriegelung entlang des Kolonnenweges mit einem weiteren Zug der 7. Grenzkompanie, alarmierte die 6. Grenzkompanie und setzte zwei Züge entlang des Grenzsignalzaunes 70 zur Verhinderung des Zurückweichens der Grenzverletzer ein, organisierte die Verfolgung, verlegte die Hundemeute zur 7. Grenzkompanie und organisierte das Zusammenwirken mit den Kräften der Deutschen Volkspolizei.
2. Die Untersuchung wurde durch eine Spezialkommission der Bezirksverwaltung Magdeburg geführt.
Die Befragung des Grenzverletzers Fleischhauer ergab, daß sie sich den Auseinandersetzungen in Schule und Elternhaus in Folge ungenügender Lernbereitschaft durch den Grenzdurchbruch in die BRD entziehen wollten. Weitere Motive ihrer Handlungen liegen in Abenteuerlust und Verherrlichung der westlichen Lebensweise.

Den Grenzabschnitt im Bereich BENNECKENSTEIN hatte er ausgewählt, da er bei einer Urlaubsfahrt mit seinen Eltern vor ca. 2 Jahren Angaben über den Verlauf des Grenzsignalzaunes erlangte.

Die Führung der taktischen Handlungen zur Verhinderung eines Grenzdurchbruches erfolgte zielstrebig und entschlossen.
Das Zusammenwirken mit den Schutz- und Sicherheitsorganen des Kreises WERNIGERODE und NORDHAUSEN gewährleistete nicht, daß die Grenzverletzer vor dem Eindringen in den Schutzstreifen festgenommen wurden.

Die Forderungen der Dienstvorschriften und militärischen Bestimmungen wurden in der Grenzsicherung eingehalten und verwirklicht. Der Grenzdienst wurde mit hoher Bereitschaft durchgeführt, war ordnungsgemäß organisiert und die Führung ständig gewährleistet.
Durch die Grenzschutzorgane der BRD gab es nach der Festnahme keine besondere Aktivitäten. Es ist zu vermuten, daß die Grenzschutzorgane der BRD die Handlungen der Grenztruppen zur Festnahme nicht aufgeklärt haben.
Die Grenzverletzer näherten sich mit der Deutschen Reichsbahn von HALLE über NORDHAUSEN bis BENNECKENSTEIN. Vor NORDHAUSEN wurden sie durch Angehörige der Transportpolizei im Zug kontrolliert. Es gelang ihnen, die Angehörigen der Transportpolizei zu täuschen, indem sie angaben, Verwandte in NORDHAUSEN besuchen zu wollen.

Gegen 13.00 Uhr kamen sie auf dem Bahnhof BENNECKENSTEIN an, bewegten sich unter Ausnutzung des Waldmassivs entlang der Straße BENNECKENSTEIN - NVA-Genesungsheim und weiter der Straße SORGE-HOHE GEISS bis zum Grenzsignalzaun 70. Sie überschritten den 3 m Kontrollstreifen und hinterließen 10 Abdrücke. Den Grenzsignalzaun 70 versuchten sie zu untergraben. Da dies mißlang, durchstiegen sie 15.03 Uhr den Grenzsignalzaun 70, indem sie weitere vier Drähte auseinanderbogen.
Im Schutzstreifen bewegten sie sich entlang der Hochspannungsleitung bis zum Festnahmeort.

Die 8. Grenzkompanie sicherte am 08.12.1979 im Spätaufzug ab 13.00 Uhr die Staatsgrenze im Abschnitt des II./GR-20 in der normalen Grenzsicherung.
Der Zugführer im Sicherungsabschnitt VII führte nach Auslösung Grenzsignalzaun 70 mit seinen Kräften ein zweckmäßiges Manöver zur Abriegelung der vermutlichen Richtung der Bewegung der Grenzverletzer durch. Durch den Kommandeur der Grenzsicherung wurde unverzüglich die geplante Einsatzvariante präzisiert und ausgelöst.
Durch die Alarmzüge der 7. GK wurde die Abriegelung 15.26 Uhr im gefährdeten Abschnitt bezogen und die Ursache der Auslösung des Grenzsignalzauns 70 15.17 Uhr festgestellt.

3. Die Führungstätigkeit der Kommandeure aller Ebenen entsprach den militärischen Forderungen zur Gewährleistung einer zuverlässigen Grenzsicherung. Die taktischen Handlungen zur Verhinderung eines Grenzdurchbruches waren lagebezogen und zweckmäßig.
Im Zusammenwirken mit dem VPKA und Transportpolizeirevier WERNIGERODE werden Maßnahmen zur wirkungsvollen Absicherung der Annäherungsrichtung BENNECKENSTEIN-HOHE GEISS bis 20.12.1979 eingeleitet.

Fall Nr. 16: Getötet durch die SM-70 (Dokument der ZERV)

Am 07.08.81 versuchen drei männlichen Jugendliche im Alter von 16 bzw. 17 Jahren, die Grenzsicherungsanlagen bei Sorge, Kreis Wernigerode, gg. 07.30 Uhr, zu durchbrechen.
Beim Überklettern der Grenzsicherungsanlagen lösen sie mehrere Selbstschußanlagen (insgesamt acht Geräte) aus, wodurch der 17-jährige André B. schwere Kopfverletzungen und der 17-jährige René S. erhebliche Verletzungen im Bein- und Handbereich erleiden, während der 16-jährige Tino L. unverletzt bleibt.
Kurze Zeit später treffen mehrere Angehörige der Grenztruppen mit zwei Fahrzeugen am Ereignisort ein.
Die Jugendlichen werden festgenommen und bewacht. Es dauert noch etwa eine halbe Stunde, bevor deren Abtransport aus dem Bereich der Grenzsicherungsanlage erfolgt.

André B. erliegt wenig später seinen schweren Verletzungen.

Erschossen, ertrunken, von Minen zerrissen
Die Toten an Mauer und „grüner Grenze“

Noch immer ist es ein ausgesprochen schwieriges Unterfangen, die Zahl der Opfer an den innerdeutschen Grenzen exakt zu nennen, geschweige denn die Namen aller Getöteten oder die Umstände ihres Todes. In akribischer Weise haben über Jahrzehnte die Zentrale Erfassungsstelle der Landesjustizverwaltungen in Salzgitter, heute Zentrale Beweis- und Dokumentationsstelle der Länderjustizverwaltungen mit Sitz in Braunschweig, und die Arbeitsgemeinschaft 13. August in Berlin alle ihnen zugänglichen Erkenntnisse über das Geschehen an den Demarkationslinien zusammengetragen. Insbesondere die Erfassungsstelle in Salzgitter, deren Errichtung unter dem Eindruck des Mauerbaus am 21. Oktober 1961 beschlossen worden war, war der DDR stets ein Dorn im Auge. Ihre Abschaffung gehörte zu den sogenannten „Geraer Forderungen“ von SED-Generalsekretär und DDR-Staatschef Honecker, deren Erfüllung er zur Bedingung für die Aufnahme „normaler Beziehungen“ zwischen der DDR und der Bundesrepublik Deutschland gemacht hatte. Aber auch in der Bundesrepublik selbst fand die Existenz dieser Erfassungsstelle nicht immer uneingeschränkte Zustimmung. Vor allem SPD-Politiker waren es, die ihre Auflösung forderten, da sie der Anbiederungspolitik an die DDR im Wege stand. SPD-Landesregierungen waren es, die aus eben demselben Grunde die Mitfinanzierung dieser Einrichtung einstellten. Dennoch: Auch und gerade heute muß festgestellt werden, daß es ohne „Salzgitter“ in vielen Fällen nicht möglich wäre, Straftaten an der innerdeutschen Grenze aufzuklären und die Schuldigen zur Rechenschaft zu ziehen.

Die Akten der heutigen Zentralen Beweis- und Dokumentationsstelle sind es, die die Zentrale Erfassungsstelle für Regierungs- und Vereinigungskriminalität (ZERV) in Berlin sowie Staatsanwaltschaften auch in die Lage versetzen, diesen Teil deutscher Geschichte rechtsstaatlich aufzuarbeiten. Zwangsläufig mußte die uneingeschränkt verdienstvolle Tätigkeit der Zentralen Erfassungsstelle darunter leiden, daß sie in ihrer Dokumentation weitgehend auf Lageberichte des Bundesgrenzschutzes, auf Pressemitteilungen sowie auf die Berichte von Flüchtlingen - und hier insbesondere von Überläufern der NVA - angewiesen war. Erst die nach der deutschen Wiedervereinigung erfolgte Öffnung der Archive der ehemaligen DDR ermöglicht es, ein zunehmend konkreter werdendes Bild über die tatsächliche Zahl der Opfer an den innerdeutschen Grenzen zu gewinnen. Dabei ist es weiterhin außerordentlich diffizil, tatsächlich verläßliche Zahlen zu erhalten, da die Angaben, die beispielsweise im „Salzgitter Report“ aus dem Jahr 1993 genannt werden, erheblich von denen der Arbeitsgemeinschaft 13. August, der ZERV in Berlin und besonders markant von denen der zuständigen Staatsanwaltschaft II bei dem Landgericht Berlin abweichen.

Nach dem „Salzgitter Report“, veröffentlicht vom damaligen Leiter der Zentralen Erfassungsstelle, Heiner Sauer, und deren Geschäftsführer, Hans-Otto Plumeyer, werden für die innerdeutsche Grenze von Hof bis Lübeck für den Zeitraum 1949 bis Mai 1989 insgesamt 160 Todesopfer genannt. Die Zahl der Todesopfer in und um Berlin soll nach dem Report zwischen dem 19. August 1961 und dem 16. April 1989 114 ausmachen. Diesen Zahlen stehen folgende der Arbeitsgemeinschaft 13. August gegenüber:

	vor dem 13.8.1961	ab 13.8.1961	Gesamt
Innerdeutsche Landgrenze	99	271	370
Berliner Grenze/Mauer	15	235	250
Ostsee	15	106	121
Grenzen von Bulgarien, CSSR, Polen, Ungarn	3	41	44
Sonstige Fluchtwege (Flugzeugentführung, Warenexport, Transitwege)	--	7	7
Sowjetische Fahnenflüchtige	1	5	6
Angehörige der DDR-Grenztruppen bei der Fluchtabwehr	11	16	27
Gesamt	144	681	825[1]

Ohne die Verdienste der Arbeitsgemeinschaft 13. August schmälern zu wollen, kann wohl unterstellt werden, daß die von ihr genannten Zahlen zu hoch gegriffen sind. Leichenfunde unbekannter Personen wurden ebenso in die Statistik aufgenommen wie etwa Fälle von denen selbst die Arbeitsgemeinschaft sagt, sie seien unklar. Als Beispiel mag hier die „laufende Nr. 47“ unter den Todesopfern an der Berliner Mauer (ab dem 13. August 1961)“. genannt sein, wo es heißt: „Name, Vorname: unbekannt, Tod am: Ende November 62, Art des Todesfalls: erschossen?“ Ähnliches gilt für das in dieser Rubrik genannte Opfer, bei dem unter der Ziffer 143 zu lesen ist: „unbekannter Mann, 60-70 Jahre, DDR?, 02.07.84, Todesfall?“ In fast allen veröffentlichten Listen von Opfern an den innerdeutschen Grenzen taucht auch heute noch der Name Jürgen Büttner auf, der am 5. Februar 1966 bei Hönbach erschossen worden sein soll. Tatsächlich aber meldete sich nach der Wiedervereinigung der Vater des vermeintlich Erschossenen und berichtete, sein Sohn sei an dem bewußten Tag zwar durch Schüsse schwer verletzt worden, habe aber die Verletzungen überlebt. Häufig, so die Vermutung des Verfassers, wurde beispielsweise mehr oder weniger automatisch der Detonation einer Mine an der innerdeut-

[1] Im August 1996 nannte die Arbeitsgemeinschaft 13. August sogar eine Zahl von 899 Todesopfern.

schen Grenze auch ein Todesopfer zugeschrieben, obwohl es sich um die Auslösung einer Mine durch Wild, Schneelast o. ä. gehandelt haben mochte.

So ist denn auch verständlich, daß schon die ZERV zu anderen Erkenntnissen kommt. Sie spricht mit Stand vom 1. März 1996 von 519 bestätigten oder möglichen Todesopfern:

	Erw.	Ki./Jug.	Gesamt
Innerstädtische Grenze Berlin:	90	6	96
Ring um Berlin (ohne IsM):	86	4	90
Innerdeutsche Grenze (DL):	277	13	290
Ostsee:	15	2	17
Sonst. Grenze (CSSR/Polen):	25	1	26
	493	26	519

Dies sind fast 400 Opfer weniger, als von der Arbeitsgemeinschaft 13. August aufgeführt werden. Zu bemerken ist dabei, daß die Aufstellung der ZERV Anfang 1995 insoweit neu strukturiert wurde, als in ihr nunmehr

„(...) nur noch nachweisbare ‚Tote Personen' enthalten sind, die

- im Grenzbereich, aufgrund einer strafrechtlich verfolgbaren Handlung oder Unterlassung, ums Leben gekommen sind;
- im Grenzbereich ums Leben gekommen sind und ein Fremdverschulden derzeit nicht ausgeschlossen werden kann".

Es ist mehr denn je geboten, die von verschiedenen Seiten veröffentlichten Angaben kritisch zu beleuchten und die Zahlen differenziert zu betrachten. Dieses nicht zuletzt auch angesichts der Tatsache, daß die für die Strafverfolgung zuständige Berliner Staatsanwaltschaft II im Sommer 1996 „lediglich" unter 200 Fälle nennt, in denen - und hier liegt eine Erklärung für die differierenden Angaben - unter strafrechtlich relevanten Umständen Menschen an den Grenzen ihr Leben verloren.

Nach den Ermittlungen der Staatsanwaltschaft II waren

„[...] in der Zeit vom 13. August bis zur Wende 1989 zumindest 175 Personen Opfer eines Tötungsdelikts. An der innerstädtischen Berliner Mauer und dem Außenring um Berlin starben mindestens 92 Menschen. In den Minenfeldern an der innerdeutschen Grenze starben durch die Detonation von Minen oder SM-70 Anlagen 34 Personen. Zumindest 49 Flüchtende wurden an der innerdeutschen Grenze erschossen. In weiteren 97 Vorfällen wurden Personen vermutlich Opfer eines Tötungsdelikts".

Der Verfasser hat sich in der nachfolgenden Liste von Opfern der deutschen Teilung darauf beschränkt, nur die Fälle aufzuführen, in denen nach derzeitigem Erkenntnisstand Namen der Opfer, Daten und Umstände des Tatherganges bekannt sind. In allen verfügbaren Unterlagen amtlicher Stellen, im Salzgitter Report wie auch in der Aufstellung der Arbeitsgemeinschaft 13. August finden sich zahlreiche weitere Fälle, in denen mit hoher Wahrscheinlichkeit eine große Zahl von Menschen erschossen, durch Minen getötet wurden oder bei dem Versuch, in die Freiheit zu gelangen, ertranken.

Opfer an der innerdeutschen Grenze[2]

Adolf Wieczorek, am 11. Januar 1949 von sowjetischen Soldaten an der Demarkationslinie erschossen
Dr. Hermann Hille, am 29. Januar 1949 bei Wackersleben erschossen
Werner Hofmann, am 29. Juni 1949 bei Bläckenroda erschossen
Brigitte Frauendorf, 12 Jahre alt, am 26. Juli 1949 bei Kirchgandern erschossen
Irmgard Stark, am 16. März 1950 bei Philippsthal erschossen
Hermann Meyer, am 24. März 1950 in Drewitz erschossen
Herbert Muhs, am 25. September 1950 in einem Schlauchboot auf der Trave bei Lübeck erschossen
Gerhard Oelse, am 27. Oktober 1950 bei Beendorf erschossen
Anneliese Walther, am 28. Oktober 1950 zusammen mit einer anderen Frau beschossen; sie erlag im Krankenhaus Osterwieck den Verletzungen
Richard Hillebrand, am 28. Januar 1951 bei Hohengandern erschossen
Elfjähriger Junge, wurde am 31. Januar 1951 auf dem Goldensee bei Groß-Thurow erschossen
Karl August Kratzin, am 6. Juni 1951 bei Stapelburg angeschossen und im Krankenhaus Osterwieck verstorben
Martin David, am 15. Juni 1951 bei Oebisfelde angeschossen und im Krankenhaus verstorben
Gerhard Palzer, der westdeutsche Zollassistent wurde am 29. Juli 1952 bei Stedlingen erschossen, als er sich einem Verschleppungsversuch widersetzte
Sechzehnjähriger Junge, wurde am 10. April 1953 bei Oschersleben erschossen
Siebzehnjähriger Junge, wurde am 7. August 1953 in der Nähe von Ohrsleben erschossen
Max Grübner, wurde am 9. November 1955 bei Steinbach a.d. Haide drei Meter vor der Grenze erschossen
Kurt Lichtenstein, Redakteur der „Westfälischen" Rundschau", wurde am 12. Oktober 1961 beschossen, als er bei Zicherie auf DDR-Gebiet Landarbeiter filmen wollte, und verstarb im Krankenhaus Klötze
Peter Reisch, am 5. Juni 1962 bei Schierke angeschossen und am 13. Juli im Kreiskrankenhaus Wernigerode verstorben
Joachim Weinhold, am 10. Juli 1962 bei Helmstedt angeschossen und im Krankenhaus Neindorf verstorben
Gerd Köhnkamp, am 5. August 1962 ertrank der 15jährige Schüler nach der Beschießung durch Grenzposten der DDR in der Elbe bei Darchau
Hans-Joachim Jankowiak, am 13. August 1962 bei einem Fluchtversuch in der Nähe von Lauchröden erschossen
Klaus Körner und **Erich Janschke**, starben am 14. Dezember 1962 im Raum Untersuhl durch Mineneinwirkung

[2] Soweit möglich sind für die Schreibweise der Namen die Unterlagen der DDR-Organe herangezogen worden. In Einzelfällen kann auch eine falsche Schreibweise übernommen worden sein.

Helmut Breuer, am 13. Januar 1963 beim Durchschwimmen der Elbe bei Boitzenburg erschossen

Klaus-Ullrich Kilian, am 17. Juni 1963 beim Fluchtversuch mit einem Freund bei Probstzella angeschossen und im Krankenhaus Gräfenthal verstorben

Helmut Kleiner, am 1. August 1963 beim Fluchtversuch in der Nähe von Hohegeiß erschossen

Frieda Klein, die hochschwangere 19jährige Frau wurde am 11. August 1963 im Abschnitt Obersachswerfen/Nordhausen angeschossen und verstarb an den Folgen eines Hüftschusses

Bernhard Simon, wurde am 28. Oktober 1963 bei Wirl von einer Mine schwer verletzt und starb auf westdeutschem Gebiet

Bernd Ickler, am 3. November 1963 bei Pferdsdorf auf eine Mine gelaufen und am darauffolgenden Tag im Krankenhaus Eisenach gestorben

Werner-Hans Piorek, am 6. Dezember 1963 als West-Ost-Grenzgänger bei Lübeck-Eichholz bei dem Versuch, sich einer Durchsuchung zu entziehen, erschossen

Peter Müller, am 14. Juni 1964 beim Versuch, ein Minenfeld bei Sorge zu überwinden, tödlich verletzt

Fritz Zapf, am 7. Juli 1964 kurz vor Erreichen der Minensperre bei Neuenbau angeschossen und im Krankenhaus Gräfenthal gestorben

Karl Matz, am 3. August 1964 bei Neuenbau durch Beinschüsse verletzt und im Krankenhaus Sonneberg gestorben

Gertrud Danke, am 5. September 1964 kurz vor Erreichen der Grenze bei Bömenzien auf eine Mine gelaufen und auf westlicher Seite gestorben

Adolf Mahler, am 5. September 1964 bei Hirschberg auf eine Mine gelaufen und gestorben

Rudolf Kreuter, war wahrscheinlich bereits im September/Oktober 1964 bei Grevesmühlen von einer Mine getötet worden. Seine Leiche wurde erst am 7. April 1965 entdeckt und am 8. April geborgen.

Reinhard Dahms, Grenztruppen-Angehöriger, wurde am 1. Januar 1966 nördlich von Bömenzien von seinem Postenführer erschossen

Alfred Lill, wurde am 1. Januar 1966 bei Neu-Garge von einem Postenführer durch einen Feuerstoß tödlich verletzt

Klaus-Gerd Schaper, wurde am 11. März 1966 nördlich der Straße Tanne - Braunlage durch eine Mine tödlich verletzt

Hans Kessel, wurde am 12. März 1966 bei dem Versuch, mit einem Lkw die Kontrollstelle Marienborn zu durchbrechen, schwer verletzt und starb im Krankenhaus Magdeburg

Eberhard Schulze, wurde am 30. März 1966 bei einem Fluchtversuch beim Rudower Wäldchen erschossen

Werner Möhrer, wurde am 18. August 1966 bei Morsleben kurz vor Erreichen der Grenze erschossen

Walter Fischer, wurde am 11. Oktober 1966 bei Ahlstedt im Kompaniebereich Veilsdorf erschossen

Jürgen Kleesattl, Gefreiter der Grenztruppen, wurde am 23. April 1967 bei einem Fluchtversuch im Bereich Dippach von einem Vorgesetzten erschossen

Erich Tesch, geriet am 10. Oktober 1967, von Westen kommend, bei Morsleben in ein Minenfeld und wurde getötet

Peter Eck, lief am 22. April 1968 bei Oberweid auf eine Mine und wurde getötet

Uwe Preußner, NVA-Angehöriger, wurde am 6. August 1969, obwohl er sich bereits auf westlichem Gebiet befand, beschossen, schwer verletzt und in die DDR verschleppt; erlag seinen Verletzungen im Krankenhaus Hildburghausen

Hans-Dieter Genau, wurde am 24. August 1969 beim Durchschwimmen der Werra bei Eschwege durch einen Kopfschuß getötet

Gerhard Rettinger, lief am 13: Februar 1972 bei Bad Salzungen auf eine Mine und erlitt Verletzungen, an denen er im Krankenhaus Vacha starb

Frank Möller, verstarb nach einem Schußwechsel am 17. Februar 1971 bei Geisa auf dem Transport ins Krankenhaus

Gerhard Rettinger, starb am 13. Februar 1971 bei Bad Salzungen an den Folgen der Verletzungen durch eine Minendetonation

Bernhard Sperrlich, wurde am 24. März 1971 bei Propstzella erschossen

Karl-Heinz Fischer, lief in der Nacht zum 29. März 1971 bei Sondheim auf eine Mine und verblutete auf westlichem Gebiet

Klaus Seifert, trat bei einem Fluchtversuch am 9. April 1971 bei Schwickershausen auf eine Mine und starb am 5. Mai an den Folgen der Verletzungen

Wolfgang Graner, Gefreiter der DDR-Grenztruppen, wurde am 31. Mai 1971 bei Geisa bei einem Fluchtversuch erschossen

Hans-Erich Masur, West-Ost-Grenzgänger, wurde am 22. Juni 1971 bei Lochtum/Abbenrode erschossen, als er sich nach der Festnahme einer Durchsuchung widersetzte

Heidi Schabitz, die Fünfzehnjährige wurde am 7. April 1972 bei Gardelegen erschossen

Hans-Leo Hoffmann, am 14. November 1972 bei Teistungen durch die Mine SM-70 schwer verletzt; nach Amputation beider Beine im Krankenhaus Worbis gestorben

Hans Frank, am 16. Januar 1973 bei Blütlingen durch die Mine SM-70 tödlich verletzt

Fred Woitke, hatte am 21. April 1973 mit Freunden versucht, mit einem Lkw die Grenzsperren bei Marienborn zu durchbrechen und wurde dabei erschossen

Laszlo Balogh, wurde am 22. Juni 1973 bei Spechtsbrunn beim Überklettern des Metallgitterzaunes erschossen, die Verlobte, **Sieglinde Bunde**, lief auf eine Mine und wurde schwer verletzt

Wolfgang Vogler, wurde am 14. Juli 1974 bei Hohegeiß durch zwei SM-70 tödlich verletzt

Hans-Georg Lemme, Anwärter der Volkspolizei, versuchte am 19. August 1974 die Elbe bei Lütkenwisch zu durchschwimmen. Ein Boot der Grenztruppen überfuhr ihn mehrmals; Lemme erlitt durch die Schraube tödliche Verletzungen

Michael Gartenschläger, wurde bei dem Versuch, bei Bröthen eine SM-70 vom Grenzzaun abzubauen, am 30. April 1976 verraten und erschossen

Benito Corghi, Italiener, wurde am 5. August 1976 auf der Grenzübergangsstelle Hirschberg erschossen, als er, nachdem er mit seinem Lkw die DDR bereits verlassen hatte, zurückging, um vergessene Papiere abzuholen

Michael Poppenhäuser, fuhr am 30. Juni 1976 bei dem Versuch, den Übergang Sülzfeld zu durchbrechen, gegen einen Baum und starb - möglicherweise auch durch Schußwaffeneinsatz

Heiko Runge, 15jähriger Schüler, am 8. Dezember 1979 bei dem Versuch, mit einem gleichaltrigen Schüler bei Sorge die innerdeutsche Grenze zu überqueren, gaben Grenztruppenangehörige ca. 50 gezielte Schüsse ab. Heiko Runge starb an der Grenze.

André Bauer und **Rene Seiptius**, die beiden 17jährigen wurden am 7. August 1981 im Oberharz, westlich von Sorge, durch Selbstschußanlagen so schwer verletzt, daß beide kurz darauf den Verletzungen erlagen
Heinz-Josef Große, wurde am 29. März 1982 bei dem Versuch, bei Sickenberg den Metallgitterzaun zu überwinden, erschossen
Frank Mater, wurde am 22. März 1984 durch die Splittermine SM-70 bei Wendehausen tödlich verletzt

156

NATIONALE VOLKSARMEE
Kommando der Grenztruppen
- Der Chef -

O. U., den 09.08.1969

Vertrauliche Verschlußsache!

Az.: 33 09 01
VVS-Nr. G/ 075971

1. Ausfertigung = 4 Blatt

103
Sekretariat des Ministers
Eing.: 11. AUG. 1969

Minister
für Nationale Verteidigung

- Armeegeneral H o f f m a n n -

Genosse Minister !

Ich melde Ihnen:

Die Fahnenflucht und tödliche Verletzung des Pioniers P r e u ß n e r, Uwe wurde durch eine Kommission unter Leitung des Stabschefs der 11. Grenzbrigade, Oberst R i c h t e r, untersucht und dabei ermittelt:

Am 06.08.1969, 13.43 Uhr, versuchte der Pionier

P r e u ß n e r, Uwe
11. Pionierkompanie

während der Pionierarbeiten am Sperrensystem der Grenzkompanie MENDHAUSEN/Grenzregiment HILDBURGHAUSEN, fahnenflüchtig zu werden.

P. war eingesetzt mit der Aufgabe, den Draht der alten Sperre abzuschlagen und abzulegen.

NVA 18707

Vertrauliche Verschlußsache !
VVS-Nr.:G/ 075971 .1.Ausf.Bl.2

Die Ablage erfolgte 5 m freundwärts des ausgelegten Trassierbandes in 25 m Entfernung von der Staatsgrenze. Die Ablage des Drahtes ausnutzend, entfernte sich P. im Laufschritt in Richtung Staatsgrenze.
Beim Überschreiten der Sicherungslinie (Trassierband) gab der Sicherungsposten, Gefreiter F ö r s t e r, Gefreiter H i n z, nach Nichtbeachten der Aufforderung stehenzubleiben, 3 Warnschüsse ab.

Preußner flüchtete weiter in Richtung Staatsgrenze und überschritt diese. 5 m auf westlichem Territorium ging P. in Deckung und versuchte gleitend, parallel zur Staatsgrenze ein angrenzendes Getreidefeld zu erreichen. Es gelang ihm, sich 22 m auf gegnerischem Territorium, in einer Tiefe von 10 m parallel zur Staatsgrenze, zu bewegen.

Durch den Sicherungsposten und den Polit-Stellvertreter der 11. Pionierkompanie, Hauptmann H u c k, wurde auf den Flüchtenden längs der Grenze gezieltes Feuer geführt, wobei P. verletzt wurde und liegenblieb.
Insgesamt wurden 11 Schuß aus der MPi und 4 Schuß aus der Pistole abgegeben.

Oberleutnant E c k e r t, Offizier für Sperren, 11. Pionierkompanie und Hauptmann H u c k überschritten auf kürzestem Weg die Staatsgrenze und brachten P. auf das Territorium der DDR zurück.

Der sich in unmittelbarer Nähe befindliche Regimentsarzt, Leutnant E r h a r d t, leistete Erste Hilfe und organisierte den sofortigen Abtransport des P. in das Kreiskrankenhaus Hildburghausen.
Am 06.08.1969, 16.45 Uhr, verstarb P. an den Folgen der Kopfverletzung.

Vertrauliche Verschlußsache !
VVS-Nr.:G/ 075971 .1.Ausf.Bl.3

Durch das entschlossene Handeln der Offiziere der 11. Pionierkompanie und der zur Sicherung der Pionierarbeiten eingesetzten Kräfte, konnten die im gegenüberliegenden Abschnitt in 200 m Entfernung vom Ort der Handlung eingesetzten Kräfte des BGS keine aktiven Handlungen zur Verhinderung der Bergung des Preußner durchführen.

Zur Zeit des Vorkommnisses hielten sich 2 Zivilpersonen in ca. 50 m Entfernung vom Handlungsort auf, die durch das Feuer nicht gefährdet wurden.

Im weiteren Verlauf erfolgte ein verstärkter Einsatz von BGS mit Kfz. und Hubschrauber, des ZGD, der BGP, Kräften der US.-Armee und Zivilpersonen.

Genosse Minister !

Entsprechend der telefonischen Rücksprache am 08.08.1969 gestatte ich mir, Ihnen den Entwurf eines Befehls vorzulegen.

i.V. Baumgarten
Oberst

Aus den Protokollen der Unmenschlichkeit
„Taktisch klug und entschlußfreudig“ Flüchtlinge erschossen

Wie die Verantwortlichen von Grenzpolizei, Grenztruppen und Stadtkommandantur die Ermordung von Flüchtlingen einschätzten, bewerteten und darstellten, daß sie sehr wohl den Todesschützen nicht nur stets korrektes Verhalten bescheinigten, sondern sie auch zusätzlich ausdrücklich belobigten, und daß die politische Führung über jeden einzelnen Mord ausführlich informiert wurde, soll an einigen wenigen Fällen, die für viele andere stehen, belegt werden:

A b t e i l u n g
Grenzpolizei u. Bereitschaften
Land Thüringen

Referat G 2

Weimar, den 19.1.1949
Schi./Nis.

B e r i c h t :

Betr.: Erschießen des Bürger Adolf W i e c z o r e k wegen versuchter Flucht nach vollzogenem illegalen Grenzübertritt von West nach Ost
Bezug: Tätigkeitsbericht vom 12.1.1949

Am 11.1.1949 gegen 7.10 Uhr wurde der Bürger Wieczorek, Adolf geb. am 12.5.1910 wohnhaft und polizeilich gemeldet in Kauschen Krs Calau Wolkenbergerstr. Nr. 11 während des illegalen Überschreitens der Zonengrenze von West nach Ost an der Dorschenmühle bei Seibis von einem Posten der sowjetischen Besatzungsmacht durch Abgabe von mehreren Schüssen tödlich verletzt.
Die Streife des Kommandos Seibis - Pol.Anw. Zebedies und Lerche vernahmen die Schüsse und begaben sich sofort zum Tatort, wo ein Angehöriger der sowjetischen Besatzungsmacht bei dem am Boden liegenden o.g. vorgefunden wurde. Pol. Anw. Zebedies benachrichtigte sofort das in Seibis liegende sowjetische Grenzkommando, sowie den Leiter des Grenzpolizeikommandos in Seibis. Vom Kdo. Seibis wurde Dr. Zellfelder aus Blankenstein verständigt. Dr. Zellfelder traf um 7.48 Uhr am Tatort ein und stellte bei W. den Tod durch Lungenschuß und innere Verblutung fest.
Die Grenzpolizei-Kommandantur Wurzbach verständigte den Kreispolizeiposten in Lobenstein, der die Aufhebung der Leiche vornahm.
Nach Freigabe der Leiche wurde dieselbe nach Harra überführt und am 12.1.1949 auf dem dortigen Friedhof beigesetzt.

Bearbeitet:
(S c h u s t e r)
Polizei-Meister

Abteilungsleiter GP/B
(V o g t)
Polizei-Kommandeur

Nationale Volksarmee
Kommando der Grenztruppen
Tagesmeldung Nr. 225/62

Verhinderung eines Grenzdurchbruchs unter Anwendung der Schußwaffe mit tödlichem Ausgang.

GR Eisenach GK Lauchröden

Am 13.08.1962 gegen 10.30 Uhr Festnahme des
J a n k o w i a k, Hans Joachim
geb. 22.05.1942 in Unzeburg

wohnhaft in Osterweddingen, Krs. Wanzleben, unter Anwendung der Schußwaffe mit tödlichem Ausgang.
J. versuchte gemeinsam mit dem R., Klaus geb. 19.09.44 wohnhaft in Breitenworbig, die Grenze in Richtung DDR-WD ca. 300 m westl. Göringen zu durchbrechen.
Sie wurden durch den Grenzposten, bestehend aus
Postenführer Gefreiter H., Norbert
Posten Soldat Fr., Günter
gestellt.
R. wurde festgenommen. J. versuchte sich durch die Flucht der Festnahme zu entziehen. Er ließ den Anruf und Warnschuß unberücksichtigt.
Postenführer Gefreiter H. nahm die Verfolgung auf und wandte als sich J. bereits in der Grenzsperre befand die Schußwaffe an. **Er gab insgesamt 41 Schuß aus der MPi ab.**
J. wurde am Rückgrad tödlich verletzt. Ihm wurde sofort erste Hilfe erwiesen. Er verstarb gegen 11.10 Uhr.
Der Grenzposten wurde zur Auszeichnung vorgeschlagen.
Die Untersuchung führt der Militärstaatsanwalt in Verbindung mit der Abwehr und der Abt. K des VPKA Eisenach.

GR-Schönberg GK Groß-Thurow

Am 29.04.1963 gegen 03.40 Uhr Grenzdurchbruch in Richtung DDR - WD südl. Groß-Thurow. ...

Die Grenzverletzer durchschwammen den Südteil des Goldensees.
Der Grenzposten bemerkte die Grenzverletzer aus einer Entfernung von ca. 150 m. ...
Vom Grenzposten, dem Nachbar-Grenzposten und der eingetroffenen Alarmgruppe wurde das Feuer auf die schwimmenden Grenzverletzer weitergeführt. **Insgesamt wurden 171 Schuß abgegeben.**

Nationale Volksarmee
Kommando der Grenztruppen
Tagesmeldung Nr. 214/63

Am 01.08.1963, gegen 13.45 Uhr, Festnahme von 2 Grenzverletzern DDR - WD durch Anwendung der Schußwaffe mit tödlicher Verletzung des einen Grenzverletzers durch die Kontrollstreife ... und einem Grenzposten im Abschnitt nördlich der Straße Sorge - Hohegeiß.

Die Grenzverletzer
K l e i n e r, Helmut
K l e i n e r, Margit
versuchten trotz Anruf und Abgabe eines Warnschusses die Grenze zu durchbrechen. Durch taktisch kluges Verhalten, gelang es, die Frau ohne weitere Anwendung der Schußwaffe festzunehmen. Da. K. die Flucht fortsetzte, wurde durch den Uffz. Sch. und einem im Abschnitt eingesetzten Grenzposten das gezielte Feuer eröffnet. Trotzdem K. am Bein verletzt wurde, versuchte er die Sperre zu überwinden. Durch weiteres gezieltes Feuer **(Es wurden insgesamt 60 Schuß abgegeben)** wurde K. in der Sperre tödlich verletzt.

Sozilistische Einheitspartei Deutschlands
Zentralkomitee
Abteilung für Sicherheitsfragen

Werter Genosse Honecker!

Am 03.11.1963 gegen 21.50 Uhr versuchten im Abschnitt der Grenzkompanie Pferdsdorf, Grenzregiment Eisenach die Jugendlichen
I c k l e r, Bernd, geb. 30.06.1945 und
H., Dieter, geb. 12.03.1945,
beide wohnhaft in Pferdsdorf, Kreis Eisenach, unsere Minensperren zu überwinden. **Dabei lief Ickler auf eine Mine, die ihn folgenschwer verletzte und an deren Folgen er am 04.11.1963 gegen 6.00 Uhr im Krankenhaus Eisenach verstarb.**
Am 05.11.1963. gegen 01.40 Uhr, versuchten die Jugendlichen
M., Karl-Heinz, 16 Jahre und
B., Volkmar, 16 Jahre,
beide wohnhaft in Fischbach, Kreis Bad Salzungen, die Minensperren bei Andenhausen, Grenzregiment Dermbach, zu durchbrechen.
Bei diesem Versuch wurde dem M. der rechte Fuß bis zum Knöchel weggerissen und der B. durch Splitterwirkung verletzt.
Beide befinden sich im Krankenhaus Bad Salzungen.
Wir bitte um Kenntnisnahme
Mit sozialistischem Gruß
Borning

Nationale Volksarmee
Kommando der Grenztruppen
Tagesmeldung Nr. 166/64

Die Grenzverletzer DDR-WD
M ü l l e r, Peter
geb. 15.5.1944 in Osterode
wohnh. Gernrode am Stapel 11 Krs. Quedlinburg
Kraftfahrer VEB Kraftverkehr Quedlinburg

S t a d t, Dieter
geb. 21.5.41 in Gernrode
wohnh. Gernrode, Gartenstr. 2,
Hilfsarbeiter, Fa. Henning, Gernrode,

verliessen am 13.6.1964 gegen 12.00 Uhr mit dem Motorrad Jawa 350 ccm, poliz. Kennzeichen: KT 50-22 (Eigentümer Stadt, Dieter), die Stadt Gernrode mit dem Ziel, die Staatsgrenze nach WD zu durchbrechen.
In Wernigerode stellten sie das Krad aufgrund eines Reifenschadens auf den Parkplatz in der Borgstr. ab. Fuhren am 13.6.1964 mit dem Linienbus nach Elbingerode, begaben sich zu Fuss nach Königshütte und von dort nach der Ortschaft Sorge, Ortsteil Wiedfeld.
Wege und Strassen wurden von den Grenzverletzern nicht benutzt. Gegen 21.45 Uhr erreichten sie Wiedfeld, überwanden eine Sperre auf 2 Pfählen (alt) und übernachteten im Wald. Ab 14.6.1964, 05.30 Uhr beobachteten die Grenzverletzer die zur Grenzsicherung eingesetzten Grenzposten, den Sperren- und Grenzverlauf. Gegen 07.00 bewegten sich die Grenzverletzer kriechend in Richtung Staatsgrenze und verhielten ca. 4 m vor der kombinierten Sperre (Minentyp PMD-6) wo sie sich tarnten und wiederum den Sperren- und Grenzverlauf beobachteten. Gegen 18.30 Uhr begannen sie die kombinierte Sperre kriechend zu überwinden.
M. überwand als Erster die Strecke vom freundwärtigen Drahtzaun bis zur 3. Minenlinie und forderte von dort St. auf, ihm zu folgen. Als sich St. M. genähert hatte, sagte M: „Hier liegen keine Minen, die Minenschilder sind nur zur Abschreckung angebracht“. **Als M. sich kriechend weiterbewegen wollte, brachte er eine Mine zur Detonation und wurde tödlich verletzt.**

Am 07.07.1964, 20.00 Uhr, wurde im Abschnitt der GK Neuenbau, GR Zschachenmühle, der
Z a p f, Fritz
beim Versuch die Staatsgrenze in Richtung WD zu durchbrechen, durch Anwendung der Schußwaffe tötlich verletzt. Z. befand sich bereits in der Minensperre. **Da er auf Anruf nicht stehen blieb, gab der Grenzposten 6 Warn- und 31 Zielschüsse ab, wobei der Z. einen Kopf- und Lungenschuß erhielt.** Er verstarb kurz nach seiner Einlieferung in das Krankenhaus Gräfenthal.

GR Plauen GK Hirschberg

am 05.1964, 17.30 Uhr versuchten die Staatsgrenze in Richtung Westdeutschland zu durchbrechen

K., Wolfgang

M., Alexander

M a h l e r, Adolf

... Im Abschnitt 300 m nordostwärts der Autobahnbrücke Hirschberg versuchten sie die Staatsgrenze zu durchbrechen. Im Zusammenwirken mit Kräften des Pionier-Bataillons gelang es den Grenzposten 2 Grenzverletzer festzunehmen, während der dritte GV Mahler, Adolf in die Sperre gelangen konnte und auf eine Mine lief. An den erlittenen Verletzungen erlag er trotz sofortiger ärztlicher Hilfe um 18.11 Uhr. **Todesursache: Herz- und Kreislaufschwäche durch Explosionsambutation des linken Beines.**

SED

Hausmitteilung

An

Genossen E. Honecker Abteilung für Sicherheitsfragen 24.4.67

Betr.: Besondere Vorkommnisse im Bereich der 11. Grenzbrigade - Meiningen

Werter Genosse Honecker!

Am 23. April 1967, gegen 03.30 Uhr, verhinderte der Unteroffizier G r ä f e. Harald (Postenführer) durch Anwendung seiner Schußwaffe die Fahnenflucht seines Postens, Gefreiter K l e e s a t t e l. Kleesattel wurde dabei tödlich verletzt. ...

(Handschriftlicher Vermerk von Honecker „Der Postenführer Utffz. Gräfe, Harald ist sofort zum Leutnant zu befördern. EH 24.9.67“)

Sozialistische Einheitspartei Deutschlands

Zentralkomitee

Abteilung für Sicherheitsfragen Berlin, den 25. April 1967

Minister für Nationale Verteidigung

Genossen Armeegeneral H o f f m a n n

S t r a u s b e r g

Werter Genosse Hoffmann!

Wie Dir bereits bekannt, verhinderte am 23. April 1967 der Unteroffizier Harald G r ä f e, Postenführer in der Grenzkompanie Dippach, unter Anwendung der Schußwaffe die Fahnenflucht des Grenzpostens K l e e s a t t e l.

Genosse Gräfe zeigte bei dieser Handlung Mut und Entschlossenheit und verhinderte unter Einsatz seines Lebens das Überlaufen eines Verräters zum Klassengegner.

Das Mitglied des Politbüros, Genosse Erich Honecker, den wir eingehend über dieses Vorkommnis informierten, hat entschieden, Genossen Gräfe für seine vorbildliche Handlungsweise sofort zum Leutnant zu befördern.

Wir bitten Dich, die dazu erforderlichen Maßnahmen einzuleiten und in würdiger Form die Ernennung zum Offizier durchführen zu lassen.

Informiere uns bitte über die Durchführung.

Mit sozialistischem Gruß

Borning

Stellvertreter des Ministers
und Chef der Grenztruppen der DDR

O.U., den 29.03.1982

Ich melde:

Am 29.03.1982, gegen 15.08 Uhr, wurde im Abschnitt 1500 m südostwärts der Ortschaft WAHLHAUSEN, Kreis HEILIGENSTADT, Bezirk ERFURT, Grenzregiment 4 HEILIGENSTADT, der Versuch des Grenzdurchbruches Richtung DDR-BRD nach Anwendung der Schußwaffe verhindert und die Person mit tödlichen Verletzungen geborgen.

Bei dem Grenzverletzer handelt es sich um
G r o ß e, Heinz-Josef. ...

Für ihre vorbildliche Pflichterfüllung werden die beteiligten Angehörigen der Grenztruppen belobigt.

Ich bitte um Kenntnisnahme
i.V. Leonhardt, Generalmajor

Todesopfer in Berlin und am „Berliner Ring"

Joachim Wozniak, wurde am 26. Dezember 1953 am Kontrollpunkt Dreilinden von sowjetischen Soldaten erschossen

Hans-Roland Sch, 16jähriger Schüler, wurde am 23. März 1956 am Berliner Ring bei Eichwalde erschossen

Rudolf Urban, stürzte beim Abseilen aus dem Haus Bernauer Straße 1 am 19. August 1961 ab und erlag am 17. September den dabei erlittenen Verletzungen

Ida Siekmann, sprang am 22. August 1961 aus der dritten Etage ihrer Wohnung, Bernauer Straße 48, und starb unmittelbar darauf an den Folgen der schweren Verletzungen

Günter Litwin, wurde am 24. August 1968 beim Durchschwimmen des Humboldt-Hafens entdeckt und von der Transportpolizei erschossen

Roland Hoff, wurde beim dem Versuch, durch den Teltowkanal zu schwimmen, entdeckt und von Volkspolizei und Betriebskampfgruppen erschossen

Olga Segler, sprang am 25. September 1961 aus dem zweiten Stock ihrer Wohnung, Bernauer Straße 34, und starb tags darauf an den Folgen ihrer Verletzungen

Bernd Lünser, wollte sich am 4. Oktober 1961 mit einer Wäscheleine vom Dach des Hauses Bernauer Straße 44 nach Berlin (West) hangeln. Nach Beschuß durch die Volkspolizei sprang Bernd Lünser vom Dach, verfehlte das Sprungtuch und starb unmittelbar darauf

Udo Düllick, wollte am 5. Oktober 1961 in Höhe Gröbenufer durch die Spree nach Berlin (West) schwimmen, wurde entdeckt und von der Volkspolizei erschossen

Klaus-Peter Eich, unternahm am 12. Oktober 1961 den Versuch, mit einem nach Berlin (West) fahrenden Güterzug zu fliehen, wurde entdeckt und von der Transportpolizei erschossen

Werner Probst, wurde am 14. Oktober 1961 beim Durchschwimmen der Spree in Höhe Schillingsbrücke von der Volkspolizei erschossen

Gerhard Kayser, wurde am 27. Oktober 1961 am S-Bahnhof Wilhelmsruh von Grenzpolizisten angeschossen und erlag im Volkspolizei-Krankenhaus seinen Verletzungen

Dieter Wohlfahrt, wurde am 9. Dezember 1961 bei dem Versuch, anderen die Flucht aus der DDR zu ermöglichen, aufgrund eines Verrates entdeckt und erschossen

Ingo Krüger, wurde am 10. Dezember 1961 beim Durchschimmen der Spree in Höhe des Reichstagsufers erschossen

Dorit Schmel, wurde am 19. Februar 1962 in Berlin-Wittenau, Wilhelmsruher Damm, beim Fluchtversuch mit vier anderen Personen mit Dauerfeuer beschossen und verstarb an den Folgen eines Bauchschusses

Heinz Jercha, wurde am 27. März 1962 zusammen mit weiteren Helfern bei der Schleusung von Flüchtlingen durch einen Tunnel, Neukölln, Heidelberger Straße 35, entdeckt und beschossen. Er erlag seinen Verletzungen in Berlin (West)

Philipp Held, ertrank am 11. April 1962 bei einem Fluchtversuch durch die Spree im Berliner Osthafen

Peter Böhme, Offiziersschüler der NVA, versuchte am 18. April 1962 mit einem Kameraden in Berlin-Wannsee, Kohlhasenbrück, zu fliehen. wurde bei einem Schußwechsel tödlich verletzt, ebenso der NVA-Gefreite **Jörgen Schmidtchen**, der die Flucht hatte verhindern wollen[3]

Klaus Brueske, wurde am 18. April 1962 bei einem Fluchtversuch mit einem Lkw auf dem Gelände des Sektorenübergangs Heinrich-Heine-Straße erschossen, zwei weitere Personen wurden verletzt

Horst Frank, wurde am 29. April 1962 unmittelbar an der Sektorengrenze zu Berlin-Reinickendorf erschossen

Lutz Haberlandt, wurde am 27. Mai 1962 bei dem Versuch, in den Bezirk Tiergarten zu fliehen, in Höhe des Alexanderufer erschossen

Axel Hannemann, wurde am 5. Juni 1962 in Höhe des Reichstagsufer in der Spree durch einen Kopfschuß getötet

Erna Kelm, erlitt am 11. Juni 1962 bei der Flucht durch die Havel in Höhe Nikolskoe einen Herzschlag und ertrank

Siegfried Noffke, wollte mit anderen durch einen Tunnel Flüchtlinge nach Berlin (West) schleusen; wurde dabei am 28. Juni 1962 von Grenztruppen-Angehörigen erschossen

Peter Fechter, wollte am 17. August 1962 nach Berlin (West) fliehen; wurde in Kreuzberg, Zimmerstraße angeschossen und verblutete an der Sektorengrenze

---

[3] Siehe auch: „Ein Zimmer sagt aus“ am Ende dieses Kapitels

Klaus-Dieter Weser, Oberwachtmeister der Volkspolizei, wurde bei einem Fluchtversuch am 23. August 1962 im Bereich der Bösebrücke, Berlin-Wedding, auf West-Berliner Gebiet von einem Kollegen erschossen
Ernst Mund, wurde am 4. September 1962 in der Spree zwischen Osthafen und Landwehrkanal erschossen
Anton Walzer, ertrank nach Beschuß durch Grenztruppen-Angehörige am 8. Oktober 1962 in Höhe Oberbaumbrücke in der Spree
Ottfried Reck, versuchte am 27. November 1962 über den Nordbahnhof, Invaliden-/Ecke Gartenstraße, zu fliehen, wurde dabei erschossen
Hans Räwel, wurde am 5. Dezember 1962 beim Fluchtversuch durch die Spree nahe der Oberbaumbrücke von einem Wachboot der Grenztruppen aus beschossen und ertrank
Horst Kutscher, wurde am 15. Januar 1963 bei Altglienicke erschossen
Peter Kreitlow, wurde in der Nacht zum 24. Januar 1963 bei Niederneuendorf von einer sowjetischen Streife entdeckt und erschossen
Wolf-Olaf Muszinski, ertrank am 1. April 1963 beim Fluchtversuch durch die Spree
Peter Maedler, wurde am 26. April 1963 bei der Flucht durch den Teltowkanal in Höhe Klein-Machnower Weg erschossen
Klaus Schröter, wollte am 4. November 1963 zwischen Kronprinzen- und Marschallbrükke die Spree durchqueren und wurde dabei erschossen
Dietmar Schulz, wurde am 25. November 1963 bei dem Versuch, über stillgelegte Gleise nach Berlin-Wedding zu fliehen, erschossen
Dieter Berger, starb am 13. Dezember 1963 bei Fluchtversuch an der Sektorengrenze zu Rudow an tödlichen Schußverletzungen
Paul Schultz, wurde am 25. Dezember 1963 in Höhe Bethaniendamm/Melchiorstraße angeschossen und starb auf West-Berliner Gebiet
Walter Heyn, wollte am 27. Februar 1964 über die Kleingartenanlage Sorgenfrei flüchten und wurde dabei erschossen
Adolf Philipp, wurde am 5. Mai 1964 im Bereich Staaken erschossen
Walter Heike, verstarb am 22. Juni 1964 an Schußverletzungen, nachdem er über den Invalidenfriedhof hatte flüchten wollen
Hans-Joachim Wolff, wurde am 26. November 1964 im Britzer Zweigkanal, Höhe Heidekampgraben, erschossen
Christian Buttkus, wurde am 4. März 1965 in der Nähe von Kleinmachnow erschossen
Hermann Döbler, wurde am 15. Juni 1965 in einem Boot auf dem Teltowkanal in Höhe Dreilinden erschossen
Heinz Sokolowski, wurde durch eine MPi-Garbe am 25. November 1965 in Berlin-Mitte, Clara-Zetkin-Straße, getötet
Erich Kühn, wollte am 26. November 1965 über die Kleingartenanlage „Eintracht", Bahndamm Sonnenallee, nach Berlin (West) fliehen, wurde entdeckt, beschossen und starb an den Folgen eines Bauchschusses
Heinz Schöneberger, wollte am 26. November 1965 mit seinem Bruder in einem Pkw zwei Frauen über die Übergangsstelle Heinrich-Heine-Straße schleusen. Bei dem Versuch, sich der Kontrolle zu entziehen, rammte er ein anderes Fahrzeug, kam am Schlagbaum zum Stehen, verließ seinen Wagen, wurde sofort beschossen und starb auf West-Berliner Gebiet
Willi Block, wurde am 7. Februar 1966, bereits zwischen den Stacheldrahtsperren liegend, bei Staaken, Finkenkruger Weg, erschossen

Lothar Schleußner und **Jörg Hartmann**, zwei zehn- bzw. dreizehnjährige Schüler, wurden am 14. März 1966 in einer Kleingarten-Kolonie in Berlin Treptow erschossen

Willi Marzahn, Unteroffizier der NVA, wurde am 19. März 1966 beim Fluchtversuch in Berlin durch einen Kopfschuß tödlich verletzt

Michael Kollender, Angehöriger der NVA, hatte am 25. April 1966 am Teltowkanal bereits den Signalzaun überwunden, wurde entdeckt und durch Feuerstöße getötet

Paul Stretz, wurde am 29. April 1966 im Spandauer Schiffahrtskanal in Höhe Invalidenfriedhof erschossen

Heinz Schmidt, wurde am 29. August 1966 im Spandauer Schiffahrtskanal erschossen, nachdem er von West-Berlin aus bis ans Ost-Berliner Ufer geschwommen war und damit eine „Grenzprovokation" begangen hatte

Jugendlicher, 17 Jahre alt, wurde am 16. Dezember 1966 durch Dauerfeuer im Bereich Kleinmachnow/Teltow erschossen

Max Willi Sahmland, wurde am 27. Januar 1967 im Bereich der Kanalstraße, Teltowkanal, durch Schüsse verletzt, konnte West-Berliner Gebiet erreichen, wurde dennoch weiter beschossen und ertrank

Horst Körner, Wachtmeister der Volkspolizei, versuchte am 15. November 1968 in Klein-Glienicke, Schloßpark Babelsberg, zu fliehen, erschoß den Grenztruppen-Angehörigen **Rolf Henninger** und wurde ebenfalls getötet

Friedhelm Ehrlich, Gefreiter der NVA, wurde am 2. August 1970 beim Fluchtversuch angeschossen und starb im Volkspolizei-Krankenhaus

Werner Kühl, wurde, als er sich von westlicher Seite auf den Kfz-Sperrgraben an der Britzer Allee-Brücke zubewegte, am 24. Juli 1971 erschossen

Horst Kullack, wurde am 1. Januar 1972 bei Groß Ziethen/Lichtenrade angeschossen und starb am 21. Januar an seinen Schußverletzungen

Manfred Weylandt, wurde am 14. Februar 1972 in Höhe der Schillingsbrücke beschossen und ertrank in der Spree

Klaus Schulze, versuchte am 7. März 1972 mit einem Freund bei Spandau-Radeland, Exklave Eiskeller, zu fliehen, wurde entdeckt und erschossen. Dem Freund gelang die Flucht nach Berlin (West)

Manfred Gertzki, wurde am 27. April 1973, die Grenze in unmittelbarer Reichstagsnähe zu überwinden, erschossen

Burkhard Niering, Anwärter der Volkspolizei-Bereitschaft, wollte am 5. Januar 1977 mit einer Geisel im Bereich der Grenzübergangsstelle Friedrichstraße fliehen, wurde beschossen und starb wenig später an den Folgen eines Bauchschusses im (Ost-) Berliner VP-Krankenhaus

Dietmar Schwietzer, wurde am 16. Februar 1977 im Abschnitt Schönwalde, Berliner Allee, beschossen und starb auf dem Transport ins Krankenhaus

Marinetta Jirkowsky, wurde am 22. November 1980 beim Versuch, im Bereich Hohen Neuendorf, Invalidensiedlung, die Mauer mit einer Leiter zu überqueren und erlag den Folgen eines Bauchschusses

Lothar Freie, wurde am 16. März 1983 im Bereich Bornholmer Straße/Behmstraße beschossen und starb am 6. Juni an den erlittenen Verletzungen

Silvio Proksch, hatte am 25. Dezember 1983 im Bereich Leonard-/Frankestraße die Hinterlandmauer bereits überwunden und wurde nach Auslösen des Grenzsignalzaunes erschossen

Michael Schmidt, versuchte in der Nacht zum 1. Dezember 1984 in Pankow, Nähe Nordbahnstraße, zu fliehen und dabei erschossen

Manfred Mäder, wurde am 21. November 1986 bei dem Versuch, die Mauer in Treptow zu überwinden, erschossen

Michael Bittner, wurde am 24. November 1986 beim Versuch, im Bereich Glienicke/Frohnau, Oranienburger Chaussee, die Mauer zu überklettern, beschossen und starb wenig später

Lutz Schmidt, wurde am 12. Februar 1987 beim Fluchtversuch in Treptow erschossen

Chris Gueffroy, wurde am 5. Februar 1989 bei einem Fluchtversuch im Bereich Treptow - Neukölln/Nobelstraße erschossen

Winfried Freudenberg, stürzte bei dem Versuch, mit einem Ballon nach Berlin (West) zu fliehen, am 8. März 1989 ab und verunglückte tödlich

Aus den Protokollen

Deutsche Grenzpolizei
5. Grenzbrigade
- Der Kommandeur -

O.U., den 29.8.1961

F e r n s c h r e i b e n

An das
MdI - Stab

Am 29.8.1961 gegen 14.00 Uhr wurde der Hoff, Roland ... beim Durchschwimmen des Teltow-Kanal 20 m nordostwärts der ehemaligen Industriebrücke in Richtung Westberlin durch Zielschüsse getötet. Der in diesem Abschnitt eingesetzte Sicherungsposten ... sowie die Posten ... hatten die Aufgabe, die Grenzarbeiten entlang der Uferböschung zu sichern. Zu diesen Arbeiten waren 40 Arbeiter der Firma Gum (Kanal- und Kanalisationsarbeiten aus Potsdam) eingesetzt. Ofw. ... bemerkte gegen 14.00 Uhr wie eine Person ca. 70 m von ihm entfernt, in den Kanal sprang. Auf sofortigen Anruf und Warnschuß reagierte diese Person nicht. Sie schwamm in Richtung WB weiter. Ofw. ... schoß aus seiner MPi in kurzen Feuerstößen 18 Schuß. Sold. ... und Sold. ... aus ihren Karabinern insgesamt 9 Schuß. Durch hinzu kommende in diesem Abschnitt eingesetzte Kräfte der Kampfgruppe wurde durch einen Angehörigen der KG ebenfalls ein Zielschuß abgegeben. ...

Nach den Zielschüssen versank die Person sofort in dem Kanal und tauchte nicht wieder auf. Auf der Wasseroberfläche kam eine Aktentasche zum Vorschein, die ca. 20 m kanalabwärts durch einen Genossen der KG geborgen wurde.

Die 40 Arbeiter der genannten Firma stellten auf Grund dieses Vorkommnisses die Arbeit ein und wurden anschließend durch Kräfte der VP ins Hinterland zurückgedrängt. Dabei wurde der Schmidt, Thilo, wegen provokatorischen Äußerungen festgenommen, durch Aufklärer überprüft und anschließend wieder entlassen.

Ministerium des Innern
Bereitschaftspolizei
1. Grenzbrigade (B)

Abschlußbericht
zum versuchten Grenzdurchbruch am 10.12.61 - gegen 18.25 Uhr an der Kielerstraße in der Nähe des VEB-Weinverarbeitung

Ermittelter Sachverhalt:

Die Genossen Ho. und Ha. waren am 10.12.61 als Posten 8 auf dem Kühlhaus Scharnhorststraße eingesetzt. Gegen 18.25 Uhr bemerkten beide, daß eine Person (Ingo Krüger, d. Verf.) von der Uferböschung des Spandauer-Schiffahrtskanals ins Wasser sprang und mit kräftigen Stößen schwimmend das westliche Ufer zu erreichen versuchte. Nach mehrmaligen Anrufen und Abgabe eines Warnschußes gaben beide Genossen insgesamt 22 Schüsse auf den Schwimmer ab. **Die Person wurde ungefähr in der Mitte des Kanals getroffen, gab einen ächzenden Ton von sich und sank unter.**

Ministerium des Innern
1. Grenzbrigade (B)

Geheime Verschlußsache
O.U., den 17.08.1962

B e r i c h t

über das besondere Vorkommnis im Abschnitt der IV. Grenzabteilung, Charlottenstraße, am 17.08.1962, 14.15 Uhr, mit Anwendung der Schußwaffe gegen Grenzverletzer

Am 17.08.1962, um 14.15 Uhr, erfolgte durch eine männliche Person ein Grenzdurchbruch in der Zimmerstraße/Charlottenstraße, Unterabschnitt 1, 4-Kompanie, Posten 3, der IV. Grenzabteilung aus der Hauptstadt der DDR in Richtung Westberlin. Ein zweiter Grenzverletzer Person (Peter Fechter, d. Verf.) wurde dabei schwer verletzt ins VP-Krankenhaus eingeliefert, wo er gegen 15.15 Uhr verstarb.
Die eingesetzte Untersuchungsgruppe der IV. Grenzabteilung in ihrer Zusammensetzung Stellvertreter für politische Arbeit Hauptmann Gottberg, Propagandist Oberleutnant Lenk, Kompaniechef der 4. Kompanie, der IV. Grenzabteilung Hauptmann Stankewitz und der Leiter der Abteilung Operativ der Brigade Hauptmann Strunz stellten folgenden Sachverhalt fest:

Gegen 14.15 Uhr beobachtete der Postenführer Unteroffizier Friedrich und Posten Gefr. Schreiber Ecke Zimmerstraße, Markgrafenstraße, wie eine männliche Person aus dem Hinterland über den 1. Drahtzaun den Kontrollstreifen überwand und in Richtung Mauer lief. Im Abstand von 2-3 Metern folgte eine weitere männliche Person. Unteroffizier Friedrich eröffnete sofort das Feuer auf beide Grenzverletzer. Die Entfernung von Postenführer zu den Grenzverletzern betrug etwa 50 m. **Insgesamt gab der Postenführer 17 und der Posten 7 Schuß ab.**
Der Nachbarposten Feldwebel Schönert und Gefreiter Buske vernahmen die Schüsse, beobachteten ebenfalls die Grenzverletzer unmittelbar an den Grenzsicherungsanlagen und eröffneten das Feuer. Feldwebel Schönert und Gefreiter Buske gaben insgesamt 11 Schuß ab. Die 1. Person befand sich bereits zu diesem Zeitpunkt auf der Mauer im toten Winkel zu den Grenzposten, wodurch ein weiteres gezieltes Feuer auf Westberliner Territorium gerichtet wäre. Dem Grenzverletzer gelang es, die Mauer zu überwinden. Es muß angenom-

men werden, daß dieser Verletzungen davontrug, da er kurze Zeit später durch einen westberliner Krankenwagen abtransportiert wurde.
Die zweite Person wurde getroffen und brach unmittelbar an der Mauer zusammen.
Unteroffizier Friedrich und Gefreiter Schreiber bezogen sofort Stellung im Graben, beobachteten das gegnerische Gelände und stellten fest:
Duepos und Zivilpersonen trugen eine Leiter an die Mauer heran, mit der vermutlichen Absicht unter Verletzung des Territoriums der DDR, den verletzten Grenzverletzer zu bergen.
Fotografen fotografierten unmittelbar an der Mauer auf der Leiter stehend den verletzten Grenzverletzer. Zur Verstärkung herangeführte Duepos und Zöllner, insgesamt etwa 50, bezogen Stellung und richteten ihre Waffen auf die im Abschnitt Charlotten- /Ecke Zimmerstraße eingesetzten Grenzposten. Vermutlich haben die Duepos kein Feuer auf unsere Grenzposten geführt. Überprüfungen ergaben, daß zwei Tränengaskörper mit Sprengsatz und 15 weitere Knallkörper von den Duepos auf unser Territorium geworfen wurden und unsere Grenzposten der Meinung waren, daß die Duepos das Feuer eröffnet hätten.
Vom KPP-Friedrichstraße eilten unmittelbar nach dem Vorkommnis der Oberfeldwebel Wursel und Gefreiter Lindenlaub an die Stelle der Handlung zur Unterstützung.
Zur Bergung des verletzten Grenzverletzers wurden durch die eigenen Kräfte aus der Ruine Zimmerstraße 72 - 74 ein Nebelvorhang gelegt, in dessen Schutz es dem Oberfeldwebel Wursel und Gefreiten Lindenlaub gelang, den Grenzverletzer zu bergen, einem Funkstreifenwagen zu übergeben und den Abtransport zum VP-Krankenhaus zu veranlassen.
Unmittelbar nach dem Vorkommnis war eine Menschenansammlung von 200-300 Personen auf Westberliner Seite zu verzeichnen mit Fotografen, die Foto- und Filmaufnahmen machten, unsere Grenzposten provozierten und die Duepo aufforderten, das Feuer auf unser Territorium zu eröffnen. Die Duepos machten von Anwendung der Schußwaffe keinen Gebrauch.
Nach Meldung des besonderen Vorkommnisses wurde sofort befohlen.

a) Kommandeur IV. Grenzabteilung und Untersuchungsgruppe haben sich sofort zum Tatort zu begeben;
b) die zur Sicherstellung des Zusammenwirkens zu informierenden Organe erhielten von dem Vorkommnis Kenntnis;
c) 2 SPW, 1 Wasserwerfer und 1 Reservezug sowie Sankra und Laukra wurden zum Ort der Herstellung befohlen,
d) fotografische Sicherstellung der Handlung des Gegners, HOK und KTI wurden zum Einsatzort gebeten.

Nach Bergung des schwerverletzten Grenzverletzers wurde sofort in diesem Abschnitt die normale Lage hergestellt, SPWs und Wasserwerfer abgezogen, gedeckte Posten eingesetzt und ein Offiziersbeobachter befohlen.
Weiterhin wurde festgelegt, in diesem Abschnitt eine Hinterlandssicherungsstreife einzusetzen.
Gegen 15.15 Uhr wurde dem Stab der Brigade mitgeteilt, daß der Grenzverletzer im VP-Krankenhaus seinen Verletzungen erlegen ist. Die Personalien des Grenzverletzers sind nicht bekannt, da keine Papiere aufgefunden wurden. Das Präsidium der Volkspolizei hat die Ermittlung der Person übernommen.
Gemeldet wurde, daß unmittelbar nach dem Vorfall eine männliche und weibliche Person im jugendlichen Alter sich am Tatort aufhielten und die weibliche Person zur männlichen

folgende Äußerung machte: „Das ist der Posten, der geschossen hat, den müssen wir gleich fotografisch festhalten!"
Aufgrund dieser Äußerung wurden beide Personen festgenommen und dem Stützpunkt zugeführt. ...
Gegen 17.30 Uhr wurde festgestellt, daß auf gegnerischer Seite, 4 Meter von der Mauer entfernt, gegenüber dem Tatort, ein Holzkreuz aufgestellt und Blumen abgelegt wurden.

Schlußfolgerungen

1. Die Handlungen der Grenzposten waren richtig, zweckmäßig und zielstrebig. Der Schußwaffengebrauch war gerechtfertigt, wobei in Frage gestellt ist, ob mit gezieltem Einzelschießen die gleiche Wirkung erzielt hätte werden können.
2. Die Feuerführung auf den 2. Grenzverletzer wäre entgegen des Befehls des Ministers des Innern gewesen, da die Schüsse direkt auf Westberliner Gebiet in Richtung Springerkonzern eingeschlagen wären.
3. Die Legung der Nebelwand war zweckmäßig, wodurch dem Gegner die Sicht genommen und der verletzte Grenzverletzer geborgen werden konnte.
4. Vermutlich handelt es sich um eine vorbereitete Provokation, da vor der Ausführung der Grenzverletzung eine weibliche Person sich unmittelbar an den Grenzsicherungsanlagen auf Westberliner Gebiet befand und unser Gebiet beobachtete.

Eingeleitete Maßnahmen:
1. Auf meinen Befehl wurden der Postenführer Unteroffizier Friedrich und der Unteroffizier Schreiber sowie der Oberfeldwebel Wursel und Gefreiter Lindenlaub prämiiert.
2. Das Vorkommnis wurde sofort in allen Einheiten der IV. Grenzabteilung ausgewertet.
3. Im Abschnitt Charlottenstraße/Zimmerstraße wurde verstärkte Beobachtung befohlen. 1. Offiziersbeobachter eingesetzt, die fotografische Sicherstellung weiterer Handlungen des Gegners angewiesen und eine Hinterlandsstreifensicherung eingesetzt.
Das Vorkommnis wird im Rapport nicht aufgeführt, um die Namen der Genossen geheimzuhalten.

Tschitschke
- Oberst -

Werter Genosse Honecker
Am 24.1.1963, gegen 01.10 Uhr, versuchten 5 Jugendliche im Abschnitt der 2. Grenzbrigade Niederneuendorf/Oranienburg die Staatsgrenze nach Westberlin zu durchbrechen. Von den Jugendlichen sind 3 davon in Berlin wohnhaft, 1 Jugendlicher stammt aus Hennigsdorf und 1 Jugendlicher kommt aus Rostock.
Die Jugendlichen wurden von einer Streife der dort in der Nähe stationierten sowjetischen Einheit gestellt. Als sie nach Anruf nicht stehenblieben, machten die sowjetischen Genossen von der Schußwaffe Gebrauch. Dabei wurde ein Jugendlicher (Peter Kreitlow, d. Verf.) getötet und ein anderer verletzt.

NATIONALE VOLKSARMEE
DER STADTKOMMANDANT
DER HAUPTSTADT
DER DEUTSCHEN DEMOKRATISCHEN REPUBLIK
BERLIN
VVS-Tgb.- Nr. 774/64

Berlin-Karlshorst
Dewetallee 11

Vertrauliche Verschlußsache
4 Ausfertigungen
4. Ausfertigung, 2. Blatt

Mitglied des Politbüros des
Zentralkomitees der SED und
Sekretär des Nationalen Verteidigungsrates
der Deutschen Demokratischen Republik
Genossen Erich H o n e c k e r

B e r l i n C 2
Werderscher Markt

Betr.: Verhinderter Grenzdurchbruch DDR/WB unter Anwendung der Schußwaffe mit tödlicher Verletzung des Grenzverletzers im Abschnitt der 3./GR-37

Werter Genosse Honecker!

Ich melde:
Am 27.02.64 gegen 22.20 Uhr versuchte der Heyn, Walter, geb. 31.01.39 in Breslau, wohnhaft: Berlin 0112, Voigtstr. 26. Beruf: Landwirt - geschieden - die Staatsgrenze der DDR/WB im Abschnitt der 3./GR-37 an der Kleingartenanlage Sorgenfrei ca. 500 m nordwestlich Dammweg zu durchbrechen. Der Grenzdurchbruch wurde durch die Anwendung der Schußwaffe verhindert, dabei wurde H. tödlich verletzt.

Zum Sachverhalt:
am 27.02.64 gegen 22.20 Uhr stellte das in diesem Abschnitt eingesetzte Postenpaar,
Postenführer Gefreiter Grunwald, Adolf
Posten Soldat Tröger, Dieter

den Grenzverletzer auf Höhe des Sperrgrabens fest. Die Entfernung der Grenzposten zum Grenzverletzer war ca. 50 m.
Da die Person auf Anruf und Warnschuß nicht reagierte, wurden durch den Postenführer gezielte Feuerstöße (insgesamt 11 Schuß) durch den Posten ein Feuerstoß (3 Schuß) sowie durch den linken Nachbarposten ein Zielschuß abgegeben.
Der Grenzverletzer brach unmittelbar vor der Grenzsicherungsanlage auf dem Kontrollstreifen zusammen. Zwei festgestellte Schußverletzungen führten zum sofortigen Tod.
Der Grenzverletzer wurde danach durch den Grenzposten in den Sperrgraben gezogen und in Richtung Kiefholzgraben gedeckt abtransportiert, wo durch den Sankra des GR-37 22.35 Uhr die Übernahme erfolgte und die Zuführung zum VP-Krankenhaus.

Zur Tatzeit befanden sich in diesem Abschnitt keine Kräfte des Gegners auf westlichem Gebiet. Nach 10 Minuten (22.30 Uhr) erschien am Sackführerdamm ein Funkstreifenwagen der Duepo, besetzt mit einem Offizier und drei Mann, die in Stellung gingen und sich 23.35 Uhr wieder ins Westberliner Hinterland entfernten.
Entsprechend der Lage ist mit Sicherheit anzunehmen, daß die Handlungen der eigenen Grenzposten zur Verhinderung des Grenzdurchbruchs nicht beobachtet und fotografische Sicherstellung der Bergung des Grenzverletzers nicht vorgenommen werden konnte.

Eingeleitete Maßnahmen:
1. Das Vorkommnis wurde durch einen von mir befohlenen Offizier des Stabes der Stadtkommandantur untersucht.

Schlußfolgerungen:
1. Alle im Zusammenhang mit diesem Vorkommnis handelnden Kräfte haben durch kluges taktisches Verhalten, Entschlußfreudigkeit und Initiative ihren Kampfauftrag vorbildlich erfüllt.
2. Dem Gegner war es auf Grund des taktisch richtigen Verhaltens und schnellen Reagierens der eigenen Kräfte vermutlich nicht möglich, den Sachverhalt aufzuklären. Gleichzeitig wurde die Ausnutzung des versuchten Grenzdurchbruchs zu einer Provokation durch Westberliner Polizeikräfte verhindert.
3. Ich beabsichtige, den Zugführer und das Postenpaar für konsequentes Verhalten, richtiges und schnelles Handeln, auszuzeichnen.

Eine Ausfertigung dieser Meldung habe ich dem Minister für Nationale Verteidigung und Genossen Borning übersandt.

Mit sozialistischem Gruß
P o p p e
Stadtkommandant

Werter Genosse Honecker!

Ich melde.
Am 05.05.1964 gegen 01.45 Uhr stellte im Abschnitt der 2./GR-34 (Staaken) die Kontrollstreife des Uffz. Gaudes und Soldat Deckwerth auf dem 10-m-Streifen eine Spur fest.
Bei der Überprüfung des unmittelbaren Grenzgebietes wurde an einem nichtbesetzten Bunker das Postenpaar mit ‚Hände hoch' angerufen und mit erhobener Pistole bedroht.
Das Postenpaar wendete daraufhin die Schußwaffe an.
Der Grenzverletzer (Adolf Philipp, d. Verf.) starb an den Folgen eines Brustschusses.
...
Schlußfolgerungen:
1. Alle im Zusammenhang mit diesem Vorkommnis handelnden Kräfte haben durch kluges taktisches Verhalten, Entschlußfreudigkeit und Initiative ihren Kampfauftrag vorbildlich erfüllt.
3. Ich beabsichtige, den Zugführer und das Postenpaar für konsequentes Verhalten, richtiges und schnelles Handeln, auszuzeichnen.
Mit sozialistischem Gruß
Poppe
Generalmajor

Werter Genosse Honecker!

Ich melde:
Am 22.06.1964 gegen 05.40 Uhr versuchte eine männliche Person, Heike, Walter, ... im Abschnitt der 3./GR- 33 (Invalidenfriedhof) die Staatsgrenze der DDR nach Westberlin zu durchbrechen.
Auf Anruf und Warnschuß reagierte der Grenzverletzer nicht, sondern überwand die Drahtsperre und versuchte, die feindwärtige Mauer zu überwinden. Daraufhin eröffneten die Posten das Feuer. Der Grenzverletzer wurde durch Beckendurchschuß schwer verletzt, von der herankommenden Kontrollstreife ins Hinterland transportiert und nach etwa 15 Minuten mit Sankra ins VP-Krankenhaus eingeliefert. **Der Grenzverletzer ist seinen Verletzungen erlegen.** ...

Schlußfolgerungen:

1. Das im Abschnitt Invalidenfriedhof eingesetzte Postenpaar, welches mit einem Posten des Wachregiments des Ministeriums für Staatssicherheit, Adlershof, (Regierungskrankenhaus) zusammenwirkte, hat konsequent und taktisch richtig gehandelt.
3. Ich beabsichtige, die an der Verhinderung des Grenzdurchbruchs beteiligten Soldaten des GR 33 zu belobigen bzw. auszuzeichnen und - nach Rücksprache mit dem Kommandeur des Wachregiments des MfS Adlershof - auch die Leistungen des Postens des Wachregiments anzuerkennen.

Mit sozialistischem Gruß
Poppe
Generalmajor

GR-38 HENNIGSDORF 1. GK NIEDERNEUENDORF

Am 22.11.1980, 03.40 Uhr, Festnahme wegen Versuch des Grenzdurchbruchs DDR-WESTBERLIN der
J i r k o w s k y, Marinetta

im Abschnitt FLORASTRASSE, HOHENNEUENDORF mit Anwendung der Schußwaffe und Verletzung.
Die Grenzverletzerin hatte mit zwei weiteren männlichen Personen den GSZ mit Hilfe einer Leiter überwunden und dabei ausgelöst. Bei Erkennen der Grenzverletzerin auf Höhe des Kolonnenweges gaben die eingesetzten Grenzposten Warn- und Zielschüsse ab und verletzten die J. durch Bauchschuß. Sie verstarb an den Folgen der Verletzung am 22.11. 1980 gegen 11.30 Uhr im KKH HENNIGSDORF.

Minister
für Nationale Verteidigung

Werter Genosse Minister!

Ich melde:
Am 21.November 1985 gegen 05.04 Uhr erfolgte im Abschnitt KARPFENTEICHSTRASSE, Stadtbezirk BERLIN-TREPTOW, gegenüberliegender Verwaltungsbezirk von BERLIN(WEST) NEUKÖLLN, der Versuch eines gewaltsamen Grenzdurchbruchs.

Die Täter näherten sich mit einem LKW W-50, polizeiliches Kennzeichen KY 59-79, entlang der KARPFENTEICHSTRASSE, durchbrachen die Tore der Hinterlandsicherungsmauer und des darauffolgenden Grenzsignalzaunes.

Die in diesem Abschnitt eingesetzten Grenzposten eröffneten das Feuer (49 Schuß) und verletzten beide Täter.
Die Grenzverletzer kamen mit dem LKW etwa 50 cm vor der Grenzmauer 75 zum Stehen.
Nach Bergung und erweisen der Ersten Hilfe wurden die Täter zum Krankenhaus der Deutschen Volkspolizei überführt.
Es handelt sich um
1. G r o ß, René
2. M ä d e r, Manfred.
Auf dem Transport verstarben beide Personen infolge der erlittenen Verletzungen.
Ich bitte um Kenntnisnahme
i.V. Teichmann
Generalmajor

Tod in der Ostsee

Bei Fluchtversuchen über die Ostsee starben durch Erschießen oder Ertrinken nach Angaben der Zentralen Erfassungsstelle für Regierungs- und Vereinigungskriminalität zwischen 1961 und 1989 siebzehn Menschen, darunter zwei Kinder, die Arbeitsgemeinschaft 13. August nennt für den selben Zeitraum 62 Tote und erwähnt zusätzlich 15 in Dänemark angeschwemmte Leichen, bei denen es sich möglicherweise um getötete Flüchtlinge aus der DDR handeln kann.

An den Grenzen zur Tschechoslowakei und zu Polen starben nach den Ermittlungen der ZERV und den Angaben der Arbeitsgemeinschaft 13. August zwischen 1961 und 1989 26 Flüchtlinge, zusätzlich werden vier Todesopfer an der Westgrenze Ungarns sowie 14 an der Westgrenze Bulgariens genannt.

Es würde dem Anliegen dieses Buches, eine möglichst exakte Darstellung über das Geschehen an den innerdeutschen Grenzen zu vermitteln, nicht entsprechen, würden nicht auch die Opfer unter den DDR-Grenzpolizisten bzw. später dann den Grenztruppen-Soldaten genannt. Daß ihr Tod von SED-Regime propagandistisch mißbraucht wurde, ist nicht ihre Schuld.

Die Opfer bei Grenzpolizei und Grenztruppen[4]

Gerhard Hofert, Volkspolizeiwachtmeister, wurde am 3. August 1949 von einem Grenzgänger bei Schlagbrügge erschossen

Fritz Otto, Wachtmeister, wurde am 1. September 1949 von einem Grenzgänger bei Neusalza-Spremberg an der Grenze zur CSR erstochen

Siegfried Apportin, Wachtmeister, wurde am 2. Juli 1950 im Bereich Palingen, Mecklenburg, von einem Fahnenflüchtigen erschossen

Herbert Liebs, Wachtmeister, wurde am 21. Februar 1951 bei Pferdsdorf, Kreis Eisenach, von amerikanischen Soldaten erschossen

Werner Schmidt, Wachtmeister, und **Heinz Janello**, Wachtmeister, wurden am 2. März 1951 bei Obersuhl von amerikanischen Soldaten erschossen

Rudolf Spranger, wurde am 7. August 1951 am Dreiländereck von zwei tschechoslowakischen Flüchtlingen erschossen

Manfred Portwich, Hauptwachtmeister, wurde am 27. Oktober 1951 bei Wendehausen, Kreis Mühlhausen, von einem Flüchtling erschossen

Ulrich Krohn, Oberwachtmeister, wurde am 16. Mai 1952 von einem Fahnenflüchtigen im Abschnitt Groß Thurow, Kreis Gadebusch, erschossen

Helmut Just, Wachtmeister, wurde am 30. Dezember 1952 in Berlin, Prenzlauer Berg, an der Behme-Brücke von einem Flüchtling erschossen

Waldemar Estel, Gefreiter, wurde am 3. September 1956 bei Buttla, Kreis Bad Salzungen, von einer unbekannten, aus dem Westen kommenden Person erschossen

Georg Fleischer, Oberstleutnant der NVA, am 27. März 1962 bei Steimke erschossen

Jörgen Schmidtchen, Unteroffizier, wurde am 18. April 1962 in Berlin von einem Fahnenflüchtigen erschossen

Manfred Weiß, Unteroffizier, wurde am 19. Mai 1962 im Raum Hildburghausen durch einen vorbestraften Westdeutschen erschossen

Peter Göring, Unteroffizier, wurde am 23. Mai 1962 durch West-Berliner Polizei erschossen

Reinhold Huhn, Unteroffizier, wurde am 18. Juni 1962 in Berlin von einem Fluchthelfer erschossen

Rudi Arnstadt, Hauptmann, wurde am 14. August 1962 an der innerdeutschen Grenze bei Wiesenfeld, Kreis Bad Salzungen, von einem Angehörigen des Bundesgrenzschutzes erschossen

Siegfried Widera, Unteroffizier, wurde am 23. August 1963 von einem Flüchtling angeschossen und erlag am 8. September seinen Verletzungen

Edgar Winkler, Soldat der Grenztruppen, wurde am 15. August 1968 im Bereich Rotheul von einem Kameraden erschossen, als er einen GT-Unteroffizier an der Flucht hindern wollte

Egon Schultz, Unteroffizier, wurde am 5. Oktober 1964 in Berlin von einem Angehörigen des MfS versehentlich erschossen

Klaus Noack, Gefreiter und Postenführer der DDR-Grenztruppen, wurde am 4. August 1965 bei Heiligenstadt von einem Untergebenen bei einem Fluchtversuch erschossen

---

[4] Quellen hierzu: Zeittafel zur Militärgeschichte der DDR, Berlin (Ost) 1986; Arbeitsgemeinschaft 13. August, „Todesopfer (Stand August 1995)"

Hartmut Eisler, Soldat der Grenztruppen, wurde am 30. September 1965 bei Osterode versehentlich von einem Vorgesetzten erschossen
Dieter Reinhardt, Unteroffizier der NVA, wurde am 19. August 1966 bei Hanum erschossen
Rolf Henniger, Gefreiter, wurde am 15. November 1968 in Berlin von einem Fahnenflüchtigen erschossen
Lutz Meier, Leutnant, wurde am 22. Januar 1972 an der innerdeutschen Grenze von einem Fahnenflüchtigen erschossen
Klaus-Peter Seidel, Gefreiter, und **Jürgen Lange**, Soldat, wurden am 19. Dezember 1975 im Raum Hildburghausen von einem Fahnenflüchtigen erschossen
Ulrich Steinhauer, Gefreiter, wurde am 4. November 1980 im Raum Schönwalde, Kreis Nauen, von einem Fahnenflüchtigen erschossen
Klaus-Peter Braun, Feldwebel, wurde am 1. August 1981 im Raum Heiligenstadt von einem Fahnenflüchtigen erschossen
Eberhard Knospe, Gefreiter, wurde am 5. Mai 1982 im Raum Sommersdorf, Kreis Oschersleben, von einem Fahnenflüchtigen erschossen
Uwe Dittmann, wurde am 22. März 1985 an der innerdeutschen Grenze von einem fahnenflüchtigen sowjetischen Soldaten erschossen
Horst Hnidyk, wurde am 3. August 1989 von einem fahnenflüchtigen sowjetischen Soldaten erschossen

„Ein Zimmer sagt aus“[5]

Auf dem langen Flur einer Einheit des Grenzregimentes „Walter Junker“ hängt ein großes Gemälde. Es ist das Porträt eines Grenzsoldaten: Große kluge Augen schauen den Betrachter an. Ein offenes, junges Gesicht. Man kann darin lesen. Zukunftserwartung, Optimismus und um die Mundwinkel einige energische Züge. Unterm Bild steht: „Unteroffizier Jörgen Schmidtchen, sein Tod ist uns Vermächtnis.“ Davor auf einem mit einem roten Tuch umhüllten Postament ein Stahlhelm - sein Stahlhelm. ...
Am 18. April 1962 war Gefreiter Schmidtchen mit seinem Posten an der Staatsgrenze zu Westberlin eingesetzt. In diesen Tagen war es ein besonders verantwortungsvoller Dienst. Immer wieder versuchten feindliche Elemente zu provozieren oder die Grenze zu durchbrechen. Gefreiter Schmidtchen versah an einem Schwerpunktabschnitt seinen Dienst. Hier hatte es der Klassenfeind darauf abgesehen, die Staatsgrenze „durchlässig“ zu machen. Unsere Grenzsoldaten kannten das zur Genüge. Höchste Wachsamkeit war deshalb ständig geboten. Das unübersichtliche Gelände erschwerte die Sicherung. Für die bewaffneten Banditen, die hier die Grenze durchbrechen wollten, war das von Vorteil. Als Gefreiter Schmidtchen die Grenzverletzer stellte, eröffneten diese sofort und rücksichtslos das Feuer auf den Grenzposten. Die Grenzer schossen zurück. Bei dem Feuergefecht wurde Genosse Schmidtchen tödlich getroffen. Ein Bandit konnte unschädlich gemacht werden, während dem anderen die Flucht gelang.

---

[5] Aus: Liebig, „Wo sie gefallen sind, stehen wir“, Politische Verwaltung der Grenztruppen der DDR, 1983

Unser Staat würdigte die Verdienste von Jörgen Schmidtchen. Er wurde post mortem zum Unteroffizier befördert und mit dem Ehrenzeichen der Deutschen Volkspolizei ausgezeichnet. Der Zentralrat der FDJ verlieh ihm die „Artur-Becker-Medaille“ in Gold. ...
Auf dem Friedhof in Leipzig-Schönefeld fand Unteroffizier Schmidtchen seine letzte Ruhestätte.

Getötet und verletzt von den eigenen Minen

Ein weiteres düsteres Kapitel in der Geschichte der „Grenzsicherung“ soll hier angesprochen werden, zumal es bis heute weitgehend unbekannt ist. Natürlich hatte die DDR Minen verlegen lassen, weniger, um einen Gegner vom Westen fernzuhalten - militärisch gesehen waren die Minen ohnehin völlig wirkungslos -, als vielmehr darum, „Grenzverletzern“ aus dem eigenen Land den Weg zu versperren. Zu welch schlimmen Geschehen die Minensperren führte und welche Opfer sie unter den Flüchtlingen forderten, ist vorstehend geschildert. Tatsache ist aber auch, daß auch über hundert Angehörige der Grenztruppen selbst durch Minen schwer verletzt oder gar getötet wurden.

Am 27. August 1979 hatte der Chef Pionierwesen der Grenztruppen, Oberst Worbs, eine „Analyse der Minenverletzungen an der Staatsgrenze der DDR zur BRD“ zu Papier gebracht (Geheime Verschlußsache G / 406070) aus der hervorgeht, daß im Zeitraum von 1972 bis 1979 insgesamt 101 Grenzer durch Minen verletzt worden waren. Bis zum Abschluß der Minenräumung im August 1983 erhöhte sich diese Zahl sogar noch auf 126. Nicht enthalten sind in diesen Zahlen Angehörige der NVA, die zum Ausbau der Grenze eingesetzt waren, Angehörige des MfS sowie Angehörige der Grenztruppen, die nur leicht verletzt waren und ambulant behandelt werden konnten.

Für die Jahre 1962 bis 1979 stellte Oberst Worbs diese Statistik auf:

„Unterteilung der Gesamtziffer der Verletzten:

(1) Nach Verbänden

Grenzkommando NORD	= 30
Grenzkommando SÜD	= 71

(2) Nach dem Grad der Verletzungen

- tödliche Verletzungen	= 1
- schwere Verletzungen (amputierte Gliedmaße)	= 33
- mittlere und leichte Verletzungen	= 67

(3) Nach Dienstgraden

Offiziere	= 25
Unteroffiziere	= 20
Soldaten	= 56

Hinsichtlich der Ursachen der Minenverletzungen zeichnet sich als absoluter Schwerpunkt das Räumen der Minen PMN mit etwa 50 % aller Verletzungen (49 Angehörige der GT) ab. Die weiteren Verletzungen entfallen auf

- das Verlegen von Minen, besonders des Typs PMD-6
- die Montage und Wartung der Minensperre SM - 70
- Unfälle mit abgeschwemmten Minen
- Irrtümliches oder unberechtigtes Betreten von Gassen und Sperren.

Der hohe Schwierigkeitsgrad des Räumens der Minen PMN wird besonders darin sichtbar, daß sich die Verletzungen (50 % aller Minenverletzungen) beim Räumen von nur 100 km Minensperren mit Minen PMN ereigneten.
Insgesamt wurden jedoch seit 1968 970 km Minensperren geräumt."

GRENZTRUPPEN
DER DEUTSCHEN DEMOKRATISCHEN REPUBLIK
KOMMANDO DER GRENZTRUPPEN
Stellvertreter des Chefs Technik u.
[B]waffnung u. Chef Grenzsicherungsanlagen

..: 52 02 03

O.U., den 22. 11. 1984

Vertrauliche Verschlußsache
Vertrauliche Verschlußsache!
VVS-Nr.: G/693805
1. Ausfertigung = 6 Blatt

31 12 84
31 12 86
31 12 86

Sekretariat des Stellvertreters des Ministers und Chef der Grenztruppen
Posteingang 29. NOV. 1984
Tgb. Nr.

In den Grenztruppen der DDR gibt es mit Stand vom 30. 08. 1979 insgesamt 104 Minenverletzte:

davon: 1 Toter
36 Schwerverletzte
67 Leicht- und mittlere Verletzte

Übersicht

von Angehörigen der Grenztruppen, die auf Grund schwerer Minenverletzungen als dienstuntauglich entlassen wurden

[L]fd. [Nr.]	Dienstgrad Name, Vorname geb. am	verletzt am Art der Verletzung	jetziger Bereich/ TT	jetzige Tätigkeit	Wohnanschrift
	2	3	4	5	6
	Soldat R[redacted], Frank [redacted]	29.06.1962 Abriß 2.-5. Finger rechte Hand	GR-4	Meister im BMK Rostock	2300 Stralsund [redacted]
	Unteroffizier P[redacted], Erich [redacted]	24.07.1962 beiderseits blind 1 Arm fehlt	GR-15	Telefonist VEB Leutersdorf	8807 Leutersdorf [redacted]
	Unteroffizier K[redacted], Siegfried [redacted]	08.06.1963 Abriß rechter Fuß	GR-15	Brigadier Werkzeugfabrik Siebenlehn	9201 Obergruna [redacted]
	Leutnant G[redacted], Theo [redacted]	22.08.1967 Abriß rechter Fuß	GR-15	Kaderleiter	6406 Steinach [redacted]

000001

Vertrauliche Verschlußsache!
VVS-Nr.: G/693805 ⁄.Ausf.Bl.6

1	2	3	4	5	6
39.	Gefreiter D[redacted] Olaf [redacted]	30.07.1981 Amputation rechter Fuß	MRK-27	Invalidenrentner	4374 Osternienburg [redacted]
40.	Major B[redacted], Wolfgang [redacted]	11.07.1983 Amputation li.Unterschenkel	GR-4	ZB bei GT d.DDR GR-4	5630 Heiligenst[illegible] [redacted]
41.	Soldat H[redacted], Mathias [redacted]	30.08.1983 Amputation li.Unterschenkel	GR-9	keine Arbeits- stelle bekannt	6060 Zella-Mehlis [redacted]
42.	Oberleutnant V[redacted], Ralf	03.01.1984 Amputation li.Fuß, Verletzungen rechte Hand	GR-24	Invalidenrentner	3560 Salzwedel [redacted]
43.	Unteroffizier K[redacted], Frank	03.01.1984 Amputation li.Fuß	GR-24	Student Uni Rostock	2080 Neustrelitz [redacted]
44.	Soldat H[redacted], Mario [redacted]	31.08.1984 Amputation re.Unterschenkel u. Fraktur linker Unterschenkel	GR-9		8000 Dresden [redacted]
45.	Unteroffizier Z[redacted], Torsten [redacted]	23.11.1984 Amputation re.Unterschenkel	GR-24		3600 Halberstadt [redacted]

000[illegible]
5

DDR-Generale Opfer der „Sieger-Justiz?"

Die tatsächlich für den Schießbefehl, für das Sterben an den innerdeutschen Grenzen Verantwortlichen, sind auch heute nicht bereit, zu ihren Handlungen und Beschlüssen zu stehen, wenn man einmal vom ehemaligen SED-Politbüro-Mitglied Günter Schabowski absieht, der für sich eine zumindest moralische Mitschuld einräumt. Im übrigen aber wollen SED-Funktionäre und NVA-Generale weiterhin nichts von der Existenz eines Schießbefehls gewußt haben oder verschanzen sich, wie der letzte SED-Generalsekretär Egon Krenz, hinter vermeintlichen Anweisungen des großen Bruders Sowjetunion. Die Prozesse gegen Mauerschützen und die politische Führungsriege bezeichnen sie als Ausdruck einer „Siegerjustiz", und sie werden in ihrem Starrsinn unterstützt von einem „Solidaritätskomitee für die Opfer der politischen Verfolgung in Deutschland", das seinen Sitz in der Togostraße Berlin-Reinickendorf hat.

Am 3. November 1995 hatten die vor der 36. Strafkammer des Landgerichts Berlin angeklagten Grenztruppen-Generale Baumgarten, Leonhardt, Thieme, Lorenz, Gabriel und Teichmann eine Erklärung abgegeben, mit der sie ihre Hände in Unschuld waschen und jegliche Mitschuld am Tod von Hunderten von Menschen von sich weisen wollten. Da wird davon gesprochen, Vorgesetzte und Unterstellte hätten Betroffenheit und Mitgefühl angesichts jedes Toten an der Grenze empfunden. Wie verträgt sich dieses aber mit der Tatsache, daß zahlreiche Grenzer nach der Abgabe von tödlichen Schüssen ausgezeichnet und belobigt wurden? Und ist es nicht geradezu zynisch, darauf hinzuweisen, die „Grenzverletzer" hätten ja um die Gefahren gewußt und billigend in Kauf genommen, durch Schüsse oder Minen verletzt oder gar getötet zu werden? Die wichtigsten Passagen, soweit sie die direkte Grenzsicherung betreffen, sollen nachstehend wiedergegeben werden, sind sie doch Zeugnis einer Verharmlosung des Geschehens einerseits, einer völlig unangebrachten Schuldzuweisung an Dritte sowie des Versuches einer Legendenbildung andererseits :

„II.3. <u>Zum Prinzip der Verhältnismäßigkeit beim Schutz der Staatsgrenze</u>

... Die Wahrung des Prinzips der militärischen Verhältnismäßigkeit der Mittel und Methoden bei der Sicherung der Staatsgrenze wird u.a. auch durch folgende Maßnahmen verdeutlicht.
Gesetze und Verordnungen der DDR, die das Grenzregime betrafen, wurden im Gesetzblatt der DDR (in Einzelfällen auch durch Aushänge) veröffentlicht und in der Regel durch Kommentare in den Medien erläutert.
Das Grenzgesetz von 1982 wurde z.B. in vollem Wortlaut in allen großen Tageszeitungen der DDR abgedruckt.

Jeder Bürger hatte die Möglichkeit, sich über die Bedingungen für einen legalen Grenzübertritt, sowie über die Einschränkungen und Verbote, die für die Einreise und den Aufenthalt im Grenzgebiet festgelegt waren, umfassend zu informieren.
Das Grenzgebiet, sowohl die Begrenzung der Sperrzone als auch der Verlauf des Schutzstreifens, war eindeutig gekennzeichnet und für jedermann deutlich erkennbar.
Der Schutzstreifen stellte ein gesondertes militärisch gesichertes Gebiet dar, das als solches durchgängig gesperrt und unübersehbar markiert war.
Ein unbeabsichtigtes Betreten des Grenzgebietes, insbesondere des markierten gesperrten Schutzstreifens, war somit ausgeschlossen. Das Grenzgebiet hatte, beginnend vom Verlauf der Staatsgrenze, eine Tiefe von ca. 5 Kilometern.
Die Sicherung des Grenzgebietes erfolgte tiefengestaffelt durch Grenzposten, Freiwillige Helfer der GT, Volkspolizei und Freiwillige Helfer der VP, Mitarbeiter des MfS sowie durch die staatlichen und gesellschaftlichen Organisationen.
An der Staatsgrenze zu Berlin (West) hatte es aufgrund des überwiegend großstädtischen Charakters eine Tiefe von 10 bis 50 Metern.
Wie auch immer das Grenzregime der DDR von der BRD beurteilt wird, diese Maßnahmen dienten dazu, die Gesetzlichkeit und Ordnung im und am Grenzgebiet zu wahren, sowie Konflikten frühzeitig und effektiv entgegenzuwirken. Sie folgten dem Grundsatz der Verhältnismäßigkeit.

Die Grenzsicherungsanlagen waren ausschließlich in einem militärischen Sperrgebiet errichtet.[1]
Personen und Fahrzeuge, die sich in diesen Sperrgebieten bewegten bzw. aufhielten, wurden kontrolliert und nach Überprüfung der Begründung bei unberechtigtem Aufenthalt zurückgewiesen bzw. gebührenpflichtig verwarnt oder mit einer Ordnungsstrafe belegt.
Gab es Anhaltspunkte, die den Verdacht für strafbare Handlungen begründeten, wurden die hierfür zuständigen Stellen außerhalb der Grenztruppen informiert und wenn nötig ggf. strafprozessuale Prüfungshandlungen eingeleitet. ...

Die Festnahme mutmaßlicher Grenzverletzer hatte bei Widerstand oder Fluchtversuch durch Anwendung körperlicher Gewalt, bei Erforderlichkeit unter Einsatz von Hilfsmitteln (§ 26 GG[2]), zu erfolgen. Erst wenn diese Möglichkeiten ausgeschöpft waren und erfolglos blieben, war unter strikter Beachtung des § 27 GG[3] als Ausnahme die gezielte Anwendung der Schußwaffe gegen Grenzverletzer erlaubt, aber nur, um deren Festnahme zu erzwingen und nicht der Tötung halber.
Die Straflosigkeit des befehlsgetreuen, aber unabsichtlich tödlichen Schußwaffeneinsatzes an der Staatsgrenze als verhältnismäßige Zwangsmaßnahme regelte die Volkskammer im Strafgesetzbuch 1968, auch im § 17.[4]

---

[1] Hier handelt es sich um eine Falschaussage der Generale. Das Grenzgebiet war eben ausdrücklich **nicht** als militärisches Sperrgebiet deklariert, wie aus dem am Ende des Kapitels wiedergegebenen Brief vom MfNV Keßler vom 7. Januar 1989 (Tagebuch-Nr. A-11 /89) eindeutig hervorgeht.
[2] siehe Anhang Nr. 43
[3] siehe Anhang Nr. 43
[4] siehe Anhang Nr. 42

Das Grenzgebiet der DDR wurde auch gegenüber den drei Alliierten Westmächten von ihrem ehemals sowjetischen Verbündeten als „militärisches Sperrgebiet“ unter Überreichung entsprechenden Kartenmaterials ausgewiesen.
In diesem Bereich durften sich deshalb Militärpersonen der ehemaligen Siegermächte, einschließlich der Militärmissionen, nicht aufhalten. Das wurde von allen Seiten strikt eingehalten. Andere Personen konnten hier schon gar nicht mehr Rechte beanspruchen als die Alliierten. ...
Eingedenk ihrer Verantwortung sah sich die Regierung der DDR im Juli des Jahres 1962 veranlaßt, die Regierungen der Staaten der Welt in einer Dokumentation auf die von Berlin (West) aus Anschläge gegen die Staatsgrenze der DDR aufmerksam zu machen.
Die Gefährlichkeit dieser Anschläge, die Brandstiftungen, Feuerüberfälle und Morde einschlossen, ist unübersehbar.
Die Geschichte kennt eine Fülle von Beispielen, wo ungleich geringfügigere Anschläge auf die Grenze eines Staates zum Auslöser eines Krieges wurden. ... Durch die Grenztruppen der DDR gab es in dieser Zeit keinerlei provokatorische Verletzungen des Territoriums der BRD und von Berlin (West), keine Anschläge auf Angehörige ihrer Grenzschutzorgane, keine Zerstörung von Einrichtungen an der Staatsgrenze und auch keine Duldung solcher Anschläge von Bürgern der DDR. ...

Inoffiziell duldeten und förderten BRD-Staatsorgane lange Zeit auf vielfältige Weise ständige Verletzungen der Staatsgrenze der DDR, darunter durch Anreizung zu Straftaten gegen Angehörige der Grenztruppen und durch die wohlwollende Duldung von Grenzprovokationen. Eine besondere Rolle haben dabei die Medien gespielt. Die BRD-Justizorgane unterstützten diese Politik, z.B. durch die faktische Straffreistellung von BRD- und DDR-Bürgern, die Angehörige der Grenztruppen vorsätzlich töteten, wie durch die Zuerkennung finanzieller Unterstützung an Grenzstraftäter, die von Gerichten der DDR für solche Straftaten zur Verantwortung gezogen worden sind.

Die militärische Sicherung der westlichsten Staatsgrenze zur NATO mit all ihren Konsequenzen war ein Ergebnis des Kalten Krieges, der weltweit große Opfer gekostet hat.
Auch an der Staatsgrenze der DDR zur BRD und zu Berlin (West) sind Wunden gerissen worden, gab es großes menschliches Leid. Die Verletzten und Toten auf beiden Seiten gehören zu den tragischen Folgen der Politik des Kalten Krieges, der sowohl von den Staaten der NATO als auch von denen des Warschauer Vertrages geführt wurde.

Diese Politik und Folgen müssen gemeinsam verantwortet werden.

Jeder Verletzte, jeder Tote, jedes Opfer ist zu beklagen und zu bedauern.
Das gilt für die im Grenzdienst ermordeten Angehörigen der GT ebenso wie für die Menschen, die - wissend um die Gefahren, die mit dem illegalen Grenzübertritt verbunden waren und eine mögliche Schußwaffenanwendung oder Minenverletzung billigend in Kauf nahmen - verletzt oder getötet wurden.

Wir bekunden nach wie vor unsere Betroffenheit und unser Mitgefühl zu jedem Verletzten und Toten an dieser Grenze. So haben das auch unsere Vorgesetzten und die uns Unterstellten immer gesehen. Aus persönlichem Erleben kennen wir den Schmerz, das Leid und die Trauer bei Angehörigen und Freunden von Menschen, die an der Staatsgrenze ums Leben gekommen sind.

Die Achtung vor den Opfern auf beiden Seiten dieser Grenze und das Leid ihrer Angehörigen verlangen deshalb größte Objektivität, Sachlichkeit und Beachtung der Bedingungen, die dazu geführt haben. Gerade deshalb hat niemand das Recht, von der Position des Siegers aus zu urteilen.

IV. Befehle zur Grenzsicherung

Befehlsempfänger für den Befehl 101 war der Chef der Grenztruppen. Er gab den Befehl unter der Ordnungsnummer 80 an die Kommandeure der ihm unterstellten Verbände und Lehreinrichtungen weiter, die ihrerseits für eine inhaltliche Weitergabe dieser Befehle zu sorgen hatten, bis schließlich der Befehl, in der Regel mit der Ordnungsnummer 20 die Einheiten der Grenztruppen erreichte. ...
Der Befehl hatte eine militärische Ausdrucksweise und einen militärischen Inhalt und eignet sich nicht für eine Auslegung nach dem allgemeinen Sprachgebrauch. ...
Hauptaufgabe der Befehle war es, eindeutige Regelungen für die Fragen zu treffen, die den Einsatz der Kräfte und Mittel der Grenztruppen zur Erfüllung der befohlenen Aufgaben in Friedens- und in Kriegszeiten betrafen.

Ernstfall war dabei die widerrechtliche Grenzpassage, d.h. das widerrechtliche Eindringen unbefugter Personen in das Grenzgebiet. Da nicht von vornherein feststand, durch wen eine Grenzverletzung erfolgen würde, und es nach der Einschätzung der Befehlsgeber falsch gewesen wäre, auf jede Grenzverletzung auf gleiche Weise zu reagieren, mußte bei der Befehlsgebung, z.B. zwischen dem Angriff bewaffneter Streitkräfte, bewaffneter Einzelpersonen und von anderen Personen, unterschieden werden.
Es mußten Regeln aufgestellt werden, die den wichtigsten voraussehbaren Grenzverletzungen gerecht wurden. ...

Die Bestimmungen des § 27 des Grenzgesetzes über den Schußwaffengebrauch wurden durch die Dienstvorschriften weder aufgehoben noch modifiziert.
Die militärische Aufgabenstellung „vernichten“ war daher nur auf die Abwehr bewaffneter Übergriffe, die Bekämpfung von bewaffneten Diversanten und Terroristen oder von Angehörigen regulärer Streitkräfte gerichtet.
„Vernichten“ war auch unter derartigen Bedingungen als militärisch definierter Begriff zu verstehen, der nur von Böswilligen mit Töten gleichgesetzt wird.
Insoweit galt der Befehl, den militärischen Gegner[5] nach Möglichkeit mit dem ersten Schuß bzw. ersten Feuerstoß zu vernichten, wobei dem Wort „vernichten“ die Bedeutung zukam, den Gegner kampfunfähig, d.h. im militärischen Sinne handlungsunfähig zu machen.

V. Zur Anwendung von Schußwaffen im Grenzdienst

Richtig ist, daß alle Befehle und Weisungen immer im Kontext standen zu den gültigen gesetzlichen Bestimmungen, d.h. bis zur Anwendung der Schußwaffe alle anderen Möglichkeiten auszuschöpfen, also stets nach Gesetz und Vorschrift zu handeln. Nicht entschlossenes Handeln hat vielen Grenzsoldaten das Leben gekostet. Die Ermordung der

---

[5] Die Verfasser der Erklärung übersehen, daß in den Befehlen niemals die Rede von der Vernichtung des militärischen Gegners, sondern immer nur des Gegners schlechthin die Rede war, und damit waren eindeutig auch „Grenzverletzer“ aus dem eigenen Hinterland gemeint.

Grenzsoldaten Klaus-Peter Seidel und Jürgen Lange durch den Grenzterroristen Weinhold am 19.12.1975 ist nur ein Beispiel dafür.

Treffsicheres Schießen war deshalb gefordert, um unbeteiligte Personen zu schützen (§ 18 StGB/DDR)[6], das Territorium des angrenzenden Staates nicht zu verletzen sowie das Leben des Rechtsverletzers zu schonen, aber seine weitere Fortbewegung zu verhindern.
Die Angehörigen der Grenztruppen wurden dazu erzogen und ausgebildet, das wird durch alle dienstlichen Regelungen bewiesen, mit großer Besonnenheit und hoher Verantwortung entsprechend den Forderungen des Grenzgesetzes die Schußwaffe nur als letztes Mittel und unter strenger Beachtung der fixierten Einschränkungen einzusetzen.

<u>Die Anwendung der Schußwaffe war absolute Ausnahme.</u>
Die Angehörigen der Grenztruppen hielten sich an diese Forderungen, wie die Untersuchungen bei Schußwaffenanwendungen bestätigt haben. Bekanntlich hatte die Zahl der Versuche des illegalen Grenzübertritts in den achtziger Jahren eine steigende Tendenz bei zunehmenden Gewaltakten gegen Grenzsoldaten und Grenzanlagen. Die Anwendung der Schußwaffe als letztes Mittel war jedoch im Verhältnis zu dieser steigenden Tendenz eindeutig nachweisbar rückläufig.
Der Einfluß der Vorgesetzten aller Stufen auf eine solide Ausbildung und Erziehung und die enorme Arbeit für die Erhöhung der Sicherheit an der Staatsgrenze führten zu diesem Ergebnis.
Zum Beweis dafür einige Fakten:
Von 1979 bis 1989 erfolgte durch die Grenztruppen die Festnahme von 2.905 Personen, die versuchten, die Staatsgrenze zu verletzen bzw. zu durchbrechen.
Der Begriff „durchbrechen“ ist wohl berechtigt, wenn man ohne Voreingenommenheit berücksichtigt, daß diese Versuche in vielen Fällen unter Androhung bzw. Anwendung von Gewalt, mittels schwerer Technik wie Lkw, Planierraupen, Traktoren sowie Stich-, Hieb- und auch Schußwaffen durchgeführt wurden. Bei diesen 2.905 Festnahmen erfolgte in 148 Fällen die Anwendung der Schußwaffe, also in 5,1 % der Fälle, wobei in diesen 11 Jahren leider 24 Personen verletzt und 17 tödlich verletzt wurden. ...

Es war humanistische Grundanliegen der DDR, das Leben zu achten, menschliches Leid möglichst zu vermeiden, und sie hatte darüber hinaus ein hohes politisches Interesse daran, es nicht zu Todesfällen kommen zu lassen, weil jeder Tote an der Grenze zur politischen Diskreditierung der DDR mißbraucht wurde.

Zu keiner Zeit wurde einem Angehörigen der Grenztruppen befohlen, Grenzverletzer vorsätzlich zu töten oder Leben und körperliche Unversehrtheit über das Maß des entsprechend der konkreten Lage Notwendigen hinaus zu gefährden.

Bei einer Absicht, den Grenzverletzer zu töten, hätten die Grenztruppen mit dafür geeigneteren Waffen ausgerüstet werden können. Aber gerade das ist unterblieben.
Im Zuge der Umrüstung der NVA von der Maschinenpistole „Kalaschnikow“ (AK 47) auf die Maschinenpistole „AK 74“ fanden von etwa 1986 bis 1988 bei den Grenztruppen außerhalb des Grenzdienstes Erprobungen zur Einführung dieser Waffe statt.
Im Ergebnis der Erprobungen unterbreitete die Führung der Grenztruppen dem Minister für Nationale Verteidigung den Vorschlag, die Einführung von „AK 74“ nicht vorzunehmen, weil die von dieser Maschinenpistole verschossenen Hochgeschwindigkeitsgeschosse

[6] Siehe Anhang Nr. 42

dazu führen können, daß an sich nicht lebensgefährliche Verletzungen einen Schocktod bewirken.
Da eine Schußwaffenanwendung im Grenzdienst stets dem Ziel diente, den Grenzverletzer - der sich trotz drohender oder sogar erfolgter Schußwaffenanwendung der Festnahme zu entziehen suchte - letztlich durch Herbeiführung seiner Fortbewegungsunfähigkeit dennoch festzunehmen, verbot sich die Einführung einer Waffe, die das Risiko erhöhte, daß Grenzverletzer getötet werden.

Eine Umrüstung der Grenztruppen auf die Maschinenpistole „AK 74“ ist deshalb nicht vorgenommen worden.

Bei notwendiger Feuerführung im Grenzdienst war als Grundsatz Einzelfeuer festgelegt.
Es war kein Verstoß gegen Festlegungen zur Anwendung der Schußwaffe, wenn sich ein Grenzposten in Wahrnehmung seines Auftrages und unter Berücksichtigung der konkreten Bedingungen entschloß, die Schußwaffe in Feuerstößen anzuwenden.
Dies erfolgte u.a. zum Niederhalten als Sperrfeuer, bei vermuteter Bewaffnung, bei Nacht bzw. bei witterungsbedingter Erschwernis der Lage und bei der Verwendung motorisierter Hilfsmittel durch die Grenzverletzer als Waffenanwendung gegen Sachen.
Eine ggf. objektive Überschreitung der Befugnisse nach dem Grenzgesetz in Einzelfällen ist nicht geeignet, dies zu widerlegen. Der Grenzsoldat mußte unter allen Bedingungen der Jahres-, Tageszeit und der Witterung bereit und in der Lage sein, in kürzester Zeit verantwortungsbewußt und taktisch richtig zu handeln in Kenntnis der Tatsache, daß täglich bis zu 20 Personen, z.T. bewaffnet, in Fahndung standen, bei denen mit Angriffen auf die Staatsgrenze zu rechnen war.
Es ist zwar eine unter Nichtfachleuten verbreitete Auffassung, Dauerfeuer erhöhe die Trefferwahrscheinlichkeit. Dies hat sich jedoch für die jeweiligen Situationen an der Staatsgrenze der DDR nicht bestätigt. Hier gab es keine tiefgestaffelten, versetzt geführten Angriffe militärischer Verbände.
Dauerfeuer auf einzelne Grenzverletzer - speziell auf größere Entfernungen - hatte zumeist und gewollt nur eine moralische Wirkung zur Brechung des Willens des Grenzverletzers, sich der Festnahme weiterhin zu entziehen.
Zur objektiven Beurteilung des Handelns der Angehörigen der Grenztruppen gehört auch, daß sie nicht wissen konnten, was den jeweiligen Grenzverletzer veranlaßt hat, das strikte Verbot des unrechtmäßigen Eindringens in das Grenzgebiet, d.h. in ein Sperrgebiet, zu mißachten.
Wer die Straftat des ungesetzlichen Grenzübertritts trotz wiederholter Warnung fortsetzte, sah für sich offenbar hinreichende Gründe, seine Gesundheit und sein Leben einzusetzen.

Die Festnahme dieser Personen war deshalb wichtig, weil offensichtlich ihrem Handeln aufzuklärende andere Straftaten zugrunde lagen. Warn- und Zielschüsse gegen solche Grenzverletzer dienten daher einzig und allein dem Zweck, ihre Festnahme zu erzwingen und sie erforderlichenfalls fortbewegungsunfähig zu machen.

Der Grenzsoldat der DDR hatte sich allein an dem völkerrechtskonformen Recht der DDR, nicht aber an der Propaganda und dem Recht anderer Staaten, auszurichten.
Deshalb mußte er jedem, der als Grenzverletzer das innerstaatliche Recht der DDR mißachtete, mit allen erforderlichen, ihm nach Maßgabe des Grenzgesetzes oder der schon früher geltenden Dienstvorschriften jeweils zu Gebote stehenden Mittel entgegentreten.

Der durch die Zusammenfassung polizeilicher und militärischer Aufträge bedingte psychische Druck hat die korrekte Befehlserfüllung in Ausnahmesituationen sicherlich erschwert. Allerdings wäre es pflichtwidrig gewesen, aus Angst vor den Behörden und der Propaganda der BRD das Gesetz nicht oder nicht konsequent anzuwenden.
In diesem und in keinem anderen Sinne mußte der Grenzsoldat in Erfüllung seiner Pflichten „konsequent" gegenüber einem Grenzverletzer und gegen sich selbst sein. Das beinhaltet auch, daß die Angehörigen der Grenztruppen von Rechts wegen angehalten waren, bei der Anwendung der Schußwaffe das Leben des Rechtsverletzers zu schonen. ...
Wegen der objektiv bestehenden Risiken, die bei jeder Schußwaffenanwendung gegeben sind, wurden die Angehörigen der Grenztruppen gemäß der Rechtsordnung auch nicht strafrechtlich verfolgt, wenn die Schußwaffenanwendung im Grenzdienst, die in allen Fällen unter komplizierten Bedingungen erfolgte, statt zur Festnahme zum Tod des Grenzverletzers führte und sie damit den Befehl zur Festnahme nicht erfüllt hatten.

VI. Zur Minenverlegung an der Staatsgrenze zur BRD

Auf der Grundlage der Erklärung der Regierungen der Warschauer Vertragsstaaten vom August 1961 wurden durch die DDR und ihre Verbündeten Maßnahmen getroffen, um an der Grenze zwischen Warschauer Vertrag und NATO solche Voraussetzungen zu schaffen, die ein friedensbewahrendes militärisches Nebeneinanderbestehen weiter ermöglichten.
Dazu gehörte u.a. auch die Errichtung von Minensperren in wichtigen Richtungen und Abschnitten an der Staatsgrenze der DDR zur BRD. Die Anlage von Minenfeldern an der Staatsgrenze zur Bundesrepublik war keine Erfindung der DDR und schon gar nicht eine eigenständige Entscheidung der damaligen Führung der Grenztruppen.
Die Verminung der Staatsgrenze wurde am 14.09.1961 vom damaligen Oberkommandierenden der Gruppe der Sowjetischen Streitkräfte in Deutschland, Marschall der Sowjetunion Konjew, angeordnet, um ein unbemerktes Eindringen gegnerischer Kräfte in das Grenzgebiet der DDR zu verhindern oder zu erschweren.[7]
Die Auswahl und Bestimmung der zu verminenden Grenzabschnitte erfolgte durch Befehlshaber und Kommandeure der GSSD unter Einbeziehung und in Abstimmung mit den örtlich zuständigen Kommandeuren der Grenzbrigaden und Grenzregimenter der Grenztruppen der DDR.

Die Weisung zur Errichtung von Minensperren war auch für die Partei- und Staatsführung der DDR als Mitglied des Warschauer Vertrages verbindlich. Rechtsgrundlage dafür waren ihre Verpflichtungen aus dem Warschauer Vertrag und das Verteidigungsgesetz der DDR.
Marschall der Sowjetunion Konjew hatte mit seiner Anordnung zum Verlegen von Minen eine Weisung der Politischen Führung der Sowjetunion und des Obersten Befehlshabers des Warschauer Vertrages übermittelt.
Zur Durchsetzung dieses Befehls faßte der Nationale Verteidigungsrat (NVR) kurz darauf den Beschluß über die Verminung von Teilabschnitten der Staatsgrenze der DDR zur BRD.

---

[7] Hier verfälschen die Generale wiederum die Wahrheit. In dem Protokoll der NVR-Sitzung vom 9. November 1961 heißt es wörtlich: „Panzersperren (Panzer-Minenfelder und Panzergräben) sind im Verlaufe der gesamten Pionierarbeiten nach entsprechender Vereinbarung mit dem Oberkommandierenden der Gruppe der sowjetischen Streitkräfte in Deutschland anzulegen." Weder ist die Rede von den ausschließlich gegen Personen verlegten und montierten Minen noch von Kfz-Sperrgräben.

Vermint wurden vorrangig Grenzabschnitte, in denen Angriffshandlungen der NATO-Streitkräfte erwartet wurden, sowie solche, in denen das Eindringen gegnerischer Aufklärungshandlungen schwer zu kontrollieren war.

Für die politisch und militärisch Verantwortlichen der DDR bestand kein Zweifel, daß die DDR berechtigt war, Minen zum Zwecke der Grenzsicherung an der Staatsgrenze zu verlegen, da es keine völkerrechtliche Bestimmung gibt, die es einem Staat verbietet, seine Grenzen zum militärischen Sperrgebiet zu erklären[8] und erforderlichenfalls auch durch Minenfelder abzusichern, sofern durch die Anlage der Minenfelder, ihre Kennzeichnung und Sicherung durch Begrenzungszäune eine Verletzung der Zivilbevölkerung ausgeschlossen ist. Keine einzige Minensperre war als Hinterhalt oder als heimtückische Falle angelegt.

...

Die Errichtung von Minensperren an der Staatsgrenze verstieß gegen keine Verpflichtungen des Völkerrechts. Das traf weder auf die erdverlegten Schützenminen noch auf die Splittermine SM 70 zu, bei der es sich weder um „Todesautomaten" noch um „Selbstschußanlagen" gehandelt hat.
In jedem Fall wurden Minen erst durch mechanische Einwirkungen zur Detonation gebracht. ...
Die Schützenminen SM 70 waren offen sichtbar am Streckmetallzaun angebracht. Jeder konnte und sollte sie sehen. Große Warnschilder beiderseits der Sperranlagen wiesen auf die Lebensgefahr hin, die mit einem unbefugten Betreten verbunden war.

Für die Errichtung der Minensperren waren folgende Prinzipien maßgebend:

1. Sie hatten die Maßnahmen der Grenzsicherung zu verstärken, um insbesondere Eindringen und Handlungen von Aufklärungs- und subversiven Kräften und Provokateuren zu verhindern bzw. zu erschweren.
Die Minensperren wurden deshalb nach den Grundsätzen einer Verteidigung so angelegt, daß in den zu erwartenden Handlungsrichtungen des vermutlichen Gegners zuerst die Minensperren wirksam wurden und erst dann die Kräfte der Sicherung handeln. Sie waren vor den Sicherungskräften verlegt. Bei diesen Anlagen kam der Erkennbarkeit der Gefahrenlage als Element der Abschreckung und damit zugleich der Warnung ein größeres Gewicht als der Sperrwirkung zu.
Diese Abschreckung hat sich als insgesamt wirksam erwiesen. Dabei ersetzte die Markierung der Gefahrenlage den sonst vorgesehenen Warnschuß. Diese mit den Minensperren verfolgte Zielstellung galt für alle Arten der in Anwendung gebrachten Minentypen, einschließlich der Splitterminen SM 70.

2. Die Minensperren wurden in dem Teil des Schutzstreifens angebracht, dessen Betreten aus Gründen der Sicherheit für alle Personen verboten war. Sie waren deutlich sichtbar, durch Warnschilder gekennzeichnet und mit Zäunen abgegrenzt, so daß sie nur für Personen eine Gefahr darstellten, die sich dieser Gefahr wissentlich aussetzten. Zur Gewährleistung der Sicherheit der Bewohner und Besucher des Grenzgebietes wurden an belebten Abschnitten, Orten, Dörfern, Städten, Straßen und in der Nähe von Grenzübergangsstellen keine Minensperren angelegt.

---

[8] Siehe Fußnote 1 in diesem Kapitel

Die Minen wurden also nicht verlegt, um Menschen umzubringen, dann hätte man sie gedeckt und getarnt im Grenzgebiet verlegen müssen, vielmehr sollten potentielle Grenzverletzer veranlaßt werden, das durch die Minen gesperrte Gelände nicht zu betreten.

Das wird auch durch die Tatsache bewiesen, daß es Absicht war, falls Grenzverletzer versuchten, aus Richtung DDR die Staatsgrenze zu überwinden, sie vorher durch die Sicherungskräfte in der Tiefe des Grenzgebietes festzunehmen, also bevor sie sich der von ihnen wissentlich und billigend in Kauf genommenen Gefahr ihrer Verletzung oder Tötung durch Minen aussetzen konnten.
Im Wissen um das Verbot und die Gefahr des Betretens von Minensperren haben die Angehörigen der westlichen Militärverbindungsmissionen sich strikt an das Betretungsverbot gehalten.
Die Ersetzung der ursprünglich verlegten Erdminensperren durch die SM 70 - Anfang der 70er Jahre - erfolgte, um
- einerseits die militärische Grenzsicherung weiterhin zu verstärken
- und andererseits die Sicherheit für die Angehörigen der Grenztruppen zu erhöhen.

Schließlich hatte dieses Minensystem den Vorteil, daß bei Auftreten von Verletzungen einzelne Minenfelder abgeschaltet werden konnten, um eine schnellere und gefahrlosere Bergung von Verletzten zu ermöglichen.
Als es die militär-politische Lage gestattete, wurden mit großem finanziellen Aufwand, enormen Kraftanstrengungen der Räumkräfte und ohne ernsthafte Zwischenfälle die Minenfelder beräumt.
Der Abbau der Minen an der Staatsgrenze erfolgte zu einem Zeitpunkt, als die Gefahr einer militärischen Konfrontation erheblich herabgesetzt war und damit die vorherige militärische Bedeutung von Minenfeldern an der Staatsgrenze nicht mehr vorlag.

VIII. Zur Auszeichnung und Belobigung von Grenzsoldaten

Es wird der Vorwurf erhoben, daß insbesondere die Soldaten und beteiligten Vorgesetzten nach Verhinderung von Grenzdurchbrüchen mit Waffengewalt belobigt wurden und Sonderurlaub erhielten. In vielen Fällen erhielten sie darüber hinaus Geldprämien oder eine Auszeichnung. Was den Vorwurf betrifft, Angehörige der GT seien für die Tötung belobigt und ausgezeichnet worden, so ist das eine verleumderische, die Tatsachen verfälschende Behauptung. ...
Unstrittig ist, daß bei den wenigen Festnahmehandlungen mit tödlichem Ausgang beteiligte Angehörige bei korrekter Erfüllung der Vorschriften zur Grenzsicherung, insbesondere der strikten Einhaltung der Schußwaffengebrauchsbestimmungen, trotz gescheiterter Festnahme auch ausgezeichnet wurden.
Wohl aus gleichem Grund sah sich der Bundeskanzler der BRD veranlaßt, die GSG-9 trotz der gescheiterten Festnahmehandlung in Bad Kleinen zu ehren. Auch die im Grenzdienst ermordeten Angehörigen der Grenztruppen wurden in Würdigung ihrer Pflichterfüllung - unabhängig vom Ergebnis ihres Handelns - postum mit hohen Auszeichnungen geehrt.

IX. Schlußbemerkungen

Es ist der politische Auftrag, mit diesem Prozeß, anknüpfend an die in der BRD nicht bewältigte Vergangenheit, unter Mißachtung der souveränen Rechte der DDR und des Völkerrechts, einen weiteren Meilenstein zur Verteufelung der DDR und aller ihrer Bürger als der Inkarnation des „Reiches des Bösen“ zu setzen.

Sie haben die Möglichkeit, uns nach Belieben zu verurteilen, denn Sie sind gegenwärtig die Sieger.
Wir haben keinen Zweifel, daß dieser Prozeß seinen Auftrag erfüllen wird. Unsere Verurteilung wird aber zugleich ein erneuter Beweis dafür sein, daß auch ein vereintes Deutschland unfähig ist, historische Chancen zu nutzen. Wir waren und wir sind nicht kriminell, und jede beliebige Strafe bedeutet neues Unrecht im so fortgesetzten Kalten Krieg.
Es gibt keine reale Möglichkeit zur Verteidigung, wenn das Recht der DDR und das Völkerrecht nach aktuellen politischen Bedürfnissen der BRD verfälscht werden, um dadurch eine Verurteilung auf scheinlegaler Basis zu erzwingen.

Mit der zu erwartenden Verurteilung ist dann der Weg frei, um eine Prozeßwelle größten Ausmaßes gegen unsere ehemaligen Unterstellten auszulösen. Wir sind dennoch entschlossen, uns trotz hoffnungsloser Lage nach Kräften zu wehren und um unser Recht und unsere Ehre als Bürger der DDR zu kämpfen. Wir sind sicher, heute und morgen noch nicht, aber irgendwann wenn auch im vereinten Deutschland die Hysterie zur Jagd auf DDR-Bürger beendet ist - wird festgestellt werden, daß wir uns nicht schuldig gemacht haben, wohl aber die BRD-Justiz, als selbsternannter Richter gegen DDR-Bürger.
Wir stehen in der Tradition der antifaschistischen Widerstandskämpfer Deutschlands.
Ihr Urteil wird entscheiden, in welcher Tradition Sie stehen.
In politischen Prozessen fällt das Urteil tatsächlich kein Gericht.
Das Urteil, das Bestand haben wird, spricht die Geschichte.
Wir erwarten Ihr Urteil und das der Geschichte mit ruhigem Gewissen.

Baumgarten
Generaloberst a.D.

Lorenz
Generalleutnant a.D.

Leonhardt
Generalleutnant a.D.

Gabriel
Generalmajor a.D.

Thieme
Generalmajor a.D.

Teichmann
Generalmajor a.D.

Ergänzung zu Anmerkung 1:

Generalsekretär des Zentralkomitees der
Sozialistischen Einheitspartei Deutschlands und
Vorsitzenden des Nationalen Verteidigungsrates
der Deutschen Demokratischen Republik
Genossen Erich H o n e c k e r

Werter Genosse H o n e c k e r !

Auf der Sitzung des Nationalen Verteidigungsrates der DDR am 25.11.1988 wurde bei der Behandlung der Vorlage „Stand der Bereitschaft des Bezirkes MAGDEBURG zur Überführung vom Frieden in den Verteidigungsstand" die Frage der Deklarierung des Grenzgebietes zur BRD als „militärisches Sperrgebiet" aufgeworfen.

Im Ergebnis dieser Problematik gestatte ich mir, Dir folgendes zu melden:

1. Die Frage einer möglichen Deklarierung des Grenzgebietes als „militärisches Sperrgebiet“ wurde bereits auf der Sitzung des Nationalen Verteidigungsrates der DDR am 21.11.1980 bei der Behandlung der neuen Rechtsvorschriften über die Staatsgrenze (Grenzgesetz und Folgebestimmungen) erörtert.

Dazu wurde entschieden, von einer Deklarierung des Grenzgebietes als „militärisches Sperrgebiet“ abzusehen.

Maßgebend für diese Entscheidung waren insbesondere folgende Gesichtspunkte:

- Aufgrund der Erfahrungen der UdSSR und anderer sozialistischer Staaten wurde bereits mit der inzwischen außer Kraft gesetzten „Verordnung zum Schutz der Staatsgrenze der DDR“ vom 16.03.1964 der Begriff „Sperrgebiet“ durch „Grenzgebiet“ ersetzt.
Damit erfolgte eine klare Unterscheidung zwischen „Grenzgebieten“ und „militärischen Sperrgebieten“, als Gebiete mit besonderer Ordnung nach dem Verteidigungsgesetz der DDR vom 13.10.1978.
Der Begriff „Grenzgebiet“ hat sich bei der Bevölkerung eingebürgert. Eine Umbenennung würde die Sicherheit und Ordnung an der Staatsgrenze nicht erhöhen.

- Da der Gegner besonders auf dem Madrider Treffen die Grenzsicherungsmaßnahmen der DDR als Mittel der Isolierung der DDR-Bürger diffamierte, könnte eine Umformulierung neue Vorwände für die Propaganda schaffen und bei der Bevölkerung des Grenzgebietes zu Unklarheiten und negativen Stimmungen führen (ca. 197.000 Bürger im Grenzgebiet an der Staatsgrenze zur BRD und zu BERLIN (WEST) wären „Bewohner in militärischen Sperrgebieten“ geworden).

- Die Struktur des Grenzgebietes würde dem Charakter eines „militärischen Sperrgebietes“ widersprechen.

2. An dieser Sachlage hat sich bis zum gegenwärtigen Zeitpunkt nichts geändert.
Selbst wenn nur der Schutzstreifen (500-m-Streifen) zum „militärischen Sperrgebiet“ erklärt würde, befänden sich in diesem Gebiet noch

73 Ortschaften/Ortsteile mit
24.233 Einwohnern und
93 Betrieben.

Die Umbenennung des Grenzgebietes in „militärisches Sperrgebiet“ würde eine Reihe politischer, militärischer und rechtlicher Konsequenzen nach sich ziehen, insbesondere eine umfassende Änderung geltender Rechtsvorschriften.
3. Mit dem Erlaß des Grenzgesetzes vom 25.03.1982 erhielten die Grenztruppen im § 18 (2) die erforderlichen Befugnisse für ihre Handlungen in dem zur Sicherung der Staatsgrenze der DDR festgelegten Grenzgebiet übertragen.

Eine Deklarierung des Grenzgebietes als „militärisches Sperrgebiet“ könnte der Gegner im Zusammenhang mit den Wiener Verhandlungen nutzen, unter Bezugnahme auf das Grenzgebiet zu „beweisen“, daß die Grenztruppen der DDR Bestandteil der NVA sind und als „Militär“ im „militärischen Sperrgebiet“ handeln.

Ausgehend von der gegenwärtigen politischen Situation und der Tatsache, daß sich
- das im Jahr 1982 erlassene Grenzgesetz und seine Folgebestimmungen sowie
- die Direktive des Zentralkomitees der SED zur Arbeit im Grenzgebiet an der Staatsgrenze zur BRD, zu BERLIN (WEST) und an der Küste der DDR vom 07.04.1982

bei der Gewährleistung einer hohen Sicherheit und Ordnung an der Staatsgrenze bewährt haben, gestatte ich mir vorzuschlagen, die gegenwärtigen Festlegungen beizubehalten und die Umbenennung des Grenzgebiets in „militärisches Sperrgebiet" nicht vorzunehmen.

Ich bitte um Kenntnisnahme, Bestätigung der unterbreiteten Vorschläge bzw. Deine Weisung.

Mit sozialistischem Gruß
H. Keßler
Armeegeneral

Honecker versah das Schreiben am 9. Januar 1989 mit dem Vermerk „Einverstanden", womit die Frage der Einführung eines „militärischen Sperrgebietes" erledigt war.

Dokumente

Übersicht über die Dokumente

Teil I

1. Protokoll zwischen der Regierung der Vereinigten Staaten von Amerika, der Regierung des Vereinigten Königreich und der Regierung der Sozialistischen Sowjetrepubliken über die Besatzungszonen in Deutschland und die Verwaltung von Groß-Berlin (Londoner Protokoll), 12. 9. 1944
2. Direktive 16 des Alliierten Kontrollrates zur Bewaffnung der deutschen Polizei, 6. 11.1946
3. Besprechung zwischen der SMAD und der DVdI zum Aufbau der DVdI, 12.9.1946
4. Besprechung zwischen der SMAD und der DVdI zum DVdI-Haushalt, 23.10.1946
5. Besprechung zwischen der SMAD und der DVdI zu Haushaltsfragen, 19.11.1946
6. Befehl 0208 des sächsischen SMA-Chefs zur Grenzsicherung, 4.12.1946
7. „Richtlinien für die Organe der deutschen Polizei zum Schutze der Demarkationslinie in der sowjetischen Okkupationszone Deutschlands", 23.8.1947
8. Waffengebrauchsvorschrift der DVdI, 6.10.1947
9. „Die Anwendung der Schußwaffe", Die Volkspolizei, September 1948
10. Befehl Nr. 14 des Präsidenten der DVdI, „Verhalten der Grenzpolizei bei Schiessereien von den westlichen Besatzungszonen her", 19.11.1948
11. Note des Ministeriums für Auswärtige Angelegenheiten der UdSSR an die Diplomatische Mission der DDR in der UdSSR „Zur Frage der Volkspolizei", 19.10.1950
12. „Verordnung über Maßnahmen an der Demarkationslinie zwischen der Deutschen Demokratischen Republik und den westlichen Besatzungszonen Deutschlands", 26.5.1952
13. „Polizeiverordnung über die Einführung einer besonderen Ordnung an der Demarkationslinie", 27.5.1952
14. „Schußwaffengebrauchsvorschrift für die Angehörigen der HVDVP", 26.8.1953
15. Dienstvorschrift III/2 des MdI, „Dienstvorschrift für den Dienst der Grenzposten", 12.9.1958
16. Befehl des MdI Nr. 39/60, „Schußwaffengebrauchsbestimmungen", 24.6.1960
17. 1. Durchführungsanweisung zum Befehl 39/60, vom 11.7.1960

18. Befehl 003/61 des MdI, „Aufgaben des Transportpolizeiabschnittes zur verstärkten Sicherung der Grenze zwischen der DDR und Westberlin sowie dem demokratischen Berlin und Westberlin“, 12.8.1961
19. Erste Ergänzung zum Befehl des MdI 39/60, „Schußwaffengebrauchsbestimmungen“, 26.8.1961
20. Protokoll der 7. Sitzung des NVR, 28.8.1961
21. Befehl des MdI Nr. 35/61, „Ausweisung von Personen aus dem Grenzgebiet der Westgrenze der DDR“, 1.9.1961
22. Lagebesprechung des zentralen Stabes, 20.9.1961
23. Befehl des MdI Nr. 48/61, „Regelung der vermögensrechtlichen und damit im Zusammenhang stehenden finanziellen Fragen aus der Durchführung von Maßnahmen zur Erhöhung der Sicherheit der Staatsgrenze West und an den Grenzen zwischen der Hauptstadt der DDR (das Demokratische Berlin) und Westberlin und zwischen der DDR und Westberlin“, 15.12.1961
24. Befehl 76/71 des Ministers für Nationale Verteidigung, „Bestimmungen über den Schußwaffengebrauch für das Kommando Grenze der Nationalen Volksarmee“, 6.10.1961
25. „Bestimmung über den Schußwaffengebrauch für die 1. und 2. Grenzbrigade (B), 19.3.1962
26. Befehl Nr. 14/62 des MdI, „Anwendung der Schußwaffe gegen Angehörige ausländischer Militärverbindungsmissionen“, 10.4.1962
27. „Gemeinsame Anweisung über die Bekämpfung von Angriffen gegen die Staatsgrenze der DDR“ des Generalstaatsanwaltes der DDR, des Präsidenten des Obersten Gerichtes der DDR und des Ministers des Innern und Chef der Deutschen Volkspolizei, 1.7.1965
28. Legende zum „Befehl 50/68 des Stadtkommandanten der Hauptstadt der DDR, Berlin, für die Organisation und Durchführung der Grenzsicherung und Ausbildung für das Ausbildungsjahr 1968/69“
29. Dienstvorschrift VIII/5 des MdI - „Schußwaffengebrauchsvorschrift“, 29.6. 1968
30. „Gemeinsame Anweisung über Bekämpfung von Angriffen gegen die Staatsgrenze der DDR“ des Generalstaatsanwaltes und des Ministers des Innern der DDR“, 15.8.1968
31. Stadtkommandantur Berlin, „Berichte über die Ergebnisse der Grenzsicherung“, 17.6.1969
32. 41. Sitzung des NVR, „Bericht des Ministers für Nationale Verteidigung über die Lage an der Staatsgrenze“, 14.7.1972

33. „Gemeinsame Anweisung über die Bekämpfung von Angriffen gegen die Staatsgrenze der DDR“ des Generalstaatsanwaltes und des Ministers des Innern der DDR, 18.4.1973
34. 45. Sitzung des NVR, „Bericht über die Lage an der Staatsgrenze der DDR zur BRD, zu Westberlin und an der Seegrenze“, 3.5.1974
35. Ordnung Nr. 036/9/003 des Ministers für Nationale Verteidigung, „Schußwaffenanwendungsordnung“, 11.12.1978
36. Dienstvorschrift Nr. 4/81 des MdI, „Schußwaffengebrauchsvorschrift“, 5.2. 1981
37. 67. Sitzung des NVR, „Erhöhung der Wirksamkeit von Grenzsicherungsanlagen an der Staatsgrenze der DDR zur BRD und zu Berlin (West)“, 1.7.1983
38. Schreiben von Armeegeneral Hoffmann an E. Honecker zum Abbau von Minensperren, 11.10.1983
39. Schreiben des Militäroberstaatsanwaltes der DDR an den Minister für Abrüstung und Verteidigung zur „Untersuchung von Vorkommnissen an der Staatsgrenze im Zusammenhang mit dem Schießbefehl“, 28.5.1990
40. Befehl Nr. 49/90 des Ministers für Abrüstung und Verteidigung „über die Auflösung der Grenztruppen“, 21.9.1990

Teil II

41. Einige Fragen zur Anwendung des § 18 des MStG, 9.11.63
42. Strafgesetzbuch der DDR, §§17, 18, 19, 262, in der Fassung vom 19.12.1972
43. Gesetz über die Staatsgrenze der DDR, §§ 9, 17, 21 - 27, 25.3.1982
44. Kommentar zum Strafgesetzbuch, § 213 „Ungesetzlicher Grenzübertritt“, 1987

Teil III

45. Dokumente zur Militär- und Sicherheitspolitik der SED
46. Zentrale Dienstbesprechung des MfS, MfS-Chef Mielke zum Schießbefehl, 28.4.1989
47. „Rechtsarbeit im Grenzschutzorgan“, Beitrag aus „Visa“, Mai 1990

1.

Protokoll zwischen der Regierung der Vereinigten Staaten von Amerika, der Regierung des Vereinigten Königreich und der Regierung der Sozialistischen Sowjetrepubliken über die Besatzungszonen in Deutschland und die Verwaltung von Groß-Berlin (Londoner Protokoll) vom 12. September 1944, (Auszug)

Die Regierungen der Vereinigten Staaten von Amerika, des Vereinigten Königreichs von Großbritannien und Nordirland und der Union der Sozialistischen Sowjetrepubliken haben folgendes Abkommen im Hinblick auf die Ausführung des Artikels 11 der bedingungslosen Kapitulation Deutschlands geschlossen:

1. Deutschland wird innerhalb seiner Grenzen, wie sie am 31. Dezember 1937 bestanden, zum Zwecke der Besatzung in drei Zonen eingeteilt, von denen je eine einer der drei Mächte zugewiesen wird, und ein besonderes Berliner Gebiet, das der gemeinsamen Besatzungshoheit der drei Mächte unterworfen wird.

2. Die Grenzen der drei Zonen und des Berliner Gebietes und die Verteilung der drei Zonen unter die USA, das UK und die UdSSR werden wie folgt festgelegt:

Das Gebiet Deutschlands (einschließlich der Provinz Ostpreußen), das östlich der Linie liegt, die ihren Anfang nimmt an dem Punkt in der Bucht von Lübeck, an dem die Grenzen von Schleswig-Holstein und Mecklenburg zusammentreffen, entlang der Westgrenze von Mecklenburg zur Grenze der Provinz Hannover verläuft und weiter entlang der Ostgrenze von Hannover zur Grenze von Braunschweig, entlang der Westgrenze der preußischen Provinz Sachsen zur Westgrenze Anhalts, entlang der Westgrenze Anhalts, entlang der Westgrenze der preußischen Provinz Sachsen und der Westgrenze Thüringens, bis diese auf die Grenze Bayerns stößt und dann entlang der Nordgrenze Bayerns bis zur Grenze der Tschechoslowakei vom Jahre 1937 führt, wird von Streitkräften der UdSSR besetzt, mit Ausnahme des Gebietes Berlin, wofür nachstehend eine Sonderform der Besatzung festgesetzt wird.

Das Gebiet Berlin (unter diesem Ausdruck wird das Gebiet von Groß-Berlin im Sinne des Gesetzes vom 27. April 1920 verstanden) wird gemeinsam von den durch die entsprechenden Oberkommandierenden dazu bestimmten Streitkräften der USA, des UK und der UdSSR besetzt. Zu diesem Zweck wird das Gebiet von Groß-Berlin in die folgenden drei Teile eingeteilt.

Nordöstlicher Teil Groß-Berlins (Bezirke Pankow, Prenzlauer Berg, Mitte, Weißensee, Friedrichshain, Lichtenberg, Treptow, Köpenick) wird besetzt von den Streitkräften der UdSSR;

Nordwestlicher Teil Groß-Berlins (Bezirke Reinickendorf, Wedding, Tiergarten, Charlottenburg, Spandau, Wilmersdorf) wird besetzt von den Streitkräften (von)...

Südlicher Teil Groß-Berlins (Bezirke Zehlendorf, Steglitz, Schöneberg, Kreuzberg, Tempelhof, Neukölln) wird besetzt von den Streitkräften (von)...

Die Grenzen der Bezirke innerhalb Groß-Berlins, auf die in den vorhergehenden Beschreibungen verwiesen wurde, sind diejenigen, die nach Inkrafttreten der am 27. März 1938 veröffentlichten Satzung (Amtsblatt der Reichshauptstadt Berlin Nr. 13 vom 27. März 1938, Seite 215) bestanden.

3. Die Besatzungskräfte in jeder der drei Zonen, in die Deutschland eingeteilt wird, unterstehen einem Oberbefehlshaber, der von der Regierung desjenigen Landes, dessen Streitkräfte die betreffende Zone besetzen, bestimmt wird.

4. Jede der drei Mächte kann nach ihrem Ermessen in die für Besatzungspflichten zugewiesenen Streitkräfte unter dem Kommando ihres Oberbefehlshabers Hilfskontingente von Streitkräften anderer alliierter Mächte, die an den militärischen Operationen gegen Deutschland teilgenommen haben, einbeziehen.

5. Eine Interalliierte Regierungsbehörde (Komandantura), bestehend aus drei von ihren entsprechenden Oberbefehlshabern ernannten Kommandanten, wird zur gemeinsamen Leitung der Verwaltung des Gebietes Groß-Berlin errichtet.

2.

Direktive Nr. 16

Bewaffnung der deutschen Polizei

Der Kontrollrat verfügt wie folgt:
1. Um die deutsche Polizei in die Lage zu versetzen, sich an der Aufrechterhaltung von Recht und Ordnung tatkräftig beteiligen zu können, muß sie sobald wie möglich mit Waffen ausgestattet werden. Die Neubewaffnung wird unter folgenden Bedingungen erfolgen:
a) Mit Ausnahme der Gendarmerie und der Grenzpolizei, die mit Karabinern ausgestattet werden können, wird die Polizei keine gänzlich automatischen Waffen oder andere Waffen zugeteilt bekommen als Pistolen, Revolver und Knüttel.
b) Um die Überwachung von Feuerwaffen und Munition in deutschem Besitze zu erleichtern und jede Rechtfertigung für die weitere Herstellung von Feuerwaffen und Munition in Deutschland auszuschalten, wird die Wiederbewaffnung der deutschen Polizei durch die Zuteilung von außerhalb Deutschlands hergestellten Feuerwaffen erfolgen.
c) Um die Aufsicht über die an die deutsche Polizei ausgehändigten Waffen zu erleichtern, werden alle Waffen mit einem deutlichen Kennzeichen versehen.
d) Die Wiederbewaffnung der Polizeibeamten darf erst nach der Durchführung der Entnazifizierung und der Entfernung aller der Militärregierung feindlich gesinnten Elemente stattfinden. Weiterhin wird das Personal der Polizei erst nach seiner Ausbildung in den ihr zugewiesenen Aufgaben wieder bewaffnet werden.
e) Vor der Ausgabe von Waffen muß ein alliierter Beamter des Öffentlichen Sicherheitsdienstes der Militärregierung für den guten Erfolg der Ausbildung bürgen und die Versicherung abgeben, daß die Wiederbewaffnung gerechtfertigt ist.
f) Die Überwachung der Beschaffung und Verteilung der Polizeiwaffen und Munition wird durch die Forderung einer schriftlichen Buchführung über den Waffenbestand seitens jeder Polizeistelle erfolgen. Der Verlust einer Waffe muß von der deutschen Polizei unverzüglich der Militärregierung schriftlich gemeldet werden.

2. Bis zur Beschaffung und Verteilung von Feuerwaffen nichtdeutscher Herkunft darf die deutsche Polizei in Ermangelung der in § 1b beschriebenen Waffen mit anderen zweckmäßigen Waffen ausgestattet werden.

Ausgefertigt in Berlin, den 6. November 1945
V. Sokolowsky, General der Armee
O. P. Echols, Generalmajor
B. H. Robertson, Generalleutnant
L. Koeltz, Armeekorps-General

3.

B e s p r e c h u n g
zwischen
Oberst L a p e n k o w
Major S m i r n o w
Präsident R e s c h k e
1. Vizepräsident W a g n e r
Vizepräsident M i e l k e

Präsident R e s c h k e führte folgendes aus:

Die Arbeiten der Deutschen Verwaltung des Innern beginnen anzulaufen. Von den im Organisationsplan aufgeführten Abteilungen arbeiten schon die Personalabteilung, Abteilung Verwaltung, Abteilung Kripo, Abteilung Bahn- und Wasserpolizei. Bis zum heutigen Tage sind 70 Angestellte durch die Personalabteilung eingestellt worden. Bei den jetzt schon laufenden Arbeiten sind 35 Angestellte ganztägig beschäftigt. Die übrigen Einstellungen erfolgten nur, um diese Fachkräfte für die Verwaltung des Innern sicherzustellen. Der Zeitpunkt ihrer tatsächlichen Betätigung wird täglich erhoben. Die Abteilung Verwaltungspolizei hat einen umfassenden Organisationsplan der gesamten Verwaltung des Innern aufgestellt. Ebenso ist der Etat für das 3. und 4. Quartal fertiggestellt worden. Die Kriminalpolizei hat Organisations-, Schema- und Stellenplan ausgearbeitet. Dasselbe ist bei der Bahn- und Wasserpolizei durchgeführt worden.

Zu den allgemein laufenden Bauarbeiten führte Präsident Reschke aus, daß nach scheinbar unüberwindlichen Schwierigkeiten auch dort schon Erfolge zu verzeichnen sind. Wir haben von den aufgeführten Mengen des angeforderten Materials Teilmengen zugestanden bekommen, die schon anlaufen, u.a. Glas, Zement, Holz, Kalk, Schlemmkreide und Leim. Ebenso sind die Arbeiten der Telefonanschlüsse in Angriff genommen worden und werden in den nächsten Tagen als erste Rate die 20 direkten Anschlüsse gestellt sein.

Präsident Reschke wies darauf hin, daß wir auch weiterhin um Unterstützung bei der Zuteilung von Arbeitskräften und Material bitten:
Als Zweiter sprach 1. Vizepräsident W a g n e r zu folgenden Punkten:

a) Zuständigkeit der Verwaltung des Innern.

Mit dem weiteren Ausbau der Verwaltung des Innern wird die Frage nach der Zuständigkeit gegenüber den Provinzen und Ländern immer brennender. Nach der Aufstellung des Organisationsplanes für die Verwaltung ergibt sich die Tatsache, daß der organisatorische Aufbau der Polizei in den Provinzen und Ländern grosse Abweichungen zeigt. Als Beispiel ist Thüringen zu nennen, wo Zulassungen für Kraftfahrzeuge, Führerscheine, Fahrtberechtigungen und dgl.m. aus dem Aufgabengebiet der Polizei herausgenommen worden sind und eine selbständige Behörde geschaffen wurde. Dasselbe ergibt sich bei der Preisüberwachung zur

Polizei, der Feuerwehr zur Polizei und verschiedene andere Fragen. Diese Tatsache macht deutlich, daß wir über die Zuständigkeit der Verwaltung klarsehen.

Von noch grösserer Bedeutung ist die Frage der Zuständigkeit der Deutschen Verwaltung des Innern zu den Landes- und Provinzialverwaltungen. In den einzelnen Provinzen und Ländern unterstehen die Chefs der Polizei den Ersten Vizepräsidenten. Auch hier ist die Frage zu klären, liegt die Verantwortung der dort zuständigen Chefs bei den Ersten Vizepräsidenten der Länder und Provinzen oder der Deutschen Verwaltung des Innern.

Der 2. Punkt der Ausführungen betraf das Wachkommando der Deutschen Verwaltung des Innern. Etatmässig sind uns 34 Angestellte seitens der SMA zugestanden worden. Die Aufgaben des Wachkommandos gliedern sich: Zum Schutze der Objekte, in der Kontrolle und Überwachung des Publikumsverkehrs. Das Präsidium, ist nun durch eine neue Fragestellung zu der Überzeugung gekommen, daß zu diesen eine dritte kommen muss, die darin besteht, in Zukunft bei Dienstfahrten des Präsidenten und der Vizepräsidenten eine Begleitmannschaft zu stellen. Wesentlich zu dieser Frage hat beigetragen, daß Vorkommnisse der letzten Zeit, die zwar nicht den Präsidenten oder die Vizepräsidenten betraf, sondern hohe Funktionäre der SED. In allen Bundesländern und Provinzen wird seitens der Polizei für alle höheren Funktionäre ein polizeilicher Begleitschutz gewährt. Da das in Berlin durch seine besondere politische Struktur nicht möglich ist, sind wir durch Anfragen seitens der Funktionäre zu der Überzeugung gekommen, daß wir die Aufgabe des Begleitschutzes auch auf dieselben ausdehnen müssen. Mit der Aufstellung des Begleitschutzes steht aber sofort die Frage der Bewaffnung und darüber hinaus die der Schussberechtigung auf. Wir bitten deshalb, beide Fragen, Bewaffnung und Schussberechtigung uns bekannt zu geben, damit bei evtl,. Vorkommnissen uns keine Schwierigkeiten entstehen.

Der 3. Punkt der Ausführungen, Wohnungsfragen für Präsidium und Angestellte:

Die Wohnungsfrage wird eine immer brennendere, da der Präsident und die Vizepräsidenten der Verwaltung nun schon länger als 4 Wochen in Berlin tätig sind. Das bisher von der SMA Karlshorst und der damit beauftragten Kommandantur Pankow in Angriff Genommene hat bisher zu keinem Resultat geführt. Wir haben uns selbst um Wohnungen bemüht und haben festgestellt, daß in der Peripherie von Berlin noch Wohnraum vorhanden ist, der unseren Ansprüchen noch gänzlich entspräche. Nach Rücksprachen mit den dort zuständigen Bürgermeistern und Landrat haben wir in Erfahrung gebracht, daß gegen 30 - 40 Häuser noch unter dem Befehl 124 stehen, sodaß somit die Möglichkeit vorhanden ist, dort Unterkommen zu finden. Wir bitten deshalb die SMA Karlshorst, ihrerseits unsere Bemühungen zu unterstützen und dem Landrat den Auftrag zu erteilen, uns den verfügbaren Wohnraum zuzuweisen.

Punkt 4 umfasst die Frage Propusk, Zuweisung von Facharbeitskräften, Bestellung von Papier und die Aushändigung der Dienstsiegel und Stempel für die Deutsche Verwaltung des Innern. Vorgesehene Ausführungen des Vizepräsidenten Mielke erübrigten sich, da der Präsident und Erste Vizepräsident Wagner die wesentlichsten Punkte mit erörtert hatte.

Antwort und Anweisungen des Herrn Oberst L a p e n k o w .

Der 1. Punkt seiner Ausführungen betraf Bahn- und Wasserpolizei. Es sei unmöglich, die Reorganisation der Eisenbahn- und Wasserpolizei ohne genügende Unterlagen sofort durchzuführen. Er stellte daher der Deutschen Verwaltung des Innern 2 Aufgaben:
1.) Durch Kommissionen in den Provinzen und Ländern Unterlagen der derzeitigen Arbeit der Bahnpolizei zu schaffen.
2.) Die jetzige Leitung der Bahn- und Wasserpolizei seitens der Deutschen Verwaltung des Innern zu überprüfen und zu reorganisieren.

Der Termin für diese Aufgaben wurde mit 3 Wochen festgelegt.

Der 2. Punkt seiner Ausführungen betraf die Zuständigkeit der Deutschen Verwaltung des Innern. An dem administrativen Aufbau der Polizei in den Ländern und Provinzen soll nichts geändert werden. Alle operativen Aufgaben der Polizei werden seitens der Deutschen Verwaltung des Innern festgelegt und die Provinzen und Länder werden verpflichtet, diesen Anweisungen Folge zu leisten. Organisatorisch schilderte er es folgendermassen:

Administrativ untersteht der Chef der Polizei der Länder und Provinzen auch weiterhin dem Präsidenten der Länder und Provinzen. Als Chef der Polizei in operativen Angelegenheiten untersteht er nur der Deutschen Verwaltung des Innern. Um diese Reorganisation bald durch zu führen, wird die SMA einen Befehl ausarbeiten, der die Teilung der Arbeiten in Administration und operativen Aufgaben klar umfasst und für den die Deutsche Verwaltung des Innern bis zum 22.9. 1946 verpflichtet wurde, einen Organisationsplan für alle Länder und Provinzen auszuarbeiten.

Punkt 3 seiner Ausführungen:

Das Verhältnis der Deutschen Verwaltung des Innern zur Zentralverwaltung Justiz und zur Staatsanwaltschaft soll überprüft und in Vorschlägen seitens der Deutschen Verwaltung des Innern bearbeitet werden. Als besondere Aufgabe betonte er, sei zu beachten, daß künftighin alle politischen Vergehen schwerer Art von den deutschen Gerichten verurteilt werden müssen unter dem juristischen Begriff „Kriegsverbrecher". In den westlichen Zonen würde dies seit geraumer Zeit schon gehandhabt und auch in unserem Sektor soll das in kürzester Zeit durchgeführt werden. Aber auch hier behält sich die SMA die letzte Entscheidung in Form eines Befehls vor.

Der letzte Punkt betraf die Beschaffung von Möbeln, Maschinen und Büroeinrichtungen für die Deutsche Verwaltung des Innern. Er sagte uns volle Unterstützung zu. Es seien auch bereits Anweisungen an die Zentral-Kommandantur ergangen, von dem dort gelagerten Inventar alles Entbehrliche zur Verfügung zu stellen.

Berlin, den 12. September 1946

Verteiler:
Präsident Reschke
Vizepräsident Wagner
Vizepräsident Seifert
Vizepräsident Mielke

4.

Deutsche Verwaltung des Innern
in der sowjetischen Besatzungszone

Berlin, den 29. Okt. 46

N i e d e r s c h r i f t
über die Besprechung am 23. Okt. 46 in Karlshorst

Anwesend: Generalmajor M a l k o w
Oberstleutnant S m i r n o w
Vizepräsident M i e l k e.

1. Vizepräsident Mielke bat um Entscheid über das eingereichte Projekt der Zuständigkeit der Deutschen Verwaltung des Innern.
2. Generalmajor Malkow entschied, dass bis Freitag, dem 25.10.46 der Entwurf der SMD mit unserem Gegenvorschlag verglichen werden soll und dann die endgültige Fassung von ihnen genehmigt wird.
3. Vizepräsident Mielke fragte, wann der Befehl über die Bildung der Deutschen Verwaltung des Innern veröffentlicht wird.
Generalmajor Malkow erklärte, dass dieser Befehl nicht in die Presse gebracht wird.
4. Vizepräsident Mielke auf die Frage, ob die Chefs der Länder und Provinzen je ein Exemplar von dem Projekt der Rechte und Zuständigkeiten der Deutschen Verwaltung des Innern erhalten könnten, entschied Generalmajor Malkow, dass nur das mitgeteilt werden soll, was für die Arbeit der einzelnen Chefs notwendig zu wissen ist.
5. Zum Budget des 4. Quartals wurde von Generalmajor Malkow bekanntgegeben, dass es sich auf 1.161.000 RM belaufe.
Auf die Frage, wie in der Angelegenheit Lissigkeit weiter verfahren werden soll, ordnete Generalmajor Malkow an, alle Unterlagen zusammenzutragen, die die Möglichkeit geben, Lissigkeit vor ein deutsches Gericht zu stellen und seine Festnahme zu veranlassen.

Generalmajor Malkow versprach, dass in diesen Tagen entschieden wird, wann die Allgemeine Abteilung ihre Arbeit aufnehmen soll. Er liess sich Bericht erstatten über die Fortschritte in dem Ausbau der Verwaltungsgebäude der Deutschen Verwaltung des Innern und über die Wohnungen des leitenden Personals. Er verlangte, dass ihm die einzelnen Wohnhäuser genannt werden, so dass von ihm aus Befehl zur Räumung und Übergabe an uns gegeben werden könnte.
Zur Konferenz erklärte Generalmajor Malkow, dass dieselbe in den Diensträumen der Deutschen Verwaltung des Innern durchgeführt werden soll und die Vertreter der SMAD hieran teilnehmen werden. Mit dem Termin - 28.10.46 - erklärte er sich einverstanden. (Auf Grund der Schwierigkeiten in der Beschaffung der Verpflegung und Unterbringung der Konferenzteilnehmer ist der Beginn der Konferenz auf den 30.10. verlegt worden).
Generalmajor Malkow verlangte, dass die Leitung der Deutschen Verwaltung des Innern mehr Augenmerk der Einrichtung der Deutschen Verwaltung des Innern schenken und zu diesem Zweck gute Wirtschaftsleute einstellen solle.

Mielke
Vizepräsident

Verteiler:
Chefpräsident
1. Vizepräsident Wagner
Vizepräsident Mielke
'' Seifert

Handschriftlicher Zusatz:

Zu 5. Von uns wurden beantragt 2148000 RM. Es kann aber mit der genehmigten Summe ausgekommen werden, da von hier aus die volle Stärke der Verwaltung eingesetzt wurde, mit der noch nicht zu rechnen ist.

5.

Niederschrift über die am 19.11.1946 stattgefundene Besprechung zwischen Oberstleutnant S m i r n o w Vizepräsident S e i f e r t und Dr. Z e i t z in Haushaltsfragen für die Polizei.

Oberstleutnant S m i r n o w wurde von mir gebeten, nochmals genau zu erläutern, wie sich die SMAD zu dem neuen Haushaltsplan der Polizei für die sowjetische Besatzungszone stellt. Durch Präsident R e s c h k e wurde uns eröffnet, daß Generalmajor M a l k o w die Festlegung einer Schlüsselzahl von 4 Polizisten auf je 1.000 Einwohner abgelehnt hat. Daraufhin verlangte ich, mir konkret zu sagen, ob noch mit einer Erhöhung der Polizei im Verhältnis zu den bisherigen Haushaltsplänen gerechnet werden kann. Durch Oberstleutnant S m i r n o w wurde das verneint. Ich fragte nochmals, ob wenigstens der Etat für die Mecklenburger Polizei, die auch nach Meinung der SMAD eine schwache Polizei ist, erhöht werden könnte. Auch dieses wurde von Oberstleutnant S m i r n o w verneint.
Damit traf ich die Feststellung, dass die Haushaltspläne in gleicher Weise aufgestellt werden müssen, wie es bisher der Fall war.
Eine weitere Frage war das Verhältnis zu dem von den Chefs der Abteilung des Innern in den Ländern und Provinzen befohlenen Grenzschutz. Oberstleutnant S m i r n o w antwortete, dass dieser Befehl missverstanden worden sei. Es wird kein Grenzschutz gebildet, der unter Leitung der Polizei steht. Anforderung für die Kräfte des Grenzschutzes wird durch die SMAD vorgenommen, und zwar sollte dann die Polizei bei einer Anforderung von 300 Mann 100 Mann aus ihren eigenen Beständen zur Verfügung stellen. Etatmässig wird die Polizeibehörde mit diesen Leuten nichts mehr zu tun haben, da sie das Gehalt von der zuständigen Dienststelle der SMA erhalten werden. Lediglich in Kaderfragen wären wir zuständig. Wir sind berechtigt, für die abgehenden 100 Mann wieder 100 neue Leute in die Polizei aufzunehmen.

Von mir wurde zusammenfassend noch daraufhingewiesen, dass die Stärke der Polizei nach 1918 150.000 Mann betrug und Deutschland ausserdem ein Hunderttausendmann-Heer der Reichswehr hatte, das gleiche Aufgaben erfüllte, die heute von der Polizei mit wahrgenommen werden. Im Verhältnis zu der damaligen Polizeistärke müssten wir heute in der sowjetischen Besatzungszone eine Stärke der Polizei von 50.000 Mann haben.

Da sich die SMAD vorläufig nicht mit einer Verstärkung der Polizei einverstanden erklärt, werden wir jetzt mit den zuständigen Stellvertretern der Chefs der Polizei aus der sowjetischen Besatzungszone Besprechung abhalten über Vereinheitlichung der Haushaltspläne im Rahmen der bisher genehmigten Etats- und Stellenpläne. Wir werden die notwendigen Unterlagen sammeln, die erforderlich sind, um konkrete Beweise zu liefern, dass die Polizei verstärkt werden muss. Sollte dann die SMAD die sich daraus ergebenden Argumente anerkennen

bitten wir uns zuzugestehen, dann nach einer bestimmten Zeit einen Nachtrag für den Etat der Polizei zu stellen.
Oberstleutnant S m i r n o w verlangt, dass der Präsident und seine Vizepräsidenten sofort, und zwar schon am 20.11.1946 nach den einzelnen Ländern und Provinzen fahren, um dort die Verhältnisse in der Polizei und in ihrer Arbeit genau zu studieren und um Unterlagen zu schaffen für Verstärkung der polizeilichen Apparate.

Trotz meiner Einwände besteht er darauf, dass bis Sonnabend am 23.11.1946 ein entsprechender Bericht des Präsidenten über die Polizei der Länder und Provinzen vorgelegt wird.

Von mir wurde weiter die Frage der Beschaffung von Motor- und Fahrrädern angeschnitten. Oberstleutnant S m i r n o w verwies uns dabei an die Planökonomische Abteilung.

Wegen eines Baubefehls, den ich für den Aus- und Umbau des Verwaltungsgebäudes in der Kurzestrasse und des Geländes in der Seckendorffstrasse forderte, wird sich Oberstleutnant S m i r n o w nochmals mit den entsprechenden Stellen in Verbindung setzen. Ich wies darauf hin, dass der Ausbau der Gebäude in der Leipziger Strasse für die Zentralverwaltung nur deshalb so schnelle und gute Fortschritte nahm, weil dafür ein entsprechender Baubefehl vorlag.

Seifert
Vizepräsident

Verteiler:

Präsident	Reschke
1. Vizepräs.	Wagner
Vizepräs.	Mielke
Vizepräs.	Seifert

6.

An den Präsidenten des Bundeslandes Sachsen

Auszug aus dem Befehl des Chefs der Sowjetischen Militäradministration des Bundeslandes Sachsen

Nr. 0208

4. Dezember 1946 Dresden

INHALT: - Über die Bewachung der Grenzen des Bundeslandes Sachsen zur Tschechoslowakei und zu Polen

I C H B E F E H L E:

5. Die deutschen Grenzposten, ebenso wie die Bezirks- und Abschnittsinspektionen des Grenzschutzes werden in operativer Hinsicht stets den entsprechenden Militärchefs untergeordnet.

6. Grenzverletzer - ebenso wie die bei ihnen gefundenen Besitzstände (Kraftfahrzeuge, Wertgegenstände, Waffen und andere Sachbeweise) - werden durch die Militärwachen und die Posten der deutschen Grenzpolizei im Einklang mit den Instruktionen über die Bewachung der tschechoslowakisch- und polnisch-deutschen Grenze vom 23. November 1946 zu den entsprechenden Instanzen gebracht.

7. Zur Bewaffnung des Personalbestandes der deutschen Grenzpolizei werden Karabiner Kaliber 7,92 eingeführt.

Dem Präsidenten der Selbstverwaltung des Bundeslandes Sachsen, Herr Friedrich, obliegt folgendes:

a) - Den Grenzwachen sind für die Herstellung von Wällen, Gräben und das Ausbringen von Stacheldrahtsperren nach deren Anweisung Arbeitskräfte zur Verfügung zu stellen.
b) Den Grenzwachen sind die Gebäude der ehemaligen Zollposten an der Grenze zur Tschechoslowakei zur Verfügung zu stellen.

c) - Den Grenzwachen am gesamten Verlauf der Grenze zu Polen sind Gebäude zur Unterbringung ihrer dienstlichen Einrichtungen sowie Gebäude zur Unterbringung ihres Personalbestandes und deren Familien zur Verfügung zu stellen.

d) - Es ist Sorge zu tragen für die Versorgung des deutschen Grenzschutzes und seines Personalbestandes mit Treibstoff für die Saison 1946/47.

e) - Die Wohnungen des Personalbestandes der Grenzpolizei am Ort ihrer vorherigen Tätigkeit sind für sie freizuhalten.

f) - Sicherzustellen ist die Versorgung des Personalbestandes der Grenzpolizei mit allen Arten von Lebensmitteln, Geld- und Sachwerten im Einklang mit der Anordnung für die ständigen Angehörigen der Grenzpolizei vom 23.11.46.

g) Mitteilung der eigenen Vorstellungen über die Höhe der prozentualen Zulage zu den Einkommen des Personalbestandes der Grenzpolizei im Zusammenhang mit dem Antrag des Polizeipräsidenten Herrn Hofmann;

h) Zum 15. Dezember 1946 sind bei den Bezirkspräsidien der Polizei in den Städten Chemnitz, Dresden und Bautzen Lager mit jeweils 100 Plätzen für die Unterbringung vorläufig festgenommener Grenzverletzer einzurichten.

STV CHEF DER SMA DES BL SACHSEN
GENERALMAJOR DUBROWSKI

STABSCHEF DER SMA DES BL SACHSEN
GARDEGENERALMAJOR DUDOROW

FÜR DIE RICHTIGKEIT DES AUSZUGS: KANZLEICHEF DER FÜHRUNG DER SMA DES BUNDESLANDES SACHSEN
GARDEMAJOR
BELOUSOW

ausgefertigt in
2 Exemplaren
entsprechend dem
Verteilerschlüssel
am 4.12.46

7.

RICHTLINIEN
für die Organe der deutschen Polizei zum Schutz der Demarkationslinie in der sowjetischen Okkupationszone Deutschlands

Bestätigt vom Oberkommandierenden der sowjetischen Okkupationstruppen und dem Hauptbevollmächtigten der SMA in Deutschland

Marschall der Sowjetunion
W. Sokolowskij
23. August 1947

I. Organisationshinweise

§ 1
Die Grundaufgabe des Dienstes der Polizei an der Grenze und den Demarkationslinien zwischen den okkupierten Zonen Deutschlands besteht in der Bewachung der Grenzen und Demarkationslinien nach den von den Kommandeuren der sowjetischen Okkupationstruppen erlassenen Bestimmungen.

§ 2
Die Polizei im Grenzgebiet und an den Demarkationslinien untersteht in allen dienstlichen Fragen direkt dem zuständigen Abschnittskommando der sowjetischen Okkupationstruppen.

§ 3
Die Komplettierung der Polizeieinheiten, ihre materielle Versorgung (Finanzierung, Bekleidung und andere wirtschaftlichen Ausgaben), sowie Wohlfahrtseinrichtungen und damit verbundene Fragen werden vom jeweiligen Ministerium des Innern der zuständigen Landesregierung in Verbindung mit dem Chef der Polizei durchgeführt.

§ 4
Für Waffen und Munition, sowie Transport- und Nachrichtenwesen der Grenzpolizei sorgen die zuständigen Kommandos der sowjetischen Militäreinheiten.

II. Aufbau der Grenzpolizei-Einheiten

§ 5
In Ländern der sowjetischen Okkupationszone Deutschlands wird die Verwaltung der Grenzpolizei dem Chef der Polizei übertragen.

§ 6
An der Grenze und an den Demarkationslinien werden für den direkten Grenzdienst Polizeieinheiten aufgestellt, deren Zahl und Stärke vom Stab der Gruppe der sowjetischen militärischen Okkupationstruppen in Deutschland bestimmt wird.
Jedes Abschnittskommando der Grenzpolizei umfasst 4 - 5 Polizeikommandanturen.

§ 7
Jeder Grenzpolizei-Kommandantur unterstehen 10 - 15 Grenzpolizeikommandos von je 8 - 10 Mann Stärke.

§ 8
Der Leiter jedes Kommandos der Grenzpolizei wird vom Minister des Innern und vom Leiter der Landespolizei mit Zustimmung des Chefs der SMA (Armeekommandeur) bestimmt. Versetzungen, Amtsenthebungen oder Entlassungen eines Leiters des Kommandos kann nur mit Genehmigung der zuständigen Landesregierung erfolgen.

§ 9
Die Führung und die Tätigkeit des Leiters eines Grenzpolizeikommandos bedingt die Zusammenarbeit mit seinem Stab und dessen Leiter, die von der jeweiligen Landesregierung bestimmt werden.

§ 10
Die Leiter der Kommandanturen, sowie auch die Leiter der Kommandos werden vom Chef der Landespolizei ernannt und vom Chef der SMA bestätigt.

§ 11
Die Einstellungen, Entlassungen und Versetzungen von Polizeimannschaften, welche ihren Dienst an der Grenze und an der Demarkationslinie versehen, werden in Zusammenhang mit § 3 dieser Bestimmungen von der Personalabteilung der zuständigen Landespolizeiverwaltung durchgeführt.

III. Rechte und Pflichten der Grenzpolizei

§ 12
Sämtliche Angehörigen der Grenzpolizei (Kommandanturen, Abteilungen und Kommandos) und Personen, die mit der Leitung dieser Organe der Grenzpolizei betraut sind, genießen alle politischen und dienstlichen Rechte, die durch gesetzliche Bestimmungen für die Territorialpolizei der sowjetischen Okkupationszone in Deutschland erlassen sind.

§ 13
Der Grenzpolizei sind bei Ausübung ihres Dienstes folgende Pflichten auferlegt:
a) der Grenzpolizist hat die ihm vorgeschriebene Uniform mit Rangabzeichen, die ihm von der Inneren Deutschen Verwaltung der sowjetischen Okkupationszone Deutschlands bestätigt sind, zu tragen;
b) der Grenzpolizist hat die ihm vom Kommando der Sowjetarmee ausgehändigte Waffe zu tragen;
c) er hat alle Anordnungen, Befehle und Instruktionen bezüglich des Grenzdienstes aufs strengste einzuhalten;
d) er trägt die volle Verantwortung für die ihm anvertraute Waffe, Bekleidung und Ausrüstung, die für die Okkupationsdauer gemäss Gesetz bestimmt sind.

§ 14
Für Disziplinarvergehen, Nichteinhaltung des Grenzdienstes, sowie für Übertretung interner dienstlicher Bestimmungen haben die Leiter der Grenzpolizei-Einheiten das Recht, ihren Unterstellten folgende Disziplinarstrafen aufzuerlegen:

Der Einheitsführer kann seinen Unterstellten folgendermaßen bestrafen:

Mündliche Verwarnung,
Verweis und
Arrest bis 10 Tage
durch schriftliche Bekanntgabe im Tagesbefehl an die Einheit.

Der Leiter der Kommandantur kann seinen Unterstellten wie folgt bestrafen:
Mündliche Verwarnung,
Verweis und
Arrest bis 5 Tage
durch schriftlichen Kommandanturbefehl.

Der Leiter eines Kommandos kann seinen Unterstellten wie folgt bestrafen:
Mündliche Verwarnung,
Verweis vor angetretener Einheit,
2maligen Strafdiensteinsatz.

§15
Über die verhängten Disziplinarstrafen haben die Leiter der Grenzpolizeieinheiten ihrem Vorgesetzten Mitteilung zu machen. Jeder Vorfall ist durch Notiz in der Personalakte zu vermerken.

§ 16
Falls der höher gestellte Leiter die verhängte Strafe als zu niedrig ansieht, kann er von dem ihm zur Verfügung stehenden Disziplinarrecht Gebrauch machen.

IV. Ordnung für die Durchführung des Grenzpolizeidienstes

§ 17
Für die Sicherung der Grenze und Demarkationslinie stellt der Leiter eines Kommandos der Grenzpolizei an die Orte, die das Kommando der Sowjetarmee inne hat, Wachen im Bestande nicht unter 2 Mann aus der ihm anvertrauten Polizeimannschaft aus, instruiert sie persönlich und führt eine Überprüfung des Dienstes bei jeder Ablösung aus.

§ 18
Die für den Wachtdienst bestimmten Polizeiangehörigen müssen mit den vorgeschriebenen Waffen und mit der festgesetzten Patronenzahl ausgerüstet sein. Nach Erhalt der Wachvorschriften müssen die Waffen ausserhalb des Wachraumes geladen werden.

§ 19
Der an der Grenze und Demarkationslinie Wachtdienst tuende Polizeiangehörige ist verpflichtet:

a) jegliche Art von Grenzübertritt und Übertritt der Demarkationslinie zu der sowjetischen Okkupationszone und zurück, egal von wem, nicht zuzulassen;
b) Personen, die an irgend einer Stelle - ausser an den speziell festgesetzten Übergangspunkten - versuchen die Grenzen und Demarkationslinien zu übertreten, festzunehmen und zur Grenzkommandantur zu überführen;
c) Eigenmächtigkeiten und Grobheiten der örtlichen Bevölkerung gegenüber zu vermeiden.

§ 20
In folgenden Fällen dürfen Grenzeinheiten - Grenzpolizeiangehörige von der Waffe Gebrauch machen:

a) bei einwandfreiem Überfall auf den Posten, Kommandantur oder Kommando;
b) bei Flucht von Grenzübertretern und Übertretern der Demarkationslinie, wenn andere Möglichkeiten der Festnahme erschöpft sind (Anruf, Warnschuss in die Luft);
c) bei Flucht von Zwangsgestellten und Transportgefangenen.
Den Angehörigen der Grenzpolizei ist ein zielloses Schießen verboten.

§ 21
Über jeden Waffengebrauch hat der Leiter des Kommandos dem Leiter der Polizeikommandantur Bericht zu erstatten. Dieser führt an Ort und Stelle eine Untersuchung durch und reicht einen schriftlichen Ergebnisbericht dem Leiter der Abteilung, sowie dem zuständigen Sowjetkommando ein.

§ 22
Der Leiter eines Grenzkommandos ist dem Kommandanten der Grenzpolizeikommandantur unterstellt und darf ohne dessen Genehmigung das Gebiet der Grenzkommandantur nicht verlassen. Bei Fernbleiben aus dienstlichen Gründen oder während der Ruhepause hat er einen Stellvertreter zu ernennen.

§ 23
Der Leiter einer Polizei-Grenzkommandantur ist dem Leiter einer Abteilung unterstellt, dagegen in Fragen, die im direkten Zusammenhang mit der Organisation und des Dienstes an der Grenze und an der Demarkationslinie stehen, - den jeweiligen Kommandeuren der zuständigen Militäreinheit der sowjetischen Okkupationsarmee.

§ 24
Der Leiter der Grenzpolizei-Kommandantur organisiert und überprüft persönlich den Dienst der Polizei-Kommandos und trägt die volle Verantwortung für die richtige und genaue Durchführung des Dienstes im Bereich der Kommandantur.

§ 25
Der Leiter der Grenzpolizei-Abteilung trägt die Verantwortung für seine Unterstellten, für die richtige Organisation und für den Dienst an der Grenze und an der Demarkationslinie, für die Aufrechterhaltung der Disziplin und Ordnung in der Abteilung, sowie für die Führung der ganzen Abteilung.

V. Festnahme und Registrierung der Grenzübertreter

§ 26
Jeder Festgenommene, der die Grenze oder Demarkationslinie überschritten hat, unterliegt an Ort und Stelle einer genauen Untersuchung und einer Leibesvisitation auf Waffen, Dokumente und Wertsachen.

§ 27
1) Die Überprüfung der an der Grenze Festgenommenen bis zum Grenzpolizei-Kommando erfolgt durch die Angehörigen des Kommandos oder durch zusätzlich angeforderte Polizeikräfte.
2) Anforderungen von zusätzlichen Polizeikräften, Entsendung derselben zum Tatort, Übergabe und Übernahme der Festgenommenen erfolgt auf Grund von intern festgelegten Bestimmungen.

§ 28
Die in das Polizeikommando überführten Grenzübertreter werden einer genauen Untersuchung unterzogen. Bei der Untersuchung werden abgenommen alle Wertsachen, Geld, Ware; über diese wird ein Verzeichnis in 2-facher Ausfertigung zusammmengestellt, wovon das 1. Exemplar dem Protokoll beigefügt und das zweite dem Festgenommenen ausgehändigt wird.

§ 29
Der Leiter des Grenzpolizeikommandos stellt den Grund und den Umstand des Grenzübertritts fest, prüft die Richtigkeit des Protokolls, prüft das Verzeichnis über abgenommene Sachen. Anschliessend wird der Betreffende unter Bewachung in die Grenzpolizeikommandantur mit allen Dokumenten und allen von ihm abgenommenen Sachen und Wertsachen überführt.

§ 30
Der Leiter der Grenzpolizei-Kommandantur stellt nicht später als im Laufe von 24 Stunden - gerechnet vom Moment der Festnahme - die Personalien des Festgenommenen fest, erledigt die Erfassungen für den Erkennungsdienst und überprüft die Fahndungsnachweise der Kriminalpolizei der Landesregierung.

§ 31
Nach Erhalt der Unterlagen überprüft der Erkennungsdienst der Kripo die Fahndungsersuchen und erteilt im Laufe von 24 Stunden Rückantwort an die anfragende Dienststelle.

§ 32
Bis zum Abschluss der Überprüfung bleibt der Festgenommene in Haft bei der Grenzpolizeikommandantur. Schlussbericht über Überprüfung mit Stellungnahme des Leiters der Kommandantur wird sofort den Kommandeuren der sowjetischen Militäreinheit vorgelegt, der den Festgenommenen einer weiteren Untersuchung zuführt oder mit einer Geldstrafe von 50 - 200 Reichsmark belegt.

§ 33
Die Grenzübertreter und die Übertreter der Demarkationslinie, Einwohner der sowjetischen Okkupationszone, welche für den Grenzübertritt bestraft wurden, werden nach Prüfung und

Freilassung der Polizei ihres ständigen Wohnortes übergeben und erhalten dort in ihren Registrierkarten einen Vermerk über den Vorfall.

§ 34
Die Übertreter der Grenze und Demarkationslinie, die nicht Einwohner der sowjetischen Okkupationszone sind, werden einer genauen Überprüfung unterzogen. Diejenigen, welche nach Beschluss der sowjetischen Militäreinheit auf freien Fuss gesetzt werden, werden der Grenzbehörde der Zone oder des Staates übergeben, welcher an die Sowjetzone angrenzt. Die Übergabe erfolgt an den amtlich zugelassenen Grenzübergangspunkten.
Die Übergabe erfolgt nach besonderen Vorschriften.

§ 35
Das an der Grenze oder an der Demarkationslinie beschlagnahmte Gut oder andere Wertsachen, wie auch Strafgelder, sind den deutschen Selbstverwaltungen zu übergeben gemäss spz. festgelegter Bestimmungen.

§ 36
Zur Belohnung der besten Mitarbeiter der Polizei wird ein spezieller Fond gebildet, der zur Verfügung eines jeden Leiters der Grenzpolizeieinheit steht.
Die Ordnung der Ausgaben des genannten Fonds wird nach besonderen Richtlinien festgelegt.

§ 37
Der Leiter des Grenzpolizeikommandos führt ein Tagebuch, in dem alle Festnahmen und Vorfälle an der Grenze und an der Demarkationslinie nach bestätigtem Muster eingetragen werden.
Auf Grund der Eintragungen werden die Tagesberichte über die Vorfälle und über die Festgenommenen täglich dem Leiter der Kommandatur vorgelegt.

§ 38
Der Leiter der Grenzpolizeikommandantur stellt auf Grund der eingelaufenen Meldungen der Kommandos täglich einen Bericht über die Festgenommenen und über die Vorfälle in seinem Kommandanturbereich zusammen und berichtet darüber dem Leiter der Abteilung und dem Kommandeur der entsprechenden sowjetischen Militäreinheit der Okkupationstruppen.

§ 39
Der Leiter der Abteilung berichtet in seinem Tagesbericht dem Chef der Polizei der Landesregierung und dem Kommando der sowjetischen Okkupationstruppen über die Vorfälle und über die Zahl der Festgenommenen.

§ 40
Der Chef der Polizei der Landesregierung berichtet einmal in der Dekade der Deutschen Inneren Verwaltung der sowjetischen Okkupationszone über die Arbeit der Grenzpolizei.
Über alle besonderen Ereignisse an der Grenze und an der Demarkationslinie ist sofort nach Überprüfung schriftlich Mitteilung zu machen.

§ 41
Die Ordnung der Registrierung der Festgenommenen, die Erfassung und Aufbewahrung der beschlagnahmten Wertsachen und Gegenstände wird nach einer speziellen Instruktion festgesetzt.

VI. Regelung des Dienstplanes

§ 42
Die Stäbe der Grenzpolizei-Abteilungen und Kommandanturen befinden sich an Orten, die von den entsprechenden Stabsleitern der Armee vorgesehen sind.
Die Standorte der Polizeikommandos setzt der Leiter der Kommandantur, mit entsprechender Bestätigung des Kommandeurs der Militäreinheit, in deren Bereich sich die Kommandantur befindet, fest.
Der Sicherheitsdienst an der Demarkationslinie erfolgt durch Posten ununterbrochen Tag und Nacht.

§ 43
Jede Polizei-Abteilung, Kommandantur und jedes Kommando hat einen eingerichteten Raum zur Durchführung von Sitzungen und Schulungen und ebenfalls ein Zimmer zur Aufbewahrung von Waffen und Munition. Dieser Raum ist durchgehend zu bewachen.

§ 44
Die Mannschaften der Grenzpolizei erhalten Waffen und Munition nur bei Dienstantritt und retournieren dieselben sofort nach Dienstschluss (Einsatz)

§ 45
In der dienstfreien Zeit wohnen die Vorgesetzten und Mannschaften der Grenzpolizei in Privatwohnungen.
Die Mannschaften der Kommandatur und des Kommandos melden sich pünktlich zur festgesetzten Zeit bei der entsprechenden Dienststelle zum Wachtdienst, nach Beendigung des Wachtdienstes oder bei einer besonderen Anforderung.
Das Verlassen des Standortbereichs der Kommandanturen und der Kommandos in der dienstfreien Zeit ist den Vorgesetzten und Mannschaften jedesmal nur möglich mit der Erlaubnis des entsprechenden höheren Vorgesetzten.

Chef der Inneren Abteilung der Verwaltung der SMA des Landes Sachsen-Anhalt

Garde-Oberst Schtachanowskij

Übersetzt aus dem Russischen ins Deutsche: gez. Reinert

8.

Deutsche Verwaltung des Innern in der sowj. Besatzungszone Deutschlands

Berlin, 6.10.1947

gVS 034/53 - 1 Exemplar
1. Ausf. - 2 Blatt

Geheim

Waffengebrauchsvorschrift

Die Verwendung von Schußwaffen durch die deutsche Polizei zur Durchführung dienstlicher Obliegenheiten.

I. Auf Anordnung der Sowjetischen Militäradministration in Deutschland ist kategorisch verboten, von der Schußwaffe Gebrauch zu machen gegen Angehörige der Sowjetarmee und der anderen alliierten Armeen in jedem Falle.

II. Von der Schußwaffe, die zum ständigen oder vorläufigen Tragen während der Durchführung dienstlicher Obliegenheiten ausgegeben wurde, kann in folgenden Fällen Gebrauch gemacht werden:

a) Zum Zwecke der Selbstverteidigung bei Überfall bewaffneter Verbrecher, falls der Polizeiangehörige dabei tätlich bedroht wird.

b) Zur Verteidigung eines Bürgers beim Überfall durch bewaffnete Verbrecher,

c) wenn der Polizeiangehörige bei der Festnahme eines besonders gefährlichen Verbrechers (eines Räubers, Banditen, eines bekannten Rückfalldiebes oder eines bedeutenden Mitgliedes der faschistischen Partei) sämtliche Möglichkeiten eines operativ-taktischen Vorgehens ausgeschöpft hat, ohne sein Ziel zu erreichen und falls ein besonders gefährlicher Verbrecher möglicherweise entkommen könnte,

d) wenn dem Polizeiangehörigen während der Durchführung einer operativen Aufgabe bei der Festnahme von Banditen und verbrecherischen Elementen bewaffneter Widerstand entgegengesetzt wird und andere Möglichkeiten der Festnahme erschöpft sind,

e) bei der Bewachung öffentlicher Gebäude, Lebensmittelniederlagen und anderer materieller Werte, falls letztere von bewaffneten Banditen überfallen werden,

f) bei der Flucht festgenommener Verbrecher während ihrer Bewachung oder Begleitung.

Die Waffe wird in allen Fällen nur dann angewandt, wenn es dem Polizeiangehörigen genau bekannt ist, daß eine bewaffnete Gruppe oder eine Einzelperson Verbrecherkreisen angehört und daß man sich bei der Festnahme der letzteren möglicherweise in Lebensgefahr begibt. Bevor Schüsse auf das Ziel abgegeben werden, ist ein Warnungsschuß abzufeuern.

III. Es ist kategorisch verboten, die Schußwaffen in folgenden Fällen anzuwenden:

a) Bei Festnahme von Personen, die in Verdacht verbrecherischer Handlungen stehen, falls es dem Polizeiangehörigen nicht genau bekannt ist, ob die verdächtige Person verbrecherischen Kreisen angehört,

b) falls bei der Festnahme von Banden und Banditen andere Möglichkeiten und Mittel angewendet werden können und falls eine Festnahme der Verbrecher ohne Anwendung der Schußwaffe möglich ist,

c) bei Festnahme minderjähriger Verbrecher, wenn dieselben nicht mit bewaffneten erwachsenen Verbrechern in Verbindung stehen und keinen bewaffneten Widerstand leisten,

d) bei Festnahme von Verbrechern an öffentlichen Plätzen, in Straßenbahnen, Untergrundbahnen u.a. Verkehrszentren der Bevölkerung.

Jeder Fall einer ungesetzlichen Anwendung von Waffen ist sorgfältig nachzuprüfen. Die Schuldigen sind zu strenger Verantwortung zu ziehen.

Hat ein Polizeiangehöriger von der Schußwaffe Gebrauch gemacht, so ist von ihm sofort ein schriftlicher Bericht abzugeben, der von ihm unterschrieben und von seinem Dienststellenleiter und dem Offizier der öffentlichen Sicherheit (NKWD) gegengezeichnet werden muß. Dieser Bericht kann gleichzeitig als Unterlage für die Abbuchung verschossener Patronen sowie auch für die Aushändigung von neuen Patronen dienen.

gez. Wagner
I. Vizepräsident

9.

Die Anwendung der Schußwaffe

Von Polizeikommissar F. B o e t t c h e r, Berlin

Zur Aufrechterhaltung der öffentlichen Sicherheit und Ordnung, zur Brechung auftretenden Widerstandes und zum Schutze des demokratischen Wiederaufbaues stehen der Polizei gegen kriminelle Elemente, Saboteure und reaktionäre Söldlinge Zwangsmittel verschiedenster Art zur Verfügung.

Neben der einfachen körperlichen Gewalt (Handauflegen, Wegführen einer Person am Arm), kann die Anwendung von Hilfsmitteln der körperlichen Gewalt durch Polizeigriffe, Boxen, Knebelketten, Diensthunde, Dienstpferde erfolgen. Von der Schußwaffe darf erst dann Gebrauch gemacht werden, wenn alle anderen Hilfsmittel des unmittelbaren Zwanges bereits erschöpft sind und eine Wiederherstellung des polizeilichen Zustandes nur noch mit Anwendung der Schußwaffe erzwungen werden kann. Es gibt aber auch Fälle, in denen sofort von der Schußwaffe Gebrauch gemacht werden kann; z. B. bei Notwehr, zum Schutze des eigenen Lebens oder des Lebens anderer Personen.

Gegen Angehörige der Besatzungsmacht darf niemals und unter keinen Umständen von der Schußwaffe Gebrauch gemacht werden.

Jeder Polizeiangehörige präge sich die nachstehenden Punkte ein, welche die rechtlichen Unterlagen für den Gebrauch der Schußwaffe darstellen:

1. Geschossen werden darf nur auf Verbrecher und auf solche Personen, die ihrem Auftreten nach als Verbrecher angesehen werden müssen.

2. Der Polizeiangestellte muß sich in rechtmäßiger Ausübung seines Dienstes befinden.

3. Er muß im Besitze eines Waffenscheines sein.

4. Er muß über den Umgang mit Schußwaffen und mit den bestehenden Waffengebrauchsvorschriften vertraut sein.

Über jeden Einzelfall der Anwendung von Schußwaffen ist unverzüglich der zuständigen Kommandantur zu berichten; ferner eine Abschrift der Tagebucheintragung zu fertigen, die von dem betreffenden Polizeiangestellten unterschrieben und auf dem Dienstwege dem höheren Dienstvorgesetzten vorzulegen ist, der die Kenntnisnahme durch den örtlich zuständigen Sicherheitsoffizier zu veranlassen und dessen Unterschriftsleistung auf dem Vorgang zu erbitten hat.

Dieser Vorgang dient dann als Grundlage zum Nachweis der verbrauchten und zum Empfang der neuen Munition.

Jede rechtswidrige Anwendung von Schußwaffen bedarf eingehender Untersuchungen. Der Schuldige ist zur strengen Rechenschaft zu ziehen. Bei festgenommenen Personen sind von vornherein alle Vorkehrungen zur Verhinderung von Fluchtversuchen zu treffen, um somit den Gebrauch der Schußwaffe zu vermeiden; dies trifft besonders bei der Überführung nach anderen Dienststellen zu.

Auf öffentlichen Straßen, Märkten oder Plätzen, in Theatern und in öffentlichen Verkehrsmitteln darf die Schußwaffe wegen der Gefährdung anderer unbeteiligter Personen nicht angewandt werden. Hat der Polizeiangehörige nicht die erforderlichen Vorkehrungen getroffen, um einen Fluchtversuch zu verhindern, und geht er infolgedessen seines Gefangenen verlustig, macht er sich der fahrlässigen Gefangenenbefreiung schuldig.

Alle Dienststellenleiter haben die Aufgabe, die ihnen unterstellten Polizeiangehörigen in periodisch abzuhaltenden Dienstbesprechungen immer wieder auf die große Verantwortung hinzuweisen, welche ihnen als Waffenträger obliegt.

Ständige Belehrungen über den Umgang mit Waffen, die Pflege und Aufbewahrung der Schußwaffen sind notwendig.

Auf die Bestimmungen des Befehls Nr. 224 der SMAD ist dabei besonders einzugehen. Der Polizeiangehörige muß sich darüber klar sein, daß er für die ihm übergebene Waffe im Interesse des Volksganzen persönlich haftet und bei Fahrlässigkeiten, die den Verlust der Waffe nach sich ziehen, mit einer strengen Bestrafung rechnen muß. Immer wieder treten fahrlässige Waffenverluste in Erscheinung, welche bei gründlicher Belehrung der Polizeiangestellten hätten vermieden werden können.

Die Anzahl der auf Grund des Befehls Nr. 224 bisher zur Verantwortung gezogenen Polizeiangehörigen übersteigt das normale Maß beträchtlich. Es muß erreicht werden, daß der Polizist die ihm anvertraute Waffe als höchstes Gut betrachtet. Er muß wissen, daß er sich im Falle einer Gefahr auf seine Waffen verlassen kann; damit wird auch die Schlagkraft der Polizei erhöht. Die Polizei muß im Hinblick auf die Ausübung ihrer Dienstobliegenheiten und die Anwendung der Waffen zu einem sicheren und zuverlässigen Instrument werden, um mit dazu beizutragen, den wirtschaftlichen Wiederaufbau in der sowjetischen Besatzungszone zu sichern.

Es erwächst jedem Polizeiangehörigen die Aufgabe und die Verantwortung, sich das notwendige Wissen anzueignen, um in Zukunft allen gestellten Aufgaben gerecht zu werden.

(Erschienen in: Die Volkspolizei, Zeitschrift für das gesamte Polizeiwesen, Berlin, 1. Jahrgang, Nr. 7, September 1948)

10.

DER PRÄSIDENT
der Deutschen Verwaltung des Innern
in der sowjetischen Besatzungszone

Berlin-Wilhelmsruh, den 19.11.1948
Kurze Str. 5/6
Telefon: 42 00 53
Telegr.-Anschrift: DVdI Berlin

vVS. Tgb.-Nr.: 0156/48 Mü/Ry
GP/B 2 8 Ex.

B e f e h l Nr. 14

Betr.: Verhalten der Grenzpolizei bei Schiessereien von den westlichen Besatzungszonen her

I. In letzter Zeit mehren sich die Fälle, in denen vom Westen her über die Demarkationslinie geschossen wird; in einzelnen Fällen wurden sogar Grenzpolizeiangehörige getroffen. Aus dem ganzen ist erkennbar, dass hinter diesen Schiessereien ein System steckt. Der Klassenfeind will durch solche Provokationen die Grenzpolizei zur Erwiderung des Feuers verführen. Er will aus der Demarkationslinie, die heute Deutschland durch die Schuld der imperialistischen Westmächte und ihrer westdeutschen Anhänger zerschneidet, eine brennende Grenze machen. Die demokratische Bevölkerung in der sowj. Besatzungszone aber will in ruhiger friedlicher Arbeit die neue demokratische Ordnung weiter festigen und den Zweijahresplan durchführen.

II. Daher wird befohlen:

1.) Die Grenzpolizei läßt sich durch derartige Provokationen weder beunruhigen noch von der gewissenhaften Durchführung ihrer Aufgaben abhalten. Sie zeigt ihre Überlegenheit durch streng diszipliniertes Verhalten.

2. Eine wilde und planlose Erwiderung des Banditenfeuers vom Westen her würde die Bestrebungen des Klassenfeindes geradezu fördern. Sie ist daher zu unterlassen und seitens aller Vorgesetzten mit allen Mitteln zu unterbinden. Der Schusswaffengebrauch der Grenzpolizei bleibt nach wie vor durch die Instruktion § 27 bestimmt. Auf den vorliegenden Fall gilt § 27a. Im Sinne dieser Bestimmung ist Feuer nur zu erwidern, wenn die Feuerabgabe (Ort und Person) vom Westen her gegen einen Grenzpolizeiangehörigen einwandfrei erkannt ist. Eine verschärfte Kontrolle der täglich verbrauchten Munition ist notwendig.

Jedes Überschreiten der Demarkationslinie durch Grenzpolizeiangehörige bei der Verfolgung derartiger Banditen muss unbedingt vermieden werden.

III. An unruhigen und ungeschützten Stellen sind Postenlöcher anzulegen, jedoch in unauffälliger Form. (Arbeiten nur nachts.) Dadurch soll vermieden werden, dass der Klassenfeind auch derartige reine Schutz- und Abwehrmassnahmen für Zwecke seiner Hetze ausnutzt.

IV. Notwendige Verstärkungen an unruhigen Stellen sind ausschliesslich innerhalb des Bereichs der Grenzpolizei durchzuführen. Derartige Verstärkungen sind in erster Linie als örtliche Reserve zu betrachten. Das äussere Bild soll sich auch an unruhigen Stellen nicht ändern.

V. Wegen der großen politischen Bedeutung dieser vom Westen her planmässig betriebenen Störungen an der Demarkationslinie ist notwendig, jeden Fall derartiger Schiessereien sofort durch Zeugen aus der Grenzpolizei oder auch durch zuverlässige Einwohner schriftlich festzulegen. FS-Meldungen in jedem Fall sofort an DvDI, Hauptabtlg. Grenzpolizei und Bereitschaften. Noch notwendige ergänzende schriftliche Berichte sind beschleunigt nachzureichen.

VI. Neben der vermehrten Dienstaufsicht der vorgesetzten Stellen fällt eine entscheidende Aufgabe den PK-Leitern zu, denen es obliegt, sämtliche Grenzpolizeiangehörige sowohl über die politischen Zusammenhänge wie über die Notwendigkeit des vorstehend befohlenen Verhaltens aufzuklären.

VII. Der Eingang (Tag und Stunde) dieses Befehls ist durch FS zu bestätigen.

(Rentzsch) gez. Dr. h.c. Fischer
Hauptabteilungsleiter
Verteiler:
Abt. Grenzpolizei und Bereitschaften
Brandenburg
Mecklenburg
Sachsen-Anhalt
Thüringen
Sachsen
Hauptabteilung GP/B, Referat G 1
Hauptabteilung GP/B für Übersetzung an die S M A D
Präsident Dr. h. c. Fischer

11.

Note des Ministeriums für Auswärtige Angelegenheiten der UdSSR an die Diplomatische Mission der DDR in der UdSSR zur Frage der Volkspolizei, Moskau, 19. Oktober 1950

Das Ministerium für Auswärtige Angelegenheiten der Union der Sozialistischen Sowjetrepubliken bezeugt seine Hochachtung der Diplomatischen Mission der Deutschen Demokratischen Republik und hat die Ehre, anbei die Kopie einer Note der Sowjetregierung zu übermitteln, die sie am 19. Oktober d. J. an die Regierung der USA in Beantwortung deren Note, in der jeglicher Grundlage entbehrende Behauptungen darüber enthalten waren, nach denen die Volkspolizei der Deutschen Demokratischen Republik angeblich keine gewöhnlichen Polizeifunktionen ausübe, sondern den Charakter einer Armee habe, richtete.
Noten gleichen Inhalts wurden an die Regierungen Großbritanniens und Frankreichs gerichtet.

Anlage

Note der Regierung der Union der Sozialistischen Sowjetrepubliken an die Regierung der Vereinigten Staaten zur Frage der Volkspolizei in der Deutschen Demokratischen Republik

Moskau, 19. Oktober 1950

Die Sowjetregierung hat sich mit dem Inhalt der Note der Regierung der Vereinigten Staaten von Amerika bekanntgemacht, in der behauptet wird, die Volkspolizei der Deutschen Demokratischen Republik erfülle angeblich nicht gewöhnliche Polizeifunktionen und trage den Charakter einer Armee. Die Sowjetregierung weist diese Behauptung entschieden zurück, da sie jeglicher Grundlage entbehrt.

Die Volkspolizei wurde bereits im Jahre 1945 zur Erfüllung gewöhnlicher Polizeifunktionen bei der Aufrechterhaltung der öffentlichen Ordnung gebildet. Die Organisierung und Ausrüstung der Volkspolizei steht in Übereinstimmung mit der Direktive Nr. 16 des Kontrollrates für Deutschland vom 6. November 1945. Wie bekannt, hat es der Kontrollrat gemäß dieser Direktive für notwendig erachtet, daß die deutsche Polizei „aktiv an der Aufrechterhaltung der Gesetze und der Ordnung teilnimmt“, wobei, wie in der erwähnten Direktive gefordert wird, in der Volkspolizei keine profaschistisch gesinnten Personen zugelassen wurden und auch nicht zugelassen werden. Die Volkspolizei der Deutschen Demokratischen Republik schützt und verteidigt die demokratische Ordnung und Gesetzlichkeit, die in Übereinstimmung mit den von der Potsdamer Konferenz angenommenen Beschlüssen errichtet wurde.

Gleichzeitig macht die Sowjetregierung die Regierung der USA darauf aufmerksam, daß in den Westzonen Deutschlands Polizeiformationen bestehen, die nichts anderes als Heeresverbände darstellen. Die Ausrüstung dieser Formationen, ihre organisatorische Gliederung, die Ausbildung der Offizierskader in besonderen Schulen und auch die Tatsache, daß sie regelmäßig eine Armeeausbildung erhalten und an militärischen Manövern der Besatzungstruppen der Westmächte teilnehmen, lassen keinen Zweifel darüber, daß diese Formationen keineswegs zur Erfüllung von polizeilichen Aufgaben bestimmt sind. Das geht auch aus dem New Yorker Kommuniqué der Außenminister der USA, Großbritanniens und Frankreichs hervor, das am 19. September des Jahres veröffentlicht wurde. In diesem Kommuniqué ist davon die Rede, daß es gestattet ist, außer den bestehenden Polizeieinheiten in Westdeutschland sogenannte bewegliche Polizeieinheiten zu schaffen, die in Wirklichkeit militärische Einheiten sind. Außerdem ist die Beteiligung Westdeutschlands an den sogenannten Vereinten Bewaffneten Streitkräften, mit anderen Worten die Wiederaufstellung der deutschen Armee vorgesehen, was im direkten Widerspruch zu den Beschlüssen der Potsdamer Konferenz über die Entmilitarisierung Deutschlands steht.

Aus dem Dargelegten geht hervor, daß die Regierung der USA die unbegründeten Behauptungen über die Volkspolizei der Deutschen Demokratischen Republik dazu brauchte, um die separate und offensichtlich unrechtmäßige Aktion zu bemänteln, die in Westdeutschland von der Regierung der USA gemeinsam mit den Regierungen Großbritanniens und Frankreichs zur Schaffung einer deutschen Armee sowohl in Form von „beweglichen Polizeieinheiten" als auch in Form der Beteiligung Westdeutschlands an den sogenannten Vereinten Bewaffneten Streitkräften durchgeführt wird.

Die Sowjetregierung erklärt, daß sie sich mit derartigen Maßnahmen der Regierungen der USA, Großbritanniens und Frankreichs, die auf die Wiederherstellung einer regulären deutschen Armee in Westdeutschland abzielen, nicht abfinden wird.

Die Regierung der UdSSR richtet Noten gleichen Inhalts auch an die Regierungen Großbritanniens und Frankreichs.

(Veröffentlicht in: Neues Deutschland, Berlin, 21. Oktober 1950)

12.

Verordnung über Maßnahmen an der Demarkationslinie zwischen der Deutschen Demokratischen Republik und den westlichen Besatzungszonen Deutschlands

Die Regierung der Deutschen Demokratischen Republik hat der Bonner Regierung und den Regierungen der Westmächte Vorschläge über die Durchführung freier gesamtdeutscher Wahlen und den baldmöglichsten Abschluß eines Friedensvertrages mit Deutschland zugeleitet. Dabei ließ sich die Regierung der Deutschen Demokratischen Republik von dem einmütigen Willen des Volkes leiten, der auf die Erhaltung des Friedens und die Einheit Deutschlands gerichtet ist. Diese Vorschläge wurden von der Bonner Adenauer-Regierung abgelehnt, die auf Weisung der amerikanischen, englischen und französischen Besatzungsmächte sich anschickt, den Generalkriegsvertrag abzuschließen, der gegen den Friedensvertrag und die Wiederherstellung der Einheit Deutschlands gerichtet ist.

In Befolgung ihrer Kriegspolitik haben die Bonner Regierung und die westlichen Besatzungsmächte an der Demarkationslinie einen strengen Grenz- und Zolldienst eingeführt, um sich von der Deutschen Demokratischen Republik abzugrenzen und dadurch die Spaltung Deutschlands zu vertiefen.

Das Fehlen eines entsprechenden Schutzes der Demarkationslinie seitens der Deutschen Demokratischen Republik wird von den Westmächten dazu ausgenutzt, um in immer größerem Umfange Spione, Diversanten, Terroristen und Schmuggler über die Demarkationslinie in das Gebiet der Deutschen Demokratischen Republik zu schleusen. Diese haben nach Ausführung ihrer verbrecherischen Aufgaben bislang leicht die Möglichkeit, ungehindert über die Demarkationslinie nach Westdeutschland zurückzukehren.

Auf diese Art versuchen die feindlichen Agenten die Erfolge des friedlichen wirtschaftlichen und kulturellen Aufbaus der Deutschen Demokratischen Republik zu untergraben, die weitere Hebung des Wohlstandes der Bevölkerung der Deutschen Demokratischen Republik zu erschweren und die demokratische Ordnung und Gesetzlichkeit, die Stütze des deutschen Volkes im Kampf für Frieden, Einheit und friedlichen Aufbau, zu erschüttern.

Durch diese Handlungen der amerikanischen, englischen, französischen Besatzungsmächte und der Bonner Republik sieht sich die Regierung der Deutschen Demokratischen Republik gezwungen, Maßnahmen zu ergreifen, die die Verteidigung der Interessen der Bevölkerung der Deutschen Demokratischen Republik zum Ziele haben und die ein Eindringen von feindlichen Agenten in das Gebiet der Deutschen Demokratischen Republik unmöglich machen.

Die Regierung der Deutschen Demokratischen Republik verordnet:

§ 1
Das Ministerium für Staatssicherheit wird beauftragt, unverzüglich strenge Maßnahmen zu treffen für die Verstärkung der Bewachung der Demarkationslinie zwischen der Deutschen Demokratischen Republik und den westlichen Besatzungszonen, um ein weiteres Eindringen von

Diversanten, Spionen, Terroristen und Schädlingen in das Gebiet der Deutschen Demokratischen Republik zu verhindern.

§ 2

Alle zur Durchführung dieser Maßnahmen getroffenenen Anordnungen, Bestimmungen und Anweisungen sind unter dem Gesichtspunkt zu erlassen, daß sie bei einer Verständigung über die Durchführung gesamtdeutscher freier Wahlen zur Herbeiführung der Einheit Deutschlands auf demokratischer und friedlicher Grundlage sofort aufgehoben werden können.

§ 3 Diese Verordnung tritt mit dem heutigen Tage in Kraft

Berlin, den 26. Mai 1952
Die Regierung der Deutschen Demokratischen Republik
Der Ministerpräsident G r o t e w o h l

13.

Polizeiverordnung
über die Einführung einer besonderen
Ordnung an der Demarkationslinie
(Auszug)

§ 1
Die entlang der Demarkationslinie zwischen der Deutschen Demokratischen Republik und Westdeutschland festgelegte Sperrzone umfaßt einen 10 m breiten Kontrollstreifen unmittelbar an der Demarkationslinie, anschließend einen etwa 500 m breiten Schutzstreifen und dann eine etwa 5 km breite Sperrzone.

§ 2
Die Bestimmungen über den kleinen Grenzverkehr sind ab sofort aufgehoben. Die Demarkationslinie darf nur mit gültigem Interzonenpaß an den vorgesehenen Kontrollpunkten der Deutschen Grenzpolizei passiert werden.

§ 3
Für Personen, die im Sperrgebiet wohnen, werden ab sofort keine Interzonenpässe mehr ausgegeben. Für Personen, die in Westdeutschland wohnen, werden für das Sperrgebiet keine Aufenthaltsgenehmigungen mehr erteilt. Die Einreise in das Sperrgebiet mit Interzonenpaß oder Visum ist mit sofortiger Wirkung verboten.

§ 4
Das Überschreiten des 10 m-Kontrollstreifens ist für alle Personen verboten. Personen, die versuchen, den Kontrollstreifen in Richtung der Deutschen Demokratischen Republik oder Westdeutschland zu überschreiten, werden von den Grenzstreifen festgenommen.

Bei Nichtbeachtung der Anordnung der Grenzstreifen wird von der Waffe Gebrauch gemacht.

§ 16
Verstöße gegen diese Verordnung werden mit aller Strenge des Gesetzes bestraft.
Diese Verordnung tritt am 27. Mai 1952 um 0.01 Uhr in Kraft

Ministerium für Staatssicherheit
Der Minister
gez. Z a i s s e r

14.

Hauptverwaltung Deutsche
Volkspolizei

Berlin, den 26. August 1953

Bestätigt am 14.10.53
durch
Stoph
Minister des Innern

Vertrauliche Verschlußsache

Schußwaffengebrauchsvorschrift für die Angehörigen der HVDVP

Die Deutsche Volkspolizei ist ein bewaffnetes Schutzorgan der Deutschen Demokratischen Republik. Sie hat die Aufgabe, die demokratische Ordnung in der Deutschen Demokratischen Republik zu sichern sowie das Leben und Eigentum ihrer Bürger zu schützen.

Diese Aufgabe verpflichtet jeden VP-Angehörigen, die aus den Händen des Volkes empfangenen Waffen ständig einsatzbereit zu halten und ihre Handhabung zu meistern.

Die Waffenträger der Volkspolizei haben von der Waffe dann Gebrauch zu machen, wenn der Schutz unserer demokratischen Ordnung oder die öffentliche Ordnung und Sicherheit mit anderen polizeilichen Mitteln nicht mehr gewährleistet werden kann oder die Anwendung der Waffe aus Notwehr im Sinne des § 53 StGB erforderlich ist.

I. Die Schusswaffe ist anzuwenden:

1) bei Festnahme von Verbrechern, insbesondere von Spionen, Saboteuren, Agenten, Provokateuren, wenn dieselben der Festnahme bewaffneten Widerstand entgegensetzen oder die Flucht ergreifen und keine andere Möglichkeit besteht, die Festnahme durch eine andere polizeiliche Maßnahme herbeizuführen;

2) zum Schutz und zur Verteidigung von volkseigenen Betrieben, staatlichen und kommunalen Einrichtungen, Dienststellen der Volkspolizei und anderen Objekten sowie von Transporten, die durch VP-Angehörige gesichert werden, bei Angriffen und Überfällen von Gruppen verbrecherischer, staatsfeindlicher Elemente;

3) zum Schutz führender Persönlichkeiten des Staates, der demokratischen Parteien und Massenorganisationen, sowie zur Verteidigung von Personen beim Überfall durch bewaffnete Verbrecher;

4) bei der Verfolgung entwichener Häftlinge, wenn diese auf Anruf der VP-Angehörigen nicht stehen bleiben und sich durch Flucht der Wiederergreifung entziehen wollen;

5) wenn einem VP-Angehörigen während der Durchführung einer dienstlichen Handlung bewaffneter Widerstand entgegengesetzt wird und dieser durch andere polizeiliche Maßnahmen nicht gebrochen werden kann;

6) wenn ein VP-Angehöriger mit der Bewachung oder Begleitung festgenommener Täter beauftragt ist, dieselben flüchten und auf Anruf nicht stehen bleiben;

7) bei Kraftfahrzeugkontrollen im Rahmen von Fahndungsmaßnahmen, wenn Fahrzeuge trotz gut sichtbarem Haltezeichen die Kontrolle vorsätzlich durchfahren und der begründete Verdacht besteht, daß sich die gesuchte Person oder andere verbrecherische Elemente im Fahrzeug befinden.
In derartigen Fällen ist das Fahrzeug durch Schüsse auf die Bereifung zum Stehen zu bringen.
Als Grundsatz hat zu gelten, daß die Waffe nur dann angewendet werden darf, wenn andere Abwehr- bzw. polizeilichen Maßnahmen nicht ausreichen, um den polizeilichen Erfolg herbeizuführen.

Außer in Fällen höchster Gefahr ist zunächst immer erst ein Warnschuß abzugeben, dem erst nach kurzer Pause Zielschüsse folgen dürfen. Flüchtige Täter sind in jedem Fall durch Anruf und die Abgabe eines Warnschusses auf die Anwendung der Waffe aufmerksam zu machen. Nach Möglichkeit ist der Täter durch Beinschuss so zu verletzen, daß eine Festnahme ohne Schwierigkeiten erfolgen kann.
Der Warnschuß ist nicht abzugeben, wenn durch die Verzögerung der Zielschusses eine unmittelbare Gefahr für eine Person, den beteiligten VP-Angehörigen oder ein zu sicherndes Objekt eintreten würde.

Bei Angriffen auf führende Persönlichkeiten des Staates, der demokratischen Parteien und Massenorganisationen ist von der Schußwaffe ohne vorherige Warnung und ohne Abgabe eines Warnschusses sofort mit Abgabe von Zielschüssen Gebrauch zu machen.

II. Von der Schußwaffe darf nicht Gebrauch gemacht werden:

1) gegen Angehörige der Dienststellen des Hohen Kommissars der UdSSR in Deutschland und der sowjetischen Streitkräfte in der Deutschen Demokratischen Republik
2) gegen Angehörige der beim Hochkommissariat der UdSSR akkreditierten Militärmissionen, soweit nicht bewaffnete Angriffe auf Bürger der Deutschen Demokratischen Republik oder Organe der Deutschen Volkspolizei erfolgen;
3) gegen Angehörige der Diplomatischen Missionen in der Deutschen Demokratischen Republik;
4) gegen Kinder und Minderjährige, wenn diese nicht mit bewaffneten Verbrechern in Verbindung stehen und keinen bewaffneten Widerstand leisten;
5) wenn durch die Anwendung der Waffe auf öffentlichen Plätzen, Märkten, verkehrsreichen Straßen, in Verkehrsmitteln oder Gebäuden eine Gefahr für die Öffentlichkeit eintreten würde.

Nach jeder Anwendung der Schusswaffe hat der betreffende VP-Angehörige einen Bericht über das Vorkommnis anzufertigen und der vorgesetzten Dienststelle zuzuleiten, die die Schusswaffenanwendung auswertet sowie die Rückerstattung der verschossenen Munition veranlaßt.
Mit der Herausgabe dieser Schusswaffengebrauchsvorschrift wird die Waffengebrauchsvorschrift vom 6. 10. 1947 ausser Kraft gesetzt.

Chef der Deutschen Volkspolizei
Maron

16.

REGIERUNG DER DEUTSCHEN DEMOKRATISCHEN REPUBLIK
Ministerium des Innern
Kommando der Deutschen Grenzpolizei

Bestätigt: d. 12. September 1958
Minister des Innern
(Maron)

DV III/2
D i e n st v o r s c h r i f t
für den Dienst der Grenzposten
I. Kapitel

Die allgemeinen Pflichten der Grenzpolizeiangehörigen

1. Die Staatsgrenze der Deutschen Demokratischen Republik teilt das Territorium der Deutschen Demokratischen Republik von den Territorien anderer Staaten und die 3-Meilen-Zone von der offenen See. Die Grenzlinie teilt gleichfalls in senkrechter Richtung den Luftraum, das Wasser und das Erdinnere. Die Staatsgrenze der Deutschen Demokratischen Republik verläuft im Westen zur Deutschen Bundesrepublik, im Osten und Süden zu den Volksrepubliken Polen und der Tschechoslowakei, an der Ostseeküste und am Ring um Berlin.

Jeder Angehörige der Deutschen Grenzpolizei ist verpflichtet, genau und streng alle Forderungen des Eides zu erfüllen, zuverlässig und wachsam den ihm anvertrauten Grenzabschnitt zu sichern.

Er muß mutig alle Schwierigkeiten überwinden und gegenüber allen Feinden unversöhnlich sein und ohne Rücksicht auf das eigene Leben die Staatsgrenze schützen und verteidigen.

2. Jeder Angehörige der Deutschen Grenzpolizei hat seine dienstlichen Pflichten genau zu kennen. Er muß in der Lage sein, unter beliebigen Bedingungen des Wetters und Geländes Grenzverletzer aufzuspüren und festzunehmen, entschlossen zu handeln und selbständig den Kampf mit dem Gegner zu führen, auch dann, wenn der Gegner zahlenmäßig überlegen ist. Das erfordert von den Angehörigen der Deutschen Grenzpolizei:

- hohes politisches Bewußtsein;
- gute militärische Ausbildung;
- größte Wachsamkeit;
- hohe sozialistische Moral;
- physische Standhaftigkeit;
- Entwicklung schöpferischer Initiative.

3. Im Grenzgebiet befindet sich jeder Angehörige der Deutschen Grenzpolizei ständig im Dienst.

4. Die Angehörigen der Deutschen Grenzpolizei sind verpflichtet:

- diszipliniert, ehrlich, vorbildlich in ihrem Verhalten in und außer Dienst zu sein und ihre Vorgesetzten zu schützen;
- ihren Genossen im Dienst und im Kampf zu helfen;
- den ihnen zur Sicherung befohlenen Grenzabschnitt zu kennen; sich in ihm in jeder Situation zurechtzufinden;
- höflich und korrekt gegenüber der Grenzbevölkerung aufzutreten und ständig zu beachten, daß die Grenzbevölkerung der nächste aktive Helfer der Grenzeinheit bei der Sicherung der Grenze ist;
- sich unter keinen Umständen gefangen zu geben und nicht zuzulassen, daß Verwundete und Tote, sowie deren Dokumente, Waffen und Ausrüstungen dem Feinde in die Hände fallen;
- ständig die Dienst- und Staatsgeheimnisse zu wahren. Über Fragen, die ein Dienstgeheimnis betreffen, nur mit solchen Personen zu sprechen, die im Rahmen der Dienstdurchführung für diese Fragen zuständig sind;
- über dienstliche Angelegenheiten im Beisein von außenstehenden Personen oder bei der Gefahr des Mithörens durch solche Personen nicht zu sprechen;
- die Regeln der Geheimhaltung in Ferngesprächen, im Funk-, Fernschreib- und Postverkehr einzuhalten;
- die demokratische Gesetzlichkeit zu achten und einzuhalten;
- Personen, die einen illegalen Grenzübertritt vorbereiten oder unterstützen, unverzüglich den Vorgesetzten oder der nächstgelegenen Dienststelle der VP zu melden. Bei Gefahr im Verzuge ist die Festnahme dieser Personen vorzunehmen bzw. zu veranlassen;
- gegen Personen, die gegen die Gesetzlichkeit verstoßen, einzuschreiten;
- das Fotografieren von Brücken, Objekten und anderen wichtigen Anlagen sowie Straßen, Flußläufen und Bahnlinien, soweit sie die Staatsgrenze bilden oder dort, wo sie die Staatsgrenze kreuzen, zu verhindern.

5. Angehörige der Deutschen Grenzpolizei, die unfreiwillig im Ergebnis von Katastrophen oder anderen zufälligen Umständen auf das Territorium des gegenüberliegenden Staates geraten, müssen unverzüglich selbständig auf das Gebiet der Deutschen Demokratischen Republik zurückkehren. Erfolgt eine Festnahme durch staatliche Organe der andereren Seite, ist die unverzügliche Rückführung beharrlich zu fordern. Auf Fragen, die ein Staats- oder Dienstgeheimnis betreffen, darf selbst unter Androhung des Todes nicht geantwortet werden.

6. Den Angehörigen der Deutschen Grenzpolizei ist untersagt, mit Angehörigen der Grenzschutzorgane, sowie der Zivilbevölkerung des angrenzenden Staates Gespräche zu führen, Gegenstände, Briefe u.a. entgegenzunehmen oder auszutauschen.

Im Rahmen der militärischen Höflichkeit sind die Angehörigen der Deutschen Grenzpolizei verpflichtet, an den Grenzen zu den volksdemokratischen Ländern, Angehörige der Grenzschutzorgane zu grüßen, oder den Gruß zu erwidern und Dienstgradhöheren den Gruß zu erweisen.

II. Kapitel

Die Grenzposten, ihre allgemeinen Aufgaben und Pflichten

7. Ein Grenzposten ist eine Gruppe von 2 oder mehreren bewaffneten Angehörigen der Deutschen Grenzpolizei, die einen Kampfbefehl zur Sicherung der Staatsgrenze der Deutschen Demokratischen Republik erfüllen.
Der Grenzposten wird vom Postenführer geführt. Als Postenführer werden Offiziere, Unteroffiziere oder erfahrene Mannschaftsdienstgrade eingesetzt.

8. Die Grenzposten unterstehen unmittelbar dem Einheitskommandeur, von dem sie zur Grenzsicherung befohlen wurden.

In Fragen der Dienstdurchführung hat der Grenzposten ebenfalls die Anweisungen von kontrollierenden Offizieren oder Unteroffizieren der Deutschen Grenzpolizei auszuführen, soweit sie nicht im Widerspruch zum erhaltenen Kampfbefehl stehen und nicht zum Verlassen des Postenbereiches auffordern.

9. Zur Sicherung der Staatsgrenze können folgende Grenzposten eingesetzt werden:
- die Grenzstreife (GS)
- die Kontrollstreife (KS)
- der getarnte Posten (GP)
- der Wachposten (WP)
- der Beobachtungsposten (BP)
- die Patrouille (PT)
- die Suchgruppe (SG)
- der Hinterlandssicherungsposten (HL)
- der Hinterhaltsposten (HH)
- der Begleitposten (BGP)
- der Diensthabende der Grenzkompanie (DH)

10. Jeder Grenzposten hat die Aufgabe:
- wachsam und zuverlässig die Staatsgrenze vor jedem Versuch ihrer Verletzung zu sichern;
- die Grenzbevölkerung, ihr Eigentum und das sozialistische Eigentum zu schützen.

11. Der Grenzposten ist verpflichtet:
- genau den Verlauf der Staatsgrenze und ihre Markierung im Gelände zu kennen;
- seinen erhaltenen Kampfbefehl gewissenhaft und diszipliniert zu erfüllen;
- Personen, die versuchen, die Staatsgrenze zu überschreiten, oder sie überschritten haben oder die durch Gespräche, Signale oder andere Mittel Verbindung mit der gegenüberliegenden Seite aufnehmen oder hierzu den Versuch unternehmen und Verletzer der Grenzordnung festzunehmen;
- in das Gebiet der Deutschen Demokratischen Republik gewaltsam eingedrungene Gegner gefangenzunehmen oder zu vernichten;
- alle Gegenstände, die über die Grenze geschmuggelt wurden oder die dazu vorgesehen sind, in Gewahrsam zu nehmen;
- die Waffe nach den in Kapitel XI festgelegten Bestimmungen anzuwenden;

- ständig die gegenüberliegende Seite und das Hinterland zu beobachten, alle Signale der Nachbarposten und der Einheit zu beachten und gemäß der in der Organisation des Zusammenwirkens festgelegten Ordnung weiterzugeben;
- eine ununterbrochene Beobachtung des Luftraumes zu führen und das Überfliegen der Grenze durch Flugzeuge und Ballons sofort zu melden;
- Veränderungen im Grenzabschnitt, die durch Witterungseinflüsse, Menschen und Tiere hervorgerufen werden, zu kennen, sie bei der Dienstdurchführung zu berücksichtigen und den Vorgesetzten zu melden;
- die Grenzzeichen, die pionier-technischen Anlagen sowie die Anlagen des Grenzmeldenetzes auf ihren ordnungsgemäßen Zustand zu kontrollieren;
- die Dokumente, die zum Aufenthalt in der Sperrzone berechtigen, zu kennen;
- die Kunst des Spurenlesens im Gelände und auf dem Kontrollstreifen zu beherrschen;
- die technischen Mittel zur Verstärkung der Grenzsicherung (Signalgeräte) und ihre Einsatzmöglichkeiten zu kennen;
- die Ordnung des Zusammenwirkens der Grenzposten untereinander und die Abschußstellen für Signale im Grenzabschnitt zu kennen;
- die Methoden der Dienstdurchführung der Grenzschutzorgane der Deutschen Bundesrepublik zu studieren und zu kennen;
- die Methoden und Listen des Gegners bei der Vorbereitung und Durchführung von Grenzverletzungen zu studieren und zu kennen;
- ständig Eigeninitiative zur Täuschung und Irreführung des Gegners anzuwenden;
- bei Ausbruch von Feuer im Postenbereich sofort Maßnahmen zur Löschung bzw. Eindämmung des Feuers zu treffen und dem Kompanie-Chef Meldung zu erstatten.

12. Die erfolgreiche Sicherung der Staatsgrenze erfordert die unbedingte Tarnung und Geheimhaltung des Systems der Grenzsicherung.
Dazu ist erforderlich:
- sich im Gelände geräuschlos zu bewegen, dem Gelände anzupassen und nachts öfters als am Tage stehen zu bleiben und zu horchen, in Mondnächten sich im Schatten von Geländegegenständen zu bewegen und beleuchtete Abschnitte schnell einzeln zu überwinden;
- sich im Wald in der Regel parallel zu den Schneisen zu bewegen;
- gedeckt seinen Einsatzort zu beziehen und zu verlassen sowie sich und seine Waffe mit den am Ort befindlichen Mitteln zweckmäßig zu tarnen;
- sich bei der Abgabe von akustischen und optischen Signalen oder beim Beleuchten des Geländes nicht zu demaskieren;
- die Methoden und Mittel der Tarnung ständig zu wechseln.

13. Der Grenzposten muß seine Waffen in ständiger Bereitschaft zur unverzüglichen Anwendung haben.
Die Waffen sind wie folgt zu tragen:

- den Karabiner in der Hand oder umgehangen; im Magazin befinden sich 4 Patronen;
- die Maschinenpistole vor der Brust oder umgehangen;
- die Pistole in der Pistolentasche, nicht durchgeladen und gesichert, im Magazin befinden sich 7 Patronen.

Bei der Dienstdurchführung auf Fahrrädern, Motorrädern, Skiern und beim Überwinden von Steilhängen im Gebirge ist der Karabiner oder die Maschinenpistole auf dem Rücken zu tragen, das Bajonett ist abzuklappen.

Die Leuchtpistole wird ungeladen in der Pistolentasche am Koppel getragen.

Bei der Eskortierung von Grenzverletzern und Arrestanten werden die Waffen in der Hand getragen.
Die Bootsführer und Kraftfahrer haben während der Dienstdurchführung die Waffe so bei sich zu führen, daß ihre unverzügliche Anwendung gewährleistet ist.

14. Alle Grenzposten sind verpflichtet, den durch Katastrophen im Grenzabschnitt in Not geratenen Personen Hilfe zu leisten. Nach der erforderlichen Hilfeleistung ist dem Kompanie-Chef Meldung zu erstatten und der Dienst gemäß dem erhaltenen Kampfbefehl wieder aufzunehmen.

15. Dem Grenzposten ist es verboten:
- den zu bewachenden Grenzabschnitt mit Ausnahme der im Punkt 16 bezeichneten Fälle vorzeitig zu verlassen;
- zu schlafen, sich ablenken zu lassen oder auf andere Art die Wachsamkeit zu vernachlässigen;
- Sachen von Personen entgegenzunehmen, denen er bei der Dienstdurchführung nicht unterstellt ist;
- Befehle von anderen als seinen Vorgesetzten entgegenzunehmen;
- sich im Gespräch mit anderen im Grenzabschnitt eingesetzten Grenzposten oder mit Zivilpersonen einzulassen, wenn es die Dienstdurchführung nicht erfordert;
- vom befohlenen An- und Abmarschweg abzuweichen, wenn es die Lage nicht erfordert (Naturkatastrophen, Auftauchen von Grenzverletzern);
- während der Dienstdurchführung alkoholische Getränke zu sich zu nehmen;
- mit der anvertrauten Waffe zu jagen oder sie entgegen den Schußwaffengebrauchsbestimmungen anzuwenden;
- ohne Befehl des Kompanieführers während der Dienstdurchführung zu fotografieren;
- die Waffe aus der Hand zu legen, sie zu entladen oder andere Ausrüstungsgegenstände abzulegen;
- laut zu sprechen, Feuer zu machen, während der Dunkelheit zu rauchen oder auf andere Art sich bemerkbar zu machen;
- sich im Postenbereich Lagerstätten und Unterschlüpfe zu errichten und Gegenstände wie Papier, Zigarettenschachteln usw. wegzuwerfen;
- über bestellte Felder zu laufen, wenn es die Lage nicht erfordert;
- die Staatsgrenze und ihre Markierung zu verletzen und den Kontrollstreifen, außer den in Ziffer 213 genannten Fällen zu betreten;
- sich in ein Gespräch mit Angehörigen kapitalistischer Armeen, des Bundesgrenzschutzes, des Zolls oder der Bevölkerung angrenzender Staaten einzulassen;

- bei der Dienstdurchführung in Ortschaften, an KPP, u. dgl. zu rauchen, zu essen und zu trinken.

16. Dem Grenzposten ist es gestattet:
- selbständig den ihm übertragenen Grenzabschnitt vorzeitig zu verlassen:
- a) wenn die Notwendigkeit besteht, dem Nachbarposten zu Hilfe zu eilen;
b) wenn für den Grenzposten in dem zu überwachenden Grenzabschnitt Lebensgefahr besteht und der Abschnitt für Grenzverletzer unpassierbar geworden ist (Überschwemmung, Wald- und Grasbrände, Erdrutsche u.a.);
c) wenn bei normaler Lage im Grenzabschnitt ein Angehöriger des Grenzpostens während der Dienstdurchführung erkrankt oder verunglückt, eine sofortige ärztliche Hilfe notwendig ist und die Grenzkompanie über das Vorkommnis nicht verständigt werden kann.

- mit Ausnahme des „Wachpostens bei der Einheit" und der in Ziffer 15 genannten Fälle ohne Vernachlässigung der Wachsamkeit zu trinken, zu essen, seine Notdurft zu verrichten und während der Tageszeit zu rauchen. Dabei sind die Bestimmungen über Rauchverbot in Wäldern und anderen brandgefährdeten Stellen zu beachten;
- sich in besonderen Fällen um Hilfe an die Nachbarposten, die eigene Einheit, die Dienststellen der VP und MfS, die Einheiten der NVA, die Grenzpolizeihelfer und die örtlichen Organe der Staatsmacht zu wenden.

17. Wird durch die Grenzschutzorgane der Deutschen Bundesrepublik ein Vertreter der Deutschen Grenzpolizei angefordert, hat der Grenzposten ohne sich der Grenze zu nähern und in Gespräche einzulassen, unverzüglich seinem Vorgesetzten darüber Meldung zu erstatten.

An Grenzen zu den volksdemokratischen Ländern, ist es dem Grenzposten gestattet, wenn dies die zu erfüllende Aufgabe nicht beeinträchtigt, sich der Grenze zu nähern und ohne sich auf nebensächliche Gespräche einzulassen, die Bitte des Vertreters der Grenzschutzorgane entgegen zu nehmen mit der Antwort „Ich erstatte meinem Vorgesetzten unverzüglich darüber Meldung." Danach verständigt er sofort die Grenzkompanie.

Handelt es sich um eine Benachrichtigung über das Feststellen von Spuren oder anderen Anzeichen einer Grenzverletzung in Richtung der DDR, so hat der Grenzposten sofort Maßnahmen zur Verfolgung und Festnahme der Grenzverletzer zu treffen.

18. Der Grenzpolizeiangehörige, der als Postenführer eingesetzt wird, ist mit Bekanntgabe dieser Dienststellung Vorgesetzter aller zu seinem Grenzposten gehörenden Grenzpolizeiangehörigen. Er leitet die Vorbereitung der Angehörigen seines Grenzpostens zum Dienst und den Dienst.
Der Postenführer ist verantwortlich für die Sicherung des ihm übertragenen Grenzabschnitts, das Leben und der Handlungen seiner ihm unterstellten Grenzpolizeiangehörigen.
Er ist verpflichtet:
- die genaue Durchführung des erhaltenen Kampfbefehls zu gewährleisten;
- geschickt und entschlossen die Handlungen seines Grenzpostens zu leiten und den Untergebenen Vorbild zu sein;
- streng die Regeln der Tarnung einzuhalten;

- zu überwachen, daß jeder Angehörige seines Grenzpostens die ihm zustehende Waffe und Ausrüstungsgegenstände empfängt;
- dafür zu sorgen, daß die seinem Grenzposten zugeteilten technischen Mittel zweckentsprechend und taktisch richtig eingesetzt werden;
- das Gelände in allen seinen Einzelheiten zu kennen (z.B. Gefahrenstellen, Furten, Übersetzstellen, Übertrittsstellen);
- genau die Bestimmungen über die Anwendung der Schußwaffen zu kennen;
- für den Gesundheitszustand seiner Untergebenen sowie der dem Grenzposten zugeteilten Tiere Sorge zu tragen und ihnen Erste Hilfe zu leisten;
- über alle Veränderungen der Lage und Vorkommnisse an der Grenze dem Diensthabenden oder Kompaniechef Meldung zu erstatten.

19. Beim Antreffen des Kompaniechefs oder anderer Vorgesetzter, die den Grenzposten kontrollieren, erstattet der Postenführer Meldung über den Bestand des Postens und alle Beobachtungen und Vorkommnisse während der Dienstzeit.

Beispiel einer Meldung:
„Genosse Oberleutnant, die Grenzstreife (BP oder PT usw.) der 3. Grenzkompanie bestehend aus Stabsgefreiten Lehmann und Gefr. Müller, erfüllt den Befehl zum Schutz der Grenzen der Deutschen Demokratischen Republik. Grenzverletzungen wurden nicht festgestellt (oder es wurde beobachtet, ...)! Es meldet Stabsgefreiter Lehmann, Postenführer!"

III. Kapitel

Die Bewaffnung und Ausrüstung des Grenzpostens

20. Die Bewaffnung und Ausrüstung des Grenzpostens muß alles Notwendige zur Dienstdurchführung und zur selbständigen Kampfführung bis zur Ankunft der Alarmgruppe oder Ablösung enthalten.
Jeder Grenzposten ist mit der ihm lt. Bewaffnungsplan zustehenden Waffe auszustatten.

Dazu gehören:
Karabiner
MPi
Pistole
- zusätzlich
Leuchtpistole
Signalgeräte.

21. Für die Durchführung des Grenzdienstes bei normaler Lage wird folgende Munition ausgegeben:

Karabiner	30 Patronen (auf Ladestreifen)
MPi	2 Trommelmagazine (mit je 40 Patronen) oder 2 Stangenmagazine (mit je 24 Patronen)

Pistole	2 Magazine (mit je 7 Patronen)
Leuchtpistole	10 Patronen (Farbe und Art wie befohlen)

Ersatzmunition für die eingesetzten Signalgeräte. Entsprechend der Lage ist der Kompaniechef berechtigt, die Patronenzahl der Munition zu erhöhen.

22. Der Grenzposten ist auszurüsten mit:
- Brotbeutel
- Feldflasche
- Tragegerüst
- Zeltplane (Regenumhang)
- Verbandspäckchen;

Der Postenführer ist zusätzlich ausgerüstet mit:
- Fernglas
- Meldeblock und Bleistift
- Taschenlampe (zur Nachtzeit)
- Leuchtpistole (und der befohlenen Munition)
- Nachrichtenmittel (Fernhörer, Feldfernsprecher usw.)
- Skizze des Abschnitts und Kompaß (bei besonderen Aufgaben)
- Knebelkette, Schnur oder Riemen zum Fesseln von Grenzverletzern, die Widerstand leisten.

22. Entsprechend der Lage und Aufgaben können Grenzposten ausgerüstet werden mit:
- Tarnmittel (Tarnumhänge, Schneehemden, Sonderbekleidung usw.)
- Skiausrüstung
- Fahrräder
- Fahrzeuge
- Signalflaggen
- Blinkgeräte
- Signalkelle bzw. Signalstab
- Diensthunde
- Feldspaten
- Funkgeräten

24. Bei Grenzoperationen oder bei der Verteidigung des Grenzabschnitts können die Grenzposten und eingesetzten Einheiten verstärkt und ausgerüstet werden mit:
- lMG
- sMG
- LPAG
- SPW
- Handgranaten
- Sondermunition
- Stahlhelm
- Schutzmaske.

IV. Kapitel

Die Vorbereitung der Posten zum Dienst. Der Erhalt des Kampfbefehls zur Sicherung der Grenze. Der An- und Abmarschweg zum und vom Dienst.

25. Die zum Grenzdienst bestimmten Grenzpolizeiangehörigen erhalten 60 Minuten vor Dienstantritt vom Diensthabenden der Grenzkompanie die Anweisung, sich zum Grenzdienst vorzubereiten.

26. Die zum Grenzdienst befohlenen Grenzpolizeiangehörigen sind verpflichtet, vor Dienstbeginn:
- sich zu waschen und entsprechend der befohlenen Anzugsordnung zu kleiden;
- zu essen, in ihrer Unterkunft eine einwandfreie Sauberkeit und Ordnung herzustellen;
- Waffen, Munition, Signalgeräte und Ausrüstungsgegenstände zu empfangen und diese auf ihre Einsatzbereitschaft zu überprüfen;
- entsprechend der Dauer des Dienstes und den Witterungsbedingungen Kaltverpflegung und Getränke zum Mitnehmen vorzubereiten;
- Transportmittel, die zur Dienstdurchführung bestimmt sind, auf ihre Betriebs- und Verkehrssicherheit zu überprüfen;
- Diensthunde, welche mit eingesetzt werden, für den Grenzdienst vorzubereiten.

27. Die zum Grenzdienst eingeteilten Grenzschutzboote oder Kfz. müssen der Norm nach aufgetankt sein. Die Diensthunde oder Pferde müssen gefüttert und getränkt sein.

28. Der für den Grenzdienst vorbereitete Grenzpolizeiangehörige meldet seine Bereitschaft dem Postenführer. Der Postenführer überprüft bei den zu seinem Posten zählenden Grenzpolizeiangehörigen den Dienstanzug, die Vollzähligkeit der Ausrüstungsgegenstände, die Einsatzbereitschaft der Waffen und Munition sowie der technischen Hilfsmittel. Nach erfolgter Kontrolle meldet er die Einsatzbereitschaft seines Grenzpostens dem Diensthabenden der Grenzkompanie.

29. Der Diensthabende der Grenzkompanie überprüft die Einsatzbereitschaft des Grenzpostens und meldet diese dem diensthabenden Offizier.
Beispiel einer Meldung:
„Genosse Leutnant, der Grenzposten, bestehend aus dem Stabsgefreiten Meier und dem Gefreiten Müller, zur Entgegennahme des Kampfbefehles bereit! Es meldet Unteroffizier Schulze, Diensthabender!"

30. Der Postenführer wiederholt den Kampfbefehl unter gleichzeitigem Zeigen des An- und Abmarschweges, sowie den lt. Kampfbefehl zu sichernden Grenzabschnitt am Relief.

Nach Erteilung des Kampfbefehls und der Genehmigung desjenigen, der den Kampfbefehl erteilte, befiehlt der Postenführer:

„Kehrt (rechts- oder linksum) Zur Grenzsicherung, ohne Tritt Marsch!" und führt den Grenzposten zum Ladeplatz.

31. Die Waffen werden am Ladeplatz geladen. Wird der Grenzposten mit Transportmitteln zum Einsatzort befördert, sind die Waffen erst am Einsatzort zu laden.

Das lMG und sMG wird am Einsatzort geladen. Handgranaten sind erst unmittelbar vor dem Wurf zu schärfen und bei Nichtanwendung sofort zu entschärfen.
Der Postenführer ladet als letzter seine Waffe. Beim Laden der Waffe ist der Diensthabende der Grenzkompanie anwesend und achtet auf das Unterladen der Waffe. Anschließend erteilt der Postenführer den Befehl zum Abmarsch.

32. Nach dem Abmarsch des Grenzpostens von der Grenzkompanie befiehlt der Postenführer unter Berücksichtigung der Geländeverhältnisse seinen Posten das Verhalten auf dem Wege zum Dienstort.
Er weist folgendes an:
- Marschordnung, Marschrichtung und Abstand;
- wer beobachtet das Gelände und den Luftraum;
- wer achtet auf Signale der Grenzkompanie, der Nachbarposten und der Küstenschutzboote;
- die Reihenfolge der Überwindung offener Geländeabschnitte;
- das Zusammenwirken der Angehörigen des Grenzpostens;
- das Verhalten bei der Feststellung von verdächtigen Personen und außergewöhnlichen Geräuschen;
- durchzuführende Maßnahmen bei Festnahmen;
- das Verhalten bei plötzlichen Überfällen auf den Grenzposten.

33. Beim Eintreffen am Dienstort oder im zu sichernden Grenzabschnitt hat der Grenzposten seinen Dienst entsprechend des Kampfbefehles zu organisieren.
Dazu gehört:
- Maßnahmen zum gedeckten Beziehen der Stellungen zu treffen;
- Maßnahmen zur Tarnung durchzuführen;
- Beobachtungssektoren einzuteilen;
- das Zusammenwirken innerhalb des Grenzpostens zu organisieren;
- Signalgeräte einzusetzen und ihre Einsatzbereitschaft ständig zu kontrollieren;
- das Grenzmeldenetz auf Funktionsfähigkeit zu überprüfen;
- die Festlegung der Reihenfolge durchzuführender Maßnahmen, beim Erkennen und Festnehmen verdächtiger Personen und Grenzverletzer.

34. Nach Beendigung des Dienstes an der Grenze sind vom Grenzposten alle Spuren und Anzeichen des Aufenthaltes zu beseitigen. Der Grenzabschnitt ist gedeckt und lautlos zu verlassen. Aus einer in der Nähe liegenden Deckung, ist das Gelände nochmals zu beobachten. Nach Verlassen des bewachten Grenzabschnittes stellt der Postenführer lt. Ziffer 32 der vorliegenden Dienstvorschrift, den Grenzpolizeiangehörigen die Aufgaben für den Rückmarsch.

35. Nach Rückkehr vom Grenzdienst ist der Grenzposten verpflichtet:
- Festgenommene Personen vor dem Gebäude dem Diensthabenden zu übergeben;
- am Ladeplatz unter Aufsicht des Diensthabenden die Waffen zu entladen;
- dem Kompaniechef in folgender Form zu melden:

„Genosse Leutnant, Grenzstreife (GP, PT) der 3. Grenzkompanie, bestehend aus Stabsgefreiten Lehmann und Gefreiten Müller, nach Erfüllung des Kampfbefehls zurück! Während

der Dienstzeit wurde folgendes ... festgestellt ...! Es meldet Stabsgefreiter Lehmann, Postenführer!"
- Seine Waffen, Munition unter Aufsicht zu reinigen und sie dem Diensthabenden ordnungsgemäß zu übergeben;
- nach dem Waffenreinigen die Forderungen des Tagesablaufplanes zu erfüllen, wenn keine anderen Anweisungen erteilt wurden.

V. Kapitel

Der Dienst der Grenzposten

a) Der Dienst der Grenzstreife (GS)

36. Die Grenzstreife ist ein beweglicher Grenzposten, bestehend aus 2 oder mehreren bewaffneten Angehörigen der Deutschen Grenzpolizei, die zum Schutze der Grenzen der Deutschen Demokratischen Republik in einem bestimmten Abschnitt und zur Kontrolle der Aufrechterhaltung der Grenzordnung im Grenzgebiet eingesetzt wird.

37. Die Grenzstreife ist verpflichtet:
- die befohlenen Marschrouten einzuhalten;
- unbekannte Personen im Grenzabschnitt zu kontrollieren;
- ständig die Beobachtung nach allen Richtungen des Luftraumes zu führen;
- die Arbeiten in Grenznähe zu kontrollieren;
- bei der Feststellung einer Grenzverletzung oder beabsichtigten Grenzverletzung Maßnahmen zur Festnahme zu treffen;
- die in ihrem Streifenweg befindlichen pioniertechnischen Mittel zu kontrollieren und in ihrem Abschnitt selbst Signalgeräte einzusetzen;
- über das Grenzmeldenetz mit der Grenzkompanie in Verbindung zu bleiben und die Ergebnisse des Dienstes zu melden.

38. Der Postenführer leitet die Handlungen des Grenzposten. In Abhängigkeit von den Bedingungen der Lage und des Geländes, kann der Postenführer die Ordnung der Bewegung der Grenzstreife, sowie die Pflichten der Posten innerhalb der Grenzstreife ändern. Er kann während der Vorwärtsbewegung Pausen zum Beobachten und Abhorchen des Geländes einlegen mit dem Ziel der Feststellung von Grenzverletzern oder kann zur Feststellung von Spuren zurückkehren.
Alle diese Maßnahmen darf die Grenzstreife nur im Interesse der besseren Erfüllung des erhaltenen Kampfbefehls durchführen.

39. Die Sichtverbindung innerhalb der Grenzstreife muß ständig gewährleistet sein. Besteht die Grenzstreife aus mehr als 2 bewaffneten Grenzpolizeiangehörigen, werden Späher auf Sichtverbindung ausgeschickt (am Tage nicht weiter als 200 m).
Beim Vorhandensein eines Diensthundes im Bestand der Grenzstreife bewegt sich der Diensthundführer an der Spitze der Grenzstreife. Der Postenführer ist an keinen festen Platz gebunden. Ist die Grenzstreife mit Skier ausgerüstet, bewegen sich alle Angehörigen der Grenzstreife in einer Spur.

40. Begegnen der Grenzstreife Ortsbewohner oder andere Personen, so ändert diese nach der Ausweiskontrolle ihre Marschrichtung und setzt die Bewegung in der alten Richtung erst dann wieder fort, wenn diese Personen sich aus dem Blickfeld der Grenzstreife entfernt haben.

41. Beim Passieren von Ortschaften und einzelnen Gebäuden, ist besonders auf das Geben von akustischen und optischen Signalen aus den Gebäuden zu achten. Ergeben sich Verdachtsmomente, ist sofort eine ständige Beobachtung des betreffenden Gebäudes zu organisieren und die Grenzkompanie zu verständigen.

42. Die Grenzstreife hat beim Durchqueren von durchschnittenem und unübersichtlichem Gelände die Beobachtungstätigkeit zu verstärken.
Beim Durchqueren eines Waldes sind die Baumkronen zu beobachten.

43. Die Grenzstreife hat besonders auf die vorhandenen örtlichen Unterschlupf-, Deckungs- und Tarnungsmöglichkeiten (Gebäude, Gräben, Bodenbewachsungen), die die Grenzverletzer ausnützen können und auf neu aufgetretene Veränderungen im Gelände zu achten.
Beim Durchqueren der o.a. Geländegegenstände beobachtet ein Teil der Grenzstreife weiter das Gelände und sichert die Handlungen der mit der Durchsuchung beauftragten Angehörigen der Grenzstreife.

44. Zur Aufrechterhaltung einer ständigen Verbindung zur Grenzkompanie, werden durch die Grenzstreife das Grenzmeldenetz, Signalmittel und wenn vorhanden, Funkmittel ausgenutzt. Beim Fehlen dieser Mittel kann die Grenzstreife öffentliche Nachrichtenmittel in Anspruch nehmen.

45. Die Pflichten der Grenzstreife erfüllen alle Grenzposten (außer Hinterhaltsposten) beim An- und Abmarsch zum bzw. vom zu bewachenden Grenzabschnitt.

b) Der Dienst der Kontrollstreife (KS)

46. Die Kontrollstreife ist ein beweglicher Grenzposten, bestehend aus 2 oder mehreren bewaffneten Angehörigen der Deutschen Grenzpolizei.

Sie kann eingesetzt werden zur:
- Kontrolle des 10-m-Kontrollstreifens (im Winter der Schneedecke) bei Tag und Nacht;
- Kontrolle der pioniertechnischen Anlagen (Drahtsperren, Hindernisse, Signalgeräte usw.);
- Überprüfung der Einsatzbereitschaft des Grenzmeldenetzes;
- Kontrolle der Grenzmarkierung;
- Kontrolle des Uferstreifens;
- Kontrolle der Grenzposten.

Als Postenführer einer Kontrollstreife ist ein Unteroffizier einzusetzen.

47. Die Kontrollstreife kann ausgerüstet werden mit:
- Diensthund
- Kompaß
- Kontroll-Lampe
- Geräte für die Instandsetzung kleiner Schäden an Sperren, sowie am Grenzmeldenetz und mit Munition für die Auffüllung der eingesetzten Signalgeräte.

48. Die Kontrollstreife ist verpflichtet:
- Entsprechend ihres Kampfbefehles gewissenhaft auch auf die kleinste Veränderung in dem befohlenen Abschnitt zu achten;
- besondere Feststellungen nach Zeit, Ort sowie Herkunft zu bestimmen und bei Fällen, die auf eine Grenzverletzung schließen, Sicherungsmaßnahmen einzuleiten und sofort Meldung an den Kompaniechef zu erstatten;
- bei Fund von Gegenständen (Leichen, Strandgut, Ballons und Geräten usw. selbständig keine Veränderungen vorzunehmen und die Grenzkompanie zu verständigen.

49. Bei Anzeichen einer Provokation hat sich die Kontrollstreife sofort vom unmittelbaren Grenzverlauf zurückzuziehen, die Tätigkeit auf der gegenüberliegenden Seite zu beobachten und dem Kompaniechef Meldung zu erstatten.

50. Die Kontrollstreife, die am Ufer von Flüssen, Seen oder an der Küste eingesetzt ist, muß die Wasseroberfläche nach allen schwimmenden Gegenständen beobachten, sowie das Ufer nach Spuren oder anderen Anzeichen einer Grenzverletzung und nach angeschwemmten Gegenständen absuchen.

51. Die Kontrollstreife, die zur Kontrolle der Markierung der Grenze eingesetzt ist, ist verpflichtet:
- bei der Notwendigkeit des Bewegens unmittelbar an der Grenze, unter Berücksichtigung aller Vorsichtsmaßnahmen und Tarnungsmöglichkeiten, ihren Dienst zu versehen;
- die Grenze unter keinen Umständen zu überschreiten;
- bei Feststellung von Beschädigung der Grenzmarkierung dem Grenzkompaniechef sofort Meldung zu erstatten;
- alle Grenzzeichen auf ihren äußeren Zustand zu untersuchen und besonders auf unrechtsmäßige Beschriftungen und verdächtige Zeichen zu achten.

52. Die Kontrollstreife, die zur Kontrolle der Grenzposten eingesetzt wird, ist verpflichtet:
- die ordnungsgemäße Dienstdurchführung der Grenzposten zu überprüfen;
- festgestellte Mängel in der Dienstdurchführung der Grenzposten an Ort und Stelle zu korrigieren, und nach der Rückkehr dem Kompaniechef Meldung zu machen.

53. Den Kontrollierenden ist verboten:
- sich an die Grenzposten heranzuschleichen;
- die Handlungen von Grenzverletzern nachzuahmen;
- bei der Annäherung durch schlechte Tarnung die Stellung der Grenzposten zu verraten;
- sich nach dem Anruf bis zum Erkennen durch die Grenzposten entgegen den Anweisungen der Grenzposten zu verhalten;
- die Grenzposten zu entwaffnen;
- andere Methode anzuwenden, die zu Unglücksfällen führen können.

c) Der Dienst des getarnten Postens (GP)

54. Der getarnte Posten ist ein unbeweglicher Grenzposten, bestehend aus 2 oder mehreren bewaffneten Angehörigen der Deutschen Grenzpolizei. Er wird getarnt eingesetzt zur Sicherung eines bestimmten Abschnittes in der wahrscheinlichen Richtung der Grenzverletzer.

55. Die Stellung des getarnten Postens muß gewährleisten:
- ein gedecktes Beziehen und Verlassen der Stellung;
- die Möglichkeit einer guten Tarnung;
- gutes Sicht- und Schußfeld nach allen Seiten;
- daß eine Umgehung des Grenzpostens durch Grenzverletzer unmöglich ist;
- die überraschende Festnahme von Grenzverletzern.

56. Beim Erreichen des Einsatzortes weist der Postenführer aus einer sich in der Nähe befindlichen Deckung den Posten an:
- den für sie bestimmten Platz und die Art der Bewegung zu diesem;
- wer sich wo und wie einzurichten bzw. zu tarnen hat;
- die Beobachtungssektoren;
- die Signale der Verbindung untereinander;
- die Handlungen eines jeden Postens beim Auftauchen von Grenzverletzern;
- wer wo Signalgeräte aufbaut.

Der Bestand des getarnten Postens kann getrennt oder auf einen Ort zusammen eingesetzt werden. Beim getrennten Einsatz muß zwischen den Posten die Sichtverbindung, die gegenseitige Sicherung und Hilfeleistung, sowie das ständige Zusammenwirken gewährleistet sein.

Wird dem getarnten Posten ein Diensthund zur Verstärkung zugeteilt, ist der Diensthundführer mit Diensthund vor dem getarnten Posten, in Richtung der zu erwartenden Grenzverletzer einzusetzen.

57. Wird die Stellung des getarnten Postens durch den Gegner erkannt, ist diese zu wechseln und dem Kompaniechef sofort durch das Grenzmeldenetz Meldung zu erstatten.

59. Dem getarnten Posten ist es verboten, sich anderen im Grenzabschnitt eingesetzten Grenzposten zu erkennen zu geben. Bei der Annäherung des Kontrollierenden hat der getarnte Posten leise die Parole zu fordern. Nach Erhalt der Parole, läßt er den Kontrollierenden herankommen. Bei der Meldung ändert er seine eingenommene Lage nicht. Wird durch die Kontrolle die Stellung des getarnten Postens durch den Gegner oder außenstehende Personen erkannt, so trägt der Kontrollierende dafür die Verantwortung.

Die Dienstzeit des getarnten Postens darf 6 Stunden nicht überschreiten. Macht sich eine Ablösung erforderlich, so hat diese außerhalb der Stellung zu erfolgen.

d) Der Dienst der Wachposten

59. Der Wachposten ist ein Grenzposten, bestehend aus einem oder mehreren bewaffneten Grenzpolizeiangehörigen, die einen Kampfbefehl zur Bewachung und Verteidigung des erhaltenen Postenbereiches erfüllen.

60. Alles was dem Wachposten zur Bewachung zugewiesen wird, heißt Postenbereich.

61. Die Wachposten unterscheiden sich nach der Aufgabe und dem Dienstort in:

- Wachposten an der Grenze	WG
- Wachposten am Schlagbaum	WS
- Wachposten an Grenzbrücken	WB

- Wachposten an Anlegestellen WA
- Wachposten bei der Einheit WE
- Wachposten zur besonderen Verwendung WV

62. In allen Fällen ist der Wachposten verpflichtet, bei der Übernahme des Postenbereiches die Vollständigkeit des Gerätes, die Signalanlagen und das Gelände im Umkreis des Einsatzortes zu kontrollieren. Der Wachposten bewacht seinen Abschnitt, bis der ablösende Wachposten eintrifft.
Werden bei der Übernahme des Postenbereiches Mängel festgestellt (z. B. Verletzungen des Kontrollstreifens usw.), so ist dem Kompaniechef sofort Meldung zu erstatten und im weiteren nach seinen Anweisungen zu handeln.

1. Der Wachposten an der Grenze (WG)

63. Der Wachposten an der Grenze ist ein Grenzposten, bestehend aus 2 oder mehreren bewaffneten Angehörigen der Deutschen Grenzpolizei, der zur Sicherung und Verteidigung eines bestimmten Grenzabschnittes eingesetzt wird.
64. Der Wachposten an der Grenze ist verpflichtet:
- sämtliche Personen in seinem Bereich zu kontrollieren und Personen, die versuchen, die Grenze zu überschreiten oder überschritten haben oder gegen die Grenzordnung verstoßen, festzunehmen;
- den ordnungsgemäßen Zustand der Grenzsicherung und Markierungen, den pioniertechnischen Ausbau der Grenze und das Grenzmeldenetz zu überwachen.;
- das angrenzende und eigene Territorium zu beobachten;
- bei der Übernahme des Grenzabschnittes den Kontrollstreifen und das Gelände auf Spuren oder andere Anzeichen einer Grenzverletzung und den ordnungsgemäßen Zustand der Grenzmarkierung, der pioniertechnischen- und Signalanlagen und das Grenzmeldenetz zu überprüfen.

65. Der Wachposten an der Grenze, eingesetzt an der Küste, an Seen oder Grenzflüssen ist außerdem verpflichtet:
- die Bewegungen von Booten und anderen Wasserfahrzeugen, die in den Gewässern der DDR auftauchen, zu beobachten;
- Wasserfahrzeuge, die ohne Berechtigung Menschen oder Lasten absetzen, zum Beidrehen zu zwingen;
- bei Feststellung von unbekannten Booten, Rettungsringen oder anderen Gegenständen, die zum Übersetzen benutzt werden können, den betreffenden Raum gründlich nach Spuren oder anderen Anzeichen von Grenzverletzungen abzusuchen, die Beobachtung zu organisieren und der Grenzkompanie Meldung zu erstatten;
- alles von Schiffen an Land geworfene oder angespülte Gut sicherzustellen.

66. Im Falle einer Havarie von Schiffen ist der Wachposten an der Grenze verpflichtet:
- unverzüglich das Vorkommnis der Grenzkompanie zu melden;
- eine ununterbrochene Beobachtung des Raumes der Havarie oder des Schiffes, welches in Seenot geraten ist, durchzuführen;

- bei Aussetzung von Personen an unsere Ufer, dem Kompaniechef Meldung zu erstatten und die Personen an einem Punkt unterzubringen, der ihre sowie die weitere Beobachtung des Schiffes gewährleistet.

2. Der Wachposten am Schlagbaum (WS)

67. Der Wachposten am Schlagbaum ist ein Grenzposten, bestehend aus 2 oder mehreren bewaffneten Angehörigen der Deutschen Grenzpolizei.
Er wird eingesetzt:
- für die Kontrolle von Personen und Kraftfahrzeugen, welche durch den Kontrollpunkt fahren mit dem Ziel der Feststellung und Festnahme von Grenzverletzern oder Verletzern der Grenzordnung;
- bei Grenzoperationen und bei Notwendigkeit der verstärkten Kontrolle der Einhaltung der Grenzordnung.

68. Der Wachposten am Schlagbaum ist verpflichtet:
- bei allen Personen, die seinen Postenbereich passieren, die Dokumente für die Ein- und Ausreise und den Aufenthalt im Sperrgebiet zu kontrollieren;
- Personen, die nicht im Besitz der geltenden Dokumente zur Einreise in das Sperrgebiet sind, festzunehmen und dem Kompaniechef Meldung zu erstatten;
- verdächtige Personen und solche, die bereits gegen die Grenzordnung verstoßen haben, festzunehmen;
- ununterbrochen das angrenzende Gelände zu beobachten und alle Personen, die versuchen, den Schlagbaum zu umgehen, festzunehmen;
- bei Fahrzeugen die Dokumente der Insassen mit Beachtung der im Kapitel VI festgelegten Bestimmungen zu kontrollieren, verdächtige Personen festzunehmen und das Fahrzeug und die Ladung sicherzustellen.

69. Die Ordnung und Reihenfolge der Kontrolle wird durch den Postenführer bestimmt.
Die Waffe trägt der Kontrollierende auf dem Rücken. Die sichernden Grenzpolizei-Angehörigen tragen den Karabiner in der Hand oder die MPi umgehängt vor der Brust.

3. Der Wachposten bei der Einheit (WE)

70. Der Wachposten bei der Einheit ist ein Grenzposten, bestehend aus einem oder mehreren bewaffneten Angehörigen der Deutschen Grenzpolizei, der zur Sicherung und Verteidigung des Objektes eingesetzt wird. Während seiner Dienstzeit trägt er, außer bei der Grenzkompanie, Stahlhelm.
Er ist unmittelbar dem Diensthabenden unterstellt. Zur Tageszeit kann der Wachposten bei der Einheit auf dem Hochstand eingesetzt werden.

71. Der Wachposten bei der Einheit ist verpflichtet:
- die Einheit rechtzeitig vor überraschenden Überfällen zu warnen und den Kampf aufzunehmen;
- das umliegende Gelände besonders in Richtung der Grenze, den Luftraum und an Küstenabschnitten die See ununterbrochen zu beobachten;

- Signale von den zur Grenzsicherung eingesetzten Grenzposten aufzunehmen und Antwortsignale auf Anweisung der Vorgesetzten zu geben;
- die zur Sicherung des Objektes eingesetzten Signalgeräte und pioniertechnischen Anlagen zu überprüfen;
- bei Einbruch der Dunkelheit alle Pforten und Tore zu verschließen sowie die Fenster und Türen zu verriegeln;
- ohne Genehmigung des Kompanie-Chefs sowie des Diensthabenden niemanden das Betreten oder Verlassen des Objektes zu gestatten.

72. Bei Beginn des Dienstes des Wachpostens bei der Einheit hat der ablösende Posten mit dem abzulösenden Posten den Postenbereich abzugehen und zu übernehmen.
Seinen Dienst versieht er durch unregelmäßiges Patrouillieren um das Obejekt.

73. Besteht der Wachposten bei der Einheit aus 2 oder mehreren Grenzpolizeiangehörigen, so ist ein Postenführer zu befehlen. Der Postenführer teilt jedem Angehörigen des Postens Sicherungsabschnitte und Beobachtungssektoren zu.

74. Angehörige der Deutschen Grenzpolizei läßt der Wachposten, wenn er sie persönlich kennt, an die Einheit heran und ruft dann den Diensthabenden durch Klingelzeichen. Zivilpersonen, die sich der Einheit nähern, hält der Wachposten auf eine vom Kompanie-Chef festgelegte Entfernung an und verständigt den Diensthabenden.

75. Bei der Feststellung von Grenzverletzern in der Nähe des Objekts erstattet der Wachposten dem Diensthabenden sofort Meldung und handelt im weiteren nach dessen Anweisungen.

76. Bei Ausbruch eines Brandes in der Einheit gibt der Wachposten das Alarmsignal "Feuer" und ergreift dann Maßnahmen zur Bekämpfung des Brandes. Nach Erscheinen des Diensthabenden oder eines anderen Angehörigen der Einheit setzt er seinen Dienst fort.

77. Beim Überfall auf die Dienststelle durch gegnerische Flugzeuge gibt der Wachposten das Alarmsignal „Flugzeuge“ und führt das Feuer auf niedrig fliegende gegnerische Flugzeuge.

78. Der Wachposten bei der Einheit ist verpflichtet, dem Diensthabenden sofort zu melden:
- alle Signale von der Grenze;
- gesichtete Flugzeuge und Ballons;
- alle verdächtigen Erscheinungen und Wahrnehmungen im Postenbereich und in der Nähe der Dienststelle;
- die Ankunft von Vorgesetzten und Zivilpersonen.

79. Dem Wachposten ist es verboten, sich hinzusetzen, vor seiner Ablösung das Dienstgebäude zu betreten, zu essen, zu trinken, zu rauchen, sowie seine Notdurft zu verrichten.

4. Der Wachposten an der Grenzbrücke (WB)

80. Der Wachposten an der Grenzbrücke ist ein Grenzposten, bestehend aus zwei oder mehreren bewaffneten Angehörigen der Deutschen Grenzpolizei, der zur Sicherung und Verteidigung von wichtigen Brückenanlagen im Grenzgebiet eingesetzt wird.

81. Der Wachposten an der Grenzbrücke ist verpflichtet:
- die Brücke zu bewachen, rechtzeitig alle Anzeichen zur Verbreitung von Diversions- und Sabotageakten zu erkennen und unverzüglich darüber dem Kompaniechef Meldung zu erstatten;
- alle Personen, die die Brücke ungesetzlich überschreiten, oder hierzu den Versuch unternehmen, festzunehmen;
- das umliegende Gelände ständig zu beobachten und verdächtige Personen in unmittelbarer Nähe der Brücke festzunehmen;
- die ständige Einsatzbereitschaft der pioniertechnischen Anlagen und Nachrichtenmittel zu gewährleisten;
- das Fotografieren der Brückenobjekte nicht zu gestatten.

82. Festgestellte Grenzverletzungen in den Nachbarabschnitten, besondere Wahrnehmungen und Vorkommnisse auf dem angrenzenden sowie eigenen Territorium und Wasserfahrzeuge, die die bestehenden Bestimmungen nicht beachten, sind dem Kompaniechef sofort zu melden. Die zu bewachende Grenzbrücke darf vom Wachposten an der Grenzbrücke zur Hilfeleistung der Nachbarposten nur auf Befehl des Kompaniechefs verlassen werden.

83. Der Wachposten an der Grenzbrücke, die für den Grenzverkehr zugelassen ist, ist außerdem verpflichtet:
- Personen und Transportmittel auf Anweisung des zuständigen Dienststellenleiters passieren zu lassen;
- beim Überfahren der Grenze durch Züge oder andere Transportmittel darauf zu achten, daß vor bzw. nach der Kontrolle keine Personen aus- oder einsteigen, sowie Gegenstände aus dem Zug herausgebracht bzw. herausgeworfen werden;
- Personen, die Züge oder andere Transportmittel verlassen und versuchen, sich im Gelände zu verstecken, festzunehmen und herausgeworfene Gegenstände sicherzustellen.

5. Der Wachposten an der Bootsanlegestelle (WA)

84. Der Wachposten an der Bootsanlegestelle ist ein Grenzposten, bestehend aus 2 oder mehreren bewaffneten Angehörigen der Deutschen Grenzpolizei, der die Einhaltung der vorgeschriebenen Ordnung an der Bootsanlegestelle überwacht.

85. Der Wachposten an der Bootsanlegestelle ist verpflichtet:
- bei Dienstbeginn die laut Ein- und Ausfahrtsbuch vorhandenen und auf See befindlichen Wasserfahrzeuge zu übernehmen;
- die Ausfahrt von Wasserfahrzeugen entgegen der vorgeschriebenen Ordnung nicht zuzulassen;
- die Beschaffenheit der Wasserfahrzeuge und alle mögliche Verstecke für Menschen, Waffen und Waren zu kennen;
- alle ausfahrenden und zurückkehrenden Wasserfahrzeuge auf das Mitführen von blinden Passagieren, Waffen, Hetzschriften und Schmuggelwaren sowie Vollständigkeit der Besatzung zu überprüfen;
- die See, den Fluß sowie das in der Nähe der Bootsanlegestelle befindliche Gelände zu beobachten;

- das Be- und Entladen sowie das An- und Ablegen von Wasserfahrzeugen an nicht dazu bestimmten Plätzen zu verhindern;
- die Verbindung mit den Grenzschutzbooten aufrechtzuerhalten.

86. Der Wachposten an der Bootsanlegestelle hat vor dem Auslaufen von Wasserfahrzeugen folgende Dokumente zu überprüfen:
a) Fischereifahrzeuge
- Fahrerlaubnisschein;
- Fischereierlaubnisschein;
- Registrierkarte der Deutschen Grenzpolizei;
- DPA oder Seefahrtsbuch;
- bei größeren Fahrzeugen die Musterrolle.

b) Sportboote
- Befähigungsnachweis;
- Tagebuch;
- Bootspapiere;
- DPA.

87. Der Wachposten an der Bootsanlegestelle hat der Grenzkompanie unverzüglich zu melden:
- wenn Wasserfahrzeuge nicht fristgemäß zurückkehren oder außerhalb der Bootsanlegeplätze anlegen;
- wenn Wasserfahrzeuge unberechtigt die festgelegte Entfernung vom Ufer verlassen oder verletzen;
- wenn Wasserfahrzeuge (bei Grenzgewässern) am gegenüberliegenden Ufer anlegen;
- wenn Wasserfahrzeuge unkontrolliert den Kontrollpunkt passieren;
- die Festnahme von Grenzverletzern;
- Schiffshavarien eigener und ausländischer Wasserfahrzeuge.

6. Der Wachposten zur besonderen Verwendung (WV)

88. Der Wachposten zur besonderen Verwendung ist ein Grenzposten, bestehend aus 2 oder mehreren bewaffneten Angehörigen der Deutschen Grenzpolizei. Er wird eingesetzt:
- zur Sicherung wichtiger Objekte im Grenzgebiet;
- zur Sicherung des Tatortes beim Schußwaffengebrauch mit tödlichem Ausgang;
- zur Spurensicherung bei schwerwiegenden Vorkommnissen;
- zum Abschießen von Ballons;
- zur Fundortsicherung von Leichen, Ballons mit wichtigen Geräten und anderen wichtigen Gegenständen;
- zur Sicherung von notgelandeten Flugzeugen und Absturzstellen von Flugzeugen im Grenzgebiet;
- zur Sicherung von gestrandeten Schiffen oder wichtigem Strandgut;
- bei besonderen Vorkommnissen auf Befehl des Einheitskommandeurs.

89. Der Wachposten zur besonderen Verwendung ist verpflichtet:
- alle unbefugten Personen vom zu bewachenden Objekt fernzuhalten;
- selbständig keine Veränderungen am zu bewachenden Objekt vorzunehmen;

- das umliegende Gelände zu beobachten und alles, was die zu bewachenden Objekte gefährdet, dem Kompaniechef sofort zu melden;

- Grenzverletzer oder verdächtige Personen, die in unmittelbarer Nähe der zu bewachenden Objekte erkannt werden, festzunehmen.

90. Das zu bewachende Objekt darf vom Wachposten zur besonderen Verwendung nur auf Befehl des Einheitskommandeurs, welcher ihn eingesetzt hat, verlassen werden.

e) Der Dienst des Beobachtungspostens (BP)

91. Der Beobachtungsposten ist ein Grenzposten mit festem Standort, bestehend aus 2 oder mehreren bewaffneten Grenzpolizeiangehörigen, der bestimmt ist für die Beobachtung des Gebietes des angrenzenden Staates, des eigenen Geländes, bestimmter Objekte oder des Luftraumes und zur Sicherung eines bestimmten Grenzabschnittes.

92. Als Beobachtungsposten sind nur gut ausgebildete Grenzpolizeiangehörige einzusetzen. Zur Erfüllung spezieller Beobachtungsaufgaben können Offiziere oder erfahrene Unteroffiziere eingesetzt werden.

93. Die Beobachtung hat während der festgelegten Dienstzeit ununterbrochen zu erfolgen. Der Postenführer legt die Beobachtungssektoren fest und bestimmt die Reihenfolge der Dienstdurchführung innerhalb des Beobachtungspostens.

94. Beobachtungspunkte, die keinen gedeckten Zugang besitzen, werden vor Anbruch der Tageszeit bezogen und nur bei Dunkelheit wieder verlassen. Dieser Beobachtungsposten muß aus mindestens 3 bewaffneten Grenzpolizeiangehörigen bestehen, wovon einer beobachtet, einer sichert und einer ruhen kann. Die Reihenfolge der Beobachtung, Sicherung und Ruhe legt der Postenführer fest.

95. Die Beobachtung wird von offenen und gedeckten Beobachtungspunkten (Stellen) geführt. Hierzu gehören:
- Beobachtungstürme;
- Erdbeobachtungsstände;
- Baumbeobachtungsstände;
- getarnte Geländepunkte oder Objekte.

96. Zur Ausrüstung eines Beobachtungspostens gehören:
- eine Skizze des Beobachtungsabschnittes mit eingezeichneten Orientierungspunkten und Beobachtungssektoren;
- ein Beobachtungsjournal;
- Beobachtungsgerät (Fernglas oder Scherenfernrohr);
- Kompaß und Peilscheibe;
- technische Mittel (Telefon, Funk, Blinkgeräte).

97. Der Beobachtungsposten ist verpflichtet:
- die erhaltene Beobachtungsaufgabe genau zu kennen;
- nach Erreichen des Beobachtungspunktes, sofort mit der Grenzkompanie Verbindung herzustellen;

- den Dienst innerhalb des Beobachtungspunktes zu organisieren und die Beobachtungssektoren festzulegen;
- im Beobachtungsjournal den Beginn der Beobachtung und die Sichtverhältnisse einzutragen;
- das Gelände genau zu studieren und sich einzuprägen;
- alle Veränderungen im Gelände wahrzunehmen und die Ursachen der Veränderungen aufzuklären;
- bei der Erfüllung der erhaltenen Beobachtungsaufgabe schöpferische Initiative zu entwikkeln;
- die Beobachtungsergebnisse in das Beobachtungsjournal einzutragen;
- wichtige Beobachtungen oder Vorkommnisse sofort dem Kompanie-Chef zu melden.

98. Der Beobachtungsposten meldet folgende Vorkommnisse unverzüglich der Grenzkompanie:
- Vorbereitung zu Grenzverletzungen;
- Ansammlungen an der Grenze;
- verdächtige Signale und Zeichen;
- Wahrnehmung von Schüssen in der Nähe der Grenze (beiderseits)
- Versuche der Beschädigung, Vernichtung oder Veränderung von Grenzzeichen;
- Einflug von Flugzeugen und Ballons in das Hoheitsgebiet der Deutschen Demokratischen Republik;
- Auftauchen von Wasserfahrzeugen in den Hoheitsgewässern der Deutschen Demokratischen Republik, die nicht im Abschnitt der Grenzkompanie registriert sind;
- alle außergewöhnlichen Erscheinungen auf eigenem und angrenzenden Territorium;
- wenn im Abschnitt des Beobachtungspostens von den Grenzschutzorganen der gegenüberliegenden Seite die Gegenbeobachtung geführt wird.

99. Ein Beobachtungsposten, der durch einen anderen abgelöst wird, ist verpflichtet:
- den Postenführer des ablösenden Beobachtungspostens mit den Besonderheiten des zu beobachtenden und zu sichernden Grenzabschnittes bekannt zu machen;
- dem Postenführer die Beobachtungsergebnisse während seiner Dienstzeit mitzuteilen;
- das Gerät und die Ausrüstung an den ablösenden Beobachtungsposten nur auf Befehl des Kompaniechefs zu übergeben;
- nach Eintreffen des ablösenden Beobachtungspostens die Beobachtung fortzusetzen, bis der Postenführer des ablösenden Beobachtungspostens den Dienst innerhalb seines Grenzpostens organisiert hat.

100. Bei der Feststellung von Grenzverletzern organisiert der Postenführer die Verfolgung und Festnahme.

101. Der Beobachter an der Küste hat die Nationalität ausländischer Wasserfahrzeuge festzustellen, den Kurs, die Geschwindigkeit und Entfernung der Wasserfahrzeuge vom Ufer zu bestimmen, sowie mit den Grenzschutzbooten der eigenen Einheiten Verbindung durch die festgelegten Zeichen und Signale zu halten.

f) Der Dienst der Patrouille (PT)

102. Die Patrouille ist ein Grenzposten, bestehend aus 2 oder mehreren bewaffneten Angehörigen der Deutschen Grenzpolizei.
Sie ist bestimmt für die Kontrolle der Einhaltung der Grenzordnung im Grenzgebiet sowie für die Kontrolle des Hinterlandes im Abschnitt der Grenzkompanie.
Die Patrouille kann mit Fahrrädern, Kfz. und im Winter mit Skiern ausgerüstet werden.
Ist die Patrouille zur Kontrolle von Tanzveranstaltungen oder anderen Veranstaltungen bestimmt, ist als Postenführer ein Offizier oder erfahrener Unteroffizier einzusetzen.

103. Der Erfolg des Dienstes der Patrouille wird gewährleistet durch:
- enge Zusammenarbeit mit der Bevölkerung, den Grenzpolizeihelfern und Grenzpolizeihelfergruppen, Abschnittsbevollmächtigten, örtlichen Organen und den Partei- und Massenorganisationen;
- genaue Kenntnis der Grenzordnung;
- genaue Kenntnis des Postenbereichs;
- schnelles fehlerloses Überprüfen der Dokumente der zu kontrollierenden Personen und Fahrzeuge;
- Ausnutzen der örtlichen Verbindungsmöglichkeiten.

104. Die Patrouille ist bei der Dienstdurchführung verpflichtet:
- auf ihren Kontrollgängen aufmerksam auf alle Anzeichen von Grenzverletzungen zu achten und alle erforderlichen Maßnahmen zur Festnahme der Grenzverletzer zu treffen;
- die Ausweise aller Personen auf das Recht zum Aufenthalt im Sperrgebiet zu kontrollieren und verdächtige Personen der Grenzkompanie zuzuführen;
- Ortsbewohner, die im Grenzgebiet, in der Nähe der Grenze oder auf Grenzflüssen ihre Arbeit verrichten, zu kontrollieren;
- Versammlungen, Kundgebungen oder sonstige Zusammenkünfte im Sperrgebiet auf Genehmigung und Einhaltung der Bestimmungen zu kontrollieren;
- alle erforderlichen Maßnahmen zur Beseitigung von Störungen der öffentlichen Ordnung zu treffen;
- in allen Fällen anderen Grenzposten Hilfe zu erweisen.

g) Die Suchgruppe (SG)

105. Die Suchgruppe ist ein Grenzposten, bestehend aus drei oder mehr bewaffneten Angehörigen der Deutschen Grenzpolizei, die eingesetzt werden zur Verfolgung, Suche und Festnahme von Grenzverletzern, Verbrechern und Fallschirmspringern, die sich im Grenzgebiet versteckt halten, sowie nach niedergegangenen Ballons.

106. Die Suchgruppe ist verpflichtet.
- die zur Suche stehenden Personen aufzuspüren, zu verfolgen und festzunehmen bzw. unschädlich zu machen;
- mit der Grenzbevölkerung, den GPH, den GPH-Gruppen, ABV, Parteisekretären und Bürgermeistern sowie mit anderen Organisationen zur Lösung der Aufgabe zusammenzuarbeiten;

- Häuser, Ruinen, Hohlwege, Stallungen sowie andere Verstecke zu durchsuchen (Haussuchungen nach verdächtigen Personen haben in Verbindung mit dem ABV nach den bestehenden Gesetzen zu erfolgen);
- mit dem Kompaniechef bzw. Leiter der Suche und den Nachbarposten (benachbarten Suchgruppen) ständig Verbindung zu halten;
- die befohlene Richtung (Abschnitt) genau einzuhalten und bei Erreichen von Regulierungslinien, dem Kompaniechef bzw. dem Leiter der Suche Meldung zu erstatten;
- beim Verlieren der Spur der gesuchten Personen dem Kompaniechef (Leiter der Suche) sofort Meldung zu erstatten.

107. Als Postenführer wird ein Offizier oder erfahrener Unteroffizier eingesetzt. Die Suchgruppe kann mit einem Fährtenhund, Nachrichten- und Signalmittel, die eine schnelle Nachrichtenübermittlung zum Vorgesetzten und den Nachbarn gewährleisten, verstärkt werden.

108. In der Ausgangslinie bzw. am Ausgangspunkt macht sich der Leiter der Suchgruppe mit der erhaltenen Aufgabe und dem Gelände vertraut. Er bestimmt die Kampfordnung der Suchgruppe, stellt den Posten die Aufgaben und organisiert das Zusammenwirken innerhalb der Suchgruppe. In Abhängigkeit vom Gelände und der Aufgabe kann die Kampfordnung der Suchgruppe sein: Die Kette oder die Kolonne.

109. Die Suchgruppe führt die Verfolgung und Suche in dem ihr zugewiesenen Raum, Streifen oder in der ihr zugewiesenen Richtung selbständig oder im Zusammenwirken mit anderen Suchgruppen bzw. Grenzposten.

110. Wird die Spur in einer Ortschaft verloren, ist der Leiter der Suchgruppe verpflichtet, die Spur am Ortsausgang wieder aufzunehmen. Kann am Ortsausgang die Spur nicht wieder aufgenommen werden, erstattet der Leiter der Suchgruppe dem Leiter der Suche Meldung und auf dessen Anweisung organisiert er durch die örtlichen Organe, den ABV und den GPH die Suche in der Ortschaft mit dem Ziel, verdächtige Personen bzw. Grenzverletzer zu entlarven oder setzt die Suche nach Richtungen fort.

Bei der Organisation der Suche in einer Ortschaft, stellt der Leiter der Suchgruppe zur Abriegelung der Orts-Ein- und -Ausgänge Posten aus dem Bestand der Suchgruppe auf, die durch Angehörige der GPH-Gruppen verstärkt werden. Außerdem können GPH mit der Beobachtung von Personen innerhalb der Ortschaft beauftragt werden. Alle Personen, die die Ortschaft verlassen oder betreten, sind sorgfältig zu kontrollieren. Außer der Kontrolle der Personalausweise ist eine Befragung vorzunehmen.

Bei der Fortsetzung der Suche nach Richtungen muß der Leiter der Suchgruppe mit Übereinstimmung des Leiters der Suche festlegen, in welche Richtung sich die Grenzverletzer vermutlich weiterbewegen, unter Berücksichtigung ihrer Ziele, des Geländes und der Struktur des Hinterlandes (zentrale Verkehrsknotenpunkte).

111. Die Suchgruppe, die zur Nachtzeit die Suche führt, verringert die Abstände und Zwischenräume innerhalb der Suchgruppe und führt die Verfolgung der Grenzverletzer nur nach der Spur.

h) Der Dienst des Hinterhaltspostens (HH)

112. Der Hinterhaltsposten ist ein Grenzposten, bestehend aus 2 oder mehr bewaffneten Angehörigen der Deutschen Grenzpolizei, der getarnt an einem festgelegten Punkt zur Festnahme zu erwartender Grenzverletzer oder anderer Verbrecher eingesetzt wird.

Als Postenführer wird ein Offizier oder erfahrener Unteroffizier eingesetzt. Die Dienstzeit wird durch den Kampfbefehl bestimmt.

113. Abhängig von der gegebenen Lage kann der Hinterhaltsposten Stellung beziehen:
- in unbewohnten Häusern und Ruinen, wo die Ankunft der Grenzverletzer zu erwarten ist;
- an Brücken, Furten und anderen Übergangsstellen, wenn die Zeit der Ankunft und die Bewegungsrichtung der Grenzverletzer bekannt ist;
- in Hohlwegen, an Ortsrändern oder anderen günstigen Geländepunkten.

114. Der Kampfbefehl wird nur dem Postenführer erteilt. Er muß beinhalten:
- die Angaben über den Charakter des zu erwartenden Grenzübertritts und alle Angaben, die seine Durchführung charakterisieren;
- Einsatzort, Aufgaben des Hinterhaltsposten und die Ordnung der Festnahme;
- Angaben über die Nachbarposten;
- die Ordnung der Verbindung und der Anforderungen von Unterstützung;
- Maßnahmen bei der Entdeckung des Hinterhaltspostens durch außenstehende Personen;
- Ordnung der Eskortierung der Festgenommenen.

115. Nach Ankunft des Hinterhaltsposten am Einsatzort, erläutert der Postenführer seinen Posten die Kampfaufgabe und gibt bekannt:
- die Art des Dienstes;
- wer führt die Beobachtung und wer die Festnahme bzw. wenn notwendig die Verfolgung der Grenzverletzer durch;
- die Organisation der Verbindung innerhalb des Hinterhaltspostens.

116. Vor dem Beziehen der Stellung des Hinterhaltspostens hat der Postenführer den Festnahmeort und den Anmarschweg der zu erwartenden Grenzverletzer aufzuklären. Nach Erfüllen des Kampfbefehls ist der Postenführer verpflichtet, alle Anzeichen des Aufenthalts zu verwischen.

117. Gelingt es den Grenzverletzern, sich durch Flucht der Festnahme zu entziehen, verständigt der Postenführer den Kompaniechef unter Ausnutzung gedeckter Nachrichtenmittel und organisiert die Verfolgung bis zur Festnahme.

Wenn nur ein Teil der Grenzverletzer entkommen ist, setzt der Postenführer einen Teil seiner Kräfte zur Bewachung der Festgenommenen ein und führt persönlich mit den übrigen die Verfolgung und Festnahme durch.

118. Der Postenführer wählt sich seinen Platz so aus, daß er den Hinterhaltsposten übersehen und die Handlungen leiten kann.

i) Der Dienst des Hinterlandssicherungspostens

119. Der Hinterlandssicherungsposten ist ein Grenzposten, der aus nicht weniger als einer Gruppe bewaffneter Angehöriger der Deutschen Grenzpolizei, verstärkt mit Diensthunden, besteht. Er wird von einem Offizier oder Unteroffizier geführt. Er wird eingesetzt zur Abriegelung bestimmter Richtungen oder Abschnitte mit dem Ziel, Grenzverletzer oder andere gesuchte Personen festzunehmen.

Der Bestand des Hinterlandssicherungspostens kann außer Grenzpolizei-Angehörigen, Angehörige anderer bewaffneter Organe der Deutschen Demokratischen Republik und Angehörige von Grenzpolizeihelfergruppen umfassen.
Der Hinterlandssicherungsposten kann mit Maschinengewehren ausgerüstet werden.

120. Der Kampfbefehl an den Postenführer des Hinterlandssicherungsposten beinhaltet:
- kurze Schlußfolgerungen aus der Lage;
- die Aufgabe des Hinterlandssicherungspostens (Bestand, Verstärkungsmittel, Sicherungsabschnitte, wo die größte Postendichte schaffen);
- Organisation des Zusammenwirkens,
- Maßnahmen der Führung und Verbindung;
- Zeitpunkt der Einsatzbereitschaft.

121. Der Hinterlandssicherungsposten organisiert seinen Dienst durch den Einsatz verschiedener Grenzposten. In der Regel werden eingesetzt:
- Beobachtungsposten
- Wachposten
- Grenzstreifen
- getarnte Posten.

Der Hinterlandssicherungsposten in Stärke eines Zuges und mehr, kann selbständig Suchgruppen einsetzen.

Für die Ablösung der im Einsatz befindlichen Grenzposten, sowie für die Bewachung festgenommener Grenzverletzer, wird im Hinterlandssicherungsposten in der Regel eine Reserve von nicht weniger als einem Drittel seines Bestandes gebildet.

122. Der Hinterlandssicherungsposten kann selbständig zur Abriegelung einer bestimmten Richtung oder gemeinsam mit mehreren Hinterlandssicherungsposten zur Blockierung des vermutlichen Aufenthaltsraumes der Grenzverletzer eingesetzt werden. In letzterem Falle ist die Sicherung der Nähte besonders zu beachten.

123. Bei Einsatz des Hinterlandssicherungspostens in schwer passierbarem Gelände (Gebirge, Sümpfe) ist die unmittelbare Verbindung der Hinterlandssicherungsposten untereinander nicht in jedem Falle erforderlich. Die Hinterlandssicherungsposten sind so einzusetzen, daß alle passierbaren Richtungen gesichert sind.

124. Während der Dunkelheit (Nachtzeit) sind im Abschnitt eines Hinterlandssicherungsposten, unter Berücksichtigung des Geländes und der Ausnutzung der besseren Hörbarkeit vorwiegend unbewegliche Grenzposten einzusetzen. In den Zwischenräumen und in der Tiefe sind bewegliche Grenzposten einzusetzen. Signalgeräte sind verstärkt einzusetzen.

125. Bei Anbruch der Tageszeit ist das Gelände vor dem Abschnitt des Hinterlandssicherungsposten mit einem Fährtenhund nach Spuren abzusuchen.

126. Der Hinterlandssicherungsposten hat ohne Befehl seinen Abschnitt nicht zu verlassen. Beim Durchbruch von Grenzverletzern durch den Abschnitt des Hinterlandsicherungsposten organisiert der Postenführer mit den Kräften der Reserve, die unverzügliche Verfolgung.

Der Hinterlandssicherungsposten muß ständig bereit sein, auf Befehl einen neuen Abschnitt zu besetzen.

k) Der Dienst des Begleitpostens (BGP)

127. Der Begleitposten ist ein Grenzposten, bestehend aus 2 oder mehr bewaffneten Angehörigen der Deutschen Grenzpolizei, welcher die Aufgabe hat, festgenommene Personen zu eskortieren.
Zur Verstärkung des Begleitpostens können Schutzhunde eingesetzt werden.

128. Der Kampfbefehl an den Begleitposten muß beinhalten:
- Anzahl der zu eskortierenden Personen und Hinweise auf besonders gefährliche Elemente unter ihnen;
- die Ordnung der Eskortierung;
- die Zeit des Dienstantritts, Ort der Übernahme der Festgenommenen, Ort und Zeit der Übergabe und an wen sind die Eskortierten zu übergeben;
- Marschrouten und Anweisungen zum Passieren gefährlicher Geländeabschnitte, Ordnung des Rastens;
- Mittel und Arten des Signalisierens zur Anforderung von Hilfe;
- Form der Mitführung der Unterlagen der zu Eskortierenden;
- Zeit und Marschroute der Rückkehr des Begleitpostens nach Erfüllung der Aufgabe.

129. Ist der Begleitposten zur Eskortierung Festgenommener vom Festnahmeort zur Einheit bestimmt, ist der Postenführer verpflichtet:
- die Festgenommenen, ihre Dokumente und Wertgegenstände von den Grenzposten zu übernehmen, die die Festnahme und Durchsuchung der Festgenommenen durchführten;
- eine nochmalige Durchsuchung der zu Eskortierenden vorzunehmen;
- den Angehörigen des Begleitpostens die Aufgaben zur Eskortierung zu stellen;
- bei Ankunft in der Einheit die Eskortierten dem Diensthabenden der Grenzkompanie zu übergeben.

130. Der Postenführer des Begleitpostens, der zur Eskortierung von festgenommenen Personen, von einer Einheit zur anderen befohlen wird, erteilt seinen Posten vor der Übernahme der zu Eskortierenden folgende Anweisungen:
- wer durchsucht die Festgenommenen, wer führt sie aus dem Haus, wer führt die Bewachung durch;
- die Ordnung der Aufstellung des Begleitpostens bei der Eskortierung und bei Rasten, die Pflichten zur Beobachtung der zu Eskortierenden oder beim Überfall auf den Begleitposten.

131. Nach der Übernahme weist der Postenführer jedem zu Eskortierenden seinen Platz in der Marschordnung an. Er belehrt sie über das Sprechverbot untereinander, mit dem Begleitposten

und den außenstehenden Personen und verwarnt sie, daß bei Fluchtversuch und Nichtbeachtung der Forderungen der Begleitposten von der Schußwaffe Gebrauch gemacht wird.

Bei der Aufstellung der zu Eskortierenden ist zu beachten:
- die Aufstellung der Festgenommenen erfolgt hintereinander (die physisch Stärksten am Schluß der Marschkolonne);
- die Gepäckstücke sind individuell aufzuteilen (physisch Stärkste tragen das meiste Gepäck);
- die Abstände und Zwischenräume müssen eine ständige Beobachtung der zu Eskortierenden gewährleisten sowie eine Verbindung der Festgenommenen untereinander ausschließen.

132. Abhängig von der Breite des Weges werden die zu Eskortierenden in Kolonne zu zweien, dreien oder vieren aufgestellt. Die Aufstellung der zu Eskortierenden erfolgt nach dem Grundsatz, die Kolonne so kurz wie möglich zu halten.
Führen die Festgenommenen Fahrräder bei sich, ist die Kette von der Übersetzung zu nehmen und die Luft bis auf ein Minimum aus den Schläuchen zu lassen.
Bei Mitführen von Krafträdern hat der Festgenommene die Zündkerze zu entfernen und diese an den Postenführer abzugeben. Bei Mitführen von PKW und LKW haben die Insassen das Kfz. zu verlassen und werden zu Fuß zur Grenzkompanie eskortiert. Das Kfz. wird unter Bewachung zurückgelassen und durch einen Kraftfahrer der Deutschen Grenzpolizei nachgeführt.

133. Das Eskortieren von Festgenommenen entlang der Grenze in der unmittelbaren Grenznähe ist verboten. Erfolgt die Eskortierung zur Nachtzeit oder bei begrenzter Sicht, ist die Anzahl der Angehörigen des Begleitpostens zu erhöhen und zur Verstärkung des Begleitpostens sind Diensthunde einzusetzen. Die Marschrichtung ist so festzulegen, daß die Eskortierung nicht durch unübersichtliche Geländeabschnitte und auf belebten Straßen und Wegen erfolgt.

134. Bei der Eskortierung und beim Halt nehmen die Angehörigen des Begleitpostens folgende Aufstellung ein:

- besteht der Begleitposten aus 2 Grenzpolizeiangehörigen, bewegen sich diese an der Flanke hinter den Festgenommenen, die Waffe ist schußbereit;
- besteht der Begleitposten aus mehr als 2 Grenzpolizeiangehörigen, erfolgt die Sicherung der Festgenommenen, indem sich ein Soldat des Begleitpostens hinter und alle anderen seitlich in der Tiefe gestaffelt, an den Flanken bewegen;
- der Abstand zwischen den Angehörigen des Begleitpostens und den Festgenommenen muß so groß sein, daß ein plötzlicher Überfall auf den Begleitposten durch die zu Eskortierenden unmöglich ist;
- ist der Begleitposten durch einen Diensthund verstärkt, so ist dieser am Schluß der Marschordnung einzusetzen. Ist der Begleitposten mit mehreren Diensthunden verstärkt, so ist ein Diensthund am Schluß der Marschordnung und die übrigen an der Seite in der Tiefe gestaffelt einzusetzen;
- die Dokumente, Beweismaterialien und Wertgegenstände der zu Eskortierenden, sind unter den Angehörigen des Begleitpostens so aufzuteilen, daß die Einsatzbereitschaft des Angehörigen des Begleitpostens nicht gefährdet wird;

- der Postenführer bewegt sich dort, von wo er am günstigsten die Bewegung der Festgenommenen übersehen und die Handlungen der Posten leiten kann.

135. Den Angehörigen des Begleitpostens ist verboten:
- ohne notwendigen Grund zurückzubleiben;
- die zu Eskortierenden durch belebte Straßen, Plätze und Menschenansammlungen zu führen;
- gleichzeitiges Rauchen aller Angehörigen des Begleitpostens;
- sich ablenken zu lassen oder auf andere Art die Wachsamkeit und Bereitschaft zum Handeln zu vernachlässigen;
- fremde Fahrzeuge zum Transport der zu Eskortierenden zu stoppen.

136. Bei der Eskortierung ist es gestattet, kurze Rasten zur Einnahme von Essen, Verrichten der Notdurft oder zum Wechseln der Plätze der eskortierenden Posten einzulegen. Für den kurzen Halt oder für die Rast müssen offene Geländeabschnitte ausgewählt werden. Die Bewachung der zu Eskortierenden hat ständig mit der notwendigen Anzahl von Posten zu erfolgen. Zur Nachtzeit oder bei begrenzter Sicht, sind keine Rasten einzulegen.

137. Beim Überfall auf den Begleitposten gibt der Postenführer den Festgenommenen die Anweisung, sich sofort hinzulegen. Die Bewachung der Festgenommenen haben die Posten, die sich auf der gegenüberliegenden Seite des Überfalls befinden, zu übernehmen. Die übrigen Posten wehren den Überfall ab.

138. Bei einem Fluchtversuch befiehlt der Postenführer das Hinlegen der Festgenommenen und organisiert die Verfolgung. Ein Teil der Posten sichert die Festgenommenen.

139. Entdeckt der Begleitposten während der Eskortierung eine neue Grenzverletzung, beauftragt der Postenführer einen der Posten mit dem Treffen von Maßnahmen zur Festnahme der Grenzverletzer. Ist dieses nicht möglich, verständigt der Postenführer die Grenzkompanie und wartet die Ankunft der Alarmgruppe ab.

140. Wird die Eskortierung auf Kfz. vorgenommen, so sind nur solche Kraftfahrzeuge zu verwenden, die für den Transport von Personen zugelassen sind. Das Kfz. ist mit einer an den Seiten fest verschlossenen Plane zu versehen. Der hintere Teil der Plane ist in der Regel offen zu halten. Bei der Eskortierung zur Nachtzeit ist das Innere der Ladefläche zu beleuchten und die Plane hinten geschlossen zu halten.

141. Bei der Eskortierung auf Kfz., sitzen die zu Eskortierenden auf der rechten Sitzbank. Dabei ist zu beachten, daß die Sitzbank nicht bis zur rechten hinteren Ecke belegt wird. Besonders gefährliche Personen sind zu fesseln. Sie haben auf dem Boden der Ladefläche Platz zu nehmen.

142. Die Angehörigen des Begleitpostens nehmen auf der linken Sitzbank Platz. Ein Angehöriger des Begleitpostens, zusätzlich mit Pistole ausgerüstet, sitzt in der linken vorderen Wagenecke an der Alarmanlage. Ein weiterer Posten nimmt in der linken hinteren Wagenecke Platz. Weitere Posten nehmen entsprechend auf der linken Sitzbank Platz. Der Abstand zu den zu Eskortierenden, muß die Anwendung der Schußwaffe gewährleisten und einen plötzlichen Überfall unmöglich machen.

143. Bei Fluchtversuch während der Fahrt, ist das Fahrzeug zu stoppen. Der Postenführer organisiert mit den vorher bestimmten Angehörigen des Begleitpostens die Verfolgung und Festnahme.

144. Bei der Eskortierung auf Kfz über größere Entfernungen sind alle 2 - 3 Stunden an offenen Geländeabschnitten Rasten von 10 - 15 Minuten Dauer einzulegen.
Während der Zeit des Haltens, gestattet der Postenführer den zu Eskortierenden einzeln aufzustehen und das Kfz zur Verrichtung der Notdurft zu verlassen. Das Verlassen des Kfz aus anderen Gründen wird nicht gestattet.

145. Erfolgt die Eskortierung mit einem Gefangenen-Transportwagen, so ist vor Beginn der Eskortierung, außer der Verkehrssicherheit des Kfz, die Ausbruchssicherheit der Zellen zu überprüfen.
Die Beaufsichtigung der zu Eskortierenden hat vom Gang aus zu erfolgen.

146. Erfolgt die Eskortierung mit der Eisenbahn, hat der Postenführer zu berücksichtigen, daß:
- das Dienstabteil des Zuges benutzt werden kann, wenn sich keine anderen Personen in diesem befinden;
- die Türen und Fenster des Abteiles verschlossen sind;
- die Angehörigen des Begleitpostens in der Nähe der Tür und des Fensters Platz nehmen;
- bei der Verrichtung der Notdurft durch die Festgenommenen alle Maßnahmen zur Verhinderung von Fluchtversuchen einzuleiten sind;
- das Ein- und Aussteigen an der entgegengesetzten Seite des Bahnsteiges erfolgt (Gegenverkehr beachten).

Der Begleitposten ist zusätzlich mit Pistolen auszurüsten. Alle mit dem Transport der Festgenommenen im Zusammenhang stehenden Fragen, sind mit dem zuständigen Zugbegleitpersonal abzusprechen.

147. Bei der Ankunft am befohlenen Ort der Übergabe, läßt der Postenführer die Eskortierten gemäß der namentlichen Aufstellung antreten. Er organisiert die Bewachung und begibt sich zur Erstattung der Meldung zu dem im Einsatzbefehl festgelegten Übernehmenden. Er meldet die Ankunft, die Vorkommnisse und das Verhalten der Eskortierten während des Weges und übergibt die mitgeführten Dokumente, Beweismaterialien und alle den Festgenommenen bei der Durchsuchung abgenommenen Gegenstände.
Der Postenführer läßt sich die Übergabe bescheinigen und handelt im weiteren entsprechend seines Kampfbefehls.

l) Der Diensthabende der Grenzkompanie

148. Der Diensthabende der Grenzkompanie wird aus dem Bestand der Gruppenführer bzw. stellv. Gruppenführer der Grenzkompanie eingesetzt.
Er ist dem Kompaniechef unmittelbar und in Fragen der inneren Ordnung dem Hauptfeldwebel unterstellt. Seine Dienstzeit beträgt 12 Stunden.

149. Der Diensthabende ist verpflichtet, ständig zu kennen:
- den Einsatzort, die Marschrouten, die Art und Zeit des Dienstes jedes eingesetzten Grenzpostens,
- die Zusammensetzung der Alarmgruppe,
- die Methoden, Ordnung und Art der Nachrichtenverbindung der Grenzposten mit der Grenzkompanie;
- die Handlungen bei Signalen von der Grenze und die Alarmdokumente;
- die Anwesenheit der Angehörigen der Grenzkompanie, die Anzahl und den Zustand der Ausrüstung, Technik und Transportmittel;
- die Zahl der vorhandenen Wasserfahrzeuge an den Bootsanlegestellen im Abschnitt der Grenzkompanie;
- welche und wieviel von den Booten zur Zeit nicht anwesend sind, wo sie sich befinden und wann sie zurückkehren;
- die Ordnung der Aufnahme und Abgabe von Meldungen;
- den Aufenthalt des Kompanie-Chefs.

150. Der Diensthabende der Grenzkompanie ist verpflichtet:
- die Verbindung zu den eingesetzten Grenzposten, zu den Nachbarkompanien und zur Grenzabteilung aufrechtzuerhalten und bei Unterbrechung der Verbindung, Maßnahmen zu ihrer Wiederherstellung einzuleiten. Bei Verlassen seines Dienstraumes hat er dafür Sorge zu tragen, daß das Telefon besetzt ist;
- zur festgelegten Zeit die Grenzposten zum Dienst vorzubereiten, d.h. anzugeben, wer als Postenführer eingesetzt ist, die Waffen, Munition und Ausrüstung auszugeben und ihren Zustand zu überprüfen, die Einsatzbereitschaft und richtige Vorbereitung der Grenzposten zu kontrollieren und die Grenzposten zur festgelegten Zeit dem Kompanie-Chef oder dem diensthabenden Offizier zur Einweisung zu melden.

- Muster der Meldung:
„Genosse Oberleutnant, der Grenzposten, bestehend aus den Gefreiten Müller und Soldat Meier, zum Erhalt des Kampfbefehls zur Sicherung der Grenze der Deutschen Demokratischen Republik angetreten. Es meldet Unteroffizier Lehmann, Diensthabender!“

- die pünktliche Rückkehr der Grenzposten vom Dienst zu überwachen und beim Verspäten der Grenzposten dem Kompanie-Chef sofort Meldung zu erstatten;
- das Laden und Entladen der Waffen durch die Grenzposten zu überwachen;
- die Waffen, Munition und Ausrüstung nach Rückkehr der Grenzposten im gereinigten Zustand entgegenzunehmen und auf ihre Vollzähligkeit und den Zustand zu kontrollieren;
- Meldungen auf Befehl des Kompanie-Chefs an den Abteilungsstab weiterzugeben;
- dem Wachposten bei der Einheit die Anweisungen des Kompanie-Chefs über das Betreten oder Verlassen des Objekts durch Personen bekanntzugeben;
- die Einhaltung des Tagesablaufplanes und die innere Ordnung zu kontrollieren,
- die Aufbewahrung der Waffen, Munition und Ausrüstung, die Unterbringung der Technik, von Diensthunden und -Pferden, die Zubereitung des Essens, das Heizen der Öfen und das Trocknen der Bekleidung zu kontrollieren;

- die Wachsamkeit des Wachpostens bei der Einheit zu überwachen und dessen Ablösung zu organisieren;
- die Abmeldungen der Ausgänger entgegenzunehmen und ihre Anzugsordnung zu überprüfen;
- dem Kompanie-Chef alle Vorkommnisse an der Grenze und in der Grenzkompanie zu melden.

151 Der Diensthabende hat zu gewährleisten, daß:
- die Waffen, Munition und Ausrüstung ständig einsatzbereit sind und am vorgeschriebenen Ort aufbewahrt werden;
- die Alarmgruppe während der Nachtzeit in Uniform ruht und daß die Waffen und Munition der Alarmgruppe schnell griffbereit sind;
- die Suchlampen ständig einsatzbereit sind;
- die zurückkehrenden Grenzposten ihre Waffen reinigen, ihre Uniformen, wenn sie durchnäßt sind, zum Trocknen aufhängen und die Diensthunde und -Pferde versorgen;
- bei Eintreten der Dunkelheit die Fenster und Türen geschlossen werden, die Fenster verdunkelt sind und die Lichtquellen bis auf ein Mindestmaß abgeschaltet werden;
- in den Schlaf- und Unterkunftsräumen während der Nachtzeit Ruhe herrscht;
- rechtzeitig die Diensthunde gefüttert werden;
- zur Nachtzeit heiße Getränke vorhanden sind.

152. Auf Signal von den Grenzposten über einen Grenzdurchbruch in das eigene Hinterland löst der Diensthabende Alarm aus und gibt das Antwortsignal.
Im Weiteren handelt er nach den Anweisungen des Kompanie-Chef oder des diensthabenden Offiziers.

Bei Erhalt des Signales „Alarmgruppe zur Grenze“ bereitet der Diensthabende die Alarmgruppe zum Einsatz vor und meldet den Erhalt des Signals dem Kompaniechef oder dem diensthabenden Offizier.

153. Meldet der Wachposten bei der Einheit das Auftauchen verdächtiger Personen in Nähe der Grenzkompanie, die Wahrnehmung verdächtiger Geräusche oder ähnliches, setzt der Diensthabende die Alarmgruppe zur Klärung des Vorkommnisses ein und löst, wenn notwendig, Alarm aus und erstattet dem Kompaniechef Meldung.

154. Bei einem Überfall auf die Grenzkompanie ist der Diensthabende verpflichtet:
- in der Grenzkompanie Alarm auszulösen;
- dem Kompaniechef Meldung zu erstatten, dem Diensthabenden der Grenzabteilung den Überfall zu melden und die Nachbarkompanien zu informieren;
- am Telefon zu verbleiben, um die Meldungen des Kompaniechefs an die Grenzabteilung weiterzugeben, sowie den Nachbarkompanien die notwendigen Informationen zu übermitteln.

155. Im Falle eines Brandes in der Grenzkompanie alarmiert der Diensthabende die Angehörigen der Grenzkompanie und leitet Maßnahmen zur Bekämpfung des Brandes und wenn notwendig zur Sicherstellung der Waffen, Munition und Ausrüstung, der Technik und Diensthunde und -Pferde und zur Rettung des Inventars ein und erstattet dem Kompaniechef Meldung.

156. Der Diensthabende ist verpflichtet:
- alle Personen, die in der Grenzkompanie eintreffen, zu empfangen, den Kompaniechef von der Ankunft dieser Personen in Kenntnis zu setzen und die Begleitung der Personen im Kompaniegebäude zu organisieren;
- dem Kompaniechef unverzüglich über die Ankunft von Vorgesetzten Meldung zu erstatten.
Bei Anwesenheit des Kompaniechefs erstattet der Diensthabende den Vorgesetzten keine Meldung, sondern stellt sich lediglich vor.
157. Bei der Übernahme und Übergabe übernimmt der neue Diensthabende laut Übergabebuch die Waffen, Munition, Technik und Ausrüstung. Der alte und neue Diensthabende quittieren im Übergabebuch die Übernahme und Übergabe.

Bei der Übernahme muß sich der neue Diensthabende informieren:
- wo befinden sich die Grenzposten und wie ist ihre Dienstzeit;
- wo befinden sich die Angehörigen der Grenzkompanie, die Waffen, Munition, Ausrüstung, Diensthunde und -Pferde und Fahrzeuge;
- welche Anweisungen des Kompaniechefs sind bereits durchgeführt und welche sind noch durchzuführen;
- wo befindet sich der Kompaniechef und sein Stellvertreter.

Bei der Übernahme hat der neue Diensthabende die Verbindung zu den Grenzposten, zur Grenzabteilung und zu den Nachbarkompanien, die Fahrzeuge, Heizanlage, die Beleuchtung sowie die Brandschutzgeräte zu überprüfen.
Nach der Übergabe und Übernahme des Dienstes melden sich der neue und alte Diensthabende beim Kompaniechef.

VI. Kapitel

Die Handlungen der Grenzposten bei der Kontrolle von Personen und Kraftfahrzeugen

158. Die Erfüllung des Kampfbefehls der Grenzposten erfordert u.a. die Kontrolle von Personen und Kraftfahrzeugen im Grenzgebiet. Bei der Personenkontrolle durch die Grenzposten ist zu beachten, daß:
- bei der Entdeckung von Personen der Postenführer Maßnahmen zur Sicherung und Kontrolle festlegt;
- die Sicherung so organisiert wird, daß der Kontrollierende vor Überfällen geschützt und nicht im Schußfeld des sichernden Postens steht;
- der Kontrollierende die Personen herankommen läßt, den Tagesgruß erbietet, höflich die Ausweispapiere fordert und folgendes überprüft:
a) bei Zivilpersonen:
- den Personalausweis auf Gültigkeit und Meldebestätigung der VP sowie Übereinstimmung des Lichtbildes mit der Person;
- alle anderen Dokumente und Eintragungen in den Personaldokumenten, die entsprechend den Bestimmungen der Grenzordnung erforderlich sind;
- Einhaltung des Reiseweges und Reisezieles;
- wenn erforderlich Gepäckkontrolle.

b) bei Angehörigen des MdI, NVA, MfS
- das Dienstbuch auf Gültigkeitsvermerk bzw. Quartalsstempel, Übereinstimmung des Lichtbildes mit der Person;
- auf Urlaubsschein oder Dienstauftrag (Nachweis über Aufenthaltsberechtigung gemäß der Grenzordnung);
- Aufenthalts- bzw. Durchfahrtsgenehmigung für den demokratischen Sektor von Berlin.

159. Bei Kontrollen von KFZ ist zu beachten:
- die Auswahl eines günstigen Platzes zur Kontrolle des Fahrzeuges (ebene, gut übersichtliche, gerade Strasse);
- die Organisation der Sicherung der Kontrolle.

Ein Angehöriger des Grenzpostens gibt das Stopp-Zeichen (durch Kelle bzw. Signalstab oder nachts durch Schwenken der Taschenlampe mit rotem Licht). Bei dieser Tätigkeit hat er seine Waffe, MPi vor der Brust, Karabiner auf dem Rücken zu tragen. Nach dem Halten des KFZ tritt der Kontrollierende an die zum Strassenrand liegende Seite und überprüft zuerst die Ladefläche auf Personen. Danach begibt er sich zum Fahrerhaus, lässt die Tür öffnen, den Motor abschalten (und bei Nacht Standlicht einschalten). Die Kontrolle der Personalpapiere hat wie bei der Personenkontrolle zu erfolgen. Zusätzlich wird die Fahrerlaubnis, der Berechtigungsschein und die Zulassung überprüft.

160. Personen aus der Deutschen Bundesrepublik, aus Westberlin und aus dem Ausland haben für die Einreise in die 5 km-Sperrzone und den 500 m Schutzstreifen neben ihren Personaldokumenten zu besitzen:
a) Personen aus der Bundesrepublik eine Aufenthaltsgenehmigung ausgestellt vom Rat des Grenzkreises, in dem sie sich aufhalten wollen;
b) Personen aus Westberlin einen Passierschein zum Betreten des Gebietes der Deutschen Demokratischen Republik ausgestellt vom Präsidium der Volkspolizei Berlin;
c) Personen aus dem Ausland im Reisepaß ein Visa, erteilt vom Ministerium für Auswärtige Angelegenheiten der Deutschen Demokratischen Republik bzw. von einer konsularischen Vertretung der Deutschen Demokratischen Republik. Für diesen Personenkreis gilt die gleiche An- und Abmeldepflicht wie sie in § 5 der Verordnung vom 3.5.1956 für die Bürger der Deutschen Demokratischen Republik festgelegt ist.

Angehörige der amerikanischen, englischen und französischen Militärmissionen ist das Betreten und Befahren des Sperrgebietes nicht erlaubt, ausser auf den zur Durchfahrt vorgesehenen Strassen. Werden solche Personen festgestellt, sind sie in höflicher Form aufzufordern, das Sperrgebiet zu verlassen. Kommen sie dieser Aufforderung nicht nach, sind sie festzunehmen und dem zuständigen Volkspolizeikreisamt zuzuführen.

161. Keinen Passierschein benötigen für das Sperrgebiet:
Mitglieder und Mitarbeiter des ZK der SED; Mitglieder und Mitarbeiter der Bezirks- und Kreisleitungen der SED im jeweils zuständigen Bezirk bzw. Kreis. Bei Kontrollen ist der Dienstausweis der Partei, ZK, Bezirks- und Kreisleitung als Passierschein anzuerkennen.
b) Abgeordnete der Volks- und Länderkammer entlang der gesamten Staatsgrenze zur Deutschen Bundesrepublik;

Abgeordnete der Bezirkstage für den Teil des Sperrgebietes des Bezirks, in dem sie gewählt worden sind;
Abgeordnete der Kreistage für den Teil des Sperrgebietes des Kreises, in dem sie gewählt worden sind.
Bei Kontrollen ist der Abgeordneten-Ausweis in Verbindung mit dem Deutschen Personalausweis als Passierschein anzuerkennen.
c) Ärzte und Hebammen, die im Kreisgebiet wohnen und im Sperrgebiet ihre Praxis ausüben. Bei Kontrollen ist der Personalausweis als Passierschein anzuerkennen. Eine besondere Legitimation als Arzt oder Hebamme ist nur dann zu fordern, wenn dies aus dem Personalausweis nicht hervorgeht.
d) Personen, die plötzlich aufgetretene Schäden im Sperrgebiet zu beheben haben oder sich als Einsatzkräfte aus besonderen Anlässen im Sperrgebiet vorübergehend aufhalten müssen (z.B. Feuerwehr, Strassenwinterdienst, Hochwasserdienst usw.).
e) Urlauber des FDGB, der Deutschen Volkspolizei und des Ministeriums für Staatssicherheit, die im Besitz eines Ferienschecks bzw. Kurschecks für ein im Sperrgebiet liegendes Heim bzw. Sanatorium dieser Institutionen sind, benötigen keinen Passierschein. Bei Kontrollen ist der Ferienscheck bzw. Kurscheck in Verbindung mit dem Deutschen Personalausweis bzw. Dienstausweis anzuerkennen.
f) Urlauber der Nationalen Volksarmee oder anderer kasernierter Einheiten benötigen keinen Passierschein, wenn sie ihren Wohnsitz im Sperrgebiet haben. Sie müssen im Besitz eines gültigen Urlaubsscheines sein, der den Vermerk trägt: „Belehrung über die Meldepflicht und das Verhalten im Sperrgebiet ist erfolgt." Bei Kontrollen ist der Urlaubsschein in Verbindung mit dem Dienstausweis als Legitimation anzuerkennen.

162. FDJ-Gruppen, Schulklassen und Wandergruppen sind zur Einreise in das Sperrgebiet berechtigt, wenn der Leiter der Gruppe einen Passierschein besitzt. Auf diesem Passierschein muss vermerkt sein die Teilnehmerzahl, der Grund der Einreise und das Reiseziel.

VII. Kapitel

Die Handlungen der Grenzposten bei der Feststellung von Spuren und anderen Anzeichen einer Grenzverletzung

163. Von grosser Bedeutung für das Aufspüren von Grenzverletzern ist das Studium von Spuren und anderen Anzeichen einer Grenzverletzung. Beim Absuchen des Geländes bzw. bei der Kontrolle des 10 m Kontrollstreifens bzw. Uferstreifens an der Küste, haben die Angehörigen der Deutschen Grenzpolizei fehlerlos Spuren von Menschen und Tieren zu bestimmen und alle Listen, die von Grenzverletzern zum Überschreiten der Grenze angewandt werden, zu erkennen.

164. Bei der Feststellung einer Spur ist der Postenführer verpflichtet:
- die Beobachtung des Grenzabschnittes zu organisieren, in dem die Spur festgestellt wurde;
- die Spur in allen Einzelheiten zu studieren, die Richtung der Grenzverletzung, die Zahl der Grenzverletzer, das Alter der Spur und welche Listen durch die Grenzverletzer angewandt wurden zu bestimmen und weggeworfene Gegenstände zu sichern;
- dem Kompaniechef unverzüglich Meldung zu erstatten;

- die Spuren mit festgelegten Zeichen zu markieren ohne die Spur zu verletzen;
- bei der Feststellung einer Spur das Gelände oder den 10 m Kontrollstreifen nach weiteren Spuren abzusuchen;
- die Verfolgung der Grenzverletzer zu organisieren und dazu seinen Posten Aufgaben zu stellen;
- bei der Verfolgung die Spuren und das Gelände aufmerksam zu beobachten.

165. Hat der Grenzposten die Verfolgung der Grenzverletzer bzw. der Spur bis zur Grenzlinie zur Deutschen Bundesrepublik ohne Erfolg geführt, bricht er die Verfolgung ab. Er geht in der Nähe der Übertrittsstelle in Deckung und wartet das Eintreffen des Offiziers ab.

166. Verläuft die Spur des Grenzverletzers über die Grenze in Richtung der Volksrepublik Polen oder der CSR, hat der verfolgende Grenzposten die Spur und alle notwendigen Angaben sofort dem Grenzposten der anderen Seite zu übergeben, um eine weitere Verfolgung ohne Zeitverlust zu ermöglichen.

Wird die Spur des Grenzverletzers mit einem Diensthund oder durch ein Grenzboot verfolgt, so kann sie auf der anderen Seite nur mit Genehmigung der Grenzbevollmächtigten beider Seiten weiterverfolgt werden. In diesem Falle ist die Verfolgung unter Führung eines Offiziers in Begleitung von nicht mehr als zwei Grenzpolizei-Angehörigen fortzusetzen. Nach der Beendigung der Verfolgung hat die Suchgruppe unverzüglich unter Begleitung von Angehörigen der Grenzschutzorgane der anderen Seite auf das Territorium der Deutschen Demokratischen Republik zurückzukehren.

167. Ein Grenzposten ohne Fährtenhund verfolgt die Grenzverletzer in der wahrscheinlichen Bewegungsrichtung bis zum Eintreffen eines Fährtenhundes.

168. Wird die Spur verloren, kehrt der Grenzposten zu dem Ort zurück, an dem die Spur zuletzt zu sehen war (Richtpunkt). Am Richtpunkt wird ein Fährtenhund eingesetzt. Beim Verlieren der Spur an einem Bach oder Fluß sind in diesem Raum beide Uferseiten abzusuchen. Beim Verlieren der Spur auf Strassen oder Wegen, muss die weitere Bewegungsrichtung der Grenzverletzer oder das zur weiteren Bewegung benutzte Transportmittel ermittelt werden.

169. Führt die Spur in ein Gebäude, so ist anhand der vorhandenen Merkmale der Spur der Personenkreis, vorhandene Transportmittel, Tiere und Geräte nach den gleichen Merkmalen zu überprüfen. Ist ein Fährtenhund vorhanden, ist mit seiner Hilfe der Grenzverletzer aus dem vorhandenen Personenkreis zu ermitteln.
Ist keine Spur vorhanden, aber es besteht der Verdacht, dass sich der Grenzverletzer im Gebäude befindet, ist vom Besitzer die Auslieferung des Grenzverletzers zu fordern. Weigert sich der Besitzer den Grenzverletzer auszuliefern, ist das Gebäude zu beobachten und ein Offizier anzufordern, welcher die weiteren Maßnahmen auf der Grundlage der rechtlichen Bestimmungen einleitet.

170. Ist es nicht möglich, die verlorengegangene Spur wieder aufzufinden und es ist unzweckmäßig oder aussichtlos, in der vermutlichen Richtung der Bewegung der Grenzverletzer die Verfolgung fortzusetzen, organisiert der Postenführer die Beobachtung und fordert von der Grenzkompanie Unterstützung an.

171. Die Verfolgung der Grenzverletzer wird abgebrochen wenn:
- alle Grenzverletzer festgenommen wurden;
- die Grenzverletzer die Linie der Grenze zur Deutschen Bundesrepublik überschritten haben;
- der Leiter der Einheit hierzu den Befehl erteilt.

VIII. Kapitel

Die Handlungen der Grenzposten bei der Feststellung, Verfolgung und Festnahme von Grenzverletzern

172. Bei der Feststellung von Grenzverletzern hat der Postenführer alle Maßnahmen zur Verringerung des Abstandes der Grenzverletzer zum Grenzposten einzuleiten.

173. Entsprechend der Bewegungsrichtung der Grenzverletzer organisiert der Postenführer die Festnahme wie folgt:
- bewegen sich die Grenzverletzer in Richtung der Stellung des Grenzpostens, beziehen die Angehörigen des Grenzpostens getarnt Stellung im Gelände, so daß sich die Grenzverletzer selbst in die Einkreisung begeben;
- bewegen sich die Grenzverletzer seitlich der bezogenen Postenstellung, so hat der Grenzposten seine Stellung zu verlassen, den Grenzverletzern den Weg zur Grenze abzuscheiden, sie einzukreisen und festzunehmen;
- entfernen sich die Grenzverletzer von der Stellung des Grenzpostens, so hat der Grenzposten diese schnell und getarnt zu überholen, einzukreisen und festzunehmen.

174. Bei der Festlegung des Festnahmeortes muß der Postenführer berücksichtigen, daß:
- Fluchtmöglichkeiten ausgeschlossen sind;
- Sicherungsmöglichkeiten vorhanden sind;
- der Festnahmeort nach Möglichkeit von der gegenüberliegenden Seite nicht einzusehen ist.

175. Der Grenzposten, der die Grenzverletzer auf sich zukommen läßt, oder sich ihnen nähert, kreist sie überraschend ein und führt unter plötzlichem Auftauchen mit der Waffe im Anschlag die Festnahme lautlos durch.
Ist entsprechend der Tageszeit, dem Gelände und der Witterung eine lautlose Festnahme nicht möglich, so bestimmt der Postenführer einen Angehörigen seines Grenzpostens, der die Grenzverletzer am Tage mit „Halt, stehen bleiben“ und nachts oder bei Nebel mit „Halt, stehen bleiben, Deutsche Grenzpolizei“ anruft. Der Anruf muß überraschend und energisch erfolgen.
Kommt der Grenzverletzer der Aufforderung, stehen zu bleiben, nicht nach, wird ein Warnschuß abgegeben. Versucht der Grenzverletzer durch Flucht sich der Festnahme zu entziehen, so ist die Verfolgung aufzunehmen und die Schußwaffe entsprechend den Schußwaffengebrauchsbestimmungen anzuwenden.

176. Der Grenzverletzer, der der Aufforderung stehen zu bleiben nachgekommen ist, erhält die Anweisung „Hände hoch“. Hat der Grenzverletzer in seinen Händen eine Waffe, oder einen anderen Gegenstand, so wird er vom gleichen GP-Angehörigen, der die Anweisung „Hände hoch“ gab, aufgefordert, sich umzudrehen (dem Posten abgekehrt) und die Waffe

bzw. den Gegenstand fallen zu lassen. Danach ist der Grenzverletzer aufzufordern, vom Gepäck wegzutreten und hat an einem festgelegten günstigen Platz Aufstellung zu nehmen.
Der Postenführer bestimmt einen Angehörigen seines Grenzpostens zur Durchführung der Durchsuchung.

177. Alle Anweisungen an die Grenzverletzer sind in deutscher Sprache zu geben und wenn erforderlich, im örtlichen Dialekt bzw. in der Sprache des angrenzenden Landes zu wiederholen.

178. Der Postenführer muß während der Festnahme das Gelände nach weiteren Grenzverletzern beobachten. Abhängig von der Lage, läßt er diese auf sich zukommen, oder läßt die Festgenommenen durch einen Teil seines Postens bewachen und führt mit den anderen Posten die Verfolgung und Festnahme der neu aufgetauchten Grenzverletzer durch.
Reichen die Kräfte des Grenzpostens nicht aus, verständigt er die Grenzkompanie.

179. Hat der Postenführer sich davon überzeugt, daß alle Grenzverletzer festgenommen sind, verständigt er, wenn er keinen Auftrag zur Eskortierung hat, die Grenzkompanie. Bis zum Eintreffen des Begleitpostens führt der Postenführer die Festgenommenen an einen gedeckten Ort und organisiert dort die Durchsuchung.

180. Jede bewaffnete Gruppe des Gegners, die in das Gebiet der DDR eindringt, muß durch die Grenzposten festgenommen und entwaffnet werden. Bei einem bewaffneten Zusammenstoß ist jeder Grenzposten verpflichtet, den Kampf mit dem Ziel der Vernichtung oder Gefangennahme des Gegners aufzunehmen.

IX. Kapitel

Die Durchsuchung festgenommener Grenzverletzer und das Absuchen des Festnahmeortes

181. Die Durchsuchung der Festgenommenen hat das Ziel, Waffen und andere Gegenstände, die zum Überfall auf den Grenzposten geeignet sind, sowie Dokumente sicherzustellen.

182. Nach erfolgter Festnahme sind die Grenzverletzer zu einem gedeckten Durchsuchungsort zu eskortieren.

Die Grenzverletzer werden aufgefordert, das Gepäck abzulegen, und Aufstellung zur Durchsuchung zu nehmen. Wenn es die Lage erfordert, gibt der Postenführer dem Festgenommenen die Anweisung, sich hinzulegen. Die Aufstellung hat mit dem Gesicht vom Durchsuchenden und von der Grenze abgekehrt zu erfolgen.

183. Bei der Organisation der Durchsuchung der Grenzverletzer legt der Postenführer fest:
- wer beobachtet das Gelände;
- wer sichert den durchsuchenden Posten und wo nehmen sie Aufstellung,
- wer führt die Durchsuchung durch;
- Reihenfolge der Durchsuchung.

184. Der Grenzposten, welcher die Durchsuchung führt, hat die Waffe zu sichern und auf den Rücken zu nehmen. Seine Waffe an andere zu übergeben oder abzulegen, ist verboten.
Die Grenzpolizeiangehörigen, die die Sicherung übernehmen, haben die Waffe in Anschlag zu tragen, um einen Angriff auf den durchsuchenden Posten zu verhindern.

185. Während der Zeit der Durchsuchung ist eine ununterbrochene Beobachtung des Geländes, besonders in Richtung Grenze zu gewährleisten. Die sichernden Posten haben sich so aufzustellen, dass sie bei einem plötzlichen Überfall oder bei Fluchtversuch des Festgenommenen die Möglichkeit haben, ohne den durchsuchenden Posten zu gefährden, die Schußwaffe in Anwendung zu bringen.

186. Die Durchsuchung hat grundsätzlich von hinten zu erfolgen, wobei der Festgenommene die Hände auf den Kopf zu legen hat. Dabei ist besonders zu beachten, daß:
- der Durchsuchende ständig bereit ist, einen Überfall abzuwehren;
- dem Festgenommenen zuerst die Hände und danach die Bekleidungsstücke sorgfältig von oben nach unten durchsucht werden;
- bei der Durchsuchung das Hauptaugenmerk auf Waffen, Munition, Gift, Pfeffer, Salz, Sand, Dokumente und auf belastende Schriftstücke gelegt wird;
- alle Gegenstände, die der Grenzverletzer bei sich führt, sichergestellt werden;
- die Abnahme von Gegenständen unter lauter Benennung erfolgt (besonders bei Wertsachen);
- keine Gegenstände von Festgenommenen weggeworfen, vernichtet werden bzw. auf andere Art und Weise verloren gehen.

187. Bei der Festnahme mehrerer Personen fordert der Postenführer dieselben auf, hintereinander mit entsprechendem Abstand, Aufstellung zu nehmen und wenn erforderlich sich mit dem Gesicht nach unten, die Arme seitlich gestreckt, hinzulegen. Die Durchsuchung hat, wenn der Anführer bekannt ist, bei diesem, sonst bei der physisch stärksten Person zu beginnen. Nach der Durchsuchung der hinteren Personen werden diese aufgefordert, sich mit festgelegtem Abstand vor die vorderste Person aufzustellen bzw. hinzulegen.
Festgenommene weibliche Personen werden aufgefordert, Waffen, Dokumente und alle anderen Gegenstände, die sie bei sich führen, abzulegen. Es erfolgt nur eine äussere Besichtigung der Oberbekleidung. Eine körperliche Durchsuchung hat in der Dienststelle durch eine weibliche Person zu erfolgen.

188. Die abgenommenen Sachen und Gegenstände eines jeden Festgenommenen sind gesondert mit Namensangabe des Festgenommenen aufzubewahren. Vernagelte, vernähte oder verschlossene Gegenstände werden erst in der Grenzkompanie durchsucht. Offene Gepäckstücke wie Taschen, Beutel, Rucksäcke u.a. sind sofort am Ort zu durchsuchen.

189. Nach der Durchsuchung der Festgenommenen werden sie vom Durchsuchungsort an einen, wenige Schritte entfernten, geeigneten Ort geführt und bewacht, dann beauftragt der Postenführer einen Posten (Diensthundführer) mit dem Absuchen des Festnahme- und Durchsuchungsortes im Umkreis von ca. 50 m nach weggeworfenen und versteckten Gegenständen der Festgenommenen.

Kann das Absuchen des Geländes nicht erfolgen, so wird dieses erst nach dem Eintreffen des Begleitpostens durchgeführt.
Nachts ist mit der Taschenlampe die Durchsuchung der Festgenommenen und das Absuchen des Festnahmeortes vorzunehmen. Am folgende Tage ist bei Tagesanbruch ein nochmaliges Absuchen des Festnahme- und Durchsuchungsortes durchzuführen.

190. Nach Eintreffen der Alarmgruppe (Begleitposten) wird durch den Postenführer dem Alarmgruppenführer die Art und Weise der Festnahme und das Verhalten der Festgenommenen mitgeteilt. Danach erfolgt die Übergabe der abgenommenen und gefundenen Gegenstände und Dokumente und der Grenzverletzer. Der Alarmgruppenführer führt nochmals eine Durchsuchung der Festgenommenen durch und lässt das Gelände in einer grösseren Entfernung und den zurückgelegten Weg der Grenzverletzer bis zur Linie der Grenze absuchen. Danach erfolgt die Eskortierung.

191. Der Grenzposten, der die Festgenommenen an die Alarmgruppe übergeben hat, setzt den Dienst lt. Kampfbefehl fort.

X. Kapitel

Das Zusammenwirken der Grenzposten

192. Zur Gewährleistung eines sicheren Schutzes der Grenzen der Deutschen Demokratischen Republik ist das Zusammenwirken der einzelnen Grenzposten eine der wichtigsten Voraussetzungen. Das Zusammenwirken besteht in der Koordinierung der Handlungen nach Ziel, Zeit und Ort und zur gegenseitgen Hilfeleistung der Grenzposten und der Grenzkompanie bei der Erfüllung des Kampfbefehls und zur Festnahme von Grenzverletzern.

193. Der Erfolg des Zusammenwirkens der Grenzposten wird gewährleistet durch:
- das Kennen des erhaltenen Kampfbefehls, der Marschroute und des Postenbereichs;
- das Kennen der Einsatzorte und Dienstzeiten der Nachbarposten;
- die ständige Bereitschaft eines jeden Grenzposten zur Hilfeleistung gegenüber seinem Nachbarn;
- die richtige und rechtzeitige Anwendung sowie die Beherrschung der technischen Verbindungsmittel und der festgelegten Signale.

194. Die Grenzposten informieren sich gegenseitig:
- bei gemeinsamen Handlungen zur Verfolgung und Festnahme von Grenzverletzern;
- zur gemeinsamen Abwehr eines bewaffneten Überfalls;
- wenn dieses im Kampfbefehl besonders enthalten ist.

195. Zum Erkennen der Grenzposten untereinander werden Parolen und Antwortparolen sowie Erkennungszeichen festgelegt. Bei Nacht oder Nebel und im unübersichtlichen Gelände, wo das gegenseitige Erkennen erschwert ist, gibt der Grenzposten bei Annäherung von nähernden Personen zuerst das Erkennungszeichen und bringt die Waffe in Anschlag.
Wird das Gegenzeichen nicht gegeben, lässt der Grenzposten die Person auf eine günstige Entfernung herankommen und ruft sie an mit dem Anruf „Halt, stehen bleiben, Deutsche Grenzpolizei!“. Er fordert die Parole und nimmt, wenn keine Antwortparole erteilt wird, die Person fest.
Die Erkennungszeichen sind auch von Vorgesetzten, die den Grenzposten kontrollieren, anzuwenden.
Beim Fordern der Parole oder Geben der Antwortparole müssen die Grenzposten alle Regeln der Vorsicht beachten, damit die Parole aussenstehenden Personen nicht bekannt wird.

196. Für die Organisation des Zusammenwirkens gelten folgende Signale:
Von den Grenzposten zur Grenzkompanie:
„Alarmgruppe kommen"
„Offizier zur Grenze"
„Durchbruch ins Hinterland"
„Flieger"
„Eilt zur Hilfe"

Von der Grenzkompanie zu den Grenzposten:
„Signal aufgenommen"
„Alles zur Einheit"
„Alle Posten ans Grenzmeldenetz"

197. Besteht keine Nachrichtenverbindung von dem Grenzposten zur Grenzkompanie oder wenn ein offenes Signal aus besonderen Gründen nicht gegeben werden kann, hat jeder Grenzposten mit den ihm zur Verfügung stehenden Mitteln das betreffende Signal weiterzugeben.

198. Auf das Signal „Eilt zur Hilfe" haben sich alle in der Nähe befindlichen Grenzposten bis auf diejenigen, die vom Kompaniechef einen besonderen Befehl erhalten haben, auf dem schnellsten Weg in Richtung des abgegebenen Signals zur Hilfeleistung zu begeben.

199. Beim Eintreffen der zur Hilfeleistung kommenden Grenzposten stellen diese sofort die Verbindung her und unterstützen sich gegenseitig bei der Bekämpfung der Grenzverletzer oder des in das Gebiet der DDR eingedrungenen Gegners, ohne dass durch Schußwaffengebrach eigene Kräfte gefährdet werden.
Die Leitung übernimmt der in der Dienststellung höhere bzw. Dienstgradälteste.
Sind die Posten in der Dienststellung und im Dienstgrad gleich, übernimmt der Postenführer, der zuerst am Einsatzort war, die Leitung.

200. Wird zur Hilfeleistung für die Grenzposten die Reserve eingesetzt, übernimmt die Leitung über alle Grenzposten der Leiter der Reserve.

201. Erübrigt sich eine weitere Unterstützung, begeben sich die herbeigeeilten Grenzposten sofort an ihren Grenzabschnitt zurück und setzen ihren Dienst gemäß Kampfbefehl fort. Den Entschluß zur Rückkehr der Grenzposten fasst der Postenführer, der die Handlungen aller Grenzposten leitete, nachdem er eingehend die Lage beurteilt hat.
Vor der Rückkehr zum eigenen Postenbereich ist dem Kompaniechef Meldung zu erstatten. Beim Eintreffen im eigenen Postenbereich ist der Grenzkompanie die Lage im Postenbereich unverzüglich zu melden.

202. Alle an der Küste eingesetzten Grenzposten wirken mit den Grenzbooten in folgenden Fällen zusammen:
- bei der gemeinsamen Sicherung eines Grenzabschnittes;
- bei der Festnahme von Grenzverletzern auf See;
- bei der Festnahme von Grenzverletzern, die durch Boote angelandet wurden;
- bei gemeinsamen Kampfhandlungen an Ufern und auf Inseln;
- bei der Hilfeleistung bei einer Havarie;
- durch gegenseitige Information über die Lage in dem zu bewachenden Abschnitt;

- bei der Eskortierung von festgenommenen Grenzverletzern;
- zum Transport von Grenzposten auf weite Entfernung (Inseln, Landzungen usw.).

203. Die eingesetzten Grenzposten an der Küste oder an den technischen Geräten übermitteln den Grenzbooten durch ihre Nachrichten- oder Signalmittel den Standort der Grenzverletzer und die Art und Weise der benötigten Hilfe.
Bei Kampfhandlungen wirken die Grenzboote mit den eingesetzten Grenzposten an der Küste zusammen, ohne die Aufforderung zur Hilfeleistung abzuwarten.

204. Die am Ufer eingesetzten Grenzposten müssen die Handlungen der Grenzboote laufend beobachten und diese beim Überfall durch andere Boote mit Feuer unterstützen.

205. Mittel der Verbindung zwischen den Grenzposten und Grenzkompanien sind:
gedeckte: Telefon, Funk und bewegliche Mittel (Melder)
offene: Rufen, Blinken, Winken, Schiessen u.a.

Beim Durchbruch von Grenzverletzern in Richtung des Hinterlandes oder bei der Führung der Verfolgung ist die Anwendung von Signalmitteln oder der Schußwaffe zur Übermittlung von Signalen kategorisch verboten. Die Verbindung ist mit gedeckten Mitteln oder durch Melder zu halten. Offene Mittel der Verbindung werden nur bei Fehlen gedeckter Mittel oder auf Befehl des Kompaniechefs angewandt.

206. Um die Nachrichtenmittel richtig einsetzen zu können, müssen alle Grenzposten
- die taktisch-technischen Daten aller zum Einsatz gelangenden Nachrichtenmittel kennen;
- bei der Kontrolle der Nachrichten- und technischen Mittel im Abschnitt alle festgestellten Schäden sofort der Grenzkompanie melden;
- beim Empfang von Signal- und Nachrichtenmitteln zur Dienstdurchführung diese überprüfen und sie während der Dienstdurchführung sachgemäß behandeln;
- beim Führen von Gesprächen die Regeln der Geheimhaltung einhalten.

XI. Kapitel

Schußwaffengebrauchsbestimmungen

207. Die Angehörigen der Deutschen Grenzpolizei sind verpflichtet, bei der Sicherung und Verteidigung der Grenzen und der Arbeiter-und-Bauern-Macht der DDR, die Waffen in folgenden Fällen anzuwenden:

a) ohne Warnung:
Zur Abwehr von bewaffneten Überfällen auf:
- die örtlichen Organe und Institutionen der Arbeiter- und Bauernmacht der DDR;
- die Grenzposten, Einheiten und Objekte der DGP und anderen bewaffneten Organen der DDR;
- die Bevölkerung der DDR.

b) Nach Anruf bzw. Stoppzeichen:
1. Beim Zusammentreffen mit bewaffneten Grenzverletzern und Banditen.

2. Bei der Verfolgung von Grenzverletzern in Richtung der Deutschen Bundesrepublik, wenn sie unmittelbar den 10 m Kontrollstreifen erreichten, andere Möglichkeiten der Festnahme nicht mehr bestehen und das Geschoß die Grenze nicht überfliegen kann.
3. Wenn Grenzposten beim Stoppen von KFZ vorsätzlich überfahren werden.

c) Nach erfolgtem Anruf und Warnschuß:
1. Beim bewaffneten Überfall auf die Bevölkerung der DDR, wenn für diese unmittelbare Gefahr besteht.
2. Zur Festnahme von Grenzverletzern oder der Festnahme unterliegender Personen.
3. Bei Fluchtversuchen festgenommener Grenzverletzer oder der Festnahme unterliegender Personen.
4. Zur Abwehr eines Überfalles ohne Waffen, oder bei aktivem Widerstand einer oder mehrerer Personen, wenn dabei für die Angehörigen der Deutschen Grenzpolizei eine unmittelbare Gefahr für das Leben besteht.
5. Wenn das Stoppzeichen für Kfz. umfahren wird.

208. Die Angehörigen der Deutschen Grenzpolizei wenden in den angeführten Fällen des Punktes 207 c) die Schußwaffe erst dann an, wenn alle anderen Möglichkeiten zur Festnahme bzw. Wiederherstellung der Ruhe und Ordnung erschöpft sind.

209. Die Warnung beinhaltet:
- den Anruf (am Tage mit „Halt, stehen bleiben", bei Nacht und schlechter Sicht „Halt, stehen bleiben, Deutsche Grenzpolizei" oder am Tage durch Stoppzeichen und nachts durch das Schwenken der Taschenlampe mit rotem Licht;)

- den Warnschuß, der in einem Winkel von 50 - 70 Grad nach oben zu erfolgen hat.

210. Es ist verboten, die Schußwaffen anzuwenden:
- auf Personen, die die Grenze von der Deutschen Demokratischen Republik in Richtung volksdemokratischer Staaten überschreiten, sich bereits unmittelbar an der Grenze befinden und keinen bewaffneten Widerstand leisten (in diesem Fall sind die festgelegten Verständigungssignale zu der jeweiligen benachbarten Volksdemokratie in Anwendung zu bringen;
- zur Signalgebung, wenn andere Möglichkeiten zur Herstellung der Verbindung zur Grenzkompanie und Nachbarposten vorhanden sind;
- auf Kinder, außer wenn sie sich an einem bewaffneten Überfall beteiligen;
- auf Hunde, wenn der Posten erkennt, daß diese zufällig oder beim Jagen hinter Wild die Grenze überschritten haben und im Blickfeld des Grenzpostens wieder zurückkehren;
- zur Warnung der Personen, die sich an der Grenze, jedoch auf dem Territorium des angrenzenden Staates befinden.

Bei der Anwendung der Schußwaffe ist zu beachten, daß:
- durch die Anwendung der Schußwaffe besonders in Ortschaften keine aussenstehenden Personen verletzt werden;
- die Geschosse nicht die Grenze in Richtung des angrenzenden Staates überfliegen, ausser bei der Verteidigung der Grenze gegen eindringende bewaffnete Kräfte des Gegners.

211. Wird festgestellt, daß Tiere (Hunde, Tauben), welche zur Überbringung von Nachrichten geeignet sind, wiederholt die Grenze verletzen, werden diese nur auf Befehl des Kompaniechefs abgeschossen.

212. Einfliegende Ballons, werden nur auf Befehl des Kompaniechefs bei günstigen Schußentfernungen von den dafür festgelegten Punkten im Gelände abgeschossen.

213. Wird durch den Schußwaffengebrauch eine Person getötet, läßt der Grenzposten diese unverändert liegen, sichert den Tatort und verständigt die Grenzkompanie. Liegt die getötete Person in unmittelbarer Grenznähe oder auf dem 10 m Kontrollstreifen, so ist sie bei Anzeichen von Provokationen bzw. Menschenansammlungen, jenseits der Grenze, ohne Verwischung der Merkmale am Tatort, an einen gedeckten Ort zu bringen. Wird eine Person bei Anwendung der Schußwaffe verletzt, so ist dieser sofort, unter Einhaltung aller Sicherheitsmaßnahmen, Hilfe zu leisten.

214. Die Anwendung der Leuchtpistole erfolgt, wenn keine anderen Möglichkeiten vorhanden sind, zur:
- Signalgebung zwischen Grenzposten und der Grenzkompanie;
- zur Signalgebung zwischen Grenzposten und Grenzbooten;
- zum Ableuchten des Geländes, wenn Grenzverletzer versuchen sich der Festnahme zu entziehen;
- zur Beleuchtung des Geländes und bei der Abgabe von gezielten Schüssen auf Grenzverletzer in der Nachtzeit.

215. Bei der Anwendung der Leuchtpistole ist zu beachten:
- die Jahreszeit, Witterung, Bodenbewachsung und Bodenbedeckung (trockene Wälder, Wiesen, Getreide usw.);
- der Aufprall des Leuchtsatzes (Absuchen des Geländes zur Verhinderung von Bränden);
- daß aus der Leuchtpistole in einem Winkel von 70 bis 90° nach oben geschossen wird.

216. Angehörige der Deutschen Grenzpolizei, die die Schußwaffe entgegen dieser Vorschrift anwenden (z.B. wahl- und zielloses Schießen, fahrlässiger Schußwaffengebrauch), eine Waffe oder Munition verlieren, oder widerrechtlich Waffen und Munition besitzen, werden disziplinarisch oder gerichtlich zur Verantwortung gezogen.

XII. Kapitel

Die Pflichten der Grenzposten bei der Ausnutzung der Verstärkungsmittel

1. Der 10 m Kontrollstreifen

217. Der Geländestreifen, welcher zur Feststellung von Spuren im Gelände angelegt ist, heisst 10 m Kontrollstreifen. Er kann natürlich oder künstlich sein.

218. Die Grenzposten, die den 10 m Kontrollstreifen aus dienstlichen Gründen betreten, haben ihre Spuren mit festgelegten Zeichen zu markieren. Dem Kompaniechef ist darüber Meldung zu erstatten und die Grenzposten, die in diesem Abschnitt ihren Dienst versehen davon zu informieren.

219. Der Grenzposten ist verpflichtet:
- den Verlauf der Grenze und des 10 m Kontrollstreifens sowie seinen Zustand zu kennen;
- ständig die Methoden und Schliche der Grenzverletzer bei dem Überschreiten des 10 m Kontrollstreifens zu studieren und zu entlarven.

2. Sperren

Die Grenzposten sind verpflichtet:
- den Verlauf der Sperren im Abschnitt der Grenzkompanie, ihre Bedeutung und ihren Zustand zu kennen;
- ständig den Zustand der Sperren zu überprüfen und bei Feststellung von Beschädigungen, die Ursache zu ermitteln;
- ständig die Listen und Methoden der Grenzverletzer beim Überwinden der Sperren zu studieren und zu entlarven;
- Die Richtung der Bewegung der Grenzverletzer festzustellen und Maßnahmen zu ihrer Festnahme einzuleiten;
- über alle Beschädigungen der Sperren dem Kompaniechef Meldung zu erstatten.

3. Die Signalanlagen und Signalgeräte

221. Die Anlagen und Geräte, die bei Grenzdurchbrüchen Signale übermitteln, werden Signalgeräte genannt.

222. Die Grenzposten sind verpflichtet:
- die taktisch-technischen Daten und die Funktion der Anlagen und Geräte zu kennen;
- vor dem Dienstantritt die Signalgeräte auf ihre Einsatzbereitschaft zu überprüfen und beim Eintreffen am Einsatzort einzusetzen und zu tarnen;
- die Handhabung der Geräte und Anlagen zu beherrschen und alle Maßnahmen zur Vermeidung von Unfällen zu beachten.

4. Die optischen Beobachtungsmittel

223. Die Grenzposten werden zur besseren Beobachtung des Geländes mit optischen Beobachtungsgeräten ausgestattet.

224. Die Grenzposten müssen die taktisch-technischen Daten der Geräte, welche in der Grenzkompanie vorhanden sind, kennen, die Beobachtungsgeräte richtig aufbewahren, pflegen und sie geschickt bei der Grenzsicherung anwenden.

5. Diensthunde

225. Die Diensthunde verstärken im bedeutenden Maße den Dienst der Grenzposten; die Diensthunde werden unterteilt nach Fährten- und Schutzhunden.

226. Die Ausbildung und Betreuung der Diensthunde in seinem Dienstbereich obliegt dem Staffelführer.

Er ist verpflichtet:
- mit Hilfe des Fährtenhundes Fährten von Grenzverletzern aufzunehmen und alle Kräfte zur Festnahme des Grenzverletzers einzusetzen;

- regelmässig mit dem Fährtenhund Ausbildung durchzuführen und die Ausbildung der Schutzhunde in seinem Bereich anzuleiten;
- die Ausbildung der Hundeführer in den Spezialfächern durchzuführen;
- die Ergebnisse der Ausbildung nachzuweisen;
- die materielle Sicherstellung der Diensthunde mit allem Notwendigen zu gewährleisten.

227. Beim Eintreffen des Fährtenhundeführers mit Fährtenhund am Ort der Feststellung von Spuren ist der Fährtenhundeführer verpflichtet:
- sich im Gelände zu orientieren;
- die Spuren zu studieren;
- dem Kompaniechef Meldung zu erstatten und danach die Spur aufzunehmen.

228. Während der Verfolgung von Spuren der Grenzverletzer beobachtet der Fährtenhundeführer aufmerksam die Arbeit des Fährtenhundes. Wenn der Fährtenhund die Spur verliert, ist der Fährtenhund zurück zum Ausgang oder zu dem Ort zu bringen, wo er noch zuletzt die Spur verfolgte. Die Arbeit des Fährtenhundes bei der Verfolgung erfolgt an der Suchleine.
Der Fährtenhundeführer ist bei seiner Arbeit durch einen Posten zu sichern. Der Posten darf den Fährtenhundeführer nicht aus der Sicht verlieren und muss bereit sein, ihn bei der Festnahme der Grenzverletzer zu unterstützen.

229. Der Schutzhund wird eingesetzt:
- zur frühzeitigen Feststellung von Grenzverletzungen und zur Festnahme von Grenzverletzern;
- zum Absuchen des Geländes nach Spuren und zur Verfolgung von Grenzverletzern;
- zur Verteidigung der Grenzposten bei Überfällen;
- zur Bewachung und zur Eskortierung von Grenzverletzern.

230. Der Diensthundführer ist für die Betreuung, Pflege und Ausbildung seines Diensthundes verantwortlich.
Er ist verpflichtet:
- den Schutzhund während des Grenzdienstes richtig einzusetzen;
- seinen Diensthund regelmässig auszubilden;
- die Regeln der Pflege und Betreuung der Diensthunde zu kennen.

231. Der Staffel- oder Diensthundführer wird zum Grenzdienst nur mit seinem Diensthund eingesetzt. Der Diensthundführer geht während der Dienstdurchführung an der Spitze des Grenzpostens. Während der Dienstdurchführung ist der Diensthund ständig zu beobachten und alle Reaktionen des Diensthundes zu beachten.
Bei Beunruhigung des Diensthundes ist das umliegende Gelände abzusuchen und der Grund der Beunruhigung festzustellen.
Das Gelände ist periodisch abzusuchen mit dem Ziel, Grenzverletzer oder weggeworfene Gegenstände festzustellen.
Am Tage kann das Absuchen des Geländes ohne Leine erfolgen. Des nachts ist es verboten, zum Absuchen des Geländes den Diensthund von der Leine zu lösen.

232. Bei Feststellung von Grenzverletzern oder verdächtigen Personen, ist der Diensthundführer verpflichtet, Maßnahmen zu ihrer Festnahme einzuleiten.

Ist es dem Grenzposten nicht möglich, einen Grenzverletzer noch vor dem Überschreiten der Grenze in Richtung des angrenzenden Staates zu erreichen, ist es gestattet, den Diensthund von der Leine zu lösen, mit dem Ziel, den Grenzverletzer nach dem Überschreiten der Grenze zu stellen. Der Grenzposten nutzt die Zeit, während der Diensthund den Grenzverletzer stellt, zur Festnahme aus.

233. Führt eine Spur über ein Wasserhindernis, setzt der Diensthundführer mit dem Diensthund über und nimmt die Spur am gegenüberliegenden Ufer wieder auf.

234. Führt die Spur in Richtung der Grenze zur Deutschen Bundesrepublik, verfolgt der Diensthundführer die Spur bis zur Grenze. Danach verfolgt er die Spur in entgegengesetzer Richtung mit dem Ziel, die Herkunft des Grenzverletzers festzustellen und erstattet dem Kompanie-Chef Meldung.

235. In allen Fällen ist nach der Festnahme von Grenzverletzern der Diensthund zum Absuchen des Festnahmeortes einzusetzen mit dem Ziel, weggeworfene Gegenstände (Waffen, Dokumente usw.) aufzufinden.

16.

REGIERUNG
DER DEUTSCHEN DEMOKRATISCHEN REPUBLIK
MINISTERIUM DES INNERN

GVS B3/1 -16/60

Befehl
des Ministers des Innern
Nr. 39/60

24. Juni 1960 Berlin
Inhalt: Schußwaffengebrauchsbestimmungen

Zur Herstellung einer einheitlichen, den Belangen der Sicherheit der Republik genügenden Ordnung für die Anwendung von Schußwaffen

BEFEHLE ICH:

I. Grundsätzliche Bestimmungen

1. Als rechtliche Grundlage für den Gebrauch von Schußwaffen gelten:

a) Der Tatbestand der Notwehr (§ 53 des StGB).
b) Die Notwendigkeit der Abwehr von bewaffneten Angriffen auf die staatliche Ordnung und ihre Einrichtungen.
c) Interne Anweisungen und Befehle von Vorgesetzten oder Entscheidungen der Vorsitzenden der Bezirkseinsatzleitungen.

2) Die Berechtigung zur Anwendung von Schußwaffen und zur Erteilung entsprechender Befehle ist nur dann gegeben, wenn eindeutig festgestellt ist und keine Zweifel bestehen, daß eine gesellschaftsgefährliche Handlung vorliegt, die die Sicherheit des Staates ernsthaft gefährdet, den Interessen der Werktätigen empfindlichen Schaden zufügt oder das Leben der Werktätigen unmittelbar bedroht und wenn erwiesen ist, daß die Anwendung anderer Mittel zur Beseitigung der Gefahr erfolglos geblieben ist.

3) Der Schußwaffengebrauch ist den bewaffneten Organen, ihren Einheiten und Angehörigen gestattet, wenn sie Aufgaben zur Erhaltung der staatlichen Sicherheit durchzuführen haben und die Anwendung von Schußwaffen für die Durchführung der Aufgaben vorher ausdrücklich genehmigt wurde.

Die Genehmigung in solchen Fällen erteilen:
Der Minister des Innern,
die Vorsitzenden der Bezirkseinsatzleitungen.

II. Schußwaffengebrauch bei Grenzverletzungen

1) An den Staatsgrenzen West und Nord (See), am Ring um Berlin und an den Berliner Sektorengrenzen kann unter Einhaltung der einschlägigen gesetzlichen Bestimmungen von der Schußwaffe Gebrauch gemacht werden:

a) Zur Gewährleistung der Unantastbarkeit der Grenzen und zur Verteidigung des Hoheitsgebietes der Deutschen Demokratischen Republik bei bewaffneten Angriffen und Überfällen von Einzelpersonen oder Gruppen staatsfeindlicher und krimineller Elemente.

b) Bei der Festnahme von Spionen, Saboteuren, Provokateuren und anderen Verbrechern, wenn sie der Festnahme bewaffneten Widerstand entgegensetzen oder die Flucht ergreifen und keine Möglichkeit besteht, die Festnahme durch eine andere qualifizierte Maßnahme herbeizuführen.

In allen anderen Fällen ist die Entscheidung des Ministers des Innern einzuholen.
Wenn bei unmittelbarer Gefahr für die staatliche Sicherheit die Einholung der Entscheidung des Ministers aus Zeitgründen nicht möglich ist, haben die örtlichen zuständigen Kommandeure die Entscheidung zu treffen. Die Bestätigung des gegebenen Vorbefehls ist umgehend einzuholen.

2) Bei Verletzung des Luftraumes der Deutschen Demokratischen Republik durch Flugzeuge der NATO-Staaten ist, sofern kein bewaffneter Angriff vorausgeht, der Schußwaffengebrauch nur auf Befehl des Ministers des Innern zulässig. Unberechtigt einfliegende Flugzeuge sind nach den dafür gültigen Weisungen zu beobachten und zu melden.

III. Abwehr von Angriffen auf öffentliche Einrichtungen im Inneren der Deutschen Demokratischen Republik

1) Unbewaffnete Angriffe auf Gebäude demokratischer Organisationen und Dienststellen staatlicher Organe sind mit polizeilichen Mitteln ohne Anwendung der Schußwaffe abzuwehren. Von der Schußwaffe ist erst dann Gebrauch zu machen, wenn der Vorsitzende der Bezirkseinsatzleitung seine Zustimmung gegeben hat. Bewaffnete Angriffe sind mit den gleichen Mitteln, die die Angreifenden benutzen, unverzüglich zu bekämpfen, wenn aus Zeitgründen die Genehmigung des Vorsitzenden der Bezirkseinsatzleitung nicht vorher eingeholt werden konnte. Die Bestätigung der dazu gegebenen Vorbefehle ist umgehend einzuholen.

2) Die Anwendung von Schußwaffen gegen Arbeiter und Angestellte in Betrieben, öffentlichen Gebäuden und auf Plätzen ist untersagt. Zusammenrottungen und Aufwiegelungen Werktätiger zu konterrevolutionären Handlungen sind nur dann unter Anwendung von Schußwaffen zu verhindern, wenn dazu die ausdrückliche Anweisung des Vorsitzenden der Bezirkseinsatzleitungen gegeben wurde.

IV. Schlußbestimmungen

1) Die übrigen Schußwaffengebrauchsbestimmungen der einzelnen Dienstbereiche (bei der Festnahme von Verbrechern, entwichenen Häftlingen u.a.) behalten ihre Gültigkeit, soweit die Bestimmungen dieses Befehls ihnen nicht entgegenstehen. Die Kommandeure und Leiter von Dienststellen haben dafür Sorge zu tragen, daß die Bestimmungen dieses Befehls und die in ihrem Dienstbereich gültigen Bestimmungen im Falle von Einzelprovokationen, bei der Festnahme von Personen und bei der Erfüllung sonstiger dienstlicher Aufgaben ohne jegliche Überspitzungen streng eingehalten werden.

2) Die Bekanntgabe dieses Befehls hat zu erfolgen:
a) Im vollen Umfang schriftlich bis zu den Leitern der bewaffneten Organe.

b) Auszugsweise schriftlich:
- Die Abschnitte I,II und IV bis zu den Kommandeuren der Brigaden der Deutschen Grenzpolizei.
- Die Abschnitte I, III, und IV bis zu den Chefs der BDVP und den Kommandeuren der Bereitschaften der Bereitschaftspolizei.
c) Für die weiteren Kommandeure und Leiter von Dienststellen mündlich in dem für sie erforderlichen Umfange, soweit nicht entgegenstehende Bestimmungen verändert werden müssen.

3) Die Kommandeure der Einheiten und die Leiter von Dienststellen haben zu veranlassen, daß alle Angehörigen ihres Dienstbereiches über die richtige Anwendung der Schußwaffengebrauchsbestimmungen regelmäßig in dem für sie notwendigen Umfang eingehend belehrt werden.

4) Alle Vorkommnisse, die im Zusammenhang mit der Anwendung von Schußwaffen eintreten, sind in jedem Falle unverzüglich zu melden.

5) Die in meiner DA Nr. 8/60 enthaltene Anweisung über das Verbot des Waffengebrauches werden durch diesen Befehl nicht berührt.

Maron

17.

Geheime Verschlußsache G 1/4-199/60

Kommando der Deutschen Grenzpolizei
- Der Kommandeur -

1. Durchführungsanweisung zum Befehl 39/60 des Ministers des Innern

11. Juli 1960 O.U.

Zur Herstellung der im Befehl Nr. 39/60 festgelegten Ordnung über die Bestimmungen zur Anwendung der Schußwaffe

w e i s e   i c h   a n :

1. Die Kommandeure der Grenzbrigaden haben bis zum 15.7.1960 die Bestimmungen des Befehles Nr. 39/60 gemäß übersandten Auszug allen Kommandeuren der Grenzbereitschaften mündlich bekanntzugeben.

2. In der Dienstvorschrift DV III/2 ist auf Seite 48 folgende Änderung aufzunehmen:

207. Die Angehörigen der Deutschen Grenzpolizei sind berechtigt, in den Fällen der Notwehr oder zur Abwehr von bewaffneten Angriffen auf die staatliche Ordnung und ihre Einrichtungen von der Schußwaffe Gebrauch zu machen, wenn ein Angriff mit anderen Mitteln nicht mehr erfolgreich abgewendet werden kann.

208. Die Angehörigen der Deutschen Grenzpolizei an der Staatsgrenze zur Westzone, am Ring um Berlin und an der Küste können außer den in Ziffer 207 angeführten Fällen von der Schußwaffe Gebrauch machen:

a) Zur Gewährleistung der Unantastbarkeit der Grenzen und zur Verteidigung des Hoheitsgebietes der Deutschen Demokratischen Republik bei bewaffneten Angriffen und Überfällen von Einzelpersonen oder Gruppen staatsfeindlicher und krimineller Elemente.
b) Bei der Festnahme von Spionen, Saboteuren, Provokateuren und anderen Verbrechern, wenn sie der Festnahme bewaffneten Widerstand entgegensetzen oder die Flucht ergreifen, einen Warnschuß unbeachtet lassen und keine Möglichkeit besteht, die Festnahme durch eine andere qualifizierte Maßnahme herbeizuführen.

3. Die Kommandeure der Grenzbrigade und Leiter der Schulen haben mir bis zum 25.7. 1960 über die Abänderung gemäß Punkt 2. schriftlich Vollzug zu melden.

4. In der Zeit vom 20.7.1960 - 30.7.1960 ist mit allen GP-Angehörigen 1 Stunde Ausbildung über die Schußwaffengebrauchsbestimmungen gem. DV III/2 durchzuführen und die Kenntnis der Bestimmungen zu prüfen.

5. Ab Monat August 1960 sind alle GP-Angehörigen monatlich über die Schußwaffengebrauchsbestimmungen aktenkundig zu belehren.

6. Alle Fälle der Anwendung der Schußwaffe sind gemäß Meldeordnung zu melden.

gez.: Peter
- Oberst -

18.

REGIERUNG
DER DEUTSCHEN DEMOKRATISCHEN REPUBLIK
Ministerium des Innern
- Der Minister-

B e f e h l
des Ministers des Innern
Nr. 003/61

12. August 1961 O.U.

Inhalt: Aufgaben des Transportpolizeiabschnittes zur verstärkten Sicherung der Grenze zwischen der Deutschen Demokratischen Republik und Westberlin sowie dem demokratischen Berlin und Westberlin

Zur Erhöhung der Sicherheit der Deutschen Demokratischen Republik sind mit „X"-Zeit[1] Maßnahmen zur Einschränkung des Verkehrs von der Deutschen Demokratischen Republik nach dem demokratischen Berlin sowie von der Deutschen Demokratischen Republik und dem demokratischen Berlin nach Westberlin durchzuführen.
Zur Durchsetzung der Aufgaben werden auf dem Gebiet der Deutschen Reichsbahn und der U-Bahn folgende Maßnahmen getroffen:

1. Züge im internationalen Reiseverkehr in Richtung Westen und zwischen Westberlin und Westdeutschland beginnen und enden auf dem Bahnsteig „A" des Bahnhofs Friedrichstraße.

2. Der direkte S-Bahnverkehr aus den Randgebieten der Deutschen Demokratischen Republik nach Westberlin sowie aus der Hauptstadt der Deutschen Demokratischen Republik nach Westberlin wird mit „X"-Zeit eingestellt.
Alle aus der Deutschen Demokratsichen Republik und dem demokratischen Berlin nach Westberlin verlaufenden S-Bahnstrecken werden - außer Stadtbahn und Nord-Süd-Bahn im demokratischen Berlin durch Schaffung abgesicherter Gleislücken unterbrochen. Die Unterbrechung erfolgt durch Einsatz von 8 Bautrupps der Reichsbahn an 12 Stellen.
Diese Maßnahme erfolgt „X".
Die durchzuführenden Bauarbeiten sind je Bautrupp durch 5 Kräfte der Transportpolizei, ausgerüstet mit taktischer Bewaffnung, zu sichern.
Nach Abschluß dieser Unterbrechung beginnen und enden alle S-Bahnzüge der Stadtbahn aus und in Richtung Westen auf Bahnsteig „B" und aus und in Richtung Osten auf dem Bahnsteig „C" des Bahnhofs Friedrichstraße.

S-Bahnzüge der Nord-Süd-Bahn halten nur auf dem Bahnhof Friedrichstraße. Alle weiteren Bahnhöfe auf dieser Strecke im demokratischen Berlin werden für den Reiseverkehr gesperrt.

S-Bahnzüge des Vollrings im demokratischen Berlin beginnen und enden auf dem Bahnhof Schönhauser Allee und Treptower Park.

---

[1] „X"-Zeit = 01.00 Uhr des 13. August 1961

Die an der Grenze nach Westberlin liegenden Bahnhöfe Wilhelmsruh, Schönholz und Wollankstraße werden zum demokratischen Berlin hin geschlossen, um den Ein- und Ausstieg vom demokratischen Berlin aus nicht zuzulassen.

Der im demokratischen Berlin liegende Bahnhof Bornholmer Straße wird für jeglichen Publikumsverkehr geschlossen.

Auf den S-Bahnstrecken

Oranienburg - Hohenneuendorf,
Velten - Griebnitzsee,
Rangsdorf - Mahlow

wird zur Bedienung des örtlichen Nahverkehrs ein S-Bahn-Pendelverkehr eingerichtet.
Auf den übrigen S-Bahnstrecken der Deutschen Demokratischen Republik nach Westberlin wird der Zugverkehr eingestellt.
Die Züge auf der Strecke Basdorf - Wilhelmsruh enden auf dem Bahnhof Schildow.

3. Die U-Bahnzüge der Linie A aus und in Richtung Pankow enden und beginnen auf dem U-Bahnhof „Thälmann-Platz“ und aus und in Richtung Westberlin auf dem U-Bahnhof „Potsdamer Platz“.

Die U-Bahnzüge der Linie C halten im demokratischen Berlin nur auf dem Bahnhof Friedrichstraße. Alle anderen im demokratischen Berlin liegenden U-Bahnhöfe der Linie C werden für jeglichen Publikumsverkehr gesperrt.

Die im demokratischen Berlin liegenden U-Bahnhöfe der Linie C werden für jeglichen Publikumsverkehr gesperrt. Der Bahnhof „Warschauer Brücke“ der U-Bahnlinie B wird für jeglichen Publikumsverkehr gesperrt.

4. Der Güterverkehr wird ohne Einschränkung mit den erforderlichen Kontrollmaßnahmen weiter durchgeführt.

Zur Durchführung der Kontroll- und Sicherungsaufgaben

BEFEHLE ICH:

1. Der Kommandeur des Transportpolizeiabschnittes Berlin ist verantwortlich für die Durchführung der Kontroll- und Sicherungsmaßnahmen des Reise- und Güterverkehrs an der Grenze von der Deutschen Demokratischen Republik nach Westberlin und vom demokratischen Berlin nach Westberlin im

Fernverkehr,
S-Bahnverkehr,
U-Bahnverkehr.

Die Hauptanstrengung ist auf den Sicherungsbereich des Transportpolizeiamtes Ostbahnhof zu richten.

2. Die Kontroll- und Sicherungsmaßnahmen sind mit der Aufgabe durchzuführen:

a) im Fernverkehr:

Durchführung der Paß- und Zollkontrolle im Zusammenwirken mit den Kräften des AZKW zur Verhinderung, daß Bürger der Deutschen Demokratischen Republik und des demokratischen Berlin ohne Genehmigung Züge in Richtung Westberlin oder Westdeutschland benutzen sowie Kontrolle der aus Richtung Westen kommenden Reisenden.

b) im S-Bahnverkehr:
Durchführung von Kontrollmaßnahmen zur Verhinderung, daß Bürger der Deutschen Demokratischen Republik und des demokratischen Berlin ohne Genehmigung nach Westberlin fahren. Durchführung von Sicherungsmaßnahmen zur Aufrechterhaltung der Ordnung und Sicherheit auf den Übergangs- und Endbahnhöfen sowie auf den Bahnhöfen der Strecken des Pendelverkehrs in den Randgebieten Berlins und an den Grenzübergängen im demokratischen Berlin.
Sicherung der auf der Nord-Süd-Strecke für den Publikumsverkehr gesperrten Bahnhöfe zur Verhinderung des unberechtigten Ein- und Aussteigens.

c) im U-Bahnverkehr:
Sicherung des U-Bahnhofes Friedrichstraße, um zu verhindern, daß Bürger der Deutschen Demokratischen Republik und des demokratischen Berlin die U-Bahn ohne Genehmigung zur Einreise nach Westberlin benutzen.
Sicherung des U-Bahnhofes Potsdamer Platz zur Gewährleistung, daß jeglicher Publikumsverkehr in Richtung Osten unterbleibt. Ein- und Ausgänge des Bahnhofes in Richtung demokratisches Berlin sind zu schließen.
Sicherung der Bahnhöfe im demokratischen Berlin, die für den Publikumsverkehr gesperrt sind, zur Verhinderung des unberechtigten Ein- und Aussteigens.
Sicherung des U-Bahnhofes „Thälmann Platz“ zur Gewährleistung, daß jeglicher Verkehr aus Richtung Pankow hier endet.

Ausgenommen von den Maßnahmen des Punktes 2 a bis c sind Angehörige der Reichsbahn, die in Westberlin arbeiten und sich mit einem Ausweis ausweisen können, aus dem ihr Beschäftigungsnachweis in Westberlin hervorgeht.

Die Ausgabe von Genehmigungen für die Einreise nach Westberlin für Bürger der Deutschen Demokratischen Republik und des demokratischen Berlin wird in gesonderter Weise geregelt.

d) im Güterverkehr:
Durchführung der Kontrolle der Güterzüge an den Übergängen von der Deutschen Demokratischen Republik und dem demokratischen Berlin nach Westberlin, um zu verhindern, daß Personen auf diesem Wege nach Westberlin ein- oder ausfahren.

3. Erforderlich sind:

Einrichtung eines KPP auf dem Bahnhof Friedrichstraße (Fernbahn, S-Bahn, U-Bahn).
Einrichtung von Sicherungsstützpunkten auf den Bahnhöfen Schönhauser Allee, Treptower Park, Alexanderplatz und U-Bahnhof Potsdamer Platz.
Einsatz von Sicherungsposten auf den für den Publikumsverkehr gesperrten S- und U-Bahnhöfen sowie auf den Bahnhöfen der Strecken mit Pendelverkehr.
Einsatz von Sicherungsposten auf dem U-Bahnhof Thälmann Platz.

Einsatz von Kontroll- und Sicherungsposten an den Grenzübergängen nach Westberlin zur Sicherung der Übergänge und Kontrolle des Güterverkehrs.

4. Im übrigen Dienstbereich sind die Aufgaben entsprechend der Lage schwerpunktmäßig durchzuführen, wobei die Fernbahnhöfe im demokratischen Berlin besonders zu berücksichtigen sind.

5. Der Einsatz der Kontroll- und Sicherungskräfte erfolgt gemäß Anlage 1.

6. Zur Gewährleistung dieser Maßnahmen ist für den Abschnitt Berlin mit „X"-Zeit Alarmstufe II auszulösen.
Die Führung der Kräfte hat vom Transportpolizeiabschnitt über die Ämter und Reviere zu erfolgen.
Dabei hat der Stab des Abschnittes sowie die Stäbe der Ämter die Arbeit aufzunehmen.
Die Verbindung ist mittels Draht (OB- und Basa-Leitung) und durch Melder aufrecht zu erhalten.

7. Zur Durchführung der Aufgaben wird der Transportpolizeiabschnitt mit 815 Kräften aus den Abschnitten der Transportpolizei der Republik verstärkt. Die Zuführung der Kräfte ist „X" + 10 Stunden abzuschließen und hat gemäß dem Plan der Zuführung zu erfolgen.
Für alle Einsatzkräfte - außer den Kontrollkräften - ist der Zwei-Schichtendienst einzuführen.
Kontrollkräfte sind im Drei-Schichtendienst einzusetzen.

Es ist zu gewährleisten, daß die Besetzung des gesamten Sicherungsbereiches in der ersten Dienstschicht durch Kräfte des Abschnittes Berlin zu erfolgen hat und bis „X" + 4 Stunden abzuschließen ist.

8. Das Zusammenwirken ist zu organisieren mit

dem Kommandeur des Sicherungskommandos des PdVP,
dem Kommandeur der 13. und 14. Grenzbereitschaft,
dem Leiter des AZKW Berlin,
den nachgeordneten Kommandeuren.

Zum Stab des PdVP sowie zum Büro des Präsidenten der Reichsbahndirektion ist je ein Verbindungsoffizier einzusetzen.

9. Auf dem Bahnhof Friedrichstraße ist ein Filtrierpunkt einzurichten und durch Kräfte des Abschnittes Berlin die Zuführung, Vernehmung und weitere Veranlassung zugeführter Personen zu gewährleisten. Die Zuführung von Personen in den übrigen Sicherungsabschnitten erfolgt im demokratischen Berlin zu den Filtrierpunkten der Volkspolizeiinspektionen und im Randgebiet zu den Filtrierpunkten der zuständigen VPKÄ.

10. Die Kommandeure und Polit-Organe haben in Verbindung mit den Partei- und FDJ-Organisationen eine verstärkte politisch-ideologische Arbeit unter den Offizieren, Unterführern und Wachtmeistern durchzuführen. Es ist zu gewährleisten, daß alle Befehle und Dienstvorschriften konsequent und gewissenhaft erfüllt und keine Verletzungen der Geheimhaltung zugelassen werden.

11. Die Bewaffnung und Ausrüstung der zur Sicherung und Kontrolle eingesetzten Kräfte erfolgt.
- für Kräfte auf Bahnhöfen mit Pistole und Schlagstock, Schirmmütze;
- für Kräfte am Grenzübergang mit taktischer Bewaffnung.

12. Die Unterbringung und Versorgung der eigenen und zugeteilten Kräfte ist zu organisieren durch das Versorgungsorgan des Kommandeurs des Abschnittes in Verbindung mit dem Versorgungsorgan des Präsidenten des PdVP. Zur Unterbringung der zugeteilten Kräfte sind Baracken, Schulungsräume und Zelte zu verwenden. Für die taktische Bewaffnung der zugeteilten Kräfte sind Lagermöglichkeiten sowie die Sicherung zu gewährleisten.

13 Als Grundlage für den Gebrauch von Schußwaffen gilt mein Befehl 39/60.

14. Meldungen:
- Abschluß der Arbeiten der Bautrupps der Reichsbahn zur Unterbrechung der Streckenführung im S-Bahnverkehr.
- Herstellung der Einsatzbereitschaft der Kräfte.
- Besetzung der angewiesenen Sicherungsabschnitte.
- Lagemeldungen alle 2 Stunden nach Auslösung der Maßnahmen bis „X“ +12 Stunden
- Weitere Lagemeldungen alle 6 Stunden, erstmalig „X“ + 17 Stunden.
- Besondere Vorkommnisse sofort.

Alle Meldungen sind entsprechend der Meldeordnung der Stäbe an die Hauptabteilung Transportpolizei zu leiten. Alle weiteren Befehle erhalten Sie vom Leiter der Hauptabteilung Transportpolizei.

Minister des Innern gez. - Maron -
F.d.R
Chef des Stabes
Ende

19.

REGIERUNG
DER DEUTSCHEN DEMOKRATISCHEN REPUBLIK
MINISTERIUM DES INNERN
- Der Minister -

Geheime Verschlußsache
Nr. B 3/1 - 16/3/61
1. Ausfertigung 1 Blatt

Erste Ergänzung zum Befehl des Ministers des Innern Nr. 39/60

26. August 1961 Berlin

Inhalt: Schußwaffengebrauchsbestimmungen

Durch die gewissenhafte Erfüllung der vom Ministerrat unserer Regierung beschlossenen Maßnahmen zur Erhöhung der Sicherheit unserer Grenzen wurde den westdeutschen Militaristen und Kriegstreibern ein schwerer Schlag zugefügt und den Menschenhändlern in Westberlin ihr Handwerk gelegt.

Wie erwartet, antwortete der Gegner mit maßloser Hetze, Verleumdung und Provokationen. Durch die sich ständig steigernde Nervosität des Gegners muß mit einer weiteren Zunahme von Provokationen gerechnet werden. Den Provokationen muß mit größter Wachsamkeit, höchster Kampfbereitschaft, Ruhe und Sicherheit entgegengetreten werden.

Kein Angehöriger der bewaffneten Kräfte des Ministeriums des Innern darf sich provozieren lassen.

Es wird deshalb nochmals angeordnet:

1. Es ist von allen Angehörigen der bewaffneten Kräfte höchste Disziplin zu üben. Provokationen sind durch richtiges, taktisches Verhalten, energisches Auftreten und Besonnenheit zu verhindern.
Die im Befehl des Ministers 39/60 festgelegten Bestimmungen sind unter allen Umständen einzuhalten. Vor der Anwendung der Schußwaffe müssen alle anderen Möglichkeiten zur Erreichung des Erfolges ausgenutzt worden sein. Muß im äußersten Falle die Schußwaffe angewandt werden, darf auf keinen Fall in Richtung <u>Westberlin geschossen werden.</u>

Gegen Angehörige der westlichen Besatzungsmächte darf die Schußwaffe unter keinen Umständen angewandt werden.

2. Die Kommandeure der Einheiten und die Leiter der Dienststellen haben zu veranlassen, daß alle Angehörigen ihres Dienstbereiches regelmäßig in dem für sie notwendigen Umfang über diese Ergänzung belehrt werden.

(Maron)

20.

Protokoll der 7. Sitzung des Nationalen Verteidigungsrates der DDR vom 28. August 1961 (Auszug)

3). Ausarbeitung eines Planes über die reguläre Sicherung der Staatsgrenzen durch Einheiten der Grenzpolizei und der Nationalen Volksarmee

1. Der Bericht des Ministers für Nationale Verteidigung über den Stand der Ausarbeitung eines Planes über die reguläre Sicherung der Staatsgrenze durch Einheiten der Grenzpolizei und der Nationalen Volksarmee wird zustimmend zur Kenntnis genommen. Alle erforderlichen Maßnahmen sind so zu treffen, damit bis spätestens 30. November 1961 die Grenzsicherung an der Staatsgrenze West entsprechend der Direktive des Politbüros des Zentralkomitees der Sozialistischen Einheitspartei Deutschlands erfolgt.

2. Der Minister für Nationale Verteidigung wird beauftragt, unmittelbar die erforderlichen Maßnahmen zur Sicherung der Staatsgrenze West gegen jedwede Provokation einschließlich eventueller Panzervorstöße so vorzubereiten, damit zum festgelegten Zeitpunkt die Durchführung derselben gesichert ist.

3. Die Verbände der Deutschen Grenzpolizei werden mit Ausnahme der Kräfte am Ring um Westberlin dem Minister für Nationale Verteidigung unterstellt. Die erforderlichen Vorbereitungen dazu sind durch den Minister für Nationale Verteidigung in enger Zusammenarbeit mit dem Minister des Innern und dem Minister für Staatssicherheit bis zum 15. September 1961 abzuschließen.

4. Durch den Minister für Nationale Verteidigung sind in Abstimmung mit dem Minister des Innern und dem Minister für Staatssicherheit Arbeitsgruppen einzusetzen, die an den Schwerpunkten der Staatsgrenze West an Ort und Stelle mit den Vorsitzenden der Räte der Grenzkreise und den zuständigen Grenzkommandeuren festlegen, welche Sicherungsmaßnahmen bis zu einem bestimmten Zeitpunkt an der Staatsgrenze West durchzuführen sind.

5. Die Genossen Hoffmann und Maron werden beauftragt, dem Nationalen Verteidigungsrat eine Vorlage über die Gewährleistung der Sicherheit an der Seegrenze der Deutschen Demokratischen Republik einschließlich ihrer Hoheitsgewässer zu unterbreiten.

6. Die Beschaffung der Materialien für die pioniermäßige Sicherung der Staatsgrenze West ist durch den Minister für Nationale Verteidigung und den Minister des Innern zu veranlassen.

21.

Regierung der Deutschen Demokratischen Republik
Ministerium des Innern

Geheime Verschlußsache B 3/1 17/61

B e f e h l
des Ministers des Innern
Nr. 35/61

1. September 1961 Berlin
Inhalt: Ausweisung von Personen aus dem Grenzgebiet der Westgrenze der DDR.

Aufgrund der Verordnungen vom 26. Mai 1952 und vom 3. Mai 1956 über Maßnahmen an der Grenze zwischen der Deutschen Demokratischen Republik und der Westzone sind folgende Maßnahmen durchzuführen:

1. Aus dem Bereich der 5 km-Sperrzone und des 500 m-Schutzstreifens sind auszuweisen:

a) Ehemalige Angehörige der SS, unverbesserliche Nazis, ehemalige Ortsbauernführer, Personen, die durch ihre reaktionäre Einstellung den Aufbau des Sozialismus hindern, sowie Personen, die ihrer Einstellung nach und durch ihre Handlungen eine Gefährdung für die Ordnung und Sicherheit im Grenzgebiet darstellen;

b) Erstzuziehende aus Westdeutschland und Westberlin;

c) Rückkehrer aus Westdeutschland und Westberlin, die bisher noch nicht durch gute Arbeitsleistungen ihre Verbundenheit zur Deutschen Demokratischen Republik unter Beweis gestellt haben und die bei der Eingliederung in das gesellschaftliche Leben große Schwierigkeiten bereiten;

d) Personen, die als Grenzgänger angefallen sind oder die Arbeit der Deutschen Grenzpolizei erschwerten oder behinderten. Darunter fallen arbeitsscheue und asoziale Elemente, HGW-Personen usw.;

e) Alle Personen, die der polizeilichen Meldepflicht nicht nachgekommen sind bzw. bewußt versucht haben, die Meldepflicht zu umgehen;

f) Ausländer und Staatenlose.

Die in enger Gemeinschaft lebenden Angehörigen der unter a - f genannten Personen sind mit auszuweisen.

2. Die Feststellung des obengenannten Personenkreises hat durch die VPKÄ in Zusammenarbeit mit den Kreisdienststellen des MfS und der Deutschen Grenzpolizei zu erfolgen.

3. Die Leiter der Volkspolizeikreisämter unterbreiten der Einsatzleitung des Kreises die Vorschläge der zur Ausweisung kommenden Personen.
Die Einsatzleitungen der Kreise verfügen nach Bestätigung durch die Bezirkseinsatzleitungen die Ausweisung der betreffenden Personen.

4. Nach Bestätigung wird dem Betreffenden die Ausweisung von den zuständigen Dienststellen der Volkspolizei mündlich mitgeteilt.
Er ist aufzufordern, binnen 48 Stunden nach der mündlichen Mitteilung das Grenzgebiet zu verlassen und sich unverzüglich und auf kürzestem Wege an den Ort zu begeben, der als neuer Wohnort festgelegt wurde. Von den Einsatzleitungen der Bezirke werden die Kreise und Orte bestimmt, in welche die Ausgewiesenen ihren Wohnsitz zu verlegen haben. Der neue Wohnort muß außerhalb der Grenzkreise liegen.
Nur in außergewöhnlichen Ausnahmefällen kann eine Fristverlängerung um 24 Stunden gewährt werden.
Die Ausweisung erfolgt unter Aufsicht des zuständigen Volkspolizeikreisamtes.

5. Die Abmeldung der Personen ist durch die Abteilung Paß- und Meldwesen vorzunehmen, und alle über die Person vorliegenden Unterlagen sind sofort unter Beifügung einer abschließenden Einschätzung der Person dem VPKA mit ZKD zu übersenden, in dessen Bereich der neue Wohnsitz liegt.

In diesem VPKA sind die Personen in die Maßnahmen nach der DA des Leiters der HDVP Nr. 6/60 einzubeziehen. Durch die Abteilung PM sind diese Personen nach DA des MdI Nr. 25/60 zu erfassen. Sie sind im Lochfeld HDVDP1 c flach zu kerben.

6. Durch die VPKÄ ist dafür zu sorgen, daß die Registrierstempel in den Personalausweisen ungültig gemacht werden und daß die ausgesiedelten Personen keine Passierscheine zur Einreise in das Sperrgebiet erhalten.

7. Vermögensrechtliche Ansprüche werden über die zuständigen Stellen der Bezirke und Kreise geregelt.

8. Der Leiter der HVDVP hat die Durchführung dieses Befehls zu kontrollieren und mir jeweils am 1., 10., und 20. jeden Monats über die Zahl der Ausgewiesenen, aufgegliedert nach der sozialen Herkunft und den Grund der Ausweisung sowie über besondere Vorkommnisse zu berichten

Maron

22.

Protokoll über die Lagebesprechung des zentralen Stabes am 20.09.1961, von 08.30 Uhr bis 09.30 Uhr

Leitung: Gen. Honecker

Teilnehmer: Gen. H o n e c k e r
Gen. P. V e r n e r
Gen. H. H o f f m a n n
Gen. E. M i e l k e
Gen. K r a m e r
Gen. B o r n i n g
Gen. S e i f e r t
Gen. E i c k e m e i e r
Gen. M e n z e l
Gen. W e i ß
Gen. E n d e
Gen. W a h n e r
Gen. S c h n e i d e r
Gen. E x n e r

Protokoll geführt: Gen. E x n e r

Gen. Honecker gab einleitend bekannt, daß die Sitzung aufgrund eines Beschlußes des Politbüros des ZK der SED stattfindet. Das Politbüro hat die z. Zt. noch bestehenden unzulänglichen Pioniermaßnahmen zur Sicherung der Staatsgrenze in Berlin kritisiert. Der Erfolg des am 13.08.1961 geführten Schlages gegen die Militaristen und Revanchisten, darf nicht durch Nachlässigkeiten im Grenzsicherungssystem beeinträchtigt werden. Alle Durchbruchsversuche müssen unmöglich gemacht werden.
Gen. Honecker beauftragte nach einleitenden Ausführungen Gen. Generalmajor Seifert, die Lage an der Staatsgrenze in Berlin einzuschätzen.

Gen. Generalmajor Seifert berichtet wie folgt über die Lage an der Staatsgrenze in Berlin:

Der Stab des Ministeriums des Innern konzentrierte in den letzten Tagen seine Arbeit auf die Stabilisierung der Grenzsicherung in Berlin. Die Sicherungskräfte wurden umgruppiert und 2 Grenz-Brigaden gebildet. Es wurden alle Kräfte aufgeboten, um den politisch-moralischen Zustand zu verbessern.
402 Genossen der mittleren Polizeischule Aschersleben wurden in der Grenz-Brigade Berlin zur Stärkung der Kader aufgenommen. Die 1. Grenz-Brigade Berlin ist strukturmäßig aufgefüllt.

Vom 13.08.1961 bis zum 18.09.1961 erfolgten
216 Grenzdurchbrüche mit insgesamt
417 Personen

Davon sind

in der Zeit vom 13.08. bis 31.08.1961
128 Grenzdurchbrüche und
in der Zeit vom 01.09. bis 18.09.1961
88 Grenzdurchbrüche

festgestellt worden.

85 VP-Angehörige wurden fahnenflüchtig.
Zur Zeit gibt es täglich noch 5-6 Grenzdurchbrüche mit ca. 10-11 Personen. Es sind gewaltsame Grenzdurchbrüche mit Kraftfahrzeugen eingetreten.

Maßnahmen:

Es wurden Pioniermaßnahmen zur Verstärkung der Sperren eingeleitet.
Die Schwerpunkte in den Abschnitten I, II und IV wurden beseitigt. Im Abschnitt I waren 17 Grenzdurchbrüche zu verzeichnen.
Die Pioniermaßnahmen wurden durch Ziehen von Gräben, Legen von Betonplatten und Betonschwellen verbessert. In der Nacht vom Sonnabend zum Sonntag (16. zum 17.09.) wurden 59 gesperrte Straßenübergänge zusätzlich mit Straßenschwellen gesperrt.
In der Nacht vom Sonntag zum Montag (17. zum 18.09.) wurden Gräben gezogen.
Diese Maßnahmen reichen noch nicht aus. Mit Unterstützung des Magistrats des demokratischen Berlin müssen schnell weitere Sperrmaßnahmen durchgeführt werden wie, Gräben ziehen, Straßen aufreißen, Schwellen legen, Sandaufschüttungen usw.
Der Stab des Ministeriums des Innern hat geplant, im Abschnitt der I. Abteilung (Nordabschnitt) und im Abschnitt der VI. Abteilung 18 bis 20 km Grenzmauer zu errichten. Bis zur Fertigstellung sollen Gräben gezogen werden.
Außerdem ist die Kanalisation zu beachten, wenn auch bisher noch keine Grenzdurchbrüche unter Ausnutzung der Kanalisation erfolgten, so gab es doch einige Versuche. Es bestehen zwar an den Eingängen Gitter, doch es besteht die Möglichkeit, unter diesen hindurchzukriechen. Es wird geprüft, um eine bessere Sicherung der Kanalisationseingänge zu schaffen.
Entscheidende Maßnahmen sind zu treffen in der Bernauer, Harzer Straße u.a, wo die Grenzlinie entlang der Hausgrundstücke verläuft. Es gibt immer noch Fälle des Abseilens aus Wohnungen.
Eine vollständige Räumung oder schnellere Räumung unzuverlässiger Elemente muß erfolgen.

Gen. Honecker stellt die Frage, ob die getroffenen Maßnahmen ausreichen, um Kfz-Durchbrüche zu verhindern.
Dazu berichtet Gen. P. Verner:
Die bisherigen Maßnahmen reichen nicht aus, das beweist das Beispiel in der Bouchéstraße. Hier verläuft die Grenze entlang der Bordkante der Straße, d.h. die Hausgrundstücke mit ihren Vorgärten liegen auf westberliner Gebiet. Der Zaun reicht nicht aus, um Durchbrüche zu verhindern.

Vorschläge:

1. Entlang des Drahtzaunes in der Länge der Straße die Fahrbahn aufreißen oder Betonplatten legen.

Eine Parteikommission ist eingesetzt, um alles nochmal zu überprüfen.

2. Es ist erforderlich neben den Sperren auf der Straße die breiten Bürgersteige zu sichern. Für Fußgänger feste Schleusen einrichten. Ein Kfz darf nicht hindurch können.

3. Viele Genossen sind der Meinung, daß es nicht zweckmäßig ist, an der sogenannten grünen Grenze eine Mauer zu errichten. Sie wirft bei Nacht Schatten und gibt günstige Möglichkeiten der Annäherung für den Gegner.
Besser wären feste Drahtsperren auf 2 Pfählen mit Verspannungen.

4. Die Häuser in der Bernauer- und Harzer Straße werden geräumt. 700 auf einmal ist nicht möglich. Die Unzuverlässigen werden mit Kampfgruppen in Zivil umgesiedelt.

Gen. Generalmajor Seifert beantwortet die Fragen des Gen. Honecker wie folgt:

Wir kommen nicht aus ohne Schwellen. Auf solche Straßen, die feste Decken haben, sollten Schwellen gelegt werden. Wo z.Zt. noch keine Schwellen zur Verfügung stehen, sollen Sandaufschüttungen vorgenommen werden. Hinsichtlich der Mauer, so ist Gen. Seifert der Meinung, kann diese ein starkes Drahthindernis ersetzen. Die Drahtsperren erfordern mehr Zeit als der Bau der Mauer. Die Mauer soll 2 m hoch gebaut werden.

Gen. Generaloberst Mielke nimmt zu den aufgeworfenen Fragen wie folgt Stellung:
Die Vorschläge für die Pioniermaßnahmen sind geeignet, man sollte jedoch auf den Bau einer Mauer entlang der sogenannten grünen Grenze verzichten. Günstig ist die Drahtsperre, sie ist haltbarer und für die Bekämpfung von Grenzdurchbrüchen geeigneter. Unsere Sicherungsmaßnahmen an der Grenze haben eine große politische Bedeutung. Gen. Mielke schlägt vor, zur schnellen Durchführung der Pionierarbeiten dem Ministerium des Innern, dem Ministerium für Nationale Verteidigung und dem Ministerium für Staatssicherheit je einen Abschnitt zuzuweisen.

Gen. Armeegeneral Hoffmann ist der Meinung, daß das Legen von Betonschwellen einen großen Verschleiß an Material darstellt und die einfachste Methode das Aufreißen von Straßen ist, was eigentlich schon in den ersten Tagen nach dem 13.08.1961 beschlossen wurde.
Das Bauen einer Mauer an der sogenannten grünen Grenze ist unzweckmäßig. Drahtzaun mit Betonblöcken und Gräben ist das geeignete.
Zum Vorschlag des Gen. Generaloberst Mielke ist zu sagen, daß die Nationale Volksarmee Maßnahmen an der Staatsgrenze West zu treffen hat und die Mitarbeit an der Staatsgrenze in Berlin zu Verzögerungen führen würde. Es wäre möglich, Pionieroffiziere als Fachleute und Kräfte für 4-5 Tage zur Verfügung zu stellen.

Gen. Generalmajor Weiß machte den Vorschlag, an der grünen Grenze Hunde einzusetzen.

Gen. Honecker faßt die bisherigen Ergebnisse der Beratung zusammen und ordnet an:

1. Gen. Armeegeneral Hoffmann hat sofort Spezialisten für Pionierarbeiten dem Stab des Ministeriums des Innern zur Verfügung zu stellen.

2. Gen. Generalmajor Seifert hat mit den Spezialisten Pläne zu überprüfen und einen exakten Plan der weiteren Pioniermaßnahmen auszuarbeiten.
Abschnitt für Abschnitt sind die erforderlichen Maßnahmen festzulegen wie

a) wo sind die erforderlichen Gräben mit der entsprechenden Tiefe und Breite zu ziehen;
b) wo sind Betonpfähle und Höcker zu errichten und wo sind Platten zu legen,
c) wo und wie werden sichere Personalschleusen eingerichtet, die kein Durchfahren von Fahrzeugen ermöglichen und
d) wo Straßen in ihrer Länge aufgerissen werden müssen.

Mit der forcierten Verstärkung der pioniermäßigen Schließung der Staatsgrenze in Berlin muß damit gerechnet werden, daß verbrecherische Elemente den Versuch unternehmen, die Staatsgrenze am Westring von Berlin zu durchbrechen. Die Spezialisten sind zu beauftragen, die bisherige Planung und die errichteten Sperren zu prüfen.
Alle Wege die nach Westberlin führen, sind mit tiefen Gräben zu sichern. Die Drahtsperren sind zu verstärken und durch Panzerhindernisse zu gewährleisten, daß kein Fahrzeug durchbrechen kann.

4. Die Sperrzone von 100 m ist konsequent durchzusetzen. Es ist ein strenges militärisches Regime einzuführen.

In diesem Gebiet sind nur die eingesetzten Kommandeure der Grenz-Brigade verantwortlich.

5. Mit den Vorständen der LPG ist festzulegen, daß in der 100 m Sperrzone nur niedrige Kulturen anzubauen sind.

6. Im Plan für die Beschleunigung der Pioniermaßnahmen ist festzulegen, in welchen Abschnitten die Kräfte der Nationalen Volksarmee für 4-5 Tage, die Kräfte des Ministeriums für Staatssicherheit und die Kräfte des Ministeriums des Innern, eingesetzt werden.

7. Gen. Generalmajor Seifert hat täglich abends (Zeitpunkt wird noch festgelegt) über den Stand der Durchführung der Pioniermaßnahmen zu berichten.

8. Gegen Verräter und Grenzverletzer ist die Schußwaffe anzuwenden. Es sind solche Maßnahmen zu treffen, daß Verbrecher in der 100 m Sperrzone gestellt werden können. Beobachtungs- und Schußfeld ist in der Sperrzone zu schaffen.

9. Es sind Maßnahmen einzuleiten, die zur Erhöhung der Wachsamkeit führen und das klassenmäßige Verhalten jedes Posten erhöhen und festigen. Der Einsatz von Offizierskontrollen ist zu verstärken. Die Verbindung der Offiziere zu den Soldaten ist zu verbessern. Jedem Angehörigen der bewaffneten Kräfte ist ideologisch überzeugend klarzumachen, daß er einen Kampfauftrag zur Sicherung des Friedens an der Staatsgrenze zu erfüllen hat.

10. Die Umsiedlung der Häuser in den bekannten Straßenzügen ist nach einem Plan durchzuführen. Zu beschleunigen ist die Aussiedlung feindlicher und schwankender Elemente.

11. Gen. Generalmajor Seifert hat zu prüfen, ob es zweckmäßig ist, an bestimmten Grenzabschnitten berittene Streifen einzusetzen.

Exner

23.

REGIERUNG
DER DEUTSCHEN DEMOKRATISCHEN REPUBLIK
MINISTERIUM DES INNERN

BEFEHL
des Ministers des Innern
Nr. 48/61

15. Dezember 1961 Berlin

Inhalt: Regelung der vermögensrechtlichen und damit im Zusammenhang stehenden finanziellen Fragen aus der Durchführung von Maßnahmen zur Erhöhung der Sicherheit der Staatsgrenze West und an den Grenzen zwischen der Hauptstadt der DDR (das Demokratische Berlin) und Westberlin und zwischen der DDR und Westberlin

Im Zusammenhang mit den Maßnahmen zur Erhöhung der Sicherheit an der Staatsgrenze West und an den Grenzen zwischen der Hauptstadt der Deutschen Demokratischen Republik (das Demokratische Berlin) und Westberlin und zwischen der Deutschen Demokratischen Republik und Westberlin

BEFEHLE ICH:

1. Müssen zur Anlegung des Grenzschutzstreifens, von Grenzsicherungseinrichtungen, für Unterkunftszwecke, für den Straßenbau usw. Grundstücke, Grundstücksteile und Gebäude den Eigentümern oder Nutzern entzogen werden, sind diese dem Rat des Kreises, in dessen Bereich sich die Vermögenswerte befinden, bekanntzugeben.
Auf Grund bestehender Beschlüsse hat der Rat des Kreises die vermögensrechtlichen Angelegenheiten zu regeln.

2. Wird das in den Gebäuden befindliche Inventar für die Zwecke der Organe des Ministeriums des Innern benötigt oder muß es aus volkswirtschaftlichen Gründen im Gebäude verbleiben, sind diese Vermögenswerte dem Rat des Kreises anzuzeigen, damit es von ihm käuflich erworben werden kann. Das aus volkswirtschaftlichen Gründen nicht benötigte Inventar kann in der Regel der Eigentümer mitnehmen.
Gleichzeitig mit der Bekanntgabe des Grundstücks bzw. des Gebäudes an den Rat des Kreises ist der Antrag auf Übernahme und Schützung des von den Organen des Ministerium des Innern zu übernehmenden Inventars beim Rat des Kreises zu stellen, in dessen Bereich sich die Vermögenswerte befinden.

....

4. Die Organe des Ministeriums des Innern haben keine Verhandlungen mit den Eigentümern oder Nutzern zu führen.

5. Werden von den Organen des Ministeriums des Innern Ferien- oder Erholungsheime sowie andere im Eigentum gesellschaftlicher Organisationen oder sozialistischer Genossenschaften (FDGB, Konsum usw.) stehende Grundstücke oder Gebäude ständig zur Durchführung von Grenzsicherungsmaßnahmen genutzt, sind sie in das Eigentum des Volkes zu überführen. Anträge zur Überführung sind an die Verwaltung Versorgungsdienste des Ministerium des Innern zu richten. Die Verwaltung Versorgungsdienste prüft diese Anträge und gibt sie an das Ministerium der Finanzen, Abteilung Kontrolle der Verwaltung des staatlich und treuhänderisch verwalteten Eigentums, weiter.

6. Müssen Gebäude, die im Eigentum gesellschaftlicher Organisationen oder sozialistischer Genossenschaften stehen oder von ihnen vertraglich genutzte private Gebäude durch die nachgeordneten Organe nur zeitweilig genutzt werden, so sind sie unter Beachtung der DV I/6 (Liegenschaftsordnung) zu mieten.

7. Die Inanspruchnahme von Vermögenswerten hat sich nur auf das unbedingt Notwendigste zu beschränken. Dem Volkseigentum und den von den Maßnahmen betroffenen Bürgern darf kein größerer als nach den Umständen vertretbarer Schaden entstehen.

Minister des Innern (M a r o n)

24.

Geheime Verschlußsache 1. Ausfertigung 4 Blatt

REGIERUNG
DER DEUTSCHEN DEMOKRATISCHEN REPUBLIK

BEFEHL
DES MINISTERS FÜR NATIONALE VERTEIDIGUNG
Nr. 76/61

06. Oktober 1961 Strausberg

Inhalt: Bestimmungen über den Schußwaffengebrauch für das Kommando Grenze der Nationalen Volksarmee

Die Verbände, Truppenteile und Einheiten des Kommando Grenze der Nationalen Volksarmee haben die Aufgabe, die Unantastbarkeit der Grenzen der Deutschen Demokratischen Republik bei jeder Lage zu gewährleisten und keinerlei Verletzungen ihrer Souveränität zuzulassen.

Zur weiteren Sicherung der Staatsgrenzen der Deutschen Demokratischen Republik

BEFEHLE ICH:

1. Für die Wachen, Posten und Streifen der Grenztruppen der Nationalen Volksarmee gelten ab sofort die Bestimmungen über den Schußwaffengebrauch der DV-10/4 (Standortdienst- und Wachvorschrift) der Nationalen Volksarmee (Anlage 1).

2. In Erweiterung dieser Bestimmungen sind die Wachen, Posten und Streifen der Grenztruppen der Nationalen Volksarmee an der Staatsgrenze West und Küste verpflichtet, die Schußwaffe in folgenden Fällen anzuwenden:
- zur Festnahme, Gefangennahme oder zur Vernichtung bewaffneter Personen oder bewaffneter Banditengruppen, die in das Gebiet der DDR eingedrungen sind bzw. die Grenze nach der Westzone zu durchbrechen versuchen, wenn sie die Aufforderung zum Ablegen der Waffen nicht befolgen oder sich ihrer Festnahme oder Gefangennahme durch Bedrohung mit der Waffe oder Anwendung der Waffe zu entziehen versuchen;
- zur Abwehr von bewaffneten Angriffen bzw. Überfällen auf das Territorium der Deutschen Demokratischen Republik, auf die Bevölkerung im Grenzbereich, auf Grenzposten oder Angehörige anderer bewaffneter Organe der Deutschen Demokratischen Republik im Grenzgebiet;
- zur Festnahme von Personen, die sich den Anordnungen der Grenzposten nicht fügen, indem sie auf Anruf „Halt - stehenbleiben - Grenzposten" oder nach Abgabe eines Warnschusses nicht stehenbleiben, sondern offensichtlich versuchen, die Staatsgrenze der Deutschen Demokratischen Republik zu verletzen und keine andere Möglichkeit zur Festnahme besteht;
- zur Festnahme von Personen, die mittels Fahrzeugen aller Art die Staatsgrenzen offensichtlich zu verletzen versuchen, nachdem sie vorschriftsmäßig gegebene Stoppzeichen der Grenzposten unbeachtet ließen oder auf einen Warnschuß nicht reagierten bzw. nachdem sie

Straßensperren durchbrochen, beiseite geräumt oder umfahren haben und andere Möglichkeiten zur Festnahme der betreffenden Personen nicht mehr gegeben sind.

2. Die Anwendung der Schußwaffe darf nur in Richtung Staatsgebiet der DDR oder parallel zur Staatsgrenze erfolgen.

3. Von der Schußwaffe darf nicht Gebrauch gemacht werden
- gegenüber Angehörigen ausländischer Armeen und Militärverbindungsmissionen;
- gegenüber Angehörigen diplomatischer Vertretungen;
- gegenüber Kindern.

4. Bei unbewaffneten Provokationen, Zusammenrottungen und Unruhen jeglicher Art an der Grenze sowie Zerstörungen von Grenzsicherungsanlagen durch Personengruppen sind Nebelkerzen „rot“ (Tränengasmittel) einzusetzen.

5. Die Anwendung der Schußwaffe auf Flugzeuge fremder Nationalität, die die Lufthoheit der Deutschen Demokratischen Republik verletzen, ist nur auf meinen Befehl gestattet.

6. Der Chef des Kommandos Grenze der Nationalen Volksarmee meldet mir über die Einführung dieser Bestimmungen in allen Einheiten, Truppenteilen und Verbänden des Kommandos Grenze bis zum 10. Oktober 1961 Vollzug.

Bis dahin sind in allen Einheiten, Verbänden, Truppenteilen und Verbänden des Kommandos Grenze der Nationalen Volksarmee aktenkundige Belehrungen über die Bestimmungen des Schußwaffengebrauchs vorzunehmen.

7. Der Befehl 39/60 des Ministers des Innern und die dazu erlassenen Ergänzungen und Durchführungsbestimmungen sowie Kap. XI der Dienstvorschrift III/2 werden mit gleichem Termin außer Kraft gesetzt.

8. Dieser Befehl behält bis auf Widerruf Gültigkeit.

- Armeegeneral - / Hoffmann /

Anlage 1

Schußwaffengebrauch

1. Die Wachen, Posten und Streifen der Nationalen Volksarmee können in Ausübung ihres Dienstes von der Waffe Gebrauch machen:

a) um einen Angriff abzuwehren oder den Widerstand zu brechen, wenn sie in Erfüllung ihrer Aufgaben angegriffen werden;
b) wenn Verbrecher, insbesondere Spione, Saboteure, Agenten, Provokateure, der Festnahme bewaffneten Widerstand entgegensetzen oder flüchten.

Die Waffe darf insoweit gebraucht werden, wie es für die zu erreichenden Zwecke erforderlich ist.

3. Die Angehörigen der Nationalen Volksarmee sind jederzeit zum Waffengebrauch berechtigt, wenn sie in Ausübung ihres Dienstes zum Schutze der Deutschen Demokratischen Republik eingesetzt sind.

25.

REGIERUNG
DER DEUTSCHEN DEMOKRATISCHEN REPUBLIK
MINISTERIUM DES INNERN
- Der Minister -

Geheime Verschlußsache !
B 3/1 - 13/62
1. Ausf. 1 Blatt

19. März 1962 Berlin

Inhalt: Bestimmung über Schußwaffengebrauch für die 1. und 2. Grenzbrigade (B)

Die Einheiten der 1. und 2. Grenzbrigade (B) haben die Aufgabe, die Unantastbarkeit der Staatsgrenze in Berlin und der Deutschen Demokratischen Republik nach Westberlin bei jeder Lage zu gewährleisten und keinerlei Verletzungen ihrer Souveränität zuzulassen.

Zur weiteren Sicherung unserer Staatsgrenze nach Westberlin

W E I S E   I C H   A N :

1. Für die Wachen, Posten und Streifen der Grenzbrigaden (B) gelten die Bestimmungen über den Schußwaffengebrauch entsprechend meinem Befehl Nr. 39/60 vom 28.6.1960.

2. In Erweiterung dieses Befehls sind die Wachen, Posten und Streifen der Grenzbrigaden (B) an der Staatsgrenze in Berlin und um Westberlin verpflichtet, die Schußwaffe in folgenden Fällen anzuwenden:

a) zur Festnahme, Gefangennahme oder zur Vernichtung bewaffneter Personen oder bewaffneter Banditengruppen, die in das Gebiet der DDR und in ihre Hauptstadt eingedrungen sind bzw. die Grenzen nach Westberlin zu durchbrechen versuchen, wenn sie die Aufforderung zum Ablegen der Waffen nicht befolgen oder sich ihrer Festnahme oder Gefangennahme durch Bedrohung mit der Waffe oder Anwendung der Waffe zu entziehen versuchen;

b) zur Abwehr von bewaffneten Angriffen bzw. Überfällen auf das Territorium der Deutschen Demokratischen Republik, auf die Bevölkerung im Grenzgebiet der Hauptstadt der DDR (das demokratische Berlin) und der Deutschen Demokratischen Republik), auf Grenzposten oder Angehörige anderer bewaffneter Organe der Deutschen Demokratischen Republik;

c) zur Festnahme von Personen, die sich den Anordnungen der Grenzposten nicht fügen, indem sie auf Anruf „Halt - stehenbleiben - Grenzposten“ oder nach Abgabe eines Warnschusses nicht stehenbleiben, sondern offensichtlich versuchen, die Staatsgrenze der Deutschen Demokratischen Republik zu verletzen und keine andere Möglichkeit zur Festnahme besteht;

d) zur Festnahme von Personen, die mit Fahrzeugen aller Art die Staatsgrenze nach Westberlin offensichtlich zu verletzen versuchen, nachdem sie vorschriftsmäßig gegebene Stoppzeichen der Grenzposten unbeachtet ließen oder auf einen Warnschuß nicht reagierten bzw.

nachdem sie die Sperren durchbrochen, beiseite geräumt oder umfahren haben und andere Möglichkeiten zur Festnahme der betreffenden Personen nicht mehr gegeben sind.
3. Die Anwendung der Schußwaffe gegen Grenzverletzer darf nur in Richtung Staatsgebiet der Deutschen Demokratischen Republik (das demokratische Berlin) oder parallel zur Staatsgrenze erfolgen.

4. Von der Schußwaffe darf nicht Gebrauch gemacht werden:

- gegenüber Angehörigen ausländischer Armeen und Militärverbindungsmissionen;
- gegenüber Angehörigen der diplomatischen Vertretungen;
- gegenüber Kindern.

5. Bei unbewaffneten Provokationen, Zusammenrottungen und Unruhen jeglicher Art an der Staatsgrenze in der Hauptstadt der Deutschen Demokratischen Republik (das demokratische Berlin), an der Staatsgrenze um Westberlin sowie bei Zerstörungen von Grenzsicherungsanlagen durch Personen sind hauptsächlich Nebelkerzen einzusetzen.

6. Der Kommandeur der Bereitschaftspolizei meldet mir über den Chef des Stabes des MdI über die Einführung dieser Bestimmungen in Verbindung mit den Bestimmungen meines Befehls 39/60 in allen Einheiten der Grenzbrigaden (B) bis zum 14.4.1962 Vollzug.
Bis zu diesem Zeitpunkt sind in allen Einheiten der Grenzbrigaden (B) aktenkundige Belehrungen über die Bestimmungen des Schußwaffengebrauchs vorzunehmen.

Ministers des Innern	i. V.
Generalmajor	gez. Grünstein

26.

REGIERUNG
DER DEUTSCHEN DEMOKRATISCHEN REPUBLIK
MINISTERIUM DES INNERN

Vertrauliche Verschlußsache
B 3/1 -14/62

BEFEHL
des Ministers des Innern
Nr. 14/62

10. April 1962

Berlin

Inhalt: Anwendung der Schußwaffe gegen Angehörige ausländischer Militärverbindungsmissionen

In Auswertung besonderer Vorkommnisse

BEFEHLE ICH:

1. Gegen Angehörige ausländischer Militärverbindungsmissionen ist unter keinen Umständen die Schußwaffe anzuwenden.
Das trifft auch dann zu, wenn diese Personen unter Verletzung gesetzlicher Bestimmungen in ständigen oder zeitweiligen Sperrgebieten angetroffen werden.
2. Bei Verstößen gegen die in der Deutschen Demokratischen Republik geltenden gesetzlichen Bestimmungen durch Angehörige ausländischer Militärverbindungsmissionen sind nur solche polizeilichen Maßnahmen einzuleiten, die zur Feststellung des genannten Personenkreises bzw. der von ihnen benutzten Kraftfahrzeuge führen.
Dabei sind die in meiner Dienstanweisung Nr. 8/60 unter Abschnitt II und III angewiesenen Maßnahmen strengstens zu beachten und einzuhalten.

3. Bei der Durchführung von polizeilichen Maßnahmen im Gebiet der Deutschen Demokratischen Republik gegen andere Personen muß unbedingt gewährleistet werden, daß die Schußwaffe nur in außergewöhnlichen begründeten Fällen angewendet wird, die Person als wirklicher Schwerverbrecher erkannt und eine Verwechslung mit Angehörigen ausländischer Militärverbindungsmissionen ausgeschlossen ist.

4. Die Kommandeure und Leiter der Dienststellen haben in Zusammenarbeit mit den Politorganen diesen Befehl politisch begründet überzeugend darzulegen.
Alle Angehörigen der bewaffneten Organe des MdI sind unverzüglich, spätestens bis zum 30. 4. 1962, und in der weiteren Folge quartalsmäßig entsprechend diesem Befehl und meiner Dienstanweisung Nr. 8/60, besonders Abschnitt II und III, aktenkundig zu belehren.

5. Über die nach Punkt 4 sofort durchzuführende Belehrung ist mir bis 02.05.1962 Vollzug zu melden.

Minister des Innern
Generalmajor

I.V.
gez.: Grünstein

F.d.R.
(Franke)
Oberst

27.

Der Generalstaatsanwalt der Deutschen Demokratischen Republik
Der Präsident des Obersten Gerichts der Deutschen Demokratischen Republik
Minister des Innern und Chef der Deutschen Volkspolizei

Gemeinsame Anweisung
über
die Bekämpfung von Angriffen gegen die Staatsgrenze der Deutschen Demokratischen Republik

Die Maßnahmen der DDR vom 13.8.1961 zur Sicherung der Staatsgrenzen und die im „Vertrag über Freundschaft, gegenseitigen Beistand und Zusammenarbeit zwischen der DDR und der UdSSR“ (Art. 4)[1] fixierte Verpflichtung der DDR, die Sicherheit an den Staatsgrenzen der DDR zu Westdeutschland und zu Westberlin zu garantieren, erfordert die schlagkräftige Abwehr aller Grenzverletzungen durch

- das zielstrebige Zusammenwirken zwischen den Organen der Grenztruppen der NVA und den Rechtspflegeorganen,

- die Erhöhung der Wirksamkeit der Entscheidungen der Rechtspflegeorgane gegen Grenzverletzer und

- die Weiterentwicklung der Mitwirkung der Bevölkerung an der Aufdeckung, Aufklärung und Verhinderung von Grenzverletzungen, ihren Ursachen und Bedingungen.

Zur wirksamen Bekämpfung von Angriffen gegen die Staatsgrenzen der Deutschen Demokratischen Republik durch Verstöße gegen § 8 Paßgesetz bzw. § 5 Paßverordnung von Groß-Berlin, die den Verdacht der Vorbereitung, des Versuchs oder der Vollendung eines Grenzdurchbruchs bzw. der Nichtrückkehr von Auslandsreisen begründen - im folgenden Grenzverletzungen genannt - wird deshalb in Übereinstimmung mit dem Minister für Nationale Verteidigung folgende Anweisung erlassen.

---

[1] Vertrag über Freundschaft, gegenseitigen Beistand und Zusammenarbeit zwischen der DDR und der UdSSR in der Fassung vom 13. Juni 1964, Art. 4: „Angesichts der bestehenden Gefahr eines Aggressionskrieges seitens militaristischer und revanchistischer Kräfte erklären die Hohen Vertragschließenden Seiten feierlich, daß die Unantastbarkeit der Staatsgrenzen der Deutschen Demokratischen Republik einer der Grundfaktoren der europäischen Sicherheit ist. Sie bekräftigen ihre feste Entschlossenheit, in Übereinstimmung mit dem Warschauer Vertrag über Freundschaft, Zusammenarbeit und gegenseitigen Beistand, die Unantastbarkeit dieser Grenze gemeinsam zu gewährleisten. Die Hohen Vertragschließenden Seiten werden auch alle notwendigen Maßnahmen ergreifen, um eine Aggression der Kräfte des Militarismus und Revanchismus, die eine Revision der Ergebnisse des Zweiten Weltkrieges anstreben, zu verhindern.“

I. Charakter der Angriffe gegen die Staatsgrenze der DDR (Grenzverletzungen)

Die Grenzverletzungen sind untrennbarer Bestandteil der gegen die DDR organisierten Politik des verdeckten Krieges, der Auslösung von Konflikten und der ideologischen Diversion. Sie sind objektiv Bestandteil des Systems der Grenzprovokationen, des Grenzterrors und des Menschenhandels und sind geeignet, bewaffnete Grenzkonflikte auszulösen bzw. gegnerische Elemente in die DDR einzuschleusen.
Insbesondere nach den Maßnahmen der DDR vom 13.8.1961 werden die Grenzdurchbrüche und die Grenzverletzer von den Ultras in verstärktem Maße
- zur ideologischen Diversion gegen die DDR,
- zum Ausbau des Netzes von Spionen, Agenten, Menschenhändlern und zur Schaffung weiterer Stützpunkte des Gegners in der DDR,
- zum Anlaß von Grenzprovokationen und Mordanschlägen auf Angehörige der Grenzsicherungskräfte mißbraucht.

Die Gefährlichkeit der Grenzverletzungen zeigt sich weiterhin besonders
- im Zusammenschluß zu Tätergruppen,
- in der intensiven Vorbereitung und Ausführung von Grenzverletzungen,
- in der Ausrüstung der Grenzverletzer,
- und in der Verschärfung der Methoden der Grenzverletzungen.

Die Grenzverletzungen gefährden die Angehörigen der Grenzsicherungskräfte und stören sie in hohem Maße bei ihrer Aufgabe, den Schutz der Staatsgrenzen vor imperialistischen Aggressionsakten zu gewährleisten. Deshalb ist jede Grenzverletzung geeignet, die Sicherheit der DDR und der sozialistischen Staaten zu gefährden und stellt damit eine schwere Verletzung der sozialistischen Gesetzlichkeit dar. ...

II. Zuständigkeit für die Bearbeitung von Grenzverletzungen

1. Grenzverletzungen entsprechend § 8 Paßgesetz bzw. § 5 Paßverordnung von Groß-Berlin werden in der Regel von den Untersuchungsorganen des Ministeriums des Innern bearbeitet.

2. Wegen der besonderen Gefährlichkeit von Grenzverletzungen und zur Gewährleistung der Abwehr aller feindlichen Anschläge sind die Untersuchungsorgane des Ministeriums für Staatssicherheit jederzeit berechtigt - wenn sie nicht bereits selbständig Ermittlungsverfahren gemäß § 8 Paßgesetz bzw. § 5 Paßverordnung von Groß-Berlin einleiten - derartige Ermittlungsverfahren der Untersuchungsorgane des Ministeriums des Innern in eigene Bearbeitung zu übernehmen, besonders wenn Hinweise auf Staatsverbrechen, auf das Mitwirken von Schleuserorganisationen, die Anwendung besonderer Mittel und Methoden (z.B. Waffen, Kraftfahrzeuge, Pässe) oder andere bedeutsame Umstände vorliegen, die eine Bearbeitung durch die Untersuchungsorgane des Ministeriums für Staatssicherheit erforderlich erscheinen lassen. ...

III. Bearbeitung der Ermittlungsverfahren durch die Kriminalpolizei

1. Bei jeder Anzeige oder Feststellung, die den Verdacht einer Grenzverletzung begründet, ist ein Ermittlungsverfahren einzuleiten.

Ausgenommen sind Rentner, die von privaten Besuchsreisen aus Westdeutschland oder Westberlin nicht zurückkehren.
Entsprechend der Gefährlichkeit der Grenzverletzungen sind die Ermittlungsverfahren beschleunigt zu bearbeiten.
Ziel der Ermittlungen ist es, die Schuld des Täters sowie Ursachen für die Auswirkungen der vom staatsmonopolistischen System Westdeutschlands und Westberlin ausgehenden Einflüssen und bestimmter im Innern der DDR noch wirkenden objektiven und subjektiven Faktoren herauszuarbeiten. ...

5. Grundlage für die Erhöhung der Wirksamkeit bei der zielgerichteten Zurückdrängung der Grenzverletzungen durch die Rechtspflegeorgane, die staatlichen Organe und gesellschaftlichen Organisationen und für die Organisierung des Sicherungssystems an den Staatsgrenzen ist die analytische Arbeit. Sie hat in drei Richtungen zu erfolgen:
- Herausarbeitung der Hauptrichtungen, der Schwerpunktzeiten und der Methoden des Eindringens in das Grenzgebiet. Diese Feststellungen haben besondere Bedeutung für die Koordinierung der Sicherungsmaßnahmen zwischen der Volkspolizei und den Grenztruppen der NVA.
- Herausarbeitung von Hinweisen auf Schleuser und Gehilfen. Diese Feststellungen bilden die Grundlage für eine gezielte operative Arbeit der Sicherheitsorgane (Hinweise, die auf organisierten Menschenhandel oder auf gewaltsame Grenzdurchbrüche unter Anwendung von Waffen schließen lassen, sind dem Leiter der zuständigen Dienststelle des Ministeriums für Staatssicherheit unverzüglich mitzuteilen). ...

VI. Tätigkeit der Gerichte

Zur Gewährleistung hoher gesellschaftlicher Wirksamkeit der Entscheidungen bei der Bekämpfung von Grenzverletzungen haben die Gerichte zu beachten:

I. Im Ergebnis der vom Kollegium für Strafsachen des Obersten Gerichts durchgeführten Problemtagung am 31. März 1965 wurden einheitliche Auffassungen erzielt, daß die Verurteilung zu einer Freiheitsstrafe grundsätzlich dann erforderlich sein wird, wenn die Tat ausgesprochenen Verratscharakter trägt oder von intensiver Vorbereitung gekennzeichnet ist; wenn sie durch einschlägig vorbestrafte oder negative Elemente oder mehrfach begangen wird, ohne daß eine Bestrafung erfolgte und Ausdruck ihrer allgemeinen Mißachtung der sozialistischen Gesetzlichkeit ist.

a) Verratscharakter liegt insbesondere vor, wenn der Täter
- die Tat begeht, um sich bewußt in das imperialistische System in Westdeutschland einzugliedern und dessen Ziele zu verwirklichen,
- eine Vertrauensstellung im Staats- und Wirtschaftsapparat oder in einer gesellschaftlichen Organisation bekleidete,
- durch die Arbeiter-und-Bauern-Macht eine qualifizierte Spezialausbildung (Fach- und Hochschulkader) erhalten hat, ...

b) Intensive Vorbereitung und Durchführung der Tat liegen insbesondere vor, wenn

- die Tat durch eine Gruppe von Personen begangen wird und der Zusammenschluß zu dieser Gruppe mit konspirativen Mitteln erfolgte, oder um mit größerer Erfolgsaussicht gemeinschaftlich Grenzsicherungsanlagen oder Grenzposten überwinden zu können,
- zur Verhinderung des Grenzdurchbruchs aktiver Widerstand gebrochen werden mußte,
- der Täter zur Durchführung des Grenzdurchbruchs gründliche Erkundungen durchgeführt oder sich zu diesem Zwecke im Grenzgebiet verborgen gehalten oder Verbindung zu westdeutschen oder westberliner Personen, Dienststellen oder Personengruppen aufgenommen (dabei § 16 StEG[1] beachten) oder versucht hat, Angehörige der Grenzsicherungskräfte zu bestechen,
- zum Zwecke des besseren Gelingens des Grenzdurchbruchs ein detaillierter Plan ausgearbeitet wurde oder andere Personen, insbesondere Bewohner des Grenzgebietes einbezogen werden bzw. einbezogen werden sollten,
- der Täter westliche Militär- bzw. andere Transporte oder Frachtschiffe für die Tat ausgenutzt oder die Deutsche Demokratische Republik über die Ostsee verlassen will,
- der Täter mittels Taucherausrüstung Grenzgewässer überwinden will,
- Kraftfahrzeuge für den unmittelbaren Durchbruch benutzt wurden (§ 17 StEG[2] beachten),
- der Täter bei der Durchführung der Tat nicht davor zurückschreckt, Minenfelder zu durchqueren. ...

VII. Öffentlichkeitsarbeit bei Grenzverletzungen

1. Inhalt
Das Hauptziel der Öffentlichkeitsarbeit auf dem Gebiet der Grenzverletzungen besteht in

- der Entlarvung des von den Ultras gegen die DDR organisierten Systems der Grenzprovokationen, des Grenzterrors, des Menschenhandels und der Grenzverletzungen als wesentliche Bestandteile der Politik der Auslösung von Konflikten,
- der Mobilisierung der Öffentlichkeit zur Verhinderung derartiger Straftaten durch bewußte Zusammenarbeit mit den Rechtspflegeorganen und den Grenztruppen der NVA,
- der Überwindung von Faktoren, die den Tatentschluß bewirkten bzw. förderten.

Folgende Gesichtspunkte müssen deshalb bei der Öffentlichkeitsarbeit im Vordergrund stehen:
...

---

[1] GBL, Teil I, Nr. 2 vom 25.01.1962 StEG § 16: „Verletzung der Vorschriften über den Wachdienst. (1) Wer Vorschriften oder andere dienstliche Regelungen über den Wachdienst verletzt und dadurch eine Gefährdung der zu sichernden Truppe oder des Objekts herbeiführt wird mit Gefängnis oder Strafarrest bestraft. (2) a) Wird die Tat im Verteidigungszustand begangen, so ist auf Zuchthaus von zwei bis acht Jahren zu erkennen. b) Treten dabei schwere Folgen ein, so ist auf Zuchthaus nicht unter drei Jahren zu erkennen."
[2] GBL, Teil I, Nr. 78 vom 23.12.1957 StEG § 17: „Staatsgefährdende Gewaltakte: Wer es unternimmt, durch Gewaltakte oder durch Drohung mit Gewaltakten die Bevölkerung in Furcht und Schrecken zu versetzen, um Unsicherheit zu verbreiten und das Vertrauen zur Arbeiter-und-Bauern-Macht zu erschüttern, wird mit Zuchthaus, in minderschweren Fällen mit Gefängnis nicht unter sechs Monaten bestraft."

- Tatsachen, die den Weg des Grenzverletzers in Westdeutschland oder Westberlin charakterisieren:
Abwerbebriefe an Bekannte, Freunde usw., schriftlich geäußerte Rückkehrerwünsche bzw. -gründe (Hierbei müssen insbesondere Tatsachen herausgearbeitet werden, die den Weg des Grenzverletzers in der historisch überlebten Gesellschaftsordnung in Westdeutschland kennzeichnen - Sichtungsstellen, Verrat, Abwerbungsversuche gegenüber Freunden, soziale Lage usw).
Von besonderer Bedeutung ist die Orientierung der Öffentlichkeit über die der Tat zugrunde liegenden mitwirkenden Faktoren, vor allem

- festgestellte Erziehungsmängel in Elternhaus, Schule, Betrieb;
- Unzulänglichkeiten in der Behandlung des Grenzverletzers (Berufswahl, Wohnungsprobleme u.a.);
- Unzulänglichkeiten in der kulturellen Betreuung bzw. materiellen Versorgung (z.B. in Wohnheimen).

Hierbei ist zu beachten, daß es sich um konkret überwindbare Faktoren handeln muß, die die Öffentlichkeit zu ihrer Überwindung im Sinne der Vorbeugung beitragen kann und daß durch diese Faktoren die Schuld des Täters nicht aufgehoben wird.
...
c) Verhandlungen vor erweiterter Öffentlichkeit

- Dem Charakter der Grenzverletzung entsprechend ist von der Möglichkeit der Einladung eines speziellen Personenkreises aus dem Kollektiv bzw. von im Lebensbereich des Täters wohnenden Bürgern stärker Gebrauch zu machen.
Dadurch muß gewährleistet werden, daß die politische Problematik des Verfahrens durch entsprechend geeignete Bürger erfaßt und zielstrebig weitergetragen wird.

- In geeigneten Verfahren sind auch Angehörige der Grenztruppen der NVA einzuladen. Der Hauptgesichtspunkt ist die Darstellung der besonderen Gefährlichkeit der Grenzverletzung (...), um die Wichtigkeit des Dienstes der Grenztruppen der NVA und die Notwendigkeit schlagkräftiger Abwehr von Grenzverletzungen überzeugend zu demonstrieren. ...

Berlin, den 1. Juli 1965
gez. Dr. Streit gez. Dr. Toeplitz gez. Dickel

28.

Geheime Verschlußsache H 0 40 11

L e g e n d e

zur Anlage 1 des Befehls 50/68 des Stadtkommandanten der Hauptstadt der DDR, Berlin, für die Organisation und Durchführung der Grenzsicherung und Ausbildung für das Ausbildungsjahr 1968/69

I. Maßnahmen der Grenzsicherung

1. Der Einsatz der Kräfte und Mittel zur Grenzsicherung hat im kombinierten Drittel/Vierteldienst für Grenz- und Bootskompanien, für Sicherungseinheiten im Dritteldienst, zu erfolgen.

2. Die 1. und 2. Grenzbrigade haben mit Abschluß des 1. Ausbildungshalbjahres Voraussetzungen zu schaffen, je ein Truppenteil im vollen Bestand, unter Beibehaltung des Drittel/Vierteldienstsystems, aus der Grenzsicherung herauszulösen.

3. Der Übergang zur verstärkten Grenzsicherung im Drittel-/ bzw. Hälftedienst ist auf der Grundlage der Rahmenanordnung des Stadtkommandanten bis 31.12.1968, stabsmäßig vorzubereiten.

4. Das Unteroffiziers-Ausbildungsregiment hat bereit zu sein, als Reserve des Stadtkommandanten an Schwerpunkttagen mit einer diensthabenden Einheit ab x + 20 Minuten zur Lösung befohlener Aufgaben eingesetzt zu werden.

5. Zur Sperrung von Lücken und Gassen in den pioniertechnischen Anlagen sowie zur Erhöhung der Beweglichkeit der Grenzsicherung sind in den Grenzkompanien Reserven an Signalmitteln zu schaffen, die auf Entschluß des Kompaniechefs und Zugführer täglich eingesetzt werden (ca. 15 - 20 SG)

6. Die FHG sind zur Verstärkung der Hinterlandssicherung an Schwerpunkttagen zur Schwerpunktzeit, zur Verstärkung der Grenzsicherung in der Tiefe wichtiger Abschnitte und bei Eintreten einer besonderen Lage, zielgerichtet und organisiert einzusetzen.
Eine Bewaffnung der FHG hat auf Entschluß der Kommandeure der Truppenteile zu erfolgen.

7. Außer den in der „Ordnung für den Grenz- und Garnisonsdienst“ festgelegten Kontrollen sind durchzuführen:

- Sicherungsabschnitte und Anlagen der U- und S-Bahnstrecken im West/West-Verkehr

o durch die Stadtkommandantur halbjährlich
o durch die Grenzbrigaden im Quartal

- die Ordnung und Sicherheit in den Grenzbetrieben durch die Grenzbrigaden einmal im Halbjahr;
- Zustand und Sicherheit der Wassersperren einmal im Ausbildungsjahr durch die Stadtkommandantur.

II. Maßnahmen der Aufklärung

1. Aufklärung im westlichen Vorfeld
- Veränderungen des Dienstregimes der WB-Besatzer, Polizeikräfte und Grenzüberwachungsorgane;
- Handlungen des Gegners bei besonderen Anlässen und politischen Ereignissen;
- Verhalten der Kräfte des Gegners bei Provokationen an der Staatgsrenze;
- Abschnitte, die durch den Gegner besetzt bzw. bei Veränderung des eigenen Dienstregimes aufgeklärt werden;

2. Aufklärung im eigenen Hinterland bzw. Grenzgebiet

- Räume und günstige Annäherungswege, die Ausgangspunkt für Grenzverletzungen sind,
- Veränderungen in den Methoden und im Charakter der Handlungen der Grenzverletzer;
- Möglichkeiten der Unterstützung von Grenzverletzungen durch Bewohner des Grenzgebietes und Kontaktversuche.

III. Maßnahmen der Nachrichtensicherstellung

1. Grenzsignaltechnischer Ausbau 1968/69

- Neubau GSZ	1. GBr.	6 km	2. GBr.	9 km
- Umbau GSZ	1. GBr.	5 km	2. GBr.	6 km
- Umbau GSZ	1. GBr.	11 km	2. Gbr.	12 km

2. Auf der Grundlage der Baugrundsätze ist der fernmelde- und signaltechnische Ausbau in den GR-35 und 44 bis 30.11.1969 voll abzuschließen.

3. Durch Unterhaltungs- und Wartungsarbeiten am GSZ und GMN sind die Störungen um 50 % zu senken. Das Abhören von Rundfunksendungen über GMN ist zu verhindern.

IV. Maßnahmen des Zusammenwirkens

1. Die Pläne des Zusammenwirkens der Grenzbrigaden und Truppenteile sind auf der Grundlage des Befehls zur Organisation der Grenzsicherung bis 31.12.1968 zu präzisieren.

2. Schwerpunkte des Zusammenwirkens

- exakte Einhaltung der Informationsordnung und Verbesserung der Qualität des Informationsaustausches;
- Verbesserung der Zusammenarbeit mit den örtlichen Organen der Staatsmacht und den gesellschaftlichen Organisationen im Grenzgebiet und grenznahen Hinterland;
- breitere Einbeziehung der Vertrauensleute der Haus- und Hofgemeinschaften der Bevölkerung zur Erhöhung der Ordnung und Sicherheit im Grenzgebiet;
- Durchsetzung der Variante Treptow bei gemeinsamen Handlungen der Grenztruppen mit den bewaffneten Kräften des MdI und Weiterentwicklung der Variante im Hinblick auf Manöverhandlungen;
- stabsmäßige Vorbereitung des Zusammenwirkens bei Herauslösungen zur Gefechtsausbildung und Pionierarbeiten im Grenzgebiet 14 Tage vor dem Termin.

V. Maßnahmen der Pioniersicherstellung

Der pioniertechnische Ausbau ist entsprechend dem Pionierentschluß 1968/69 durchzuführen. Die Wartungsarbeiten an den pioniertechnischen Anlagen sind in den Plänen der Organisation der Grenzsicherung aufzunehmen.
Die Truppenteile haben bei geplantem Einsatz der Taucher die Sicherung und medizinische Sicherstellung zu gewährleisten.

F.d.R. Wagner
Major

29.

MINISTERRAT
DER DEUTSCHEN DEMOKRATISCHEN REPUBLIK
MINISTERIUM DES INNERN

Dienstvorschrift VIII/5
über den Schußwaffengebrauch
- Schußwaffengebrauchsvorschrift -
vom 29. Juni 1968 -

1. Die „Dienstvorschrift VIII/5 über den Schußwaffengebrauch" - Schußwaffengebrauchsvorschrift - tritt mit Wirkung vom 1. Juli 1968 in Kraft.

2. Die Vorschrift über den Schußwaffengebrauch regelt die Anwendung der Schußwaffe durch die Angehörigen der Deutschen Volkspolizei und des Organs Strafvollzug des Ministeriums des Innern.

3. Die Leiter der Dienststellen der Deutschen Volkspolizei bis einschließlich Volkspolizei-Kreisämter und Gleichgestellte und die Leiter der Strafvollzugseinrichtungen und Untersuchungshaftanstalten haben zu gewährleisten, daß über die Bestimmungen zur Anwendung von Schußwaffen und über die Straftatbestände des Strafgesetzbuches, die eine Schußwaffenanwendung rechtfertigen, in jedem Quartal Unterweisungen durchgeführt werden. Sie sind so durchzuführen, daß die Bestimmungen einwandfrei beherrscht werden, verantwortungsbewußt über die Anwendung von Schußwaffen entschieden und eine ungerechtfertigte Anwendung ausgeschlossen wird.

4. Unterweisungen sind durchzuführen auf der Grundlage
a) des Gesetzes über die Aufgaben und Befugnisse der Deutschen Volkspolizei;
b) der §§ 206 - 209 des Strafgesetzbuches;
c) dieser Dienstvorschrift und des Schulungsmaterials über die Anwendung von Schußwaffen;
d) der bestehenden Befehle, Dienstvorschriften und anderen Weisungen über die Festlegung des Personenkreises der ständigen Waffenträger, der Festlegungen über ständige und nichtständige Waffenträger und der besonderen Bestimmungen über Pistolenträger.

5. Die unter Ziffer 3 festlegten Dienststellenleiter haben zur ständigen Durchsetzung der in dieser Dienstvorschrift festgelegten Forderungen die notwendigen Kontrollen durchzuführen und die Ergebnisse entsprechend auszuwerten.

6. (1) Mit dem Tage des Inkrafttretens der - Schußwaffengebrauchsvorschrift - treten außer Kraft:

a) Der Befehl Nr. 39/60 des Ministers des Innern und die dazu erlassene 1. Ergänzung (GVS);
b) die „Schußwaffengebrauchsvorschrift für die Angehörigen der Hauptverwaltung Deutsche Volkspolizei" vom 26. Oktober 1953;
c) der Befehl 14/62 des Ministern des Innern (VVS)

(2) Der Befehl 14/62 des Ministers des Innern ist von den BDVP und AVT einzuziehen und entsprechend der Geheimhaltungsordnung - Teil C, Abschnitt VII - zu vernichten.

Berlin, den 29. Juni 1968

Minister des Innern und Chef der Deutschen Volkspolizei
D i c k e l
Generaloberst

- Schußwaffengebrauchsvorschrift -
- Vom 29. Juni 1968 -

1. Die Anwendung von Schußwaffen regelt sich nach § 17 des Gesetzes vom 11.6. 1968 über die Aufgaben und Befugnisse der Volkspolizei (GBl. I S. 232) und den zur Durchführung in dieser Dienstvorschrift enthaltenen Bestimmungen. Danach dürfen Schußwaffen nur im äußersten Falle angewendet werden, wenn andere Maßnahmen der körperlichen Einwirkung ohne oder mit Hilfsmitteln erfolglos blieben oder offensichtlich keinen Erfolg versprechen. Die Anwendung von Schußwaffen gegen Personen ist erst dann zulässig, wenn durch Waffenwirkung gegen Sachen der Zweck nicht erreicht wird.

2. Die Anwendung von Schußwaffen ist gerechtfertigt:
a) um die unmittelbar bevorstehende Ausführung oder die Fortsetzung einer Straftat zu verhindern, die sich den Umständen nach als ein

- Verbrechen gegen die Souveränität der Deutschen Demokratischen Republik, den Frieden, die Menschlichkeit und die Menschenrechte
- Verbrechen gegen die Deutsche Demokratische Republik
- Verbrechen gegen die Persönlichkeit
- Verbrechen gegen die allgemeine Sicherheit oder gegen die staatliche Ordnung oder
- anderes Verbrechen, das insbesondere unter Anwendung von Schußwaffen oder Sprengmitteln begangen werden soll oder ausgeführt wird

darstellt;

b) zur Verhinderung der Flucht oder zur Wiederergreifung von Personen

- die eines Verbrechens dringend verdächtig sind oder wegen eines Verbrechens festgenommen oder verhaftet wurden
- die eines Vergehens dringend verdächtig sind, wegen eines Vergehens festgenommen, verhaftet oder zu einer Strafe mit Freiheitsentzug verurteilt wurden und wenn Anhaltspunkte vorliegen, daß von Schußwaffen oder Sprengmitteln Gebrauch gemacht oder in anderer Weise die Flucht mittels Gewalt oder tätlichen Angriffs gegen die mit der Durchführung der Festnahme, Verhaftung, Bewachung oder Beaufsichtigung Beauftragter durchgeführt wird oder daß die Flucht gemeinschaftlich begangen wird
- die zu einer Strafe mit Freiheitsentzug verurteilt und in die strenge oder allgemeine Vollzugsart eingewiesen wurden;

c) gegen Personen, die wegen eines Verbrechens oder Vergehens Festgenommene, Verhaftete oder zu einer Strafe mit Freiheitsentzug Verurteilte mit Gewalt zu befreien versuchen oder dabei behilflich sind.

3. Bei der Verhaftung oder vorläufigen Festnahme in den in Ziffer 2 Buchstabe b) geregelten Fällen ist die betreffende Person durch den Hinweis:
„Bei Fluchtversuch wird geschossen!" auf die Anwendung der Schußwaffe aufmerksam zu machen.

4. Die Anwendung von Schußwaffen ist durch Zuruf

„Halt! - Volkspolizei - Stehenbleiben, oder ich schieße!"
oder
„Halt! Stehenbleiben, oder ich schieße!"
bzw.
„Hände hoch, oder ich schieße!"
oder Abgabe eines Warnschusses in die Luft anzukündigen, sofern nicht die unmittelbar bevorstehende Gefahr nur durch die gezielte Anwendung der Schußwaffe verhindert oder beseitigt werden kann.

5. Gegen Jugendliche und weibliche Personen sind nach Möglichkeit Schußwaffen nicht anzuwenden.

6. Bei der Anwendung von Schußwaffen ist das Leben der Person nach Möglichkeit zu schonen. Die Abgabe gezielter Schüsse hat so zu erfolgen, daß die betreffende Person in ihrer Bewegungsfreiheit so behindert wird, daß sie angriffs- und fluchtunfähig ist und ihr Vorhaben nicht ausführen kann.

7. (1) Die Anwendung von Schußwaffen hat zum Ziel, daß Personen ohne Schußverletzungen ergriffen werden können. Die Anwendung von Schußwaffen gegen Fahrzeuge soll diese fahruntauglich machen. Gezielte Schüsse sind möglichst auf die Bereifung, den Kraftstoffbehälter oder andere wichtige für die Weiterfahrt notwendigen Teile abzugeben.

(2) Die Schußwaffe ist nicht anzuwenden, wenn das Fahrzeug erkennbar explosive oder ähnlich gefährliche Güter befördert oder als zur Beförderung solcher Güter gekennzeichnet ist. Dies gilt nicht, wenn begründete Anhaltspunkte bestehen, daß bei Weiterfahrt größere Gefahren für die Allgemeinheit als durch die Anwendung von Schußwaffen drohen.
(3) Die Anwendung von Schußwaffen gegen Luftfahrzeuge ist nur zulässig, um den Start zu verhindern. Sie hat zu unterbleiben, wenn offensichtlich Unbeteiligte an Bord sind.

8. (1) Die Androhung der Anwendung von Schußwaffen durch Worte, Zielen oder Richten der Schußwaffe ist nur dann zulässig, wenn die Schußwaffenanwendung bei Vorliegen der gesetzlichen Voraussetzungen gerechtfertigt wäre.

(2) Das Richten der Schußwaffe auf Personen, die wegen des Verdachts eines Verbrechens festgenommen oder verhaftet wurden, ist zur Sicherung der Durchsuchung zulässig.

9. Verletzten ist unter Beachtung der notwendigen Sicherheitsmaßnahmen Erste Hilfe zu erweisen, sofern es die Durchsetzung der polizeilichen Maßnahme zuläßt.

10. Werden durch den Gebrauch der Schußwaffe Personen getötet, sind sie unverändert liegenzulassen. Der Ort des Vorfalls ist zu sichern. In jedem Falle ist ein Arzt hinzuzuziehen.

11. Der Gebrauch der Schußwaffe ist entsprechend der Melde- und Berichtsordnung des Ministeriums des Innern zu melden.

12. Von der Schußwaffe darf nicht Gebrauch gemacht werden:
a) gegen Personen, die sich dem äußeren Eindruck nach im Kindesalter befinden. Im Kindesalter befinden sich Personen, die jünger als 14 Jahre sind. Im Zweifel ist davon auszugehen, daß die Person noch ein Kind ist;
b) wenn unbeteiligte Personen gefährdet werden können (z.B. auf stark belebten Straßen und Plätzen, in Gaststätten, Erholungszentren usw.)
c) gegen Angehörige der bei dem Oberkommandierenden der Gruppe der sowjetischen Streitkräfte in Deutschland akkreditierten ausländischen Militärverbindungsmissionen;
d) zur Signalgebung, sofern es nicht in Durchführung des Wachdienstes zur Alarmierung durch Schüsse in die Luft in äußerst dringenden Fällen, die keinen Aufschub dulden, zwingend notwendig ist, oder die Nachrichten- bzw. Signalmittel unbrauchbar sind.

30.

Der Generalstaatsanwalt der Deutschen Demokratischen Republik
Der Minister des Innern und Chef der Deutschen Volkspolizei

Gemeinsame Anweisung
über
Bekämpfung von Angriffen gegen die Staatsgrenze der Deutschen Demokratischen Republik
vom 15. August 1968[1]

I. Charakter der Angriffe gegen die Staatsgrenzen der Deutschen Demokratischen Republik (Grenzverletzungen)

...

Insbesondere nach den Maßnahmen der Deutschen Demokratischen Republik vom 13. August 1961 werden die Grenzdurchbrüche und die Grenzverletzer von den Gegnern in verstärktem Maße
- zur ideologischen Diversion gegen die Deutsche Demokratische Republik
- zur Sammlung von Nachrichten oder zu anderer subversiver Tätigkeit gegen die Deutsche Demokratische Republik
- zum Anlaß von Grenzprovokationen und Mordanschlägen auf Angehörige der Grenzsicherungskräfte

ausgenutzt.

II. Zuständigkeit für die Bearbeitung von Grenzverletzungen

1. Grenzverletzung nach § 213 StGB werden in der Regel von dem Untersuchungsorgan des Ministeriums des Innern bearbeitet.

III. Bearbeitung der Ermittlungsverfahren durch das Untersuchungsorgan des Ministeriums des Innern.

1. Bei jeder Anzeige oder Feststellung, die den Verdacht einer Grenzverletzung begründet, ist ein Ermittlungsverfahren einzuleiten.

Ausgenommen sind Rentner, die von privaten Besuchsreisen aus Westdeutschland, Westberlin oder dem Ausland nicht zurückkehren. ...
Ziel der Untersuchung ist es, Tatsachen zur Einschätzung der besonderen Gefährlichkeit der Handlung, der Umstände für die weitere Festigung des einheitlichen Systems der Grenzsicherung, der Schuld des Täters, der Ursachen und Bedingungen, insbesondere der Auswirkungen der vom staatsmonopolistischen System Westdeutschlands ausgehenden Einflüsse und bestimmter im Innern der Deutschen Demokratischen Republik noch wirkender objektiver und subjektiver Faktoren für den Tatentschluß herauszuarbeiten.

...

---

[1] Zitiert werden nur die wesentlichen Änderungen gegenüber der Gemeinsamen Anweisung vom 1. Juli 1965. Sie sind zur Kenntlichmachung unterstrichen.

6. Die Erhöhung der Wirksamkeit des Kampfes gegen Grenzverletzungen durch die Sicherheits- und Rechtspflegeorgane, die staatlichen Organe und gesellschaftlichen Organisationen, erfordert eine ständige analytische Arbeit. Sie ist zu konzentrieren auf die Herausarbeitung

...

- von Hinweisen auf die Tätigkeit feindlicher Organisationen, Schleuser und Gehilfen. Diese Feststellungen bilden insbesondere die Grundlage für die zielgerichtete operative Arbeit der Sicherheitsorgane (Hinweise, die auf organisierten Menschenhandel, auf das Verlassen der DDR über das sozialistische Ausland oder auf Terrorhandlungen an der Staatsgrenze schließen lassen, sind dem Leiter der zuständigen Dienststelle des Ministeriums für Staatssicherheit unverzüglich mitzuteilen).

VII. Öffentlichkeitsarbeit bei Grenzverletzungen

1. Inhalt

Das Hauptziel der Öffentlichkeitsarbeit auf dem Gebiet der Grenzverletzungen besteht in

- der Entlarvung des von den Ultras gegen die Deutsche Demokratische Republik organisierten Systems der Grenzverletzungen, des Grenzterrors, des staatsfeindlichen Menschenhandels und der Grenzverletzungen als wesentliche Bestandteile der Politik der Auslösung von Konflikten.

...

Berlin, den 15. August 1968

gez. Dr. S t r e i t gez. D i c k e l

31.

Nationale Volksarmee O.U., den 17. Juni 1969
Stadtkommandantur der Hauptstadt der DDR - Berlin
1. Grenzbrigade
Stab
UA operativ

Berichte über die Ergebnisse der Grenzsicherung
Az.: 18 03 10
GVS-Nr. H 32 158

Betr.: Einschätzung der Anwendung der Schußwaffe im Grenzdienst bei der Verhinderung von Grenzdurchbrüchen

Zur Gewährleistung der Unantastbarkeit der Staatsgrenze der Deutschen Demokratischen Republik zum besonderen Territorium Westberlin wurde im Zeitraum vom 01. Dezember 1968 bis 13. Juni 1969 in 10 Fällen die Schußwaffe zur Anwendung gebracht. Dabei wurden 425 Schuß Munition verschossen.

Dabei gelang es zwei Personen die Staatsgrenze zu durchbrechen, obwohl bei diesen zwei Fällen 109 Schuß Munition verschossen wurden:

03. 02.69	3./GR-37	Massantebrücke	48 Schuß
06.06.69	3./GR-38	Adalbertstraße	61 Schuß

In beiden Fällen wurden die Personen nicht getroffen.

Beim Versuch, die Staatsgrenze zu durchbrechen, wurde ein Grenzverletzer tötlich verletzt:

09.04.69 1./ GR-35 Adalbertstraße 148 Schuß
und in einem Fall ein Grenzverletzer verletzt:
11.04.69 2./GR-38 Potsdamer Platz 45 Schuß

In den restlichen sechs Fällen wurden nach Abgabe von insgesamt 123 Schuß Munition 7 Personen festgenommen, ohne diese bei der Anwendung der Schußwaffe zu treffen.
Auf jede Person, gegen die die Schußwaffe angewandt wurde, kommen somit im Durchschnitt 38,6 Schuß Munition.
Diese Anzahl der verschossenen Munition ist zu hoch. Die erzielten Treffer stehen in keinem Verhältnis dazu. Obwohl beim Schießen der Einzelgefechtsübungen in den Truppenteilen und Einheiten teilweise gute bis befriedigende Ergebnisse erzielt wurden (siehe Tabelle 2),[1] ist die Treffergenauigkeit bei der Anwendung der Schußwaffe ungenügend. (siehe Tabelle 1).[2] Daß auch mit wenigen Schuß getroffen werden kann, beweisen die Fälle, bei denen die Schußwaffe gegen Diensthunde angewandt wurde, z.B.

---

[1] Siehe das reproduzierte Dokument auf Seite 127
[2] Siehe das reproduzierte Dokument auf Seite 126

23.01.69	1./GR-35	12 Schuß	Diensthund wurde aus größerer Entfernung getötet
30.05.69	4./GR-37	1 Schuß !	Diensthund wurde durch Kradstreife aus ca. 170 Meter Entfernung erschossen.

In den in der Tabelle 1 aufgezeigten Fällen sind nur 3 Fälle enthalten, bei denen zur Verhinderung eines Angriffes auf die Staatsgrenze ein Warnschuß abgegeben wurde. Taktische Handlungen der Grenzposten zur Festnahme der Grenzverletzer wurden in keinem der angeführten Fälle geführt. Laut Schußwaffengebrauchsbestimmung ist die Schußwaffe nur dann anzuwenden, „wenn andere Mittel nicht oder nicht mehr ausreichen ...". Das setzt voraus, daß die eingesetzten Grenzposten ein hohes Maß an Wachsamkeit aufbringen müssen und ein konkreter Kampfauftrag vorliegen muß.
Die teilweise falsche Auslegung des Begriffes „Postentrennung" führt dazu, daß die Grenzposten zur Abwehr gegnerischer Handlungen den Postenturm nicht verlassen, bzw. so verlassen, daß während dieser Zeit keine Beobachtung geführt werden kann.

Die Rekonstruktion von Grenzdurchbrüchen und einzelner, durch den Gebrauch der Schußwaffe verhinderter Grenzdurchbrüche zeigte klar, daß eine Anwendung der Schußwaffe als „letztes Mittel" nicht gerechtfertigt war, da der Grenzverletzer „mit anderen Mitteln", wie Führen taktischer Handlungen, hätte festgenommen werden können. Da dies nicht der Fall war, muß geschlußfolgert werden, daß die Grenzposten ihren Dienst zum Teil äußerst oberflächlich versehen, da sie den Grenzverletzer meist erst feststellen, wenn er bereits ein Teil des Sperrsystems im Sicherungsstreifen überwunden hat und dann auf Grund der kurzen Entfernung zur Staatsgrenze nur noch die Anwendung der Schußwaffe übrig bleibt (siehe Tabelle 3).

Wenn jedoch Grenzposten während des Dienstes schlafen, wie es z.B. am 12.06.69 auf einem Dienstboot der Bootskompanie /GR-35 festgestellt wurde, oder ihren Dienst, ohne das notwendige Verantwortungsbewußtsein für die übertragene Aufgabe zu besitzen, durchführen, muß es zu solchen Erscheinungen, wie dargelegt, kommen.

Eine Tendenz, die in allen Truppenteilen und Einheiten verbreitet ist, zeigt sich darin, daß bei einem großen Teil der Grenzposten und Gruppenführer die Ansicht vorherrscht, den Grenzverletzer durch „Sperrfeuer" zum Stehenbleiben zu zwingen. Daraus ergibt sich auch die hohe Schußzahl und die nicht zielsichere Anwendung der Schußwaffe.

Diese Ansicht wurde während einer Kontrolle der Grenzposten Legiendamm/GR-35 geäußert, als sie darlegen sollten, welche Varianten sie anwenden, wenn ein Versuch, die Staatsgrenze zu durchbrechen, vorliegt.
Bei den Grenzposten herrschen zur Anwendung der Schußwaffe 3 „Varianten" vor, die von der ideologischen Unklarheit bei der Anwendung der Schußwaffe gegen Grenzverletzer zeugen:

- Der Grenzverletzer weicht in das eigene Hinterland zurück. Ich bin gut. Ich habe, ohne den Täter zu treffen, einen Grenzdurchbruch verhindert.

- Der Grenzverletzer konnte die Staatsgrenze überwinden. Ich habe durch die Anwendung der Schußwaffe mein Möglichstes unternommen, um den Durchbruch zu verhindern. Mir kann kein Vorgesetzter etwas anhaben.

- Der Grenzverletzer wurde verletzt bzw. tötlich verletzt. Ich bin gut. Ich habe einen Grenzdurchbruch mit Anwendung der Schußwaffe verhindert. Ich wollte jedoch den Täter nicht treffen, er ist ja selbst in mein „Sperrfeuer" gelaufen.

Der Einsatz der Grenzposten zwingt verschiedentlich dazu, die Schußwaffe anzuwenden, da die Grenzposten bei versuchten Grenzdurchbrüchen zeitmäßig keine andere Handlungen führen können, z.B. Grenzposten VdK/Dach.

Schlußfolgerungen

1. Die Wachsamkeit der Grenzposten ist nicht genügend ausgeprägt. Die Beobachtung des eigenen Hinterlandes wird stark vernachlässigt. Die Grenzposten verlassen sich auf eingesetzte Mittel wie Warnzäune, Signalgeräte und Diensthunde, obwohl der technische Zustand eines Teiles der Mittel sowie die Ausbildung der Diensthunde keine Garantie dafür bietet, daß die Grenzverletzer rechtzeitig angezeigt werden.

2. Das Training taktischer Handlungen zur Festnahme von Grenzverletzern ohne Anwendung der Schußwaffe wird oberflächlich durchgeführt, ohne auf die Besonderheiten der einzelnen Grenzabschnitte einzugehen. Die Einweisung der Grenzposten in den Postenbereich erfolgt routinehaft; Veränderungen der Lage werden nicht berücksichtigt.

3. Grenzposten, die die Schußwaffe zur Anwendung brachten, zeigen zwar ihre Bereitschaft dazu, doch sind sie bestrebt, den Grenzverletzer nicht zu treffen, was durch die Theorie des „Sperrfeuerschießens" zum Ausdruck kommt.

4. Die Anwendung der Schußwaffe mit hoher Schußzahl zieht in den meisten Fällen eine Anzahl von Provokationen des Gegners nach sich, denen die Grenzposten ausgesetzt sind. Der Gegner nimmt solche Fälle zum Anlaß, die ideologische Diversionstätigkeit weiter zu verstärken (Beispiel am 09. und 11.04.69 an der Adalbertstraße und am Potsdamer Platz Aufstellung neuer Hetzplakate).

5. Die unüberlegte und unzweckmäßige Anwendung der Schußwaffe schadet dem Ansehen unserer Republik. Das widerspiegelt sich nicht im Denken der Grenzposten.

6. Diese Analyse ist bis zum 30.07.69 nur mit folgenden Offizieren auszuwerten:
a) Leitungen der TT
b) Kompaniechefs aller TT

7. Diese Analyse ist außer der Urschrift bis zum 30.12.1969 zu vernichten und zu je einem Exemplar den GR-38,31,35,37 und GAR-39 zur Auswertung zu übergeben.

Franzisky
Oberst

32.

Protokoll der 41. Sitzung des Nationalen Verteidigungsrates der DDR vom 14. Juli 1972 (Auszug)

Anlage

Bericht
des Ministers für Nationale Verteidigung
über
die Lage an der Staatsgrenze

Genosse Vorsitzender!
Genossen Mitglieder des Nationalen Verteidigungsrates!

Entsprechend der Aufgabenstellung des Nationalen Verteidigungsrates vom 17. Februar 1972 hatte der Minister für Nationale Verteidigung wirksame Maßnahmen zur Stabilisierung der Grenzsicherung an der Staatsgrenze der DDR zur BRD und zu WESTBERLIN sowie zur Verbesserung der pioniertechnischen Anlagen an der Staatsgrenze durchzusetzen.

Gestatten Sie mir, dem Nationalen Verteidigungsrat über die durchgeführten bzw. eingeleiteten Maßnahmen zu berichten.

Um die reale Wirksamkeit der Grenzsicherung und der pioniertechnischen Anlagen sowie die Führungstätigkeit der Kommandeure und Stäbe allseitig einzuschätzen, erfolgte eine umfassende Überprüfung in allen Truppenteilen und Einheiten der Grenztruppen an der Staatsgrenze der Deutschen Demokratischen Republik zur Bundesrepublik Deutschland.
Die Überprüfung zeigte, daß es eine Reihe von Versäumnissen in der Arbeit der Kommandeure und Stäbe, der Politorgane und Parteiorganisationen der Grenztruppen gibt.
Gleichzeitig wurde aber auch sichtbar, daß Probleme die Grenzsicherung beeinträchtigen, bei deren Lösung eine allseitige Unterstützung der Grenztruppen durch andere staatliche Organe bzw. eine stärkere Einflußnahme des Ministeriums für Nationale Verteidigung erforderlich ist.
In Auswertung der durchgeführten Überprüfung wurden eine Reihe von Sofortmaßnahmen eingeleitet, die unmittelbare Auswirkungen auf die Erhöhung der Stabilität in der Grenzsicherung haben.
So wurden Maßnahmen eingeleitet, die sichern, daß die politisch Zuverlässigsten unter den Einzuberufenden für die Grenztruppen ausgewählt werden.
Gleichzeitig wurden die Anstrengungen zur Verbesserung der politischen Erziehung und militärischen Ausbildung in den Grenztruppen, vor allem in den Ausbildungseinheiten erhöht.

Der pioniertechnische Ausbau der Staatsgrenze zur Bundesrepublik Deutschland wurde durch eine Umverteilung der materiellen und finanziellen Mittel sowie den zusätzlichen Einsatz von Pionierkräften aus dem Bereich des Grenzkommandos MITTE und den Landstreitkräften wesentlich forciert, um Grenzdurchbrüche, insbesondere mit Kraftfahrzeugen und ähnlichen Mitteln, wirksam zu unterbinden.

Der Schwerpunkt des pioniertechnischen Ausbaus liegt besonders auf:

- der Errichtung von Streckmetallzäunen zur Anbringung der richtungsgebundenen Splittermine,
- der pioniertechnischen Sperrung und dem nachrichten- und signaltechnischen Ausbau der Abschnitte, in denen sich Ortschaften in unmittelbarer Grenznähe befinden,
- dem Ausbau eines befestigten Kolonnenweges entlang der Sperranlagen,
- der Instandsetzung von Straßensperren an den Zugängen zum Schutzstreifen,
- der Schaffung von Sicht- und Schußfeld entlang der Grenzsicherungsanlagen.

Es ist vorgesehen, auch in den kommenden Jahren den pioniertechnischen Ausbau der Staatsgrenze zur Bundesrepublik Deutschland verstärkt fortzuführen, um im Jahr 1975 den Ausbau im wesentlichen abzuschließen.

Zur Erhöhung der Wirksamkeit des Einsatzes der Kräfte und Mittel zur Grenzsicherung wurde in den Monaten März und April 1972 in den Grenzregimentern-25 (OSCHERSLEBEN) und -1 (MÜHLHAUSEN) ein langfristiger Instrukteureinsatz durch Generale und Offiziere des Ministeriums für Nationale Verteidigung und des Kommandos der Grenztruppen durchgeführt.

Das Ziel dieses Einsatzes war es, durch eine umfassende Analyse der Organisation, Führung und Sicherstellung der Grenzsicherung, zweckmäßigere Formen und Methoden des Einsatzes der Kräfte und Mittel zur Grenzsicherung unmittelbar in den Grenzkompanien zu erarbeiten. Entsprechend der Zielsetzung des Einsatzes wurden zwei Varianten der Grenzsicherung erprobt:

a) die Organisation und Führung der Grenzsicherung im Abschnitt eines Grenzbataillons durch den aufeinanderfolgenden geschlossenen Einsatz der Grenzkompanie

b) die Organisation und Führung der Grenzsicherung im Abschnitt einer Grenzkompanie durch den aufeinanderfolgenden geschlossenen Einsatz der Züge.

Die Erprobung ergab, daß beide Varianten in Abhängigkeit von den jeweiligen Geländebedingungen angewandt werden können.

Die vorliegenden Ergebnisse der Erprobung zeigen:

- die Grenzsicherung wird durch die ununterbrochene Führung der Kräfte in der Grenzsicherung und im Garnisonsdienst effektiver gestaltet
- die politische Arbeit und die Gefechtsausbildung kann mit einer höheren Wirksamkeit durchgeführt werden
- durch den geschlossenen Einsatz der Einheiten sind alle Voraussetzungen gegeben, den Garnisonsdienst nach militärischen Prinzipien zu organisieren und zu führen.

Damit können die militärische Disziplin und Ordnung sowie die Dienst- und Lebensbedingungen der Berufssoldaten und Soldaten auf Zeit der Grenztruppen wesentlich günstiger als bisher gestaltet werden.

Zur Verallgemeinerung der positiven Erfahrungen und der schrittweisen Einführung der neuen Formen und Methoden der Organisation und Führung der Grenzsicherung in den Truppenteilen der Grenztruppen werden gegenwärtig die erforderlichen Vorbereitungen getroffen, um ab 01.12.1972 die erprobten Varianten der Grenzsicherung einzuführen.

Gleichzeitig ist es erforderlich, daß zur Verhinderung von Beschädigungen der Grenzmarkierung und des provokatorischen Eindringens in das Gebiet der Deutschen Demokratischen Republik die Grenztruppen in stärkerem Maße als bisher ihre Handlungen auch in den Abschnitten führen, die den Pioniersperren vorgelagert sind.

Ich halte es auch für zweckmäßig, bei Feststellung von Beschädigungen an der Grenzmarkierung und bei provokatorischer Verletzung der Staatsgrenze der Deutschen Demokratischen Republik gegenüber den Grenzschutzorganen der Bundesrepublik Deutschland Protest zu erheben.

Zur Erhöhung der Sicherheit und Ordnung an der Staatsgrenze der DDR zur BRD wurde auf der Grundlage des Beschlusses des Politbüros des Zentralkomitees der Sozialistischen Einheitspartei Deutschlands vom 06. Juli 1971 der Verlauf des Grenzgebietes unter Berücksichtigung der politischen, ökonomischen und gesellschaftlichen Entwicklung im Grenzgebiet neu festgelegt.
In Zusammenarbeit mit dem Minister für Staatssicherheit und dem Minister des Innern wurden die Grenzordnung und die dazu notwendigen militärischen und polizeilichen Bestimmungen präzisiert.
Die Neufassung dieser Dokumente trägt sowohl den Erfordernissen der weiteren Erhöhung der Sicherheit und Ordnung im Grenzgebiet als auch den wachsenden gesellschaftlichen und persönlichen Bedürfnissen der Grenzbevölkerung weitgehend Rechnung.

Mit der Neufestlegung des Schutzstreifens und der Sperrzone wird das Grenzgebiet wesentlich verringert.
Aus dem gegenwärtig bestehenden Grenzgebiet werden

180 Ortschaften und 139 Ortsteile mit 164.955 Bewohnern

herausgelöst.
Damit verbleiben noch

318 Ortschaften und 203 Ortsteile mit 205.753 Bewohnern

im Grenzgebiet.

Gleichzeitig wird eine Verringerung der im Grenzgebiet verbleibenden Industriebetriebe und -anlagen um ca. 50 % erreicht.
Des weiteren ist zur Erhöhung der Sicherheit und Ordnung und der Verbesserung des Gesamtzustandes des Grenzgebietes der Abriß von insgesamt 209 überwiegend ungenutzter Gebäude und Anlagen vorgesehen.

Die Inkraftsetzung der Maßnahmen entsprechend dem Beschluß des Politbüros erfolgt am 01.09.1972.
Damit werden wesentliche Voraussetzungen zur Unterstützung der Grenztruppen bei der Durchsetzung der Maßnahmen zur Erhöhung der Sicherheit und Ordnung im Grenzgebiet und zur Sicherung der Staatsgrenze geschaffen.

Gestatten Sie einige Ausführungen zur Lage an der Staatsgrenze der DDR zu WESTBERLIN.
In Erfüllung der Weisung des Nationalen Verteidigungsrates der DDR wurden auch Maßnahmen zur Erhöhung der Sicherheit und Ordnung an der Staatsgrenze der DDR zu

WESTBERLIN, vor allem, im Zusammenhang mit der Regelung der Frage von Enklaven durch Gebietsaustausch und der Neufassung der Grenzordnung durchgeführt.

Die Grenzsicherung an der Staatsgrenze der Deutschen Demokratischen Republik zu WESTBERLIN hat sich weiter stabilisiert.
Ein Ausdruck dafür ist die Verringerung der Anzahl von Grenzdurchbrüchen, die an diesem Grenzabschnitt zugelassen wurden.

Es muß jedoch eingeschätzt werden, daß die Bedeutung der Sicherung dieses Abschnittes der Staatsgrenze weiter anwachsen wird und daß wir deshalb alle Anstrengungen unternehmen werden, um die Grenzsicherung zu WESTBERLIN noch wirksamer zu gestalten.

Eine ständig wachsende Bedeutung erhält die Sicherung der Seegrenze der Deutschen Demokratischen Republik.
Hier haben die Versuche und erfolgten Grenzdurchbrüche in den vergangenen Jahren zugenommen.
Seit Jahresbeginn wurden insgesamt 85 Personen wegen versuchten Grenzdurchbruchs festgenommen, 13 Personen gelang der Durchbruch.
Das erfordert auch an diesem Abschnitt weitere Maßnahmen zur Erhöhung der Sicherheit und Ordnung in der Grenzzone und zur effektiveren Gestaltung der land- und seeseitigen Grenzsicherung durchzusetzen.
Die in dieser Hinsicht bereits durchgeführten Untersuchungen und erarbeiteten Vorschläge beinhalten eine Reihe von Maßnahmen, deren Realisierung nur schrittweise erfolgen kann, da sie mit einem zusätzlichen Kräfte-, Mittel- und finanziellen Aufwand verbunden sind.

Genosse Vorsitzender!
Genossen Mitglieder des Nationalen Verteidigungsrates!

Ich erlaube mir, den Nationalen Verteidigungsrat darüber zu informieren, daß trotz der sich im allgemeinen abzeichnenden Entspannungstendenzen der Gegner durch eine wachsende Anzahl gezielter Anschläge auf die Staatsgrenze, das Grenzsicherungssystem und das Grenzgebiet seine aggressiven Machenschaften gegenüber der Deutschen Demokratischen Republik fortsetzt.
Die steigende Aktivität des Gegners findet ihren Ausdruck vor allem in der zunehmenden Vielfalt der Methoden der ideologischen Diversion sowie in einer Vielzahl von Grenzprovokationen, einschließlich der Zerstörung der Grenzsicherungsanlagen.

So versuchte der Gegner im Zeitraum vom 01. Januar 1972 bis 31. Mai 1972 in 1.183 Fällen Kontakt mit unseren Grenzposten aufzunehmen und sie zur Fahnenflucht aufzufordern, davon allein in 308 Fällen an der Staatsgrenze zu WESTBERLIN.

Im gleichen Zeitraum wurden in 7 Fällen die Grenzposten mit der Waffe bedroht bzw. beschossen. Der Schwerpunkt dieser gegnerischen Handlung liegt an der Staatsgrenze zu WESTBERLIN.

In 1.307 Fällen erfolgte eine provokatorische Verletzung unseres Staatsgebietes. Desweiteren wurden in 21 Fällen die Markierung der Staatsgrenze und die Grenzsicherungsanlagen beschädigt.

Schwerpunkt bilden dabei die Waldabschnitte, die durch die Grenztruppen nicht ununterbrochen durch Beobachtung gesichert werden können.

Gleichzeitig wird die Lage an der Staatsgrenze immer noch durch eine hohe Anzahl der Versuche von Grenzdurchbrüchen charakterisiert, wobei die Methoden der Grenzverletzer ständig gefährlicher und raffinierter werden.

Von den vom Territorium der Deutschen Demokratischen Republik unternommenen Versuchen einer Grenzverletzung konnten 237 Personen in den Handlungsstreifen der Grenztruppen an der Staatsgrenze der Deutschen Demoiklratischen Republik zur Bundesrepublik Deutschland eindringen.

Davon wurden 134 Personen durch die Grenztruppen festgenommen, 103 Personen gelang jedoch der Grenzdurchbruch in die Bundesrepublik Deutschland.

Genosse Vorsitzender!
Genossen Mitglieder des Nationalen Verteidigungsrates!

Zusammenfassend kann eingeschätzt werden, daß die bereits durchgeführten und die eingeleiteten Maßnahmen zu einer weiteren Stabilisierung der Grenzsicherung führten.

Im weiteren sehen wir unsere Aufgaben in Durchsetzung der Forderungen des Politbüros des ZK der SED und des Nationalen Verteidigungsrates der DDR darin:

1. Die politisch-ideologische Erziehungsarbeit mit den Angehörigen der Grenztruppen noch wirksamer zu gestalten und vor allem ihr Klassen- und Staatsbewußtsein weiter zu festigen.

2. Das Zusammenwirken mit den Organen des Ministeriums für Staatssicherheit und der Deutschen Volkspolizei sowie die Zusammenarbeit mit den örtlichen Organen im Interesse einer stabilen Grenzsicherung weiter zu vertiefen.

3. Die vorbereiteten bzw. eingeleiteten Maßnahmen zur effektiveren Gestaltung des Systems der Grenzsicherung und des pioniertechnischen Ausbaus der Staatsgrenze der DDR zur BRD konsequent durchzusetzen.

33.

Der Generalstaatsanwalt der DDR
Der Minister des Innern und Chef der Deutschen Volkspolizei

Arbeit der Organe des MdI 42 0000

G e m e i n s a m e Anweisung über die Bekämpfung von Angriffen gegen die Staatsgrenze der DDR vom 18.4.1973 (Einleitung)

Die Gewährleistung von Sicherheit und Ordnung an der Staatsgrenze der Deutschen Demokratischen Republik zur BRD und zu Westberlin (Staatsgrenze West) erfordert

- ein zielstrebiges Zusammenwirken zwischen den Sicherheits- und Rechtspflegeorganen sowie den Grenztruppen der NVA;

- die aktive Mitwirkung aller gesellschaftlichen Kräfte bei der Erhöhung der Ordnung und Sicherheit im Grenzgebiet, der Vorbeugung und Verhinderung, der Aufdeckung und Aufklärung von Grenzverletzungen;
- die ständige Erhöhung der Wirksamkeit der Entscheidungen der Rechtspflegeorgane gegen Grenzverletzer.

Allen Angriffen gegen die Ordnung an der Staatsgrenze West ist die notwendige politische Bedeutung beizumessen. Solche Straftaten sind mit Konsequenz zu verfolgen.

Zur wirksamen Bekämpfung aller Erscheinungsformen des ungesetzlichen Grenzübertritts gemäß § 213 StGB und der Verletzung anderer Strafrechtsnormen zum Schutze der Staatsgrenze - im folgenden Grenzverletzungen genannt - wird im Einvernehmen mit dem Minister für Nationale Verteidigung folgende Gemeinsame Anweisung erlassen:

I. Charakter der Grenzverletzungen

Jede Grenzverletzung stellt eine schwere Verletzung der sozialistischen Gesetzlichkeit dar. Diese generelle Charakterisierung der Gefährlichkeit der Grenzverletzungen bestimmt auch ihre spezifische Stellung im Rahmen der Kriminalitätsbekämpfung. Die richtige Einschätzung jeder Grenzverletzung muß deshalb aus

- der Würdigung der objektiv eingetretenen Gefährdung der Sicherheit unseres oder eines befreundeten Staates;
- dem Grad der Intensität der Vorbereitung und Durchführung der Handlung[1] und der eingetretenen Folgen;
- der Persönlichkeit des Täters, seiner Motive und der der Straftat zugrundeliegenden Einstellung des Täters zur sozialistischen Ordnung der DDR

differenziert erfolgen.

---

[1] siehe auch Dokument Nr. 44: Kommentar zum § 213 StGB

34.

Niederschrift über die 45. Sitzung Nationalen Verteidigungsrates vom 03. Mai 1974 (Auszug)

Geheime Kommandosache 19/74

Tagungsort:	Ministerium für Nationale Verteidigung, STRAUSBERG
Beginn der Sitzung:	10.00 Uhr
Ende der Sitzung:	12.15 Uhr

Teilnehmer der Sitzung

Anwesend:

Genosse E. H o n e c k e r	Genosse W. S t o p h
Genosse H. S i n d e r m a n n	Genosse E. M i e l k e
Genosse H. K e ß l e r	Genosse H. A l b r e c h t
Genosse F. S t r e l e t z	Genosse W. V e r n e r

Entschuldigt fehlten:

Genosse H. Hoffmann	Genosse A. Norden
Genosse W. Krolikowski	Genosse A. Neumann
Genosse A. Pisnik	Genosse F. Dickel

Zum Tagesordnungspunkt 4

„Bericht über die Lage an der Staatsgrenze der DDR zur BRD, zu WESTBERLIN und an der Seegrenze"

Zu Beginn gab Genosse Generaloberst K e ß l e r einen Bericht von 15 Minuten.

In der Aussprache zu diesem Tagesordnungspunkt legte Genosse Erich H o n e c k e r folgende Gesichtspunkte dar:

- die Unverletzlichkeit der Grenzen der DDR bleibt nach wie vor eine wichtige politische Frage
- es müssen nach Möglichkeit alle Provokationen an der Staatsgrenze verhindert werden
- es muß angestrebt werden, daß Grenzdurchbrüche überhaupt nicht zugelassen werden
- jeder Grenzdurchbruch bringt politischen Schaden für die DDR
- die Grenzsicherungsanlagen müssen so angelegt werden, daß sie dem Ansehen der DDR nicht schaden;
- dies trifft insbesondere für einige Abschnitte der Mauer in BERLIN zu
- der pioniermäßige Ausbau der Staatsgrenze muß weiter fortgesetzt werden
- in BERLIN sollte man die alte Mauer stehen lassen und dort wo notwendig, dahinter eine neue bauen;
- erst wenn der Neubau fertig ist, sollte man die alte Mauer abreißen
- überall muß ein einwandfreies Schußfeld gewährleistet werden

- die Unantastbarkeit der Grenze ist durch ein gemeinsames Zusammenwirken der Sicherheitsorgane zu gewährleisten
- man muß alle Mittel und Methoden nutzen, um keinen Grenzdurchbruch zuzulassen und die Provokationen von WESTBERLIN aus zu verhindern
- nach wie vor muß bei Grenzdurchbruchsversuchen von der Schußwaffe rücksichtslos Gebrauch gemacht werden, und es sind die Genossen, die die Schußwaffe erfolgreich angewandt haben, zu belobigen
- an den jetzigen Bestimmungen wird sich diesbezüglich weder heute noch in Zukunft etwas ändern

In diesem Zusammenhang stellte Genosse Erich H o n e c k e r dem Genossen Generalleutnant P e t e r die Frage, wieviel Mittel für den weiteren pioniermäßigen Ausbau noch benötigt werden und ob es möglich sei, die sogenannten „Todesminen“ zu überwinden.
Genosse Generalleutnant P e t e r gab zur Antwort, daß ihm die genaue Summe für den weiteren pioniermäßigen Ausbau zur Zeit nicht vorliegt, aber 1 km Ausbau der Staatsgrenze mit der neuen Splittermine SM-70 koste annähernd 100 000,- Mark.

Aufgrund der Halterung der Minen bzw. durch einen zeitweiligen Stromausfall an den Minensperren gelang es in einigen Fällen, die Minensperre SM-70 zu überwinden. Diese Mängel wurden beseitigt, so daß zur Zeit eine höhere Wirksamkeit dieser Minensperren gegeben ist.

Abschließend unterstrich Genosse Erich H o n e c k e r, daß der pioniertechnische Ausbau der Staatsgrenze zielstrebig fortgesetzt werden muß, und daß alle Anstrengungen zu unternehmen sind, um Grenzdurchbrüche nicht zuzulassen und Provokationen, besonders vom westberliner Territorium aus, voll zu unterbinden.
Die bestehenden Bestimmungen zur Gewährleistung der Unantastbarkeit der Staatsgrenze der DDR und die Schußwaffengebrauchsbestimmungen sind nach wie vor voll durchzusetzen.

Dem Bericht und den mündlichen Ausführungen wurde unter Berücksichtigung der Ausführungen des Genossen Erich H o n e c k e r die volle Zustimmung gegeben.

35.

MINISTERIUM
FÜR NATIONALE VERTEIDIGUNG

ORDNUNG Nr. 036/9/003

des Ministers für Nationale Verteidigung
über
die Anwendung der Schußwaffe in besonderen Fällen
- Schußwaffenanwendungsordnung -
vom 11. Dezember 1978

1. Die Ordnung Nr. 036/9/003
über die Anwendung der Schußwaffe in besonderen Fällen - Schußwaffenanwendungsordnung - wird erlassen und tritt am 1.12.1978 in Kraft.

2. (1) Die Schußwaffenanwendungsordnung gilt für die Angehörigen der Nationalen Volksarmee, an die zur Erfüllung von Sicherungsaufgaben bzw. zum persönlichen Schutz ständig oder zeitweilig Waffen ausgegeben wurden, soweit in anderen militärischen Bestimmungen nichts anderes geregelt ist.
(2) Diese Ordnung gilt auch für die Angehörigen der Grenztruppen der DDR sowie für die in einem Dienstverhältnis stehenden Angehörigen der Zivilverteidigung der DDR in den unter Ziffer 2 genannten Bedingungen.

3. Die ständigen und zeitweiligen Waffenträger haben ihre Schußwaffe und die Munition so zu tragen und aufzubewahren, daß ein Verlust sowie der Mißbrauch von Schußwaffen durch unbefugte Personen ausgeschlossen ist.

4. (1) Die Chefs, Kommandeure und Leiter sind verantwortlich, daß über die in dieser Ordnung getroffenen Festlegungen halbjährlich aktenkundige Belehrungen durchgeführt werden.
(2) Unabhängig von den in Absatz 1 festgelegten Belehrungen ist vor befohlenen Einzelmaßnahmen eine gesonderte tiefgrundige Einweisung durchzuführen.

5. Die Schußwaffenanweisungsordnung ist im Anordnungs- und Mitteilungsblatt des Ministeriums für Nationale Verteidigung zu veröffentlichen.

Berlin, den 11. Dezember 1978
Minister für Nationale Verteidigung
Hoffmann
Armeegeneral

AMBL Nr. 85/78
vom 11. Dezember 1978

- Schußwaffenanwendungsordnung -

Bedingungen für die Anwendung der Schußwaffe

1. (1) Die Anwendung der Schußwaffe ist die äußerste Maßnahme der Gewaltanwendung gegenüber Personen. Die Schußwaffe darf nur im äußersten Falle angewendet werden, wenn die körperliche Einwirkung ohne oder mit Hilfsmitteln erfolglos blieb oder offensichtlich keinen Erfolg verspricht.
(2) In gegebenen Fällen ist die Anwendung der Schußwaffe gegen Personen erst dann zulässig, wenn durch Waffenwirkung gegen Sachen der Zweck nicht erreicht wird.
(3) Die Anwendung der Schußwaffe gegen Sachen, insbesondere Tiere, ist für den Fall zulässig, daß von ihnen Gefahr für das Leben oder die Gesundheit eines Menschen droht.

2. Bei der Anwendung der Schußwaffe ist das Leben nach Möglichkeit zu schonen. Die Abgabe gezielter Schüsse hat so zu erfolgen, daß die betreffende Person in ihrer Bewegungsfreiheit so behindert wird, daß sie angriffs- und fluchtunfähig ist und ihr Vorhaben nicht ausführen kann.

3. Die Schußwaffe darf nur angewendet werden auf Befehl des Vorgesetzten oder auf eigenen Entschluß:
a) um die unmittelbar bevorstehende Ausführung oder Fortsetzung einer Straftat zu verhindern, die sich den Umständen nach darstellt als ein
- Verbrechen gegen die Souveränität der DDR, den Frieden, die Menschlichkeit oder die Menschenrechte,
- Verbrechen gegen die DDR, gegen die allgemeine Sicherheit oder die staatliche Ordnung;
- Verbrechen gegen die Persönlichkeit,
- anderes Verbrechen, das insbesondere unter Anwendung von Schußwaffen oder Sprengmitteln begangen werden soll oder ausgeführt wird;
b) zur Verhinderung der Flucht oder zur Wiederergreifung von Personen:
- die eines Verbrechens dringend verdächtig sind oder wegen eines Verbrechens festgenommen wurden,
- die anderer Straftaten verdächtig sind bzw. deswegen festgenommen oder zu einer Strafe mit Freiheitsentzug verurteilt wurden, und wenn Anhaltspunkte dafür vorliegen, daß von Schußwaffen oder Sprengmitteln Gebrauch gemacht oder in anderer Weise die Flucht mittels Gewalt oder tätlichen Angriffs gegen die mit der Durchführung der Festnahme, Bewachung oder Beaufsichtigung Beauftragten durchgeführt oder daß die Flucht gemeinschaftlich begangen wird;
c) gegen Personen, die wegen einer Straftat Festgenommene oder zu einer Strafe mit Freiheitsentzug Verurteilte mit Gewalt zu befreien versuchen oder dabei behilflich sind;
d) wenn andere Mittel nicht mehr ausreichen, um einen unmittelbar drohenden oder gegenwärtigen Angriff auf Anlagen der bewaffneten Organe oder andere staatliche, gesellschaftliche oder wirtschaftliche Einrichtungen, auf sich selbst oder andere Personen erfolgreich zu verhindern bzw. abzuwenden

e) zur Brechung bewaffneten Widerstandes.

4. (1) Die Anwendung der Schußwaffe ist grundsätzlich mit „Halt! - Stehenbleiben oder ich schieße!“ anzukündigen. Wird der Aufforderung keine Folge geleistet, ist ein Warnschuß abzugeben. Bleibt auch diese Warnung erfolglos, sind gezielte Schüsse abzugeben.
(2) Der Zuruf oder die Abgabe eines Warnschusses kann im Ausnahmefall unterbleiben, wenn eine unmittelbar bevorstehende Gefahr nur durch den gezielten Schuß verhindert oder beseitigt werden kann.

5. Die Anordnung der Anwendung der Schußwaffe durch Worte sowie das Zielen oder Richten der Schußwaffe auf Personen ist nur dann zulässig, wenn die Schußwaffenanwendung bei Vorliegen der genannten Voraussetzungen gerechtfertigt wäre.

6. Die Schußwaffe ist nicht bzw. nicht mehr anzuwenden, wenn
a) das Leben und die Gesundheit Unbeteiligter gefährdet werden kann (stark belebte Straßen, besetzte Gaststätten, öffentliche Verkehrsmittel u.a.),
b) die Personen sich dem äußeren Eindruck nach im Kindesalter befinden (bis 14 Jahre);
c) die Umstände, die die Anwendung der Schußwaffe rechtfertigen, nicht mehr vorliegen;
d) es sich unverkennbar um Personen mit diplomatischer Immunität
e) oder um Angehörige der bei dem Oberkommandierenden der Gruppe der sowjetischen Streitkräfte in Deutschland akkreditierten ausländischen Militärverbindungsmissionen handelt.

7. Gegen Jugendliche und weibliche Personen ist die Schußwaffe nach Möglichkeit nicht anzuwenden.

Maßnahmen nach Anwendung der Schußwaffe

8. Verletzten ist unter Beachtung der notwendigen Sicherheitsmaßnahmen Erste Hilfe zu erweisen, sofern es die Durchsetzung dringender und keinen Aufschub duldender Aufgaben zuläßt. Sobald es die Umstände gestatten, ist die ärztliche Hilfeleistung bzw. medizinische Versorgung zu veranlassen.

9. Werden durch die Anwendung der Schußwaffe Personen getötet, sind diese unverändert liegen zu lassen. Der Ort des Ereignisses ist zu sichern. In jedem Fall ist ein Arzt hinzuziehen.

10. (1) Die Anwendung der Schußwaffe ist unverzüglich dem Vorgesetzten zu melden.
(2) In den Fällen, in denen die Anwendung der Schußwaffe in der Öffentlichkeit erfolgte, ist dies zugleich unverzüglich der nächsten Dienststelle der Deutschen Volkspolizei mitzuteilen.

11. (1) Die Anwendung der Schußwaffe im Sinne dieser Ordnung ist gemäß den Festlegungen der Ordnung Nr. 036/9/001 - Melde- und Untersuchungsordnung - zu melden und zu untersuchen und auszuwerten.
(2) Wird im Ergebnis der Untersuchungen festgestellt, daß eine ungerechtfertigte Anwendung der Schußwaffe erfolgte, so ist der Betreffende disziplinarisch und materiell zur Verantwortung zu ziehen. Die strafrechtliche Verantwortlichkeit bleibt davon unberührt.

36.

Ministerium des Innern
Arbeit der Organe des MdI
Grundsätze operative Dienstdurchführung

Dienstvorschrift Nr. 4/81
des Ministers des Innern
und Chefs der Deutschen Volkspolizei
über
den Schußwaffengebrauch
- Schußwaffengebrauchsvorschrift -
- Vom 05. Februar 1981 -

1. Diese Dienstvorschrift gilt für die Angehörigen der Deutschen Volkspolizei und des Organs Strafvollzug des Ministeriums des Innern.

2. (1) Die Chefs, Leiter und Kommandeure sind für die Durchsetzung der Festlegungen dieser Dienstvorschrift verantwortlich.
(2) Sie haben zu gewährleisten, daß alle Angehörigen unter Beachtung der ihnen übertragenen Befugnisse über die Festlegungen zur Anwendung von Schußwaffen und die Straftatbestände des Strafgesetzbuches, die eine Schußwaffenanwendung gerechtfertigen, in jedem Quartal aktenkundig belehrt werden. Die Belehrungen haben zu sichern, daß die Festlegungen dieser Dienstvorschrift eindeutig beherrscht werden, verantwortungsbewußt über die Anwendung von Schußwaffen entschieden und eine nicht gerechtfertigte Anwendung ausgeschlossen wird.
(3) Belehrungen sind durchzuführen auf der Grundlage
a) des Gesetzes über die Aufgaben und Befugnisse der Deutschen Volkspolizei,
b) des Gesetzes über den Vollzug der Strafen mit Freiheitsentzug,
c) des Strafgesetzbuches,
d) dieser Dienstvorschrift,
e) der Diplomaten-Anweisung.

3. Die Festlegungen dieser Dienstvorschrift gelten auch für die Angehörigen des Organs Feuerwehr des Ministeriums des Innern, sofern sie in Ausübung ihres Dienstes bewaffnet sind.

4. (1) Diese Dienstvorschrift tritt am 01.04.1981 in Kraft.
(2) Gleichzeitig tritt die Dienstvorschrift Nr. VIII/5 des Ministers des Innern und Chefs der DVP - Schußwaffengebrauchsvorschrift - vom 29.06.1968 außer Kraft.

Berlin, den 05. Februar 1981
Ministers des Innern
und Chef der Deutschen Volkspolizei
Dickel
Generaloberst

Schußwaffengebrauchsvorschrift
- Vom 05. Februar 1981 -

1. (1) Schußwaffen dürfen nur im äußersten Falle angewendet werden, wenn andere Maßnahmen der körperlichen Einwirkung ohne oder mit Hilfsmitteln erfolglos blieben oder offensichtlich keinen Erfolg versprechen.
(2) Die Anwendung von Schußwaffen gegen Personen ist erst dann zulässig, wenn durch Waffenwirkung gegen Sachen der Zweck nicht erreicht wird.

2. Die Anwendung von Schußwaffen ist gerechtfertigt:
a) um die unmittelbar bevorstehende Ausführung oder die Fortsetzung einer Straftat zu verhindern, die sich den Umständen nach als ein

- Verbrechen gegen die Souveränität der Deutschen Demokratischen Republik, den Frieden, die Menschlichkeit und die Menschenrechte,
- Verbrechen gegen die Deutsche Demokratische Republik,
- Verbrechen gegen die Persönlichkeit,
- Verbrechen gegen die allgemeine Sicherheit oder gegen die staatliche Ordnung oder
- anderes Verbrechen, das insbesondere unter Anwendung von Schußwaffen oder Sprengmitteln begangen werden soll oder ausgeführt wird,

darstellt.

b) zur Verhinderung der Flucht oder zur Wiederergreifung von Personen,
- die eines Verbrechens dringend verdächtig sind oder wegen eines Verbrechens festgenommen oder verhaftet wurden,
- die eines Vergehens dringend verdächtig sind, wegen eines Vergehens festgenommen oder verhaftet wurden und wenn Anhaltspunkte vorliegen, daß von Schußwaffen oder Sprengmitteln Gebrauch gemacht oder in anderer Weise die Flucht mittels Gewalt oder tätlichen Angriffs gegen die mit der Durchführung der Festnahme, Verhaftung, Bewachung oder Beaufsichtigung Beauftragter durchgeführt oder die Flucht gemeinschaftlich begangen wird;

c) gegen Strafgefangene,
- zur Verhinderung eines körperlichen Angriffs gegen Strafvollzugsangehörige, andere Personen oder Strafgefangene,
- zur Verhinderung der Flucht,
- zur Aufrechterhaltung der Sicherheit in den Einrichtungen des Organs Strafvollzug sowie bei Vorführungen, Gefangenentransporten und beim Außenarbeitseinsatz,
- zu ihrer Wiederergreifung, wenn sie
- in den allgemeinen Vollzug eingewiesen wurden
- in den erleichterten Vollzug eingewiesen wurden und Anhaltspunkte vorliegen, daß von Schußwaffen oder Sprengmitteln Gebrauch gemacht oder in anderer Weise mittels Gewalt oder tätlichen Angriffs gegen die mit der Wiederergreifung Beauftragten Widerstand geleistet wird;

d) gegen Personen, die wegen eines Verbrechens oder Vergehens Festgenommene, Verhaftete oder zu einer Strafe mit Freiheitsentzug Verurteilte mit Gewalt zu befreien versuchen oder dabei behilflich sind.

3. (1) Die Androhung der Anwendung von Schußwaffen durch Worte, Richten der Schußwaffe oder Zielen ist zulässig, wenn die Schußwaffenanwendung bei Vorliegen der Voraussetzungen gemäß Ziffer 2 gerechtfertigt wäre.
(2) Das Richten der Schußwaffe auf Personen ist auch zur Sicherung ihrer Durchsuchung bzw. Kontrolle zulässig, wenn die Voraussetzungen gemäß Ziffer 2, Buchstabe b), gegeben sind.
(3) Darüber hinaus ist das Richten der Schußwaffe bei Kontrollen an Kontrollpunkten und im Rahmen der DVP zur Ergreifung von Personen gemäß Ziffer 2 auf die zu kontrollierenden Personen und Sachen zulässig, wenn es besonders befohlen wurde.
(4) Bei der vorläufigen Festnahme oder Verhaftung, vor der Durchführung von Vorführungen und Transporten sowie vor dem Einsatz zur Arbeit außerhalb einer Strafvollzugseinrichtung sind die in Ziffer 2, Buchstaben b) und c) genannten Personen durch den Hinweis
„Bei Fluchtversuch wird geschossen!"
auf die Anwendung der Schußwaffe aufmerksam zu machen.

4. (1) Die Anwendung von Schußwaffen ist grundsätzlich durch Zuruf
„Halt! - Volkspolizei - Stehenbleiben oder ich schieße!"
oder „Halt! - Stehenbleiben oder ich schieße!"
bzw.
„Hände hoch oder ich schieße!"
anzukündigen. Wird dieser Forderung nicht Folge geleistet, ist ein Warnschuß abzugeben.
(2) Die Ankündigung der Schußwaffenanwendung kann unterbleiben, wenn eine unmittelbar bevorstehende Gefahr den Umständen nach nur durch die sofortige gezielte Anwendung der Schußwaffe verhindert oder beseitigt werden kann.

5. (1) Die Abgabe gezielter Schüsse bei Vorliegen der Voraussetzungen gemäß Ziffern 1 und 2 hat so zu erfolgen, daß bei weitestgehender Schonung des Lebens die betroffene Person in ihrer Bewegungsfreiheit so behindert wird, daß sie angriffs- und fluchtunfähig ist und ihr Vorhaben nicht ausführen kann.
(2) Verletzten ist unter Beachtung der notwendigen Sicherheitsmaßnahmen Erste Hilfe zu erweisen, sofern es die Durchsetzung dringender und keinen Aufschub duldender Aufgaben zuläßt.
(3) Werden durch die Anwendung der Schußwaffe Personen getötet, ist der Ort des Vorfalls zu sichern. In jedem Fall ist ein Arzt hinzuzuziehen.

6. Gegen Jugendliche und weibliche Personen ist die Anwendung der Schußwaffe nur zum Schutz des Lebens anderer oder der eigenen Person zulässig.
Dabei gelten die Festlegungen der Ziffer 5, Absatz 1.

7. (1) Die Anwendung von Schußwaffen hat zum Ziel, daß Personen ohne Schußverletzungen ergriffen werden können. Die Anwendung von Schußwaffen gegen Fahrzeuge soll diese fahruntauglich machen. Gezielte Schüsse sind möglichst auf die Bereifung oder andere wichtige für die Weiterfahrt notwendigen Teile abzugeben.
(2) Die Schußwaffe ist nicht anzuwenden, wenn das Fahrzeug erkennbar explosive oder ähnlich gefährliche Güter befördert oder als zur Beförderung solcher Güter gekennzeichnet ist. Dies gilt nicht, wenn begründete Anhaltspunkte bestehen, daß bei Weiterfahrt größere Gefahr für die Allgemeinheit als durch die Anwendung von Schußwaffen drohen.

(3) Die Anwendung von Schußwaffen gegen Luftfahrzeuge ist nur zulässig, um den Start zu verhindern. Sie hat zu unterbleiben, wenn den Umständen nach davon ausgegangen werden muß, daß sich Unbeteiligte an Bord befinden könnten.

8. Die Androhung der Anwendung (außer in den Fällen gemäß Ziffer 3, Absatz 3 und 4) bzw. die Anwendung der Schußwaffe ist unverzüglich dem unmittelbaren Vorgesetzten und entsprechend der Festlegungen der Informationsordnung des Ministers des Innern und Chefs der DVP zu melden.

9. Die Schußwaffe ist nicht anzuwenden:
a) wenn eine Gefährdung Unbeteiligter den Umständen nach nicht ausgeschlossen werden kann (inbesondere auf belebten Straßen und Plätzen, in Gaststätten, öffentlichen Verkehrsmitteln, Veranstaltungs- und Erholungszentren usw.),
b) gegen Personen, die sich dem äußeren Eindruck nach im Kindesalter befinden,
c) gegen bevorrechtete Personen bzw. gegen Personen, bei denen den Umständen nach davon ausgegangen werden muß, daß es sich um bevorrechtete Personen handeln könnte,
d) wenn eine Waffenwirkung gegen erkannte Räumlichkeiten und offizielle Beförderungsmittel von Vertretungen in der DDR eintreten kann,
e) gegen Angehörige der beim Oberkommandierenden der Gruppe der Sowjetischen Streitkräfte in Deutschland akkreditierten Militärverbindungsmissionen und der in Westberlin stationierten Besatzungstruppen und Militärmissionen,
f) wenn eine Waffenwirkung auf dem Hoheitsgebiet eines an die DDR angrenzenden Staates eintreten kann (analog zutreffend für Westberlin),
g) zur Signalgebung, sofern nicht in äußerst dringenden Fällen durch Schüsse in die Luft zwingend notwendig.

37.

Protokoll der 67. Sitzung des Nationalen Verteidigungsrates am 01.07.1983
(Auszug)
Geheime Kommandosache
27 (persönlich!) 27

TOP 12

Eingereicht von: Minister für Nationale Verteidigung
Genossen Armeegeneral H. H o f f m a n n

B e s c h l u ß v o r l a g e
für den
Nationalen Verteidigungsrat
der Deutschen Demokratischen Republik

Inhalt: Erhöhung der Wirksamkeit von Grenzsicherungsanlagen an der Staatsgrenze der DDR zur BRD und zu BERLIN (WEST)

Erarbeitet von: Minister für Nationale Verteidigung
Genossen Armeegeneral H. H o f f m a n n

Zugestimmt haben: Minister für Staatssicherheit
Genosse Armeegeneral E. M i e l k e

Minister des Innern und Chef der Deutschen Volkspolizei
Genosse Generaloberst F. D i c k e l

Leiter der Abteilung für Sicherheitsfragen des Zentralkomitees der SED
Genosse Generaloberst H. S c h e i b e

H o f f m a n n, Armeegeneral

B e s c h l u ß
des Nationalen Verteidigungsrates
der Deutschen Demokratischen Republik

Der Nationale Verteidigungsrat der Deutschen Demokratischen Republik beschließt:

1. Dem
„Vorschlag zur Erhöhung der Wirksamkeit von Grenzsicherungsanlagen an der Staatsgrenze der DDR zur BRD und zu BERLIN (WEST)"

wird unter Beachtung der während der Sitzung gegebenen Hinweise und unterbreiteten Vorschläge zugestimmt

2. Der Minister für Nationale Verteidigung wird beauftragt, die erforderlichen Maßnahmen für den weiteren pionier- und signaltechnischen Ausbau der Staatsgrenze der DDR zur BRD und zu BERLIN (WEST) festzulegen.

Für die Führung und Koordinierung der Forschung und Entwicklung neuer Grenzsicherungsanlagen ist bis zum 01.10. 1983 eine ständige Arbeitsgruppe zu bilden, die sich aus Beauftragten des Ministeriums für Nationale Verteidigung, des Ministeriums für Staatssicherheit und des Ministeriums des Innern zusammensetzt.

3. Der Vorsitzende des Ministerrates wird beauftragt, die Forschung und Entwicklung zur beschleunigten Beschaffung von modernen Grenzsicherungsanlagen mit physikalischen Wirkprinzipien ohne Minen und von Ergänzungseinrichtungen für die vorhandenen Sperr- und Signalelemente sowie die Bereitstellung der für die Errichtung von Grenzsicherungsanlagen in der Tiefe des Schutzstreifens erforderlichen land- bzw. forstwirtschaftlichen Flächen durch die dafür zuständigen Organe zu gewährleisten.

4. Die materiell-technische und finanzielle Sicherstellung ist im Rahmen der bestätigten bzw. geplanten Fonds zu realisieren.

Begründung

Die Grenzsicherungsanlagen an der Staatsgrenze der DDR zur BRD und zu BERLIN (WEST) haben sich in ihrer Gesamtheit als fester und unverzichtbarer Bestandteil zur Sicherung der Staatsgrenze bewährt und wesentlich zur Stabilisierung und Erhöhung der Wirksamkeit der Grenzsicherung beigetragen.

Sie entsprechen in wichtigen Parametern dem technischen Stand der 60er und 70er Jahre. Den operativen Anforderungen der 80er Jahre werden sie damit nicht mehr voll gerecht.
Zunehmend gelingt es gegnerischen Kräften, die Wirkungsweise der Grenzsicherungsanlagen aufzuklären und ihre Kenntnisse für gezielte Angriffe gegen die Staatsgrenze der DDR auszunutzen. Die Anzahl von Personen, denen es gelingt, die Grenzsignalzaun- und Sperranlagen unverletzt und ohne Auslösung zu überwinden, ist erheblich angestiegen.

Die geringe Entfernung zwischen den Sperranlagen mit Splitterminen und der Staatsgrenze der DDR (zwischen 30 und 50 m) begünstigt Anschläge und Provokationen vom Territorium der BRD gegen diese Anlagen.
Andererseits ermöglicht es Grenzverletzern, in Richtung DDR-BRD nach Auslösung die Sperranlagen mit Splitterminen zu überwinden und in kürzester Zeit das Territorium der BRD unverletzt oder verletzt zu erreichen und sich damit der Festnahme zu entziehen.

Die Bergung von verletzten oder toten Genzverletzern kann vom Gegner beobachtet und dokumentiert werden.

Technische Unzulänglichkeiten und durch langjährige Nutzung bedingter Verschleiß, besonders an den Grenzsignalzaun- und Sperranlagen mit Splitterminen, erfordern den zusätzlichen Einsatz von Kräften, führen zu hohen Belastungen und beeinträchtigen die Wirksamkeit der Grenzsicherung.

Die zuverlässige Sicherung der Staatsgrenze der DDR zur BRD und zu BERLIN (WEST) in den 80er Jahren erfordert die Erhöhung der Wirksamkeit der Grenzsicherungsanlagen und macht die vorgeschlagenen Maßnahmen notwendig.

V o r s c h l a g
zur Erhöhung der Wirksamkeit von Grenzischerungsanlagen an der Staatsgrenze der DDR zur BRD und zu BERLIN (WEST)

1. Zielstellung

Der weitere pionier- und signaltechnische Ausbau der Staatsgrenze ist mit dem Ziel durchzuführen:
- günstigere Bedingungen für die Erfüllung des Klassenauftrages durch die Grenztruppen der DDR zu schaffen, indem die Sperrfähigkeit, Funktionstüchtigkeit und Wirksamkeit der errichteten Anlagen, insbesondere in der Tiefe des Schutzstreifens, erhöht wird;

- politischen Schaden von der DDR abzuwenden, die Möglichkeiten des Gegners zur Hetze gegen die DDR einzuschränken und zu verhindern, daß Personen verletzt das Territorium der BRD erreichen;

- bessere Bedingungen für den Einsatz der Kräfte der Grenztruppen im weiterentwickelten System der Grenzsicherung und zu ihrem erfolgreichen Handeln unter allen Lagebedingungen zu schaffen.

2. Hauptmaßnahmen an der Staatsgrenze der DDR zu BRD

(1) Die in der T i e f e des S c h u t z s t r e i f e n s vorhandenen Grenzsignalzaunanlagen sind auf ihrer gesamten Länge zu einem wirksamen und zuverlässigen Grenzsignal- und Sperrzaun, unter Verwendung neuer Grenzsignalzaunelektronik mit Ergänzungseinrichtungen und funktionssicheren Schließanlagen in Gassentoren sowie wildabweisenden Mitteln umzurüsten.

In wichtigen Richtungen ist der Grenzsignal- und Sperrzaun mit Hundelaufanlagen zu ergänzen.
(Anlage 1 und 2)

Die Rekonstruktion ist vorrangig in den Hauptrichtungen der Bewegung der Grenzverletzer durchzuführen. Die Anstrengungen sind bis 1985 auf die wirksame Sperrung von 450 km Staatsgrenze zu richten, auf die in den letzten 10 Jahren ca. 80 % der Versuche der Grenzverletzungen gerichtet waren.

(2) Die gegenwärtig 650 km minengesperrten Abschnitte der Staatsgrenze (davon 200 km Erdminensperren und 450 km Sperranlagen mit Splitterminen) sind auf 320 km zu reduzieren. Dazu sind die in 30 bis 50 m Abstand von der Staatsgrenze am Grenzzaun (3 m Höhe) montierten 450 km Sperranlagen mit Splitterminen schrittweise abzubauen. Der Grenzzaun (3 m Höhe) verbleibt als Sperr- und Warnzaun und ist entsprechend den Erfordernissen der Lage und dem Stand der Forschung und Entwicklung durch den Einsatz neuentwickelter Grenzsicherungsanlagen mit physikalischen Wirkprinzipien zu ergänzen. Der Abbau der Splitterminen erfolgt nach Umrüstung der in der Tiefe des Schutzstreifens errichteten Grenzsignalzaunanlagen in den betreffenden Abschnitten.

(3) Die zum Teil mit veralteten Minentypen vorhandenen 200 km Erdminensperren sind in ihrer Länge zu erhalten und unter Berücksichtigung der Lagebedingungen und Schwerpunktrichtungen schrittweise bei Verwendung moderner Erdminen zu rekonstruieren.
In der Tiefe des Schutzstreifens sind in besonders gefährdeten Abschnitten bis 120 km Sperranlagen mit Splitterminen im Abstand von ca. 20 m vom Grenzsignal- und Sperrzaun unter Beachtung der geographischen und demographischen Bedingungen neu zu errichten. Die Splitterminenanlagen sind ständig technisch zu vervollkommnen.
(Anlage 2 und 3)

(4) Die Zeiträume und der Umfang zur Verwirklichung der Hauptmaßnahmen sind gemäß Anlage 6 vorgesehen.

3. Hauptmaßnahmen an der Staatsgrenze der DDR zu BERLIN (WEST)

(1) Innerhalb des Stadtgebietes der Hauptstadt der DDR, BERLIN, und ausgewählter Ortslagen im Bezirk Potsdam sind der Ausbau des Grenzabschnittes mit der Grenzmauer 75 als Sperrelement unmittelbar an der Grenzlinie fortzusetzen und weitere Beobachtungstürme vom Typ BT-9 zur Schaffung besserer Beobachtungsmöglichkeiten und zur Gewährleistung der Sicherheit bei Abwehr provokatorischer Handlungen zu errichten. Zur Sicherung unterirdischer Anlagen der U- und S-Bahn im grenzüberschreitenden Verkehr, von Grenzstreckenabschnitten und Wassersperren sind Lichtschrankensignalsysteme zu installieren.

(2) Durch umfassende Rekonstruktion sind die Sperrfähigkeit, Funktionstüchtigkeit und Wirksamkeit der Grenzsignalzaunanlagen an der hinteren Begrenzung des Schutzstreifens zu erhöhen.

(3) Außerhalb des Stadtgebietes der Hauptstadt der DDR, BERLIN, und ausgewählter Ortslagen des Bezirkes POTSDAM ist der Schutzstreifen als vordere Begrenzung mit Grenzzaun I und als hintere Begrenzung mit Grenzsignal- und Sperrzaun auszubauen. Der Ausbau ist im Rahmen der Rekonstruktion bzw. von Hauptinstandsetzungen zu realisieren. In besonders gefährdeten Abschnitten sind Hundelaufanlagen zu errichten.

(4) Im Zusammenhang mit der Rekonstruktion sind veraltete und unzweckmäßige Ausbauelemente, wie Flächen- und Höckersperren, Erdbeobachtungsstellen, Postenhäuser sowie Hundelaufanlagen) im Stadtgebiet der Hauptstadt der DDR, BERLIN, schrittweise beginnend ab 1983, zu entfernen. Damit wird eine Verbesserung des äußeren Bildes des Grenzabschnittes erreicht.
(5) Die Zeiträume und der Umfang zur Verwirklichung der Hauptmaßnahmen sind gemäß Anlage 6 vorgesehen.

4. Wesentliche Konsequenzen, die sich aus der Realisierung des Vorschlages ergeben

(1) Die allseitige Vorbereitung und Durchführung der vorgeschlagenen Maßnahmen, insbesondere die Errichtung von Sperranlagen mit Splitterminen in der Tiefe des Schutzstreifens sowie von Grenzsignal- und Sperrzäunen an der Staatsgrenze der DDR zur BRD, erfordern eine rechtzeitige Abstimmung der Grenztruppen der DDR mit den zuständigen Partei- und Staatsorganen der Grenzbezirke und -kreise sowie den Schutz- und Sicherheitsorganen.

(2) Die Forschung und Entwicklung ist auf die Schaffung von modernen Grenzsicherungsanlagen mit physikalischen Wirkprinzipien ohne Anwendung von Minen und auf die rechtzeitige Bereitstellung von Ergänzungseinrichtungen für die vorhandenen Sperr- und Signalelemente zu konzentrieren.

(3) Zur Durchführung der Rekonstruktionsmaßnahmen bis 1985 sind Finanzmittel in Höhe von ca. 120 Mio Mark erforderlich, die im Rahmen der bestätigten Kennziffern des Material- und Ausrüstungsplanes zur Verfügung stehen.
Für den Zeitraum 1986 bis 1986 betragen die Kosten für die Durchführung der Rekonstruktionsmaßnahmen ca. 196 Mio Mark.
Die durchschnittlichen Kosten/Jahr übersteigen nicht den jährlichen Planansatz des derzeitigen Fünfjahrplanes.
(Anlage 7)

(4) Für die Errichtung der Sperranlagen mit Splitterminen in der Tiefe des Schutzstreifens und für die Hundelaufanlagen werden ca. 340 ha. land- bzw. forstwirtschaftliche Fläche neu benötigt.
(Anlage 7)

38.

MINISTERRAT
DER DEUTSCHEN DEMOKRATISCHEN REPUBLIK
MINISTERIUM FÜR NATIONALE VERTEIDIGUNG
Der Minister

Berlin, den 11.10.1983

Geheime Verschlußsache
GVS-Nr. : A 454 371
1. Ausfertigung = 3 Blatt

Generalsekretär des Zentralkomitees der
Sozialistischen Einheitspartei Deutschlands und
Vorsitzenden des Nationalen Verteidigungsrates
der Deutschen Demokratischen Republik
Genossen Erich H o n e c k e r

Werter Genosse H o n e c k e r !

zum weiteren schrittweisen Abbau von Anlagen als vorderes Sperrelement erlaube ich mir, Dir auf der Grundlage des Beschlusses des Nationalen Verteidigungsrates vom 01.07.1983 den Abbau von weiteren fünf Anlagen an der Staatsgrenze zur BRD noch im Jahre 1983 vorzuschlagen.

Davon
1. im Grenzregiment 24 SALZWEDEL, eine Anlage vom 12.10. bis 08.11.1993
2. im Grenzregiment 23, KALBE, eine Anlage vom 24.10. bis 11.11.1983
3. im Grenzregiment 1, MÜHLHAUSEN, eine Anlage vom 24.10. bis 01.11.1983 sowie
4. im Grenzregiment 10, PLAUEN, je eine Anlage vom 12.10. bis 31.10. und
5. vom 14.11. bis 30.11.1983.

Damit wären 1983 insgesamt zehn Anlagen mit einer Sperrlänge von 48 km (ca. 10 % des Gesamtbestandes) entfernt.
Die Lage der entsprechenden Grenzabschnitte erlaube ich mir, im Schema beizufügen.

Der Abbau der Sperranlagen erfolgt in Übereinstimmung mit der Errichtung der neuen „Grenzsignal- und Sperrzäune“ in der Tiefe des betreffenden Abschnittes.

Zur Weiterführung dieser Arbeiten schlage ich vor:

- Auf Grund des zu erwartenden Winters die Ausbaumaßnahmen im Zeitraum vom 01.12. 1983 bis zum 28.02.1984 auszusetzen sowie
- den weiteren Ausbau in Abhängigkeit von der Witterung im Monat März/April 1984 fortzusetzen.

Ich bitte um Kenntnisnahme und Bestätigung der unterbreiteten Vorschläge bzw. um Deine Weisung.

Mit sozialistischem Gruß

H o f f m a n n
Armeegeneral

39.

GENERALSTAATSANWALT
DER DEUTSCHEN DEMOKRATISCHEN REPUBLIK — Berlin, den 28.05.1990

Stellvertreter des Generalstaatsanwaltes
und Militäroberstaatsanwalt

Az. VII -1520 -90

Ministerrat der DDR
Ministerium für Abrüstung und Verteidigung
Herrn Minister Eppelmann

Werter Herr Minister Eppelmann!

....

Wird die Perspektive der Mitarbeiter (der Militärstaatsanwaltschaft, d. Autor) nicht umgehend geklärt, entsteht mit dem weiteren unkontrollierten Abgang befähigter Kader ein rechtloser Raum in den bisherigen Zuständigkeitsbereichen der Militärjustiz, der kurzfristig nicht auszufüllen ist. Damit ist die ordnungsgemäße Bewältigung wichtiger Aufgaben wie

- die Bearbeitung von Verfahren gegen leitende Mitarbeiter des ehemaligen Ministeriums für Staatssicherheit;
- **die Untersuchung von Vorkommnissen an der Staatsgrenze im Zusammenhang mit dem Schießbefehl**;
- die Arbeit der Rehabilitierungsersuchen;
- die Wahrnehmung zwischenstaatlich geregelter Pflichten bei Straftaten Angehöriger der WGS;
- die Verfolgung aktueller Kriminalitätserscheinungen

ernsthaft gefährdet.

Hochachtungsvoll
Bösel

40.

Ministerrat der Deutschen Demokratischen Republik
Ministerium für Abrüstung und Verteidigung

B E F E H L Nr. 49/90
des Ministers für Abrüstung und Verteidigung
über
die Auflösung der Grenztruppen
vom 21.09.1990

Zur Auflösung der Grenztruppen der DDR

B E F E H L E I C H:

1. (1) Die Führungsorgane, Verbände, Truppenteile und Einrichtungen der Grenztruppen der DDR sind aufzulösen.
Die Übernahme von Angehörigen und Zivilbeschäftigten der Grenztruppen erfolgt nach den Regelungen des Einigungsvertrages.

(2) Zur Führung des Prozesses der Auflösung der Grenztruppen ist aus dem Bestand des Kommandos der Grenztruppen und aus den Stäben der Grenzbezirkskommandos ein zentraler Auflösungsstab im Standort PÄTZ und Auflösungskommandos in den Standorten STENDAL, ERFURT und BERLIN-RUMMELSBURG zu formieren.

2. (1) Berufssoldaten und Zivilbeschäftigte, die vom Grenzschutz übernommen werden, sind bis zum 30.09.1990 zu entlassen.

(2) Die vom Grenzschutz benötigten Objekte der Grenztruppen sind in Verantwortlichkeit des Chefs Militärbauwesen und Unterbringung/Ökologie bis 30.09.1990 zur Nutzung zu übergeben.

3. Berufssoldaten und Zivilbeschäftigte, die ab 03.10.1990 nicht weiterverwendet werden, gehen in den Wartestand und sind im Befehl bzw. Verfügung über Personalentscheidungen zu erfassen und nach den Verfahrensregeln des Einigungsvertrages zu entlassen.

4. (1) Die sich im Bestand der Grenztruppen befindlichen Unteroffiziere auf Zeit, Soldaten auf Zeit und Soldaten im Grundwehrdienst sind mit Wirkung vom 28.09.1990 zu den Landstreitkräften zu versetzen.
(2) Unteroffiziere auf Zeit, Soldaten auf Zeit und Soldaten im Grundwehrdienst, die planmäßig Ende Oktober 1990 ihren Wehrdienst beenden, sind mit Wirkung vom 27.09.1990 vorzeitig wegen struktureller Veränderungen aus dem aktiven Wehrdienst zu entlassen.

(3) Unteroffiziere auf Zeit und Soldaten auf Zeit, die nicht bereit sind, den Dienst in der NVA bzw. Bundeswehr fortzusetzen, und die Ende Oktober 1990 mindestens 12 Monate Wehrdienst geleistet haben, sind wegen struktureller Veränderungen mit Wirkung vom 27.09.1990 vorzeitig aus dem aktiven Wehrdienst zu entlassen.

(4) In Vorbereitung der Versetzung hat der Chef der Grenztruppen dem Chef der Landstreitkräfte bis zum 21.09.1990 die Anzahl der Unteroffiziere und Soldaten, die zur NVA zu versetzen sind, nach Truppenteilen/Einheiten und Einrichtungen zu übergeben.

(5) Der Chef der Landstreitkräfte hat dem Chef der Grenztruppen bis 24.09.1990 mitzuteilen, in welche Truppenteile und Einrichtungen diese Angehörigen der Grenztruppen zu versetzen sind. Bei der Versetzung sind die Festlegungen des heimatnahen Einsatzes zu berücksichtigen.

(6) Der Chef der Grenztruppen hat dem Chef des Hauptstabes der NVA fernschriftlich bis 01.10.1990 die Anzahl der versetzten Unteroffiziere auf Zeit, Soldaten auf Zeit und Soldaten im Grundwehrdienst sowie die Zahl der Entlassungen zu melden.

5. Die Waffen und die Munition der Grenztruppen sind abzuverfügen.
Dazu sind die Waffen und die Munition bis 30.09.1990 in Standorten der Grenztruppen zwischenzulagern und zur Übergabe vorzubereiten (Anlage)
Der Abtransport der Waffen und der Munition in zentrale Lager der Bundeswehr sollen bis 30.11.1990 erfolgen.

6. (1) Die Arbeiten zum Abbau der Grenzsicherungs- und Ausbildungsanlagen, zum Rückbau der fernmeldetechnischen Anlagen sowie zur Rekultivierung und Herstellung der Sicherheit in Abschnitten ehemaliger Minensperren sind fortzusetzen.

(2) Der Abbau der Grenzsicherungsanlagen in BERLIN und im Bezirk POTSDAM sollen bis zum 01.12.1990 abgeschlossen sein.

(3) In den Abschnitten ehemaliger Minensperren (12 Abschnitte mit insgesamt 35 km) sind mindestens 4 Arbeits- und Räumkommandos der Grenztruppen einzusetzen.

(4) Der Abbau der Grenzsicherungsanlagen in BERLIN und im Bezirk POTSDAM sowie die Herstellung der Sicherheit in den Abschnitten ehemaliger Minensperren ist durch den Einsatz von Truppen der Landstreitkräfte zu unterstützen.
Über Umfang und Art der durchzuführenden Arbeit und der einzusetzenden Kräfte nach dem 02.02.1990 entscheidet der Bundesminister der Verteidigung.

7. Die 337 Objekte, die durch die Grenztruppen noch genutzt werden, sind bis zur Abgabe an andere Rechtsträger bzw. Nutzer in Verantwortlichkeit des Leiters des Auflösungsstabes zu sichern und ihre Betreibung zu gewährleisten.

8. Die materiellen und technischen Mittel sowie die Kfz-Technik sind zu sichern und an die Bundeswehr abzuverfügen sowie durch Vermarktung bzw. Vernichtung lückenlos aufzulösen.
Dazu sollen die materiellen Mittel und Technik aus den Einheiten, Truppenteilen und Einrichtungen in den bestehenden Depots und Lagern sowie weiteren geeigneten Depots bis 30.10.1990 konzentriert werden. Diese geeigneten Objekte sind bis 30.09.1990 an den Chef der NVA zu melden.

9. Die Truppenfahnen, Fahnenschleifen, Kasernenschilder und museale Gegenstände sind bis zum 02.10.1990 dem Militärhistorischen Museum DRESDEN protokollarisch zu übergeben.
Eine Ausfertigung des Übergabeprotokolls ist dem Leiter der Abteilung Innerer Dienst im Ministerium für Abrüstung und Verteidigung zu übergeben.

10. Der Chef der Grenztruppen, Generalmajor T e i c h m a n n, Dieter, hat die Dienstgeschäfte bis zum 27.09.1990 an Oberst Dr. H ö r n l e i n, Jürgen, zu übergeben.
Das Übergabeprotokoll ist dem Chef der NVA am 28.09.1990 vorzulegen.

11. Dieser Befehl tritt mit sofortiger Wirkung in Kraft und ist, außer der Urschrift, bis zum 31.12.1993 zu vernichten

Strausberg, den 21.09.1990 Rainer Eppelmann

Anlage

Bestand an Waffen und Munition der Grenztruppen, ihre Zwischenlagerung in Lagern der Grenztruppen und die Abverfügung an zentrale Lager der NVA

1. Schützenwaffen Gesamt: 54 260 Stück
- Auflösungsstab STENDAL: Gesamtbestand 16 750 Stück
Zwischenlagerung in den Standorten: GRABOW, PERLEBERG, TANGERMÜNDE, HALBERSTADT, SALZWEDEL
Einlagerung in der Raketentechnischen Basis-2, Standort BRÜCK

- Auflösungsstab ERFURT: Gesamtbestand 18 350 Stück
Zwischenlagerung in den Standorten: SUHL, PLAUEN, KAHLA, HEILIGENSTADT, SONNEBERG, MEININGEN
Einlagerung im Raketen- und waffentechnischen Lager -2, Standort: HENNERSDORF, Kr. FINSTERWALDE
- Auflösungsstab BERLIN: Gesamtbestand 19 160 Stück
Zwischenlagerung in den Standorten: BERLIN-RUMMELSBURG, BERLIN-WILHELMSHAGEN, HENNIGSDORF
Einlagerung in der Raketentechnischen Basis-2, Standort: BRÜCK

Die Übernahmetermine sind zwischen dem Übergebenden und dem Kommandeur der RTeB-2 bzw. dem Leiter des RWTL-2 abzustimmen.

2. Munition Gesamt: 3 060 t
- Auflösungsstab STENDAL: Gesamtbestand 900 t
Zwischenlagerung in den Standorten PERLEBERG, HALBERSTADT, SALZWEDEL
Einlagerung im ML-32 (WOLFSRUH) bis 30.11.1990
Verantwortlich für Vorbereitung Lagerräume, Umschlag und Transport der Munition: Chef Landstreitkräfte in Zusammenarbeit mit dem Chef der Grenztruppen

- Auflösungsstab -Erfurt: Gesamtbestand 800 t
Zwischenlagerung in den Standorten: HEILIGENSTADT, MEININGEN, SONNEBERG, SUHL, PLAUEN, KAHLA
Einlagerung im ML des VL KAHLA bis 30.10.1990
Verantwortlich: Chef der Grenztruppen

- Auflösungsstab BERLIN: Gesamtbestand 1 360 t

Zwischenlagerung in den Standorten: BERLIN-RUMMELSBURG, BERLIN-WILHELMS-HAGEN, HENNIGSDORF, ML-26/52

Einlagerung im ML -26/52 bis 30.10.1990

Verantwortlich Chef der Grenztruppen in Zusammenarbeit mit CRWD/MfAV

Umunterstellung des ML des VL KAHLA als Teillager des KL-22 (ROTHENSTEIN) bis 15.11.1990

Teil II

Rechtliche Grundlagen der Schußwaffengebrauchsbestimmungen

41.

Berlin, d. 9.11.63

Einige Fragen zur Anwendung des § 18 des MStG[1]

In der Vergangenheit traten einige Probleme bei der Anwendung des § 18 des MStG in Erscheinung, die in unmittelbaren Zusammenhang mit der gegenwärtigen Situation an der Staatsgrenze zu Westdeutschland und zu Westberlin stehen. In erster Linie ist die Frage zu beantworten, inwieweit Kontakte zwischen Angehörigen unserer Grenztruppen und Angehörigen westdeutscher und westberliner Organe gerechtfertigt sind, oder ob sie Disziplinarvergehen, Militärstraftaten im Sinne des § 18 MStG oder darüber hinaus Verbrechen im Sinne des § 16 MStEG[2] darstellen. Im Folgenden wurden in diesem Zusammenhang insbeson-dere solche Komplexe wie Abgrenzung zwischen Disziplinarvergehen und Militärstraftat und Gefährdung der Sicherheit der Staatsgrenze behandelt, da diese Fragen auch bis zu einem gewissen Grade für weitere Tatbestände des MStG von Bedeutung sind.

Aus den bisher bearbeiteten Strafverfahren, denen „Kontaktaufnahme“ zugrunde liegt, konnte die Feststellung getroffen werden, daß an der Westgrenze und in den letzten Monaten in

---

[1] § 18 MStG GBL Teil I Nr. 2 vom 25. Januar 1952. „Verletzung der Vorschrift über den Grenzdienst: (1) Wer Vorschriften oder andere dienstliche Regelungen des Grenzdienstes verletzt und dadurch die Sicherheit der Staatsgrenze gefährdet, wird mit Gefängnis oder Strafarrest bestraft. (2) Auf Zuchthaus bis zu acht Jahren kann erkannt werden, wenn a) die Straftat in einer Zeit begangen wurde, in der verstärkte Sicherungsmaßnahmen befohlen waren oder b) wenn der Täter ein für die Organisierung des Grenzdienstes verantwortlicher Offizier war.“

[2] Ergänzung zum Besonderen Teil des Strafgesetzbuches, GBl Teil I Nr. 78 vom 23. Dezember 1957: „§ 14 Spionage. Wer es unternimmt, Tatsachen, Gegenstände, Forschungsergebnisse oder sonstige Nachrichten, die im politischen oder wirtschaftlichen Interesse oder zum Schutze der Deutschen Demokratischen Republik geheimzuhalten sind, an andere Staaten oder deren Vertreter, an Organisationen oder Gruppen, die einen Kampf gegen die Arbeiter-und-Bauern-Macht oder andere friedliebende Völker führen, oder deren Vertreter oder Helfer auszuliefern oder zu verraten, wird wegen Spionage mit Zuchthaus nicht unter drei Jahren bestraft; auf Vermögenseinziehung kann erkannt werden.“ …
„§ 16 Verbindung zu verbrecherischen Organisationen oder Dienststellen. Wer zu den in § 14 genannten Stellen oder Personen in Kenntnis ihrer gegen die Arbeiter-und-Bauern-Macht oder andere friedliebende Völker gerichtete Tätigkeit in Verbindung tritt, wird mit Gefängnis bis zu drei Jahren bestraft.“

verstärkten Maße an der Staatsgrenze zu Westberlin der Gegner mit größerer Intensität und zum Teil mit neuen Methoden psychologischen Einfluß auf die Angehörigen unserer Grenztruppen nimmt. Die breite Skala dieser Tätigkeit des Gegners reicht dabei vom Tagesgruß und scheinbar unverfänglichen Zurufen, über das Anbieten von Zigaretten u.a. bis zu Beschimpfungen, Bedrohungen und Aufforderungen zur Fahnenflucht. Der tiefere Inhalt dieser Methode des Feindes ist das Bestreben des deutschen Imperialismus und Militarismus, das gesamte System unserer Grenzsicherung „durchlässig" zu machen, den Soldaten den Unglauben an die Rechtmäßigkeit ihrer Aufgaben zu suggerieren und damit Disziplinlosigkeit, politische Unklarheit sowie Nachsicht gegen jegliche Form der Anschläge auf unsere Staatsgrenze bei unseren Grenzsoldaten und schließlich Fahnenfluchten zu erreichen.

Es bedarf keiner weiteren Erläuterungen, daß diese Tätigkeit der verschiedenen westdeutschen und westberliner Organe ein wesentlicher Bestandteil der psychologischen Kriegsführung, besonders im berliner Raum ist und daß keinesfalls dieser Teil in irgendeiner Form durch die Kommandeure, Politorgane und auch durch die Militärstaatsanwälte unterschätzt werden darf.

Die von den Militärstaatsanwälten der Kommandos Grenztruppen und Stadtkommandant Berlin erarbeiteten Analysen über Fahnenfluchten im Jahre 1963 lassen deutlich sichtbar werden, wie die psychologische Beeinflussung durch den Gegner eine wesentliche Ursache für eine später begangene Fahnenflucht oder Nichtanwendung der Schußwaffe im Falle eines Grenzdurchbruches war. Der Ausgangspunkt war vielfach ein scheinbar belangloses Gespräch mit westdeutschen Zöllnern, Angehörigen des BGS oder der Düpo, welches unter dem Aspekt der Unterhaltung zwischen „guten Deutschen" oder „wir sind auch Arbeiter" geführt wurde.
Inhaltlich ergibt sich daraus die besondere Aufgabe, in politisch-ideologischer Hinsicht durch die Kommandeure und Polit-Organe und durch die Partei- und FDJ-Organisationen unseren Soldaten anhand der gegebenen Fakten, wie Plakate auf westberliner und westdeutschem Gebiet, durch den Gegner abgeworfene Flugzettel a.a., die Absichten und Ziele des Feindes, das Demagogische seines Auftretens konkret zu erläutern. Nur insoweit besteht die Möglichkeit, daß die Feindarbeit nicht unerkannt bleibt und wirkungslos gemacht werden kann. Die politische Erziehung der Angehörigen unserer Grenztruppen bleibt deshalb nach wie vor das Kernproblem und ist die wesentlichste Voraussetzung für die Beseitigung der Erscheinungen, die gegenwärtig noch an unserer Staatsgrenze eine Rolle spielen. Die Anwendung des Strafrechts zur Lösung solcher politisch-ideologischer Probleme kann deshalb nur ergänzend wirken.

Selbstverständlich ist eine solche Aufgabe nicht von heute auf morgen zu lösen. Der komplizierte Prozeß der Entwicklung des Bewußtseins unserer Menschen wird es auch in der nächsten Zeit mitsichbringen, daß Unklarheiten in der Haltung einzelner Grenzsoldaten zum Gegner in der Form in Erscheinung treten, daß in irgendeiner Art und Weise, entgegen den bestehenden Vorschriften, Kontakte zu westberliner oder westdeutschen Organen im Rahmen des Grenzdienstes aufgenommen werden. Umsomehr zwingt es uns dazu, diesem Teil der politischen Erziehungsarbeit grössere Aufmerksamkeit zu schenken und schließlich bei der strafrechtlichen Würdigung solcher Vorkommnisse diese Problematik nicht außer acht zu lassen.

Die Notwendigkeit einer wirksameren politischen Erziehungsarbeit kann aber nur die eine Seite sein, die andere Seite ist die Tatsache, daß bis zum gegenwärtigen Zeitpunkt unsere Grenzsoldaten auf ideologischem Gebiet gegenüber dem Gegner eine ausgesprochen defensive Haltung an den Tag legen müssen. Es handelt sich hierbei um eine Defensive, die gegenwärtig nicht mehr dem Entwicklungsstand des Bewußtseins unserer Soldaten, Unteroffiziere und Offiziere entspricht, die jedoch durch bestehende Vorschriften und Befehle erzwungen ist. Die verständliche, dem Entwicklungsstand und dem Charakter unseres Staates entsprechende Forderung ist eine progressive ideologische Haltung unserer Grenzsoldaten gegenüber den Angehörigen westlicher Organe. Eine solche Forderung setzt eine umfangreiche und qualitativ hochwertige politische Erziehungsarbeit voraus. Umfangreiche und sorgfältige Vorbereitungen und nicht zuletzt eine richtige Kaderarbeit müssen die Garantie schaffen, daß eine solch progressive ideologische Haltung nicht den Kontaktaufnahmen Tür und Tor öffnet.
Die bisherigen Ausführungen, die sich zwar nicht auf die unmittelbare Arbeit der Militärstaatsanwälte beziehen, sind insoweit erforderlich, da der gesamte Fragenkomplex in vieler Hinsicht bestimmend für den Inhalt und die rechtliche Würdigung derartiger „Kontaktaufnahmen“ sind.
Die grundsätzliche Frage, die sich bei der Prüfung und Einschätzung einer „Kontaktaufnahme“ ergibt, ist die Frage, ob die Handlung zu billigen ist, ob es sich um ein Disziplinarvergehen oder um eine Militärstraftat im Sinne des § 18 MStG handelt. Zu lösen ist diese Frage nur damit, daß die Feststellung nach dem Vorliegen oder Nichtvorliegen der Gesellschaftsgefährlichkeit der Handlung getroffen wird.

Es muß erneut darauf hingewiesen werden, daß es sich bei den Handlungen im Sinne des § 18 MStG um Militärstraftaten handelt, also qualitativ etwas grundsätzlich anderes als Disziplinarstrafen darstellen. Das erfordert, daß bei Vorschriftenverletzungen besondere Anforderungen an den Umfang, die Intensität und die Auswirkungen der Handlung gestellt werden müssen. Ein Disziplinarvergehen ist eben eine Handlung, die zwar politisch-moralisch verwerflich, und für die Aufrechterhaltung der militärischen Disziplin und Einsatzbereitschaft nachteilig ist, der aber das entscheidende Merkmal der Gesellschaftsfährlichkeit fehlt. Diese Abgrenzung bereitet zweifelsohne die größten Schwierigkeiten. In diesem Zusammenhang wird nochmals auf die Veröffentlichungen in der „Militärjustiz“ Nr. 4/62 u. 5/63 hingewiesen.
In einigen bisherigen Verfahren erfolgte die Einschätzung der Gesellschaftsgefährlichkeit nach rein subjektiven Erwägungen, die sich aus der Rolle des deutschen Imperialismus und seinen Methoden an unserer Staatsgrenze und aus der Lage im eigenen Zuständigkeitsbereich des Militärstaatsanwaltes ergaben. Unter dem Druck äußerer Umstände wurde dort versucht, die Gefährlichkeit des deutschen Imperialismus im allgemeinen auf das Handeln des die Grenzdienstvorschrift verletzenden Grenzsoldaten umzulegen. D.h., in diesen Verfahren bestimmte die Aggressivität des deutschen Imperialismus die Schuld des Grenzsoldaten, der in Ausübung seines Dienstes Vorschriften oder Befehle verletzt hatte. Die grundsätzliche Forderung, die Gesellschaftsgefährlichkeit einer Handlung im Sinne des § 18 MStG aus der Art und Weise, der Intensität und aus dem Inhalt der militärischen Pflichtverletzung, den Motiven des Täters, seinen Zielen und schließlich unter Beachtung seiner Persönlichkeit zu bestimmen, wurde gröblichst verletzt. Im Grunde genommen bedeutet ein solches Herangehen nichts anderes als ein Vertreten der sogenannten Schwerpunktstheorie, als eine willkürliche Festlegung be-

stimmter Straftatbestände als solche, bei denen die Würdigung als Disziplinarvergehen bzw. bei Vorliegen von Gesellschaftsgefährlichkeit die Abgabe an den Kommandeur oder eine bedingte Verurteilung auszuschließen sei.

Es ist deshalb kein Platz für die Einschätzung nach Gesichtspunkten einer allgemeinen Gesellschaftsgefährlichkeit - weder bei § 18 MStG noch bei allen anderen Straftatbeständen des MStG. Nur eine konkret festgestellte Gesellschaftsgefährlichkeit bei „Kontaktaufnahmen" oder anderen Handlungen im Sinne des § 18 MStG kann das Kriterium für das Vorliegen einer Militärstraftat überhaupt sein.
Es ergibt sich aus der Besonderheit der Straftatbestände gegen die militärische Disziplin, daß im noch viel stärkeren Maße als bei anderen Straftatbeständen die Handlung zwar dem Wortlaut eines Straftatbestandes entspricht, aber ihrem Inhalt nach nur als Disziplinarverstoß zu werten ist.
Die Möglichkeiten der Ahndung einer solchen Handlung oder besser die Möglichkeit des unmittelbaren erzieherischen Einflusses auf die die Vorschrift verletzende Militärperson und alle anderen Militärpersonen reichen deshalb von der disziplinaren Maßnahme durch den Kommandeur ohne Einleitung eines Ermittlungsverfahrens über die Entscheidung des Militärstaatsanwaltes gem. § 164 a StPO in Verbindung mit § 4 MGO bis zur Entscheidung des Militärgerichts auf Strafarrest, bedingte oder unbedingte Verurteilung.

Es wird nicht nicht möglich sein, besonders für die Abgrenzung eines Disziplinarvergehens von einer Militärstraftat, ein feststehendes Schema der meßbaren Kriterien zu geben.

Aber einige Gesichtspunkte müssen immer beachtet werden. Ausgangspunkt sollte stets die Frage nach dem Motiv der Handlung sein. Ein wesentlicher Unterschied besteht darin, ob die „Kontaktaufnahme" das positiv zu wertende Reagieren eines Grenzsoldaten auf ein Ansprechen oder Provozieren durch einen Angehörigen westlicher Grenzorgane oder Zivilpersonen ist, ob die Kontaktaufnahme von unseren Grenzsoldaten mit dem Ziel des Erbettelns von Zigaretten u.a., ob sie mit dem Ziel sich „Abwechslung" im Grenzdienst zu verschaffen oder ob die Kontaktaufnahme mit dem Ziel der Erforschung von Fluchtmöglichkeiten und damit zusammenhängenden Problemen erfolgt ist.
Grundsätzlich wird dabei immer die Frage auftreten, ob es sich um einen Disziplinarverstoß oder um eine Militärstraftat handelt, nicht zuletzt unter dem Gesichtspunkt der objektiven Bedingungen der Strafbarkeit im § 18 MStG, der „Gefährdung der Sicherheit der Staatsgrenze". In diesem Zusammenhang ist darauf hinzuweisen, daß diese objektive Bedingung der Strafbarkeit nicht vom Täter subjektiv erfaßt werden braucht. Würde eine solche Forderung gestellt werden, wird es kaum möglich sein, selbst schwerwiegende Verletzungen der Grenzdienstvorschrift als Militärverbrechen einzuschätzen, da in den meisten Fällen während der Tatausführung diese Gefährdung der Sicherheit der Staatsgrenze durch den die Vorschrift verletzenden Grenzsoldaten nicht erfaßt wird. Die Folgen würden darin bestehen, daß der § 18 MStG seine zwingend notwendige Schutzfunktion nur unzureichend erfüllen könnte.

Gegenwärtig wird jedoch in noch zu starkem Maße bei Vorschriftenverletzungen die Gefährdung der Sicherheit der Staatsgrenze überbetont oder sogar konstruiert. Insoweit ist es nur ein kleiner Schritt, aus subjektiven Erwägungen die Gesellschaftsgefährlichkeit der Handlung zu konstruieren. Obwohl die Vorstellungen der Verantwortlichen bei der Erarbeitung eines neuen

Strafgesetzbuches dahin gehen, bei den Tatbeständen über die Vorschriftenverletzung die objektive Bedingung der Straftbarkeit in Wegfall zu bringen, darf diese gegenwärtig nicht willkürlich als erfüllt angesehen werden, wenn z.B. eine „Kontaktaufnahme" vorliegt. Richtig ist, und das gilt jetzt wie auch nach Erlaß eines neuen Gesetzes, daß bei Kontaktaufnahmen nicht immer die Sicherheit der Staatsgrenze gefährdet ist. Derartige Handlungen können ausgesprochene Disziplinarvergehen sein. Eine Lösung dieses Problemes ist deshalb nur möglich, wenn das Vorliegen von Gesellschaftsgefährlichkeit das Kriterium zur Abgrenzung von einem Disziplinarvergehen ist. Von einer allgemeinen Gefährdung der Sicherheit der Staatsgrenze, ob in militärischer oder politisch-ideologischer Hinsicht zu sprechen, ist genau so falsch, wie von einer allgemeinen Gesellschaftsgefährlichkeit zu sprechen. Im Prinzip ist eine tatsächlich echte Gefährdung der Sicherheit der Staatsgrenze der Ausdruck der Gesellschaftsgefährlichkeit der Handlung.
Es ist unreal und nichts weiter als das Zeichen dafür, daß sich der Militärstaatsanwalt von den Ereignissen in seinem Zuständigkeitsbereich an der Grenze getrieben fühlt, wenn er das Schlafen des Postenführers (der Posten wacht in dieser Zeit) als eine Gefährdung der Sicherheit der Staatsgrenze und damit als gesellschaftsgefährliche Handlung einschätzt oder wenn ein belangloses Fünfminutengespräch eines Grenzsoldaten mit einem Zöllner vom zugewiesenen Postengebiet aus im gleichen Maße eine Militärstraftat im Sinne des § 18 MStG darstellen soll. Entweder wir wollen Vorschriftenverletzungen als den Ausdruck politischer Unklarheit einzelner Grenzsoldaten fälschlicherweise als allgemeinen Gefährdungszustand an unserer Staatsgrenze deklarieren, oder wir wollen das Problem der Sicherheit der Staatsgrenze vom operativ-militärischen Gesichtspunkt aus einschätzen, d.h., wenn durch die Verletzung der Grenzdienstvorschriften objektiv das System der Unantastbarkeit unserer Staatsgrenze angegriffen ist.
Das Vorliegen der Gefährdung der Sicherheit der Staatsgrenze nur von der Zielrichtung des Gegners abhängig zu machen, d.h. von seinen Versuchen der politisch-ideologischen „Aufweichung", kann deshalb nicht überzeugen, da diese Zielrichtung des Gegners auch bei den geringfügigsten Disziplinarverletzungen von Grenzsoldaten während des operativen Grenzdienstes gegeben ist.
Es muß deshalb eine Gefährdung in der Art vorliegen, die konkret meßbar an einer bestimmten Zeitdauer der Nichtsicherung der Staatsgrenze, der sogenannten „Verbrüderung" mit Angehörigen der westlichen Grenzschutzorgane oder des im Gespräch erfolgten Geheimnisverrates und Absprachen bezüglich einer möglichen Fahnenflucht u.ä. ist.
Tatsächlich eingetretene Folgen wie z.B. ein erfolgter Grenzdurchbruch oder eine Fahnenflucht sind grundsätzlich etwas anderes als die durch die vorgenannten Formen eingetretene Gefährdung der Sicherheit der Staatsgrenze, soweit ein unmittelbarer mit den Folgen im Zusammenhang stehender Verstoß gegen Vorschriften vorliegt.
Die meßbaren Kriterien für eine Abgrenzung zwischen Disziplinarverstoß und Militärstraftat sollten folgende sein:

Zu prüfen ist zunächst die Intensität der Handlung. Dazu gehören bei Kontaktaufnahmen solche Fragen wie die Dauer der geführten Gespräche, die Anzahl der an der Kontaktaufnahme beteiligten Grenzsoldaten, die Anzahl der bereits vorher durchgeführten Kontaktauf-

nahmen sowie die Frage, ob sich die Handlung aus der Situation heraus ergab oder speziell eine Verabredung in dieser Hinsicht vorgelegen hat.
Eine weitere Frage ist die nach dem Inhalt der Kontaktaufnahme. Zu beachten ist, inwieweit im Gespräch mit Angehörigen der westlichen Grenzorgane Spionageangaben, dienstliche Angelegenheiten oder andere Hinweise über bestimmte Erscheinungen im Grenzgebiet gemacht wurden. Weiterhin ist zu prüfen, ob hetzerische oder verleumderische oder entstellende Äußerungen über unseren Staat oder über die NVA gemacht wurden, ob es sich bei der Kontaktaufnahme um das Bestreben einzelner Grenzsoldaten handelt, Zigaretten oder andere Geschenke zu erbetteln oder ob die Kontaktaufnahme mit dem Ziel erfolgte, für dritte Personen eine Verbindung nach Westdeutschland oder Westberlin herzustellen.
Ein weiterer Komplex ist die Art und Weise der Verletzung der Grenzdienstvorschriften. Dabei ist besonders zu beachten, inwieweit die Handlung letzten Endes eine Aufhebung des erhaltenen Kampfauftrages darstellt, ob sie z.B. aus einer gedeckten Stellung heraus erfolgte und somit dem Gegner Einblick in das System unserer Grenzsicherung gewährte, ob sich das Postenpaar gegenseitig vor Überraschung durch eine Kontrollstreife absichert, ob die Kontaktaufnahme geplant und intensiv vorbereitet ist, ob der Grenzsoldat zur Durchführung der Kontaktaufnahme die eigene Sperre überwindet, oder ob die Kontaktaufnahme letzten Endes eine Verführung Untergebener durch Vorgesetzte darstellt. Ein weiterer Komplex ist die Untersuchung, mit wem Kontakt aufgenommen wurde. Es ist ein wesentlicher Unterschied, ob es sich um Angehörige der westdeutschen oder westberliner Grenzorgane oder um Zivilpersonen handelt. Vielfach wird sich auch aus den geführten Gesprächen schlußfolgern lassen, inwieweit Zivilpersonen im Auftrage bestimmter Geheimdienststellen an der Grenze tätig waren.
Schließlich ist auch die Täterpersönlichkeit zu beachten, insbesondere seine Stellung als Vorgesetzter oder Unterstellter, seine Einstellung zu unserem Staat und wie bereits anfangs ausgeführt, auch die Motive seines Handelns und der Stand seines Bewußtseins.
In der Regel werden verschiedene Kriterien zusammentreffen.

Ein überprüftes Strafverfahren beim Militärstaatsanwalt der 4. Grenzbrigade läßt erkennen, daß inhaltlich das gesamte Problem der Gesellschaftsgefährlichkeit und der Gefährdung der Sicherheit der Staatsgrenze dadurch auf den Kopf gestellt wurde, daß ein Grenzsoldat deshalb wegen Verletzung des § 18 MStG gerichtlich bestraft wurde, weil er u.a. provokatorische Äußerungen westberliner Zivilpersonen während des Grenzdienstes mit gleichermaßen „kräftigen“ Ausdrücken erwiderte und auf die Beschimpfungen hin die westberliner Bürger z.T. im Beisein anderer Grenzsoldaten lächerlich machte. Selbst, daß derartige Handlungen fünfmal in ähnlicher Art und Weise begangen wurden und in einem Fall der Grenzsoldat eine herübergeworfene Schachtel Zigaretten aufhob, weil sein eigener Tabak im Laufe des Grenzdienstes von ihm verschüttet wurde, kann eine konkrete Gefährdung der Sicherheit der Staatsgrenze nicht begründen. Mit diesem Urteil wird zwar bescheinigt, daß der Grenzsoldat bestehende Vorschriften verletzt hat, aber irgendwie muß dabei der Gedanke auftreten: „Der hat es denen da drüben ganz schön gegeben.“ Betrachtet man in diesem Zusammenhang die Persönlichkeit des Verurteilten, dessen positive Entwicklung und bisherige gute Dienstdurchführung, dann erhebt sich noch stärker die Frage, ob es sich hier überhaupt um Kriminalität handelt. Wenn wir in jeder Vorschriftenverletzung eine Militärstraftat sehen, dann ist es nichts

weiter als eine Nachtrabspolitik und der kümmerliche Versuch, das Straftrecht als Allheilmittel der Erziehung zu betrachten.
In noch zu vielen geringfügigen Einzelheiten wird immer und irgendwo eine Gefährdung gesehen und dabei geht der Überblick über die Handlungen, die tatsächlich - in Bezug auf den § 18 MStG - eine Gefährdung der Unantastbarkeit unserer Staatsgrenze darstellen, verloren. Es gibt ausreichend Beispiele für die richtige Anwendung des § 18 MStG, die etwas qualitativ anderes als ein Disziplinarvergehen beinhalten, z.B. der längere Aufenthalt eines Postenpaares in einer Gaststätte, das bewußte Verlassen des Postengebietes oder das systematisch und verabredete gemeinsame Schlafen während des Dienstes an der Staatsgrenze, organisierte und andauernde Zusammenkünfte mit Angehörigen westlicher Grenzorgane, also alles Handlungen, die praktisch den jeweiligen erhaltenen Kampfauftrag aufheben.
Es ist selbstverständlich, daß die genannten Kriterien nicht nur für die Abgrenzung zwischen Disziplinarvergehen und Militärstraftat von Bedeutung sind, sondern auch für die Entscheidung des Militärstaatsanwaltes, ob Abgabe an den Kommandeur, bedingte oder unbedingte Verurteilung zu erfolgen hat.
Besondere Beachtung verdient weiterhin die Frage der Anwendung des § 16 StEG neben dem § 18 MStG. Inhaltlich handelt es sich beim § 16 StEG um einen Tatbestand aus dem Abschnitt der Staatsverbrechen. Es bedarf meines Erachtens keiner speziellen Hinweise, daß der § 16 StEG in einem engen Zusammenhang mit den §§ 14 und 15 StEG zu sehen ist und - ausgehend von den Erfahrungen in der Bekämpfung von Staatsverbrechen - alle die Handlungen unter Strafe stellt, die die Vorstufe für eine Spionagetätigkeit für imperialistische Geheimdienste sein können. Dieser Tatbestand trägt demzufolge im starken Maße dem Schutzbedürfnis vor Anschlägen des imperialistischen Geheimdienstes Rechnung. Inhaltlich fordert deshalb der § 16 StEG das Ziel, mit verbrecherischen Organisationen eine Verbindung aufzunehmen, die der Ausgangspunkt für das Erlangen bestimmter politischer Vorteile z.T. auch rein persönlicher Vorteile sind, sich aber auf der Linie der Zusammenarbeit mit verbrecherischen Organisationen bewegen.
Soweit es sich um Kontaktaufnahmen von Angehörigen unserer Grenzsicherungsorgane handelt, so kann das Vorliegen der Tatbestandsmäßigkeit des § 16 StEG nicht absolut verneint werden. Eine Anwendungsmöglichkeit besteht jedoch nur dort, wo eine solche, die vorgenannte Zielrichtung umfassende Kontaktaufnahme vorliegt, insbesondere in den Fällen in denen Grenzsoldaten organisierte und zielgerichtete Treffs durchführen, Hinweise auf Bürger geben, die auf westberliner oder westdeutschem Gebiet mit ihrem Handeln offen gegen das Vorgehen westlicher Grenzorgane Stellung nehmen u.ä.. Vielfach werden in diesen Fällen neben der Verletzung der §§ 18 MStG und 16 StEG weitere Gesetze verletzt sein, deren Problematik an dieser Stelle nicht behandelt wird. Keinesfalls darf der § 16 StEG formal zur Anwendung kommen, da in der Regel nicht diese Zielrichtung bei Kontaktaufnahmen vorliegt. Eine formale Anwendung würde die Verletzung von Dienstvorschriften durch Grenzsoldaten unter den besonderen Umständen an der Staatsgrenze fälschlicherweise als das Streben solcher Soldaten nach einer Verbindung mit dem Feind charakterisieren. Es kann also nur vom Inhalt her beurteilt werden, ob neben dem § 18 MStG der § 16 StEG verletzt ist und nicht von der Tatsache, daß der § 16 StEG eine viel geringere Strafandrohung als der § 18 MStG hat und

etwa aus diesem Grunde bedeutungslos wäre. Praktizistische Gesichtspunkte dürfen keine Beachtung finden.
Unklarheiten traten in der Vergangenheit auch hinsichtlich der Anwendung des schweren Falles nach § 18, Abs. 2a MStG auf. Sie fanden ihren Ausdruck darin, daß Hinweise der Vorgesetzten auf besondere Wachsamkeit schlechthin als verstärkte Sicherungsmaßnahmen im Sinne des Abs. 2a ausgelegt wurden. Verstärkte Grenzsicherungsmaßnahmen liegen nur dann im Sinne des § 18 Abs. 2a MStG vor, wenn operative Maßnahmen durch den Kommandeur eingeleitet werden, die über das normale Maß des Einsatzes von Menschen und Technik hinausgehen und tatsächlich der Ausdruck einer die gesamten Grenztruppen oder nur bestimmte Abschnitte betreffende militärische Notwendigkeit sind, z.B. die für alle Grenztruppen befohlene verstärkter Grenzsicherung in einer Grenzkompanie im Zusammenhang mit einem erfolgten Grenzdurchbruch u.ä..
Keinesfalls dürfen die Anforderungen an das Vorliegen eines schweren Falles ausgeweitet werden, auch dann nicht, wenn Abs. 2a des § 168 MStG hinsichtlich der Bestrafung mit Zuchthaus nur eine Kannbestimmung ist.

Richter
Major des Justizdienstes

Strafgesetzbuch der DDR vom 12. Januar 1968 in der Neufassung vom 19. Dezember 1974

§ 17
Notwehr
(1) Wer einen gegenwärtigen rechtswidrigen Angriff gegen sich oder einen anderen oder gegen die sozialistische Staats- und Gesellschaftsordnung in einer der Gefährlichkeit des Angriffs angemessenen Weise abwehrt, handelt im Interesse der sozialistischen Gesellschaft und ihrer Gesetzlichkeit und begeht keine Straftat.

(2) Bei Überschreitung der Notwehr ist von Maßnahmen der strafrechtlichen Verantwortlichkeit abzusehen, wenn der Handelnde in begründete hochgradige Erregung versetzt wurde und deshalb über die Grenzen der Notwehr hinausging.

§ 18
Notstand und Nötigungsstand
(1) Wer Rechte oder Interessen Dritter beeinträchtigt, um eine ihm oder einem anderen oder der sozialistischen Staats- und Gesellschaftsordnung gegenwärtig drohende, anders nicht zu beseitigende Gefahr abzuwenden, begeht keine Straftat, wenn seine Handlungen zur Art und zum Ausmaß der Gefahr in angemessenem Verhältnis steht.

(2) Die strafrechtliche Verantwortlichkeit ist gemindert, wenn der Handelnde unverschuldet durch eine ihm oder anderen gegenwärtig drohende, anders nicht zu beseitigende Gefahr für Leben oder Gesundheit in heftige Erregung oder große Verzweiflung versetzt wird und diese Gefahr durch einen Angriff auf Leben oder Gesundheit anderer Menschen abzuwenden versucht. Die Strafe kann entsprechend der Größe der Gefahrenlage, der psychischen Zwangslage des Täters und der Schwere der begangenen Tat nach den Grundsätzen über die aussergewöhnliche Strafmilderung herabgesetzt werden. In außergewöhnlichen Fällen einer solchen Gefahrenlage kann von Maßnahmen der strafrechtlichen Verantwortlichkeit abgesehen werden.

§ 19
(1) Wer von einem anderen durch unwiderstehliche Gewalt oder durch Drohung mit einer gegenwärtigen, anders nicht zu beseitigenden Gefahr für Leben oder Gesundheit des Täters oder eines anderen zur Begehung der Tat gezwungen wird, begeht keine Straftat. Der sich für andere Personen oder die Gesellschaft daraus ergebende Schaden darf nicht außer Verhältnis zu der drohenden Gefahr stehen. Das Leben anderer Menschen darf nicht angegriffen werden.
(2) Wer die Grenzen des Nötigungszustandes überschreitet, ist strafrechtlich verantwortlich. Die Strafe kann nach den Grundsätzen über die außergewöhnliche Strafmilderung herabgesetzt werden, wenn der Täter durch die Nötigung in eine schwere psychische Zwangslage versetzt wurde.

...

§ 262
Verletzung der Dienstvorschriften über die Grenzsicherung

(1) Wer als Angehöriger der Grenztruppen Dienstvorschriften oder andere Weisungen über die Grenzsicherung verletzt, wird mit Freiheitsstrafe bis zu fünf Jahren oder mit Verurteilung auf Bewährung oder mit Strafarrest bestraft.

(2) Wer die Tat im Verteidigungszustand begeht, wird mit Freiheitsstrafe nicht unter einem Jahr bestraft.

43.

Gesetz über die Staatsgrenze der Deutschen Demokratischen Republik (Grenzgesetz) vom 25. März 1982 (Auszug)

II. Abschnitt
Überschreiten der Staatsgrenze
§ 9 Allgemeine Bestimmungen

(1) Die Staatsgrenze der Deutschen Demokratischen Republik darf grundsätzlich nur über die Grenzübergangsstellen oder an anderen in völkerrechtlichen Verträgen festgelegten Stellen und mit den erforderlichen Dokumenten passiert werden.
(2) Der grenzüberschreitende Eisenbahn-, See-, Binnenschiffs-, Luft-, Kraftfahrzeugs- und Personenverkehr, der internationale Post- und Fernmeldeverkehr, die Überleitung von gasförmigen und flüssigen Stoffen und Elektroenergie über die Staatsgrenze sowie der Bau, die Wartung und die Instandsetzung dazugehörender Anlagen und Einrichtungen an der Staatsgrenze erfolgt auf der Grundlage völkerrechtlicher Verträge und der Rechtsvorschriften.
(3) Der unberechtigte Austausch von Gegenständen sowie die unberechtigte Aufnahme anderer Verbindungen über die Staatsgrenze sind verboten.

§ 17 Grenzverletzungen
Grenzverletzungen im Sinne dieses Gesetzes sind alle Handlungen, die gegen die Unverletzlichkeit der Staatsgrenze oder die territoriale Integrität der Deutschen Demokratischen Republik gerichtet sind, sowie Handlungen, die das Hoheitsgebiet oder den Verlauf der Staatsgrenze der Deutschen Demokratischen Republik beeinträchtigen. Dazu gehören:

a) Das Schießen oder Werfen von Gegenständen über die Staatsgrenze,
b) das widerrechtliche Passieren der Staatsgrenze,
c) das widerrechtliche Eindringen in die See- oder Grenzgewässer oder das widerrechtliche Verlassen der See- oder Grenzgewässer,
d) die Verletzung der Bestimmungen über das Ein- und Auslaufen, den Aufenthalt oder das Durchfahren der See- oder Grenzgewässer,
e) das Vortäuschen eines Notfalles durch Wasser- oder Luftfahrzeuge zum Zwecke des Aufenthaltes im Hoheitsgebiet,
f) der widerrechtliche Ein- oder Ausflug über die Staatsgrenze sowie die Nichteinhaltung der zugewiesenen Flugstrecken und -höhen oder der Weisungen des Flugsicherungsdienstes,
g) die Beschädigung oder Zerstörung der zur Sicherung der Staatsgrenze errichteten Anlagen,
h) die widerrechtliche Entfernung oder Verlegung oder die Beschädigung oder Zerstörung der Grenzmarkierung oder anderer Kennzeichen der Staatsgrenze oder
i) die Durchführung land-, forst-, wasserwirtschaftlicher oder anderer Arbeiten oder Maßnahmen entgegen den entsprechenden völkerrechtlichen Verträgen.

IV. Abschnitt
Befugnisse der Grenztruppen der DDR

§ 21 Recht zum Betreten
Die Angehörigen der Grenztruppen der DDR haben das Recht, zur Beseitigung eines im erheblichen Maße die Sicherheit und Ordnung im Grenzgebiet und in den Seegewässern gefährdenden oder störenden Zustandes Grundstücke, Wohnungen, andere Räume oder Fahrzeuge zu betreten.

§ 22 Beseitigung von Gefährdungen oder Störungen
Wird die Sicherheit und Ordnung im Grenzgebiet durch eine Sache oder einen Zustand gefährdet oder gestört, haben die Angehörigen der Grenztruppen der DDR das Recht, vom Rechtsträger, Eigentümer oder sonstigen Nutzer der Sache oder vom Verursacher des Zustandes die Beseitigung der Gefährdung oder Störung in angemessener Frist zu verlangen oder im Falle unmittelbar drohender Gefahr selbst vorzunehmen.

§ 23 Personalienfeststellung und Klärung eines Sachverhaltes
(1) Die Angehörigen der Grenztruppen sind berechtigt, Personalien festzustellen oder aufzunehmen, wenn es zur Erfüllung ihrer Aufgaben zum Schutz der Staatsgrenze und zur Gewährleistung der Sicherheit und Ordnung im Grenzgebiet unbedingt erforderlich ist.
(2) Können sich Personen nicht mit den für das Grenzgebiet erforderlichen Dokumenten ausweisen, ist eine Zuführung zulässig. Sie ist auch zulässig, wenn es zur Klärung eines die Sicherheit und Ordnung im Grenzgebiet erheblich gefährdenden Sachverhaltes unumgänglich ist, insbesondere, wenn der begründete Verdacht einer Grenzverletzung gegeben ist.
(3) Die freiwilligen Helfer der Grenztruppen der DDR haben das Recht, selbständig Personalien festzustellen oder aufzunehmen, wenn der begründete Verdacht einer Grenzverletzung oder der Verletzung der Ordnung im Grenzgebiet gegeben ist. Sie dürfen Personen der nächsten Dienststelle der Grenztruppen der DDR zuführen oder einem Angehörigen der Grenztruppen der DDR bzw. einer Dienststelle oder einem Angehörigen der Deutschen Volkspolizei übergeben, wenn eine Grenzverletzung festgestellt oder begründet vermutet wird oder Personen sich nicht ausweisen können.

§ 24 Durchsuchung und Verwahrung
(1) Personen, die dringend verdächtig sind, Sachen bei sich zu führen, durch deren Benutzung die Sicherheit und Ordnung im Grenzgebiet gefährdet oder gestört wird, oder die einer Einziehung unterliegen, dürfen einschließlich der von ihnen mitgeführten Gegenstände zum Zwecke der Verwahrung oder Einziehung dieser Sachen von den Angehörigen der Grenztruppen der DDR durchsucht werden.
(2) Werden Sachen gemäß Abs. 1 festgestellt, sind diese in Verwahrung zu nehmen und den zuständigen staatlichen Organen zu übergeben.

§ 25 Gewahrsam
(1) Wird die Sicherheit und Ordnung im Grenzgebiet durch Personen erheblich gefährdet oder gestört, dürfen diese Personen von den Angehörigen der Grenztruppen der DDR in Gewahrsam genommen werden, sofern nicht auf andere Weise die Gefahr oder Störung beseitigt werden kann.

(2) Der Gewahrsam ist unverzüglich aufzuheben, wenn der Grund dafür weggefallen ist. Er darf die Dauer von 24 Stunden nicht überschreiten.

§ 26 Durchsetzung von Maßnahmen der Grenztruppen der DDR

(1) Wird den Angehörigen der Grenztruppen der DDR bei der Ausübung ihrer Befugnisse Widerstand entgegengesetzt oder werden die von ihnen auf der Grundlage dieses Gesetzes oder der zu seiner Durchführung erlassenen Rechtsvorschriften angeordneten Maßnahmen behindert oder nicht befolgt, ist die körperliche Einwirkung zulässig, wenn andere Mittel nicht ausreichen, um ernste Auswirkungen für die Sicherheit und Ordnung im Grenzgebiet zu verhindern.

(2) Die Anwendung von Hilfsmitteln ist nur gestattet zur Abwehr von Gewalttätigkeiten, Verhinderung von Fluchtversuchen oder wenn die körperliche Einwirkung nicht zum Erfolg führt. Es sind dabei diejenigen Mittel anzuwenden, die im Verhältnis zur Art und Schwere der Rechtsverletzung und des Widerstandes stehen. Die körperliche Einwirkung und die Anwendung von Hilfsmitteln ist nur so lange zulässig, bis der Zweck der Maßnahmen erreicht ist.

§ 27 Anwendung von Schußwaffen

(1) Die Anwendung der Schußwaffe ist die äußerste Maßnahme der Gewaltanwendung gegenüber Personen. Die Schußwaffe darf nur in solchen Fällen angewendet werden, wenn die körperliche Einwirkung ohne oder mit Hilfsmitteln erfolglos blieb oder offensichtlich keinen Erfolg verspricht. Die Anwendung von Schußwaffen gegen Personen ist erst dann zulässig, wenn durch Waffenwirkung gegen Sachen oder Tiere der Zweck nicht erreicht wird.

(2) Die Anwendung der Schußwaffe ist gerechtfertigt, um die unmittelbar bevorstehende Ausführung oder die Fortsetzung einer Straftat zu verhindern, die sich den Umständen nach als ein Verbrechen darstellt. Sie ist auch gerechtfertigt zur Ergreifung von Personen, die eines Verbrechens dringend verdächtig sind.

(3) Die Anwendung der Schußwaffe ist grundsätzlich durch Zuruf oder Abgabe eines Warnschusses anzukündigen, sofern nicht eine unmittelbar bevorstehende Gefahr nur durch die gezielte Anwendung der Schußwaffe verhindert oder beseitigt werden kann.

(4) Die Schußwaffe ist nicht anzuwenden, wenn

a) das Leben oder die Gesundheit Unbeteiligter gefährdet werden können,

b) die Personen dem äußeren Eindruck nach im Kindesalter sind oder

c) das Hoheitsgebiet eines benachbarten Staates beschossen würde.

Gegen Jugendliche und weibliche Personen sind nach Möglichkeit Schußwaffen nicht anzuwenden.

(5) Bei der Anwendung der Schußwaffe ist das Leben von Personen nach Möglichkeit zu schonen. Verletzten ist unter Beachtung der notwendigen Sicherheitsmaßnahmen Erste Hilfe zu erweisen.

44.

Strafrecht der Deutschen Demokratischen Republik
Kommentar zum Strafgesetzbuch (Auszug)
Herausgeber: Ministerium der Justiz der DDR; Akademie für Staats- und Rechtswissenschaften der DDR
5. korrigierte Auflage, Berlin 1987

Paragraph 213
Ungesetzlicher Grenzübertritt

(1) Wer widerrechtlich die Staatsgrenze der Deutschen Demokratischen Republik passiert oder Bestimmungen des zeitweiligen Aufenthaltes in der Deutschen Demokratischen Republik sowie des Transits durch die Deutsche Demokratische Republik verletzt, wird mit Freiheitsstrafe bis zu zwei Jahren oder mit Verurteilung auf Bewährung, Haftstrafe oder mit Geldstrafe bestraft.

(2) Ebenso wird bestraft, wer als Bürger der Deutschen Demokratischen Republik rechtswidrig oder nicht fristgerecht in die Deutsche Demokratische Republik zurückkehrt oder staatliche Festlegungen über seinen Auslandsaufenthalt verletzt.

(3) In schweren Fällen wird der Täter mit Freiheitsstrafe von einem Jahr bis zu acht Jahren bestraft. Ein schwerer Fall liegt insbesondere vor, wenn

1. die Tat Leben oder Gesundheit von Menschen gefährdet;
2. die Tat unter Mitführung von Waffen oder unter Anwendung gefährlicher Mittel oder Methoden erfolgt;
3. die Tat mit besonderer Intensität durchgeführt wird,
4. die Tat durch Urkundenfälschung (Paragraph 240), Falschbeurkundung (Paragraph 242) oder durch Mißbrauch von Urkunden oder unter Ausnutzung eines Verstecks erfolgt;
5. die Tat zusammen mit anderen begangen wird;
6. der Täter wegen ungesetzlichen Grenzübertritts bereits bestraft ist.

(4) Vorbereitung und Versuch sind strafbar.

Kommentar:
Diese Bestimmung dient dem Schutz der Staatsgrenze gegen widerrechtliches Passieren und des Staatsgebietes der Deutschen Demokratischen Republik vor widerrechtlichem Aufenthalt und weiteren auf die Verletzung staatlicher Hoheitsakte gerichteten Handlungen. Sie trägt zur Gewährleistung der Sicherheit an der Staatsgrenze und der notwendigen Ordnung im grenzüberschreitenden Personenverkehr sowie zur Durchsetzung bestimmter staatsbürgerlicher Pflichten zeitweilig außerhalb der Deutschen Demokratischen Republik befindlicher Bürger bei.

In Absatz 3 sind schwere Fälle unter höhere Strafandrohung gestellt. Handlungen nach Ziff. 1 bis 6 können je nach ihrer Tatschwere schwere VERGEHEN ODER VERBRECHEN sein. Die erschwerenden Umstände gelten für alle in Abs. 1 und 2 enthaltenen Begehungsweisen.

Die schweren Fälle sind in Ziff. 1 bis 6 nicht erschöpfend aufgezählt. Auch weitere Sachverhalte können den schweren Fall des Verstosses gegen Paragraph 213 begründen. Ziffer 1 erfaßt die GEFÄHRDUNG DES LEBENS UND DER GESUNDHEIT VON MENSCHEN. Sie liegt dann vor, wenn sie die unmittelbare Gefährdung von Menschen beinhaltet. Die Gefährdung bezieht sich auf jede Person, einschließlich der Mittäter, die in ihren Tatentschluß die Gefährdung von Menschen nicht aufgenommen haben.
Nach Ziffer 2 ist die Tatbegehung unter Mitführung von Waffen oder unter Anwendung gefährlicher Mittel und Methoden als schwerer Fall erfaßt. Waffen sind in diesem Sinne sowohl Schußwaffen, d.h. solche Waffen, aus denen Geschosse durch einen Lauf in eine bestimmte Richtung gebracht werden können. Dazu gehören auch die reaktiv wirkenden Schußwaffen, neuartige Laserwaffen, im wesentlichen aber Pistolen, Revolver, Karabiner, Jagdgewehre, Kleinkalibergewehre und -pistolen, Teschings, Terzerole, Maschinenpistolen und Granatwerfer. Luftdruckwaffen, die in der DDR freikäuflich sind, sind keine Waffen im Sinne des Strafgesetzbuches, wohl aber Sprengkörper, wie z. B. Handgranaten.

Die Anwendung gefährlicher Mittel oder Methoden besteht nicht im bloßen Mitführen. Gefährliche Mittel sind z.B. Hieb- und Stichwaffen (einschließlich Bajonette) sowie andere Gegenstände, die zur Gewaltanwendung gegen Grenzsicherungskräfte geeignet und vom Täter dazu bestimmt sind. Gefährliche Mittel sind des weiteren z.B. ätzende, betäubende oder die handlungs- bzw. Einsatzfähigkeit in anderer Weise ausschließende oder erheblich beeinträchtigende Substanzen. Dazu gehören auch solche, die gegen technische Anlagen eingesetzt werden sollen, wenn hiermit erhebliche Gefahren für den sicheren Schutz der Staatsgrenze verbunden sind. Das sind z.B. Tränenreizstoffe, brennbare Flüssigkeiten u.ä. Gefährlich sind nicht nur solche Methoden, die mit unmittelbaren Gefahren für Grenzsicherungskräfte oder der Gefahr erheblicher Zerstörungen von Grenzsicherungsanlagen verbunden sind, z.B., wenn ein Kraftfahrzeug zum gewaltsamen Grenzdurchbruch verwandt wird. Als gefährliche Methoden müssen auch jene gelten, denen die Gefahr von Grenzwischenfällen in besonderem Maße innewohnt oder die geeignet sind, die für die Sicherung der Staatsgrenze eingesetzten Kräfte zu desorientieren und Sicherungsmaßnahmen unwirksam zu machen.

Mit besonderer Intensität ist die Tat gemäß Ziff. 3 begangen, wenn sie z.B. mit einem erheblichen physischen Aufwand erfolgt. Allein mehrfache Begehung einer Tat nach Abs. 1 oder 2 ist jedoch keine besondere Intensität.
Nach Ziff. 4 gilt als schwerer Fall die Tatbegehung durch Urkundenfälschung, Falschbeurkundung, Mißachtung von Urkunden oder unter Ausnutzung eines Verstecks. Mißbrauch besteht dabei im Gebrauch solcher Dokumente, die für eine andere Person bestimmt sind.

Unter Ausnutzung eines Versteckes ist jede bereits vorhandene oder zur Tatausführung besonders geschaffene Stelle oder Vorrichtung zu verstehen, die geeignet ist, Personen der Grenzkontrolle zu entziehen.
Die Tatbegehung mit anderen nach Ziff. 5 umfaßt jedes gemeinschaftliche Handeln von mindestens zwei Tätern, die zur Erreichung oder Sicherung des angestrebten Zieles bewußt zusammenwirken.

Voraussetzung für das Erschwernismerkmal der Ziff. 6 ist, daß der Täter wegen ungesetzlichen Grenzübertritts bereits bestraft ist (Vorbereitung, Versuch oder Vollendung des ungesetzlichen Grenzübertritts). Die Strafe darf im Strafregister nicht getilgt sein.

Teil III

Die Militär- und Sicherheitspolitik der SED
Dokumente und Materialien

45.

Ordnung an den Grenzen

K. Vogel, Abteilungsleiter der DVdI,
in: „Die Volkspolizei", Nr. 2, Berlin, 1948

Durch die verstärkte Tätigkeit der Grenzpolizei sind nicht nur in der Bekämpfung des Bandenunwesens an der Grenze und in der Unterbindung der Agententätigkeit Erfolge zu verzeichnen, sondern auch auf dem Gebiete der Verschiebung von Maschinen und Betriebsmaterialien hat sich eine fühlbare Verringerung dieser Fälle bemerkbar gemacht. ...
Eine bessere und intensivere Kontrolle an den Zonengrenzen aber wird zur Folge haben, kriminelle Elemente, Schieber und Diversanten, die im Auftrage bestimmter faschistischer und militaristischer Sabotageorganisationen den wirtschaftlichen Aufbau und politischen Fortschritt in der Ostzone stören und untergraben wollen, schneller zur Strecke zu bringen und einer gerechten Strafe zuzuführen. Seit drei Jahren baut die Bevölkerung unserer Ostzone unter Führung der antifaschistischen Organisationen mit großen und sichtbaren Erfolgen an einer neuen demokratischen Ordnung. Die Inbetriebnahme eines Hochofens, die schnelle Wiederherstellung von Verkehrswegen und Brücken, die sich immer stärkenden Erfolge der Bodenreform sowie der volks- und landeseigenen Betriebe haben die amerikanischen und englischen Konzernherren in große Unruhe versetzt. Die geplanten und zum Teil durchgeführten Sabotageakte auf Eisenbahngelände sowie Anschläge auf führende Personen der antifaschistischen Parteien gehören zum Werk dieser Kriegstreiber.

Das, was die neue demokratische Volkspolizei im Innern der Zone sowie an der Zonengrenze diesen Kräften der Vernichtung und Kriegshetze entgegenzusetzen hat, ist nicht nur das sich fortlaufend verbessernde organisatorische Gefüge und eine ständige fachliche Schulung, sondern gleichzeitig auch das politische Verantwortungsbewußtsein gegenüber allen ordnungs- und freiheitsliebenden, demokratisch denkenden Menschen unseres gesamten deutschen Volkes.

K. Fischer, Präsident der DVdI,
auf der ersten Staatspolitischen Konferenz der SED am 23./24 Juli 1948, Werder

(Angesichts) ... der Industriepolizei (gemeint sind Polizeieinheiten in den Westzonen, die insbesondere Industrieanlagen und Einrichtungen der Besatzungsmächte zu bewachen hatten, d.Verf.) für den Bürgerkrieg und der Verschärfung des Klassenkampfes haben wir keine operative Reserve für den Fall der Fälle. Wir werden deshalb einige Bereitschaften schaffen, die gewissermaßen die Verstärkung für unsere Grenzpolizei bilden werden, die ja heute schon im operativen Einsatz steht ... Aber um unsere besten Leute da hineinzubekommen, werden wir ihnen gute Anstellungsbedingungen geben müssen, und zwar auf drei Jahre. Wir wollen Metallarbeiter, Bergarbeiter, Schlosser, gute rote Proleten aus den Betrieben, die das Knochengerüst der Polizei bilden sollen.

Hermann Matern, Mitglied des ZK der SED,
auf der 1. Delegiertenkonferenz der Parteiorganisationen der SED in der Deutschen Grenzpolizei, 21./22. Juni 1952

Ihr (Grenzpolizisten) habt eine hohe Aufgabe: Ihr müßt die Sicherung des friedlichen Lebens und unseres Aufbaus mit garantieren. Ihr müßt verhindern, daß in der DDR feindliche Elemente einsickern; ihr müßt Provokationen verhindern und unterdrücken.
Für diese Aufgaben brauchen Volkspolizisten ein besonders hohes Staatsbewußtsein und eine feste Klassenmoral, und sie brauchen Festigkeit, Härte und Mut, um alle Versuche des Feindes zu zerschlagen. Die Parteiorganisation muß die jungen Menschen dazu erziehen. In diesem Zusammenhang - das wurde bereits hier ausgesprochen - haben die Offiziere und selbstverständlich jedes Parteimitglied eine besonders hohe Verpflichtung.
Das Wesen des Parteibewußtseins ist die Erkenntnis der Rolle der Partei, der geschichtlichen, umgestaltenden Rolle der Partei. Unsere jungen Menschen müssen einmal daran denken, welche unglaublichen Opfer die Arbeiterklasse in ihrem Kampf seit dem Entstehen der Arbeiterbewegung gebracht hat. Was hat in der tiefen Illegalität, in dem unglaublich schweren Kampf gegen die übermächtige Staatsmaschinerie des Faschismus im vergangenen Reich die Genossen stark gemacht, standzuhalten, manchmal allein, isoliert den Kampf zu führen gegen einen zunächst übermächtigen Gegner? ... Liebe Genossen, dazu hat die Partei ihre Funktionäre und ihre Mitglieder vor dem „Tausendjährigen Reich“ erzogen und sie fähig gemacht, solche gewaltigen Opfer auf sich zu nehmen. Was müssen wir heute mit unseren jungen Menschen tun? Ist allein mit der Frage der Disziplin das Problem der Bereitschaft, alles einzusetzen für die Verteidigung der DDR, gelöst? Nein! ..
Die Sowjetarmee hat uns die Grundlage gegeben. Sie hat den alten faschistischen Machtapparat zerschlagen und uns den Weg frei gemacht und geholfen, die neue Staatsmacht aufzubauen. Was ist also das Problem bei uns? Das Problem bei uns ist, bei den Arbeitern das Bewußtsein zu wecken, daß dieser Staat ihr Staat ist und daß sie in diesem Staat herrschen. Aus vielen Trümmern haben wir etwas aufgebaut, was verteidigungswert ist. Das Entscheidende, was zu verteidigen ist, besteht darin, daß die alte herrschende Klasse in der DDR geschlagen ist und daß wir die politische Herrschaft der Arbeiterklasse und der werktätigen Massen schützen, weil das die Voraussetzung und Grundlage für die Höherentwicklung unseres Lebens ist. In diesem Sinne brauchen wir ein neues Staatsbewußtsein der Menschen.

R. Smolorz, Leiter der Hauptverwaltung Deutsche Grenzpolizei, Chefinspektor der VP, auf der 1. Delegiertenkonferenz der Parteiorganisationen der SED in der Deutschen Grenzpolizei am 21./22. Juni 1952

Wir haben in letzter Zeit den Prozeß gegen Burianek und seine Bande mitgemacht (der „Burianek-Bande" war wegen der angeblichen Zusammenarbeit mit „imperialistischen Geheimdienstorganisationen" vor dem Obersten Gericht der DDR der Prozeß gemacht worden; der Verf.). Wir haben gesehen, wie die Gegner unserer Republik arbeiten, wir haben gehört, welche Verbrecherorganisationen in Westdeutschland bestehen und wie diese ihre Agenten und Saboteure herüberschicken in die DDR, um den Aufbau unserer Werktätigen zu stören, um unsere Fabriken zu vernichten usw. Dies gilt es zu verhindern. ..

Wir wissen, daß der Schutz der DDR unzureichend war. Aus diesem Grunde mußte der 10-m-Kontrollstreifen und die 5-km-Sperrzone geschaffen werden. Hier mußten besondere Verordnungen erlassen werden, und jetzt kommt es darauf an, den Kameraden diese Aufgabe restlos klar zu machen. Denn nur so können wir eine gute Verbindung zu den werktätigen Menschen herstellen, die dort wohnen und arbeiten, denn nur allein durch diese Verbindung können wir unsere Aufgaben restlos erfüllen.
(Militärarchiv der DDR)

R. Smolorz,
in der Zeitschrift „Der Grenzpolizist" vom 16. Dezember 1955

Nach dem Abschluß des Vertrages über die Beziehungen zwischen der UdSSR und der DDR, der unserer Republik auch staatsrechtlich die volle Souveränität brachte, ergeben sich für die bewaffneten Kräfte der Deutschen Demokratischen Republik größere Aufgaben, ihre Verteidigungsbereitschaft und den Schutz der Grenzen zu erhöhen.
Der Deutschen Grenzpolizei wurde mit Wirkung vom 1. Dezember 1955 der alleinige Schutz der Grenzen der Deutschen Demokratischen Republik anvertraut. Das ist ein großer Vertrauensbeweis in die Stärke und Kampfbereitschaft der Deutschen Grenzpolizei. Dieses Vertrauen unseren Werktätigen, der Partei und der Regierung gegenüber jederzeit zu rechtfertigen, muß die höchste Ehre jedes Soldaten, Unteroffiziers und Offiziers der Deutschen Grenzpolizei sein.
Die kürzlich in den Einheiten der Deutschen Grenzpolizei durchgeführte Herbstinspektion zeigte, daß sich die Kampfbereitschaft in fast allen Dienststellen wesentlich erhöht hat, daß die Deutsche Grenzpolizei als Ganzes gewachsen ist und ihre Aufgaben von Jahr zu Jahr besser erfüllt. Das findet seinen sichtbaren Ausdruck in der Verbesserung der Grenzsicherung, dem Sinken der unkontrollierten Grenzübertritte, einer Erhöhung des polit-moralischen Zustandes, der Festigung der militärischen Disziplin und Inneren Ordnung, der Hebung des Niveaus der Ausbildung sowie darin, daß der überwiegende Teil der Soldaten, Unteroffiziere und Offiziere ehrlich und gewissenhaft, unter Einsatz ihrer ganzen Kraft den Dienst zum Schutze der Grenzen der Deutschen Demokratischen Republik versieht.

Unter Auswertung der Erfahrungen der sowjetischen Einheiten, mit deren Hilfe wir die bisherigen Erfolge erreichen konnten, haben es die Soldaten gelernt, den Dienst in jeder Po-

stenart erfolgreich durchzuführen und das Gelände richtig auszunutzen. Sie zeigten Eigeninitiative, Mut, Beharrlichkeit und List bei der Lösung ihrer Aufgaben.
Die Unteroffiziere leiten ihre Soldaten zielstrebiger und systematischer an, haben die individuelle Arbeit mit ihren Soldaten verstärkt und mit Ernst daran gearbeitet, eine straffe militärische Disziplin und Innere Ordnung zu schaffen, und werden immer bessere Helfer der Kommandeure.
Die Offiziere haben große Erfahrungen in der Organisation der Grenzsicherung und in der Führung ihrer Einheiten gesammelt, sie sind selbständiger in ihrer gesamten Arbeit geworden und entwickeln systematisch neue Formen und Methoden der Grenzsicherung. Sie kämpfen um einen maximalen Einsatz ihrer Kräfte und technischen Mittel, um eine erhöhte Sicherheit ihrer Grenzabschnitte zu erreichen und jeglichen unkontrollierten Grenzübertritt zu verhindern.
Die Partei- und FDJ-Organisationen verwirklichen besser ihre führende und mobilisierende Rolle bei der Verbesserung der gesamten Dienstdurchführung. In den meisten Dienststellen sind sie wirkliche Stützen des Kommandeurs geworden. Sie bemühen sich ernsthaft um die Erziehung ihrer Mitglieder zu Vorbildern in allen Fragen des Dienstes und haben dadurch großen Anteil an den bisher erreichten Erfolgen. ...
Das 25. Plenum des ZK der SED hat entscheidende Maßnahmen zur Verbesserung der Arbeit auf allen Gebieten des Lebens der Deutschen Demokratischen Republik beschlossen. Dabei wurde den Maßnahmen zur Festigung und Stärkung des Staatsapparates besondere Aufmerksamkeit gewidmet.
Helfen wir als Deutsche Grenzpolizei, unter Anspannung aller Kräfte, diese Beschlüsse zu verwirklichen, indem wir ernsthaft unsere eigene Arbeit überprüfen, schonungslos die noch bestehenden Mängel aufdecken und sie überwinden. Setzen wir all unsere Kräfte ein, um bis zur 3. Parteikonferenz (24. - 30. März 1956, der Verf.) der Sozialistischen Einheitspartei Deutschlands alle während der Herbstinspektion festgestellten Mängel und Schwächen beseitigen. Darin besteht unserer Beitrag zur Vorbereitung der 3. Parteikonferenz, zur Verbesserung des Schutzes der Grenzen unserer Republik und im Kampf um die Wiedervereinigung Deutschlands.

Generalmajor P. Ludwig, Kommandeur der Deutschen Grenzpolizei, „Die Deutsche Grenzpolizei sichert zuverlässig die Staatsgrenzen der DDR“ in: „Militärwesen“, September 1958

Der Deutschen Grenzpolizei obliegt die unmittelbare Sicherung und Verteidigung der Land- und Seegrenzen der DDR gegen jegliche Grenzverletzungen und -provokationen. Einbrüche bewaffneter Gruppen des Gegners in das Grenzgebiet werden von ihr mit eigenen Kräften und Mittel niedergeschlagen. Sie hat den Schutz der Grenzen so zu organisieren, daß es dem Gegner nicht möglich ist, unter Ausnutzung des Überraschungsmoments anzugreifen. Die Deutsche Grenzpolizei kontrolliert außerdem gemeinsam mit dem Amt für Zoll und Kontrolle des Warenverkehrs den gesamten Ein- und Ausreiseverkehr der DDR sowie den Transitverkehr. Es ist also eine Besonderheit ihres Dienstes, daß sie sowohl polizeiliche als auch militärische Aufgaben zu erfüllen hat.

Alle Sicherungsmaßnahmen, die von der Deutschen Grenzpolizei durchgeführt werden, richten sich in erster Linie gegen jene Kräfte, die im Dienst der Imperialisten in verbrecherischer Absicht die Grenzen unserer Republik verletzen. Sie richten sich sowohl gegen das Eindringen feindlicher Elemente als auch gegen illegales Verlassen der Republik. ...
Auf Grund der von der Aufrüstung Westdeutschlands ausgehenden wachsenden Gefahr und Bedrohung wurde die Struktur der DGP verändert. Die Einheiten wurden mit allen notwendigen technischen Mitteln ausgerüstet, um den größeren Aufgaben, die sich aus der veränderten Lage ergeben, voll gerecht werden zu können. Zu den bisherigen Mitteln der Grenzsicherung - Sperren, Signalanlagen, Beobachtungstürme, Nachrichtenmittel sowie an der Westgrenze, der 10-m-Kontrollstreifen - sind neue technische Mittel und moderne Waffen, wie Panzerfahrzeuge und leichte Geschütze, hinzugekommen. Die von Partei und Regierung eingeleiteten Maßnahmen werden die Manövrierfähigkeiten, die Feuerkraft und das Nachrichtensystem weiter verbessern.

Generalleutnant K. Maron, Mitglied des ZK der SED und Minister des Innern, am 21. Juni 1960 auf der V. Delegiertenkonferenz der Parteiorganisationen der SED in der Deutschen Grenzpolizei

Man kann feststellen, daß die Deutsche Grenzpolizei in der Zeit zwischen der IV. und V. Delegiertenkonferenz einen nicht unbeträchtlichen Schrtitt vorwärts getan hat und auf den verschiedensten Gebieten ein höheres Niveau erreicht hat, und das natürlich in erster Linie durch eine verbesserte Parteiarbeit.
Die Genossen der Grenzpolizei haben insbesondere in den letzten Monaten vor der geplanten und dann wegen der amerikanischen Sabotage geplatzten Gipfelkonferenz und auch in den Wochen danach eine gute Disziplin und ein gutes Verständnis für die politische Situation und die sich daraus ergebenden Aufgaben gezeigt.
Es war nicht leicht, in dieser Zeit der verstärkten Provokationen der westdeutschen Imperialisten und Militaristen immer die Ruhe und Besonnenheit zu bewahren und diese Provokationen nicht zum Ziel kommen zu lassen.
Dafür muß man den Mannschaften und Offizieren, insbesondere der Parteiorganisationen der Deutschen Grenzpolizei für die führende Rolle bei der richtigen Haltung gegenüber den Provokationen Dank und Anerkennung sagen. ...
Man kann sagen, die Soldaten der Deutschen Grenzpolizei haben eine hohe Einsatzbereitschaft. Es kommt darauf an, diese Einsatzbereitschaft unter den Bedingungen des gegenwärtigen Kampfes zu wahren und die Kräfte richtig einzusetzen. Wesentlich erscheint mir, daß es unsere Genossen verstehen, unter den jeweiligen Bedingungen den Soldaten ihre Aufgabe an der Staatsgrenze zu erklären. Es kommt darauf an, bei der Erläuterung des Deutschlandplanes aufzuzeigen, daß für die Angehörigen der bewaffneten Organe die Aufgaben darin bestehen, zu helfen, den deutschen Militarismus zu bändigen und auszuschalten. Im gegenwärtigen Moment ist die Hauptaufgabe die Verhinderung von Grenzdurchbrüchen und der Einschleusung von feindlichen Elementen. Das ist augenblicklich der konkrete Beitrag der Angehörigen der Deutschen Grenzpolizei für die Durchsetzung des Deutschlandplanes.

46.

Zentrale Dienstbesprechung des MfS am 28. April 1989, Erich Mielke

a) Text des Manuskriptes (Geheime Verschlußsache MfS 000-12/89, S. 124 -128):

„In den Jahren 1987/88 und in den ersten Monaten dieses Jahres haben die Angriffe aus dem Innern auf die Staatsgrenze erheblich zugenommen. Trotz bedeutender Anstrengungen im Innern und bei der Sicherung der Staatsgrenze gab es einen wesentlichen Anstieg von Grenzdurchbrüchen, darunter zahlreiche spektakuläre Aktionen, die durch hohe Gesellschaftsgefährlichkeit und Risikobereitschaft der Täter gekennzeichnet waren. Durch eine umfassende Vermarktung in den Medien des Gegners ist der DDR ein erheblicher politischer Schaden entstanden und die offensive Politik unserer Partei gestört worden.

Diese Hetzkampagne wurde im Februar und März dieses Jahres im Zusammenhang mit der völlig gerechtfertigten Anwendung der Schußwaffe durch Angehörige der Grenztruppen der DDR, mit gelungenen und verhinderten ungesetzlichen Grenzübertritten, zum Teil mittels schwerer Technik sowie mit dem Überfliegen der Staatsgrenze zu Westberlin mit einem mit Gas gefüllten Ballon, weiter eskaliert.

Damit in diesem Kreis völlige Klarheit besteht, noch ein prinzipieller Hinweis zur Anwendung von Schußwaffen zum Zwecke der Verhinderung von ungesetzlichen Grenzübertritten an der Staatsgrenze zur BRD und zu Westberlin sowie an der Seegrenze:

Entsprechend einer Weisung des Ministers für Nationale Verteidigung sind Schußwaffen nur anzuwenden, wenn das Leben von Grenzsicherungskräften oder anderen Personen, wie z.B. Geiseln, durch Grenzverletzer oder bewaffnete Überfälle von außen bedroht ist und die Gefahr auf keine andere Art und Weise beseitigt werden kann. Die Schußwaffe ist auch anzuwenden zur Verhinderung von Fahnenfluchten. Diese Weisung gilt natürlich auch für Angehörige des MfS, die ungesetzliche Grenzübertritte zu verhindern haben. Mit allem Nachdruck fordere ich von den Leitern der zuständigen Diensteinheiten, für die strikte Durchsetzung dieser Weisung zu sorgen.

In diesem Zusammenhang möchte ich noch kurz ein Beispiel anführen. Vorgestern konnte im Bezirk Potsdam (Glienicke Nordbahn) unter Abgabe eines Warnschusses durch Angehörige der Grenztruppen ein gewaltsamer Grenzdurchbruch mittels eines entwendeten LKW „Krass-Kipper“ verhindert werden. Hierbei hat sich erneut bestätigt, daß es in bestimmten Situationen, wenn gewaltsame Angriffe auf die Staatsgrenze mittels schwerer Technik oder anderer gefährlicher Mittel erfolgen, und damit das Leben von Grenzsicherungskräften gefährdet wird, durchaus unumgänglich sein, mit der Abgabe eines Warnschusses darauf zu reagieren und die weitere Tatausführung zu unterbinden.[1]

Aktuelle Einschätzungen zur Entwicklung der politisch-opererativen Lage auf dem Gebiet des ungesetzlichen Verlassens der DDR über die Staatsgrenze zur BRD, zu Westberlin und über

[1] Siehe auch die folgende Tonbandabschrift unter b)

die Seegrenze sind in einer von meinem Stellvertreter, Generalleutnant Neiber, bestätigten Rückflußinformation der ZKG an die Leiter der operativen Diensteinheiten enthalten. Sie haben zu gewährleisten, daß diese Information gründlich ausgewertet wird und die dargestellten Erkenntnisse, Erfahrungen, Schlußfolgerungen, Orientierungen und Aufgabenstellungen entsprechend der konkreten politisch-operativen Lage im jeweiligen Verantwortungsbereich zur weitere Qualifizierung, insbesondere der vorbeugenden Verhinderung des ungesetzlichen Verlassens der DDR, genutzt werden.

Ich erteile den Leitern der Bezirksverwaltungen den Auftrag, die 1. Sekretäre der Bezirksleitungen und der jeweiligen Kreisleitungen der SED ständig aktuell darüber zu informieren, welche ungesetzlichen Grenzübertritte verhindert wurden und welche Personen bzw. Personenkreise das im jeweiligen Verantwortungsbereich betrifft und welche Ursachen und begünstigenden Bedingungen dabei festgestellt wurden.

Insgesamt sind die Anstrengungen zur vorbeugenden Ausschaltung jeglicher Überraschungen an der Staatsgrenze durch geeignete politisch-operative Maßnahmen wesentlich zu erhöhen. Ordnung und Sicherheit an der Staatsgrenze, im Grenzgebiet und grenznahen Raum sind noch straffer durchzusetzen, insbesondere schwere Technik und andere für Grenzdurchbrüche geeignete Hilfsmittel müssen noch wirksamer gesichert werden.

Durch alle operativen Diensteinheiten sind beabsichtigte Grenzverletzungen aus dem Innern der DDR rechtzeitiger, vor allem an den Ausgangsorten der Grenzverletzer und bevor diese das Grenzgebiet erreichen bzw. an die Grenzsicherungsanlagen gelangen können, aufzuklären und zu verhindern.

Genossen !

Der Inhalt unserer heutigen Dienstbesprechung hat deutlich gemacht:

Angesichts der Lage, des strategischen Planes und der Ziele des Gegners und des verstärkten Wirksamwerdens innerer Feinde sowie angesichts bestimmter Entwicklungen und Erscheinungen in verschiedenen sozialistischen Ländern hat die Gewährleistung der staatlichen Sicherheit und hoher politischer Stabilität in der DDR, in jedem Verantwortungsbereich noch weitaus größere Bedeutung.

Ich wiederhole, was ich zu Beginn meiner Ausführungen gefordert habe: es gilt die ganze Kompliziertheit, Differenziertheit und Widersprüchlichkeit der gegenwärtigen Entwicklung der internationalen Lage richtig zu sehen, den Angehörigen zu vermitteln und mit für ihre ideologische Stählung und Mobilisierung zur gewissenhaften Erfüllung des uns übertragenen Klassenauftrages zu nutzen.

Es gilt, unsere Genossen in der Gewißheit zu bestärken, daß unsere Partei unbeirrbar an den Grundfragen, an der führenden Rolle der Partei, an der Stärkung und Sicherung der Macht der Arbeiter und Bauern, am Sozialismus festhält und in diesem Sinne entschlossen die bewährte Politik fortführt. Wir führen die Beschlüsse unserer Partei und Parteitage durch.

An unserem Kampfabschnitt - an der Grenze zur NATO und zur BRD als stärkste imperialistische Macht in Europa - müssen wir alles dafür tun, daß der Sozialismus unerschütterlich ist und allen Angriffen und Provokationen standhält. Äußeren und inneren Feinden dürfen wir keine Chance geben, die Situation bei uns zu destabilisieren.

b) Tonbandabschrift:

„Ich will überhaupt mal was sagen, Genossen. Wenn man schon schießt, dann muß man es eben so machen, daß nicht noch der Betreffende wegkommt, sondern dann muß er eben da bleiben bei uns. Was ist das denn für eine Sache, was ist denn das, 70 Schuß loszuballern, und der rennt nach drüben, und die machen eine Riesenkamapagne. Da haben sie recht. Mensch, wenn einer so mies schießt, sollen sie eine Kampagne machen. ...

Also, Ihr wißt jetzt Bescheid, nicht wahr. Und dann ist natürlich klar, es hat ja keinen Zweck auf einen zu schießen, wenn er nach drüben kommt, nicht wahr, kommt er rüber und ist sowieso Antragsteller, und was hat das für einen Sinn. ...“

47.

Rechtsarbeit im Grenzschutzorgan
Vom Kopf auf die Füsse stellen
Oberst Dr. rer. pol Hartmut Jentsch

Die Funktion des Grenzschutzorgans der DDR besteht ausschließlich darin, die durch Rechtsvorschriften festgelegte staatliche Ordnung für den grenzüberschreitenden Verkehr zu gewährleisten. Die Tätigkeit aller Angehörigen des Grenzschutzes ist strikt an das Recht gebunden. Diesem Grundsatz ist bei der Abfassung von Dienstvorschriften, dem Erteilen dienstlicher Weisungen und in der täglichen Dienstdurchführung stets zu entsprechen. Generell gilt es zu beachten, daß nach rechtsstaatlichen Prinzipien gegenüber Angehörigen der Sicherheitsorgane straftrechtlich ermittelt wird, wenn z.B. bei der Feststellung und Gewahrsamnahme von Gesetzesverletzern rechtswidrig gehandelt wurde.

Rechtsbeugung und Mißbrauch
In der Vergangenheit war die Bindung an das Gesetz nicht durchgängig gegeben. Ausgehend vom Machtanspruch einer Partei, der SED, einem von dieser Partei verordneten „Klassenauftrag“ wurde in den Dienstanweisungen und in der praktischen Dienstdurchführung an der Staatsgrenze vielfach Recht gebeugt, wurden die Grenztruppen auch mißbraucht für eine gegen die vitalen Interessen des Volkes gerichteten Politik, wurden sie benutzt als Mittel zur Bereinigung politischer Konflikte.

Gravierendster Ausdruck dafür waren bestimmte Praktiken der Schußwaffenanwendung an der Staatsgrenze und die ihr zugrunde liegende Schießausbildung sowie der Einsatz der Splittersprengmine 70 an der Staatsgrenze zur BRD. Begünstigt wurde der Mißbrauch der Grenztruppen und der Rechtsbeugung der Dienstdurchführung m.E. zumindest auch durch folgende vier Faktoren:

Erstens: Mit der Führung der Grenztruppen durch die SED, verankert in Verfassung, Parteiinstruktion, Dienstvorschriften und Befehlen, wurden Pflichten einer aus mehreren Parteien gebildeten Regierung, der Volkskammer und des Staatsrates zur Aufsichtspflicht und Führung der Grenztruppen stark eingeengt. Mangelnde Transparenz zum Grenzregime, dem Dienst in den Grenztruppen und übertriebene Geheimhaltung von Vorkommnissen an der Staatsgrenze trugen dazu bei, daß die Grenztruppen auch zur Aufrechterhaltung des Machtanspruchs der ehemaligen Partei- und Staatsführung und zur Unterdrückung des Willens vieler Bürger eingesetzt wurden. Mit einer vielfach undifferenzierten Wertung der Straftäter nach § 213 StGB als Feinde des Friedens und des Sozialismus wurden Handlungsmotive bei den Angehörigen der Grenztruppen ausgeprägt, die in vielen Fällen nicht dem realen Sachverhalt entsprachen. In der Praxis der Grenzdurchführung, der Errichtung von Grenzsicherungsanlagen, dem Einsatz der Kräfte zur Grenzsicherung und der Verfahrensweise bezüglich der Wertigkeit von Meldungen wurde einseitig auf die Verhinderung von Straftaten entsprechend § 213 durch DDR-Bürger gezielt und nicht auf die Unterbindung von Grenzverletzungen aller Art (vgl. § 17 Grenzgesetz) in Koordinierung mit den Grenzschutzorganen der Nachbarstaaten.

Zweitens: Mit der Übernahme der Grenzpolizei durch das Ministerium für Nationale Verteidigung im Herbst 1961 und ihrer Umwandlung zur Grenztruppe wurde dem Grenzsicherungsorgan der DDR über seine Zweckbestimmung hinaus zunehmend militärdoktrinäre Aufgaben übertragen. Jedoch war das ein Prozeß, der wesentlich früher begann.
In der Theorie und Praxis des Grenzdienstes wurde dabei zugelassen, daß die Ebenen Grenzdienst und Gefecht nicht strikt voneinander getrennt und die Prinzipien des Gefechts immer stärker auf die Durchführung des Grenzdienstes angewandt wurden. Als Beispiele dafür stehen die Sicherung der Staatsgrenze durch Beobachtung und Feuer, die verbindliche Orientierung auf Festnahme oder Vernichtung des Straftäters „Grenzverletzer" und die langjährige Praxis der Schießausbildung in den Grenztruppen sowie die bis 1989 geltende Einordnung der Grenzausbildung in die Gefechtsausbildung. Symptomatisch ist in diesem Zusammenhang die viele Jahre geltende, aber im Grunde von Anfang an falsche Losung: „Grenzdienst ist Gefechtsdienst im Frieden".

Drittens: Die Rechtsausbildung der Angehörigen der Grenztruppen, selbst der leitenden Kader, wurde über Jahrzehnte gröblichst vernachlässigt. Das hatte zur Folge, daß - wie 1988 z.B. eine Untersuchung verdeutlichte - die Rechtskenntnisse der Kader völlig unzureichend waren. So kannten verantwortliche Offiziere der Führungen von Grenzregimentern und Grenzkommandos die Zusammenhänge von von Grenzgesetz und Strafgesetzbuch nicht. Die ungenügenden Rechtskenntnisse der Angehörigen der Grenztruppen ermöglichten es auch - unter Berufung auf einen „Klassenauftrag" und Nichtbeachtung der Verhältnismäßigkeit der Mittel - die Grenzer nach militärischen Grundsätzen zum Kampf mit einem „Feind" zu motivieren und zu mobilisieren, bei dem es eigentlich um die Gewahrsamnahme von Gesetzesverletzern entsprechend gesetzlichen Rahmenbedingungen ging.

Viertens: Seit 1986 gibt es im Kommando der Grenztruppen kein Strukturelement mehr, welches die Aufgabe hat, im Prozeß der Entstehung von Dienstvorschriften und anderer dienstlicher Bestimmungen dafür zu sorgen, gesetzliche Bestimmungen einzuhalten sowie den Kommandeuren der nachfolgenden Ebenen beratend zu helfen. Die von 1981 bis 1986 tätigen Unterabteilungen Rechtsarbeit konnte dies nur in einem bestimmten Umfang, weil wesentliche Fragen in die Kompetenz des Ministeriums für Nationale Verteidigung fielen und weil sie mit der Eingliederung in das Sekretariat des Chefs der Grenztruppen mit Aufgaben beauftragt wurde, die eigentlich nicht zu ihren Angelegenheiten gehörten. Außerdem wirkte sich nachteilig aus, daß die Grenztruppen in nur sehr geringem Umfang über juristisch ausgebildete Kader verfügen.
Als typisch für die hier genannten Probleme kann die Erarbeitung des § 27 des Grenzgesetzes angeführt werden. Hier wurde der § 17 des Gesetzes über die Aufgaben und Befugnisse der Deutschen Volkspolizei vom 11. Juni 1968 formal übernommen, ohne zu berücksichtigen, daß die Beurteilung einer Straftat als Verbrechen sich an der Grenze anders darstellt, als bei der Festnahme eines Straftäters durch einen Angehörigen der Deutschen Volkspolizei. Auf eine analoge Regelung „Anwendung von Schußwaffen im Grenzdienst" - inbesondere dann, wenn sich die Personen der wiederholten Weisung, zu halten, durch die Flucht zu entziehen versuchen -, wie sie im § 11 des Gesetzes über den unmittelbaren Zwang bei Ausübung öffentlicher Gewalt durch Vollzugsbeamte des Bundes vom 10. März 1961 (UZWG, In: Handbuch des BGS, Bad Nauheim, 1962, S. 31 - 35) gegeben ist, wurde verzichtet. Damit

fehlt bis heute eine wesentliche Rechtsgrundlage für die Anwendung von Schußwaffen durch ein Grenzschutzorgan, und in der Praxis führte das, besonders in den letzten Jahren, zur Rechtsunsicherheit bei vielen im Grenzdienst eingesetzten Angehörigen der Grenztruppen.

Zur Lösung politischer Konflikte ungeeignet

Zur Bilanz der Rechtsarbeit gehört auch, daß in der zweiten Hälfte der 80er Jahre in Reaktion auf die Lage in der Truppe, vor allem die Rechts- und Handlungsunsicherheit der Angehörigen der Grenztruppen, auf Vorwürfe von westlichen Politikern und Medien und in Auswertung von eigenen Forschungsergebnissen Anstrengungen unternommen wurden, die Angehörigen der Grenztruppen zu einem rechtlich exakten Handeln an der Staatsgrenze zu motivieren und zu befähigen. Als solche Anstrengungen können u.a. gekennzeichnet werden:

- Die Veränderung der Vergatterungsformel in der Dienstvorschrift im Jahre 1984;
- Publikationen über die Notwendigkeit der strikten Trennung von Grenzdienst und Gefecht und den sich daraus ergebenden Konsequenzen 1987;
- die zunehmende Orientierung auf die strikte Einhaltung der gesetzlichen Bestimmungen bei der Wahrnehmung der Befugnisse durch die Angehörigen der Grenztruppen in den Jahren 1987-1989.

Damit wurde in gewissem Maße erreicht, daß die Festnahme von Grenzverletzern an der Staatsgrenze rechtlich exakt erfolgte. Diese positive Entwicklung wurde aber durch folgende Umstände in ihrer Wirkung beträchtlich gemindert. Die Grenztruppen wurden an der Staatsgrenze mit Bürgern konfrontiert, die in Massen über die Grenzen die DDR verlassen wollten, weil ihnen das Recht auf Ausreise verweigert wurde. Entsprechend den zu dieser Zeit geltenden Gesetzen waren die Angehörigen der Grenztruppen gegenüber diesen Bürgern zwar im Recht, aber zugleich wurden sie zur Lösung politischer Konflikte mißbraucht. Eine besondere Zuspitzung erfuhr dies im September/Oktober 1989 an der Staatsgrenze zu Polen und zur CSSR, wenngleich hier konsequent auf die Nichtanwendung der Schußwaffe orientiert wurde. Das Problem löste sich erst mit der Öffnung der Grenzen am 9. November 1989 und mit dem Beschluß des Staatsrates der DDR über eine Amnestie vom 27. Oktober 1989 bezüglich Straftaten laut § 213 des Strafgesetzbuches der DDR. Ebenso ist festzustellen, daß in den Grenztruppen in der Führungstätigkeit das Recht generell unterschätzt wurde. Demzufolge wurde das rechtlich exakte Handeln der Angehörigen der Grenztruppen im Grenzdienst auch durch die Inkonsequenzen bei der Umsetzung der Rechtsvorschriften in den Grenztruppen selbst stark beeinträchtigt. Das zeigte sich u.a. in

- Widersprüchen zwischen der politischen Bildung und der Praxis der Ausbildung, insbesondere der Schießausbildung;
- der bis Ende 1989 festgelegten Einordnung der Grenzausbildung in die Gefechtsausbildung;
- den bis Ende 1989 fehlenden staatsanwaltlichen Untersuchungen der Rechtmäßigkeit der Handlungen von Angehörigen der Grenztruppen bei Festnahmen, insbesondere bei Festnahmen mit Anwendung von Schußwaffen;
- den bereits angeführten unzureichenden Rechtskenntnissen vieler Offiziere der Grenztruppen einerseits und ihrer vordergründigen Ausbildung zur Organisation und Führung von Gefechtshandlungen andererseits, die objektiv dahingehend wirkten, daß die Gewaltanwen-

dung gegenüber Gesetzesverletzern nicht ausschließlich nach dem Prinzip der Verhältnismäßigkeit der Mittel beurteilt wurde;
- dem nicht vorbehaltlosen Anerkennen des Charakters der Grenzsicherung als polizeiliche Ordnungsmaßnahme zur Durchsetzung der staatsrechtlichen Regelungen für den grenzüberschreitenden Verkehr und in dem Beharren auf eine militärische Sicherung der Staatsgrenze als Spezifik der Militärdoktrin der DDR.

(Aus: Visa, Zeitschrift für den Grenzschutz, Ausgabe 1, Mai 1990, Kommando der Grenztruppen der DDR. Dieser Grenzschutz sollte noch zu DDR-Zeiten aus den Grenztruppen der DDR gebildet werden, ist aber durch die schnelle staatliche Wiedervereinigung de facto nicht mehr zum Tragen gekommen.)

Daten zu den Sperranlagen an der innerdeutschen Grenze

1. Das DDR-Grenzsicherungssystem - „Ring um Berlin"[1]

Demarkationslinie zwischen Berlin (West) und Berlin (Ost)	:	43,1 km
Demarkationslinie zwischen Berlin (West) und der DDR	:	119,9 km
Gesamt		155 km

	1984	1985	1986	1987	1988	1989[2]
Betonplattenwand[3]	112,6 km	111,6	111,2	107,6	107,0	106,0
Metallgitterzaun	55,0 km	55,7	58,4	62,3	61,3	66,5
Stacheldrahtzaun	4,8 km	---	---	---	---	---
Betonmauern, Häuserfronten, Grundstücksmauern	9,0 km	0,5	0,5	0,5	0,5	0,5[4]
Beobachtungstürme	285	293	299	296	296	302
Bunker	69	52	43	30	24	20
Hundelaufanlagen[5]	256	258	244	250	255	259
Kfz.-Sperrgräben[6]	108,0 km	108,0	107,3	106,2	105,5	105,5
Kontakt- u. Signalzaun[7]	124,9 km	124,9	125,1	125,3	127,5	127,5
Kolonnenweg	123,5 km	124,0	124,0	124,0	124,0	124,3

2. Die Grenze zur Bundesrepublik Deutschland[8]

Gesamtlänge (Hof bis Lübecker Bucht):	1.378,1 km
Seegrenze (zur Ostsee):	14,9 km
Gesamt	1.393,0 km

---

[1] Quelle: Der Polizeipräsident von Berlin; Arbeitsgemeinschaft 13. August, Grenzen durch Berlin und durch Deutschland, Stand Mitte 1989

[2] Stand jeweils 31. Juli

[3] Mit Rohrauflage oder eingelassenem Rohr, 3,5 bis 4,2 m hoch; nur Grenznähe, nicht mitgezählt im rückwärtigen Gebiet

[4] Grundstücksmauer auf dem Gelände der Firma Bergmann Borsig

[5] 1968: 200

[6] 1968: 85 km

[7] 1968: 77,2 km

[8] Quelle: Bundesminister des Innern; Arbeitsgemeinschaft 13. August

	1979	1984	19851	987	1988	1989
Metallgitterzaun	1281,3 km	1286,5	1278,4	1269,7	1266,5	1265,0
Stacheldrahtzaun	100,1 km	24,4	25,2	20,9	15,2	---
Grenzsperr- und Signalzaun	1041,1 km	1166,8	1193,8	1208,2	1196,4	1185,7
- mit Hundelauf- anlagen				85,5	103,4	119,4
Erdminenfelder	292,5 km	145,7	54,5[1]			
Selbstschußan- lagen[2]	393,0 km	339,1	----	----	----	----
Betonmauer	24,8 km	29,7	29,7	31,3	29,5	29,1
Kfz-Sperrgräben	803,3 km	837,3	837,7	837,7	839,3	829,2
- davon befestigt	551,7 km	586,7	589,5	590,2	590,2	580,1
Kolonnenweg	1313,0 km	1337,5	1400,8	1334,8	1335,5	1339,1
Lichtsperren	271,0 km	237,1	245,0	247,2	263,6	232,4
Hundelaufanlagen	97,3 km	100,6	128,2	91,7	78,6	71,5
Hunde	996	1181	1163	1073	954	886
Erdbunker/ Unter- stände am MGZ	900	765	751	659	596	425
- davon aus Beton	645	552	552	499	454	292
- am GSSZ				48	57	48
Beobachtungs- türme am MGZ	665	665	661	597	576	529
- davon aus Beton	645	552	552	499	454	292
- am GSSZ				54	55	49
- davon aus Beton				39	40	37
Beobachtungsstände aus Holz/Stahl	82	44	38	86	108	155

Von der DDR an der innerdeutschen Grenze verwendete Erdminen:

Minentyp	POMS-2	POMS-2M	PMD-6M	PMN	PMP-71	PPM-2
Hersteller	UdSSR	UdSSR	UdSSR	UdSSR/DDR	DDR	Bulgarien
verlegt		1961-70	1962-79	1963-85	1971-85	1971-85
Stückzahl			4.526	449.000	100.000	400.000
Gesamtmasse (kg)	1,7	1,47	0,495	0,55	1,9	0,4
Masse der Sprengladung	75 g	75 g	200 g	200 g	130 g	100 g
Sprengstoffart	TNT	TNT	TNT	TNT	TNT	TNT
Material des Minenkörpers	Metall	Metall	Holz	Plastik	Plastik/Polyäthylen[3]	

[1] Seit Ende Herbst 1985 vollständig geräumt

[2] SM-70 und NS 501, Höchststand am 31.08.1983 mit ca. 60.000 Splitterminen, seit Ende November 1984 vollständig abgebaut

[3] Quelle: Bundesminsterium der Verteidigung, Zentraler Auflösungsstab der Grenztruppen

Zeittafel

1945	Markierung der Demarkationslinie zwischen der britischen und sowjetischen Besatzungszone mit blau-rot gestreiften Holzpfählen
30.7.1946	Befehl der Sowjetischen Militäradministration in Deutschland (SMAD) zur Bildung der Deutschen Verwaltung des Inneren (DVdI), u.a. zur zentralen Leitung der Polizei in der sowjetischen Besatzungszone (SBZ)
24.10. - 17.12.1946	Schwerpunktaktion der Polizei des Landes Brandenburg an den Verkehrsnotenpunkten zu den Westsektoren Berlins „gegen Wirtschaftssaboteure" unter der Bezeichnung „Ring um Berlin".
23.11.1946	Aufstellung der Grenzpolizei des Landes Sachsen-Anhalt in einer Stärke von 300 Mann. (Standorte: Kommando in Magdeburg, Grenzüberwachungskommandos in Salzwedel, Calförde und Eilenstädt)
25.11.1946	Aufstellung der Grenzpolizei des Landes Brandenburg - zunächst Grenzschutz der Provinz Mark Brandenburg - in einer Stärke von 205 Mann. Bildung von vier Grenzschutzstützpunkten (Standorte: Schwedt, Kienitz, Frankfurt/Oder, Guben)
25.11.1946	Aufstellung der Grenzpolizei des Landes Thüringen in einer Stärke von 874 Mann. (Standorte: Gruppe I mit Stab in Mühlhausen, Gruppe II in Rudolstadt)
26./30.11. 1946	Aufstellung der Grenzpolizeieinheiten des Landes Mecklenburg-Vorpommern in einer Stärke von 375 Mann. Gliederung in vier Stabsgruppen (Standorte: Lüdersdorf, Neu-Gülze, Polz, Boock); Bildung einer vierten Stabsgruppe als leitendes Organ mit in Schwerin
27.11.1946	Aufstellung der Grenzpolizei des Landes Sachsen in einer Stärke von 771 Mann. Bildung von vier Inspektionen (Standorte: Zwickau, Chemnitz, Dresden, Bautzen)
1.12. 1946	Befehl der SMAD zur Aufstellung der Grenzpolizei (GP) in der SBZ; ca. 3.000 Mann unterstützten die GSBD bei den Kontrolldiensten; Ausrüstung mit Pistole und Karabiner 98 k
23.8.1947	Erste Dienstanweisung der DvDI zur Überwachung der Demarkationslinie
1.10.1947	Inkrafttreten einer einheitlichen, für alle Länder der SBZ verbindlichen Struktur

1.4.1948	Auf Befehl der SMA des Landes Brandenburg Schaffung einer ständigen Polizeiformation „Ring um Berlin“, die direkt der Landespolizeibehörde Brandenburg[1] untersteht, in einer Stärke von zunächst 800 Mann.
22.9.1948	Bildung der Hauptabteilungen Grenzpolizei und Bereitschaften bei der DVdI
Nov. 1948	Instruktion des Präsidenten der DVdI zum „Verhalten der Grenzpolizei bei Schießereien von der westlichen Besatzungszone her“
27.4.1949	Umwandlung des „Ring um Berlin“ in eine Grenzbereitschaft, Unterstellung unter die Hauptabteilung Grenzpolizei und Bereitschaften der DVdI; Errichtung des Stabes der Grenzbereitschaft in Summt/Finkenkrug
20.7.1949	Bildung einer eigenständigen Hauptabteilung Grenzpolizei bei der DVdI
Sept. 1949	Aus der Grenzbereitschaft „Ring um Berlin“ wird die Grenzpolizei-Abteilung „Ring um Berlin“ mit direkter Zuordnung zum Präsidenten der DVdI gebildet[2]
Dez. 1949	Unterstellung der Hauptabteilung Grenzpolizei unter die Hauptabteilung Deutsche Volkspolizei; führungsmäßig bleibt die GP den Länderregierungen unterstellt
7.1.1950	Übernahme des Schutzes der Ostseeküste der DDR in einer Länge von 640 km durch die GP des Landes Mecklenburg
26.1.1950	Beschluß zur „Abwehr der Sabotage“, darauf basierend verstärkte Kontrolle der GP an den Grenzübergängen zusammen mit der Volkspolizei und der GSBD

[1] Der „Ring um Berlin“ hatte die Aufgabe, die Grenzen zu Groß-Berlin zu überwachen. Gegliedert war er in einen inneren und einen äußeren Ring. „Ersterer umfaßte Kontrollpunkte an den wichtigsten Straßen, letzterer solche auf Bahnhöfen und Wasserstraßen. Die gesamte Stadtgrenze Groß-Berlins in einer Länge von etwa 300 km wurde in vier Kommandaturen - Falkensee, Schwanebeck, Schmöckwitz und Teltow - mit je 3 Abschnitten eingeteilt. Insgesamt beschränkte sich die Kontrolle auf ein weitmaschiges Netz von 71 Straßen- sowie 17 Bahnhofs- und Wasserstraßenkontrollpunkten.“ Zitiert aus: „Vom schweren Anfang“, Beiträge zur Geschichte der Grenztruppen der DDR, Heft 1, Politische Hauptverwaltung der Grenztruppen der DDR, 1986

[2] Zur neugeschaffenen Grenzpolizei-Abteilung gehörten: Grenzbereitschaft I Teltow mit Kommandanturen in Schulzendorf, Mahlow und Kleinmachnow, die Grenzbereitschaft II Falkensee, mit Kommandanturen in Groß-Glienicke, Falkensee und Hennigsdorf sowie die Grenzbereitschaft III, Blumberg, mit Kommandanturen in Summt, Blumberg und Schöneiche.

Anfang 1950	Einrichtung von Grenzkriminalpolizeistellen in den Grenzpolizei-Kommandanturen und den KPP;
21.4.1950	„Gesetz zum Schutz des innerdeutschen Handels". Gemäß der 3. Durchführungsbestimmung durfte der Waren- und Fahrzeugverkehr zwischen der Bundesrepublik und Berlin (West) zwischen der DDR und Berlin (West) sowie zwischen der DDR und Berlin (Ost) ab 1. November 1950 nur noch über festgelegte Kontrollpassierpunkte (KPP) erfolgen. Einrichtung von zwei KPP für den Verkehr zwischen der Bundesrepublik und Berlin (West), fünf KPP zwischen der DDR und Berlin (West) sowie neun KPP zwischen der DDR und Berlin (Ost)
Mai 1950	Personelle Verstärkung der Grenzpolizei am „Ring um Berlin"
10.6.1950	Übernahme der bisher sowjetischen Kontrollfunktionen an den Grenzkontrollpassierpunkten der DDR durch die GP
15.6.1950	Beschluß des Ministerrates zur Bildung der Seepolizei
14.9.1950	„Instruktion für die Grenzpolizei Nord zum Schutz der Ostseeküste der DDR"; Aufgaben der GP u.a.: „Bewachung der Küste und Territorialgewässer gegen das Eindringen bewaffneter Banden, Spione, Diversanten, Schmuggler und anderer feindlicher Elemente."
Okt. 1950	Übernahme der Kontrolle der Stadtgrenze zwischen Ost-Berlin und der DDR durch die DP
1.1.1951	Einheitliche Unterstellung der Grenzpolizeibereitschaften unter die Hauptabteilung Grenzpolizei in der Hauptverwaltung Deutsche Volkspolizei; Auflösung der in den Ländern bestehenden Führungsstäbe der GP sowie des Abteilungsstabes für den „Ring um Berlin"
1.2.1951	Die erste Offiziersschule der Grenzpolizei nimmt in Sondershausen den Lehrbetrieb auf
Mai 1951	Unterstellung der Grenzbereitschaften Nord unter die Seepolizei Hauptverwaltung Deutsche Volkspolizei; Umbenennung in Deutsche Grenzpolizei (DGP); Bildung der Hauptverwaltung Deutsche Grenzpolizei
12.12.1951	Bildung von Abteilungsstäben der DGP in Schwerin, Magdeburg, Weimar und Berlin
16.5.1952	Umunterstellung der Grenzpolizei vom Ministerium des Innern unter das Ministerium für Staatssicherheit (MfS); Ausscheiden aus dem Bereich der Hauptverwaltung Deutsche Volkspolizei (HVDGP) ; im Lauf des Jahres 1952 erneute Übertragung der Sicherung der Seegrenze an die DGP

27.5.1952	„Polizeiverordnung über die Einführung einer besonderen Ordnung an der Demarkationslinie"; Einrichtung einer 5-km-Sperrzone mit 500-m-Schutz- und 10-m-Kontrollstreifen; Beginn des Baues eines 1,20 bis 1,50 m hohen Stacheldrahtzaunes entlang der innerdeutschen Grenze
27.5.1952	Beginn der Zwangsaussiedlung von über 12.000 Menschen aus dem Grenzgebiet
1.6.1952	Sowjetische „Berater" nehmen ihre Tätigkeit in der DGP auf (bis 30. September 1958)
1.6.1952	Inkrafttreten einer neuen „Instruktion für den Schutz der Staatsgrenze zur BRD". Erweiterung der Schußwaffengebrauchsbestimmung dahingehend, „die Waffe zur Abwehr aller auf das Gebiet der DDR gerichteten bewaffneten Überfälle einzusetzen".
9.6.1952	Erlaß der „Verordnung über weitere Maßnahmen zum Schutz der DDR"; Einführung analoger Sicherungsmaßnahmen am „Ring um Berlin"; Bildung einer 5-km-Schutzzone entlang der Küste
Aug.1952	Ernennung der ersten freiwilligen Grenzpolizeihelfer (GPH)
6.10. 1952	Einführung militärischer Dienstgrade; Ersatz der blauen Polizeiuniform durch eine militärische Uniform; ab Oktober Einführung moderner sowjetischer Schützenwaffen
1.12.1952	Auflösung der Grenzkriminalpolizei
28.5.1953	Erstmalige Verleihung der „Medaille für vorbildlichen Grenzdienst"
17.6.1953	Beteiligung der Grenztruppen an der Niederschlagung des Volksaufstandes vor allem in Berlin, Niesky, Görlitz und Henningsdorf
1.1.1954	Die Stärke der DGP beläuft sich auf 34.000 Mann
15.7.1954	Übernahme der „Vorläufigen Innendienstvorschrift" (DV 10/3 der Kasernierten Volkspolizei (KVP) durch die DGP; dadurch weitere Ausprägung des militärischen Truppencharakters der DGP
1.11.1954	Übernahme der "Vorläufigen Disziplinarordnung (DVP 10/6) der KVP
10.10.1955	Die Politschule der DGP nimmt ihre Tätigkeit auf
22.10.1955	Sowjetische Truppen übergeben die Sicherungsfunktionen an der Oder-Neiße-Grenze der DGP

1.12.1955 Alleinige Zuständigkeit für die Bewachung der Staatsgrenze durch die DGP auch an den übrigen Grenzen, ausgenommen ist die Kontrolle Angehöriger der westlichen Schutzmächte Berlins

3.5.1956 Erlaß einer neuen Grenzordnung durch den Ministerrat der DDR; Inkrafttreten am 15. Mai

1.7.1956 Beschluß der Regierung der DDR und des Magistrats von Groß-Berlin über die weitgehende Aufhebung der Kontrolle von Gütern und Zahlungsmitteln- sowie der Ausweiskontrollen zwischen der DDR und Berlin (Ost)

1.3.1957 Bildung eines „Kommando Deutsche Grenzpolizei“ innerhalb des Ministeriums des Innern als selbständiges Führungsorgan der DGP

1.3.1957 Erneute Unterstellung der Grenzpolizei unter das Ministerium des Innern; Bildung des Kommandos der DGP in Pätz, Kreis Königs Wusterhausen; die Stärke der DGP beträgt 40 000 Mann, gegliedert in 25 motorisierte Bereitschaften

14.8.1957 Befehl 48/57 des Ministers des Innern zur beschleunigten Entwicklung der Grenzpolizei zur Grenztruppe; Einführung der Brigadestruktur bei der GDP; Brigadestäbe in: Frankfurt (Oder), Karl-Marx-Stadt, Rudolstadt, Erfurt, Magdeburg, Perleberg, Rostock, Groß-Glienicke

11.12.1957 Inkrafttreten des Strafrechtsänderungsgesetzes; Neufassung der Tatbestände bei Verbrechen gegen den Staat, wie Spionage, Diversion und Republikflucht; das ungenehmigte Verlassen und Betreten der DDR wird nach dem ebenfalls geänderten Paßgesetz hart bestraft

14.1.1958 Inkrafttreten der „Bestimmungen für die Arbeit der Politorgane der DGP der DDR“ und der „Instruktion für die Arbeit der SED in der DGP der DDR“

16.1.1958 Einführung des Fahneneides der DGP[1], von Truppenfahnen und der Verpflichtung für den Dienst in der DGP

5.6.1958 Verordnung über die Zulassung freiwilliger Helfer der DGP; rechtliche und versorgungsmäßige Gleichstellung mit den Freiwilligen Helfern der Volkspolizei; Aufstellung von Gruppen

---

[1] Wortlaut des Fahneneides: „Ich schwöre: Meinem Vaterland, der Deutschen Demokratischen Republik, allzeit treu zu dienen, sie auf Befehl der Arbeiter-und-Bauern-Regierung unter Einsatz meines Lebens gegen jeden Feind zu schützen, den Vorgesetzten unbedingten Gehorsam zu leisten, immer und überall die Ehre unserer Republik und ihrer Deutschen Grenzpolizei zu wahren.“

	der Freiwilligen Helfer der DGP auch in der Tiefe des Grenzgebietes
30.9.1958	Die letzten sowjetischen „Berater“ in der DGP beenden formell ihre Arbeit
ab 1960	Beginn der Verlegung von „Stockminen“ an der innerdeutschen Grenze
4.1.1960	Auflösung der Politschule der DGP, Gründung der Bezirksparteischule der DGP in Weimar (bis 20. Dezember 1961)
10.2.1960	Volkskammerbeschluß über das „Gesetz über die Bildung des Nationalen Verteidigungsrates der DDR“ (NVR)
13.8.1961	„Mauerbau“ in Berlin, die DGP beteiligt sich unter der Losung: „Das Vaterland rief - wir kamen! Das Vaterland ruft - wir bleiben, schützen und verteidigen die Grenzen der Deutschen Demokratischen Republik!“
16.8.1961	Direktive des ZK der SED „zur weiteren Erhöhung der Ordnung und Sicherheit im gesamten Grenzgebiet zur BRD und Berlin (West)“
1.9.1961	Befehl 35/61 des MdI zur Zwangsevakuierung von 3.175 Personen aus dem Grenzgebiet
7.9.1961	Ost-Berlin wird zum 15. Bezirk der DDR ernannt
15.9.1961	Beschluß des NVR zur Unterstellung der DGP - mit Ausnahme zweier um Berlin stationierter Grenzbrigaden - als „Grenztruppe“ unter das Ministerium für Nationale Verteidigung; Bildung des Kommandos der Grenztruppen der NVA; die in Berlin stationierten Kräfte werden in zwei Grenzbrigaden (B) zusammengefaßt und einem Kommando unterstellt; Ausrüstung der Grenztruppen u.a. mit Panzern T 34, Sturmgeschützen SU-76, schweren Infanteriewaffen (PAK 35, 57, 85, Granatwerfer 81 und 120 mm, FlaMG 12,7 mm) und Schützenpanzer BTR 152
20.9.1961	Verabschiedung des Verteidigungsgesetzes durch die Volkskammer
21.9.1961	Inkrafttreten der „Ordnung zur Gewährleistung der Sicherheit an der Westgrenze der DDR“; Die Bestimmungen zum Aufenthalt im Grenzsperrgebiet werden wesentlich verschärft; die Grenztruppen erhalten steingraue Uniformen
4.11.1961	Operative Ausgliederung der Grenzbrigade Küste aus den Grenztruppen und Unterstellung unter das Kommando der Volksmarine

14.11.1961 Bildung des Militärrates der Grenztruppen beim Chef Grenztruppen

Nov./Dez.61 „Nachdem bereits im Oktober Kräfte des Ministeriums des Innern und der NVA die Staatsgrenze zu Westberlin und Westdeutschland pioniermäßig verstärkt haben, errichten Bauarbeiter, Volkspolizisten und Angehörige der NVA auf Beschluß des Nationalen Verteidigungsates einen massiven, panzersicheren antifaschistischen Schutzwall an der Staatsgrenze zu Westberlin. Gleichzeitig werden an der Grenze zu Westdeutschland kombinierte Sperren angelegt. Der pioniermäßige Ausbau der Staatsgrenze, der in den folgenden Monaten fortgesetzt wird, ist ein wesenliches Moment der zuverlässigen Grenzsicherung, wie sie die Verantwortung der DDR für die Sicherung des Friedens und den ungestörten sozialistischen Aufbau angesichts der von Westdeutschland und Westberlin aus betriebenen Aggressions- und Diversionspolitik erfordert."[1]

24.1.1962 Verabschiedung des Wehrpflichtgesetzes durch die Volkskammer

3.4.1962 Die ersten Wehrpflichtigen treten ihren Dienst in den Grenzkompanien an

12.7.1962 Beschluß über die „Ordnung über die Verleihung des ‚Leistungsabzeichens der Grenztruppen' sowie der ‚Medaille für vorbildlichen Grenzdienst'"

20.7.1962 Inkrafttreten der „Verordnung über die Sicherung und den Schutz des Küstengebietes der DDR" und der „Anordnung über Maßnahmen zur Sicherung und zum Schutz des Küstengebietes der DDR"

23.8.1962 Generalmajor H. Poppe wird als „Stadtkommandant der Hauptstadt der DDR, Berlin" mit Sitz in Berlin-Karlshorst eingesetzt. Ihm werden u.a.die bisher dem MdI unterstellten Grenztruppen an den Grenzen zu West- Berlin unterstellt; die erste Grenzbrigade (entstanden aus der 1. motorisierten Brigade der Bereitschaftspolizei, dem Sicherungskommando des Volkspolizeipräsidums Berlin und der 12. Grenzbereitschaft der ehemaligen Grenzpolizei sichert die Berliner innerstädtische Grenze, die Grenzbrigade Groß Glienicke die Grenze zu Berlin (West) nördlich Potsdams, die vierte Grenzbrigade (entstanden aus der Ausbildungsbrigade Zwickau) den Abschnitt südlich Potsdams.

---

[1] Zitiert aus: Zeittafel - 1949 bis 1968 - Zur Militärgeschichte der DDR, Deutscher Militärverlag, Berlin 1969

9.3.1963 Der Erste Sekretär des ZK der SED, Walter Ulbricht, betont in Leipzig: „Die jetzigen Grenzsicherungsmaßnahmen sind erforderlich geworden, weil es in Westdeutschland nicht gelungen ist, die imperialistischen Kräfte zu entmachten. Solange diese Kräfte gegenüber der DDR eine auf Unterminierung und Aggression gerichtete Politik betreiben, muß an dieser Grenze eine solche Ordnung aufrechterhalten werden, die das friedliche Leben und die Interessen der Bürger der DDR hinreichend schützt."[1]

21.6 1963 Beschlüsse über: - „Verordnung über Maßnahmen zum Schutz der Staatsgrenze zwischen der DDR und Westberlin"
- „Anordnung über die Ordnung im Grenzgebiet an der Staatsgrenze zwischen der DDR und Westberlin" (Schaffung eines Schutzstreifens von 500 m Tiefe im Bezirk Potsdam, 100 m Tiefe im innerstädtischen Berliner Gebiet)

2.12.1963 Übergabe der Offiziersschule Plauen an die Grenztruppen

1.3.1964 Die Offiziershochschule „Rosa Luxemburg" der Grenztruppen nimmt in Plauen ihre Tätigkeit auf

19.3.1964 Beschluß des Ministerrates der DDR über die „Verordnung zum Schutz der Staatsgrenze der DDR"

13.8.1964 „Seit der Errichtung des antifaschistischen Schutzwalls an der Staatsgrenze der DDR zu Westberlin im Jahre 1961 sind beim sozialistischen Aufbau in der DDR bedeutende Fortschritte erzielt worden. So wuchs das gesellschaftliche Gesamtprodukt von 141 auf etwa 164 Milliarden Mark und die Summe der Investitionen von 15,5 auf 17,3 Milliarden Mark. Die Versorgung der Bevölkerung mit hochwertigen Konsumgütern verbesserte sich. In dieser Zeit besuchten 3000 Delegationen aus etwa 100 Ländern die Staatsgrenze der DDR am Brandenburger Tor und würdigten die nationale und Friedensmission des deutschen Staates der Arbeiter und Bauern und seiner Armee."[2]

1.7.1965 Stadtkommandant Poppe und der Ost-Berliner Bürgermeister Ebert kündigen Abriß- und Planierungsarbeiten sowie andere bauliche Veränderungen an der innerstädtischen Berliner Grenze an, „um die Lage im Grenzgebiet noch übersichtlicher zu gestalten".

12.11.1965 Bei einer Beratung mit den Kommandeuren der Grenztruppen weist Minister H. Hoffmann darauf hin, daß „der Nationale

---

[1] ebda

[2] ebda

	Verteidigungsrat und die übrigen Regierungsorgane" für den Ausbau der Grenzsicherungsanlagen ca. 250 Mio MDN veranschlagt und freigegeben haben
ab 1966	Mit dem Bau von durchschnittlich 3 m breiten und 1,5 m tiefen Kfz-Sperrgräben entlang der gesamten innerdeutschen Grenze wird begonnen
1.11.1966	Inkrafttreten einer neuen Parteiinstruktion; die SED-Parteiorganisationen in den Grenztruppen haben ihre Struktur „den neuen Aufgaben und Bedingungen anzupassen".
1.-18.8.1967	Einseitige Grenzmarkierung an der gesamten „Staatsgrenze (West)" (2.622 Grenzsäulen, 13 Grenzbojen und 9079 Grenzsteine), Errichtung der ersten Metallgitterzäune;
Aug. 1968	An der Grenze zur CSSR gehen die Grenztruppen von der Grenzüberwachung zur Grenzsicherung über; ein eigens hierfür gebildeter neuer „Verband Leonhardt" gewährleistet den reibungslosen Einmarsch der sowjetischen Okkupationstruppen in die CSSR
ab 1968	Abriß der zweireihigen Stacheldrahtzäune und Ersatz durch ein- und zweireihige Metallgitterzäune
ab 1969	Errichtung der ersten Beton-Beobachtungstürme, 1970 erste Montage der Selbstschußanlage SM-70
Februar 1971	Die Grenzsicherungskräfte der Stadtkommandantur Berlin werden dem Kommando der Grenztruppen in Pätz unterstellt; die Stadtkommandantur bleibt bestehen; die Grenzbrigaden werden aufgelöst, die drei Grenzregimenter zu Grenzkommandos mit Sitz in Kalbe, Erfurt und Berlin-Karlshorst umgebildet
14.5.1971	Das neu formierte Grenzkommando Mitte und die Truppenteile an den Berliner Grenzen werden dem Kommando der Grenztruppen unterstellt
6.6.1971	Neufestlegung des Grenzgebietes an der „Staatsgrenze West" durch das ZK der SED
17.12.1971	Unterzeichnung des Transitabkommens durch die Regierungen der Bundesrepublik Deutschland und der DDR
1.1.1972	Direktive des ZK der SED „zur weiteren Arbeit im Grenzgebiet an der Staatsgrenze der DDR zur BRD und zu Berlin (West)" tritt in Kraft
21.12.1971	Unterzeichnung des Grundlagenvertrages zwischen der Bundesrepublik Deutschland und der DDR
31.1.1973	Die gemeinsame Grenzkommission Bundesrepublik-DDR nimmt ihre Arbeit auf

1973	Beginn des Baues des zusätzlichen Schutzstreifenzaunes in ca. 500 m Entfernung von der Grenze
Frühjahr 1974	Auf der Grundlage eines Beschlusses des Staatsrates wird das „Kommando Grenze der NVA" in „Grenztruppen der DDR" umbenannt; damit wurden die Grenztruppen nicht mehr in die Wiener MBFR-Verhandlungen einbezogen
25.10.1975	Stiftung der Verdienstmedaille der Grenztruppen der DDR
25.3.1982	Die Volkskammer beschließt Neufassungen des Wehrdienstgesetzes sowie das Grenzgesetz; das bisherige Wehrpflichtgesetz und die Grenzordnung treten außer Kraft
22.11.1982	Beginn des Abbaus der Selbstschußanlagen SM-70, Bau von Schutzstreifenzäunen mit Signaldrähten
5.10.1983	Staats- und Parteichef Honecker kündigt öffentlich den vollständigen Abbau der SM-70 an[1]; Der Abbau ist am 30.11. 1984 abgeschlossen
1984	Änderung der Vergatterungsformel, Der Begriff „Vernichten" wird gestrichen
5.9.1984	Verlegung der Offiziershochschule nach Suhl
Okt. 1985	Abschluß der Minenräumung durch die Grenztruppen der DDR
2.5.1989	Ungarn beginnt mit dem Abbau der Grenzanlagen zu Österreich
6.2.1989	In Berlin wird Chris Gueffroy bei einem Fluchtversuch erschossen. Bei ihm handelt es sich um das wahrscheinlich letzte, von Grenztruppen erschossene Todesopfer an der innerdeutschen Grenze
13.8. 1989	180 Flüchtlinge aus der DDR finden in der deutsche Botschaft in Budapest Zuflucht, die daraufhin geschlossen wird
19.8.1989	Hunderte von DDR-Flüchtlingen nutzen das „Paneuropäische Picknick" im ungarischen Sopron zur Flucht nach Österreich

[1] Zu dieser Zeit waren etwa 60.000 SM-70 an der innerdeutschen Grenze installiert. In einem Interview mit österreichischen Journalisten erklärte DDR-Staatschef Honecker u.a.: „Frage: Sollen diese sogenannten Selbstschußanlagen an der Grenze der DDR völlig beseitigt werden? Honecker: Die verschwinden vollkommen. Frage: An der gesamten Länge der Grenze ? Honecker: An der gesamten Länge der Grenze. Frage: Und sie werden auch nicht - das war jedenfalls in einigen Kommentaren in westdeutschen Zeitungsmeldungen als Vermutung zu lesen -, sie werden auch nicht im hinteren Teil der Grenze neu errichtet? Honecker: Ach wissen Sie, ich beteilige mich nicht an der Spekulation der verschiedenen Zeitungsmeldungen. Die zuständigen Stellen bei uns haben sich entschlossen, diese Dinger abzubauen, und sie werden abgebaut, ja. Und außerdem besteht ja zwischen einer Selbstschußanlage und einer Cruise Missile und Pershing II ein kleiner Unterschied."

22.8.1989	Die deutsche Botschaft in Prag, in der sich bis zu 6000 DDR-Flüchtlinge aufhalten, wird geschlossen
4.9.1989	Erste Montagsdemonstration in Leipzig
10.9.1989	Die ungarische Regierung entscheidet, daß DDR-Bürger in den Westen ausreisen können, einen Tag später wird die ungarische Westgrenze geöffnet
30.9.1989	Außenminister Genscher teilt den DDR-Flüchtlingen im Prager Palais Lobkowitz mit, daß sie in die Bundesrepublik ausreisen dürfen; die DDR-Regierung spricht von einer Ausweisung aus humanitären Gründen
27.10.1989	Der DDR-Staatsrat beschließt eine Amnestie bezüglich Straftaten nach § 213 StGB
9.11.1989	Öffnung der Mauer
1.12.1989	Neustrukturierung der Grenztruppen; Auflösung der Grenzkommandos Nord, Mitte und Süd, Einführung von Grenzbezirks- und Grenzkreiskommandos als Grundlage eines künftigen Grenzschutzes der DDR
14.12.1989	Beschluß des Ministerrates, die Angehörigen der PKE[1] zu entlassen, bzw. in niedrigeren Dienstgraden in die Grenztruppen zu übernehmen
21.12.1989	Beschlußfassung des Ministerrates über „Militärreform der DDR"; vorgesehen war u.a.: Herauslösung der Grenztruppen aus der Verantwortung des MfNV und Unterstellung unter das Ministerium des Innern (geplante Personalstärke: 15.000 Berufssoldaten und 2.500 Zivilbeschäftigte); Übergabe der 6. Grenzbrigade Küste an den Grenzschutz
22.12.1989	Öffnung der Mauer am Brandenburger Tor
3.1.1990	Anweisung von Ministerpräsident Modrow zur Umbildung der Grenztruppen zu einem Grenzschutzorgan der DDR, dabei - unter Einbeziehung der Grenzbrigade Küste und der PKE Reduzierung der Personalstärke um 50 Prozent auf 28.000 Mann; Unterstellung unter das MdI
2.4.1990	Minister Theodor Hoffmann erläßt den Befehl 46/90 zur Bildung eines Grenzschutzes der DDR
April 1990	Erscheinen der ersten und einzigen Ausgabe von „Visa", der Zeitschrift für den DDR-Grenzschutz

[1] Für den 9. November wird eine Stärke der PKE von 7.800 Mann angegeben; bis Ende Dezember stieg die Zahl der PKE-Angehörigen auf 11.100 an, Ende Februar waren noch ca. 6.500 PKE-Angehörigen an den Grenzübergangsstellen im Einsatz

26.6.1990	Befehl 10/90 über Maßnahmen zur Veränderung des Grenzregimes an der Staatsgrenze und zur weiteren Formierung des Grenzschutzes der DDR
1.7.1990	Inkrafttreten der Wirtschafts- und Währungsunion
1.8.1990	1. Durchführungsanordnung zum Befehl über Maßnahmen zur Veränderung des Grenzregimes an der Staatsgrenze der DDR und zur weiteren Formierung des Grenzschutzes der DDR
21.9.1990	Befehl 49/90 des Ministers für Abrüstung und Verteidigung über die Auflösung der Grenztruppen der DDR
3.10.1990	Inkrafttreten der deutschen Wiedervereinigung

Namensverzeichnis (Auszug):

Androssow, Oberst, sowj. Berater in der Grenzpolizei der DDR

Baumgarten, Klaus-Dieter, Generaloberst,Stellvertreter Minister und Chef Grenztruppen

Borning, Abteilung für Sicherheitsfragen des ZK der SED

Dickel, Friedrich, Minister des Innern und Chef der Volkspolizei

Dratwin, M. Generalleutnant, Stellvertreter des Obersten Chefs der SMAD

Drews, Generalleutnant, Stadtkommandant von Berlin (Ost)

Dubrowski, Generalmajor, Stellv. Chef der SMA Sachsen

Ebert, Friedrich, Oberbürgermeister von Berlin (Ost)

Fischer, Dr. h.c., DVdI-Präsident

Franzisky, Oberst, Stabschef der Grenzbrigade 1

Gabriel, Günter, Generalmajor, Chef Technik und Bewaffnung der Grenztruppen

Goldbach, Joachim, Generaloberst, Chef Technik und Bewaffnung des MfNV

Gröning, Werner, Stellvertretender Leiter der Hauptinspektion des Ministers des Innern.

Grotewohl, Otto, Ministerpräsident der DDR

Hattop, Hans, Leiter der ZAG 'Bildende Kunst' der Grenztruppen

Hirtreiter, Oberst, Kommandeur Grenzregiment -34

Hoffmann, Heinz, Armee-General, Minister für Nationale Verteidigung

Hoffmann, Theodor, Admiral, Chef der Volksmarine, letzter Minister für Nationale Verteidigung

Honecker, Erich, DDR-Staatsratsvorsitzender, Vors. d. ZK der SED, NVR-Vorsitzender

Keßler, Heinz, Minister für Nationale Verteidigung, NVR-Mitglied

Körber, Horst, Senatsrat Berlin (West)

Krack, Eberhard, Oberbürgermeister von Berlin (Ost)

Kramer, Erwin, Verkehrsminister der DDR

Krenz, Egon, ZK-Sekretär für Sicherheitsfragen, Mitglied des NVR, DDR-Staats- und Parteichef

Krolikowski, Werner, 1. Stellvertreter des Vortsitzende des Ministerrates

Kuschnarenko, Oberstleutnant, sowj. Berater in der Grenzpolizei der DDR

Lapenkow, Oberst, Stellv. Chef der Abt. f. Innere Angelegenheiten der SMAD

Leonhardt, Karl, Generalleutnant, Stellv. Chef Grenztruppen, Chef des Stabes
Leuschner, Kurt, Vorsitzender Staatlichen Plankommission, NVR-Mitglied
Lorenz, Gerhard, Generalleutnant, Stellv. des Chefs der GT, Chef Politische Verwaltung

Mali, General, sowj. Berater in der Grenzpolizei der DDR
Malkow, Generalmajor, SMAD
Maron, Kurt, Minister des Innern der DDR, Chef der Volkspolizei
Matern, Hermann, Vorsitzender der Zentralen Parteikontrollkommission, NVR-Mitglied
Mielke, Erich, Vizepräsident der DvDI, Minister für Staatssicherheit, NVR-Mitglied
Mittag, Günter, ZK-Sekretär für Wirtschaft, NVR-Mitglied
Müller, Generalmajor, Chef des Militärtechnischen Instituts der NVA

Norden, Albert, Sekretär für Propaganda, NVR-Mitglied

Peter, Erich, Oberst, Kommandeur des Kommandos der DGP, später Chef Grenztruppen
Pfeifer, Fritz, Bürgermeister von Streufdorf, 1952 zwangsumgesiedelt
Plumeyer, Hans-Otto, Geschäftsführer Zentrale Erfassungsstelle der Landesjustizverwaltung Salzgitter
Poppe, Helmut, Generalmajor, Stadtkommandant von Berlin (Ost)
Preißler, Helmut, Nationalpreisträger der DDR

Räde, Hans, künstlerischer Leiter der ZAG 'Bildende Kunst' der Grenztruppen
Reschke, Erich, Präsident der DVdI
Riedel, Generalleutnant, Stellv. Minister und Chef Hauptstab MfNV

Sauer, Heiner Leiter der Zentralen Erfassungsstelle der Landesjustizverwaltung Salzgitter
Schabowski, Günter, Mitglied des SED-Politbüros
Seifert, Willi, Generalleutnant, Stellvertreter des Ministers des Innern für die bewaffneten Organe
Shukow, G., Marschall der Sowjetunion, Oberster Chef der SMAD
Sindermann, Horst, Präsident der Volkskammer
Sokolowowskij, W., Marschall der Sowjetunion, Chef der SMAD Oberkommandierender der sowjetischen Besatzungstruppen in Deutschland
Stoph, Willi, Minister des Innern, Vorsitzender des Ministerrates, NVR-Mitglied
Streletz, Fritz, 1. Stellvertr. des Ministers f. Nationale Verteidigung, NVR-Mitglied, Chef Technik und Bewaffnung des MfNV

Teichmann, Dieter, Generalmajor, letzter Chef der DDR-Grenztruppen
Thieme, Generalmajor, Stellv. des Chefs der Grenztruppen, Chef Ausbildung
Trommer, Oberst, Stellvertreter des Chefs Technik und Bewaffnung der GT
Tschitschke, Oberst, Kommandeur der 5. Grenzbrigade
Tschujkow, W., Armee-General, Oberster Chef der SMAD, Oberkommandierender der GSBD

Ulbricht, Walter, Vorsitzender des Staatsrates der DDR, Vorsitzender der Sicherheitskommission des ZK der SED, später des NVR

Verner, Paul, Vorsitzender der SED-Bezirksleitung Berlin
Verner, Waldemar, Admiral, Chef Politische Hauptverwaltung des MfNV

Wagner, 1. Vizepräsident der DVdI
Weiß, Generalmajor
Will, Aloysius, Bürgermeister von Geisa, 1952 in Bundesrepublik geflohen

Zaisser, Wilhelm, Dr., Minister des Innern der DDR und Chef der Volkspolizei

Abkürzungsverzeichnis

AB	- Artillerie-Bataillon
ABV	- Abschnittsbevollmächtigter
AZKW	- Amt für Zollkontrolle und Warenverkehr
BDVP	- Bezirksverwaltung der Volkspolizei
BP	- Bereitschaftspolizei
BS	- Bezirksschule
CRWD	- Chef Rückwärtige Dienste
DA	- Dienstanweisung
Dem.-Linie	- Demarkationslinie (auch DL)
DFD	- Demokratischer Frauenbund Deutschlands
DGP	- Deutsche Grenzpolizei
DPA	- Deutscher Personalausweis
Düpo	- Duesing-Polizei (nach Polizeipräsident Duesing, Berlin - West benannt)
DV	- Dienstvorschrift
DVdI	- Deutsche Verwaltung des Innern
EG	- Ergänzungsgerät (für Grenzsignalzaunanlage)
FDGB	- Freier Deutscher Gewerkschaftsbund
FDJ	- Freie Deutsche Jugend
Flü-Lager	- Flüchtlingslager
GB	- Grenzbrigade
GG	- hier: Grenzgesetz
GK	- Grenzkompanie
GKN	- Grenzkommando Nord
GKA	- Grenzkontrollamt
GMN	- Grenzmeldenetz
GPH	- Grenzpolizeihelfer
GR	- Grenzregiment
GSA 90	- Grenzsignalanlage 90
GSä	- Grenzsäule
GT	- Grenztruppen
Grepo	- Grenzpolizei
GV	- Grenzverletzer
HwG-Personen	- Personen mit häufig wechselndem Geschlechtsverkehr

IsM	- Innerstädtische Mauer (Berlin)
Kdo.	- Kommando
Kdtr.	- Kommandantur
KKH	- Krankenhaus
KL	- Komplexlager
KP	- Kontrollpunkt
KPA	- Kreispolizeiamt
KKPA	- Kriminalkreispolizeiamt
KPP	- Kontrollpassierpunkt
Laukra	- Lautsprecherkraftwagen
LEFA	- Lederfabrik
LMG	- leichtes Maschinengewehr
LPAG	- leichte Panzerabwehrgeschütz
LPG	- Landwirtschaftliche Produktionsgenossenschaft
MB	- Militärbezirk
MfS	- Ministerium für Staatssicherheit
ML	- Munitionslager
MPi	- Maschinenpistole
MSD	- Motorisierte Schützendivision
MSR	- Mot-Schützen-Regiment
MIT	- Militärtechnisches Institut der NVA
MuK	- Morduntersuchungskommission
NKWD	- „Volkskommissariat für Innere Angelegenheiten", Sowjetische Geheimpolizei (ab 1941 offiziell NKGB; „Volkskommissariat für Staatssicherheit")
P 601	- Trabant Kübel (bekannt auch als: „Stoffhund")
Pi-B	- Pionier-Bataillon
PoP	- Postenpunkt
RAW	- Reichsbahn-Ausbesserungswerk
RTeB	- Raketentechnische Basis
RwTL	- Raketen- und waffentechnisches Lager
sGA	- schwere Grenzabteilung
SiA	- Sicherungsabschnitt
SiP	- Sicherungspunkt
SiR	- Sicherungsregiment
SMA	- Sowjetische Militäradministration (örtlich)
SMAD	- Sowjetische Militäradministration in Deutschland
sMG	- schweres Maschinengewehr

SPW	- Schützenpanzerwagen
SSD	- Staatssicherheitsdienst
Stupo	- Stummpolizei, West-Berliner Polizei, genannt nach dem damaligen Polizeipräsidenten
StVA	- Strafvollzugsanstalt
Trapo	- Transportpolizei
TT	- Truppenteile
UHA	- Untersuchungshaftanstalt
Uwm	- Unterwachtmeister
VdK/Dach	- Posten auf dem Dach des Gebäudes des Verbandes deutscher Konsumgenossenschaften, Berlin
VGO	- Verstoß gegen die Grenzordnung
VL	- Versorgungslager
VP	- Volkspolizei
VPKA	- Volkspolizeikreisamt
WB	- West-Berlin
WD	- Westdeutschland
WPO	- Wohn-Parteiorganisation
WSSB	- Werk für Signal- und Sicherungstechnik Berlin
ZKD	- Zentraler Kurierdienst
ZKG	- Zentrale Kontrollgruppe

Literatur- und Quellenhinweise

Autorenkollektiv, „Die Militär- und Sicherheitspolitik der SED“, Berlin (Ost), 1988

Bennewitz/Potratz, „Zwangsaussiedlungen an der innerdeutschen Grenze“, Berlin, 1994

Bundesministerium für innerdeutsche Beziehungen, „Die Sperrmaßnahmen der DDR vom Mai 1952“, Faksimilierter Nachdruck des Weißbuches von 1953, Bonn, 1987

Doll, Eberhard, „Die Geschichte des Grenzschutzkommandos Nord“, Hannover, 1991

Filmer/Schwan, „Opfer der Mauer“, München 1991

„Handbuch für den Grenzdienst“, 6. Auflage, Berlin (Ost), 1987

Koop, Volker, „Ausgegrenzt“, Berlin, 1993

Sauer/Plumeyer, „Der Salzgitter Report“, 1991, München

Riemer, Rudolf, „Das zweigeteilte Deutschland 1949-1956, 1957-1961, 1961-1962“, Studienzentrum für Ost-West-Probleme e.V., München, 1995

Rühle/Holzweißig, „13. August 1961 - Die Mauer von Berlin“, Köln, 1981

Wenzel, Otto, „Kriegsbereit“, Köln, 1995

Verzeichnis der im Text reproduzierten Dokumente

Der Nationale Verteidigungsrat - Verlängerter Arm der SED

Legende.
MfNV - Ministerium für Nationale Verteidigung, LaSK - Landstreitkräfte, LaSK/LV - Luftstreitkräfte/Luftverteidigung, Na Br. -Nachrichtenbrigaden, ZAL - Zentrales Armee-Lazarett, GKN -Grenzkommando Nord, GKS - Grenzkommando Süd, GKM - Grenzkommando Mitte, OHS - Offiziershochschule, US - Unteroffiziersschule, GR - Grenzregiment, GAR - Grenzausbildungsregiment,

SiK - Sicherungskompanie, PiK - Pionierkompanie, AW - Artilleriewerkstatt, KPW - Kfz.- und Panzerwerkstatt, TÜP - Truppenübungsplatz, KCA - Kompanie Chemische Abwehr, ML - Munitionslager, GeWA - Geschoßwerferabteilung, GüSiR - Grenzübergangsstellensicherungsregiment

GBtl - Grenzbataillon, GABtl - Grenzausbildungsbataillon, SPG-9 - Schweres Panzerabschußgerät, AGS-70 - Automatischer Granatwerfer 70

Aus den Protokollen der Unmenschlichkeit

Hinweis zur Zitierweise

Soweit Originaldokumente wiedergeben sind oder aus ihnen zitiert wurde, hat der Verfasser die ursprüngliche Schreibweise einschließlich der darin enthaltenen orthographischen, grammatikalischen oder der Fehler in der Zeichensetzung unverändert übernommen. Kritik in diesen Punkten hat sich also nicht an ihn zu richten.

Bildnachweis

Die Fotos auf den Seiten 46, 87, 188, 201, 202 und 208 hat der Abteilungsführer der Grenzschutzausbildungsabteilung Ost, Eberhard Doll, zur Verfügung gestellt, dem hierfür ausdrücklich zu danken ist. Die übrigen Aufnahmen stammen aus dem Archiv des Verfassers.